设施植物栽培学

钟凤林　林义章　主编

科学出版社
北　京

内 容 简 介

设施农业是包含生物、环境和工程的新兴学科，是现代农业高素质人才培养的核心领域。本书根据设施农业科学与工程发展的需要，聚焦设施植物栽培领域的新理论和新技术，主要内容包括绪论，设施植物的生长发育，设施植物栽培的类型、结构与性能，设施环境与设施植物，设施植物育苗，设施蔬菜栽培，设施花卉栽培，设施果树栽培，设施药用植物栽培。本书理论联系实际，充分体现了园艺学、农业工程学、环境工程学等多个学科交叉渗透，以及先进、实用和高效的特点。

本书既可作为高等院校设施农业、园艺、植物生产类和农学类学生的教材，又可作为广大设施农业生产、科研、推广和农业相关部门技术、管理人员的实用参考书。

图书在版编目（CIP）数据

设施植物栽培学 / 钟凤林，林义章主编．—北京：科学出版社，2018.8
ISBN 978-7-03-057534-0

Ⅰ.①设… Ⅱ.①钟… ②林… Ⅲ.①设施农业 - 教材 Ⅳ.①S62

中国版本图书馆CIP数据核字（2018）第110320号

责任编辑：王玉时 韩书云 / 责任校对：彭珍珍
责任印制：张 伟 / 封面设计：迷底书装

科学出版社出版
北京东黄城根北街16号
邮政编码：100717
http://www.sciencep.com
北京凌奇印刷有限责任公司印刷
科学出版社发行 各地新华书店经销
*
2018年8月第 一 版 开本：889×1194 1/16
2023年11月第六次印刷 印张：18 1/2
字数：600 000

定价：79.00 元

（如有印装质量问题，我社负责调换）

《设施植物栽培学》编写委员会

主　编　钟凤林　林义章

副主编　郑阳霞　王吉庆

编　者　（按单位、姓氏笔画排序）

山西农业大学	张　毅
广东省中药研究所	曾庆钱
石河子大学	徐　巍
四川农业大学	郑阳霞
华南农业大学	宋世威　张铁婷
河南农业大学	王吉庆　简在海
泉州师范学院	冯　莹
福建农林大学	申宝营　刘　爽　许　茹 林义章　林碧英　钟凤林 侯毛毛　黄玉吉　潘腾飞
福建农业职业技术学院	王会全　欧高政

前　言

设施农业是一个综合概念，首先要有一个配套的技术体系做支撑，其次还必须能产生效益。这就要求设施设备、选用的品种和管理技术等紧密地联系在一起。设施农业是一个新的生产技术体系。设施农业在我国大规模推广，规模的不断扩大促进设施农业质的突破，我国设施农业技术水平越来越接近世界先进水平。设施农业高新技术不断得到突破，无土栽培技术、生物防治技术和自动控制技术在全国得到普遍应用；设施农业装备技术如温室节能技术、温室环保技术、温室智能化技术等不断改善，为我国设施农业的发展提供了技术保障。同时，各地政府加大资金、技术等扶持力度，采取多种措施支持和鼓励设施农业建设，设施农业规模迅速扩大，设施栽培作物的总产和单产大幅度上升。设施栽培作物的品种不断扩大和丰富，不仅提高了经济效益，也促进了农民增收。

本书注重基本概念、基本理论和基本技术的知识传授，强调知识与技能的结合、理论与实践的结合，注重教材结构的完整性，文、图、表并用，是农业战线管理干部学习和了解设施农业的指南。

本书的编写分工如下：第一章由林义章、钟凤林编写，第二章由王吉庆、侯毛毛编写，第三章由宋世威、张轶婷编写，第四章由张毅、申宝营、王会全编写，第五章由徐巍、林碧英编写，第六章由林义章、钟凤林、刘爽、郑阳霞、黄玉吉、许茹编写，第七章由申宝营、冯莹编写，第八章由潘腾飞、简在海、欧高政编写，第九章由曾庆钱编写。全书由钟凤林、林义章、黄玉吉、郑阳霞、许茹审稿。

本书的编写参阅或引用了许多学者的教材、著作和研究文献。在此，向他们对知识传播和人才培养的贡献表示崇高的敬意和最衷心的感谢！

欢迎参加教学的老师和广大的学生、读者随时提出对本书的批评指正意见，不吝赐教，非常感谢。

编　者

2017年10月谨识于福州

目　录

第一章 绪 论

一、设施农业的基本概念

（一）设施农业的含义和内容

农业生产是指依靠动植物的自然繁殖机能及生长发育功能来完成的一个特殊的生产过程，因而农业历来是一个受自然因素影响最大的产业。随着社会经济和科技的发展，农业这一传统产业正经历着翻天覆地的变化。近年来，国内外兴起的设施农业就是一种人类利用现代物质文明和科学技术向大自然"挑战"的结果。设施农业是指具有一定的设施，能在局部范围改善或创造环境气象因素，为动植物的生长发育提供良好的环境条件而进行的有效生产的农业。

设施农业包括以下两类。

（1）设施栽培　目前主要是蔬菜、花卉、瓜果类的设施栽培，主要设施有各类塑料棚、温室和人工气候室（箱）。

（2）设施养殖　目前主要是畜禽、水产品和特种动物的设施养殖，主要设施有各类保温、遮阴棚舍和现代集约化饲养畜禽舍及配套的设施设备。

设施农业是利用人工建造的设施，使传统农业逐步摆脱自然的束缚，走向现代工厂化农业生产的必由之路；同时也是农产品打破传统农业的季节性，实现农产品的反季节上市，进一步满足多元化、多层次消费需求的有效方法。设施农业在农林牧副渔业所占的比例标志着农业的进化程度，是农业产业升级的重要标志。

设施农业是一个综合概念，首先要有一个配套的技术体系做支撑，其次还必须能产生效益。这就要求设施设备、选用的品种和管理技术等紧密联系在一起。因此，设施农业必须作为一个工程问题综合考虑，这样才能取得很好的效果和整体效益。设施农业是一个新的生产技术体系，它不等于大田栽培技术的移用。它采用必要的设施设备，同时选择适宜的品种和相应的栽培技术。设施农业属于高投入、高产出，资金、技术和劳动力密集型的产业。

设施农业是农业工程学科最典型的分支学科，是依靠科技进步形成的高新技术产业，是当今世界最具活力的产业之一，也是世界各国用以提供鲜活农产品的重要技术措施。

（二）设施农业的生产和经营特点

1. 设施农业属于高投入、高产出，资金、技术和劳动力密集型的产业

设施农业可以因地制宜，以相对少的投入取得相对高的产出。例如，日光温室就是具有鲜明中国特色的独特技术，但由于它的投入与常规技术的投入相比相对较高，因此，要千方百计取得高的产出，包括适宜品种的选择、相应的栽培技术及茬口搭配等。要取得高的产出，不外乎提高产量或在淡季上市提高产值。茬口的安排也很重要，因为设施设备投资出去了，如果做不好，空着就是损失。例如，荷兰一家生产生菜的公司，自动化水培（其中采收、包装靠人工），一栋大温室几公顷，上午采收，下一茬下午就栽下去了，不让温室空着。

2. 设施农业是一个新的生产技术体系

设施农业不等于大田栽培技术和传统饲养技术的移植。因为首先要有必要的设施设备，同时选择适宜的品种和相应的栽培技术。如果要种黄瓜，国内最好的品种 667 m^2 面积可以收获 10 000～15 000 kg，一般品种在 5000 kg 左右。如果选用荷兰、以色列的栽培品种和技术，10 个月采收期，667 m^2 面积可以达到 25 000～35 000 kg 的产量，当然对设施也提出了更高的要求。

如果是投资鸡和猪的设施饲养，也必须选择适宜的品种和相应的饲养管理技术才能达到在保证料肉比要求的前提下，肉鸡 54 d、肉猪 120 d 出栏并达到相应的标准（活鸡 2～2.5 kg/只、肉猪超过 90 kg/头）。

3. 设施农业的作用和意义

设施农业在整个农业中的比例并不是很大，如设施蔬菜栽培，全国只有 175 万 hm^2，蔬菜种植总面积则将近 1600 多万公顷，而全国耕地面积达 1.4 亿 hm^2。但它所起的作用和意义十分重大，与每个人的生活水平和生活质量都有直接关系，也涉及社会的稳定、经济的繁荣等。因此，从上到下都明确，省长要抓“米袋子”，市长要抓“菜篮子”。

二、国外设施农业的现状及发展趋势

（一）发达国家设施农业的基本情况

自第二次世界大战后的几十年来，世界形势相对比较平稳，各国都在致力于自身经济的发展。因此，经济的迅速恢复和快速发展、人民生活质量的大幅度提高，对农产品提出了更高的要求，设施农业在全球迅速崛起。

自20世纪50年代以来，设施农业的发展取得了巨大的进步。设施栽培的设施设备、专用品种、栽培和管理技术形成了完整的技术体系，克服了严寒、炎热等不利气候的影响，实现了周年生产、均衡上市，而且使产量成倍增长、品质大幅度提高；设施养殖实现了大规模、集约化、工厂化生产，从设施设备、专用品种，到全价配合饲料、防疫、饲养管理等全套的技术体系，实现了革命性的变革。以肉鸡生产为例，40多年来，大体上饲料消耗下降了一半、饲养周期缩短了一半［料肉比（1.8～2.2）：1，饲养周期54 d］。

目前，发达国家的设施农业已形成成套的技术、完备的设施设备，生产规范，产量的可靠性与质量的保证性强，并在向高层次、高科技、自动化、智能化方向发展，将形成全新的技术体系。

荷兰是一个土地资源非常紧缺的国家，靠围海造田等手段扩大耕地，人均耕地1000 m^2。全国有13 000多公顷的玻璃温室，并大力发展设施养殖和畜产品深加工，设施园艺高新技术和畜产品使农业迅猛发展，设施园艺已成为国民经济的支柱产业，农产品出口值高达450亿美元，成为仅次于美、法的世界第三大农产品出口国。荷兰的花卉产业十分发达，主要靠设施栽培，是世界第一大花卉出口国，是世界花卉贸易中心。从荷兰拍卖市场出口的鲜切花占世界贸易出口额的70%，其中荷兰自身生产的占60%（我国仅占1%），因此荷兰市场花卉的成交价被作为国际价格动向的指标。

日本是一个岛国，人均耕地资源低于我国，然而自20世纪60年代以来，其高速发展蔬菜、花卉的设施园艺生产，实现了产品的高品质、多样化和周年均衡上市，80年代大体上就能达到每天上市的品种在14个以上。日本的栽培设施主要是塑料（塑料薄膜）大棚和临时采暖的塑料温室，也有一些玻璃温室，设施装备比较落后，夏季通风降温有一定的问题。日本的设施栽培主要是蔬菜和花卉，也有一些瓜果类，如网纹甜瓜、草莓、葡萄等。

法国、西班牙等国，由于气候条件较好，冬天不太冷、夏天不太热，因此主要是建造塑料温室。

以色列的设施栽培发展得很快，由于其干旱、沙漠气候和地理因素，其节水灌溉技术先进，利用光热资源的优势和节水灌溉技术，主要生产花卉和高档蔬菜，采用大型塑料温室，全自动控制，花卉生产温室1800hm^2，年产10.7亿支鲜切花，出口量居世界第三位。

美国设施农业的指导思想是进行适地栽培。由于其国土横跨几个气候带，有条件进行适地栽培，通过公路和空运实现均衡上市，对设施栽培不重视。但近几年来，随着人们生活质量的提高，对蔬菜、花卉等产品的品质和新鲜度提出了更高的要求，因此设施栽培发展较快。另外，美国对设施栽培尖端技术的研究非常重视，如在太空中的设施生产问题，已有成套的、全部机械手操作的全自动设施栽培技术。

另外，像韩国、哥伦比亚及一些非洲国家也都在加快发展设施农业生产。

（二）世界设施农业发展的现状

设施农业的发展在欧洲已经有100多年的历史。荷兰农民从19世纪末就开始把玻璃盆覆盖在植物上用于透光和保温，但大规模的现代化设施农业是近年来随着农业环境工程技术的突破而迅速发展起来的一种集约化程度很高的农业生产技术。随着现代工业向农业的渗透和微电子技术的应用，集约型设施农业在美国、荷兰、日本等一些发达国家得到迅速发展，并形成了一个强大的支柱产业。

由于设施农业摆脱了传统农业生产条件下的自然气候和季节的制约，不仅使单位面积产量及畜禽个体生产量大幅度增长，而且保证了农牧产品供应，尤其是蔬菜、瓜果和肉、蛋、奶的全年均衡供应。近年来，世界各国发展的设施农业主要包括以下内容。

1. 作物设施（保护地）栽培技术

（1）地膜覆盖栽培　目前世界上大多数国家的大田所用的塑料薄膜一般为厚0.2～0.3 mm的聚乙烯（PE）透明薄膜（只用1季）。用地膜覆盖农田，可以提高地温，保持土壤水分，促进有机质的分解，提高作物产量。应用地膜覆盖可使喜温作物向北推移2～4个纬度，即延长无霜期10～15 d，提高旱地水分利用率30%～50%；在中、轻盐碱地上，配合营养钵育苗移栽，使棉花、玉米的保苗率达80%～90%。现已研制出吸光、抑制杂草滋生的塑料地膜，同时正在用生物技术研制可降解、无公害的生物地膜。另外，配合地膜覆盖栽培研制出了铺设各种型号地膜的覆盖机具。

（2）园艺作物的温室栽培　近代园艺作物的温室栽培主要包括塑料大棚温室栽培和现代化玻璃温室栽培两类。目前，世界上应用塑料大棚最多的国家是中国、意大利、西班牙、法国、日本等；现代化玻璃温室的应用主要以荷兰、日本、英国、法国、德国等最多。由于这种温室可以自动控制室内的温度、湿度、灌溉、通风、CO_2浓度和光照，故每平方米温室一年可产番茄30～50 kg、黄瓜40 kg或月季花180枚，相当于露地栽培产量的10倍以上。当前，现代化温室发展的主要问题是能源消耗大、成本高。因此，近年来一些发达国家大力研究节能措施。例如，室内采用保温帘、双层玻璃、多层覆盖和利用太阳能等技术措施，可以节省50%左右的能源。另外，有些国家，如美国、日本、意大利等开始把温室建在适于喜温作物生长的温暖地区，也减少了能源消耗。

（3）温室无土栽培技术　无土栽培技术是随着温室生产发展而研究采用的一种最新栽培方式。由于它所用的基质营养液或无基质营养液中完全具有、甚至超过了土壤所供给的各种营养物质，因此更有利于各类作物的生长发育。目前世界上已有100多个国家将无土栽培技术用于温室生产。

（4）植物工厂　植物工厂是继温室栽培之后发展的一种高度专业化、现代化的设施农业。它与温室生产的不同点在于，完全摆脱了大田生产条件下自然条件和气候的制约，应用近代先进设备，完全由人工控制环境条件，全年均衡供应农产品。目前，高效益的植物工厂在某些发达国家发展迅速，初步实现了工厂化生产蔬菜、食用菌和名贵花木等。美国正在研究利用植物工厂种植小麦、水稻，以及进行植物组织培养和快繁、脱毒的技术。由于这种植物工厂的作物生产环境不受外界气候等条件的影响，故蔬菜如生菜种苗移栽2周后，即可收获，全年收获产品在20茬以上，蔬菜年产量是露地栽培的数十倍，是温室栽培的10倍以上。此外，在植物工厂可实现无土栽培、不用农药、能生产无污染的蔬菜等。目前，世界上只有28个植物工厂，由于设备投资大、耗电多（占生产成本的一半以上），因此降低成本是今后主要的研究课题。

2. 畜禽环境工程和设施技术

（1）工厂化养畜禽技术　工厂化养畜禽的实质是为畜禽舍创造最适宜的卫生环境和小气候，以机械、电器代替手工劳动，以先进的畜牧业技术（包括饲料配合、现代饲养管理方式及先进的繁殖技术）改善生产流程，从而取得高的劳动生产率、良好的饲养效率、最大的经济效益，达到高产、高效、优质、低耗的目标。工厂化养畜禽自20世纪70年代兴起，现在已发展到工厂化养鸡、养猪、养肉羊和养奶牛等生产领域。其中以工厂化养鸡规模最大、效益最高，现被广泛采用。

（2）塑料暖棚养畜禽技术　在寒冷地区，冬季用塑料暖棚养畜禽，因成本低廉，近年也应用较多，一般用厚度为300 mm的两层薄膜，中间用聚苯乙烯填充保温，内壁膜一般用白色或银色以反射光和热，外层多用黑色塑料膜以增加热量吸入，目前主要用于养鸡、猪、羊等。

（3）草地围栏及供水系统　太阳能、电围栏及放牧场防冻供水系统是现代化草地建设最基本的措施，美国、澳大利亚等已普遍采用。

（4）其他畜牧业的设施　目前国外研制出的畜牧业设施还有比较先进的装卸和运输家畜（禽）的装置和设备；保护畜禽免受气候、疾病和应急因素影响的设施；饲料贮藏、调制加工的装置和设备；有效地处理和利用畜禽粪便的装置等。

（三）世界设施栽培发展的六大趋势

根据有关方面的调查研究资料（国家科技部、农业部）及有关专家的分析，近期及未来全球设施农业发展的趋势可归为以下6个方向。

1. 无土栽培发展迅速

在发达国家的设施农业中，荷兰无土栽培与温室面积的比例超过70%，加拿大超过50%，比利时达50%；美、日、英、法等国的无土栽培面积均达到250～400 hm^2。

2. 覆盖材料的多样化

北欧国家多用玻璃，法国等南欧国家多用塑料，日本应用聚氯乙烯（PVC）膜，美国多用聚乙烯膜双层覆盖。覆盖材料的保温、透光、遮阳和光谱选择性能渐趋完善。

3. 温室生物防治技术得到进一步发展

为防治温室内部的化学物质污染，发达国家重视在温室内减少农药的使用量，大力发展生物防治技术。例如，荷兰温室的甜椒，其生物防治的商品率已经达到80%～90%。

4. 广泛建立和应用喷灌、滴灌系统

以往，发达国家灌溉是以土壤含水量或水位为依据进行喷灌管理，现在世界上正在研究以作物需水信息为依据的自动化灌溉系统。

5. 向大型化方向发展

有关资料显示，目前农业技术先进的国家，每栋温室的面积基本上都在0.5 hm^2以上。连栋温室得到普遍推广，温室的栋高在4.5 m以上，玻璃面积有所增大。温室空间扩大后，可进行立体栽培，且便于机械化作业。

6. 向机械化、自动化方向发展

设施内部环境因素（如温度、湿度、光照强度、CO_2浓度等）的调控由过去的单因子控制向利用环境、计算机多因子动态控制系统发展。发达国家的温室作物栽培，已普遍实现了播种、育苗、定植、管理、收获、包装、运输等作业的机械化、自动化。

三、我国设施栽培的发展

（一）我国设施农业的发展简史

我国是世界上应用设施农业技术历史最悠久的国家之一，最早的文字记载见于《汉书·召信臣传》中："太官园种冬生葱韭菜茹，覆以屋庑，昼夜燃蕴火，待温气乃生……"到了唐代（7～9世纪），中国的设施栽培技术又有了进一步的发展，大历十年（公元775年）王建在描述宫廷琐事的《宫前早春》中写道："酒幔高楼一百家，宫前杨柳寺前花，内园分得温汤水，二月中旬已进瓜。"说明1200多年前，西安都城已用天然温泉水在早春季节种植瓜类蔬菜。至明嘉靖年间（1522～1566年），王世懋在其所著的《学圃杂疏》中记载："王瓜出燕京者最佳，其地人种之火室中，逼生花叶，二月初即结小实，中官取之上供。"说明明朝北京的温室暖窖栽培已具相当的水平，经过明、清、民国近400年，以西安、北京等古都为中心的劳动人民，在创造中国特有的单斜面暖窖土温室黄瓜等蔬菜的冬春茬栽培方面积累了丰富的实践经验，但限于当时的社会条件和科学技术的落后，设施栽培发展缓慢，且其产品始终为极少数封建官僚统治阶级所享用，直到新中国成立后，随着社会生产力和经济建设的发展，以及人民生活水平的提高，设施园艺才得到了迅速发展。

（二）我国设施农业的现状及存在的问题

近年来，我国设施农业也以超时令、反季节的设施园艺作物生产为主迅猛发展。截至2017年底，全国设施园艺总面积已达370万hm^2，居世界第一位，约占世界设施园艺总面积的80.43%。我国在设施园艺研究领域也取得了一定的进展，不仅试验研究出比较适合我国气候条件与国情的园艺设施，而且在保护地栽培、节水灌溉、机械化育苗及蔬菜花卉无土栽培等方面的研究也取得了很大成就，有些研究成果已逐步在生产实践中得到广泛应用与推广。

我国的设施栽培虽然有了长足的进步，但与发达国家相比，还有较大的差距，主要表现在以下几个方面。

1）我国设施农业的面积虽居世界第一位，但是以简易的类型为主，设施环境的可控程度与水平低，抗御自然灾害的能力差，遇灾害性天气和年份生产没有保障，农民遭受损失，市场供应出现波动。

2）设施农业工程科技含量低，无论设施本身还是栽培管理，多以传统经验为主，缺乏量化指标和成套技术，不符合农业现代化的要求；与发达国家相比差距很大，尤其表现在作物的产量水平，尽管我国也有高产典型，但很不普遍，大面积平均单产与发达国家相距甚远。

3）我国设施农业的生产经营方式以个体农户为主，劳动生产率很低，只相当于发达国家的1/10，甚至1/100；规模化、产业化的水平更低，小农经济的生产和经营与日益发展的市场经济矛盾越来越突出，更难以走出国门与国际市场接轨。

4）发达国家的设施农用工程已形成独立的产业体系，我国还是分散的，以小型的乡镇企业为主，工艺水平较低；尤其在环境控制设备的研究和制造方面，是薄弱环节，限制了栽培水平的提高。近年来，随着外国温室公司不断涌入我国，他们的产品虽然价格很高，但因质量好、工艺精湛，还是受到欢迎，使我国原本就不太发达的相关产业受到较大的冲击。

第二章　设施植物的生长发育

无论是设施栽培，还是露天栽培，种植者最关心的是如何调控作物的生长速度，以便取得最适宜、最经济的作物生长效果，并使作物的生长向更有利于产品器官形成的方向发展，最终实现优质、高效栽培的目的，而这些都需要了解有关作物生长发育的过程。

第一节　设施植物的生理代谢

一、植物的光合作用

光合作用（photosynthesis）是指绿色植物利用太阳光的能量把水和大气中的CO_2固定成有机化合物并释放出氧气的过程，光合作用为作物的生长提供了物质和能量基础，是涉及植物生长最重要的生理代谢过程。呼吸作用是指把光合作用产生的有机物转化为植物生长能够利用的能量和生长发育必需的各种有机物的过程。光合作用和呼吸作用使植物的生长过程成为可能，二者之间的平衡导致了植物的生长。必须强调的是，生长发生在整个植物体不同的组织和器官中，涉及一系列化学过程。

（一）太阳辐射光谱与能量

太阳光不是单一波长的光，地表观测的光的波长在 300～2600 nm，对光合作用有效的可见光的波长在 390～770 nm。当太阳光束通过三棱镜后，白光分为红、橙、黄、绿、青、蓝、紫 7 色连续光谱，这就是太阳光的连续光谱（图 2-1）。

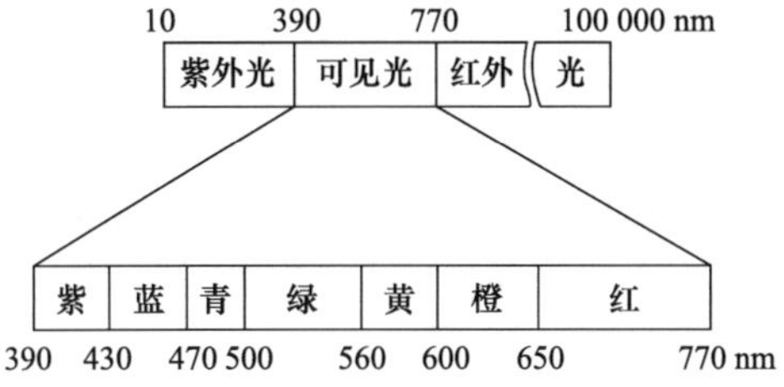

图 2-1　太阳的光谱

光波是一种电磁波，同时又是运动着的粒子流，这些粒子称为光子或光量子（也称为量子）。光子携带的能量和光的波长成反比，不同波长的光，每个爱因斯坦单位所持的能量是不同的（表 2-1）。长光波（如红光）的量子比短光波（如蓝紫光）的量子所持的能量少。按照光化学定律，每吸收一个量子，会使一个反应物分子激发。在有效波长 390～770 nm 中，红光量子所持能量最少，但也可满足光合作用反应的要求。因此，在有效波长范围内各种波长的量子对光合反应的激发效能是一致的。

表 2-1　不同波长的光子所持的能量

光质	λ/nm	E/（kJ/mol）
紫	<400	297
紫外	400～425	289
蓝	425～490	259
绿	490～560	222
黄	560～580	209
橙	580～640	197
红	640～740	172

（二）叶绿素的光学特性

1．光合色素的种类

叶片是进行光合作用的主要器官，叶绿体（chloroplast）是进行光合作用的主要细胞器。植物在进行光合作用时，叶绿体中的光合色素对光能的吸收和利用起着重要作用。光合色素有 3 类：叶绿素、类胡萝卜素和藻胆素。叶绿素是最重要的光合色素，叶绿素有叶绿素 a、叶绿素 b 两种类型。绝大部分叶绿素 a 分子和全部叶绿素 b 分子具有收集光能的作用，少数特殊状态的叶绿素 a 分子有将光能转换为电能的作用。叶绿体中的类胡萝卜素有两种，即胡萝卜素和叶黄素（或胡萝卜醇），类胡萝卜素除了有收集光能的作用外，还有防强光照伤害叶绿素的功能。藻胆素是某些藻类进行光合作用的主要色素。

2. 光合色素的吸收光谱

叶绿素吸收光的能力极强，如果把叶绿素溶液放在光源和分光镜的中间，可以看到光谱中有些波长的光被吸收了，在光谱上出现黑线或暗带，这种光谱称为吸收光谱。叶绿素吸收光谱的最强吸收区有两个：一个在波长为 640～660 nm 的红光部分，另一个在波长为 430～450 nm 的蓝光部分（图 2-2）。此外，在光谱的橙光、黄光和绿光部分只有不明显的吸收带，其中尤以对绿光的吸收最少。由于叶绿素对绿光的吸收最少，所以叶绿素的溶液呈绿色。叶绿素 a 和叶绿素 b 的吸收光谱很相似，但也略有不同：叶绿素 a 在红光部分的吸收带宽些，在蓝紫光部分窄些；叶绿素 b 在红光部分的吸收带窄些，而在蓝紫光部分宽些。在设施栽培条件下，散射光的特点明显，散射光中蓝紫光的比例大于直射光，故阴天不仅光照强度弱，而且蓝光和绿光的成分增多。由于叶绿素 b 对蓝紫光的吸收能力比叶绿素 a 强，所以作物叶片叶绿素 a/b 值较小的能更好地吸收利用散射光，在阴天条件下光合强度也会高些。

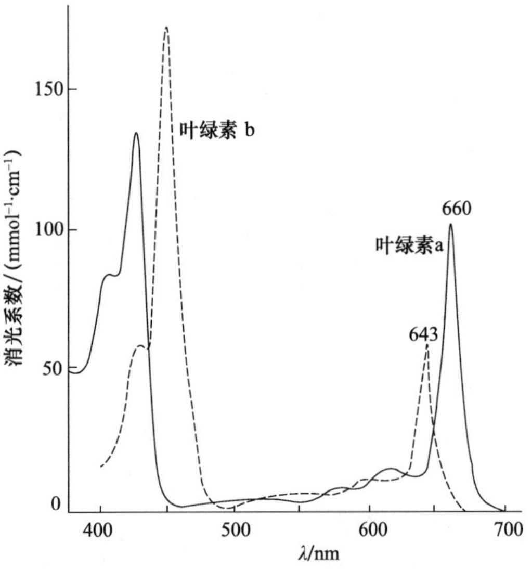

图 2-2　叶绿素 a 和叶绿素 b 在乙醚溶液中的吸收光谱

胡萝卜素和叶黄素的吸收光谱与叶绿素不同，它们的最大吸收带在蓝紫光部分，不吸收红光等长波的光。藻胆素的吸收光谱刚好与类胡萝卜素相反，它主要吸收绿、橙光。具体来说，藻蓝蛋白的吸收光谱最大值是在橙红光部分，藻红蛋白是在绿光和黄光部分。

3. 叶绿素的荧光现象

叶绿素溶液在透射光下呈绿色，而在反射光下呈红色（叶绿素 a 为血红光，叶绿素 b 为棕红光），这种现象称为荧光现象。叶绿素溶液的荧光可达吸收光的 10% 左右，而鲜叶的荧光程度较低，只占其吸收光的 0.1%～1%。叶绿素除了在光照时能辐射出荧光外，当去掉光源后，还能继续辐射出极微弱的红光，这种光称为磷光。

叶绿素荧光作为光合作用研究的探针，得到了广泛的研究和应用。叶绿素荧光不仅能反映光能吸收、激发能传递和光化学反应等光合作用的原初反应过程，而且与电子传递、质子梯度的建立及腺苷三磷酸（ATP）合成和 CO_2 固定等过程有关。几乎所有光合作用过程的变化均可通过叶绿素荧光反映出来，而荧光测定技术不需破碎细胞，不伤害生物体，是间接研究光合作用变化的一种简便、快捷、可靠的方法。目前，叶绿素荧光在光合作用、植物胁迫生理学、水生生物学方面得到了广泛的应用。

（三）CO_2 的固定途径

CO_2 同化是光合作用过程中的一个重要方面，从能量转换角度来看，碳同化是将 ATP 和还原型烟酰胺腺嘌呤二核苷酸磷酸（NADPH）中活跃的化学能转换为稳定的化学能，并贮存在糖类中的过程，贮存的化学能能够在较长时间内满足植物生命活动的需要。从物质生产的角度来看，占植物体干重 90% 以上的有机物质，都是通过碳同化转化而成的。

高等植物固定 CO_2 的生化途径有 3 条：卡尔文循环、C_4 途径和景天科酸代谢途径。其中以卡尔文循环为最基本的途径，同时，也只有这条途径才具备合成淀粉等产物的能力；而其他两条途径不普遍（特别是第 3 条），且只能起固定、运转 CO_2 的作用，不能形成淀粉等产物。

光合作用总的化学反应式如下：

$$6CO_2+12H_2O \xrightarrow[\text{绿色植物}]{\text{太阳光}} C_6H_{12}O_6+6O_2+6H_2O$$

光合反应在叶绿体的基质中进行，有多种酶参与反应，CO_2 来源于空气，水来自土壤。这个看似简单的方程式实际上包含了生成葡萄糖的两个不同阶段：第一阶段——“光反应”阶段，此阶段把水裂解为氢和氧；第二阶段——“暗反应”阶段，此阶段把氢与 CO_2 结合生成葡萄糖。其实，“暗反应”的进行并不是不需要光，只是不直接需要光。因为“暗反应”需要的 ATP 和 NADP 是依赖“光反应”

阶段产生的，这两种产物在细胞内并不积累，而是产生后很快被利用，随着光照的终止，CO_2 的固定也就很快停止了。“暗反应”是 CO_2 固定反应，也称为碳固定反应。

1. 卡尔文循环

由卡尔文（M. Calvin）研究发现而命名，故称为卡尔文循环。在这个循环中，CO_2 受体是一种戊糖（核酮糖二磷酸），故又称为还原戊糖磷酸途径。由于在这个循环中 CO_2 固定的最初产物是一种三碳化合物，故又称为 C_3 途径。这种具有 C_3 途径光合特点的植物，称为 C_3 植物。在这个循环中，CO_2 进入叶绿体后，在核酮糖-1,5-二磷酸羧化酶（RuBP carboxylase）的作用下，与核酮糖-1,5-二磷酸（RuBP）的受体结合，形成 2 分子的 3-磷酸甘油酸（PGA）；3-磷酸甘油酸被 ATP 磷酸化，在 3-磷酸甘油酸激酶的催化下，形成 1,3-二磷酸甘油酸（BPG），然后在 3-磷酸甘油醛脱氢酶的作用下被 $NADPH+H^+$ 还原，形成 3-磷酸甘油醛（PGAL），即完成储能过程。卡尔文循环是所有植物光合作用碳同化的基本途径，全部过程可以用如下的反应式表示。

$$6CO_2+12NADPH+12H^++18ATP\longrightarrow C_6H_{12}O_6+12NADP^++18ADP+18Pi+6H_2O$$

在上述方程式中，中间产物为 3-磷酸甘油醛，反应产物以葡萄糖表示。事实上，在光合作用的细胞内固定的 CO_2 仅有很少量以葡萄糖形式存在，绝大部分或者转化为蔗糖，或者以淀粉的形式储存。

2. C_4 途径

已知不少植物固定 CO_2 的最初产物是四碳化合物，这种途径也被称为 C_4 途径；具有这种光合特性的植物，称为 C_4 植物。该途径首先由一个 CO_2 分子与叶肉细胞细胞质中的磷酸烯醇式丙酮酸（PEP）受体结合，然后在磷酸烯醇式丙酮酸羧化酶（PEPC）的催化下固定 HCO_3^-（CO_2 溶解于水），最后生成草酰乙酸（OAA）。草酰乙酸是含 4 个碳原子的二羧酸，所以这个反应途径又称为四碳双羧酸途径，也称为 C_4 光合碳同化（PCA）环，简称 C_4 途径（图 2-3）。

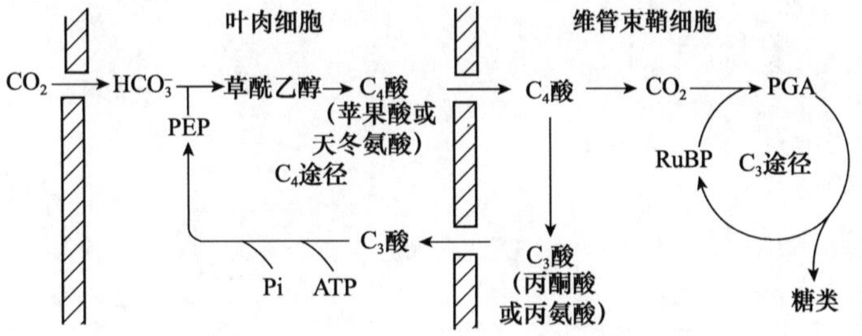

图 2-3　C_4 途径的基本反应在各部位进行的示意图

就固定 CO_2 需求的能量而言，C_4 植物固定一分子 CO_2 需要 5 个 ATP，而 C_3 植物只需要 3 个，故 C_4 植物的效率是低于 C_3 植物的。然而，C_4 植物的光合速率远高于 C_3 植物，一方面是因为在高温、强光条件下，C_4 植物叶片在部分气孔关闭时仍具有高效利用 CO_2 的功能，而 C_3 植物则不能（图 2-4）；另一方面是因为 C_3 植物具有明显的光呼吸现象，光呼吸是一个氧化过程，被氧化的底物是乙醇酸，光呼吸往往将光合作用固定的 20%～40% 的碳变成 CO_2 释放出，故从碳素角度来看，C_3 植物的光呼吸是一种“浪费”，而 C_4 植物的光呼吸消耗很少，甚至测不出来。还有就是 C_3 植物和 C_4 植物的叶片结

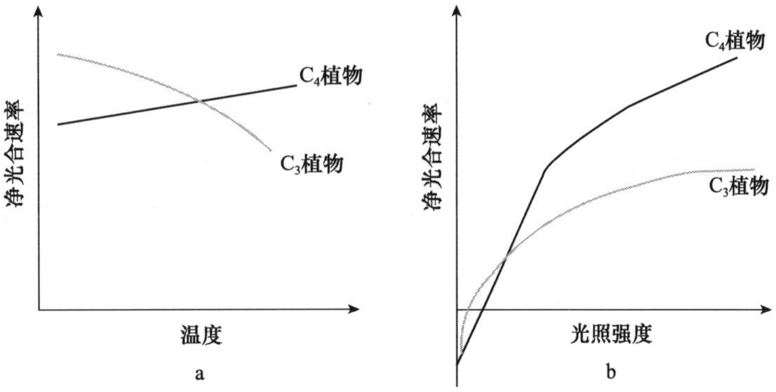

图 2-4　温度和光照强度对 C_3 和 C_4 植物光合速率的影响

a. 不同温度下；b. 不同光照强度下

构也不同，C_3 植物叶片的维管束鞘细胞含有的叶绿体小，不具有光合功能，光合作用只在叶肉细胞中进行；而 C_4 植物叶片的维管束鞘细胞含有大而多的叶绿体，这些叶绿体能进行卡尔文循环，叶肉细胞表现为 C_4 途径。

3. 景天科酸代谢

景天科（Crassulaceae）植物如景天、落地生根等的叶子具有特殊的 CO_2 固定方式。即晚上气孔开放，吸进 CO_2 后与 PEP 结合，在 PEP 羧化酶的作用下，形成 OAA，进一步还原为苹果酸，积累于液泡中；白天气孔关闭，液泡中的苹果酸便运到细胞质，在 NADP 苹果酸酶的作用下，氧化脱羧放出 CO_2，参与卡尔文循环，形成淀粉等。植物体在晚上有机酸含量高，糖类含量低，白天有机酸下降，而糖分增多，具这种有机酸合成日变化的代谢类型，称为景天科酸代谢（crassulacean acid metabolism，CAM）（图 2-5），具有该代谢类型的植物通称为景天科酸代谢植物（CAM plant）。

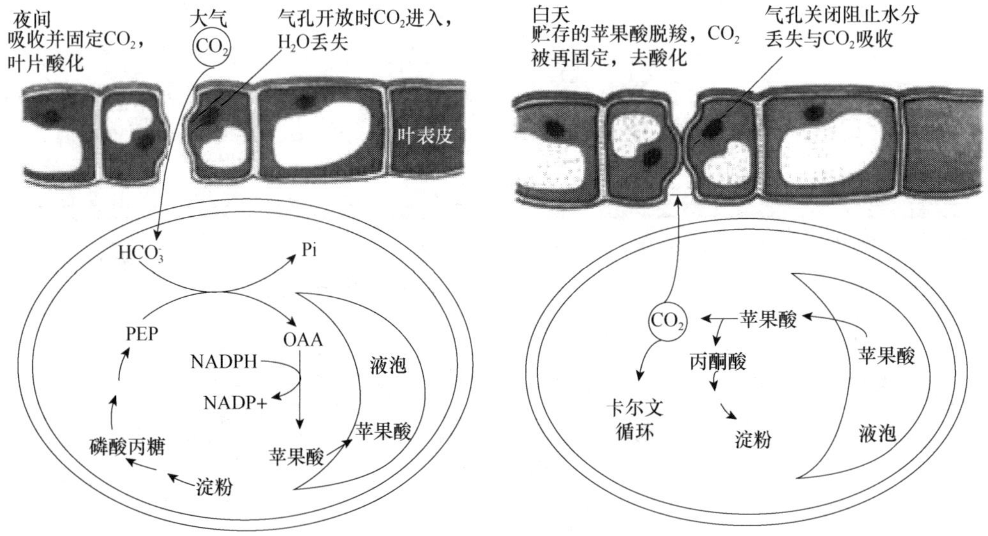

图 2-5　CMA 代谢途径：夜间吸收 CO_2；白天脱羧 CO_2 被再固定（Taiz & Zeiger，1998）

CAM 植物多起源于热带，往往分布于干旱的环境中，多为肉质植物（succulent plant），但肉质植物不一定都是景天科酸代谢植物，常见的 CAM 植物有菠萝、剑麻、兰花、百合、仙人掌等。与 C_3 和 C_4 植物相比，CAM 植物的生长速度一般较缓慢，因为该类植物倾向于保持水分，白天大部分时间气孔处于关闭状态，限制了 CO_2 的吸收与固定。

（四）影响光合作用的环境因素

光合速率受诸多因素的影响，包括光照强度、CO_2 浓度、温度、水分、日照时间、叶片寿命等。

1. 光照强度

光对生产 ATP 和 NADPH 是重要的，因此光合速率是随着光照强度的增减而增减的。白天随着光照的增强，植物开始吸收 CO_2 进行光合作用，同时进行呼吸放出 CO_2。同一叶片在单位时间内，在光合过程中吸收的 CO_2 和在呼吸过程中放出的 CO_2 等量时的光照强度，称为光补偿点（light compensation point）（图 2-6）。植物在光补偿点时，有机物的形成和消耗相等，不能积累干物质，而夜间呼吸还要消耗干物质，因此从全天来看，植物所需的最低光照强度，必须高于光补偿点，才能使植物表现出生长状态。一般

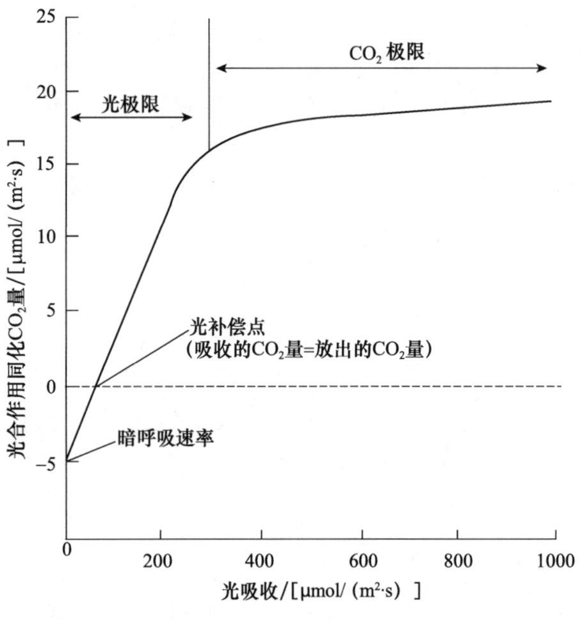

图 2-6　光照强度与光合速率的关系

来说，喜光植物的光补偿点为9～18 μmol/（m^2·s），耐阴植物则小于9 μmol/（m^2·s）。如光辐射继续加强超过一定范围之后，光合速率的增加变得逐渐缓慢，当达到某一光照强度时，光合速率就不再增加了，这种现象称为光饱和（light saturation）。一般认为光饱和是CO_2代谢不能与吸收光能同步，受CO_2的浓度限制而引起的，出现光饱和时，如果增加环境的CO_2浓度，通常光合速率还会继续增加。

植物的饱和光强与品种、叶片厚薄、单位叶面积、叶绿素含量等有关。喜光植物单叶片的光饱和点大多在360～450 μmol/（m^2·s）或更高，耐阴植物的光饱和点多为90～180 μmol/（m^2·s）。单叶片的光饱和点不能代表群体，因为群体枝叶繁茂，当外部光照很强，达到单叶片光饱和点以上时，群体内部由于层层叶片对光的消减，其光照强度仍在单叶片光饱和点以下，因群体中、下层叶片仍能利用透射光和反射光进行光合作用，此时群体对光能的利用率会更高，故群体的光饱和点通常大于单叶片的光饱和点。在设施栽培条件下，要达到相同的补光效果，光源设置于植物冠层顶部的补光强度通常要高于植株间冠层内的补光强度。

2. CO_2浓度

CO_2是光合作用的原料，对光合速率的影响很大。在通风不良、群体郁闭或设施通风不及时的条件下，随着光合作用的进行，群体内CO_2的浓度会下降到较低水平，光合速率相应急剧降低。当植物光合吸收的CO_2量等于呼吸放出的CO_2量时，此时的CO_2浓度称为CO_2补偿点（CO_2 compensation point），植物的不同种类、同种植物的不同品种，其CO_2补偿点也不相同。空气中CO_2的浓度一般占空气体积的0.036%，由于C_3植物有较高的CO_2补偿点，故空气中CO_2的浓度对C_3植物的光合作用来说是比较低的，增加CO_2的浓度对提高C_3植物的光合速率有明显的效果。国外一些温室种植者在种植兰花、康乃馨和玫瑰时，通常采用液态CO_2或燃烧甲烷、丙烷的方法进行CO_2施肥（carbon dioxide fertilization）。冬季晴暖天气时，在密闭的温室中CO_2的浓度会降低到影响光合作用的程度，故进行CO_2施肥是必要的。经常通风的温室冬季CO_2的浓度很容易得到恢复，如果不是为了增产，没有必要进行CO_2施肥。

3. 温度

光合过程中的暗反应是酶所催化的化学反应，温度直接影响酶的活性，因此温度对光合作用的影响也很大。当光照是限制光合作用的因素时，温度对光合作用的影响较小；当光照充足时，温度每增加10℃，光合速率就成倍增加。因此，在设施栽培条件下，当光照条件适宜时，维持适宜的温度条件对采收期和产量的影响很大。我国北方冬春设施栽培时，在风速较大的晴天即使设施放风口的大小与平时相同，设施内的温度通常也低于作物生长的适温，呈现出光照适宜、温度偏低的问题，应注意避免。

喜温植物的光合作用在25～30℃适宜，在35℃以上时光合作用就开始下降，40～50℃时则完全停止。在高温条件下，由于呼吸速率增加，光合速率降低，常导致如西瓜、甜瓜果实的含糖量下降，品质降低。高温限制光合作用的原因，一方面是高温破坏了叶绿体和细胞质的结构，并使叶绿体的酶钝化；另一方面是在高温时，呼吸速率大于光合速率，光合速率实际上表现为下降。在低温条件下，酶活性降低，酶促反应速率下降，故低温限制了光合作用的进行。

4. 水分

水分是光合作用的原料，缺乏时可使光合速率下降。土壤干旱、干热风导致蒸腾加剧；缺水使光合作用相关酶类的活性降低，使叶片的气孔关闭，影响CO_2进入叶内，使叶片的淀粉水解加强，糖类堆积，光合产物输出缓慢，这些都会使光合速率下降。我国北方温室设施夏季通常会出现35℃的高温，采用水肥一体化栽培，虽然能够满足作物根系对水分吸收的要求，但根际外的大行因不进行灌溉，土壤水分含量低、蒸发量小，往往导致环境温度高而空气相对湿度过低，从而影响作物的生长，应该引起栽培者的注意。

5. 日照时间

植物的光合作用随日照时间的延长而延长，在长日照条件下作物光合时间长，生长速度也快。冬季光照弱、日照时间短，采用适宜的光照强度对温室种植作物进行人工补光更容易获得成功。

6. 叶片寿命

一般来说，叶片的生长发育阶段也影响光合速率。例如，一个尚未完全伸展的幼龄叶片，其光合速率小于完全展开的叶片；另外，当植物叶片开始衰老时，叶片的光合速率又开始下降，甚至最终停止。在中原地区冬春季节进行喜光作物的设施栽培，低温寡照是典型的气候特点，及时打去老叶、病叶，对高产、防病具有双重意义。

其他影响光合作用的因素包括营养因素，如叶绿素需求的氮素和镁的缺乏也会降低光合速率。造成环境污染的臭氧、硫化物会破坏植物叶片的叶绿素，减少光合面积，最终影响光合速率。

（五）改善光合性能、提高光能利用率的途径

1. 光合性能的概念及其与产量的关系

光合产物的多少取决于光合面积、光合能力与

光合时间三大因素，而能否积累或积累的多少与光合产物的消耗有关，至于产品器官所占的比例，即经济产量的高低，还要看光合产物的分配情形，对此可用经济系数来表示。经济产量与光合作用的关系可用下式表示。

经济产量＝［(光合时间×光合面积×光合能力)－消耗量］×经济系数

由此可知，作物的经济产量主要取决于5个方面，即光合面积、光合能力、光合时间、光合产物的消耗和光合产物的分配利用，这5个方面称为光合系统的生产性能或光合性能。一般凡是光合面积适当大、光合能力较强、光合时间较长、光合产物的消耗较少、分配利用较合理的就能获得较高的产量。一切增产措施，归根到底主要是通过改善光合性能、提高光能利用率而起作用的。

2. 改善光合性能、提高光能利用率的途径

提高光能利用率，可以通过增加光合面积、延长光合时间和提高光合能力、减少呼吸消耗等途径来实现。

(1) 增加光合面积　光合面积即植物的绿色面积，主要是指叶面积。叶片是光合的主要器官，叶面积过小肯定不会获得高产；但叶面积过大，特别是种植密度较大时，必然会导致株间光照条件变差，反过来影响光合能力，这样产量也不会很高。合理密植是提高光能利用率的主要措施之一。在设施栽培条件下，合理密植要考虑品种特性、土壤肥力、整枝方式、架型、栽培季节，以及设施内不同部位的光照差异等因素。蔓生植物采用搭架栽培；一二年生的植物，苗期生长较慢而时间较长，前期叶面积过小，可采用间作、套种等措施。此外，育苗移栽、选用大粒种子播种，以及施种肥、苗肥等也是明显有效的措施。但在设施果菜类栽培中，发棵期叶面积增长过快，容易导致叶片大、叶片薄、易感病、结果推迟的问题。

(2) 延长光合时间　提高复种指数是延长光合时间的有效措施，复种指数是指全年内作物的收获面积与耕地面积之比。一年内在同一块土地上通过轮作、间作、套种，多次种植收获作物，延长单位土地面积上作物的光合时间，可缩短田地的空闲时间，减少漏光率，从时间上和空间上更好地利用光能。

在设施栽培条件下补充人工光照也是延长光合时间的途径。当阳光不足或日照时间过短时，可用人工光照补充，但人工光照能耗大，多用于育苗补光，或者通过补光调控花卉植物的花期，果菜类人工补光栽培应用得还不广泛。在北方温室生产中，冬季重视对保温覆盖材料的早揭晚盖也是延长光合时间经济而有效的措施。

(3) 提高光合能力　光合能力的强弱一般以光合速率和光合生产率为指标。光合速率通常用单位叶面积在单位时间内同化CO_2的数量［$mgCO_2/(dm^2·h)$］来表示。光合生产率也称为净同化率，通常用每平方米叶面积在较长时间内（一昼夜或一周）增加干重的克数［$g/(m^2·d)$］表示。影响光合作用的环境因素都影响光合能力，包括光照强度、CO_2浓度、温度、水分、叶片生长发育状态、矿质营养等。在设施栽培条件下，针对影响光合能力的因素采取的相应调控措施包括：①选用透光率高的防雾、防尘塑料薄膜，及时清扫，保持透明覆盖材料洁净，及时打杈，避免架面郁闭；②采用宽窄行排架栽培，减小群体上下层光强消减幅度和群体上下层CO_2浓度梯度；③增施有机肥，提高环境CO_2浓度，进行CO_2施肥；④创造适宜的光合温度条件，防止低温高湿、高温低湿对光合作用的影响；⑤提供适宜的水分条件，避免水分胁迫；⑥及时摘除老叶；⑦进行平衡施肥，防止由施肥不当引起的有害气体危害。

(4) 减少呼吸消耗　植物通过呼吸作用消耗有机物，把有机物中贮存的能量以有效的方式转入ATP中，再用到物质合成、转化和生长发育等各种耗能的生命活动中去，因此正常的呼吸消耗不仅是不可避免的，而且也是必要的。除了正常呼吸之外，C_3植物的光呼吸消耗有机物，不形成ATP，可以说也是一种“无效呼吸”。降低光呼吸的措施包括：①利用光呼吸抑制剂抑制光呼吸，提高光合效率，如环羟基磺酸、亚硫酸氢钠、氧丙酸等能抑制乙醇酸变成乙醛酸；②改变环境气体成分，尤其是增加CO_2的浓度，使核酮糖二磷酸羧化酶/氧化酶的羧化反应占优势，增加碳固定，同时减少其氧化反应的比例以减少光呼吸。此外，由于光呼吸强弱除受遗传性决定外，与环境条件也有一定关系，而强光、高温促进光呼吸，因此调控环境也不能忽视。

二、植物的呼吸作用

(一) 呼吸作用的概念及意义

呼吸作用（respiration）是指将植物体内复杂的有机物分解为简单的化合物，同时把贮藏在有机物中的化学能释放出来的过程。光合作用是将CO_2和水转变成为有机物，把日光能转化为可贮藏在植物体内的化学能的过程。但是，光合作用贮藏在碳水化合物中的能量并不能直接被植物利用，而必须通过呼吸作用将其逐步氧化，释放出自由能并以ATP的形式满足植物体各种生命活动的需要。呼吸作用的首要功能是为植物体各种生命活动提供所需的能量，用于细胞分裂和细胞内多种化学反应。在呼吸作用过程中被氧化分解的有机物称为呼吸底物，呼吸底物的降解是经过一系列酶促反应逐步进行的，在逐步进行中会产生一系列的中间产物；这些中间产物也为植物生长需要的其他有机化合物，如纤维素、蛋白质及各种酶的合成提供了原料，这是呼吸作用的另一个作用。另外，呼吸作用把光合作用形成的碳水化合物分解为 CO_2 和 H_2O，维持了大气 CO_2 的平衡。

（二）呼吸作用的类型

呼吸作用包括有氧呼吸（aerobic respiration）和无氧呼吸（anaerobic respiration）两大类型。

1. 有氧呼吸

有氧呼吸是指细胞在 O_2 的参与下，把某些有机物质彻底氧化分解，放出 CO_2 并形成水，同时释放能量的过程。一般来说，葡萄糖是植物细胞呼吸最常利用的物质，因此，呼吸作用反应式如下。

$$C_6H_{12}O_6+6O_2 \longrightarrow 6CO_2+6H_2O+2830\ kJ$$

有氧呼吸是高等植物进行呼吸的主要形式，通常所说的呼吸作用就是指有氧呼吸，甚至把呼吸看成有氧呼吸的同义词。

2. 无氧呼吸

无氧呼吸一般是指在无氧条件下，细胞把某些有机物分解成为不彻底的氧化产物，同时释放能量的过程。这个过程用于高等植物，习惯上称为无氧呼吸，如应用于微生物，则惯称为发酵（fermentation）。高等植物无氧呼吸可产生乙醇，其过程与乙醇发酵是相同的，反应如下。

$$C_6H_{12}O_6 \longrightarrow 2C_2H_5OH+2CO_2+118\ kJ$$

除了乙醇以外，高等植物的无氧呼吸也可以产生乳酸。例如，马铃薯块茎、甜菜块根、胡萝卜和玉米胚在进行无氧呼吸时，就能产生乳酸。

从发展的观点来看，有氧呼吸是由无氧呼吸进化而来的。现今高等植物的呼吸类型主要是有氧呼吸，但仍保留无氧呼吸的能力。例如，在缺氧的情况下（如水淹），高等陆生植物可进行短期的无氧呼吸，以适应不利的环境；水稻等沼泽植物具有较强烈的无氧呼吸系统。在无氧呼吸条件下，由于呼吸底物没有被彻底氧化成为 H_2O 和 CO_2，不但释放的能量少，而且随着无氧呼吸时间的延长及乙醇或乳酸的积累，还会导致植物组织和器官的中毒腐败继而死亡。

（三）呼吸代谢的途径

植物体内含量最丰富的碳水化合物、蛋白质及脂类都可作为呼吸底物，但不同植物或不同组织和器官中的呼吸底物有所不同。例如，种子萌发时淀粉类种子以糖类为主要的呼吸底物，而油料种子则以脂类为主要的呼吸底物。但在大多数植物中，光合作用产生的葡萄糖是呼吸代谢的主要底物，有时己糖磷酸也可作为呼吸底物。糖在植物体内的主要呼吸代谢途径有糖酵解、三羧酸循环和戊糖磷酸途径。

1. 糖酵解

葡萄糖在一系列酶的作用下逐步降解氧化形成丙酮酸的过程，称为糖酵解。糖酵解多以淀粉、葡萄糖或果糖为底物，在一系列酶的参与下，形成 2 摩尔丙酮酸，并使 NAD^+ 还原为 NADH。在无氧条件下，丙酮酸脱羧形成乙醛，再被还原成乙醇（酒精），称为乙醇发酵；而形成的丙酮酸也可在乳酸脱氢酶作用下被还原成乳酸，称为乳酸发酵。糖酵解在细胞质中进行，参与糖酵解各反应的酶都存在于细胞质中。糖酵解的反应式可归纳为

$$C_6H_{12}O_6+2NAD^++2ADP+2H_2PO_4 \longrightarrow$$
$$2CH_3COCOOH+2NADH+2H^++2ATP+2H_2O$$

2. 三羧酸循环

糖酵解形成的丙酮酸必须跨过线粒体膜进入线粒体基质内，在有氧的条件下进一步氧化分解。丙酮酸先经氧化脱羧形成乙酰辅酶 A，后者与草酰乙酸缩合形成柠檬酸，然后逐步脱氢、脱羧，最后又形成草酰乙酸，形成一个循环。因循环中的酸如柠檬酸具有 3 个羧基（—COOH），故称三羧酸循环（tricarboxylic acid cycle）。1 摩尔丙酮酸经过三羧酸循环释放出 3 摩尔 CO_2。循环中有 5 个步骤脱氢，脱下的氢被烟酰胺腺嘌呤二核苷酸（NAD）和黄素腺嘌呤二核苷酸（FAD）受体所接受，还原成 NADH 和 $FADH_2$，二者经氧化磷酸化作用，将电子及质子传与分子氧形成水，逐步氧化过程中所释放的能量使 ADP 与 Pi 形成 ATP。三羧酸循环是在细胞中的线粒体内进行的，线粒体具有三羧酸循环各反应的全部酶。

由于糖酵解中 1 摩尔葡萄糖产生 2 摩尔丙酮酸，所以三羧酸循环反应可写成下列方程式。

$$2CH_3COCOOH+8NAD^++2FAD+2ADP+2Pi+$$
$$6H_2O \longrightarrow 6CO_2+2ATP+8NADH+8H^++2FADH_2$$

三羧酸循环过程中产生的中间产物可用于合成其他有机物质。例如，乙酰辅酶 A 可用于合成脂肪酸，丙酮酸、α- 酮戊二酸和草酰乙酸可用于合成氨基酸。释放的能量保存于 ATP、NADH 及 $FADH_2$ 中，它们通过呼吸链又形成更多的 ATP，保存了更多的能量。

3. 戊糖磷酸途径

戊糖磷酸途径（pentose phosphate pathway，PPP）

是指葡萄糖可以不经过无氧呼吸生成丙酮酸而直接在细胞质内氧化脱羧，并以戊糖磷酸为重要的中间产物的有氧呼吸途径。戊糖磷酸途径总的反应式如下。

$$6G6P+12NADP^{+}+6H_2O \longrightarrow 6CO_2+12NADPH+12H^{+}+5G6P+Pi$$

戊糖磷酸途径在细胞溶质内进行，细胞质内含有所需的全部酶。在这条途径中，葡萄糖直接氧化，6-磷酸葡萄糖先氧化为6-磷酸葡糖酸，然后再脱氢、脱羧，形成五碳化合物——核酮糖-5-磷酸，核酮糖-5-磷酸经一系列转化和分子重组，最后又形成6-磷酸葡萄糖，形成一个循环。在这条途径中经两次脱氢氧化而产生的大量的NADPH，作为主要供氢体，为各种合成反应提供主要的还原力，如脂肪酸和固醇等的合成、硝酸盐和亚硝酸盐的还原、氨的同化等；所形成的中间产物核酮糖—磷酸可用于合成核苷酸和核酸，赤藓糖-4-磷酸可用于合成芳香族氨基酸、生长素及木质素等。

上述几条呼吸途径在植物体内可同时进行，在不同条件下各途径所占的比例不同，糖酵解和三羧酸循环途径是呼吸作用的主要途径。卡尔文循环形成蔗糖和淀粉，通过呼吸作用分解糖类，产生丙酮酸、乙酰辅酶A、α-酮戊二酸和草酰乙酸等各种中间产物，进一步为脂肪、核酸和蛋白质的合成提供底物。糖和脂肪可以相互转变，因为甘油可逆转为己糖，而脂肪酸分解为乙酰辅酶A后可再转为糖；糖与蛋白质也可以相互转变，因为氨基酸的碳架α-酮酸主要来源于糖代谢的中间产物，核苷酸的核糖来源于戊糖磷酸代谢，碱基则是由氨基酸及其代谢产物组成的。因此，光合作用产生的糖是植物生命物质的根本，呼吸作用是植物生命物质转化的基础。

（四）呼吸速率及其影响因素

1. 呼吸速率

呼吸速率可以用单位重量（鲜重或干重）或单位面积的呼吸材料在单位时间内所吸收的O_2或所释放的CO_2量表示。例如，果实、块茎、块根等的呼吸速率可用mLO_2（或CO_2）/（kg·h）表示，根尖可用μLO_2/（mg·h）表示，叶片可用mL O_2/（dm^2·h）表示。呼吸速率受下述内、外因素的影响。

2. 内部因素对呼吸速率的影响

不同植物、同一植物不同年龄或不同组织器官的呼吸速率可有很大差异。通常生长旺盛、合成过程强烈的植物或部位的呼吸速率较高，而生长缓慢、代谢微弱的植物或部位则呼吸速率较低。这主要是由于前者在呼吸中形成的ATP、NADH、NADPH及中间产物被迅速用于生物合成过程和新细胞的形成，从而促进了呼吸的进行。休眠的种子、块根、块茎或树木的休眠芽的代谢微弱，故呼吸速率也低。

3. 外部因素对呼吸速率的影响

影响呼吸速率的外部因素主要有环境温度、O_2和CO_2的浓度及光照强度等。

（1）环境温度　呼吸作用是在一系列酶促反应下进行的，在0～36℃时，与呼吸作用有关酶的活性随温度的升高而增强，但温度过高会引起酶的变性失活。

对于植物生长来说，为了获得最大净光合效率，在光合作用条件下，维持较强的呼吸作用是必要的，因为生长快的植物通常呼吸速率也高，但配合光合作用，获得最大净光合速率同样重要。在设施栽培中，通常上午配合强光，维持环境较高的温度促进光合作用；下午适当降低温度，在促进光合作用的同时，适当抑制呼吸；前半夜维持稍高的温度，既促进光合产物的运输，又降低呼吸消耗；后半夜尽可能降低温度，抑制呼吸消耗。在设施栽培条件下，通过“四段变温管理”调控设施的环境温度、协调光合作用和呼吸作用的关系是科学的。但应该指出，一个温度是不是最适于呼吸，必须考虑到作用时间的因素，能够较长时间维持最快呼吸速率的温度，才算是最适温度（图2-7的25～35℃）；而使呼吸速率短时间快速上升，此后即急剧下降的温度不是最适温度（如图2-7的40～45℃）。

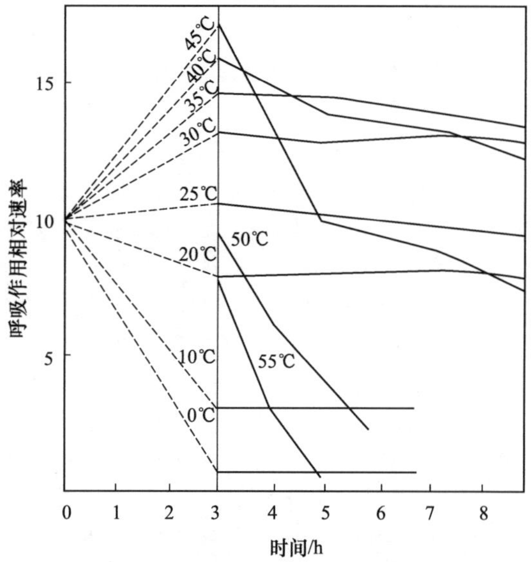

图2-7　温度结合时间因素对豌豆幼苗呼吸速率的影响

植物种子贮藏时，应尽可能降低种子的含水量，保存在较低的环境条件下，基因库的种子通常保存在液氮中。水果、蔬菜、鲜切花贮藏时，贮藏期间光合作用已经停止，但呼吸作用仍然在进行，如果贮藏的环境温度高，那么必然导致有机物快速降解、干重降低、缩短贮藏时间，因此必须降低呼吸速率，而低温冷藏是降低呼吸速率、延长贮藏期的有效途径，0～10℃的环境温度常用来贮藏玫瑰、菊花等鲜切花及苹果、洋葱等水果、蔬菜。

（2）O_2 和 CO_2 的浓度　在缺氧条件下，NADH 及 $FADH_2$ 因呼吸链脱氢氧化而受到抑制，使三羧酸循环过程中的氧化过程受阻，因而乙醇发酵常占较大的比例。乙醇对植物有毒害作用。种子催芽时，如果种子表皮一直被水膜包被，或者催芽期间没有定时对种子进行通气换气，则容易发生无氧呼吸导致烂种。夏季大田作物在田间积水或土壤板结时，根系会因供氧不足影响呼吸而使生长受阻。北方设施果菜类夏季栽培时，对徒长苗如果采取深埋土、浇大水的方法定植，常会造成大量死苗，这是因为埋入土中的茎缺氧发生无氧呼吸，进而酒精中毒导致茎干腐烂而死。在鲜活农产品贮藏时，可以通过降低环境中 O_2 的浓度或增加环境中 CO_2 的浓度，控制鲜活农产品的呼吸作用，达到延长贮藏期的目的。例如，控制环境温度为 0～5℃，用惰性 N_2 替代 O_2，或者把 CO_2 的浓度增加到 10%，可用于苹果的长期贮藏。

（3）光照强度　光照强度对呼吸的影响是间接的，一般光照愈强，温度愈高，可促进呼吸。但在较强光照下，形成的光合产物较多，呼吸底物也充足，因此强光有利于生长。光照不良而温度较高的条件不利于光合作用而有利于呼吸作用，作物会因呼吸过旺而消耗过多，引起生长不良。在设施栽培条件下，有时为了降低环境温度，采取长时间内外遮阳。而以降低光照为代价实现降温是不可取的，光合作用与呼吸作用的协调才是植物生长的动因。

第二节　植物的生长发育

在植物的一生中，有两种基本的生命现象，即生长和发育。生长是指作物个体的器官、组织和细胞在体积、重量和数量上的增加；发育是指作物的细胞、组织和器官的分化形成过程，也就是作物发生形态、结构和功能上的变化。作物的生长和发育是交织在一起的，没有生长就没有发育，没有发育也不会有进一步的生长。在植物栽培学中，有时将发育视为生殖器官的形成过程，这与通常将生长与营养生长联系在一起、发育与生殖生长联系在一起有关。

一、设施植物的营养生长

植物的生长发育是一个从量变到质变的过程，植物生长发育的模式和顺序受自身固有的遗传特性决定，但又受到外界环境和栽培的影响。了解植物器官的生长规律，采取措施调控植物，使其向有利于产品器官形成的方向生长，对实现优质、丰产栽培有重要意义。

（一）根的类型与生长发育

根系是植物在长期适应陆生生活过程中发展起来的器官，它的主要功能是固定植物、吸收水分和矿质营养、合成物质、运输物质、贮藏物质和繁殖。根深叶茂，是就根系对作物生长重要性的评价，根系优先生长也是植物栽培的原则之一。

1. 根系

（1）根系的类型　植物根的总体称为根系。根系的形态取决于植物的种类、繁殖方法和外界的环境条件。通常将根系分为以下 4 种类型。

1）实生根系：由种子胚根发育而来的根系，称为实生根系（seedling root system）。实生根系的主根发达，生活力强。绝大多数蔬菜和种子繁殖的花卉为实生根系；果树由于多采用嫁接栽培，其砧木为实生苗者，其根系也为实生根系，如苹果、梨、桃、柑橘等果树的根系。

2）茎源根系：利用植物的营养器官具有再生能力的特点，采用枝条扦插或压条繁殖，由茎上产生不定根发育而成的根系，称为茎源根系（cutting root system）。茎源根系无主根，常为浅根，生活力相对较弱，如葡萄、无花果等果树的根系，以及月季、橡皮树、山茶花、桂花、天竺葵等花卉的根系；蔬菜中，扦插繁殖的番茄根系，均为茎源根系。

3）根蘖根系：由根系产生的不定芽形成的苗木，其根系称为根蘖根系（layering root system），如枣、山楂等果树和部分宿根花卉的根系。

4）须根系：一些植物的主根伸出不久即停止生长，或者主根存活时间很短，而自茎基部的数节上生长出长短相近、粗细相似的须根，这种主要根群为须根的根系，称为须根系（fibrous root system），如葱蒜类蔬菜、禾本科草坪草的根系。

实生根系较茎源根系发达，在多年生果树苗木繁殖时，实生砧木培育的苗木优于扦插繁殖的苗木。起源于中亚高山地区的须根系植物，根系浅，具有耐旱的特点，但生长期保持适宜的水分更能获得高产。

（2）根系构成　一般根系由主根、侧根和须根构成。

1）主根：种子萌发时，胚根最先突破种皮，向下生长而形成的根，称为主根（main root），又叫初生根（primary root）。主根生长很快，一般垂直插入土壤，成为早期吸收水肥和固定植株的器官。

2）侧根：当主根继续发育，达到一定长度后，根内中柱鞘组织中某些特定部位的细胞，分化生长出与主根有一定角度、沿水平方向生长的分枝根，称为侧根（lateral root）。侧根与主根统称为骨干根。侧根在生长过程中，又会产生出次级侧根，此类根系称为直根系（taproot system）。

3）须根：侧根上形成的细小根，称为须根（fibrous root）。按其功能与结构不同又分为4类：①生长根（growing root），为根系向土壤深处延伸及向远处扩展的部分，一般为白色，具有吸收功能；②吸收根（absorbing root），主要功能是吸收，以及将吸收的物质进行转化或运输到地上部，正常吸收根多为白色；③过渡根（transitional root），主要由吸收根转化而来，其部分可转变成输导根，部分随生长发育而死亡；④输导根（conducting root），主要起运送各种营养物质和疏导水分的作用。

培育强大的须根对丰产有重要的意义。在土壤栽培条件下，选择通气良好的土壤、植物生长前期适当控水、地膜覆盖、避免大水漫灌都有利于侧根生长；在无土栽培条件下，植株生长前期适当控制岩棉栽培垫的相对含水量，以及在营养液膜栽培条件下控制营养液膜的深度、适当延长营养液膜栽培的循环间隔期，都有利于促进须根的生长。

（3）根的结构　将植物根的尖端做纵剖面，在显微镜下进行观察，根尖部可分为4个区。

1）根冠区（zone of root cap）：位于根尖的顶部，形似帽状，由许多薄壁细胞组成。

2）细胞分裂区（cell division zone）：此区位于根冠内方，又称为顶端分生组织，该区细胞分裂活跃。旺盛生长的根系，该区长度一般为0.5～1 mm。

3）细胞伸长区（cell elongation zone）：位于细胞分裂区和根毛区之间，此区的特点是细胞分裂逐渐停止，细胞体积明显扩大，促进根的伸长。

4）根毛区（root-hair zone）：即根上着生有根毛的部位，位于伸长区上方，是吸收水分与无机盐的主要部位；在根尖中所占的比例较大，一般占根尖总长的3/4。根毛的分化使根系吸收面积增加了20～60倍。

在土壤栽培条件下，近土壤表层的根系在良好的土壤通气条件下，密生大量根毛，但根毛的寿命与土壤的含水量有关，干湿变化太大就会影响根毛的存活，特别是大水漫灌之后会导致根毛脱落，黏重土壤尤为严重。

（4）不定根的形成与应用　主根植物的侧根，除从幼根的中柱鞘及其邻近组织产生外，还可由茎（枝）、叶、胚轴上产生，由此形成的根，称为不定根（adventitious root）。不定根多在茎上节间基部的居间分生组织处产生，也可从叶部发生。利用植物具有产生不定根和芽的潜在性能，可进行植物优良种苗的无性繁殖，如葡萄、草莓、月季、菊花、无花果、石斛等的茎（枝）扦插繁殖，毛叶秋海棠、落地生根、千岁兰等的叶扦插繁殖。

在蔬菜、花卉的栽培中，通过深栽、培土等农业措施，促发不定根，也是培育壮苗、增强作物长势的重要方法。

（5）变态根的特性与功能　植物根的变态根主要有以下3类。

1）肥大直根（fleshy taproot）：萝卜、胡萝卜、甜菜等的肉质根，均是由主根肥大发育而成。从外形上看，可分为3部分：根头，即短缩的茎部，由上胚轴和短缩的茎发育而来；根颈，由下胚轴发育而来，这部分不生叶和侧根；真根，由初生根肥大而形成，其上着生多列侧根，胡萝卜着生4列侧根，萝卜着生2列侧根，着生侧根的列数越多，产生畸形根的机会也越多。肉质根的根头、根颈部和真根的比例，因植物的种类、品种的差异而不同。在解剖学上，萝卜、胡萝卜、甜菜3类根菜类的肥大直根的内部结构也各不相同。

2）块根（root tuber）：块根是由植物侧根或不定根膨大而形成的肉质根。块根形状各异，可作繁殖材料，如大丽花地下部粗大的纺锤状肉质块根。

3）气生根（aerial root）：根系不向土壤中下扎，而伸向空气中，称为气生根。按功能不同，气生根又分为3种，即支柱根（prop root），起辅助支撑、固定植株的功能，类似支柱作用的气生根，如甜玉米的气生根；攀缘根（climbing root），起攀缘作用的气生根，如常春藤的气生根；呼吸根（respiratory root），根系伸向空中，吸收氧以弥补根系不能得到的充足的氧。当植物生长在水塘边、沼泽地或田间排水不畅的地块时，易产生呼吸根。呼吸根是作物对外界环境的一种适应。有些作物在正常生长条件下不产生气生根，当土壤通气条件差或空气相对湿度偏大时，茎上出现不定根或凸起，这是植物对环境条件的一种调节反应。在无土栽培条件下，近水面的茎上往往产生大量的气生根，其上还着生大量根毛，这对改善根系氧气供应条件有重要作用，无土栽培的气生根一旦形成后要避免长期水浸，因为环境空气相对湿度过低导致根毛死亡。

（6）菌根和根瘤　根系与土壤或岩屑颗粒密切结合的实际表面，称为根际（rhizosphere）。根际中含有根系分泌物、土壤微生物和脱落的根细胞。根际土壤微生物的活动，不但影响土壤养分的有效性及植物对土壤养分的吸收和利用，而且根际微生物还能进入根的组织中，与根共生（symbiosis），包括菌根和根瘤两种类型。

1）菌根：根与真菌共生的根，称为菌根（mycorrhiza）。在菌根中，根据菌丝在根中生长分布的不同情况，通常把菌根分为外生菌根（ectomycorrhizae）、内生菌根（endotrophic mycorrhiza）和内外生菌根（ectendotrophic mycorrhiza）3 种类型。松属、栗属植物有外生菌根；苹果、葡萄、柑橘、栗、核桃等大多数果树有内生菌根；草莓有内外兼生菌根。

菌根的形成，扩大了植物根系的吸收范围，增强了根系吸收养分的能力。外生菌根的菌丝起到了根毛作用，扩大了根的吸收面积。菌丝能分泌水解酶类，促进根对有机物质的分解。菌丝呼吸释放的大量 CO_2，溶解后形成碳酸（H_2CO_3），能提高土壤酸性，促进难溶性盐类的溶解，使其易于吸收。真菌还能产生促进植物生长的生理活性物质，如维生素 B_1、维生素 B_6 等。此外，有些真菌还有固氮作用。

2）根瘤（root nodule）：根瘤是植物根系与根瘤菌（nodule bacteria）的共生结构。豆科植物的根系均与根瘤菌共生，从而形成豆科植物区别于其他植物的一个显著特点。根瘤菌是一种具有固氮能力的细菌，豆科植物与根瘤菌共同生活，一方面，根瘤菌从植物体内获得营养物质进行繁殖、生长；另一方面，根瘤菌所固定的氮素又为植物所利用。据研究，豆类蔬菜所需的氮素养分，约 1/3 来自土壤，2/3 为根瘤菌从空气中固定的氮素。因此，创造根瘤菌所需的生活条件，促进根瘤菌的活动，对促进豆类蔬菜的生长具有重要意义。植物界中，除豆科植物有根瘤外，还有一些非豆科植物也有根瘤，如果树中的杨梅属植物、观赏树木中的桤木属植物等。

（7）根系的分布　植物的根系有很强的分枝能力，随着植物的生长，根系逐渐向土壤深层和四周扩展。须根系植物或能形成不定根的植物，还能不断地从地表甚至地上部分的茎形成新根（不定根）。各种植物的根系在土壤中的水平分布（horizontal distribution）和垂直分布（vertical distribution）不尽相同，同时又受根系附近的土壤、水分、营养状况、土体条件、育苗移栽与否及其他环境条件的影响。土壤的通气条件和水分条件对根系影响较大，根系的水平分布与作物种类、立地条件密切相关。番茄根系比较发达，根系水平伸展可达 250 cm 左右。

果树根系一般分布到树冠投影范围以外，一些根系强大的树种甚至超出树冠投影的 4～6 倍。例如，枣树的根系扩展范围最大，可达树冠投影的 5～6 倍。根系的水平分布受土壤水分、营养条件等因素影响。根系附近土壤的水分营养状况良好时，根系密集，水平分布也较近；相反，在土壤干旱和养分贫乏时，根系稀疏，单根伸向很远很深的地方。

根系在土壤中的垂直分布与植物的根系特性、土壤质地、肥力水平及水分状况等有关。大多数蔬菜作物属浅根系，如黄瓜的主要根群分布在 20 cm 左右的耕层中。

葱蒜类蔬菜的根系入土更浅，几乎没有根毛，吸水力较弱。深根性蔬菜由于生产中多行育苗移栽，限制了主根的发展，故其根系大多分布在 30 cm 以内的耕层土壤中。苹果、核桃等深根性果树自根苗栽培时，根系垂直分布可达 4 m 左右；但用砧木嫁接栽培时，根系的入土深度则取决于砧木的种类。葡萄在果树中属浅根系，通常大部分根系分布在 20～30 cm 的表层土壤中。果树根系的垂直分布还受到地下水位的影响，地下水位高的地区，果树根系的垂直分布浅。一般而言，凡根系分布较浅的植物，要求土壤的湿度较高，抗旱能力差；相反，根系分布较深的植物，因其能吸收深层土壤水分，故而具有较强的抗旱能力。在园艺生产中，提倡深翻改土，促使植物根系向土壤深层生长。

2. 根的生长发育

植物根系的生长发育，受植物的种类、品种、环境条件及栽培技术的影响，也受植株营养状况及各器官生长发育的制约。

对于一年生植物，种子发芽后，首先是初生根的垂直向下生长，然后是水平根的生长。多年生木本植物，幼树期的垂直根优先生长，当树冠达到一定大小时，水平根迅速向外伸展，至树冠最大时，根系分布范围达到最大。在露天自然条件下，自春季气温回升至冬初地温下降，多年生植物的根系生长一般呈现出两个生长的高峰。在华北地区，第一次高峰出现在 5～6 月，此期是全年发根最多，且根系生长时间长、生长量最大的时期；多年生植物根系的第二次生长高峰发生在秋季。5～6月也是一年生植物根系的生长盛期，至秋季时根系进入衰老期。

植物根系断裂后长出新根的能力称为根系的再生能力（root regeneration ability），根系的再生能力与季节、植物种类、砧木种类及生态条件等因素有关。春季和秋季是多年生植物根系再生能力较强的两个季节。就环境条件来看，良好的土壤通气条件、适宜的土壤温度和水分，有利于提高根系的再生能力。

"根系优先生长"是植物栽培的原则之一，无论何种植物、无论何种栽培方式，在植株生长的前期所有的栽培措施都要以促进根系生长为核心。育苗时浇足底水、定植时浇足底水、定植后中耕"蹲苗"等措施都是为了促进根系的优先生长。"旱生根，湿生梢"是人们在长期生产实践中促进根系优先生长的经验总结。

（二）茎的类型与生长发育

种子萌发后，随着根系的发育，上胚珠和胚芽向上生长，成为地上的茎（stem）。茎上叶腋处的芽萌发，形成分枝，而分枝上的芽又不断地形成、萌发、生长，最后形成了繁茂的地上枝系。茎（枝）的主要功能表现在：茎具有骨架的支撑作用，是物质运输的通道，也具有贮藏营养的功能和繁殖功能，绿色的幼茎还具有光合功能。

1. 茎的类型与变态

（1）茎的类型　茎可分为节和节间两部分。茎上着生叶的部位称为节（node），相邻两个节之间的部分称为节间（internode）。茎的顶端和叶腋处着生芽（bud），芽萌发后抽生为枝。茎（枝）上叶片脱落后留下的疤痕，称为叶痕（leaf scar）。由种子胚芽萌发或无性繁殖芽形成的茎，一般称为主干，其上侧芽萌发形成的茎一般称为侧枝。藤本植物的茎称为蔓（vine）或藤（rattan）。按照茎的形状、生长习性等，可把茎分为不同类型。

依据茎的形状，茎可划分为圆柱形茎，如苹果、柑橘的茎；三棱茎，如马铃薯的茎；四棱茎，如草石蚕、薄荷、益母草等唇形科植物的茎；多棱形茎，如芹菜等伞形花科植物的茎。

依据茎的不同生长习性，茎可划分为直立茎、半直立茎、攀缘茎、缠绕茎、匍匐茎和短缩茎。绝大多数木本果树、观赏树木和木本花卉等均为直立茎。番茄为半直立茎。黄瓜、苦瓜、丝瓜、葡萄、爬山虎等均属攀缘茎。菜豆、豇豆、牵牛、紫藤等均属缠绕茎。草莓、甘薯、常春藤、地被植物中的结缕草等为匍匐茎。白菜、甘蓝、韭菜、大葱、洋葱、大蒜及白菜、甘蓝、菠菜、叶用莴苣等在营养生长时期均为短缩茎。

依据茎的不同质地，茎可划分为草质茎，如所有草本植物的茎；木质茎，如所有木本植物的茎。

木质茎按生长年限、生长势及功能不同又可分为不同类型。一般幼芽萌发当年形成的有叶的长枝称为新梢（new shoot）。新梢按形成季节不同又分为春梢、夏梢、秋梢，常绿树木还能形成冬梢。新梢形成后依次成为一年生枝、二年生枝、多年生枝。果树上根据枝条功能不同又分为营养枝（vegetative shoot）和结果枝（bearing shoot）。其中营养枝又有发育枝、徒长枝、细弱枝、叶丛枝之分。

（2）茎的变态　常见植物茎的变态有地下茎的变态和地上茎的变态两类。

1）地下茎的变态：有些植物的部分茎枝生长于土壤中，变为贮藏营养的器官，称为地下茎。地下茎的形态结构常发生明显的变化，但仍保持其茎（枝）的基本特征。常见的地下变态茎有块茎（tuber），如马铃薯的产品器官；根状茎（rhizome），如莲藕、生姜、菊芋、玉竹、竹等；球茎（corm），如慈姑、芋、荸荠等。

2）地上茎的变态：植物的地上茎的变态，通常有下列几种。

肉质茎（fleshy stem），如茎用芥菜（榨菜）、茎用莴苣（莴）和球茎甘蓝的肉质茎。许多仙人掌科植物也具有这种变态茎。

叶状茎（leaf stem），如竹节蓼、假叶树等。

卷须茎（stem tendril），如瓜类的卷须、葡萄的卷须。卷须可以帮助植株攀缘到其他物体上向上生长，同时也消耗养分。在现代集约栽培中，卷须的攀缘作用已无意义，常在栽培时摘除。

茎刺（stem thorn），如蔷薇、月季、柑橘、山楂、皂荚、石榴等的茎刺。茎刺不易脱落，具有保护植物的作用。

（3）芽及其特性　芽是茎（枝）的原始体，芽的生理状态决定了茎的形成与否。芽与植物的形状培养、产量形成关系密切。

1）按芽的性质和构造，芽的种类可划分为以下3类。

叶芽（leaf bud）：在芽内只有叶的原基，萌发后仅抽生枝。

花芽（flower bud）：花芽又称纯花芽（simple flower bud），即萌发后形成花或花序的芽，如桃、李、杏、杨梅等的花芽，开放后只开花，不抽生枝叶。

混合芽（mixed bud）：芽内包含花原基和叶原基，萌发后抽枝、开花，如柑橘、葡萄、仁果类果树的花芽。

2）按芽的着生部位与发生状态，芽的种类可划分为以下几类。

顶芽（terminal bud）：着生在枝或茎顶端的芽。

侧芽（lateral bud）：着生在叶腋处的芽，也叫腋芽（axillary bud）。

顶芽和侧芽均着生在茎（枝）的一定位置上，统称为定芽（normal bud）。

不定芽（adventitious bud）：指从枝的节、节间、愈伤组织，或者从根及叶上发生的芽。

3）按同一叶内芽的主次，芽的种类可划分为以下几类。

主芽：在叶腋的中央，一般个体较大。

副芽：位于主芽的侧方或上方。例如，葡萄、胡桃、桃，均有明显的副芽。

4）按同一节上着生芽的数量，芽的种类可划分为以下几类。

单芽（single bud）：同一节上只着生一个明显的芽，如杨梅、枇杷、仁果类果树等。

复芽（compound bud）：同一节上常具有两个以上的芽，如桃、李、杏的芽。

5）依据有无鳞片，芽的种类可划分为以下几类。

鳞芽（scaly bud）：外面有数层鳞片包裹的芽。鳞片起保护作用，一些木本植物的芽多属鳞芽。

裸芽（naked bud）：芽的外面无鳞片，芽裸生，如柑橘、山核桃等的芽。

了解枝条上不同部位芽的特性，包括不同部位芽的萌发特性及萌发后形成枝条生长势的强弱等，对生产有重要的指导意义。因为这涉及树形或株型的培养、科学负载量的确定、树体或植株更新等。芽主要有如下特性。

第一，芽的异质性（heterogeneity）。着生在茎（枝）上不同部位的芽，由于其形成时期的环境因子及营养状况不同，造成芽在生长势及其他特性上存在的差异，称为芽的异质性。一般而言，木本植物长枝基部的芽发育最差，为瘪芽；中部的芽最饱满，具有萌发早和萌发优势强的潜力（图 2-8）。

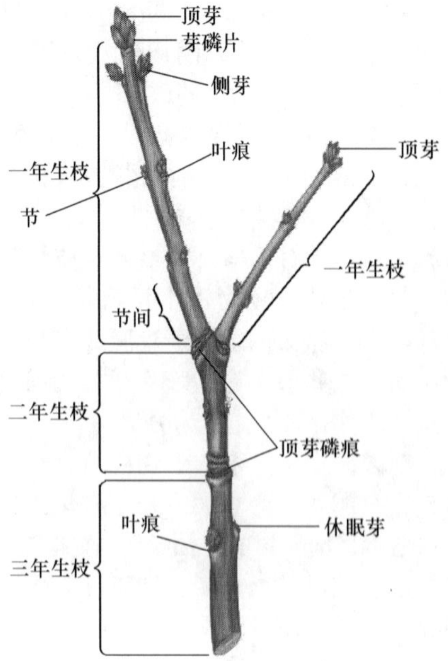

图 2-8　芽的异质性

萌芽力与成枝力：植物茎（枝）上的芽，次年春季能够萌发的能力，称为萌芽力（sprouting ability）。萌芽力一般用茎（枝）上萌发的芽数占总芽数的百分率表示。萌芽力的强弱因植物种类、品种及栽培技术不同而不同。不同果树种类间，如葡萄、桃、李、杏等，其萌芽力较苹果、核桃强；同一果树种类不同品种间的萌芽力也有很大的差异，萌芽力强的品种往往结果早。多年生木本植物，芽萌发后抽生为长枝的能力，称为成枝力（shoot ability）。成枝力用萌芽后抽生长枝的数量占萌芽总数的百分率表示。成枝力弱的果树，一般枝条极性强，枝条稀疏，层性明显。萌芽力强的果树，其成枝力不一定强。

第二，芽的早熟性和晚熟性。当年形成的芽当年就萌发抽生为新梢，称为早熟性芽（early maturity bud）。果树中，桃、葡萄的芽具有早熟性，当年可抽生 2～3 次枝梢，可以利用芽的早熟性加速树体成形。芽在当年形成后，需在次年才能萌发生长，称为晚熟性芽。例如，梨、苹果的大多数品种属于此类。

第三，潜伏芽。潜伏芽又叫休眠芽（dormant bud），是指芽形成后，经一年或多年后才萌发，也可能始终处于休眠状态或渐渐死去的芽。潜伏芽潜伏期的长短依植物种类的不同而不同。例如，仁果类、柑橘类等潜伏芽的寿命长，因而枝条容易更新；而核果类中，桃潜伏芽的寿命短，因而枝条的恢复能力弱。

2. 茎的生长发育

植物通过顶端生长和居间生长的方式完成茎的生长。受植物遗传特性的影响，茎的生长发育形成了不同的分枝方式。

（1）单轴分枝（总状分枝）　从幼苗开始，主茎顶芽的生长始终占优势，形成一个直立的主轴，其侧枝较不发达，这种分枝方式称为单轴分枝，如苹果、梨、柿、松、瓜类、豆类等。

（2）合轴分枝　植株的顶芽活跃地生长一定时间后死亡，或分化为花芽，或发生变态，或生长变得极其缓慢，而靠近顶芽的上位侧芽迅速发展为新枝，代替主茎的位置生长；新枝的顶芽生长一段时间后，同样又停止生长，再由其上位的侧芽所代替，如此重复，这种分枝方式称为合轴分枝，如番茄、葡萄、柑橘类、枣等。

（3）假二、三叉分枝　植株顶芽活跃地生长一定时间后，由于多种原因而停止发育，其顶端2～3个上位侧芽同时发育为新枝；每一个新枝的顶芽生长一定时间后，同样停止发育，再生出2～3个新枝，如此继续下去，这种分枝方式称为假二叉（或三叉）分枝，如辣椒、茄子等。

（4）分蘖　对禾本科作物，分枝特称为分蘖（tiller）。大部分草坪草为禾本科植物，其幼苗期，植株茎基部几节密集的节上着生腋芽，当幼苗长至一定大小时，这些节上有些腋芽开始活动，迅速生长为新枝，这种分枝方式称为分蘖。

北方地区，多年生木本植物枝的成熟（即木质化）与其安全越冬关系重大，未木质化的枝条常在冬季受到冻害，即果树的“抽条”。在生产上，秋季要采取控水、控氮及增施磷、钾肥等措施，促使枝条充分成熟，安全越冬。同一地区同一种类不同品种落叶果树的枝条在抗寒性上差别很大，如‘突尼斯软籽石榴’在黄河南岸栽培就面临着极大的冻害风险，而地方有籽石榴则很安全。

（三）叶的类型与生长发育

植物的叶片担负着光合作用、蒸腾作用的功能，还具有吸收功能、贮藏功能和繁殖功能。叶片面积大小适宜、功能正常是植物正常生长发育的必要条件。

1. 叶的类型与变态叶

（1）叶的类型　按叶的构成划分，叶片可分为完全叶和不完全叶。桃、梨等叶为完全叶；柑橘的叶缺少托叶，莴苣的叶缺少托叶和叶柄，均为不完全叶。

按一个叶柄上着生的叶片数划分，叶片可分为单叶和复叶。苹果、葡萄、桃、茄子、甜椒、黄瓜、菊花、一串红、牵牛花等的叶为单叶。番茄、马铃薯、枣、核桃、国槐、洋槐、草莓、荔枝、月季、南天竹、含羞草、醉蝶花等植物的叶为复叶。不同植物的复叶类型各有不同。例如，番茄、核桃、荔枝、杨桃为羽状复叶；草莓的叶为三出复叶；芹菜为二回羽状复叶；马铃薯最先出土的初生叶为单叶，以后长出的叶为奇数羽状复叶，最顶端的叶又为单叶。

按叶发生的先后划分，叶片可分为子叶和营养叶。子叶（cotyledon）在发芽期，为幼苗的生长供应自身贮藏的养分，同时也是幼苗期最早进行光合作用的器官。营养叶（foliage leaf）的主要功能是光合作用。

（2）叶的形态和叶序　叶片在形状、大小和色泽等方面存在着诸多差异，这些是区别不同植物与品种的标志，也体现植物的观赏价值。叶片的形状主要有线形、披针形、卵圆形、倒卵圆形、椭圆形；叶尖的形态主要有长尖、短尖、圆钝、截状急尖等；叶缘的形态主要有全缘、锯齿、波纹、深裂等；叶基的形态主要有楔形、矛形、盾形等。在叶片的大小方面，因植物的种类不同，叶片大小的差别也很大。棕榈、香蕉叶长达1 m以上；王莲叶的直径达2～3 m；秋柏、天门冬、文竹、石刁柏的叶片小到数毫米至几厘米。在叶片的色泽方面，不仅不同的植物有不同的叶色、同一植物有不同的叶色、同一叶片有多种色彩，有些植物叶色还随季节变化而变化。

叶序（phyllotaxy）是指叶在茎上的着生次序。不同植物的叶序不同，植物的叶序有互生叶序、对生叶序和轮生叶序。互生叶序（alternate phyllotaxy）是指每节上只长1片叶，叶在茎轴上呈螺旋排列。对生叶序（opposite phyllotaxy）是指每个茎节上有两个叶相互对生，相邻两节的对生叶相互垂直，互不遮光，如丁香、薄荷、石榴等。轮生叶序（verticillate phyllotaxy）是指每个茎节上着生3片或3片以上的叶，如夹竹桃、银杏、番木瓜、栀子等。

（3）叶的变态与异形叶形　叶的变态包括：叶球（leafy head），如结球大白菜、结球甘结、结球莴苣等；鳞茎（bulb），如洋葱、水仙、风信子、郁金香、大蒜、百合等；苞叶（bracteal leaf），如向日葵花序外围的总苞；叶卷须（leaf tendril），如黄瓜、豌豆、葡萄的卷须；针刺（thorn），如酸枣、洋槐和小蘗等的针刺。

异形叶形常是指植株先后发生的叶有各种不同的形态，或者因生态条件变化造成叶片的异形现象。大白菜的叶片分为子叶、基生叶、中生叶、顶生叶和茎生叶，其形状各不相同，为典型的器官异态现象。此外，生态条件改变也影响一些植物叶形的变化。例如，慈姑沉在水中的叶为带状，浮在水面上的叶为椭圆形，生长在空气中的叶则为箭形。

2. 叶的生长发育

在茎尖分化的同时，也分化形成叶原基。从叶原基长成叶，需要经过顶端生长、边缘生长和居间生长3个阶段。作物的叶片展平后，即可进行光合作用。叶片从开始输出光合产物到失去输出能力所持续的时间称为叶的功能期。生物个体和组织器官的生长都符合“S”曲线模型。从蔬菜生产的角度来看，进行叶菜类生产，可以采取措施使群体叶片尽快扩大，以便在较短的时间内获得较高的生物产量；但进行果菜类生产时却并非如此，如进行黄瓜栽培时，如果结瓜前群体叶面积增长过快，必然导致叶片大、叶片薄，群体通风透光能力差，潜在感病的概率增大，反而影响早熟和高产。

随着叶片年龄的增加，老化叶逐渐衰老，最后脱落枯死。叶片正常脱落时，一般先将体内的大部分营养物质降解回流到植物体内，然后在叶柄基部分化形成离层（abscission layer），在离层处断裂脱落。叶片的正常脱落，是植物对外界环境的一种适应。不当的农业措施或不适宜的外界环境条件，如肥料浓度大、药害、虫害、干旱、涝害、密度过大、架面郁密等，均会引起植物的异常落叶，异常落叶多是叶身先落，叶柄后落。早期落叶对所有植物的生长都是不利的，对一二年生植物，它不但会引起严重减产，甚至会造成绝产和植株死亡。

在生产上，常用叶面积指数（leaf area index，LAI）来表示绿叶面积的大小，即叶面积指数＝总绿叶面积/土地面积。在植物的一生中，叶面积指数的变化动态表现为从小到大，又到小。在生产上，一般果树的叶面积指数为3～6比较合适，茄果类蔬菜大多为3～4，叶菜类可以达到8～10或以上。叶面积指数过大，则下层光照条件差，无效叶多，光合产物积累少；叶面积指数过小，则叶片小，光合产物减少，产量也低。在设施果菜类长季节栽培条件下，进入结果期新的叶片不断形成，衰老的叶片不断被摘除，维持适宜的叶面积指数，最大限度地延长收获期，从而获得尽可能高的产量，智能温室的环境条件可控，常采取该类栽培模式。采用长季节高产栽培，适宜的叶面积指数的形成需要一定的时间。长时间维持8～10个月的适宜的叶面积指数，也存在植物根系和叶片老化的问题，植株衰老和感病的风险也在增大。因此，改变栽培方式，采用分层立体栽培，会成为增加叶面积指数和产量的新途径。

多年生果树树冠内集中分布并形成一定形状和体积的叶群体称为叶幕（foliar canopy），在果树生产中常用叶幕这一概念来判断果树叶的多少和稀疏，用叶面积指数可以更精确地说明单位土地的叶面积。

二、设施植物的生殖生长

植物生长到一定阶段，就在一定部位上形成花芽，然后开花、结果、产生种子。花是形成果实、种子的前提，花、果实和种子都是重要的园艺产品。

（一）花芽分化的机制

植物从种子萌发出土、幼苗生长，到抽薹、开花、结籽，完成植物的一生，这是自然的现象和规律。但从栽培的角度来看，总是希望获得更多的农产品，以根、茎、叶为产品的植物，总是希望尽可能不要抽薹、开花；以花、果实和种子为产品的植物，过早的抽薹、开花，必然不会获得高的产量和品质。因此，了解植物由营养生长向生殖生长转化的原因，了解植物花芽分化的机制，采取措施调控使植物生长向更有利于产品器官形成的方向发展是十分必要的。

大量研究表明，植物在适宜的光周期和温度等条件的诱导下，体内发生一系列生理生化等质的变化，从而由营养生长转向生殖生长。但有关诱导开花的机制尚不清楚，有各种不同的学说。

1. 阶段发育学说

1928年，苏联科学家李森科把低温对开花的影响称为“春化”，并于1935年在总结前人工作的基础上提出了阶段发育学说。该学说认为一二年生作物必须先通过春化阶段的发育，再进入光照阶段的发育，才能开花，发育的阶段具有“时序性”；春化阶段和光照阶段不可颠倒，发育阶段具有“不可逆性”；春化阶段中途受到高温条件干扰，高温解除后再继续春化，前期春化的作用具有“累加性”。阶段发育的理论可以说明起源于亚热带及温带的许多二年生植物的开花现象，但不能用来说明一年生作物及木本植物的开花现象。

一年生或二年生植物在种子萌动期或营养生长初期必须经过一定时期的低温处理才能开花，这种低温处理称为春化作用（vernalization）。春化作用对正在进行分裂的细胞有作用，春化作用靠细胞分裂传递。春化作用在未完成之前给予高温，可以解除，称为“脱春化”，但一旦完成春化，高温就不再能解除春化。按照植物感应春化的阶段不同，植物的春化类型可划分为以下两种。

（1）种子春化　能够以萌动的种子或绿体接受低温通过阶段发育，称为种子春化，如白菜、结球甘蓝、萝卜、芹菜、莴苣、芥菜、菠菜等。种子春化类型的植物从萌动的种子开始就具有接受低温的能力，春化阶段所需温度通常为2～8℃，以4℃春化效果最好，一般春化阶段所需的低温时间为10～30 d。应该指出的是，一些植物种类或品种的春化温度可高达15℃，在长日照条件下可能更高。

（2）绿体春化　只有当营养体达到一定大小时，才能接受低温通过春化阶段发育，称为绿体春化，如甘蓝、洋葱、芹菜、大蒜、大葱等。不同植物接受低温的绿体大小不同。例如，早熟结球甘蓝品种，幼苗直径在0.6 cm以上，在10～15℃条件下在30 d以上便可通过春化阶段；中熟品种一般茎粗要超过1 cm，需要40～60 d；晚熟品种的冬性较强，一般植株茎粗1.3 cm以上，需经70 d以上才能通过春化阶段。

一些以营养贮藏器官为产品的一二年生蔬菜，

如结球甘蓝、洋葱、大白菜等，由于品种选择或播种期安排不当，在产品器官形成以前或形成过程抽薹开花，这种现象称为“先期抽薹”或“未熟抽薹”。阶段发育理论对栽培上防止“未熟抽薹”问题、种子生产上调整“花期不遇”问题及采用“脱春化”实现节能育苗问题，都具有指导意义。

2. 光周期诱导

光周期是指一天之中，白天和黑夜的相对长度。1920年，美国科学家格拉纳（Graner）和阿拉尔特（Allard）在研究美洲烟草时发现植物的开花与光周期有关，提出影响植物开花的决定性因素是随季节变换而发生的昼夜相对长度的变化，把植物对昼夜相对长度变化的反应称为光周期现象（photoperiodism）。光周期诱导解释了不同日照长度条件下植物开花的现象。

在光周期现象中，一般认为叶子是日长的感受部位，已在菠菜、紫苏等植物中得到证实。由于感受光周期诱导的部位是在叶片，而形成花的部位是在茎端分生组织，因此，叶感受光周期刺激后必有诱导效应的传导，许多嫁接实验可以证明这一观点。大量研究表明，光在植物由营养生长向生殖生长转变过程中的作用与光敏色素和隐花色素两种光受体有关。

根据光周期现象，可以把植物分为以下几种。

（1）长日植物（long-day plant） 在较长光照条件下（12～14 h或以上）促进开花，在较短日照下不开花或缓迟开花，如白菜、甘蓝、萝卜、芹菜、芥菜、莴笋、菠菜、大葱、洋葱、大蒜等。

（2）短日植物（short-day plant） 在较短的光照条件下（12～14 h或以下）可促进开花结实，而在较长的光照条件下不开花或延迟开花，如扁豆、蕹菜、苋菜、云南黑籽南瓜、佛手瓜等。

（3）日中性植物（day-neutral plant） 在较长或较短的光照条件下，均能开花，如番茄、黄瓜、辣椒及其他一些一年四季都能开花的植物。

光周期学说对植物引种、植物花期调控具有重要的指导意义。例如，南方长日植物引往北方种植，常表现为抽薹开花提早、产量低、品质差；南方短日植物引往北方种植，常表现为不开花结实或开花结实延迟。在花卉生长方面，可采用延长光照时间限制短日植物开花，采取遮光促进短日植物提早开花，从而实现植物花期的可靠调控。

3. 碳氮比学说

碳氮比学说认为：花芽分化的物质基础是植物体内糖类的积累，植物体内含碳化合物的含量与含氮化合物含量的比例（即C/N）是决定花芽分化的关键。当糖类含量比较多，而含氮化合物比较少时，即C/N较高时，可以促进花芽的分化；反之，则花芽不分化或分化数目少。例如，一些具有无限花序的植物，在开花过程中，通常基部的花先开，花型也最大，愈向上部，花型渐小，至最上部，花均发育不全，花芽停止分化，这说明同化养分的多少决定了花芽分化与否和开花的数目。碳氮比学说解释了许多木本植物和一年生草本植物花芽分化的特点，但只是笼统地说明了碳水化合物与氮素化合物的比例关系，尚缺乏相关的量化指标。

碳氮比学说对农业生产实践有一定的指导意义，即通过控制水肥的措施来调节植物体内的C/N，从而适当调节营养生长和生殖生长。如果在作物的生育中后期，N肥施用量过大，会降低植物的C/N，使营养生长过旺，甚至导致徒长，造成生殖生长延迟而出现贪青晚熟现象。在以果实为产品的多年生木本植物的栽培管理中，利用砍伤、环剥、环割、扭伤等修剪方法，使上部枝条累积较多的糖分，提高C/N，促进花芽分化，是提高产量的有效措施。

4. 分子调控机制

现代分子生物学经过多年对拟南芥等模式植物成花途径的研究，已经明确有多条开花诱导途径控制植物成花。植物各开花调控途径彼此独立，又相互交织，形成一个复杂的网络状信号转导途径，最终都汇集于*FLC*、*SOC1*、*FT*、*LFY*几个关键基因，这几个整合基因共同决定了高等植物是否开花。随着分子生物学研究的深入，人们终将探明植物成花的机制，利用基因工程控制植物开花将会成为现实。

（二）花的类型与生长发育

1. 花的形态构造

花是植物的繁殖器官，一般由花柄、花托、花萼、花冠、雌蕊和雄蕊群等组成（图2-9）。

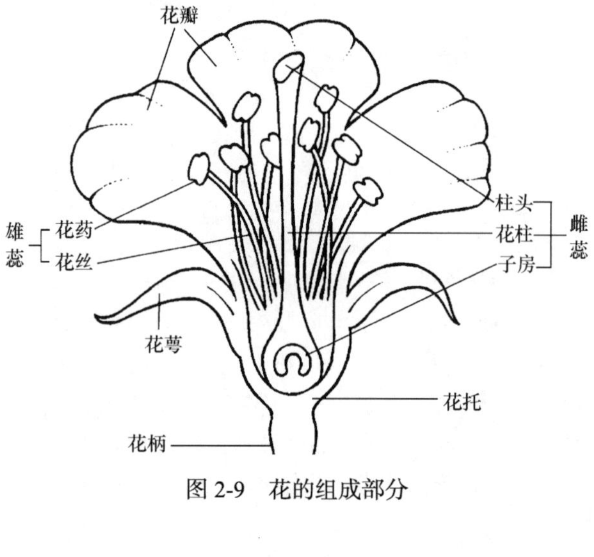

图2-9 花的组成部分

花柄（pedicel）：着生花朵的小枝。果实形成时，花柄便成为果柄。

花托（receptacle）：起支撑作用，其上着生花萼、花冠、雌蕊和雄蕊的部分。有些植物的花托膨大形成果实的主要部分，如草莓、苹果、梨等。

花萼：由若干萼片（sepal）组成。多数植物开花后萼片脱落；有些植物开花后萼片一直留在果实上方，如石榴、山楂、月季；有些留在果实下方，如茄子、柿子等。

花冠：由若干花瓣（petal）组成，花冠与花萼合称为花被。花冠因含有花青素或者因细胞中含有色体而呈现各种色彩。有些植物在花瓣内有芳香腺能放出特殊的香味。花冠的色彩与芳香适应于昆虫传粉。此外，花冠还有保护雌、雄蕊的作用。因植物的种类不同，其花冠形状也各异。

雌蕊（pistil）：雌蕊位于花的中央，由柱头（stigma）、花柱（style）和子房（ovary）三部分组成。雌蕊的子房着生在花托上，根据子房和花托的相连形式，子房的位置有三种类型。子房的底部与花托相连，子房在花托的上部称为上位子房（superior ovary），如桃、油菜等；子房与花托完全愈合在一起的称为下位子房（inferior ovary），如苹果、梨、黄瓜、南瓜等；子房下半部和花托愈合，上半部独立于花托之上的称为半下位子房（half-inferior ovary），如石楠、虎耳草及绣球属的一些花卉植物等。

雄蕊群：一般一朵花中有多个雄蕊（stamen）的，总称为雄蕊群（androecium）。这些雄蕊的数目常随植物的种类不同而不同。每个雄蕊由花药、花丝两部分组成。花药是花丝顶端膨大成囊状的部分，内存可产生大量花粉粒的花粉囊。细长的花丝基部着生在花托或贴生在花冠上。根据一朵花中雌、雄蕊是否齐全，把花分为3类：①两性花。具有发育健全的雌蕊和雄蕊的花，如苹果、柑橘、梨、葡萄、番茄、白菜、月季、牡丹等。②单性花。只有雌蕊或只有雄蕊的花，如核桃、猕猴桃、黄瓜、南瓜、菠菜等。③无性花。既无雌蕊，也无雄蕊的花，如一些观赏花卉的花。根据雌花和雄花在一株植株上的着生情况，可对植物或品种的着花习性进行分类：①雌雄同株。同一株上既着生雌花，又着生雄花，称为雌雄同株异花，如多数瓜类蔬菜、石榴、核桃、松树等。②雌雄异株。一个植株上或只着生雌花，或只着生雄花，称为雌雄异株，只着生雄花的植株成为纯雄株，只着生雌花的植株称为纯雌株，如猕猴桃、银杏、石刁柏、菠菜等。

2. 花序的类型

一朵花单独地着生在茎上，称为单生花（solitary flower），如西瓜、南瓜、玉兰、桃等植物的花。大多数植物的花不是单生花，往往是几朵，甚至上百朵花按一定顺序排列在花枝上，这样的花枝叫花序（inflorescence）。花序可分为两大类，一类是有限花序（definite inflorescence），包括伞形花序、头状花序、聚伞花序等；另一类是无限花序（indefinite inflorescence），如总状花序、穗状花序。在蔬菜作物中，花椰菜的花球是由花序变态而成的；芥蓝、菜心、紫菜薹等的食用器官也是肥嫩的花茎和花序。

3. 花的生长发育

花芽分化（flower bud differentiation）是指植物茎的顶端分生组织（apical meristem）由分化叶芽的生理和组织状态转向分化花芽的生理和组织状态的过程，是植物由营养生长转向生殖生长的标志。花芽分化主要包括生理分化（physiological differentiation）和形态分化（morphological differentiation）两个阶段。在生理分化初期，植物的内外环境条件，如温度和光周期、植物体内的碳氮比、内源激素的种类和水平等都影响花芽分化。

（1）花芽分化的类型　根据花芽开始分化及完成分化所需时间的长短不同，花芽分化可分为以下几个类型。

1）夏秋分化型：花芽分化一年进行一次，于6～9月进行，至秋末时花器的主要组成部分已经分化完成，其性细胞的形成必须经过冬季的低温，第二年春季开花，如许多木本植物苹果、牡丹、丁香、梅花等。中药材贝母等植物进入夏季后地上部分枯死，进入休眠状态，花芽分化在夏季休眠期间进行。

2）冬春分化型：原产温暖地区的某些木本植物多属此类型。例如，柑橘类约自12月开始花芽分化，至次年3月完成，春季开花。一二年生蔬菜、花卉属于冬春分化型。一些十字花科以营养贮藏器官为产品的蔬菜在秋末低温时就已经开始花芽分化，一些早熟品种入冬时甚至已经形成了花蕾。

当年一次分化、一次开花型：在一年生新梢或主茎顶端形成花芽，当年夏秋季开花，如金针菜、木槿、紫薇、菊花等基本属此类型。

3）一年多次分化型：一年中多次发枝，每次枝顶均能分化花芽并开花，如月季、忍冬、茉莉等四季开花植物；四季橘、葡萄也属于花芽多次分化型。

4）不定期分化型：每年只分化一次花芽，但无固定时期，只要达到一定的叶面积就能进行花芽分化并开花。凤梨科和芭蕉科的一些植物属于不定期分化型，如花卉万寿菊、百日草、叶子花等。

（2）花的形态分化与发育

1）一年生植物的花芽分化过程如下（以番茄

为例)。

番茄幼苗在2～3片叶以前，为完全营养生长阶段。当番茄幼苗3片叶展平时，茎的生长点由分化茎叶开始转向分化花芽。子叶与展开的真叶对番茄花芽分化有明显的促进作用，其中子叶的大小直接影响第1花序开始分化的早晚，真叶面积的大小影响花芽分化的数目及分化质量。就一朵花的发育进程来看，是按萼片→花瓣→雄蕊→雌蕊的顺序分化。同一花序，花序基部的花优先分化。

2）二年生植物的花芽分化过程如下（以甘蓝为例)。

甘蓝的花芽分化过程可分为5个阶段。第一阶段，生长点开始膨大，但周围无花蕾原基的圆锥状突起。第二阶段，生长点继续膨大，具一个中心突起，周围有3～5个小的圆形突起，分化为未来花蕾的分生组织。此时，叶原基分化趋于停止，标志着营养生长向生殖生长转化的开始。第三阶段，生长点周围突起继续增加，形成一圈圆形突起群。第四阶段，周围圆形突起群分化为花蕾的雏形，花柄开始伸长。第五阶段，花柄继续伸长，花萼开始分化。

3）多年生木本植物的花芽分化过程如下（以苹果为例)。

苹果枝条的生长点未进行花芽分化时，生长点狭小、尖削；进入花芽分化初期，即花序分化期，其生长点肥大隆起，呈半球状；接着进入花蕾形成期，生长点呈多个突起形状；然后依次进入花萼形成期、花冠形成期、雄蕊形成期和雌蕊形成期。苹果花芽分化时，生长点中心突起较早，体积也较大，为苹果中心花蕾的原基，形成的中心花朵开放也较早。与仁果类果树相比，核果类果树（桃、李、杏等）的1个花芽只含有1朵花，缺少花序原基的形成，其他花器官原基的发生及出现的次序与仁果类果树完全一致。

（3）影响花芽分化的因素与调控

1）植物自身的遗传特性：受植物自身遗传特性的制约，不同植物种类、同一种类不同品种的花芽分化各有特点。例如，苹果、龙眼等较难形成花芽，表现在果实产量上，易出现大小年；而葡萄、桃较易形成花芽；蔬菜作物中，番茄花芽分化开始的时间与品种的熟性有关。同种作物不同品种花芽分化的难易也存在差别。例如，苹果中‘元帅’系品种幼树枝条生长旺，不容易形成花芽。

2）营养条件：充足的营养是花芽分化的基础，植株生长健壮、营养物质充足，形成花芽的数量多、质量也好。蔬菜生产中的“小老苗”及果树生产上的“小老树”均因营养不足，分化的花芽数量少、质量差。在生产上，对一年生果菜类，自幼苗花芽分化开始，就要创造适宜的温、光、水、气及营养条件，防止幼苗徒长或形成“小老苗”，保证其花芽分化连续协调进行；对多年生果树，要选用适宜的砧木、适当控水，对幼树采取轻剪、长放、环剥、刻芽和拉枝等措施，可有效增加花芽分化的数量和质量；对生长过旺的树，在花诱导期间，喷施一定浓度的植物生长抑制物质、对大年果树采用疏花和疏果，均有利于增加花芽分化的数量和质量。这些措施从根本上讲都是通过营养途径改善了花芽分化的条件。

3）温度、光、水分等环境因素：在适宜的温度范围内，较大的昼夜温差，花芽分化早、质量也好；光照条件好、叶片光合能力强，同化产物积累多，有利于花芽分化；适宜的水分条件，植株生长健壮，花芽分化早且质量好。例如，番茄夏季育苗防止高温、冬季育苗防止低温是提早花芽分化、增加花芽分化数量、提高花芽分化质量、预防形成畸形花的重要措施。夏季选择高海拔、低温度地区，进行番茄育苗能够明显降低第一花序节位，增加第一、第二花序花的数量，提高花芽分化质量，增产效果明显。对一年生果菜类，在花芽分化适宜的温度内，适当降低夜温有利于花芽分化。例如，瓜类在较低的夜温条件下，花芽分化早、分化的质量好、节位也低。利用春化作用的理论，根据栽培的要求来加速或抑制花芽分化的进程，也属于通过环境因素调控花芽分化的范畴。可运用光周期诱导理论，对长日或短日植物采用补光或遮光措施，调节开花期。春化光周期诱导理论调整花芽分化，广泛用于二年生蔬菜栽培时防止“未熟抽薹”和育种时的“花期不遇”。

4）植物内源激素水平：葫芦科植物体内乙烯水平高时有利于雌花分化，赤霉素水平高时有利于雄花分化。生产上夏季栽培黄瓜时，常在2～3片叶时，叶面喷施150～200 mg/kg的乙烯利，促进雌花分化。在进行葫芦科植物杂交种生产时，对父本植株可喷施赤霉素，增加雄花数量。应该指出的是，生态调控优先是植物栽培的原则之一，也就是能够通过生态调控达到目的的，就不要采取化学调控。例如，在设施冬春黄瓜育苗时，不考虑天气状况、育苗条件和技术水平而使用乙烯利的做法就是不科学的，其结果往往导致雌花分化早、数量多，反而影响了黄瓜幼苗期的生长。

（4）开花与坐果

1）开花：当花中雄蕊的花粉粒和雌蕊的胚囊

已经成熟，花被展至最大时，称为开花。开花期是指从第一朵花开放到最后一朵花开毕所经历的时间。开花期的长短因植物的种类而异。天气晴朗，温度高，花朵开放整齐并集中；植物体的营养状况好时，每朵花维持开放的时间长。对一个群体的开花期（或始花期）而言，通常是指群体有一半植株开花的时期，群体的开花期是品种农艺性状调查的项目之一。

2）授粉：开花后，花粉从花药散落到雌蕊柱头上的过程，称为授粉（pollination），也称为传粉。授粉的方式可分为自花授粉（self-pollination）、异花授粉（cross-pollination）和常异花授粉（often cross-pollination）。生产上在采种时，对异花授粉和常异花授粉作物要采取隔离措施。

3）受精：散落到柱头上的花粉萌发形成花粉管，雄性配子沿花柱向下到达胚囊，实现精卵结合的过程称为受精（fertilization）。不同植物实现这一过程的时间长短相差很大。一般受精快的品种，其花粉的寿命较短。例如，黄瓜花粉只能存活几小时，苹果花粉可保存 7 d 左右。

4）坐果：植物开花完成授粉受精后，由于花粉的刺激作用，受精子房可以连续不断地吸收外来同化产物，进行蛋白质的合成，加速细胞的分裂。多数植物果实的形成需要授粉受精。受精后，随着胚的生长发育，幼果迅速膨大并发育成熟。开花后的幼果能正常发育而不脱落的现象，称为坐果。

一些植物的子房未经受精也能膨大形成果实的现象，称为单性结实（parthenocarpy）。单性结实又分为天然的单性结实和刺激性单性结实，如香蕉、蜜柑、菠萝、柿、无花果及黄瓜的一些品种。必须给予某种刺激才能产生无籽果实的现象，称为刺激性单性结实。生产上常用生长素类植物生长调节剂，在花期处理番茄、茄子、西葫芦、甜椒、西瓜、葡萄和无花果等产生无籽果实。

（三）果实的生长发育

1. 果实的类型

植物的果实是由子房或子房与花的其他部分一起发育而成的器官。植物的种类很多，果实的形态也多种多样。

（1）按果实的形成过程分类

1）完全果实和无籽果实：卵细胞经受精，伴随着胚珠发育成种子，子房发育成为果实，这种包含有种子的果实，称为完全果实。卵细胞不经受精或经受精但不形成种子，子房也能发育成为不含种子的果实，称为无籽果实。许多植物可天然形成无籽果实，也可通过生长调节剂处理形成无籽果实，如葡萄、柑橘、菠萝、黄瓜、西瓜等。

2）真果和假果：完全由花的子房发育而成的果实称为真果（true fruit），如桃、葡萄、甜橙、荔枝等。由子房和花的其他器官共同发育而成的果实称为假果（false fruit），如苹果、梨、香蕉、石榴、黄瓜、西瓜、南瓜等。

3）单果、聚合果及复果：单果（simple fruit）是指由 1 朵单雌蕊花发育形成的果实，如番茄、茄子、甜椒、苹果、荔枝、桃、枣、橙、柚等。聚合果（aggregate friut）是指由 1 朵花内多个离生雌蕊共同发育形成的果实，如树莓；或者由 1 朵花内多个离生雌蕊和花托一起发育形成的果实，如草莓、黑莓等。复果（multiple fruit）也称为聚花果，是由 1 个花序的许多雌蕊及其他花器一起发育形成的果实，如菠萝、无花果等。

（2）按果实构造分类　肉质果（fleshy fruit）是指果实成熟时，果肉肥厚多汁，果皮也肉质化。干果（dry fruit）是指果实成熟时，果皮干燥，食用部分为种子，且种子外面多存坚硬的外壳，如核桃、板栗、椰子、榛等。

肉质果按其果肉结构不同又分为以下 5 种类型。

浆果（berry）：由子房或子房与其他花器一起发育成柔软多汁的果实，如番茄、西瓜、甜瓜、茄子、南瓜、葡萄、猕猴桃、柿、香蕉、无花果等。

核果（drupe）：由单心皮上位子房发育形成的真果，具有肉质中果皮和木质化的内果皮硬核，如樱桃、芒果、桃、李、杏、梅、枣等。

仁果（pome fruit）：由多心皮下位子房与部分花被发育形成的假果，如苹果、梨、山楂、木瓜、枇杷等。

柑果（hesperidium）：由多心皮上位子房发育形成的真果，具有肥大多汁的多个瓤囊，如橙、柚、柑橘、柠檬等。

荔枝果（litchi fruit）：由上位子房发育形成的真果，其食用部分是肥大肉质多汁的假种皮，如荔枝、龙眼等。

2. 果实的生长发育

植物开花完成授粉受精后，由于细胞的分裂与膨大，从幼小的子房到果实成熟，其体积增加了 30 万～300 万倍。果实的生长过程表现为细胞数目的增加和细胞体积的膨大。在生产上，花前改变细胞数目的机会多于花后。当果实的细胞数目一定时，果实的大小主要取决于细胞体积的增大，而细胞体积的增大主要取决于碳水化合物含量的增长。因此，在果实膨大期大量光和产物积累及水分的充足供应，对细胞体积的增大十分重要。

（1）果实的生长动态　开花后，果实的体积或鲜重在不断增加，整个果实的生长过程常用生长曲线表示。果实生长曲线（cumulative growth curve）是以果实的体积、直径、鲜重或干重作纵坐标，时间作横坐标绘制的曲线。植物的种类不同，其果实的生长曲线也不同。果实的生长曲线有两种类型，一类是单S形曲线（single sigmoid pattern），其果实早期生长缓慢，中期生长较快，后期生长又较慢，果实的生长特点可归结为慢—快—慢，如番茄、茄子、甜椒、草莓、苹果、香蕉、菠萝、甜橙等属于此类。另一类是双S形曲线（double sigmoid pattern），其生长过程分为3个阶段：第一阶段是开花后，果实即进入迅速生长期；第二阶段是生长中期，内果皮的木质化，果实体积增加缓慢，也称为硬核期；第三阶段是中果皮的细胞体积增大，果实体积二次迅速膨大，果实生长特点可归结为快—慢—快，如大部分核果类及葡萄、橄榄等均属于此类。在果实体积的增大过程中，一般发育初期，纵径的增长速度大于横径，而后才是横径的快速增长。生产上如果果实发育前期环境条件适宜，后期变得不适宜，则易形成长形果，反之，则形成扁形果实。

（2）落花落果　从花蕾出现到果实成熟采收的整个过程中，会出现花、果脱落的现象，称为落花落果。落花不是指花瓣自然脱落的谢花，而是指未授粉受精的子房脱落。落果是指授粉受精后，一部分幼果，因授粉受精及营养不良或其他原因而脱落，有些品种在采收前也有落果现象。苹果、柑橘等的最终坐果率为8%～15%，桃和杏为10%，葡萄和枣为2%～4%，荔枝和龙眼为1%～5%。

植物落花落果受其遗传特性、花芽的系统发育状况、植株的生长状况、授粉受精及花期的气候条件等因素的影响。自然灾害（风、雹、高温、低温等）或栽培管理不当也容易导致落花落果，生产上针对造成落花落果的原因，制订了相应的管理对策。其实，植物的坐果率并不是越高越好，生产上为了优质产品通常要进行疏花疏果。

（3）果实的成熟　当果实长到一定大小时，果肉中贮存的有机养料发生一系列的生理变化，逐渐进入成熟阶段，成熟（maturation）是果实生长发育中的一个重要阶段。根据栽培目的不同，果实的成熟可以分为生理成熟和商品成熟。生理成熟（physiological maturity）是指果实脱离母株时，其种子具备了能够继续完成其个体发育的能力，如西瓜、甜瓜、番茄等；商品成熟是指其符合食用标准时的幼果成熟度，如菜豆、茄子、西葫芦、苦瓜和丝瓜等，这类产品达到生理成熟时已不能食用。还有一些植物，其果实达到生理成熟和商品成熟时均可食用，如辣椒、南瓜、豌豆等。在设施栽培条件下，这类植物秋季栽培，初冬形成产量后，果实留在植株上再设施贮藏，等待市场价格适宜时上市，可以获得较高的效益。

（四）种子的生长发育

种子是由受精胚珠发育而成的，它既是设施植物栽培的重要繁殖材料，又是重要的食用产品。

1. 植物种子的类别与形态结构

（1）植物种子的类别　在生产上的植物种子泛指所有的播种材料，总括起来有以下4类。

1）植物学上的真种子：由胚珠经受精发育而成，如豆类、茄果类、瓜类等植物的种子。

2）属于果实的“种子”：由胚珠和子房发育而成，如菊科、伞形科、藜科等植物的种子。

3）无性繁殖器官：包括鳞茎（郁金香、风信子、百合、洋葱、大蒜等）、球茎（唐菖蒲、慈姑、芋头等）、根状茎（美人蕉、香蒲、紫菀、韭菜、生姜、莲藕等）、块茎（马铃薯、山药、菊芋、仙客来）等。

4）真菌的菌丝组织：如蘑菇、草菇、木耳等。

《中华人民共和国种子法》中所称的种子是指农作物和林木的种植材料或者繁殖材料，包括籽粒、果实、根、茎、苗、芽、叶、花等。

（2）植物种子的形态与结构　植物种子的形态特征包括种子的外形、大小、色泽、表面的光洁度、沟、棱、毛刺、网纹、蜡质、突起物等。成熟的种子色泽较深，具蜡质；幼嫩的种子则色泽浅，皱瘪。新种子色泽鲜艳光洁，具香味；陈种子则色泽灰暗，具霉味。植物种子的形态是鉴别植物种类和判断种子老嫩、新陈的重要依据。

植物种子的结构包括种皮和胚，一些种子还含有胚乳。属于果实的种子，所谓的种皮实质上是果实的果皮，其真正的种皮有的成为薄膜，如芹菜、菠菜种子；有的因挤压破碎或粘贴于果皮的内壁而混为一体，如莴苣的种子。胚是幼苗的雏体，处在种子的中心，由子叶、上胚轴、下胚轴、胚根和夹于子叶间的初生叶或初生叶的原基所组成。除种皮和胚外，依据种子中有无胚乳，植物种子又分为有胚乳种子和无胚乳种子。豆类植物的种子为无胚乳种子；番茄、芹菜、菠菜、韭菜、葱等的种子为有胚乳种子。无胚乳种子，子叶为种子贮存营养的主要器官；有胚乳种子，胚乳为种子贮存营养的主要器官。

2. 种子的形成与发育

卵细胞完成授粉受精形成合子后，合子细胞经过一系列极为复杂的分裂分化阶段，最后发育成种子。授粉之后并不等于受精，受精之后所形成的合子也不一定最后能发育成具有生命力的种子，其原因与植株本身的内在因素及环境条件有关。

饱满的种子是培育壮苗的基础，饱满的种子来自健壮的母株。因此，在种子生产中，优良种子的生产要从亲本、繁种基地的气候条件、土壤条件、施肥、授粉时间、整枝方式、留果部位、留果数量、采种母株防病保叶等方面保证采种母株的健壮生长。

种子是一个生命体，种子离开母体后，处于休眠状态，又进行着微弱的生命活动。种子含水量低、贮藏环境温度低能够明显减缓种子的呼吸速率，减少贮藏物质的消耗，进而延长种子的贮存时间，因此干燥、低温是种子贮藏的必要条件。种子含水量适宜时，采用真空贮藏或真空低温贮藏，更能延长种子的寿命。

三、设施植物的生育周期

随着季节和昼夜的周期性交替变化，植物的生长发育也发生着节奏性的变化，这就是植物生长发育的周期性。开花植物从种子在母株上成熟开始，经历种子萌发、生长、开花、结果，直至死亡的全部生长发育过程，称为生命周期（life cycle）。根据生命周期的长短，可把植物分为一年生植物、二年生植物和多年生植物 3 类。多年生植物的生命周期又包括多个年生长周期（annual growth cycle），即一年内，随着气候变化，植物表现出有一定规律性的生命活动过程。

（一）一年生植物的生命周期

当年播种、当年开花结实完成生命周期的植物，称为一年生植物。例如，果菜类中的茄果类、瓜类、豆类；绿叶蔬菜中的苋菜、蕹菜、落葵、番杏；花卉植物，如鸡冠花、凤仙花、一串红、万寿菊、百日草等。一年生植物的生长发育周期，可分为以下 4 个阶段。

（1）发芽期　从种子萌动至真叶“露心”为发芽期。此期主要分解利用种子中的贮藏营养。栽培上，应选择籽粒饱满的种子，创造最适的发芽条件缩短发芽期，为培育壮苗创造条件。子叶是幼苗最早进行光合作用的器官，故发芽期应保护子叶并使其充分见光。

（2）幼苗期　种子发芽后，即进入幼苗期。从第一片真叶“露心”开始到第 5 片真叶展平为幼苗期，幼苗期结束的时间也因植物种类、栽培方式不同而略有差异。许多果菜类植物在幼苗期就已开始花芽分化，因此，幼苗生长的好坏，对以后的生长发育有很大影响。例如，茄果类、豆类此期已开始分化花芽，此期结束时，瓜类主要结果部位的花芽性别已确定。因此，应尽量创造适宜的环境条件，培育适龄的壮苗。

（3）发棵期（或抽蔓期）　从幼苗期结束到植株开始现蕾、开花为发棵期。此期根、茎、叶等器官加速生长，花芽进一步分化。不同植物此期的长短有较大差异。生产上，幼苗期结束进入发棵期时，要采取“促”的措施，为茎、叶的旺盛生长提供水分和营养条件，促使茎、叶进行旺盛的营养生长，为以后的开花结实奠定营养基础。

（4）开花结果期　从植株现蕾、开花开始到拉秧结束，称为开花结果期。此期根、茎、叶等营养器官继续生长，同时不断进行开花结果，因此，存在着营养生长和生殖生长的矛盾。特别像瓜类、茄果类、豆类等多次结果、多次采收的植物，要科学供应水肥，以保证营养生长与生殖生长的协调平衡发展。

（二）二年生植物的生命周期

二年生植物的生命周期可明显地分为营养生长和生殖生长两个阶段。播种当年为营养生长阶段，可分为发芽期、幼苗期、叶簇生长期和产品器官形成期。发芽期和幼苗期的临界形态与生长特点同一年生植物。叶簇生长盛期同一年生植物的发棵期。在叶簇生长期的后期，产品器官开始形成，进入产品器官形成期。此期一方面，根、茎、叶继续生长，另一方面同化产物迅速向营养贮藏器官转移，形成叶球或肥大的肉质根等。二年生植物的产品器官形成期是一生中需要水肥最多的时期。

二年生植物的产品器官形成后，随着气温下降，进入休眠期，如大白菜、萝卜的冬季休眠。此期生产上，要创造低温和适宜的环境湿度条件进行贮藏。

二年生植物受秋末温度降低阶段、冬季贮藏阶段及早春生长阶段的低温诱导，已通过阶段发育进行着花芽的分化和生长；随着次年春季温度回升、日照延长，开始抽薹、开花、结籽，进入生殖生长阶段。

（三）多年生植物的生命周期

多年生植物可分为多年生木本植物和多年生草本植物。按繁殖方式不同又分为有性繁殖类型和无性繁殖类型。有性繁殖多年生木本植物的生命期一般可分为 3 个阶段。

（1）童期（juvenile phase）　指从种子播种后

从萌发开始，到实生苗（sexual seedling）具有分化花芽潜力和开花结实能力为止所经历的时间。童期是有性繁殖的木本植物必须经过的个体发育阶段。处于此期的果树，主要是营养生长，其特点是根系和树冠生长快，光合吸收面积迅速扩大，光合产物集中用于根和枝梢的生长。童期的后期可形成少量花芽，但也多发生落花落果。童期的长短因树种而异，桃、杏、枣、葡萄等童期较短，一般为3～4年；山核桃、荔枝、银杏等的童期则需9～10年或更长时间。

（2）成年期（adult phase）　从植株具有稳定持续开花结果能力时起，到开始出现衰老特征时结束为成年期。木本植物此期一般连续多年自然开花结果，通常根据其结果状况又分为结果初期、结果盛期和结果后期。成年期果树应加强水肥管理，合理修剪，适当疏花疏果，最大限度地延长盛果期的年限，延缓树体衰老，实现丰产优质。

（3）衰老期（senescence phase）　从树势明显衰退开始到树体最终死亡即为衰老期。生产上，根据其经济效益状况，常在树体衰老前进行更新或提前砍伐。

与有性繁殖多年生木本植物相比，无性繁殖的多年生木本植物是采用母株上已具备开花结果能力的营养器官繁殖而成的，因此不需要度过较长的童期。其结果期、衰老期的特点与有性繁殖多年生木本植物基本相同。

多年生草本植物一次种植可连续多年采收，在生命周期上与多年生木本植物相似，在年生长周期上与一年生植物相似，但其寿命没有多年生植物长，生长几年后需重新栽植，否则产量下降较大，如韭菜、石刁柏等。

（四）多年生植物的年生长周期

多年生木本植物的年生长周期是指每年随着气候变化，植物的生长发育表现出与外界环境因子相适应的形态和生理变化，并呈现一定的规律性。在年生长周期中，这种与季节气候变化相适应的形态和生理变化时期，称为物候期（phenological phase）。除常绿树木外，多年生木本植物在年生长周期中有明显的生长期和休眠期之分。

1. 生长期

生长期（growth period）是指植物各部分器官表现出显著的形态特征和生理功能的时期。落叶树木自春季萌芽开始，至秋季落叶为止，为生长期。生长期主要包括萌芽、营养生长、开花坐果、果实发育和成熟、花芽分化和落叶等物候期。而常绿树木由于开花、营养生长、花芽分化与果实发育可同时进行，老叶的脱落又多发生在新叶展开之后，故一年内可多次萌发新梢。有些树木一年中可进行多次花芽分化，多次开花结果，其物候期更为错综复杂。尽管如此，同一植物在同一地点的年生长周期是基本稳定的，同一植物在不同地点的年生长周期顺序也是基本不变的，而各物候期出现的早晚受气候条件的影响较大，其中温度为主要的影响因子。

2. 休眠期

休眠期（dormancy stage）为植物的芽、种子或其他器官的生命活动微弱、生长发育表现停滞的时期。休眠是植物在长期个体发育过程中为适应不良环境（高温、低温、干旱等）而形成的一种特性。根据休眠的生态、生理表现，分为自然休眠和被迫休眠。自然休眠（natural dormancy）又称为生理休眠（physiological dormancy）、内休眠等，它是由植物的遗传特性所决定的，要求一定的低温条件才能解除。在自然休眠期间，即使给予适宜的环境条件，植物也不能萌发生长。被迫休眠（forced dormancy）也称为强迫休眠或外休眠，是由于外界环境条件不适宜引起的，一旦不良环境条件解除，便可迅速恢复生长。

落叶果树的冬季休眠属自然休眠，其休眠期通常指秋季落叶后至来年春季萌芽前的一段休眠时期。休眠期的长短因树种、品种、原产地环境及栽培地的自然气候条件等而异。一般原产寒带的植物，休眠期长，通过休眠要求的温度也较低。栽培地的温度越低，休眠的时间越短；温度越高，休眠的时间越长。落叶树木通过自然休眠所需要的低温一般为0.6～4.4℃，7.2℃是通过自然休眠的最高温度。通过一定时间的低温，落叶果树的自然休眠被解除后，若外界环境条件不适宜，则进入被迫休眠状态，一旦环境适宜便可立即发芽，因此打破自然休眠是落叶果树设施早熟栽培的重要措施。

常绿木本植物一般无明显的自然休眠，但外界环境变化时，如高温、低温、干旱等，也可导致其短暂的被迫休眠，一旦不良环境条件解除，即可迅速恢复生长。

四、设施植物器官的生长相关性

植物器官各部分的生长具有密切的相互依赖、相互制约的关系，即生长相关性（growth interaction）。植物的各器官各部分都处在矛盾的统一体中。矛盾的统一性表现在各器官、各部分生长发育的整体性和连贯性。整体性表现为各器官生长发育的密切相关、相互影响；连贯性表现在前一器官的生长为后一器官的生长奠定基础，后一器官的生长是前一器官的继续和发展。矛盾的对立性表现在，在特定条件下，某些器官的生长发育抑制其他有关器官的生长发育。植物器官的生长相关性主要包括地上部与地下部生长相关、营养生长与生殖生长相关、同化器官与营养贮藏器官生长相关。

（一）地上部与地下部的生长相关性

地上部与地下部的生长相关性，首先表现在生长的相互依赖、相互促进作用。一方面，根吸收水分、矿质元素等，经根系运至地上部，供茎、叶、新梢等新生器官的建造和光合蒸腾的需要，促进芽的分化和茎的生长；同时，地上部的叶片光合作用形成的同化产物、茎尖合成的生长素通过茎也被运往根系，为根系的生长和吸收功能的发挥提供了结构、能量和激素物质。即地上部只有在地下部提供充足的营养和水分的同时，才能生长良好；同样，地下部的良好生长也必须依靠地上部营养物质的供给。但是，由于地上部和地下部要求的生长条件并不完全相同，所以当某些条件发生变化时，会使地上部和地下部的统一关系遭到破坏，而表现出生长的不均衡。例如，在土壤水分较少时，根系得到了优先生长，地上部的生长受到限制；反之，当土壤水分充足时，地上部可得到充足水分而生长加快，并且消耗大量的碳水化合物，供给根系的营养就会减少，限制了根系的生长。氮肥对地上部的促进作用大于根部，磷肥能增加根的含糖量，促进根系的生长；强光条件有利于促进光合作用，抑制茎的伸长，强光下根系的发育也好。

强大的根系是地上部旺盛生长的前提。生产上常在植物生长的前期，采取蹲苗措施，暂时抑制地上部的生长，使根系优先发育。当根系得到适当发育后，再加强水肥管理，促进地上部的生长。植物是一个整体，地上部的整枝、摘心、打杈、摘叶、修剪不仅会减少地上部的生长量，还会影响地下根系的扩展；地下部的大根受到伤害或伤根过多时，也会影响地上部枝叶的生长。

（二）主茎和分枝的生长相关性

蔬菜作物的主茎和分枝之间存在密切的生长相关性。当主茎顶芽生长活跃时，下面的腋芽往往休眠而不活动；如果顶芽被摘除或受损伤，腋芽就迅速萌发而形成分枝，这种顶芽对腋芽生长的抑制作用，通常称为顶端优势。

在农业生产上，顶端优势的原理已被广泛应用。例如，黄瓜、西瓜等以主蔓结果为主的植物，在栽培时必须注意保护主茎的顶芽，以抑制分枝的发生，提高产量和品质；在十字花科、伞形花科蔬菜作物采种时，要保留主枝及一、二级侧枝，以提高采种质量；甜瓜的多数品种以孙蔓结瓜，适时摘去顶芽，抑制顶端优势，促进侧蔓生长，是实现早熟高产的重要措施。

（三）营养生长与生殖生长的相关性

营养生长是生殖生长的基础，没有良好的营养生长，就没有良好的生殖生长，这是二者协调统一的一面，但是，由于营养生长和生殖生长所需要的物质基础都是根系吸收的水分、矿质营养和叶片制造的光合产物，因此，营养生长和生殖生长存在着相互抑制和竞争关系。这种抑制和竞争关系表现为茎叶的生长与花芽分化、果实发育之间的营养竞争。当营养生长过旺时，植株生长表现为“疯长”，造成花芽分化少，花芽分化质量差，落花落果严重；当生殖生长过旺时，植株生长表现为“坠秧”，植株矮小，叶片数目少，叶面积小，新生枝条抽生数目少，生长量小；多年生植物生殖生长过旺时，由于严重抑制了营养生长，造成树体营养差，没有足够的营养进行花芽分化，最终又限制了来年的生殖生长。因此，无论对一年生还是二年生植物，营养生长过旺直接影响当年的生殖生长，造成产品器官减产（叶菜类除外）。对多年生木本植物，不但影响当年果实的大小，还影响次年花芽的数目和质量。因此，在生产中，采取措施使营养生长与生殖生长相互协调是获得高产和优质的关键。

（四）同化器官与营养贮藏器官的生长相关性

叶是绝大多数植物的主要同化器官，而贮藏器官则有多种类型。有些植物以果实和种子为营养贮藏器官，还有许多植物以变态的根、茎、叶为营养贮藏器官。以果实和种子为营养贮藏器官的植物，其同化器官和营养贮藏器官的生长相关性，就是前述的营养生长与生殖生长的相关性。而以变态的根、茎、叶为营养贮藏器官的植物，其同化器官与营养贮藏器官的生长相关性，实质上是营养器官之间养分的竞争。

在植物中，以叶球、块茎、块根、球茎、肉质根、鳞茎作为营养贮藏器官，营养贮藏器官形成的前提首先是要生长出大量的同化器官，没有旺盛的同化器官，就不可能有营养贮藏器官的形成。另外，营养贮藏器官的形成与生长，在一定程度上可提高同化器官的功能，这是同化器官与营养贮藏器官在生长关系上具有统一性的方面。例如，大白菜的叶球、萝卜的肉质根，其形成必须有健壮的莲座叶为前提，叶球和肉质根的重量往往与同化器官的重量成正比。同化器官与贮藏器官也有矛盾的一面，茎叶生长过旺，会推迟营养贮藏器官的形成，降低营养贮藏器官的产量。在某些特定条件下，营养贮藏器官过早形成，会抑制叶片的生长，而最终营养贮藏器官的产量也不高。在生产上，协调同化器官与营养贮藏器官生长的关系，首先要培育健壮的功能叶，为营养贮藏器官的生长奠定基础。在大量同化叶形成后要创造条件，促成营养贮藏器官的形成；营养贮藏器官形成后，要保证水肥供应，防止叶片早衰，以便为贮藏器官输送更多的光合产物，促进营养贮藏器官的生长。

第三章 设施植物栽培的类型、结构与性能

第一节 设施植物栽培的类型

设施植物栽培是指在不适宜植物生长发育的季节或地区，利用特定的保护设施与配套的设备，人为地创造适宜植物生长发育的环境，不受或少受自然环境的影响，有计划地进行高产、优质、周年稳定的植物生产。设施栽培是与露地栽培相对应的一种生产方式。植物栽培的设施类型体现出由小到大、由简单到复杂、由初级到高级的发展规律。每一种类型的产生均与当时的社会经济发展水平、科学技术的进步和市场的需求密切相关。

在栽培早期，人们开始利用地面简易覆盖，如马粪或稻草等不透明覆盖物，使露地早熟植物栽培免受冻害。1949 年以后，生产力得到较快发展，风障、阳畦、改良阳畦及酿热温床被迅速推广应用。随着农用塑料薄膜的出现，20 世纪 50 年代末开始使用小拱棚、中拱棚、大拱棚及温室，使栽培环境得到了很大改善。70 年代引进和建设连栋温室。80 年代开始建设管架大棚和日光温室。90 年代以来，遮阳网、防虫网、无纺布等覆盖栽培迅速发展，高效节能日光温室栽培技术被大面积推广应用，引进和自主设计建造出的现代化大型连栋温室实现了环境控制自动化、生产管理规范化、产品标准化、经营规模化。目前，随着新资材、新技术、新设备、新品种不断地被开发应用，设施栽培达到了一个最高级的发展阶段，实现了植物的工厂化生产。植物工厂融合设施植物栽培、建筑工程、生物技术信息学、植物生理生化、环境控制、材料科学、模拟与控制、计算机、网络通信以及人工智能等学科，是一种知识与技术交叉的集约型农业生产模式。

根据我国设施植物栽培的发展历程，依其结构的复杂程度、性能与应用状况的特点可将设施分为 5 个层次：简易设施、塑料薄膜拱棚、日光温室、现代化温室和植物工厂。

一、简易设施

简易设施是指采用简便易行的方法，改善局部小气候环境，在一定范围内对栽培作物起保护作用的设施，主要包括风障、阳畦、温床、地面覆盖（地膜覆盖、无纺布覆盖、遮阳网覆盖、防虫网覆盖、防雨棚）。这些简易设施虽然多是较原始的、比较简易的保护设施，但由于其具有取材容易、覆盖简单、建造成本低、效益高于露地生产等优点，目前仍在生产中应用。

（一）风障

风障（windbreak）是冬春季节设置在栽培畦北面的挡风屏障物，用于阻挡季候风、提高栽培畦内的温度，风障前的栽培畦称为风障畦。风障畦可分为小风障畦和大风障畦两种。小风障高约 1 m，一般用芦苇、作物秸秆或竹竿设立在栽培畦北侧，防风效果在 1 m 左右。大风障由篱笆、披风及土背组成，篱笆由芦苇、作物秸秆、竹竿等夹设而成，篱笆高 2～2.5 m，披风由一层较厚的高 1～1.5 m 的稻草、苇席、草包片等围于篱笆的中下部，基部用土培成 30 cm 高的土背（图 3-1），一般冬季防风的效果在 10 m 左右。

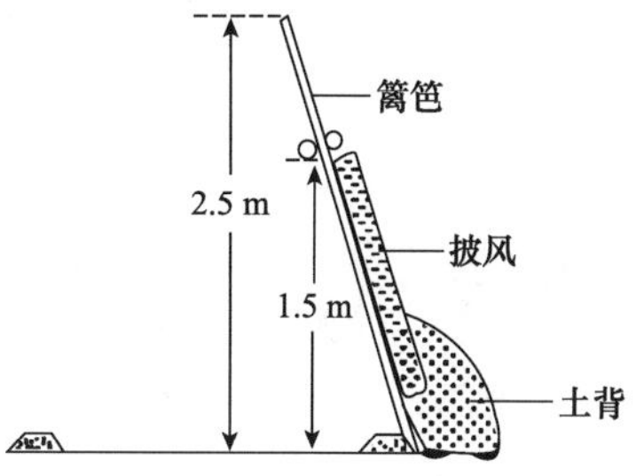

图 3-1　风障结构示意图

风障可以减弱风速，稳定畦面的气流，可充分利用太阳光热提高畦内的气温与地温，降低地面蒸发量和相对湿度，改善风障前的小气候。风障防风、防寒、保温的有效范围为风障高度的8～12倍，最有效的范围是风障高度的1.5～2倍。据测定，华北地区冬春季风障前的风速，比没有风障时降低50%～60%，气温提高2～5℃，地表温度可提高8～14℃，蒸发量减少4%～6%。在风障前面畦内覆盖地膜、麦糠、稻壳、棉籽壳、草席等，可有效提高地温。风障多用于我国北方晴天多及风多地区的蔬菜及花卉栽培，如耐寒蔬菜和宿根花卉的越冬栽培、根茬菜早熟栽培、早春提早播种的叶菜类及提早定植的果菜类。

（二）阳畦

阳畦（local solar shed）又称冷床、秧畦，由风障畦发展而来，将风障畦的四周畦埂增高变成畦框，放置撑杆覆盖塑料薄膜，晚间在薄膜上加盖保温覆盖物，利用太阳光热来保持畦温，保温防寒性能优于风障畦。

普通阳畦由风障、畦框、透明覆盖物和保温覆盖物等组成。由于各地的气候条件、栽培方式、应用时间的差异，将普通阳畦分为槽子畦和抢阳畦两种类型（图3-2）。

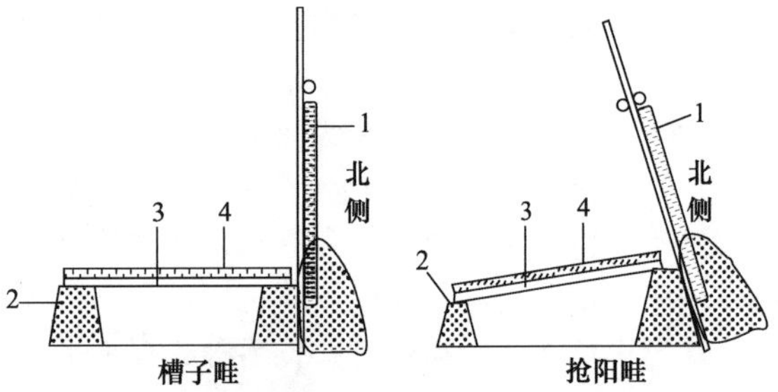

图3-2　阳畦的结构示意图

1. 风障；2. 畦框；3. 玻璃窗；4. 草苫

1. 槽子畦

槽子畦的结构形式与抢阳畦大致相同，只是它的四面畦框基本等高，似槽形，故名槽子畦。槽子畦因为没有坡度，对光能的利用率较低，多在太阳高度角较大的春季使用，可栽植较高的蔬菜或进行假植贮藏。此外，在阳畦的基础上提高土框，加大斜面角度，加强保温，成为改良阳畦，其性能又优于普通阳畦，目前生产上以塑料薄膜改良阳畦为多。

阳畦除具有风障效应外，由于增加了土框和覆盖物，白天可以大量吸收太阳辐射，夜间可以减少向外长波辐射，故保温能力加强。但是，由于阳畦内的热量主要来源于太阳，因此阳畦的性能受季节和天气的影响较大。阳畦的温度随着外界不同季节气温的变化而变化，华北地区冬季阳畦内的平均温度只有8～12℃，并可出现−8～−4℃的低温，而春季气温回升时晴天比露地高10～20℃，高达30～40℃，能保持畦内较高的畦温和土温。因此，在阳畦生产中既要防止霜冻危害，又要防止高温危害。畦内温度易受天气晴、阴、雨、雪的影响，据测定华北地区3月晴天阳畦内的温度比阴天高6～8℃。畦内昼夜温、湿差较大，一般畦内昼夜温差可达10～20℃，最大相对湿度差异可达40%～60%。此外，在同一阳畦内由于接受阳光热量的不同，致使局部存在较大的温差，上午和中午中心部位上部温度较高，四周温度较低；下午距北框近的下部地方温度较高，南框和东西两侧温度较低。阳畦的结构不同，畦框的厚度与覆盖物的种类对其性能都有很大影响。阳畦在北方地区主要用于耐寒蔬菜的越冬栽培，喜温果菜的春提早和秋延后栽培，在华北南部地区用于草莓的栽培，也可用于蔬菜、花卉、部分果树的育苗。

2. 抢阳畦

风障竖立在北框外侧，冬季向南倾斜，与南侧地面呈70°～80°夹角，夏季用时则垂直竖立，高2～2.5 m。畦框一般用土做成，既是防寒保温的设备，也是覆盖物的支架；分为南北框及东西两侧框，北框比南框高而薄，上下呈楔形，两侧畦框向南呈坡面，故名抢阳畦。北框一般高50～80 cm，底宽30～40 cm，顶宽20～25 cm。应根据所用的季节确定框的高度与厚度，冬季育苗用的阳畦，北墙高应为80 cm，厚度为35～40 cm；春季用于育苗或栽培的可采用北墙高50 cm，厚度为20～25 cm；南框高为20～25 cm，过高则遮光严重，影响增温效果，过低则影响苗的生长；侧框的厚度与南框相同，畦面下宽1.66 m，上宽1.82 m；畦长6～7 m，或乘它的倍数，做成联畦。覆盖物分为透明与保温两类。透明覆盖物以前多采用玻璃，目前生产上多采用竹竿在畦面上做支架，而后覆盖塑料薄膜，白天能够充分采光增温。保温覆盖物多采用蒲席或稻草苫覆盖，是阳畦的防寒保温设备，用于夜间保温。

（三）温床

温床（hot bed）是在阳畦的基础上改进的保护地设施，它除了具有阳畦的防寒保温作用外，又增加了人工增温措施来提高地温，以补充日光增温的不足，满足低温季节进行植物栽培或提早育苗的需要。根据加温热源的不同可分为酿热温床、电热温床、火热温床和太阳能温床；根据床框的位置可分为地上式、地下式和半地下式温床。

1. 酿热温床

酿热温床是指在阳畦的基础上，在栽培畦内挖床坑，填入酿热物作为人工补温设施。温床的大小和深度要根据其用途而定，一般床长 10～15 m、宽 1.5～2.0 m，下部填料，坑南部深 50～55 cm，北部深 30～33 cm，中部深 25～28 cm，整个床底呈鱼脊形（图 3-3），以求温度均匀。酿热物根据其分解发热情况的不同可分为高热酿热物（如新鲜马粪、新鲜厩肥、各种饼肥等）和低热酿热物（如牛粪、猪粪、作物秸秆及有机垃圾）两类。各种酿热物的配合比例、数量及厚度，应根据天气的寒冷程度、应用时间的长短及蔬菜的种类而定。播种床的酿热物厚度要大于 30 cm，移栽床一般可为 15～20 cm。

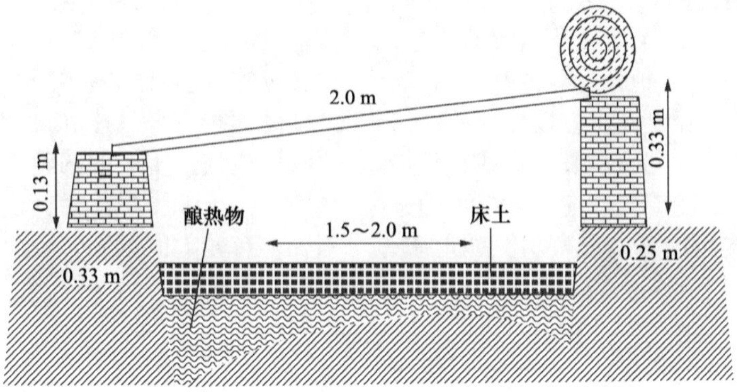

图 3-3　半地下式酿热温床示意图

2. 电热温床

电热温床是在阳畦、小拱棚、大棚或温室的苗床上铺设电线而成。床土温度可自动调节，且能保持均匀，是利用电热线把电能转变为热能进行土壤加温的一种保护设施。一般床宽 1.3～1.5 m，长度依需要而定，床底深 15～20 cm（图 3-4）。电线铺设时，先在苗床底铺设隔热层，如麦糠、碎稻草等，厚 5～10 cm，然后压少量细土，用木板刮平后，就可以铺设电热线。铺线时，先按所需总功率的电热线总长，计算出布线的平均间距，按照间距在床的两端距床边 10 cm 远处插上短竹棍，从床的一边开始，来回往返把线挂在小木棍上，线要拉紧、平直，线的两端从床内伸出来，以备连接电源和控温仪。电热线不可相互交叉、重叠、打结；布线的行数最好为偶数，以便电热线的引线能在一侧，便于连接。若所用电热线超过两根时，则各条电热线都必须并联使用而不能串联。最后在电热线上面铺 5～15 cm 的床土，撒播的育苗床土厚 5 cm，分苗床土厚 10 cm 左右，栽培床土厚 10～15 cm。电热线的功率密度取决于建床地区及使用季节的气候条件、苗床所在场所的基础低温及其自身的保温能力，以及植物对土温的要求。一般播种床的功率为每平方米 80～100 W，分苗床的功率为每平方米 50～70 W。当苗床功率密度选定后，根据苗床的总面积、电热线的额定功率及长度确定布线间距。布线间距一般中间稀疏，两边稍密，以使温度均匀，一般布线间距为 6～10 cm。铺设的电热线及导线接头部要全部埋入土中，以防电热线绝缘受损。

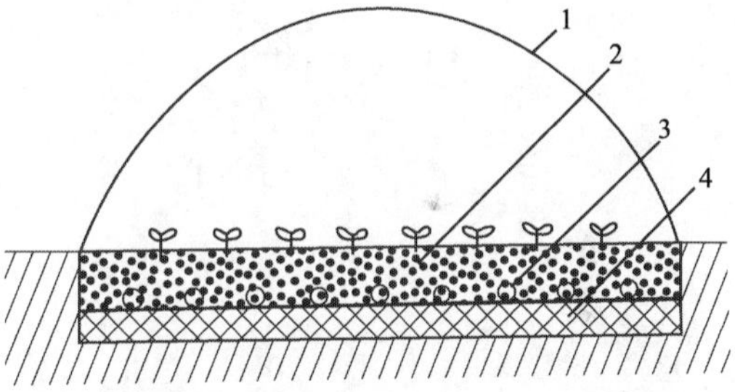

图 3-4　电热温床的结构示意图（李式军和郭世荣，2011）

1. 小棚；2. 床土；3. 电热加温线；4. 隔热层

铺设电热线时应注意：①使用电加温线时，绝不能剪短或截断使用，也严禁成圈状在空气中通电使用。②铺线时，加温线发热段不能交叠、打结，以免接触处绝缘层过热熔化，只允许在引出线上打结固定。③在单相电路中使用电加温线时，只能并联，不能串联使用，且总功率不应超过 2000 W，使用 10 A 以上的电度表，在三相电路中使用时应采用 Y 形接法，使每根电加温线两端电压为 220 V，禁止用△形接法。④从土中取出电加温线时，禁止硬拉硬拔或用锄铲横向挖掘，以免损伤绝缘层，要擦干净保存于阴凉干燥处，以防虫、鼠咬破绝缘层。⑤旧加温线使用前应做绝缘检查，方法是将线浸入水中，引出线端接兆欧姆表，表的另一端插入水中，摇动兆欧姆表，绝缘电阻应大于 1 MΩ。

（四）地面覆盖

地面覆盖（ground coverage）是指用各种简易资材覆盖在植株或畦面上，用来防寒保温、防暑降温和蓄水保墒的一种保护措施。例如，我国北方地区在土壤封冻前，在畦面盖上树叶、秸秆、马粪等，保证耐寒性蔬菜（如韭菜、菠菜）安全越冬；我国西北干旱地区将粗沙或鹅卵石分层覆盖在土壤表面，种植白兰瓜，具有防风蚀、保墒、升温快的作用，称为"沙田栽培"；我国南方地区还有的利用山草、稻草、秸秆或芦帘等覆盖物，促进夏播作物的幼苗出土和喜冷凉不耐热作物的安全越夏，这些都是传统的简易覆盖栽培方法。随着工农业科学技术的进步，省工省力、高效实用的覆盖新资材，如地膜、无纺布等，逐步取代了传统的覆盖资材。

1. 地膜覆盖

地膜覆盖（plastic mulching）是塑料薄膜地面覆盖的简称，它是指紧贴土壤表面覆盖一层极薄的塑料薄膜，是具有提高地温或抑制地温升高、保墒、保持土壤结构疏松、降低土壤相对湿度、防治杂草和病虫、提高肥效等多种功能的一种栽培方式，是现代农业生产中既简单又有效的增产措施之一。我国除了在蔬菜等园艺植物上推广应用外，还在粮、棉、油、烟、糖、麻、药材、茶、林、果等40多种植物上大面积推广应用。地膜覆盖的方式有平畦覆盖、高垄覆盖、高畦覆盖、沟畦覆盖及地膜加小拱棚覆盖等多种形式（图3-5），要求整地做畦要精细，畦面要平整，盖膜紧贴土面，四周用土压紧，防漏风透气，用毕的旧膜要及时清理，不使其污染环境。由于地膜覆盖后，土壤水分上移，理化性状与裸地有较大的区别，因此在水肥管理上也要特别留意。在设施栽培条件下，通常推广膜下滴灌供水供肥。

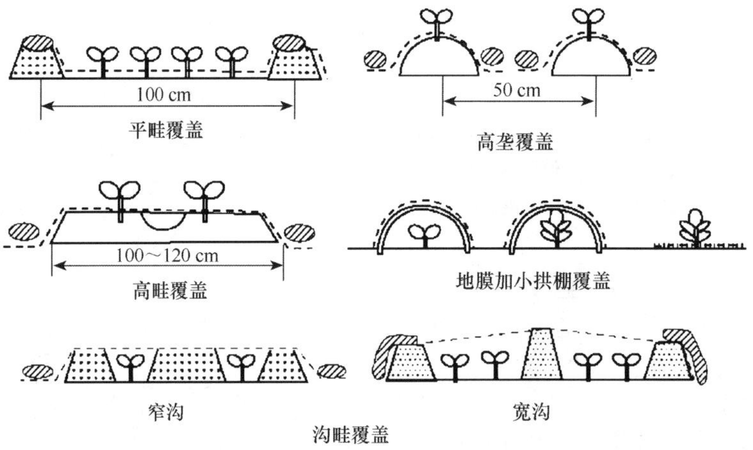

图3-5　地膜覆盖示意图

2. 无纺布覆盖

无纺布又称不织布，无纺布覆盖（non-woven fabrics coverage）是继地膜覆盖后我国从国外引进的又一项先进实用的新技术。无纺布根据每平方米的质量可分为薄型无纺布和厚型无纺布两类。薄型无纺布的单位面积质量一般为15 g/m^2、20 g/m^2、30 g/m^2、40～50 g/m^2，具有遮阳调光、保温防湿、柔韧、质轻、易分解、无毒等特性，寿命一般为3～4年。厚型无纺布一般用于设施外覆盖，材料单位面积质量在100 g/m^{2}以上。无纺布常作为浮膜覆盖材料使用，起防寒、防冻、防暴雨、防风、防虫、防鸟、防土壤板结、防水土流失和防旱保湿等功效。覆盖方式有直接覆盖播种畦面或栽培畦上，也可进行大棚或小棚二重覆盖及单株覆盖与单果套袋，防止不利气候环境的影响，有效促进植物生长。栽培上，常用于越冬蔬菜的保温防冻、果菜类蔬菜的早熟栽培、果树防冻及套袋防虫、防日伤等。

3. 遮阳网覆盖

遮阳网（shade net）又称遮阴网、凉爽纱，是以聚乙烯（PE）、聚丙烯（PP）等为原料，经加工编制而成的一种轻量化、高强度、耐老化的网状农用塑料覆盖材料，具有遮光、防暑、降温、防台风暴雨、防旱保墒和趋避病虫等作用。遮阳网覆盖现已成为我国南方地区进行夏、秋高温季节蔬菜花木的栽培及育苗的一种简易实用、低成本高效益的覆盖新技术，并成为我国热带、亚热带地区夏季设施栽培的特色（图3-6a）。遮阳网与传统的芦苇帘、秸秆等农用覆盖材料相比，具有轻便、管理操作省工省力的特点，一年内可重复使用4～6次，寿命长达3～5年，虽一次性投资较高，但年折旧成本仅为芦苇帘的 50%～70%。现已成为南方地区晴热型夏季进行优质高效叶菜栽培的主要方式。

遮阳有内遮阳和外遮阳两种覆盖方式（图 3-6b）。其中，内遮阳是指将遮光材料覆盖在栽培设施的内侧，不会受到风吹雨打的影响，但阻隔的热量仍然滞留在遮阳材料的上部空间内，降温效果较差；外遮阳有固定覆盖和可移动覆盖两种方式，可将遮光材料直接覆盖在玻璃或塑料屋面上，也可离开屋面 30～40 cm 覆盖遮光材料。与内遮阳相比，外遮阳的高温抑制效果较好，但易受到大风、冰雹等的损坏。利用遮阳网覆盖设施栽培的蔬菜、花卉等植物，其适宜遮光率不同，标准值可参考表 3-1。遮光率越大，则升温抑制效果越好，但设施内的光照也相应减弱。

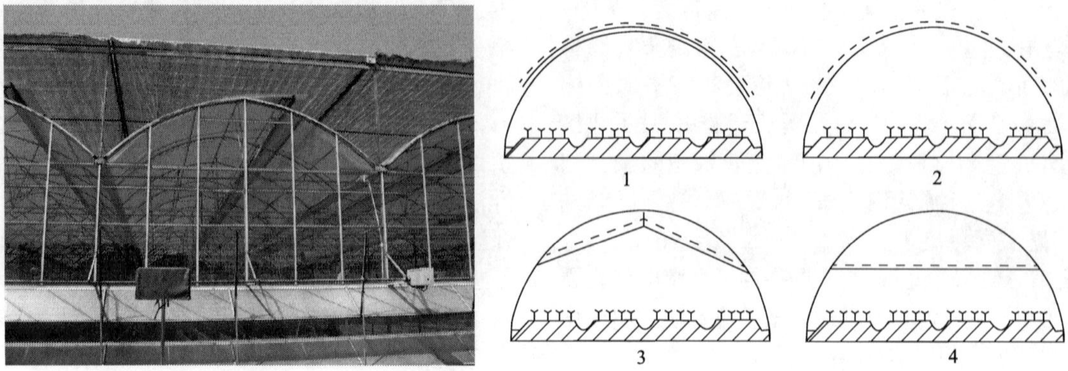

a　　b

图 3-6　遮阳网覆盖（a）和大棚遮阳网覆盖方式（b）（汪志辉和贺忠群，2013）

1. 一网一膜法覆盖；2. 单层遮阳网覆盖；3. 二重幕架上覆盖；4. 大棚内利用腰杆平棚覆盖

表 3-1　各种遮光材料的特性（日本设施园艺协会，2003）

种类	颜色	用途				适宜的覆盖方式				遮光率 /%	性能					
		降温	日长处理	搭遮阴棚	外部遮阴	外覆盖	内覆盖	隧道式覆盖	贴面覆盖		通气性	被覆性能	开闭性能	伸缩性能	强度	耐候性
遮阳纱	白	○①	×	○	○	×	○	○	○	18～29	○	○	○	△③	◎	◎
	黑	○	×	○	○	×	○	○	○	35～70	○	○	○	△	◎	◎
	灰	○	×	○	○	×	○	○	○	66	○	○	○	△	◎	◎
	银	○	×	○	○	×	○	○	○	40～50	○	○	△	△	◎	◎
聚乙烯网	黑	○	×	○	○	×	△	○	○	45～95	○	○	△	○	◎	◎
	银	○	×	○	○	×	△	○	○	40～80	○	○	△	○	◎	◎
聚乙烯醇（PVA）撕裂纤维膜	黑	○	×	△	○	×	○	○	○	50～70	○	○	○	△	○	○
	银	○	×	△	○	×	○	○	○	30～50	○	○	○	△	○	○
无纺布	白	○	×	△	○	△	○	○	○	20～50	△	◎	◎	○	○	○
	黑	○	×	△	○	△	○	○	○	75～90	△	◎	◎	○	○	○
PVC 软质膜	黑	×②	○	×	△	○	○	○	×	100	×	◎	◎	○	○	
	银	△②	○	×	△	○	○	○	×	100	×	◎	◎	○	○	○
	半透光银	○	×	×	△	○	○	○	×	30～50	×	◎	◎	○	○	○
PE 软质膜	银	△②	○	×	△	△	○	○	×	100	×	◎	◎	○	△	×
	半透光银	○	×	×	△	△	○	○	×	30	×	◎	◎	○	△	×
PP 等铝箔膜		○	×	×	△	△	○	○	×	55～92	×	◎	◎	○	○	△
苇帘		○	×	×	○	×	×	△	×	70～90	○	△	△	○	◎	△

注：①◎优秀、○良好、△稍差、× 差；②表示日长处理密闭时；③△表示有伸缩性

覆盖遮阳网时，应根据天气状况、光照强度、植物种类、生育阶段及覆盖目的，选择相应颜色、规格的遮阳网。黑色遮阳网遮光降温效果较好，适于夏季或对光照要求较低的植物；银色遮阳网的透光性较好，一般用于初夏、早秋对光照要求较高的植物。

遮阳网覆盖栽培最常见的方式是夏季覆盖育苗。南方的秋冬季蔬菜，如甘蓝类蔬菜、芹菜、大白菜、生菜等，在夏季高温期育苗时，利用遮阳网替代传统的芦帘遮阳育苗，可在一定程度上减轻高温危害，有效培育优质苗，保证秋冬菜的稳产与高产。其次是伏菜覆盖栽培，南方露地栽培的小白菜、菜心等，易遭受高温和暴雨袭击而发生烂菜死苗现象，采用遮阳网覆盖技术极大缓解了夏季的供应问题。另外，经夏季遮阳网覆盖降温后，可减轻秋播蔬菜夏季育苗的高温危害，可将通常6～7月采收完毕的大棚甜椒、辣椒、茄子等的生育期延长至8～9月采收供应。此外，遮阳网覆盖还可用来延长辣椒的杂交制种期，以及夏季种食用菌如草菇、平菇等。

4. 防虫网覆盖

防虫网（insect-proof net）是一种以高密度聚乙烯树脂为主要原料，经拉丝编织而成的高强度、耐老化的网纱状新型农用覆盖材料，具有耐拉强度大、抗紫外线优良、耐热、耐水、耐腐蚀、耐老化、无毒、无味等特点。防虫网覆盖可有效防止或减少病虫害的发生，是农业无公害生产的一项重要技术措施，已在我国害虫繁殖与活动猖獗的南方地区得到推广。与遮阳网一样，防虫网也具有防暴雨、防冰雹、遮阳降温、防风保温等效果。防虫网主要用于防虫覆盖栽培和秋季蔬菜作物育苗。大棚覆盖是目前防虫网覆盖最普遍的方式，由数幅网缝合覆盖在单栋或连栋大棚上，实行全封闭覆盖，内装微喷灌水设备。其次是立柱式隔离网状覆盖，用高约2 m的水泥柱（葡萄架用）或钢管，做成隔离网室，面积一般为500～1000 m^2。防虫网覆盖栽培蔬菜的产量与防虫网的规格和颜色、覆盖设施的结构、栽培蔬菜的种类及气候状况等有关，防虫网的品种规格有：按目数分为20目、24目、30目、40目4种，按宽度分为100 cm、120 cm和150 cm 3种，按丝径有0.14～0.18 mm等数种，使用寿命为3～4年，颜色有黑色、白色、银灰色、绿色等。防虫要依据害虫的虫体大小，选择适宜的网目，一般蚜虫体长2.3～2.6 mm，体宽1.1～1.5 mm；小菜蛾体长6～7 mm，翅展12～15 mm，20～24目即可阻隔其成虫进入网内。

防虫网覆盖时的注意事项：①保证全程覆盖，两边用砖或土压严实，不给害虫进入的机会，浇水可直接浇在网上；②覆盖前土壤翻耕、晒垡、消毒，杀死土传病虫，切断传播途径；③及时清除杂草、残叶，断绝虫害来源；④施足基肥，控制浇水的次数和浇水量；⑤选用适宜的网目，注意空间高度与空气流动，结合遮阳网覆盖，避免防虫网内土温、气温高于网外造成热害。

5. 防雨棚

防雨棚（rain-proof shelf）又称避雨棚，在多雨的夏、秋季节，尤其在南方地区6月中旬至7月上旬的梅雨天气及6～9月台风暴雨频繁，对蔬菜生产极其不利。利用塑料薄膜等覆盖材料，扣在大棚或小棚顶部的骨架上，其四周通风不扣膜或扣防虫网，使植物免受雨水淋洗，形成防雨棚。主要用在果菜类、欧亚种葡萄及某些花卉的栽培或育苗，可防止湿害、防病，延长采收期，减少畸形果、裂果及花腐现象的发生，促进作物的优质、稳产、高产。

防雨棚的类型有：①小拱棚型防雨棚。小拱棚顶部扣膜，两侧通风，使果菜的开花部位不受雨水淋洗，以利授粉受精。前期棚膜封闭，进行增温，保温促成早熟栽培，中后期雨季两侧通风进行避雨，是一种常见的先促成后避雨的栽培方式。主要用于露地西瓜和甜瓜的早熟防雨栽培或育苗，效果非常理想。②大棚型防雨棚。大棚顶上的天幕不揭，四周围裙幕需揭除，以利通风，也可挂上20～22目的防虫网，用于各种蔬菜的夏季避雨栽培。③温室型防雨棚。东南沿海及华南地区多台风、暴雨，建立坚固的钢架双斜面温室防雨棚，顶部设窗通风，四周的通风窗可开启，顶部覆盖防雨，用于夏季育苗或栽培。

二、塑料薄膜拱棚

（一）塑料薄膜中、小拱棚

塑料薄膜拱棚（plastic house）是指以塑料薄膜作为透明覆盖材料的拱圆形或屋脊形的棚体。塑料薄膜中、小拱棚是相对塑料大棚而言的，小拱棚的棚高一般为1.0～1.5 m，内部难以直立行走；中拱棚的棚高多为1.8～2.3 m，可在棚内作业，也能在外覆盖草苫。塑料薄膜中、小拱棚栽培在我国南北各地广泛采用，尤其是小拱棚的面积占到设施栽培总面积的40%以上。具有结构简单、搭建拆除方便、成本低、便利、效果明显等优点。

1. 塑料薄膜小拱棚

小拱棚一般多用轻型材料如细竹竿、毛竹片、荆条、直径为6～8 mm的钢筋等能弯成弓形的材料，弯成高1.0～1.5 m、跨度1.5～3.0 m的拱圆形骨架。小拱棚的形状常有拱圆形、半拱圆形和单斜面形（图3-7）。因小拱棚多用于冬春季生产，故宜建成东西延长。为了加强防寒保温，可在棚的北面加设风障，夜间可在膜外加盖草苫等；为防止拱架弯曲，必要时可在拱架下设立柱。塑料薄膜小拱棚的透光性能比较好，春季棚内的透光率最低在50%以上，光照强度达5万lx以上。一般拱圆形小拱棚的光照比较均匀，但当植物长到一定高度时，植物不同部位的受光量具有明显的差异。因为小拱棚内的热源是阳光，所以棚内的温度随外界气温的变化而变化。而棚内的温度也存在着季节变化与日变化而变化，加之棚内的空间小，缓冲力弱，因此在没有外覆盖的条件下，温度变化较大。冬季是小拱棚温度最低的时期，春季逐渐升高，最大增温能力可达20℃左右。在阴天、傍晚或夜间没有光热时，棚内的最低温度仅比露地高1～3℃，遇寒潮易发生冻害，因此用于冬春季生产的小拱棚必须加盖草苫防寒，温度可提高2℃以上，比露地高4～8℃。小拱棚温度的日变化与外界基本相同，只是昼夜温差比露地大。棚内中心部位地表附近的温度较高，两侧较低，水平温差可达7～8℃。棚内的相对湿度变化随外界天气的变化而变化，通常晴天时湿度降低，阴天时湿度升高。因塑料薄膜的气密性较强，故在密闭的情况下，土壤蒸发、植株蒸腾造成棚内高湿，一般棚内的相对湿度可达70%～100%，白天通风时相对湿度可保持在40%～60%，接近于露地的相对湿度水平，昼夜平均相对湿度比外界高20%左右。小拱棚主要用作果菜类蔬菜和花卉的春季早熟栽培、华南地区冬季蔬菜和花卉的早熟栽培、早春园艺作物的育苗及秋季蔬菜和花卉的延后栽培。

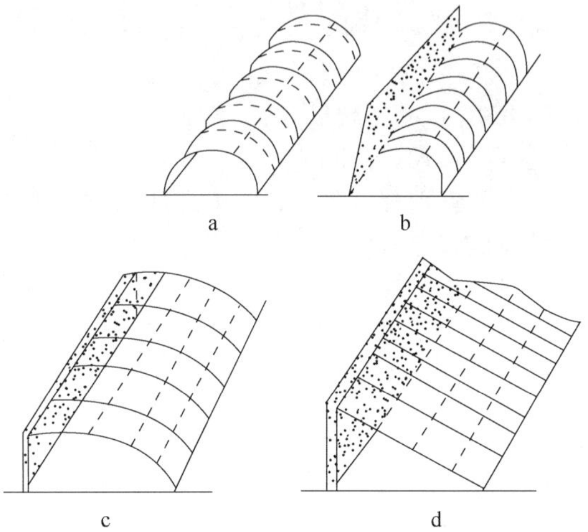

图3-7　小拱棚的类型

a. 拱圆棚；b. 拱圆棚加风障；c. 半拱圆棚；d. 单斜面棚

2. 塑料薄膜中拱棚

塑料薄膜中拱棚的面积、空间及性能介于小棚和大棚中间，常用的中拱棚为拱圆形结构。棚的高度应根据跨度的大小而定。立柱的有无取决于跨度和拱架材料的强度。一般多用轻型材料建成，用细竹竿、毛竹片、荆条、直径为6～8 mm的钢筋等能弯成弓形的材料做拱架，用木柱或水泥柱做立柱。通常按骨架的材料可分为竹片结构、钢架结构与混合结构。中拱棚可用于果菜类蔬菜、草莓和瓜果的春提早和秋延后栽培，也可用于蔬菜采种及花卉栽培。

（二）塑料薄膜大棚

塑料薄膜大棚是指用竹、木、水泥或钢材等做棚架，用塑料薄膜覆盖的一种大型拱棚。与中、小棚相比，具有空间大、利于植物生长及作业、便于环境调控、坚固耐用、寿命长等优点。与温室相比，又具有结构简单、搭建拆装方便、成本低等优点，在一些经济发达的地区被采用。塑料薄膜大棚的骨架由立柱、拱杆（拱架）、拉杆（纵梁）、压杆（或压膜线）等部件组成，俗称“三杆一柱”。目前我国塑料薄膜大棚的主要类型有以下几种。

1. 竹木结构单栋塑料薄膜大棚

竹木结构单栋塑料薄膜大棚一般跨度为12～14 m，以3～6 cm粗的竹竿为拱杆，拱杆间距为1～1.1 m，每一拱杆由4～6根立柱支撑，中间两根最高的立柱高2.6～2.7 m，向两侧逐渐降低，形成自然拱形。立柱用木杆或水泥预制柱。这种大棚的优点是建筑简单，拱杆有多柱支撑，比较牢固，建筑成本低；缺点是立柱较多，棚内遮阴面积大，作业也不方便。因此可减少纵向立柱，而用固定在拉杆上的小吊柱代替，小吊柱的高度为30 cm，在拉杆上的间距为0.8～1.0 m，与拱杆间距一致，一般可使立柱减少2/3，称为“悬梁吊柱”。该种棚型的结构简单，大大减少了用钢量及立柱形成的阴影，有利于光照，同时也便于作业。

2. 钢架结构单栋塑料薄膜大棚

通常这种大棚的跨度为10～12 m，脊高为2.5～3.0 m，长度为50～60 m，单栋面积多为667 m^2。大棚的骨架是用钢筋焊成的拱形桁架，棚内无立柱或只有少量支柱。跨度一般为10～15 m，脊高为2.5～3.0 m，每隔1.0～1.2 m设一道桁架，桁架上弦用14～16号、下弦用12～14号钢筋、其间用10号或8号钢筋做腹杆连接。上弦与下弦之间的距离在最高点的脊部为25～30 cm，两个拱脚逐渐缩小为15 cm左右。拱架横向每隔2 m用一根纵向拉杆相连，拉杆为12～14号钢筋，拉杆与平面桁架的下弦焊接，将拱架连为一体。此种大棚空间大，透光性好，作业方便，有利于设施内保温；抗风雪能力强，但与竹木结构单栋塑料薄膜大棚相比，一次性投资较大。

3. 钢竹混合结构塑料薄膜大棚

该种结构的大棚是每隔3 m左右设一个钢筋拱

架，用钢筋或钢管作为纵向拉杆，间隔约 2 m。在纵向拉杆上每隔 1.0～1.2 m 焊一根短立柱，在短立柱顶上架设竹拱杆，与钢拱架相间排列。其他如棚膜、压杆及门窗等均与竹木或钢筋结构单栋塑料薄膜大棚相同。这种大棚用钢量少，无立柱，成本低，还可以改善作业条件，是一种较为实用的结构。

4．镀锌钢管装配式塑料薄膜大棚

镀锌钢管装配式塑料薄膜大棚的跨度一般为 6～8 m，高度为 2.5～3.0 m，长度为 30～50 m，单栋面积多为 336 m^2。拱架以管径 25 mm、管壁厚 1.2～1.5 mm 的薄壁镀锌钢管制成，用卡具、套管连接棚杆组装成棚体，覆盖薄膜用卡膜槽固定。自 20 世纪 80 年代以来，由中国农业工程研究设计院研制的 GP 系列镀锌钢管装配式塑料薄膜大棚（图 3-8）在全国各地推广应用。骨架采用内外壁热浸镀锌钢管制造，抗腐蚀能力强，使用寿命为 10～15 年，抗风荷载为 31～35 kg/m^2，抗雪荷载为 20～24 kg/m^2。此种棚架属于国家结构规范化产品，规格统一，组装拆卸方便，可大批量工厂化生产，棚内空间较大，无立柱，采光好，两侧附有手动式卷膜器，作业方便。

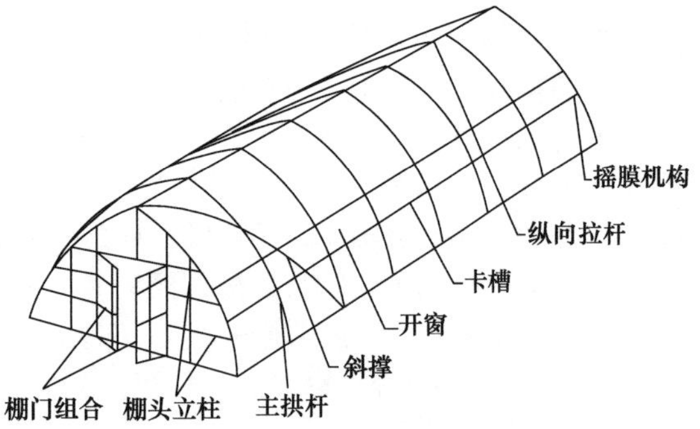

图 3-8　GP-C825 镀锌钢管装配式塑料薄膜大棚示意图（郭世荣，2012）

塑料薄膜大棚有明显的增温效果，这是因为塑料薄膜易于透过太阳绝大部分的短波辐射和不易透过地面大部分长波辐射，白天使棚内温度升高，晚间具有一定的保温作用，这被称为“温室效应”。同时，棚内气温常受外界气温和光照的影响，存在着明显的日变化和季节变化。棚内气温的日变化规律与外界基本相同，日出后 1～2 h 气温迅速升高，7:00～10:00 上升最快，在不通风情况下上升速度为 5～8℃/h，日最高温出现在 12:00～13:00，15:00 以后开始下降，下降速度为 5℃/h，夜间的棚温通常比露地高 3～6℃。在我国北方地区，塑料大棚内的温度存在着明显的四季变化。例如，单层膜大棚内夜间的温度只比棚外高 2～3℃，夏季最高温度可比棚外高 20℃以上。与气温相比，地温比较稳定，且变化滞后于气温，一天中棚内的最高最低地温比最高最低气温出现的时间约晚 2 h。除季节和天气外，棚温还受很多因素影响，如棚的大小、覆盖保温状况、施肥、中耕、灌水、通风及地膜覆盖等因素。

塑料大棚内的光照状况因大棚的方位和结构、太阳高度、薄膜的透光率不同而有很大差异，同时棚内的光照也存在着季节变化和光照不均现象。钢架大棚受光条件较好，仅比露地减少 28%；竹木结构遮阳面大，受光量减少 37.5%。大棚内垂直光照的差别较大，水平照度差异不大。最好的棚膜透光率可达 90%，较差的仅为 70% 左右。棚膜在使用过程中，要防止灰尘污染和水滴聚集，使用新型耐老化无滴膜可大大提高透光率，延长使用年限。

由于薄膜的气密性较强，以及棚内的土壤水分蒸发、植物蒸腾作用，故棚内空气的相对湿度很高。若不及时进行通风，白天棚内的相对湿度为 80%～90%，夜间常达 100%，呈现饱和状态。大棚内空气相对湿度的变化规律是：棚温升高、相对湿度降低，晴天、有风时相对湿度低，阴、雨、雪天棚内相对湿度大于晴天。一年中以早春和晚秋的湿度最高，夏季由于温度高和通风换气，空气相对湿度较低。一般来说，棚内属于高湿环境，植物易发病。因此，大棚内必须通风排湿、升温降湿、蒸发、抑制蒸腾（地膜覆盖、控制灌水、滴灌、渗灌、使用抑制蒸腾剂等），以及采用透气性好的保温材料等。大棚内适宜的空气相对湿度，白天为 50%～60%，夜间不超过 80%。

塑料薄膜大棚在园艺作物生产中的应用非常普遍，在我国各地都有分布，南方地区的发展规模与面积已超过北方，已逐渐成为设施蔬菜栽培的主要形式。多用于瓜类、茄果类、豆类等蔬菜的春早熟（春提早）和秋延后（秋延晚）栽培，也可用于一年一大茬的长季节栽培，以及果树的促成、避雨栽培。但东北地区需避开严寒冬季，而华南地区需躲过炎热夏季。

三、日光温室

温室是设施中性能较为完善的类型，可满足植物的周年生产。近年来，我国温室的生产面积已经居世界第一位。具有我国自主知识产权的高效、节能、低成本塑料薄膜日光温室的开发推广，成功实现了我国北方地区冬春反季节喜温果菜和花卉的生产与供应。日光温室（solar greenhouse）是我国特有的一种充分利用太阳光热资源、节约能源、减少污染的栽培设施，上覆盖透明塑料薄膜单层面朝南采光的保护生产设施，不仅白天的光和热来自于太阳辐射，夜间也基本上依靠白天贮存的太阳辐射热量来保温，所以日光温室又叫作不加温温室，是我国温室的主要类型（图 3-9）。

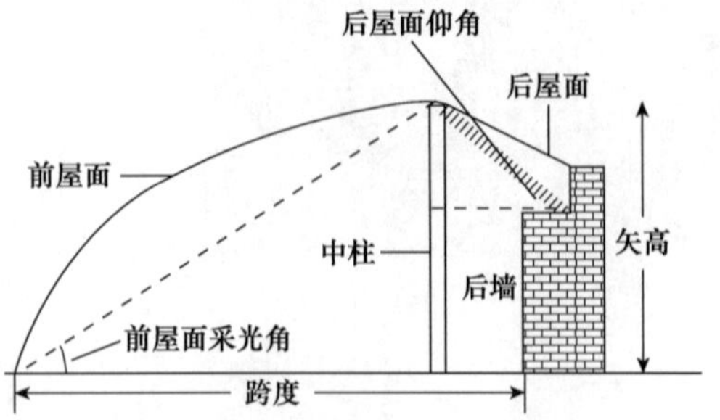

图 3-9　日光温室的结构示意图

日光温室由后墙、后屋面、山墙、立柱、拱杆、拉杆、覆盖物、保温材料、压膜线及反光幕等附属材料组成，各部位的参数和用材决定了其采光和保温性能。日光温室的类型主要有长后坡矮后墙日光温室、短后坡高后墙日光温室、琴弦式日光温室、钢竹混合结构日光温室和全钢架无支柱日光温室等形式。由于日光温室的方位为坐北朝南、东西延伸，白天靠南面透光覆盖材料最大限度地采光、蓄积热能，夜间靠草苫、保温被、加厚的墙体、后坡和防寒沟等一系列保温御寒设备最小限度散热，从而充分利用光热资源，减弱不利气象因子的影响。因此，日光温室的特点主要体现在保温性上。在各种不同的天气条件下，日光温室的气温总是明显高于室外气温。例如，在黄淮及其以北的地区，当室外气温降到 −19.0℃时，室内仍能维持在 8.0℃，严冬季节晴天的正午前后，室内外温差可达 25～28℃。地温比气温较稳定，且变化滞后于气温，一般相差 2～3 h。日光温室内的光照表现出分布不均匀的特点，北侧较弱，南侧较强；上部靠近透明覆盖物表面处较强，下部靠近地面处较弱；东西靠近山墙处，在午前和午后分别出现三角形弱光区，午前出现在东侧，午后出现在西侧，而中部全天是弱光区。同时，保温覆盖会影响见光时间。日光温室内的湿度一般均大于露地，中午前后室内气温高，空气相对湿度较小，通常为 60%～70%；下午气温下降，空气相对湿度提高，甚至达到饱和状态，易导致植物表面结露、吐水，引发多种病害发生。日光温室主要用作北方地区蔬菜的冬春茬长季节栽培及春早熟、秋延后栽培，还可用于园艺作物育苗、花卉栽培及果树栽培。

四、现代化温室

随着现代化工业及科学技术的进步，植物栽培设施正在以前所未有的速度发展。现代化温室（modern greenhouse）是植物栽培设施中的一种高级类型，通常是指能够对温度、湿度、肥料、水、气体甚至光照等环境条件进行计算机监测和自动化控制的大型单栋或连栋温室。这种设施每栋一般在 1000 m^2 以上，大的可达 10 000～30 000 m^2，用玻璃、硬质塑料板或塑料薄膜等进行覆盖。基本上摆脱了自然灾害性天气和不良环境的影响，可基本满足植物生长发育对环境条件的要求，能周年全天候进行设施植物的生产。

荷兰是现代化温室设计建造最发达的国家，研制的多脊连栋小屋面的芬洛（Venlo）型玻璃温室（图 3-10）被全世界广泛应用，具有跨度大、屋面小、空间大、采光好及成本低等特点。芬洛型玻璃温室是我国引进的玻璃温室的主要类型，对其在加强抗台风和抗震基础的设计、加深天沟排水量，以及增加夏季通风降温效果而增设侧窗设置和外遮阳等方面进行了改进和创新。针对提高自然通风换气性能方面，我国引进了意大利研制成的一种屋面全开放型玻璃温室（现被欧、美、日等国均有研发应用）和法国瑞奇温室公司研制的里歇尔（Richel）拱圆形连栋塑料薄膜温室（固定于屋脊部的天窗能实现半边屋面开启通风换气）（图 3-11a、b）。目前我国自行设计研制的现代化自控温室也日渐增多，多以塑料薄膜或硬质塑料覆盖为主。例如，在我国冬、夏季气温均较高的南方地区，采用了锯齿形温室（图 3-11c）及上海市农业机械研究所研制的 GLZW7.5 上海型智能温室（图 3-11d）。现代化温室除由最基本的框架结构和覆盖材料构成之外，还增设了调节环境因子的配套生产系统，为植物的生长发育创造了适宜的条件，主要有室内的自然通风系统、热水管道加热和热风加热设备的加热系统、外遮阳

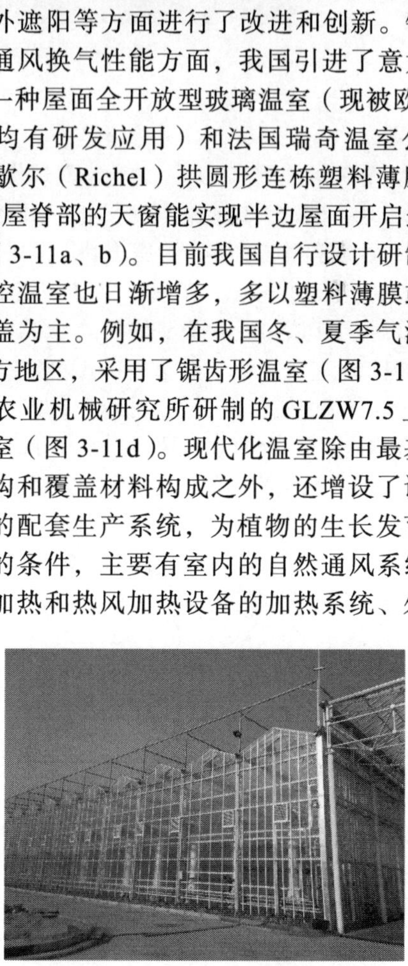

图 3-10　荷兰芬洛型玻璃温室

和内遮阳保温设备的幕帘系统、灌溉和施肥系统、环流风机和CO_2施肥设备的补气系统、微喷雾降温和湿帘降温的降温系统、人工补光系统及计算机环境测量和自动控制系统。

a 日本卷膜开放型温室

b 日本顶开窗温室

c 国产锯齿形温室

d 国产 GLZW7.5 上海型智能温室

图 3-11　现代化自控温室

荷兰有“设施园艺王国”之称，其现代化温室的60%用于花卉生产，40%用于蔬菜生产，蔬菜中以生产番茄、黄瓜和辣椒为主。果菜类栽培常采用一年一大茬的长季节栽培模式。例如，番茄一般11月中旬播种，12月下旬定植，一直到翌年的12月上旬拉秧，株高在12 m左右，每株结果40～42穗，产量高达60 kg/m^2。我国引进和自行建造的温室主要用于园艺作物的育苗和栽培，而且以蔬菜、瓜果和花卉为主。现代化温室的建筑规模较大，设备较为完善，温室环境要素能够根据植物生长发育的要求来调节，满足植物的生长要求，能够大幅度地提高植物的产量、质量和经济效益，但建设与运行成本较大。

五、植物工厂

植物工厂（plant factory）是指通过设施内高精度的环境控制实现农作物周年连续生产的系统，即利用计算机对植物生长发育的温度、湿度、光照、CO_2浓度及营养液等环境条件进行自动控制，使设施内植物的生育不受或很少受自然条件制约的省力型生产。在这个系统中，充分运用了现代装备工程、电子技术、生物技术、营养液栽培与信息技术等手段，技术高度密集，被国际上公认为目前最高水平的植物生产模式，是一个地区或一个国家农业发展水平的重要标志。

植物工厂的生产对象包括蔬菜、花卉、水果、药材、食用菌及一部分粮食作物等。植物工厂被广泛地用于生产蔬菜、花木的穴盘育苗、嫁接苗、扦插苗等，在严密环境调控下，促进秧苗的健康无病、优质、稳定生产，以及促进嫁接苗愈合、调节定植期、打破休眠、调控开花。在栽培生产中，人工光利用型植物工厂生产的蔬菜一般以叶菜类较合算，因其植株矮小、需光量少、对环境适应性强、生产周转率较快，并且逐渐转向生产高附加值的蔬菜来提高净收益；果菜类植株相对高大，光饱和点较高，又需丢弃茎叶，所以比较浪费，以太阳光利用型植物工厂生产为主。在日本植物工厂生产的作物主要有叶用生菜（奶油生菜类型）、青梗白菜、塌菜、茼蒿、菠菜及一部分香辛蔬菜；在丹麦，用来生产独行菜和豆瓣菜；在奥地利用来生产毛地黄（洋地黄）和牧草等高附加值的作物。

（一）植物工厂的类型

植物工厂能够实现农业生产的工业化，与以往的农业生产相比，植物工厂内的作业环境优越，实行机械化、自动化和智能化生产，能够大大降低劳动强度，节省劳动力资源，实现作物栽培的周年均衡生产。植物工厂通常依其光能利用方式不同，分为两种类型。一类是太阳光利用型植物工厂（图 3-12a），是指在封闭或半封闭的温室环境下，采用自然光（或人工补光）与营养液栽培进行植物工厂化生产；另一类是人工光利用型植物工厂（图 3-12b），是指在完全密闭可控的环境下采用人工光源与营养液栽培技术进行植物工厂化生产的方式。

a　　　　　　　　b

图 3-12　植物工厂

a. 太阳光利用型；b. 人工光利用型

（二）植物工厂的特征

太阳光利用型植物工厂：①温室结构为半封闭，建筑覆盖材料多为玻璃或塑料［氟素树脂、薄膜、聚碳酸酯（PC）板等］；②光源为自然光；③温室内备有多种环境因子的监测和调控设备，包括光、温、湿、CO_2 浓度等环境因子的数据采集，以及顶开窗、侧开窗、通风降温、喷雾、遮阳、保温、防虫等环境调控系统；④栽培方式以水耕栽培和基质栽培为主；⑤由于系统未完全封闭，易受季节和气候变化的影响，有时生产不太稳定，但建设与运行成本相对较低。

人工光利用型植物工厂：①建筑结构为全封闭式，密闭性强，屋顶及墙壁的材料（硬质聚氨酯板、聚苯乙烯板等）不透光，隔热性较好；②只利用人工光源，如高压卤素灯、高压钠灯、高频（HF）荧光灯及发光二极管（LED）灯等；③采用了植物在线检测和网络技术，对植物的生长过程进行连续检测和信息处理；④采用营养液水耕栽培方式；⑤可以有效地抑制害虫和病原微生物的侵入，在不使用农药的前提下实现无污染生产；⑥对设施内的光、温、湿、CO_2、电导率（EC）、pH、溶解氧和液温等均可进行精密控制，明、暗期长短可任意调节，植物生长较稳定，可实现周年均衡生产；⑦由于系统密闭，故受外界气候环境的影响较小，但其技术装备和设施建设的费用高，能源消耗大，运行成本高，应用面窄。

（三）植物工厂的关键技术

植物工厂的基础主要来自于两项技术的突破，得以实现植物的周年连续生产：①营养液栽培技术。20 世纪 40 年代以来以“矿质营养学说”为理论基础的营养液栽培技术的发展，为植物工厂提供了重要的技术支撑。②人工模拟环境与控制技术。以传感器与控制器为核心的环境控制技术的突破，使人工环境调控成为可能。环境控制包括了风、光、水、养、气等 5 类，所谓的风包括空气的温度、湿度、风速、分布的均匀度等；光包括光源的光量、光的组成（光质）、光周期、给光的均匀度等；水包括水质、灌溉时机、灌溉量等；养包括水体内的营养成分、营养浓度、酸碱度、电导率、溶氧量等；气主要指空气中 CO_2 的浓度。

植物工厂的建造是一个系统而庞大的工程，它所涉及的技术之广与所用的材料之多是传统农业无法比拟的。近年来，植物工厂所有研究的重点分别针对产品品质提升、生长促进、栽培环境最适化、优良率提升、病害预防等方面。国际上，植物工厂的技术研发在朝着更加智能化、精准控制、更加节能和运行成本的实用化方向发展，以实现技术的普及化。因此，出现了人工节能光源技术、温湿 CO_2 调节控制技术、蔬菜品质调控技术、智能环境控制技术等。

1. 营养液栽培技术

营养液调节与控制是植物工厂栽培体系中的关键技术。在植物工厂中，营养液的使用方式主要有 3 种，即水培、雾培和基质培。营养液调节与控制的重点涉及营养液的浓度、营养液的酸碱度、光照与液温管理、溶解氧、供液时间与供液次数、营养液的补充与更换、营养液的消毒等管理技术。生产时应对上述诸多因素进行实时检测和调控，使其经常处于符合植物生长发育需要的状态。营养液的配方根据应用对象的不同，分为叶菜类和果菜类营养液配方；根据配方的使用范围分为通用性（如霍格兰配方、园试配方）和专用性营养液配方。植物工厂中多采用的栽培装置，主要有平面式、立体式和倾斜式3种，通过合理密植，可提高有效栽培面积。营养液栽培技术的发展促进了植物工厂发展水平的提高，与土壤栽培相比，营养液栽培能加速植物的生长发育进程，使一年的栽培茬数增加15%～20%。例如，生菜和芹菜一年可栽培6茬，洋葱可栽培4.8茬。

2. 智能环境控制技术

植物工厂被认为是设施农业的最高级发展阶段，其核心就是可以利用计算机对植物生长过程的温度、湿度、光照、CO_2浓度及营养液（EC、pH、溶解氧、液温）等环境要素进行自动控制，实现智能化管理。对植物工厂进行环境参数优化控制，最根本的就是要明确植物的光合作用、产物积累、发育和呼吸等生理过程与全部或部分环境因子之间的关系。计算机自动控制及远程控制系统是植物工厂的中枢，一切环境因子的创造及栽培因子的监测都得通过该系统进行自动控制。例如，当温度传感器检测到温度过高超过限定值时，计算机就会发出制冷降温指令而开启制冷系统进行环境降温。当温度下降低于限定值时，计算机就会发出加温指令而开启加温设备进行环境加温。另外，光照和湿度的控制还有诸多营养液浓度及溶氧的控制都是一样的，都是通过系统的闭环反馈控制来实现环境各种因子的相对稳定。

植物工厂的环境控制是很复杂的。各种环境因子并不是独立对植物生长发育起作用，而是诸多因子综合作用的结果，并且产品最大的产量也并不意味着有最高的品质。植物工厂特别是完全控制型植物工厂为控制光、温等条件需消耗补光及空调的大量电力，环境控制的成本很高；同时环境控制存在报酬递减的规律，即当控制成本增加到一定程度后继续增加，获得的控制效果却越来越小。

3. 人工节能光源技术

植物工厂内的人工光源系统是最重要的组成部分，提供植物生物量的主要能源。就人工光利用型植物工厂而言，人工光源的电能耗约占植物工厂总体能耗的80%，因此节能光源技术一直是植物工厂研究的重点。近年来，发展最快的人工光源是LED。LED具有单色可组合、发热少、寿命长、无污染等诸多优点。据生产测定，在相同强度的光照强度下，二极管的耗电量只是常规补光灯用电量的1/10。另外，更重要的是二极管是冷光源，在栽培时可贴近植物叶片表面进行补光，效率更高，不发热，不改变环境，也不烧伤叶片。

4. 温、湿、CO_2调节控制技术

目前，植物工厂采用空调制冷机组来完成，通过控制继电器的闭合与断开，实现空调制冷机组的开启与关闭，进而进行降温。寒冷地区的植物工厂采用热水供暖系统进行加温。温带或温热带地区的植物工厂冬季需要的解热负荷不大，一般采取空调系统增温即可，通过与降温系统同样的管路系统，均匀地向植物工厂供应热风，以维持植物暗期适宜的温度。

植物工厂内用于加湿的方法有细雾微喷法与超声波雾化加湿法两种，微喷加湿系统对于植物工厂内微气候的创造很重要。对于需水量大的植物一般选用微喷法，如芽苗菜的植物工厂，就是在栽培床的上方安装喷头以实现环境湿度的控制管理；而对于栽培一些需水较少的植物如蔬菜瓜果，只需保持一定的空气湿度即可，因此可以采用超声波雾化加湿技术。降湿的方法有通风换气降湿、加温降湿、热泵降湿3种。CO_2施肥一般采用瓶装液态CO_2、碳氢化合物燃烧产生CO_2及化学反应法产生CO_2。

5. 蔬菜品质调控技术

由于植物工厂是在完全控制环境的条件下进行生产的，因此所产出的叶菜产品不仅具有外观整洁、一致性好、无污染和营养品质高等优点；还由于密闭、洁净的生产环境，微生物污染和病虫害很少发生，不需要使用农药，不用担心农药污染；而且，由于采用营养液栽培方式严格控制肥料质量及水质管理，因此也不会出现土壤栽培的重金属污染。营养液栽培也有一些固有的缺陷，如硝酸盐偏高、维生素C偏低及次生营养物质含量不高等，需要通过植物工厂光温环境管理和营养调控来加以调节，如硝态氮控制技术、维生素C调控技术、次生营养物质（如类黄酮、花青素和酚酸等）调控。

以各种营养与环境调控为基础，提升设施蔬菜营养品质的技术研究也受到高度重视。各国学者正在积极研究，探索进一步提高可控环境下蔬菜产品的食用安全性和营养保健功能的技术途径，以满足社会对高品质蔬菜的迫切需求。在植物工厂蔬菜营养品质的调控策略方面，充分利用营养液栽培和环境控制的综合优势，通过提高光照强度、调控光质（光合有效辐射、紫外线）、协调氮营养和光照条件之间的关系，进一步提高蔬菜的营养品质和营养保健功能，这将会是人工光利用型植物工厂品质调控的重要技术手段。

（四）发展植物工厂的意义

植物工厂作为技术高度密集、资源高效利用的农业生产方式，还具有其他农业模式无法比拟的优势，具体表现为以下几方面。

1）作物生产计划性强，可在不受外界环境影响的条件下，实现周年均衡生产。例如，叶菜类蔬菜一年可收获15～18茬。

2）单位面积产量高，资源利用率高。例如，生菜年产量可达1500 t/hm^2，为露地栽培的30～40倍。

3）机械化、自动化程度高，劳动强度低，工作环境舒适，可吸引一大批有知识的年轻人从事农业生产。

4）不施用农药，产品安全无污染。通过人工环境控制手段，可有效阻止病虫害的侵入，生产过程不用或少用农药。

5）多层式、立体栽培。人工光利用型植物工厂的栽培层数可达8～10层，甚至更高，这显著地提升了土地的利用率。

6）可在非耕地上生产，不受或很少受土地的限制。在城郊荒地、建筑物屋顶或地下室、楼宇之间的空地、沙漠、戈壁、岛礁，甚至在空间站及其他星球上都可以进行植物生产。

7）可建立在城市周边或市区，蔬菜就近生产、就近销售，减少了中间环节，既能保持蔬菜尤其是叶菜类蔬菜的新鲜度，又可大幅度缩短产地到市场的运输距离，减少物流成本和碳排放量。

第二节　设施栽培介质的类型与固体栽培基质

一、设施栽培介质

设施栽培介质是指植物植根的基质。按照栽培介质的不同，设施植物栽培类型可分为土壤栽培和无土栽培。

（一）土壤栽培

土壤是植物赖以生存的基础，植物的生长发育所需要的养分与水分，都需从土壤中获得，所以土壤的营养状况直接关系到植物的产量和品质。土壤栽培的管理技术相对简单，易掌握，投资和运行成本相对较低，是设施植物生产的最基本形式。栽培类型主要有三大类，第一类是高畦土壤栽培，大部分果菜类蔬菜常用，地下水位高或排水不畅的地方适用，整地施肥后，做成高15～20 cm的高畦、高垄或覆膜的一种栽培方式；第二类是平畦土壤栽培，分为畦面与道路高度相平及走道比畦面高的两种，多在北方地区绿叶菜类蔬菜栽培中采用；第三类是采用人工营养土的隔离式土壤栽培方式，避免土壤连作障碍。

设施土壤栽培是一种在有限的土地面积上谋求最大效益的生产方式。由于栽培设施如温室和塑料拱棚内高温高湿、光照较弱、气体流动性差、多茬种植、施肥量大、根系残留量也较多，因而土壤环境具有与露地土壤不同的特点，严重影响设施植物的生产。具体表现在以下几个方面。

（1）土壤表层盐分浓度高　设施的封闭或半封闭状态，土壤中的盐分得不到雨水的充分淋洗，加之土壤水分自下而上的蒸发及植物蒸腾作用高于露地，从而加速了土壤表层盐分的聚集，表现出土壤表层盐分浓度高于露地。

（2）土壤次生盐渍化　由于生产者盲目施肥，化肥施用量远远超出植物本身的需求，大量的剩余养分积累在土壤中，使土壤盐分浓度逐年升高，造成土壤次生盐渍化，导致土壤养分失衡。

（3）有机质含量高　设施内的温度高，土壤微生物活动旺盛；有机质含量高，且分解较快。

（4）土壤酸化　设施土壤的pH有随着种植年限的增加而降低的趋势，即土壤酸化。主要由于氮肥施用量过多，残留量大。

（5）连作障碍　设施内植物栽培的种类比较单一，为了获得较高的经济效益，往往连续种植产值高的作物，而不注意轮作换茬。久而久之，土壤中的养分失去平衡，某些营养元素严重亏缺，而某些营养元素却因过剩而大量残留于土壤中，产生连作障碍。

（6）病原菌聚集　由于设施内的环境比较温暖湿润，故导致土传病虫害加重。

因此，保持良好的土壤状态是设施生产的首要基础，更是提高设施生产持久经济效益的重要条件。针对设施环境的特点，在尽量多施用优质有机肥的基础上，精准施用化学肥料，合理灌溉，降低土壤水分蒸发量，增施有机肥、施用秸秆，降低土壤盐分含量；并实行不同科作物的轮作倒茬，经常进行太阳能或蒸汽消毒，这样才能实现土壤的可持续生产。否则，设施的土壤则难以继续利用，人们只好采取不用土壤的无土栽培形式进行作物生产。

（二）无土栽培

无土栽培是一种不使用天然土壤，将植物通过一定的设施形式，用营养液或营养液加固体基质进行栽培的方式。无土栽培的特点在于可根据植物生长发育的要求合理地调节水、肥、气、温等根际环境条件，实现省水、省工、省力的清洁栽培；可有效防止土壤盐类积聚导致的次生盐渍化和酸碱失调，从而避免土壤连作障碍；不受地域、地形等条件的限制，是扩大农业生产空间及实现工厂化高效农业生产的一种理想栽培方式。但与土壤栽培相比，无土栽培的一次性投资大，运行成本高，要求的栽培技术高。无土栽培的方式很多，大体可分为固体基质栽培、营养液水培、营养液雾培 3 类。

1. 固体基质栽培

固体基质栽培简称基质培，是一种利用非土壤的固体材料作栽培基质，支持植物根系，并通过浇灌营养液或施用固态肥、浇灌清水来供给植物生长发育所需的营养和水分，进行植物栽培的形式。与营养液水培相比，基质培具有性能稳定、设备简单、投资较少、管理方便等特点，具有较好的经济效益，是世界各国无土栽培的主要形式，其面积大于营养液水培。基质培的方式有槽培、袋培、岩棉栽培、有机基质栽培、立体栽培等，其灌溉方法以滴灌应用最普遍。

（1）槽培　是指将基质装入一定容积的栽培槽中以种植植物。一般槽的内径宽 48 cm，槽深 15～20 cm，长度可视灌溉条件、温室结构及所需走道等因素来决定。槽的坡度至少应为 0.4%。常用的槽培基质有沙、蛭石、锯末、珍珠岩、草炭与蛭石的混合物等。基质装槽后，布设营养液滴灌管。

（2）袋培　袋培除了基质装在塑料袋中以外，其他与槽培相似。袋子通常由抗紫外线的聚乙烯薄膜制成，至少可以使用 2 年。袋培的方式有筒式袋培，每袋装基质 10～15 L，种植一株；枕头式袋培，每袋装基质 20～30 L，种植两株。

（3）岩棉栽培　岩棉是国外（荷兰最多）基质栽培广泛应用的材料。岩棉栽培的基本模式是将岩棉切成定型的块状，用塑料薄膜包住成一枕头袋块状，称为岩棉种植垫。种植时，将岩棉种植垫的面上薄膜隔开一个小穴，种上带有苗块的小苗，并滴入营养液，植株即可扎根锚定于其中，吸收水分和养分而长大。根据给液方式的不同，岩棉可分为供给植物的营养液不循环利用的开放式岩棉培和营养液循环利用的循环式岩棉培。

（4）有机基质栽培　有机基质栽培是一种使用有机固态肥，如厩粪、人粪尿、堆肥、绿肥、饼肥、杂肥等，并直接用清水或低浓度的营养液灌溉的无土栽培技术。具有操作管理简单、降低设施系统的一次性投资、对环境无污染、产品品质优良无害等特点。一般采用槽式栽培的形式，选用两种或多种有机基质按一定比例混合后使用，为改善物理性状，也可加入一定量的无机基质，如蛭石、珍珠岩、炉渣、沙等，进行膜下滴灌，在设施内设置贮液（水）池或贮液（水）罐。

2. 营养液水培

营养液水培是指植物的根系直接与营养液接触，不用固体基质的栽培方法。根据营养液层的深度、设施结构及供氧、供液等管理措施的不同，分为以下几种类型。

第一种是深液流技术（deep flow technique，DFT），是一种在栽培槽上用定植板或定植网固定植物，槽内的根系大部分浸泡在 5～10 cm 深的营养液中的栽培方式。水泵由时间控制器控制，使营养液定时、间断地流动，将养分、氧气带到植物根系，由于营养液的量较多，缓冲能力强，根系温度等较稳定。但根系浸在深层营养液中，易缺氧，投资和运行成本相对较高。第二种是营养液膜技术（nutrient film technique，NFT），是一种在栽培槽上用定植板或定植网固定植物，槽内的植物根系一部分浸在 1～2 cm 深的浅层流动营养液中，另一部分则暴露于槽内的湿气中的栽培方式。由于营养液层较浅，因此可以较好地解决根系呼吸对氧的需求，然而根系温度易受气温影响。第三种是我国开发研制的浮板毛管技术（floating capillary hydroponics，FCH），是一种栽培槽内有 5～6 cm 深的营养液层，把铺有吸水无纺布和防根布的泡沫板放置在液面上的栽培方式。植物根系生长在湿润的防根布上面，营养液通过无纺布的毛管作用源源不断地供给植物生长所需，暴露在槽内湿润空气中的根系可直接从空气中得到氧气，不仅有效地克服了 DFT 根际易缺氧还解决了 NFT 根际环境不稳定的困难，具有成本低、投资少、管理方便、节能、实用等特点。

3. 营养液雾培

营养液雾培又称喷雾培或汽培技术（spray culture technique，SCT），是一类利用喷雾装置使营养液雾化，使植物的根系生长在黑暗条件下、悬空于雾化后的营养液环境的无土栽培技术。雾培依设施不同可分为 A 型雾培、移动式雾培、立柱式雾培等形式。雾培虽然使植物对营养液和气体条件都能得到较好的满足，但对喷雾设备的控制技术精度要求较高，而且植物根系温度易受气温影响，变幅较大，所以应具备控温装备。当前使用范围尚不够大，在宇宙航天上有良好的发展前景。

二、设施栽培固体基质的种类

栽培基质是植物赖以生存的根部环境的媒介物质。随着设施农业的发展，植物的栽培基质不仅局限于土壤，而且可以根据生产方式的不同利用其他天然的或人为加工的栽培基质。栽培基质在浇灌营养液后，能像土壤一样给植物提供氧气、水分、养分及对植物的支持。因此，固体基质是设施无土栽培中极为重要的一个部分。

固体栽培基质的种类很多，从基质的来源分类，可分为天然基质和人工基质两大类。天然基质是指自然界经过物理、化学及生物作用形成的产物，如砂、石砾、火山灰、草炭等；人工基质是人为加工而形成的，如蛭石、珍珠岩、岩棉、陶粒、发酵树皮、废弃物发酵基质等。

从基质的性质来分类，可分为活性基质和惰性基质两大类，砂、石砾、岩棉、泡沫塑料等本身既不含养分，也不具有盐基交换量，属于惰性基质；而蛭石、芦苇、泥炭等含有植物可吸收利用的养分，并且具有较高的盐基交换量，属于活性基质。

从基质的组成来分类，可分为无机基质、有机基质和化学合成基质三大类。砂、石砾、岩棉、蛭石和珍珠岩等都是无机物组成的无机基质。泥炭、蔗渣、椰糠、树皮、稻壳等是由植物有机残体组成的有机基质。泡沫塑料为化学合成基质。

从基质使用时组分的不同，可分为单一基质和复合基质两大类。生产上为了克服单一基质的缺陷和不足，如容重过轻或过重、通气不良或保水性差等，常将两种或两种以上的基质混合形成复合基质来使用。

三、设施栽培固体基质的要求

用于无土栽培的固体基质要能为植物生长提供稳定协调的水、气、肥根际环境条件，具有支持锚定植物、保持水分和透气的作用。有机基质还具有养分供应、病虫防除和缓冲作用，可以使根际环境保持相对稳定。栽培基质所具备的作用能否满足植物生长发育的需要，是由其本身的性质所决定的。在选用基质时，应因地制宜加以选择，充分考虑基质的理化性状、基质资源是否易于持续获得且价格合理，以求发挥最大的经济效益。固体栽培基质的物理和化学性状主要指以下几个方面。

（一）固体栽培基质的物理性状

1．容重

容重指单位体积内干燥基质的重量，用克 / 升（g/L）或克 / 立方厘米（g/cm^3）表示。不同基质的容重差异很大，一种基质由于受到压实程度、颗粒大小的影响，其容重也存在着很大差异（表 3-2）。小于 0.25 g/cm^3 的属于低容重基质，0.25～0.75 g/cm^3 的属于中容重基质，大于 0.75 g/cm^3 的属于高容重基质，而基质容重为 0.1～0.8 g/cm^3 的植物栽培效果较好。

表 3-2　几种常用基质的容重和密度（郭世荣，2003）

基质种类	容重 /（g/cm^3）	密度 /（g/cm^3）
土壤	1.10～1.70	2.54
砂	1.30～1.50	2.62
蛭石	0.08～0.13	2.61
珍珠岩	0.03～0.16	2.37
岩棉	0.04～0.11	—
蔗渣	0.12～0.28	—
草炭	0.05～0.20	1.55
树皮	0.10～0.30	2.00

2．总孔隙度

总孔隙度是指固体基质中的通气孔隙和持水孔隙的总和，以孔隙体积占基质总体积的百分比来表示。一般来说，基质的总孔隙度以 54%～96% 较好。

3．大小孔隙比

大小孔隙比是指在一定的时间内，基质中容纳气、水的相对比值，这是基质最重要的物理性质。通常以通气孔隙和持水孔隙之比表示。一般认为，大小孔隙比为 1：（2～4）为宜，这时基质的持水量大，通气性又良好，植物能良好的生长。

4．粒径

粒径是指基质颗粒的直径大小，用毫米（mm）表示。基质颗粒的大小直接影响着容重、总孔隙度和大小孔隙比。同一种基质的粒径越小，则容重越大、总孔隙度越小、气水比越小、持水性越好、通气性越差；反之，粒径越大，则容重越小、总孔隙度越大、气水比越大、通气性越好、持水性越差。因此，颗粒大小应适中，粒径以 0.5～10 mm 为宜。表 3-3 列出了几种常见基质的物理性状。

表 3-3 几种常见基质的物理性状（郭世荣，2003）

基质名称	容重 /（g/cm³）	总孔隙度 /%	大孔隙 /%（通气容积）	小孔隙 /%（毛管容积）	大小孔隙比（大孔隙 %/ 小孔隙 %）
菜园土	1.10	66.0	21.0	45.0	0.47
砂子	1.49	30.5	29.5	1.0	29.50
煤渣	0.70	54.7	21.7	33.0	0.64
蛭石	0.13	95.0	30.0	65.0	0.46
珍珠岩	0.16	93.2	53.0	40.0	1.33
岩棉	0.11	96.0	2.0	94.0	0.02
草炭	0.21	84.4	7.1	77.3	0.09
锯木屑	0.19	78.3	34.5	43.8	0.79
炭化稻壳	0.15	82.5	57.5	25.0	2.30
蔗渣（堆沤 6 个月）	0.12	90.8	44.5	46.3	0.96

（二）固体栽培基质的化学性状

1. 化学组成及其稳定性

基质的化学组成是指基质本身所含有的化学物质的种类及其含量，包括植物可以吸收利用的有机营养、矿质营养及有毒有害物质。化学稳定性是指基质发生化学变化的难易程度。一般要求基质具有较强的化学稳定性，不含有毒物质，以便营养液更好地发挥效能。基质的种类不同，化学成分也不同，见表 3-4。

表 3-4 常见基质的营养元素含量（郭世荣，2003）

基质	全氮 /%	全磷 /%	速效磷 /（mg/L）	速效钾 /（mg/L）	代换钙 /（mg/L）	代换镁 /（mg/L）	速效铜 /（mg/L）	速效锌 /（mg/L）	速效铁 /（mg/L）	速效硼 /（mg/L）
菜园土	0.106	0.077	50.0	120.5	324.7	330.0	5.78	11.23	28.22	0.425
煤渣	0.183	0.033	23.0	203.9	9247.5	200.0	4.00	66.42	14.44	20.300
蛭石	0.011	0.063	3.0	501.6	2560.5	474.0	1.95	4.00	9.65	1.063
珍珠岩	0.005	0.082	2.5	162.2	694.5	65.0	3.50	18.19	5.68	—
岩棉	0.084	0.228	—	1.338*	—	—	—	—	—	—
椰子壳	2.200	0.210	—	0.2	—	—	—	—	—	—
炭化稻壳	0.540	0.049	66.0	625.5	884.5	175.0	1.36	31.30	4.58	1.290

注：* 为全钾百分数

2. 酸碱性

pH 反映基质的酸碱度，要求基质的酸、碱应保持相对稳定，pH 最好为 6.0～7.0，呈中性或微酸性状态。过酸、过碱都会影响营养液的平衡和稳定。

3. 盐基交换量

盐基交换量（CEC）是指在一定酸碱条件下，基质含有可代换性阳离子的数量，以 100 g 基质代换吸收阳离子的毫克当量数（me/100 g 基质）来表示。盐基交换量可表示基质对肥料养分的吸附保存能力，并能反映保持肥料离子免遭水分淋洗并能缓缓释放出来供植物吸收利用的能力，对营养液的酸碱反应也有缓冲作用。

4. 电导率

电导率（EC）表示基质内部已电离盐类的溶液浓度，反映基质含有的可溶盐分的多少，将直接影响到营养液的平衡和植物根系对各种元素的吸收，一般用毫西门子 / 厘米（mS/cm）表示。基质中可溶性盐的含量不宜超过 1000 mg/kg，最好≤500 mg/kg。

5. 缓冲能力

缓冲能力是指基质在加入肥料后本身所具有的缓和酸碱性变化的能力。缓冲能力的大小主要由阳离子代换量，以及基质中的弱酸及其盐类的多少而决定。各类基质依缓冲能力大小排序为有机基质＞无机基质＞惰性基质＞营养液。一般盐基交换量高，其缓冲能力就越强。因此，应了解基质的缓冲能力，以便利用优点，避免缺点。

6. 碳氮比

碳氮比是指基质中碳（C）和氮（N）的相对比值。高碳低氮的基质，由于微生物生命活动对氮的争夺，会导致植物缺氮。一般 C/N＝30/1 左右较适合植物生长。

四、常用基质的性能及利用

（一）岩棉

岩棉是由 60% 辉绿石、20% 石灰石和 20% 焦炭混合，在 1500～2000℃高温下熔融抽丝而成的。岩棉的容重为 0.06～0.11 g/cm^3，pH 为 6.0～8.3，盐基交换量低，孔隙度高达 96%，大孔隙为 64.3%，小孔隙为 35.7%，气水比为 1∶0.55，吸水力很强，具有良好的透气和持水性能。岩棉作为基质，具有化学性质稳定、物理性状优良、pH 稳定，以及经高温消毒后不携带任何病原菌等特点，因而能够为植物提供一个保肥、保水、无菌、空气供应量充足的良好根际环境。当今世界上许多国家已广泛应用岩棉作为栽培基质，要求配备滴灌设施及良好的栽培技术。然而，岩棉在土壤中极难分解，并损害土壤的耕作性状。

（二）珍珠岩

珍珠岩由一种灰色火山岩加热至 1000℃时，岩石颗粒膨胀而成；是一种封闭的轻质团聚体，粒径为 1.5～4 mm，容重小，总孔隙度约为 60.3%，几乎没有缓冲作用和离子交换性能，pH 为 6.0～7.0，稳定性好，吸水量可达本身重量的 2～3 倍。珍珠岩在使用时主要有两个问题，一是珍珠岩是一种易破碎的基质，使用时粉尘污染较大，对呼吸道有刺激作用，以水喷湿较好；二是珍珠岩用于种植槽或复合基质中，浇水较多时易浮于水面上。

（三）蛭石

蛭石为云母类硅质矿物在 800～1000℃高温下形成的一种灰褐色有光泽、多孔的海绵状小片。容重小，孔隙度高达 95%，吸水性能较强。蛭石一般为中性至微酸性，含有丰富的可供植物吸收利用的营养元素，具有较高的缓冲性能和离子交换能力，通气性也好。但蛭石易破碎，使其结构受到破坏，通气性降低，一般使用 1～2 次后需重新更换。

（四）泥炭

泥炭来自泥炭藓、灰藓、苔草和其他水生植物的分解残留体。泥炭分为低位泥炭、高位泥炭和中位泥炭三大类。低位泥炭的容重较大，吸水、通气性较差，不宜单独作无土栽培基质；高位泥炭的容重较小，持水力、盐基交换量、吸水、通气性较好，可作复合基质的原料；中位泥炭是介于高位与低位之间的过渡性泥炭，可直接用于无土栽培。泥炭是迄今被世界各国公认的一种最好的无土栽培基质，使用时大多配合蛭石、沙、珍珠岩等制成复合基质，以增加容重，改善结构，广泛用于工厂化穴盘育苗和无土栽培的基质中。泥炭在世界各国都有分布，我国北方地区较多，且质量较好，属不可再生资源，限量开采。

（五）椰糠

在加工椰棕的过程中，可产生大量的粉状物，称为椰糠。因其颗粒比较粗，又有较强的吸收力，故透气和排水比较好，保水持肥的能力也较强。一般状态含有长丝，质地蓬松，经过切细压缩加工，呈砖状。湿容重为 0.55 g/cm^3，pH 为 5.8～6.7，吸水量为自身重量的 5～6 倍，椰糠是有机基质，碳氮比较高。其 pH、容重、通气性、持水量、价格等都比较适中，用椰糠、珍珠岩、火山灰等混合后，配成盆栽基质比较理想，开发利用前景较好。

（六）芦苇末

利用造纸厂的废弃下脚料——芦苇末，添加一定比例的鸡粪等辅料，利用发酵微生物，堆制发酵合成优质环保的有机芦苇末基质，广泛应用于无土栽培和育苗中，尤其在南方长江流域普遍采用。其特性基本上可与天然泥炭相比拟，尤其是各种营养元素含量丰富，微量元素的含量也能基本满足植物生长发育的要求。

第三节　设施植物栽培的茬口安排

茬口安排是指在同一设施内，不同年份和同一年份的不同季节，安排的植物种类、品种及其前后茬的衔接搭配和排列顺序。科学的茬口安排是合理利用自然资源与植物生物资源、充分发挥不同类型设施性能、降低生产成本、提高设施植物经济效益的基本农业措施。同时，根据植物的生化他感作用及土壤的盐分累积规律，合理安排茬口，实行土地用与养相结合，减少病虫危害，不断恢复与提高土壤肥力，改善设施土壤生态环境，是实现农业可持续发展良性循环的重要措施。

一、设施植物栽培茬口安排的基本原则

设施植物生产的茬口安排应以提高设施的利用率和增加蔬菜产量为前提，以市场为导向，必须从周年生产均衡供应考虑，以淡季供应为重点，按照植物不同品种间的轮作次序、品种的特征特性、生长期和产品供应期长短，以及两种或两种以上植物前后组合后，彼此对温、光、水及土壤营养的利用应相互有利等统筹兼顾，全面安排。具体依据以下原则安排茬口。

（一）依据不同保护地类型的温光条件安排茬口

不同的保护地类型有不同的温、光等性能，就是同一类型或同一结构设施在不同地区，其温、光性能也不一样。所以，必须按照已建成塑料棚、温室的温、光条件安排植物的茬口，这是保证植物高产高效的关键，否则将会导致减产或失败。例如，一般性的日光温室，室内最低气温常低于8℃，甚至一些日光温室会出现3℃的低温，故秋冬茬只宜种植耐寒性的叶菜类，若用来生产喜温性的瓜果类蔬菜，则是很难成功的。

（二）依据不同蔬菜对温度的要求安排茬口

一般来说，蔬菜栽培季节的确定，应把其产品器官的正常生长期安排在温、光等条件最适宜的季节里，以保证产品的高产优质。设施栽培是一种反季节的保护性栽培，必须提供满足蔬菜正常生长发育的环境条件，其中最重要的条件之一就是温度。安排保护地蔬菜茬口时，应考虑蔬菜的生长发育适温。

（三）依据市场需求安排茬口

设施植物的市场需求状况是决定其经济效益的重要因素。一个地区在一定的季节里种植什么种类和品种、种植多大面积，都应根据市场的需求来确定。根据生产条件和市场需要，既要结合当地的自然经济条件和消费习惯，又要考虑到全国的大市场乃至出口需要来安排。例如，日光温室植物的茬口安排多将植物的盛瓜期安排在春节、国庆、五一等节日前后，市场需求量大，应该作为茬口安排的参考因素。同时也要注意市场的均衡供应，优先安排淡季菜的主要种类和品种，以使蔬菜品种全面搭配，上市均衡。

（四）安排茬口应考虑避免发生连作障碍

保护地的茬口安排既要考虑短期效益，也要考虑长期利益。因为保护地栽培中的连作障碍难以避免，所以在安排茬口时应特别注意将易于出现连作障碍的植物实行轮作倒茬，通过适当的轮作倒茬来防止连作病害等的危害。一般同科蔬菜作物的种类间轮作倒茬易于出现连作障碍，而不同科蔬菜作物的种类间轮作倒茬不易出现连作障碍。例如，在连年种植茄科、葫芦科的果菜类蔬菜的大棚中，定期插入百合科的韭菜或青蒜能收到良好的效果。轮作应该掌握以下几个原则：①根系吸收营养不同、根系深浅不同的植物互相轮作；②实行轮作的植物没有共同的病虫害；③轮作要有利于改进土壤团粒结构，适当配合豆科、禾本科植物进行轮作，增加有机质，以改良土壤团粒结构，提高肥力。

（五）充分利用资源安排茬口

充分利用当地的自然资源、劳动力资源和物质资源等安排茬口。例如，在光照充足的温暖地区，可进行日光温室喜温植物的冬茬或冬春茬生产；而在气候寒冷、冬季光照较差的地区，则安排耐寒叶菜生产。在劳动力资源充足的地区，宜安排效益高、生产技术难度大的蔬菜生产茬口；而城市近郊的劳动力紧张，宜安排一些技术较简单、成功率高的蔬菜生产茬口。此外，在保温材料充足的地区，可进行喜温果菜冬春茬生产；而在保温材料缺乏，且成本非常高的地区，可安排耐寒蔬菜生产。

二、设施植物栽培的茬口类型

目前我国设施植物栽培总面积中，约95%以上是设施蔬菜栽培，其茬口类型多样，基本可以代表设施植物生产的茬口类型。我国幅员辽阔，设施蔬菜栽培主要分为四大气候区，即东北和蒙新北温带气候区、华北暖温带气候区、长江流域亚热带气候区、华南热带气候区。下面以设施蔬菜为例，依据气候区划特点介绍设施植物的茬口类型。

（一）春茬栽培

春茬栽培又称早春茬栽培，是指栽培植物的主要生长发育期在2～6月，利用设施的保温性能栽培

蔬菜，以达到早熟、高产和高效的栽培方式。除华南热带气候区外，我国大部分地区在这一长生长季节内的前期气温相对较低。应根据不同地区的外界气候条件，选择不同的设施和适宜的植物类型与品种进行栽培的茬口安排。春茬栽培一般是在前一年的12月至翌年的4月在温室、大棚、温床等保温性能较强的设施内培育壮苗，春节后2月下旬至4月上旬定植，4～5月开始采收上市。该茬因育苗期外界温度较低，定植后缓苗期温度变化幅度大，生产中应注意苗期保温防冻，定植后缓苗期注意防风和防倒春寒。春茬栽培适宜喜温的果菜、喜冷凉的叶菜和根菜类的生产。

1. 塑料中小棚春茬栽培

在夜间无保温材料覆盖的情况下，塑料中小棚的最低温度可较露地提高2～4℃，平均提高15～20℃；有覆盖材料覆盖时，最低温度可提高4～6℃。在东北和蒙新北温带气候区，种植黄瓜、番茄等喜温作物时，于2月上旬至3月中旬在温室或温床内播种育苗，4月上旬至5月上旬定植，6月上旬开始采收上市；种植甘蓝类蔬菜、生菜等喜凉蔬菜作物时，于3月下旬至4月定植，5月上中旬开始采收上市；种植油麦菜、菠菜等耐寒蔬菜时，在3月中旬开始播种。在华北暖温带气候区，种植喜温蔬菜时，于12月上旬至翌年1月中旬在温室或温床内播种育苗，3月中旬至5月上旬定植，6月上旬开始采收上市；种植喜凉蔬菜时，于2月中下旬定植，4月中下旬采收上市；种植耐寒类蔬菜随时可以播种生产。在长江流域亚热带气候区，种植喜温蔬菜时，于12月上旬至翌年1月中旬在温室或温床内播种育苗，2月中旬至3月中旬定植，4月中旬开始采收上市；种植喜凉蔬菜时，于2月下旬至3月中旬定植，4月中下旬采收上市；种植耐寒类蔬菜随时可以播种生产。在华南热带气候区，各类蔬菜都可以随时播种生产。

2. 塑料大棚春茬栽培

大棚与中小棚相比，空间大，便于进行多层覆盖和高大植株的栽培生产。在东北和蒙新北温带气候区，主要进行春夏秋一大茬栽培，该茬口是充分考虑当地的气候特点和光热资源，充分利用大棚设施，在日光温室或加温温室内采用电热温床或冷床加小拱棚，于2月上旬至3月中旬播种育苗，4月上旬至5月上旬定植，6月上旬开始采收上市的茬口类型。在华北暖温带气候区，种植喜温性蔬菜如黄瓜、番茄、豆类蔬菜及耐热的西瓜、甜瓜等时，一般于2月在温室中育苗，3月下旬定植，4月下旬始收；而种植耐寒性蔬菜可于3月初定植。在长江流域亚热带气候区，一般初冬播种育苗，早春（2月中旬至3月上旬）定植，4月下旬始收，6月下旬至7月上旬拉秧，如大棚黄瓜、甜瓜、西瓜、番茄、辣椒等的春提早栽培。

大棚春茬栽培的蔬菜大多为喜温性蔬菜，而此时外界气温低、光照弱、雨水多，仅用单层塑料薄膜覆盖增温的效果不明显，远不能满足喜温蔬菜正常生长发育的要求，给生产带来较大难度。因此，大棚春茬栽培中应掌握以下技术要点：①种植喜温果菜类蔬菜时，一般将塑料大棚内的最低气温稳定高于8℃时作为定植期，之后根据不同蔬菜作物的苗龄需要，确定播种育苗期，一般适宜的播种育苗时间为12月上旬至翌年2月中旬。②栽培应适当增加种植密度，从而提高蔬菜作物的早期产量，以获得最大的收益。③管理上要注意协调保温与降湿，如棚内湿度过大时，只要温度不低于10℃，可在中午前后采取通风降温措施；但若湿度不是很大，则应该加强保温措施，尽可能使大棚内的温度维持在20～25℃，以满足蔬菜的生长发育需要。④早春光照多处于喜光作物生育的低限，白天应减少覆盖层数，保温材料要早揭晚盖。⑤保持适宜的大棚温度、较低的湿度、较强的光照，保证果菜类蔬菜正常开花坐果，或者用生长调节剂等防止落花。

3. 日光温室春茬栽培

日光温室春茬栽培的目的在于早春提早上市，解决早春淡季蔬菜供应问题。例如，用日光温室进行黄瓜早熟栽培时，其上市期可比塑料大棚早熟栽培的上市期提早45 d以上。日光温室喜温果菜类蔬菜春茬栽培，东北和蒙新北温带气候区一般于12月中旬至翌年1月中旬利用电热温床、加温温室或节能型日光温室等播种育苗，2月中旬至3月上旬定植，5月中下旬始收，7月中下旬拉秧；华北暖温带气候区和长江流域亚热带气候区一般于初冬播种育苗，翌年1～2月上中旬定植，3月始收。利用日光温室进行耐寒性蔬菜作物栽培，可随时播种随时栽培。春茬是目前日光温室生产采用较多的种植形式，几乎所有的蔬菜都可生产，如黄瓜、番茄、辣椒、甜瓜、西葫芦、菜豆、西瓜及各种速生叶菜。

日光温室较塑料拱棚具有较强的保温性能，可充分利用温室及该季节的光热资源。在北方地区该茬栽培中，前期应注意防寒保温，后期应做好病虫害预防工作。

（二）秋茬栽培

设施秋茬栽培又称秋延后栽培，是指栽培植物的主要生长发育期在8～12月的栽培方式。一般是在6月上中旬至8月中旬育苗，苗龄为20～30 d，7月上中旬至9月上旬定植，产品的上市时间是9～12月，弥补了露地栽培产品淡季的供应问题。该茬育苗期外界温度较高，光照较强，蒸发量大，一般应利用遮阳网覆盖，加大通风降温，利用水分调控，防止幼苗徒长，培育健壮幼苗。进行喜温类蔬菜种植生产时，应及时覆盖保温材料，注意防寒保温。

1. 塑料中小棚秋茬栽培

在东北和蒙新北温带气候区，种植喜温蔬菜时，6月上旬至7月中旬在露地或温室等设施内播种育苗，7月上旬至8月上旬定植，8～10月采收上市；种植甘蓝、菜花等喜凉类蔬菜时，7月中下旬定植，9～10月上中旬采收上市；种植生菜、油麦菜等半耐寒类蔬菜时，在8月上中旬定植。在华北暖温带气候区，种植喜温类蔬菜时，于6月上旬至7月中旬播种育苗，8月中旬定植，9月上旬开始采收上市，12月上中旬拉秧；种植喜凉类蔬菜时，8月中旬至9月上旬定植，10月中下旬采收上市。长江流域亚热带气候区和华南热带气候区应在中小棚上覆盖遮阳网遮阳防雨，秋季可随时播种生产。塑料小棚秋茬栽培蔬菜种类主要有甘蓝、花椰菜、芹菜、菜薹、芫荽、油麦菜、茼蒿、生菜等喜凉类蔬菜和甜瓜（拔地栽培）、西瓜、西葫芦等低矮喜温蔬菜；中棚秋茬栽培蔬菜种类除小棚可栽培蔬菜外，还包括黄瓜、番茄、菜豆等喜温吊蔓蔬菜。

2. 塑料大棚秋茬栽培

在东北和蒙新北温带气候区，种植黄瓜、番茄等喜温蔬菜时，于6月上旬至7月中旬在露地或温室等设施内播种育苗，7月上旬至8月上旬定植，8月至10月采收上市；种植甘蓝、花椰菜等喜凉蔬菜时，于7月下中旬定植，9～10月采收上市；种植生菜、油麦菜等半耐寒蔬菜时，在8月上中旬定植，9～10月采收上市。在华北暖温带气候区，种植喜温类蔬菜时，于6月上旬至7月中旬播种育苗时，于8月中旬定植，9月上旬开始采收上市，12月中下旬拉秧；种植喜凉类蔬菜时，于8月中旬至9月上旬定植，10月中下旬开始采收上市，12月（有时至翌年1月）拉秧；种植耐寒类蔬菜可以随时播种生产。在长江流域亚热带气候区和华南热带气候区，此茬口类型的苗期多在炎热多雨的7～8月，气温较高，梅雨较多，一般采用遮阳网加防雨棚育苗，定植前期进行防雨遮阳栽培，采收期延迟到12月至翌年1月。

（三）冬茬栽培

设施冬茬栽培是指利用设施进行加温或保温，将植物的主要生长发育期安排在10月到翌年12月的栽培方式。一般是在9～10月播种，10～11月定植，11月到翌年1月开始采收上市的生产茬口。除华南地区外，冬茬栽培生产后期外界温度低、光照弱，要选择耐低温、弱光的品种，同时要注意保温防寒。

1. 塑料大棚冬茬栽培

塑料大棚冬茬栽培，在东北和蒙新北温带气候区，主要进行耐寒半耐寒类蔬菜生产，如甘蓝类蔬菜、蒜苗、芹菜及油麦菜、生菜等叶菜类。也可利用大棚内多层覆盖保温等实现喜温蔬菜的栽培，如番茄、黄瓜、草莓等；在长江流域亚热带气候区，除可进行耐寒、半耐寒、喜凉类蔬菜的生产之外，还可以通过多层覆盖进行喜温类蔬菜的生产。在华南热带气候区，该茬作物生长时期温度较为适宜，可以进行各类蔬菜的生产。

2. 日光温室冬茬栽培

日光温室是淮河以北广大地区冬季蔬菜生产方式的主要设施类型，其冬茬栽培能够解决我国北方初冬及早春喜温果菜类蔬菜产品市场供应的淡季问题。一般在7月下旬至8月上旬播种育苗，8月下旬到9月上中旬定植，10月中旬至11月开始收获，翌年元旦后拉秧。日光温室冬茬与春茬栽培相结合，可有效避免寒冷地区喜温类蔬菜的越冬寒害，降低温室生产的风险。

3. 连栋温室冬茬栽培

在我国东北、华北及西北地区，连栋温室冬茬栽培以喜温蔬菜及耐寒喜凉类蔬菜栽培为主，如喜温类蔬菜的黄瓜、番茄、彩椒及半耐寒类蔬菜的生菜、芹菜等；该茬果菜类蔬菜一般于7月育苗，8月中下旬定植，10月开始采收，12月下旬到翌年1月初拉秧，生菜前期1个月生产1茬，芹菜的生育期为120 d左右。在华南沿海地区，以喜温及耐高温类蔬菜作物为主，如厚皮甜瓜、西瓜、番茄、茄子、辣椒、菜豆、丝瓜、苦瓜等；一般于9月育苗，10月定植，12月开始采收上市，4～5月拉秧。该茬次可有效弥补北方地区冬季喜温蔬菜瓜果供应的淡季，经济效益较高。

（四）冬春茬栽培

冬春茬栽培是指栽培植物历经一个冬季和翌年春季的栽培类型。此茬生产要经历光照从强到弱，温度从高到低；再光照从弱到强，温度从低到高的过程，要跨越一年当中光照最弱、温度最低的低温寡照时期。因此，要求设施具有良好的采光和保温能力。

1. 塑料大棚冬春茬栽培

在东北和蒙新北温带气候区，由于冬季的气温相对较低，在塑料大棚不加温的条件下仅能进行耐寒类蔬菜的生产，如菠菜、蒜苗、小青菜、芹菜等；一般于11月播种，翌年1～4月采收。在华北暖温带气候区，塑料大棚冬春茬除可进行耐寒蔬菜的栽培外，还可进行半耐寒及喜凉类蔬菜的栽培，如大棚冬春茬花椰菜、芹菜、莴笋、韭菜、芫荽、薹菜等。在长江流域亚热带气候区，除可以进行耐寒及半耐寒蔬菜的生产外，还可进行茄果类蔬菜的栽培；一般是在9月上旬至10月上旬播种育苗，12月上旬定植，翌年2月下旬至3月上旬开始上市，持续到4～5月结束；其栽培要点是选用早熟品种，实行矮密早栽培技术，运用大棚进行多层覆盖（二道幕加小拱棚加草帘加地膜），使茄果类蔬菜安全越冬。在华南热带气候区，此期间的栽培温度适宜，光照充足，利用大棚可进行瓜类、茄果类、豆类等喜温与耐热蔬菜生产，是比较理想的生长季节。

2. 日光温室冬春茬栽培

日光温室冬春茬栽培，一般是将8～10月育苗的茄果类、瓜类等果菜，在10～12月定植到棚室内，于翌年1～3月开始上市，直到6～7月高温前结束，收获期一般是140～180 d。冬春茬栽培是北方地区目前日光温室蔬菜生产应用较多、效益较高的一种茬口类型，可实现提早上市，解决早春淡季问题，主要有冬春茬番茄、冬春茬黄瓜、冬春茬辣椒、冬春茬茄子等。在我国北方地区，此茬口的蔬菜生产要求温室的保温性能好，并且选择耐低温、弱光的蔬菜种类和品种，生育前期加强抗寒锻炼，提高植株的抗寒能力，低温期加强防寒保温，确保安全越冬。

3. 连栋温室冬春茬栽培

连栋温室的环境基本不受自然条件的影响，可自动化调控，但生产成本较高。因此，以高附加值蔬菜生产为主，包括樱桃番茄、彩椒、迷你黄瓜、黄皮西葫芦等。一般于10月育苗，11月定植，翌年1月开始采收上市，6～7月拉秧。连栋温室一般采用无土栽培的生产方式，在前茬作物收获后，清理温室并对温室及栽培基质、生产设施、生产工具进行消毒，保证温室内的清洁卫生。进行名特优蔬菜产品栽培时，应注意及时采收上市。

（五）越夏栽培

我国南方地区的夏季具有气温高、暴雨频繁、不时有台风影响等特点，夏季蔬菜栽培常利用防虫网、遮阳网及大棚设施进行越夏栽培。越夏栽培主要有两种类型：一是以绿叶蔬菜越夏栽培为主，南方地区夏季绿叶蔬菜市场稀缺，可以利用防虫网和遮阳网实现小白菜、菜心、蕹菜等蔬菜的越夏栽培；二是利用塑料薄膜、遮阳网等材料实现黄瓜、西瓜的避雨栽培，提高其产量和品质。此茬口是在果菜类蔬菜早熟栽培拉秧后，将大棚或温室裙膜去除以利通风，保留顶膜防雨，上盖黑色遮阳网（遮光率60%以上），进行喜凉叶菜的防雨降温栽培，是南方夏秋季主要的设施栽培类型。网室设施可采用水泥柱、钢架结构、全钢架结构或竹木结构。应根据实际情况单独建造网室，也可以利用原有的大、中、小棚架进行覆盖，做成网室。竹木或水泥柱平棚架网室要求有一定高度，才能起到降温作用。

蔬菜越夏栽培，在生长前期常有高温、干旱或台风、暴雨等环境影响及病虫害严重，导致植株生长发育不良；而后期低温、弱光等环境影响，同样导致其生长发育不良。在栽培管理上应掌握以下技术要点：①播种期应考虑当地的气候条件及蔬菜的生物学特性。②沿海地区台风、暴雨较多，必须采用深沟高畦，以便及时排水。③定植或移苗后，在畦面覆盖稻草，降低土温，减少水分蒸发，保证蔬菜正常生长发育对水分的需求。④秋季病虫害严重，应进行清洁田园、覆盖防虫网、及时喷药预防的综合防治措施。⑤在低温来临之前，进行覆膜保温。

（六）长季节栽培

长季节栽培是指一年一茬的种植制度，种植蔬菜的种类以冬季经济价值较高的番茄、黄瓜、辣椒、茄子等果菜类为主，可充分利用夏秋季节延长其生长期和结果期，具有采收时间长、用种量小、节省劳动量、生产效益较高的特点。目前在北方地区的日光温室和连栋温室应用比较普遍。

1. 日光温室长季节栽培

日光温室长季节栽培一般于7月中下旬播种育苗，8月中下旬定植，10月中下旬至11月上旬开始采收上市，直到翌年7月中下旬拉秧。由于日光温室长季节栽培的作物生长时间长，因此应选择适宜品种，加大供肥量，满足植株生长发育的需要，注意防止植株早衰、减产。

2. 连栋温室长季节栽培

连栋温室长季节栽培一般于7月中下旬利用遮阳网在温室或大棚内育苗，在前茬作物收获后，清理温室，同时进行基质、栽培设施及机具消毒，8月上中旬定植，10月中下旬至11月上旬开始采收上市，翌年7月中下旬拉秧。栽培的蔬菜作物以番茄、黄瓜、辣椒、茄子、菜豆、豇豆等果菜类蔬菜为主。大多采用无土栽培，一般应选择设施栽培专用品种，科学配制营养液，按照植物水肥需求规律进行营养液管理，注意防止低温冷害与高温伤害。

三、设施植物周年生产的茬口安排

周年生产茬口的安排是将不同季节的栽培茬口进行搭配组合的方式，一般分为连作与轮作两种形式。连作是指在同一设施内的不同年份（季节）内连续重复地种植相同种类的蔬菜作物。与连作相反，按一定的生产计划，在同一设施内，按一定年限轮换种植不同种类的蔬菜作物称为轮作，也称换茬或倒茬。轮作制度是一种科学的栽培制度，是实现蔬菜可持续生产的必要保证条件之一，合理的轮作能够合理利用土壤肥力，防治病、虫、杂草危害，改善土壤的理化性质，使蔬菜作物生长在良好的土壤环境中，这样不仅能够降低蔬菜的生产成本，而且能提高蔬菜的产量和质量。

不同蔬菜作物要求的轮作年限不同。连作后受害轻的有花椰菜、甘蓝、莴苣、芦笋、菠菜、葱等；耐连作的有萝卜、胡萝卜、南瓜、洋葱等；需要间隔5～6年的有甜瓜、西瓜等；需要间隔3～4年的有大白菜、番茄、茄子、茭白、豌豆、芫荽等；需要间隔2～3年的有黄瓜、辣椒、山药等；需要间隔1～2年的有马铃薯、豆薯、芋、菜豆、芹菜等。不同种类蔬菜作物的轮作效果不同。因此，实行蔬菜轮作应遵循以下基本原则。

第一，同科或同类蔬菜不可连作，因为它们易被同样的病虫害侵染，拥有相同或相似的吸肥特性和相同的自毒物质。例如，瓜类作物、茄果类作物之间，甚至葱蒜之间都不能多次连作。

第二，根系分布深浅不同的蔬菜作物可进行轮作，这样可以吸收和利用不同耕层的矿质营养。例如，深根性的根菜类、茄果类、瓜类（黄瓜除外）应与浅根性的叶菜类、葱蒜类等蔬菜作物轮作。

第三，矿质营养需求差别较大的蔬菜作物可进行轮作。例如，消耗氮肥较多的叶菜类与消耗钾肥较多的根茎类蔬菜轮作。

第四，分泌物质不同的蔬菜作物能产生相互促进或相互影响，可进行轮作。典型的例子，例如，大白菜作为葱蒜类蔬菜的后作可大大减轻病害的发生。

第五，注意不同蔬菜作物对土壤酸碱度的要求和影响。例如，甘蓝、马铃薯能增加土壤酸度，而玉米、南瓜能降低土壤酸度。

（一）大棚周年栽培茬口安排

塑料大棚是中国南方普遍推广应用的保护地蔬菜栽培类型，由于各地气候条件的差异，栽培制度也不完全相同。一般以一年两茬为主，即一茬春提早果菜或其他蔬菜栽培和一茬秋延后果菜或其他蔬菜栽培。此外，在温度较低、夏季少雨的地区可实行喜温果菜类春夏连秋一年一茬栽培。而在淮河以南，通过夏季采用遮阳防雨栽培可实现喜凉蔬菜大棚的周年多茬生产；冬季利用大棚内的多层覆盖保温等方式可实现喜温蔬菜的越冬栽培。因此，对于塑料大棚而言，通常的栽培制度是春夏秋冬茬两茬制，也有年内三茬、四茬甚至五茬的种植茬口。我国各地的气候条件、生产方式和生产习惯不同，因此塑料大棚作物的茬口安排也不尽相同。

（二）日光温室周年栽培茬口安排

1. 日光温室蔬菜茬口安排类型

日光温室是淮河以北广大地区冬季蔬菜生产的主要设施类型，在生产过程中逐渐形成了越冬一大茬（冬春茬）生产、秋冬-冬春二茬生产和三茬或多茬生产的栽培制度，日光温室蔬菜生产已成为实现我国北方地区蔬菜周年均衡供应的重要途径。

（1）一年一大茬（越冬一大茬）　一年一大茬是日光温室近年来新发展起来的一种栽培制度，要求日光温室具有良好的采光和保温能力，同时也具备配套的技术。种植的蔬菜作物主要有黄瓜、番茄、西葫芦、茄子、辣椒等，于8月下旬至9月下旬定植，12月中旬开始收获，至次年7月上中旬结束。

（2）一年两茬（秋冬-冬春两茬）　一年两茬是日光温室传统的栽培制度，它不仅能把栽培作物安排在相对有利的生产季节，而且可以利用换茬的有利时机，采取措施避免低温寡照带来的不利影响，使日光温室生产更加安全可靠。

（3）一年三茬　一年三茬是指在日光温室内生产秋冬茬和冬春茬，再加一茬（冬茬）速生蔬菜，这样就形成了3茬生产的栽培制度。

（4）一年多茬　一年多茬是指采用生长期长的果菜与生长期短的叶菜配合种植，或者仅种植生长季节较短的叶菜类，如生菜→小白菜→芥蓝→苋菜→茴香，或芹菜→生菜→菜心→苦瓜→早熟白菜等。

2. 日光温室周年栽培茬口安排应注意的问题

在日光温室植物生产中，科学合理地安排一年的植物生产是提高日光温室的利用率、降低成本、增加经济效益的关键。所以，在选择植物种植种类、确定生产茬口时，必须要注意以下几个问题。

1）生产者要在充分掌握栽培管理方法的前提下，根据自身的技术水平和条件选择种植种类与茬口。对于超出自己技术水平的蔬菜种类，先小面积试种，掌握技术后再大面积生产。

2）要在考虑好产品销路后再确定种植植物的种类，尤其是稀有植物种类。否则，生产出的稀有植物卖不出去会造成巨大的经济损失。

3）在前后茬作物之间留出一定的整地施肥时间，确保地整好、肥施足，力争高产优质。提前播好套种的作物，重叠时间不能过长，尽量在幼苗期将前茬菜拉秧，提前育苗，给整地、施肥腾出时间。这样虽然费工，但易做到苗齐、苗全、苗壮，为丰产打好基础。

4）要根据温室的性能选择适宜的作物种类与茬口。例如，目前公认越冬茬黄瓜的经济效益比较好，但是实际生产中，有许多农户因冬季室内温度达不到要求，或因连续阴天，或因缺乏管理技术而造成重大的经济损失。例如，日光温室黄瓜的越冬栽培，1～2月温室内的最低气温要保证在10℃以上，不能长时间出现8℃以下的低温；地温要保证在14℃以上，不能长时间处在12℃以下。

3. 日光温室空间利用

日光温室是一项投资比较大的保护设施，充分利用温室空间是进一步提高温室生产的社会效益和经济效益的有效途径。目前，所见到的利用方法如下。

（1）边角、柱脚地利用　利用温室内未能种植主栽植物的边角地，特别是长后坡温室后坡下的空闲地带，种植耐阴耐寒的叶菜、速生菜、囤韭菜等，或者利用日光温室和大棚的柱脚种植1～2埯豆类蔬菜，春、秋两茬均可利用，可获得一定的经济效益。

（2）空间利用　在不影响主栽植物采光的前提下，利用吊盆栽培草莓、吊育苗盘培育蔬菜种苗等，都可以充分利用温室空间。

（3）墙体利用　在土筑墙温室生产比较耐湿的蔬菜时，用充分发酵好的细碎农家肥掺土加室内墙壁上，并把菠菜籽等拌入，涂到室内墙壁上，不时用喷雾器喷以清水或化肥水，也能长成可供食用的叶菜。

（4）行间利用　种植高棵蔬菜时，如黄瓜前期可在行间寄育子苗，爬半架以后，把菌丝体发育良好的平菇袋横摆到垄台上，利用其茎叶遮光和近地层的空气湿度，可比较正常地生产出平菇。

第四节　设施植物立体栽培

设施植物立体栽培是指在同一设施土地面积上进行多种类、多品种植物的间作、套种和分层栽培，形成合理的复合群体结构，可充分利用自然资源，是一种实现农业高产、高效的栽培方式，也是提高土地单位面积和单位时间植物产量的重要措施。

一、立体栽培模式

广义的立体栽培包括地面立体栽培（即间作、套作）和空间立体栽培两种形式，而狭义的立体栽培是指空间立体栽培。

地面立体栽培是指根据植物的生育期早晚、生长期长短、植株高矮及对温、光、气等条件的要求差异等，将不同植物间套混搭配栽培，实质上就是传统种植业中的间作套种。间作是一种在同一个时期、同一块土地上，隔畦、隔行或隔株栽培两种或两种以上植物的栽培方式；套作是一种在前茬作物的生长后期播种或栽植后茬植物的栽培方式。地面立体栽培通常有蔬菜与蔬菜，果树与蔬菜，食用菌与蔬菜、果树等间套作模式。

空间立体栽培是指在大棚、温室内的空间进行地面栽培的同时，利用一定的立体栽培设施，将不同植物分层种植，群体结构呈上下分层分布，如层架式立体栽培、柱式立体栽培、吊袋式立体栽培、管道立体栽培、汽雾立体栽培等。空间立体栽培大多采用无土栽培技术，这是因为无土栽培技术具有便于立体栽培、便于导入各种高新技术、可以增加产量、提高品质等许多优点。由于空间立体栽培采用一定的设施、利用无土栽培技术，所以一次性投资和栽培难度均加大，对管理人员的技术要求较高。

（一）地面立体栽培

1. 同种蔬菜高、矮、密立体栽培

利用早熟品种与晚熟品种搭配，前期加行密植和强化整枝的措施进行立体栽培，根据不同蔬菜植株的高矮和生长速度的快慢，合理安排间套作，主要应用于黄瓜、番茄、甜椒等蔬菜。例如，在原常规栽培的基础上，以原栽培行为主栽行，在主栽行之间加行密植，矮化整枝，通过增加前期密度提高前期产量。加行选用早熟品种，主行选用丰产、抗病品种。大棚黄瓜与辣椒套作的方法是：早春先定植黄瓜，待黄瓜开始采收后，在两行黄瓜中间定植一行辣椒，待黄瓜拔秧后加强对辣椒的管理，秋茬主要进行辣椒生产，之后还可采用辣椒与矮生菜豆套作、生长后期在拱棚周边播种丝瓜的栽培模式。

2．不同种类蔬菜立体栽培

根据不同种类植物植株的高矮和喜光耐阴的不同安排间套作。例如，以喜温、喜光果菜生产为主，以速生叶菜、根菜为副作，采用隔畦或隔行、大小行或宽窄畦、主副行等形式，在不影响主作蔬菜生长发育的前提下，通过间套作提高设施土地的复种指数，获得较高的经济效益。例如，黄瓜间套作甘蓝、韭菜、速生绿叶菜、辣椒；番茄间套作油菜、芹菜；苦瓜与西芹或黄瓜套作。果菜套作速叶菜的方法是：在果菜作物植株尚小时，套作速生、矮小、耐弱光，并且在环境管理上与主作果菜无冲突的叶菜，待主作果菜植株长大以后收获套作叶菜，保持主作果菜的通风透光良好。

3．果树与蔬菜、草莓立体栽培

随着设施果树栽培的发展，果树与蔬菜的立体栽培及果树与草莓的立体栽培也迅速发展。例如，在桃、李、杏树幼树树冠较小的时期，合理利用间距在行间种植矮生、耐阴蔬菜，如菠菜、香菜、茼蒿、生菜、苦菜等，也可间种草莓。也有以葡萄为主体的立体栽培模式，如葡萄间套作番茄、芹菜、甘蓝、生菜等，以及葡萄间作草莓。既合理利用土地，增加了前期收入，达到以短养长的目的，又减少了土壤水分蒸发，便于田间管理。

4．食用菌与蔬菜、果树、草莓立体栽培

根据食用菌、蔬菜、果树、草莓正常生长发育所需要的生态条件不同，通过间套作，将食用菌与蔬菜或果树进行科学的搭配种植。蔬菜或果树进行光合作用放出氧气，有利于食用菌生长，食用菌进行呼吸作用放出CO_2，有利于蔬菜或果树植株的光合作用，二者相辅相成，食用菌的废料可作为有机肥料培肥土壤，改善生态环境，蔬菜不减产，增收一茬菇类，获得菇菜、菇果双丰收。菌、菜间套作的模式，如冬茬黄瓜或番茄行间套种平菇或双孢菇，丝瓜、扁豆套种草菇。菌、果间套作模式，如在温室葡萄架下畦栽培平菇、鸡腿菇、姬菇等。

（二）空间立体栽培

1．层架式立体栽培

层架式立体栽培是指在分层框架上放置栽培槽，采用无土栽培技术进行食用菌、花卉及叶菜类蔬菜的生产形式（图 3-13）。一般有层架式混合立体栽培、层架式芽菜立体栽培、层架式食用菌立体栽培等形式。在塑料拱棚中层架设施一般为双层或三层，在大型连栋温室中层架为 4～6 层结构。

图 3-13　层架式立体栽培

在层架式混合立体栽培中，上层由于光照较强，一般以叶菜类蔬菜种植为主；下层光照较弱，适宜于食用菌或耐阴蔬菜、软化蔬菜生长。叶菜类蔬菜栽培以矮小蔬菜为主，如蕹菜、生菜、芥蓝、中国芥菜等。软化蔬菜栽培包括蒜苗、芽菜类及蒜黄等，食用菌生产包括香菇、草菇和平菇等。此法既可有效利用空间，成倍增加使用面积，又能创造适宜于软化蔬菜、食用菌等蔬菜栽培的环境，而且在少光或无光状态下不破坏其叶绿素，使蔬菜质地更鲜嫩，口感更好，可进一步提高蔬菜产品的质量档次。

大多数芽苗菜较耐弱光、耐低温，适合进行多层立体栽培，土地利用率可提高 3～6 倍。一般栽培架高 2～2.5 m，宽 50 m 左右，长 1～2 m，5～6 层，每层高 35 cm 左右。栽培槽选择质轻塑料育苗盘，一般使用规格为：外径长 60 cm，宽 25 cm，高 4～5 cm。基质选用清洁、无毒、质轻、吸水、持水能力较强的纸张、白棉布、无纺布、泡沫塑料片等。大规模种植最好采用喷灌。芽苗菜立体栽培的技术流程主要包括种子筛选、清洗、消毒、浸种催芽、铺放种子、暗室生长、绿化室生长成苗等过程；其作业程序一般为苗盘准备→清洗苗盘→铺基质→撒播种子→种子 2 次清选→铺匀种子→叠盘上架→覆盖保温层→置入催芽室→催芽管理→完成催芽→移入栽培室置于栽培架→栽培管理→整盘活体销售→上市。采收时萝卜苗一般为5～10 cm，豌豆苗为10～15 cm，荞麦苗为9～12 cm，香椿苗为6～10 cm。芽苗菜幼嫩、含水多，货架期很短，尤其是炎夏高温季节较易腐烂。因此，产品销售按采收、预冷、冷藏车运输、冷库贮存、冷柜销售等冷链系统进行。

2. 柱式立体栽培

柱式立体栽培（图3-14）又称垂直栽培，是立体化无土栽培。这种栽培是在不影响平面栽培的条件下，用立柱支撑和固定栽培钵及滴液盒，使栽培钵贯穿于一体，通过营养液自动循环浇灌来满足植物生长对水肥的需求。它可以充分利用温室空间和太阳能，使土地利用率提高3～5倍，单位面积产量提高2～3倍。柱式立体栽培首先在发达国家发展起来，美国、日本、西班牙、意大利等研究开发了不同的栽培形式，如多层式、悬垂式、单元叠加式等，我国自20世纪90年代起开始研究推广此项技术。柱式立体栽培因其高科技、新颖、美观等特点而成为休闲农业的首选项目。

图3-14　柱式立体栽培

根据定植容器的不同，柱式立体栽培分为盆钵式立体栽培、插管式立体栽培和柱状立体栽培三种形式。盆钵式立体栽培目前应用较为广泛，具有栽培面积大、适用范围广的特点。它的栽培钵空间大，盛放基质多，植物的根系比较舒展，因此盆钵式立体栽培主要用来栽培生长周期长的蔬菜、草莓、花卉等植物。插管式立体栽培具有运行费用低、营养液循环流畅的特点，可适应各种栽植环境，满足不同植物的栽植要求。由于插管的空间小、存放基质少，因此插管式立体栽培主要用来栽植生长周期短的蔬菜和花卉。柱状立体栽培是一种采用石棉水泥管或硬质塑料管作栽培支柱，在管四周按螺旋位置开孔，植株种植在孔中的基质中，并将柱状体垂直竖立，定期从柱状体的顶部供应清水或营养液的栽培方法，适宜栽培草莓及多种叶菜。

（1）柱式立体栽培的设施结构　柱式立体栽培的设施结构由贮液池、平面DFT系统、栽培立柱、立体栽培钵及立柱栽培的加液、回液系统等几部分组成。①贮液池。容积按667 m^2的水培面积需要15～20 t水的标准设计。②平面DFT系统。参照本章第二节设施栽培介质的类型与固体栽培基质的相关内容。③栽培立柱。栽培立柱是用来支撑和固定栽培钵与滴液盒的载体，栽培立柱使各栽培钵贯穿于一体，它由水泥墩和铁管两部分组成。水泥墩的规格为15 cm见方，中间有一直径30 mm、深10 cm的圆孔，埋在水培床两边的地下用以固定立柱铁管，墩距为90 cm。铁管直径为25～30 mm，长约2 m，材料用薄壁铁管或硬质塑料管均可，管下端插入水泥墩的孔中。④立体栽培钵。立体栽培钵是立柱上栽植植物的装置，形状为中空六瓣体塑料钵，高20 cm，直径20 cm，瓣间距10 cm，钵中装入粒状岩棉或椰子壳纤维，瓣处定植6株植物。根据室温的高度将8～9个栽培钵和滴液盒组成一个栽培柱。栽培钵错开花瓣位置叠放在立柱上，串成柱状。⑤立体栽培的加液、回液系统。立柱栽培的加液系统由水泵、定时器、加液主管、加液支管和滴液盒组成。加液主管为直径40～50 mm的硬质滴液管，高度与立柱基本持平；加液支管为直径16 mm的无孔硬质滴管，与加液主管相接，负责将营养液输送到每根立柱的顶端；滴液盒为一个圆形塑料盒，盒的两端有两截空心短柄，用于连接加液支管，盒的底部四周有6个小孔，使营养液能下流，滴液盒的底部中心固定在立柱上方。

供液时营养液由水泵从液池中抽出，经加液主管、加液支管进入滴液盒，从滴液盒流入栽培钵，再通过栽培钵底部的小孔流入第二个栽培钵，依次顺流而下到达最下面一个栽培钵，然后流入平面水培床，再流回营养液池，完成一个循环。

（2）柱式立体栽培的注意事项

1）栽培植物种类的选择：柱式立体栽培并不适于所有蔬菜，扬长避短才能发挥立柱的作用。一般矮生型叶菜类、草莓和部分花卉适宜柱式立体栽培，其向上生长的高度一般不宜超过45 cm。目前已试验成功的蔬菜种类有紫背天葵、大叶茼蒿、散叶生菜、小白菜、三叶芹等小株型叶菜类，以及大部分的草莓品种，它们均可进行柱式立体栽培。株型较高的蔬菜会因空间限制和重力作用而使茎秆倒下，影响生长。果菜类蔬菜对光照条件要求较高，一般不宜柱式立体栽培，但可采取立柱最上部2～3层种植矮生型果菜如观赏樱桃番茄、草莓，下部种植叶菜的方法。由于立柱的特殊构型，蔬菜不能前后左右对称生长，故结球蔬菜因外形不美观、商品性差而不适宜柱式立体栽培。

2）光照管理：光照是影响立体栽培产量和品质的重要环境因子。在柱式立体栽培下，光照强度随着栽培钵层数的下降而递减，并且立柱阳面的植株获得的光照好于阴面。据测定，立柱从上到下，每下降一层，光照强度平均减少15%；除最高一层的阴面与阳面光照接近外，其余各层的阴面只有阳面光照的50%左右。

为了弥补光照的不足和差异，需要定期对立柱进行旋转，使每一层的植物都能接受足量的阳光，这是保证植物整齐生长和提高产量的重要方法，另外也可以采取人工补光的方法。

3. 吊袋式立体栽培

吊袋式立体栽培是柱状栽培的简化形式，这种装置除了用聚乙烯袋代替硬质管外，其他都一样。栽培袋采用厚0.15 mm的聚乙烯筒膜，直径为18～25 cm，袋高一般为1.5～2.0 m；底端扎紧以防基质落下，从上端装入基质，上端结扎，均悬挂在温室的上部结构上，行内彼此间的距离约为80 cm，行间的距离约为1.2 m；袋的周围呈螺旋状排列开孔，孔直径为2.5～5.0 cm，植物定植在孔内。吊袋式立体栽培的结构由供液管、滴灌管、薄膜袋、挂钩、种植孔、排水孔组成。水和养分的供应是用安装在每一个柱或袋顶部的滴灌系统进行，营养液从顶部灌入，通过整个栽培袋向下渗透，多余的营养液从排水孔排出。每月要用清水洗盐1次，以清除可能集结的盐分。吊袋式立体栽培适用于植株矮小的蔬菜、草莓、花卉等植物。

4. 汽雾立体栽培

汽雾立体栽培是指利用喷雾装置将营养液雾化，直接喷施于植物根系表面，易于自动化控制和进行立体栽培，可提高温室空间的利用率。一般分为A形雾培与立柱式雾培两种模式。A形雾培的栽培框架（图3-15）是汽雾立体栽培的典型代表，其主要设施包括栽培板、喷雾装置、营养液循环系统和自动控制系统。这种栽培方式由美国亚利桑那大学研究开发，A形雾培是用轻质角钢组成等腰三角形截面的支撑架，两侧安厚2～3 mm的塑料栽培板，板下装喷雾装置，在栽培板上打定植孔，将植物定植到这些孔上，根系侧垂于A形架的内部，间歇性沐浴在雾状营养液中。如果框架侧边与底边的夹角为60°，则栽培植物的面积是占地面积的2倍。因此，A形雾培可以节约温室面积，提高土地利用率。这种栽培方式适用于空间狭小的场合，如宇宙飞船等。

图3-15　A形雾培

立柱式雾培是将植物种植在垂直的柱式容器的四周，根系生长在容器内部，柱的顶部有喷雾装置，可将雾状营养液喷到根系上，多余的营养液经株底部的排液管回收、循环利用的栽培模式。立柱式雾培的主要设施包括立柱、喷雾装置、营养液循环系统和自动控制系统。立柱柱体的高度为1.8～2.0 m，直径为25～35 cm，柱间距为80～100 cm，一般用白色不透明硬质塑料制成，柱的四周有许多定植孔定植植物；喷雾装置在每根立柱的顶部均有喷嘴，将雾状营养液及空气喷到柱内，满足根系生长需要。其特点是充分利用空间，节省占地面积。可通过计算机检测其根系环境的湿度、温度来控制迷雾，根系环境的湿度不够就进行营养液迷雾，以保证根系的湿度，还可通过检测营养液浓度来控制母液的补充。

5. 管道立体栽培

管道立体栽培是一种以有孔的塑料管道或竹筒作栽培床，将管道放到立体栽培架上，把植物栽培到管道定植孔中的立体栽培方式（图3-16）。一般采用水培方式，也可以用基质培，单层或立体多层管道均可。以水培为例，营养液在管道中循环，植物根系浸泡在营养液中，可通过计算机来检测营养液中的溶氧量及营养液的浓度，溶氧量不够则自动开启水泵进行循环，营养液浓度不够则自动补充母液。在加拿大等国，管道栽培很早就作为水培叶用莴苣的生产方式。通过设计各种各样新颖的造型，管道栽培也成为观光农业的内容之一。

图 3-16　管道立体栽培

6. 墙体立体栽培

墙体立体栽培是指利用特定的栽培设备附着在建筑物的墙体表面进行植物栽培。根据后墙高度设置一定数量的栽培排，一般 3～4 排，此种栽培能有效地利用空间、节约土地、实现单位面积上更大的产出比，而且尤其适合于观光农业中的绿色回廊，既美观又低碳高效。在墙体栽培中，栽培者可以站立进行管理和收获，劳动强度大大降低，特别适合发展采摘和观光农业。适合墙体栽培的设施植物包括生菜、芹菜、草莓、空心菜、甜菜、香葱、韭菜、油菜、苦菜等。

在日光温室的后墙上，固定一定间隔距离的通长栽培管道，可以进行后墙管道栽培。后墙处的光照、温度条件都较好，有利于植物的生长和果实品质的提高。例如，在长度为 50 m、跨度为 8 m 的温室内，地面草莓采取土壤高畦栽培，共 50 垄，每畦 2 排，栽培畦长 7 m，因而温室地面土壤栽培的长度为 700 m；后墙立体栽培管道长 49 m，共 4 排，所以后墙无土栽培的长度是 196 m。通过日光温室后墙的立体栽培，栽培长度增加了 28%；草莓的株距为 15 cm，可增加草莓 1300 多株，大大提高了草莓的种植面积。

二、立体栽培的意义

（一）提高光能利用率

1）立体栽培可增加单位面积上的有效叶面积。在立体栽培中，可利用高矮植株的间作、套种，使群体受光面由单作物的平面受光变为立体受光，扩大植物群体的直接受光面积，提高群体适宜的叶面积数值。

2）立体栽培可延长植物群体适宜的叶面积指数的持续时间。采用两种或多种植物的立体栽培，可使植物的复合群体很快达到并保持较长时间的适宜的叶面积指数，有效地弥补单作植物生育前、后期中面积指数的不足，这样就能更多地利用光能、提高光合效率。

3）立体栽培可以分层用光，减少光能的浪费。立体栽培可以根据不同植物对光照强度的要求和群体的遮光性能，将喜光性与耐阴性的植物搭配种植，上下多层种植，分别满足不同植物对光照的需求。

4）延长光照利用时间。立体栽培的多种植物比单一植物的占地时间长，这延长了光照利用时间，减少了光能的浪费。

（二）提高土地复种指数

在进行立体栽培时，不同植物根系的分布深浅不一，这样可充分利用土地中不同层次的养分，发挥地力。利用间套作技术，建立合理的群体结构，增加茬次，提高土地的复种指数，提高单位面积产量，有利于产品的周年均衡供应和品种多样化。

（三）利于增加种植密度

立体栽培可提高复合群体叶面积适宜的指数，因而可以增加栽培密度，充分发挥密植增产效应。

（四）改善通风条件，提高 CO_2 利用率

采用立体栽培技术，植株有高有矮，空隙较大，空气易流动，被消耗的 CO_2 容易得到补充，这样有效地解决了 CO_2 的饥饿问题，为丰产创造了条件。

（五）充分发挥边行优势，发挥互利作用

一般生长在地块边缘行的植株，由于通风透光好，水肥条件优越，植株生长健壮，产量高，这种现象称作边际效应。立体栽培时，高矮秧间作和前、后茬套作，行间距加大，光照条件均有所改善，充分表现了边行优势。很多蔬菜种与种之间的特性，可以相互促进，也可相互制约。合理地间套作，立体栽培能克短助长、除弊行利、互利互助、共同增产。

（六）提高经济效益、生态效益和社会效益

发展蔬菜立体栽培后，可以克服蔬菜经营单一性，减少了某种蔬菜供应过剩给农民造成的损失浪费；可以促使菜农钻研科学技术，提高科学技术文化水平；可以提高生产力、促进社会经济的进一步发展；可以有效地调节蔬菜的生产和供应季节，克服蔬菜的淡旺季供应，实现周年均衡供应，满足人们的生活需要，提高人们的身体健康水平。

第四章 设施环境与设施植物

影响植物生长发育的各种因素可以概括为遗传和环境两个方面。遗传决定植物在生长发育、产品产量和品质等方面的潜在能力，而环境则决定植物的遗传潜力能在多大程度上得以实现。良种壮苗只有在适宜的环境条件下才能充分发挥遗传潜力。因此，采用经济、有效的栽培设施及配套的环境调控技术，创造优于自然界及更加适于设施植物生长发育的环境条件，是实现植物高效生产的重要途径。而要想做好满足植物生长发育的人工环境调控，则要深入了解植物的生长发育对环境条件的基本要求，以更好地调控设施环境。

设施内环境因子主要包括温度、光照、土壤、湿度、气体等5个要素，其调节与控制是不能与植物相分离的。而植物对环境控制有双重反应，一方面，设施内的植物可以改变它自己以适应环境；另一方面，植物对设施环境做出反应，通过蒸腾作用、光合作用和呼吸作用等，影响空气中的 CO_2 和水气压等。可见，设施植物和它所生存的环境之间相互影响、相互作用，是密不可分的统一整体，只有充分了解设施植物的栽培特点和设施内环境因子的变化规律，才能更好地进行设施环境的综合调控管理。

第一节 温度环境与设施植物

一、设施植物与温度条件

温度是设施植物栽培的首要环境条件。在设施生产中的很多情况下，温度条件都是生产成功与否最关键的因素。充分认识和了解设施内的温度条件和调节控制技术，对于更好地进行设施植物生产无疑是十分必要的。

1. 设施植物对温度条件的要求

任何植物的生长发育和维持生命活动都要求一定的温度范围（图4-1），即所谓最适、最高、最低界限的“温度三基点”。当温度超过生长发育的最高、最低界限时，则生长发育停止，如再超过维持生命的最高、最低界限，就会造成高温或低温伤害（图4-2），导致全株死亡。例如，番茄在-1～2℃就会冻死，在25℃左右时生长发育良好，在35℃以上时又会因高温而枯萎，甚至死亡。

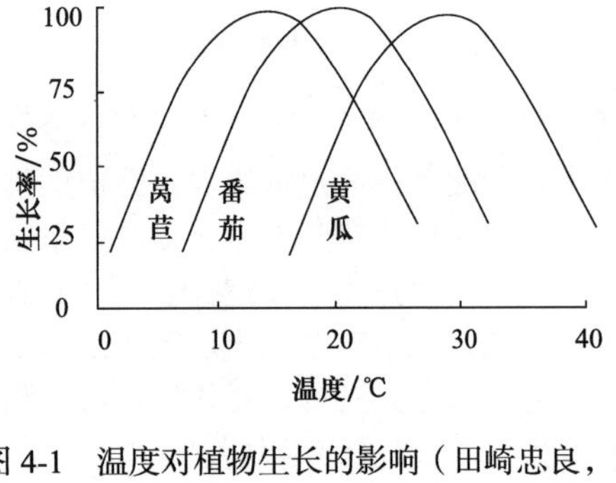

图4-1 温度对植物生长的影响（田崎忠良，1978）

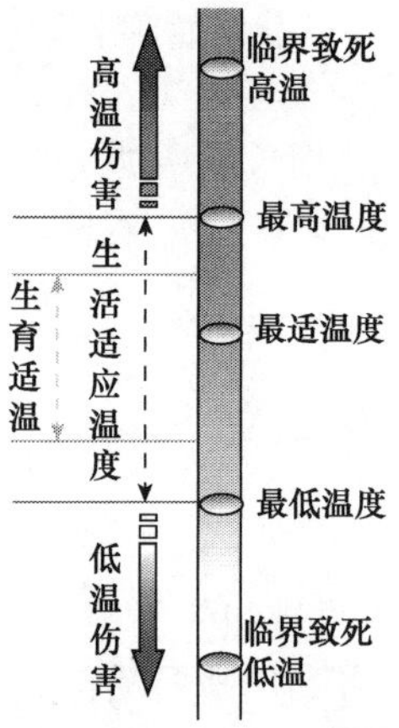

图4-2 植物的生产与温度条件

一般而言，植物对温度的要求与其起源地的气候条件有很大的关系。凡是起源于热带地区的植物，在其生长发育过程中都要求较高的温度，不耐霜冻；而起源于温带和亚热带地区的植物，对温度的要求就较低一些，能耐短时间的霜冻。例如，韭菜、芹菜、菠菜等蔬菜喜冷凉气候，较耐低温，白天的生长发育适温在20℃左右，能耐0℃左右低温，甚至能忍耐短时间 -5～-3℃的低温；而瓜类和茄果类等蔬菜喜温暖气候，不耐低温，白天的生长发育适温在25℃左右，短时间霜冻就会造成极大的危害。

在设施栽培中，应根据不同植物对"温度三基点"的要求不同来进行调节和控制，尽可能使温度条件处于最适宜的温度范围之内，而且适温持续时间越长，植物的生长发育就越好，有利于优质、高产。以下列举几种常见设施植物的温度三基点（表4-1和表4-2）。

表4-1　几种果菜类蔬菜生长发育的适宜气温及界限温度

（单位：℃）

蔬菜种类	昼温		夜温	
	最高界限	最适温	最适温	最低界限
番茄	35	20～25	8～13	5
茄子	35	23～28	13～18	10
青椒	35	25～30	15～20	12
黄瓜	35	23～28	10～15	8
西瓜	35	23～28	13～18	10
温室甜瓜	35	25～30	18～23	15
普通甜瓜	35	20～25	10～15	8
南瓜	35	20～25	10～15	8

表4-2　几种叶、根、花菜类蔬菜生长发育的适宜气温及界限温度

（单位：℃）

蔬菜种类	最高气温	最适温	最低界限
菠菜	25	15～20	8
萝卜	25	15～20	8
白菜	23	13～18	5
芹菜	23	13～18	5
茼蒿	25	15～20	8
莴苣	25	15～20	8
甘蓝	20	7～17	2
花椰菜	22	10～20	2
韭菜	30	12～24	2
温室韭菜	30	17～27	10

2. 生长发育时期对温度条件的要求

不同的植物种类对温度条件的要求不同，同一种植物在其不同的生长发育时期对温度的要求也不相同。用于设施栽培的大多数一年生植物在种子萌芽期需要较高的温度，以促进种子的呼吸作用和各种酶类的活动，有利于种子萌发。幼苗出土后则要求较低的温度，因为此时种子中贮藏的养分已快消耗完，而子叶还未充分展开，光合作用尚未开始，温度过高易导致幼苗生长衰弱；幼苗期的最适温度比发芽期略低，此时高温易引起幼苗徒长；营养生长时期要求的温度比幼苗期高些，以利于光合养分的制造；在生殖生长时期则需要较高的温度，以利于抽薹、开花、结果，但要注意有些设施植物（如果菜类蔬菜）对温度的要求较严格，温度过低或过高均会导致生长发育不良或落花落果。对于大多数二年生或多年生植物，冬季低温是必需的，只有满足必要的低温条件才能完成花芽分化和开花，所以在此类植物（如果树和花卉）的设施栽培中，如何打破休眠、促进其开花或结果就是设施生产中首要解决的问题。

3. 气温对设施植物的影响

不同的温度条件，如昼温和夜温、高温和低温等都会影响植物的生长发育，对植物的光合作用、蒸腾作用、呼吸作用及光合同化产物的运输和分配等产生影响。比如，白天高温有利于植物光合作用，夜间低温有利于减少物质消耗，可获得高产；育苗期间保持适当的昼夜温差有利于培育壮苗，果实膨大期保持适当的昼夜温差有利于加速果实膨大。不同气候型的设施植物，其适宜的昼夜温差也不相同，一般热带植物的昼夜温差为3～6℃，温带植物为5～7℃，沙漠地区原产的植物则为10℃或以上。当然昼夜温差也有一定的范围，并非愈大愈好，否则对生长也不利。温度对植物的花色也有一定的影响。例如，开花时需要高温的设施植物种类，温度高时则色彩艳丽；而喜低温或中温的种类，当温度高时花色则转淡。此外，设施植物生产大多是反季节栽培，容易受极端低温或极端高温等不利温度条件的影响。低温会导致植株老化，根系衰弱，植物生长发育受阻；设施内高温则会引起植株失水，产生原生质脱水、蛋白质凝固，造成叶片灼伤、落花落果，甚至死亡。所以，在设施植物生产中，寒冷季节要严防低温危害，温暖季节又要严防高温危害。

4. 土壤温度对设施植物的影响

植物正常生长发育还要求有适宜的土壤温度，土壤温度不仅直接影响根系的生长发育，同时对土壤水分、土壤空气的运动、土壤微生物的活动，以及各种盐类的溶解速度和有机物的分解转化等有制约关系。土壤的导热率低于空气，因此土壤温度比气温稳定，越是深层的土壤，其温度变化越小，当土壤温度下降后升温也比较缓慢。所以植物根部对温度变化的适应性弱于地上部，高温和低温的危害也往往先从根部出现，比如设施植物苗期的立枯病、猝倒病、沤根等现象多数是低地温所引起，而较高的土壤温度又是茄果类蔬菜等设施植物病毒病的重要诱因。炎热的夏季，设施内白天气温高，夜间气温下降较快而土壤温度却不易下降，土壤温度偏高加快了植物根部的呼吸作用，也加速了根部的衰老过程。植物的种类不同，根系活动所需要的土壤温度也不同。对于大多数设施栽培植物而言，地温高于25℃时，由于根部的衰老，对土壤水分、养分的吸收能力降低，全株会早衰；地温低于12℃时，多数植物对磷的吸收明显受阻；地温低于10℃时，对钾和硝态氮的吸收也有明显的影响，同时土壤中硝化细菌的活动受到抑制，铵态氮不能很快转化为硝态氮。

5. 设施植物变温管理模式

植物的光合作用、呼吸作用及光合产物的运输与积累等生理活动，与设施内温度的日变化密切相关。在一定范围内，白天温度高，有利于促进植物的光合作用，加速光合同化产物的运输，增进作物的生长发育；夜间温度低，则可以抑制作物的呼吸作用，减少损耗，达到作物的高产和优质。可见，良好的植物生长条件并不是恒温条件，而是不同时段需要不同的温度。为此，提出了设施植物变温管理模式，将一日的时间划分为促进光合作用的时间带、促进光合产物转运的时间带和抑制呼吸消耗的时间带等若干时段，分时段改变设施内气温的管理模式（表4-3）。变温管理不仅有良好的节能效果，而且比恒温管理增产7%～15%。

表 4-3 设施植物变温管理的理论基础

时间	生理活性中心	温度控制	目的
上午	光合作用	高温	促进光合作用
下午	光合作用减弱	适当降温	促进光合作用
前半夜	光合产物运转、呼吸作用	继续降温	加速运转、抑制呼吸作用
后半夜	呼吸作用	保持生长适温下限	抑制呼吸作用

二、设施内的温度环境特点与热量收支特征

（一）设施内的温度环境特点

1. 气温的季节性变化明显

设施内的热量来源主要是太阳辐射，除加温温室外，所有的设施在白天都要依靠太阳辐射来增温，即使是加温温室，一般也是在夜间或阴雪天气时才进行补充加温。太阳辐射的强弱与纬度、季节等有关，因此设施内的温度状况随纬度和季节等的变化而变化。除现代化的智能温室受外界影响较小外，其他设施内的温度环境受外界影响较大。越是简易、面积小的设施，受外界气候的影响就越大，设施内气温的季节性变化就越明显。在植物栽培设施内，冬天天数明显缩短，夏天天数明显增加，保温性能好的温室几乎不存在冬季。日光温室内的冬季天数可比露地缩短3～5个月，夏季天数可延长2～3个月，春秋季也可延长20～30 d。

2. 气温的日变化大，日温差明显

设施内最高气温与最低气温的出现时间略迟于露地，但晴天昼夜室内日温差显著大于露地，而且热容量越小的设施，其日温差就越大。我国北方的节能型日光温室，由于采光、保温性好，冬季日温差高达20～30℃。北纬40°室内外温度日变化，如图4-3所示。

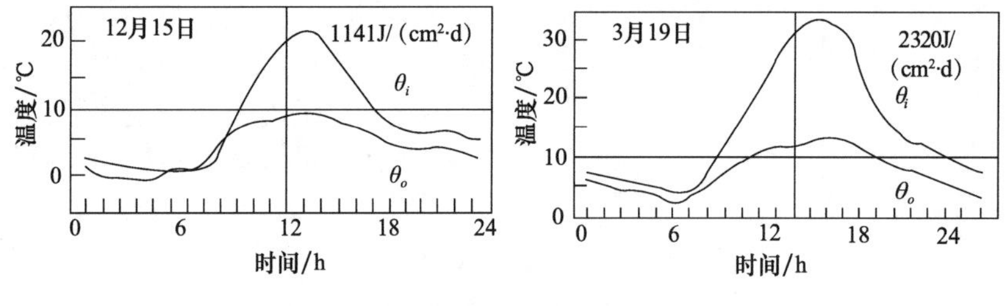

图4-3 不加温温室内外温度的日变化

θ_i：室内气温；θ_o：室外气温

3. 气温的空间分布不均匀

无论在垂直方向还是在水平方向，设施内都存在温度差异，这与太阳光入射量分布的不均匀、加温和降温设备的种类和安装位置、通风换气的方式、外界风向、室内外气温差及设施结构等多种因素有关。一般双屋面温室，白天上部气温高于下部，中部高于四周；单屋面温室，夜间北侧气温高于南侧，下部高于上部。在保温条件下，设施内垂直方向的温差可以高达4～6℃，水平方向的温差比较小。在设施栽培的边行地带，

寒冷的早春或冬季，其气温或地温都要比内部低很多。

4. 土温较气温稳定

土壤温度也存在着明显的季节性变化和日变化，但要比气温稳定得多。地温的变化要滞后于气温 2～3 h。一般地表温度变化大，深层土壤的温度变化较小（30 cm 以下土温变化很小）；栽培设施边际的地温变化较大，而中部变化较小。

5. 设施内存在“逆温”现象

通常设施内的温度都高于外界，但在无多重覆盖的塑料拱棚或玻璃温室中，日落后降温速度往往比露地快，常常出现设施内气温反而低于露地气温 1～2℃的逆温现象。设施内逆温现象通常出现在阴天后，有微风、晴朗的夜间。此时，设施表面散热很强，在微风的作用下，室外空气可以从大气的逆辐射中得到热量补充，而设施内因塑料薄膜的阻隔而得不到热量补充，从而使设施内温度比露地温度还低。春季逆温的危害最大，设施内温度逆转的时间可持续 8～12 h，持续时间越长，危害越严重。

（二）设施内的热量收支特征

植物栽培设施是一个半封闭系统，它不断地与外界进行能量与物质交换，根据能量守恒原理，蓄积于设施内的热量 ΔQ=进入设施内的热量（Q_{in}）－散失的热量（Q_{out}）。进入设施内的热量包括太阳辐射能（q_r）和人工加热量（q_g）。而散失的热量包括以下几个方面：地面、覆盖物、植物表面有效辐射失热（q_f）；以对流方式，设施内土壤表面与空气之间、空气与覆盖物之间热量交换，并通过覆盖物表面失热（q_c）；设施内土壤覆盖表面蒸发、植物蒸腾、覆盖物表面蒸发，以潜热形式失热（q_i）；通过排气将显热和潜热排出（q_v）；土壤纵向传导失热（q_s）；土壤横向传导失热（q_s'）。综上所述，$\Delta Q = Q_{in} - Q_{out} = (q_r + q_g) - (q_f + q_c + q_i + q_v + q_s + q_s')$。当设施内获得的热量与放出的热量相等时，即 $Q_{in} = Q_{out}$，室温保持不变；当获得的热量大于放出的热量时，即 $Q_{in} > Q_{out}$，设施内蓄热而升温；反之，当获得的热量小于放出的热量时，即 $Q_{in} < Q_{out}$，设施内失热而降温（图 4-4）。

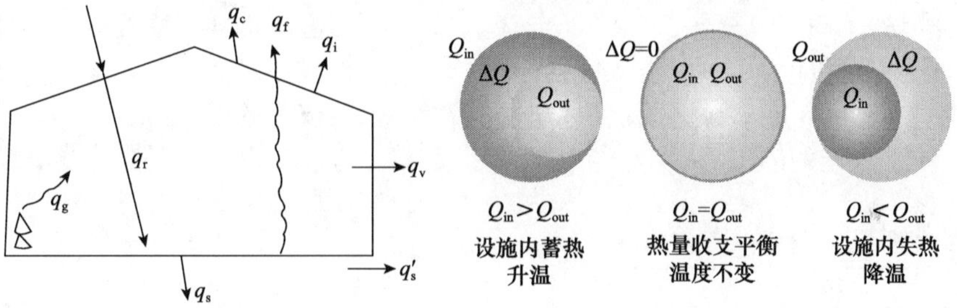

图 4-4 植物栽培设施热量收支模式图

下面讨论设施内热量支出的各种途径。

1. 贯流放热

即表面放热，把透过覆盖材料或围护结构的热量叫作栽培设施表面的贯流传热量。这部分消耗热量最大，是设施内热量支出最主要的途径，占总散热量的 70%～80%，高时可达 90% 左右。贯流放热是传导、辐射、对流同时存在的散热方式，其大小与覆盖材料或围护结构的表面积和导热率有关，与室内外的温度差异有关，还与外界的风速有关（图 4-5）。

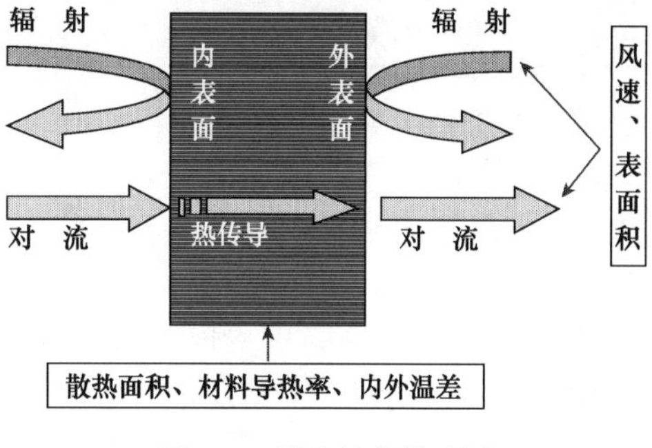

图 4-5 贯流放热模式图

贯流传热量的表达式为

$$Q_t = A \cdot h_t \cdot (t_r - t_o)。$$

式中，Q_t 为贯流传热量，kJ/h；A 为温室表面积，m^2；h_t 为热贯流率（表 4-4），kJ/(m^2·h·℃)；t_r 为室内气温；t_o 为室外气温。

热贯流率的表达式为

$$h_t = [(a_r + h_r)^{-1} + d \cdot \lambda^{-1} + (a_{ro} + h_{ro})^{-1}]^{-1}$$

式中，a_r、a_{ro}、h_r、h_{ro} 分别为栽培设施内外的对流传热率和辐射传热率；λ 为导热率；d 为材料厚度。

可见，贯流传热量 Q_t 就是由设施内外温差引起的，由室内流到室外的全部热量。

2. 通风换气放热

即缝隙放热，是指通过设施内的自然通风或强

表 4-4　各种设施材料的热贯流率　　　［单位：kJ/(m²·h·℃)］

种类	规格 /mm	热贯流率	种类	规格 /mm	热贯流率
玻璃	2.5	20.92	木条	厚 80	3.77
玻璃	3～3.5	20.08	砖墙（面抹灰）	厚 380	5.77
聚氯乙烯	单层	23.01	钢管		47.84～53.97
聚氯乙烯	双层	12.55	土墙	厚 500	4.18
聚乙烯	单层	24.29	草苫		12.55
合成树脂	聚酯树脂板 / 聚丙烯树脂板 / 丙烯树脂板	20.92	钢筋混凝土	50	18.41
合成树脂	双层	14.64	钢筋混凝土	100	15.90

制通风、建筑材料的裂缝、覆盖材料的破损处及门窗缝隙等部位放热，其也与室外的风速有关，风速越大，失热越多。由于栽培设施大多以寒冷季节植物生产为主，比较注重保温，所以这部分耗热量较小，一般通风换气放热是贯流放热的 1/10，占总耗热量的 7%～8%。设施内的通风换气失热量包括显热失热和潜热失热两部分。水汽蒸发而吸收的热量为潜热，经通风换气排出水汽而散失的水的汽化热，叫潜热消耗，不过这部分耗热一般可以忽略不计。显热失热量的表达式为

$$Q_v = R \cdot V \cdot F \cdot (t_r - t_o)$$

式中，Q_v 为整个设施单位时间的换气失热量；R 为每小时换气次数（表 4-5）；F 为空气比热，F=1.2 kJ/(m³·℃)；V 为设施的体积，m³。

表 4-5　每小时换气次数（温室密闭时）

栽培设施类型	覆盖形式	R/(次 /h)
玻璃温室	单层	1.5
玻璃温室	双层	1.0
塑料大棚	单层	2.0
塑料大棚	双层	1.1

3. 土壤传导失热

主要包括土壤上、下层之间的传热和土壤横向传热，但无论是垂直方向还是水平方向的传热，都比较复杂。土壤中垂直方向的热传导仅发生在一定的层次，一般在 40～45 cm 深度以内，设施内的土壤温度变化已很小，故可认为该深度以下的热传导量很小。土壤横向传热是栽培设施的一个特殊问题，由于设施内外土壤温差大，故横向传热是一个不可忽视的放热途径，占设施总耗热量的 5%～10%。

三、设施内的温度调控技术

设施内温度的调节与控制包括保温、加温和降温三个方面。温度的调控要求达到能够维持植物生长发育的适宜温度或设定温度，温度分布均匀，时间变化平缓。

（一）保温

根据设施内热量收支状况分析，保温措施要考虑减少贯流放热、通风换气放热和土壤传导失热，在白天尽量加大设施土壤对太阳辐射的吸收率。主要采用以下措施。

1. 减少贯流放热

要提高设施的保温效果，最有效、实用的办法是多层覆盖（图 4-6 和图 4-7）。例如，室外覆盖草苫、纸被或保温被，或者覆盖双层充气塑料薄膜；增加保温覆盖的层数（表 4-6）；采用隔热性能好的材料；室内搭设活动保温幕或小拱棚进行保温；同时，使用保温性能好的材料作墙体和后坡，并尽量加厚。此外，还可以增大保温比，适当降低设施的高度，缩小夜间散热面积。

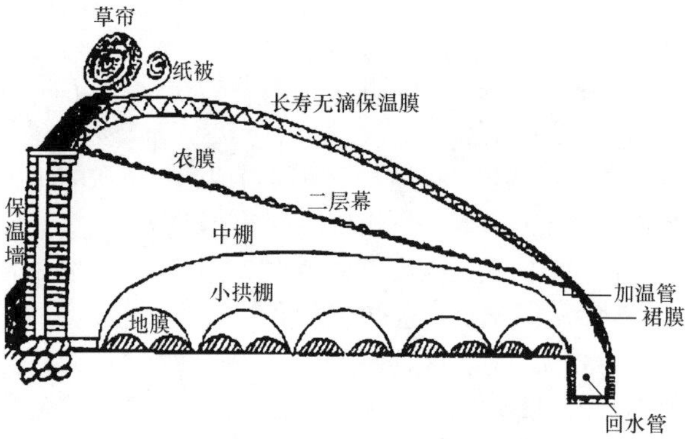

图 4-6　日光温室内二重幕与多层覆盖

2. 减少通风换气放热

尽可能减少栽培设施的缝隙；在门外建造缓冲间，并随手关严房门；及时修补破损的棚膜；加强防风措施等。

3. 减少土壤传导失热

设置防寒沟，减少设施内土壤热量横向散失。

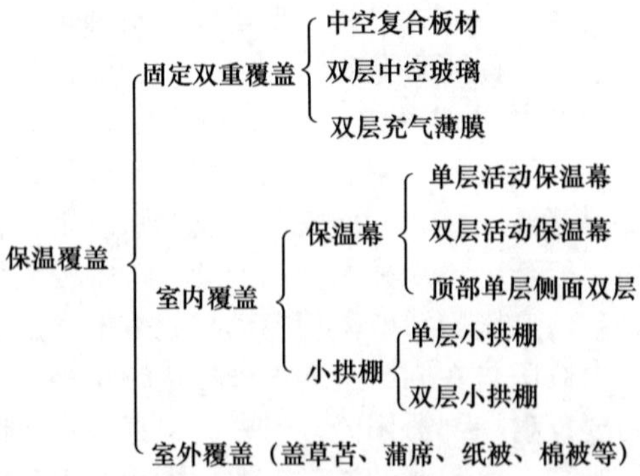

图 4-7　栽培设施保温覆盖方式

若在防寒沟内部填充秸秆、粪肥等农业废弃物，其深度和宽度要超过当地最大冻土层；也可在防寒沟内部填充厚 10 cm 的聚苯乙烯泡沫板，深度要超过当地最大冻土层。

4. 减少土壤蒸发和植物蒸腾

改良灌溉方式，土壤不过湿，采用地膜覆盖、膜下暗灌、滴灌等，阻止或减少潜热损失。

（二）加温

在我国北方地区，为了在严寒季节维持植物的正常生产，设施内必须保持一定的温度水平，这就需要进行临时的补充加温，尤其是没有外覆盖保温的现代化大型温室。

表 4-6　不同厚度和层数 PC 板的保温性能

厚度 /mm	层数	传热系数 /[W/(m^2 · K)]	减少热损失 /%	厚度 /mm	层数	传热系数 /[W/(m^2 · K)]	减少热损失 /%
6	2	3.50	0	16	2	2.70	22.86
8	2	3.30	5.71	16	3	2.40	31.43
10	2	3.00	14.29	16	4	2.15	38.57
10	3	2.70	22.86	20	5	1.80	48.57

1. 增加设施内的进光量

及时清除尘埃（土粒、烟尘等），选用无滴、防老化的透明覆盖材料，提高透明覆盖物的透光率，最大限度地让太阳光线进入设施内，以增加白天土壤贮存的热量。

2. 人工加温

当靠保温不能维持植物生长发育所需的温度时，需人工加温。目前常见的加温方式主要包括热风加温、热水加温、蒸汽加温、火炉加温、电热加温和辐射加温等（表 4-7）。

表 4-7　常见的加温方式与主要特点

加温方式	方式要点	加温效果	控制性能	维修管理	设备费用	适用对象	其他
热风加温	直接加热空气	停机后缺少保温性，温度不稳定	预热时间短，升温快	不用水，易操作	比热水加温便宜	各种温室	作业性好，燃气由室内补充时需通风换气
热水加温	60～80℃热水，或者由热水变换成热气吹入室内	加热缓和，余热多，停机后保温性好	预热时间长，可根据负荷的变动改变热水温度	对锅炉要求比蒸汽的低，水质处理容易	要用配管和散热器，成本较高	大型温室	在寒冷地方管道怕冻，需充分集护
蒸汽加温	100～110℃蒸汽加温，可转换成热水热风加温	余热少，停机后缺少保温性	预热时间短，自动控制稍难	对锅炉要求高，水质处理不严格时水管易被腐蚀	比热水加温成本高	大型温室群	可做土壤消毒，散热管较难配置，易产生局部高温
火炉加温	用地炉或铁炉、烧煤，用烟囱散热取暖	封火后仍有一定的保温性，有辐射加温效果	预热时间长，烧火费劳力，不易控制	易维护，但操作费工	费用低	土温室	注意通风，防止煤气中毒
电热加温	用电热温床线和电暖风加热	停机后缺少保温性	预热时间短，控制性最好	操作容易	费用低	小型育苗温室	耗电多，生产用不经济
辐射加温	用液化石油气红外燃烧加热	停机后缺少保温性，可升高植物体温	预热时间短，易控制	使用方便容易	费用低	临时辅助加温	耗气多，大量用不经济，可 CO_2 施肥

为了既能满足设施内植物的正常生长发育，又能节省能源、降低成本、提高经济效益，在加温设计上必须满足以下要求：加温设备的容量，要经常保持设施内的设定温度（气温和地温）；设备和加温

的费用要尽可能地少（根据测算，现代化大型温室的加温费用，要占全年生产运行费用的50%～60%，甚至更多，因此必须尽量减少或节省加温费，否则很难保证其经济效益）；设施内温度的空间分布要均匀，时间变化平稳，可调性强；加温设备要遮阴少、占地少，便于栽培管理作业。

3．加温（或采暖）设计的基本程序

首先，根据设施的结构、地理位置等因素进行最大采暖负荷的计算。最大采暖负荷是指在栽培期间最冷季节保持植物正常生长发育所需补充的热量，是确定采暖设备（锅炉等）容量指标的依据。首先，应使采暖设备经常处于经济负荷下运行，锅炉的经常负荷不应低于锅炉额定负荷的50%～60%；其次，依据设施所在地及用途等具体条件确定采暖所用热媒；最后，根据最大采暖负荷及采暖方式进行散热设备、管道及锅炉容量计算等。

（三）降温

当设施内温度超过35℃时，就不能正常进行植物生产。为了维持设施内气温、地温在植物生长发育的适宜温度范围内，需将流入设施内的热量强制排除，以达到降温的目的。设施内降温最简单的途径就是通风，但在温度过高、依靠自然通风不能很好地降温时就必须进行人工降温。根据设施内热量的收支情况，降温的措施可以从3个方面考虑：减少进入设施内的太阳辐射能（遮光降温）；增大设施的热量消耗（蒸发降温）；增大设施的通风换气量（通风换气降温）。

1．遮光降温

即利用不透光或透光率低的材料遮住阳光，阻止多余的太阳辐射能量进入设施内，降低室内空气温度，保证植物能够正常生长。由于遮光材料的不同和安装方式的差异，一般可降低室内温度3～10℃。遮光降温方法有外遮阳降温、内遮阳降温和屋面喷白降温，遮光材料有苇帘、黑色遮阳网、银色遮阳网、缀铝条遮阳网、镀铝膜遮阳网、石灰水等。

（1）*外遮阳降温*　在栽培设施的骨架上方另外安装一套遮阳骨架，将遮阳网安装在骨架上，遮阳网可以用拉幕机构或卷膜机构带动，自由开闭。驱动装置可以手动或电动。使用时可根据需要进行手动控制、电动控制或与计算机控制系统连接进行自动控制。利用外遮阳降温，可直接将太阳能阻隔在设施外部，降温效果好；但室外遮阳骨架需要耗费一定的钢材，建造成本较高。当室外气候恶劣时，对遮阳网的强度要求较高；另外，外遮阳的各种驱动设备主要在露天使用，要求设备对环境的适应能力较强，机构性能优良。

（2）*内遮阳降温*　将遮阳网安装在设施内部，在栽培设施骨架上拉接一些金属或塑料网线作为支撑系统，将遮阳网安装在支撑系统上，整个系统简单轻巧，不用另制金属支架，造价较室外遮阳低。室内遮阳网一般采用电动控制或电动加手动控制。内遮阳是在阳光进入设施后进行遮挡，这时遮阳网要反射一部分阳光，另外的一部分被遮阳网吸收，升高了遮阳网的温度，然后再传给设施内的空气，使室内空气温度升高。内遮阳的降温效果主要取决于遮阳网的反射能力，不同材料制成的遮阳网使用效果差别很大，以缀铝条的遮阳网效果最好。

（3）*屋面喷白降温*　在夏天高温季节，将白色涂料喷在设施的外表面，阻止太阳辐射进入设施内。其遮光率最高可达85%，可以通过人工喷涂的疏密来调节其遮光率，到秋冬季再将其清洗掉。屋面喷白降温的优点是不需要制造支撑系统，造价低、施工方便；缺点是不能调节控制，对植物的生长有影响。

2．蒸发降温

即利用空气的不饱和性和水的蒸发潜热来降温，当空气中所含水分没有达到饱和时，水会蒸发变成水蒸气进入空气中，水在蒸发的同时，吸收空气的热量，降低空气的温度，而空气的相对湿度提高。蒸发降温过程中必须保证设施内外空气流动，排出高温高湿的气体，补充新鲜空气。目前采用的蒸发降温方法有湿帘风机降温系统、喷雾降温系统和屋面喷水降温系统。

（1）*湿帘风机降温系统*　由湿帘箱、循环水系统、轴流风机和控制系统组成，湿帘箱由箱体、湿帘、布水管和集水器组成。湿帘风机降温系统的效率取决于湿帘的性能及过流面积的大小，通常将湿帘满墙布置，以保证设施内的空气均匀分布。湿帘材料的要求：吸附水的能力、通风透气性能、多孔性和耐用性；良好的吸水性能使水均匀分布在湿帘上，透气性使空气流动阻力小，材料的多孔性则可提供更大的表面积。目前常用的湿帘材料有白杨木细刨花、瓦楞纸、聚氯乙烯等。

（2）*喷雾降温系统*　由水过滤装置、高压水泵、高压管道和旋芯式喷头组成。水经过过滤器过滤，通过水泵加压由管道通到各个喷头，以雾状高速喷洒在设施内的空气中，因为雾粒的直径非常小，可在空气中直接汽化，雾粒汽化时吸收热量，降低设施内空气的温度。一般是间歇式工作，喷雾10～30 s，停止工作3 min，降温效果好。喷雾降温时还必须进行强制通风，以便排出高湿气体。整个系统比较复杂，对设备要求较高，造价及运行费用较高。

（3）*屋面喷水降温系统*　由水泵、输水管道和喷头组成。当水在屋面上流动时，水吸收屋面覆盖物的热量，进而将室内的余热带走；部分水分蒸发则进一步强化了降温效果。该系统操作简单，价格低廉，但需要有温度较低的水源，且其降温效果与水温及水在屋面的流动情况有关。如果水在屋面上分布均匀时降温效果可达6～8℃，否则降温效果不好。另外，该系统耗水量大，水在屋面上结垢会影响设施的透光率，清洗较为复杂。

3. 通风换气降温

利用顶部和侧部的通风口进行自然通风降温。当室外温度较高或单栋设施面积较大时，需利用换气扇等人工方法进行强制通风换气，降低设施内的空气温度。

一般植物栽培设施的降温方式不是采用单一方法来实现的，而是采用多种方法组合，如采用夏季内遮阳降温与冬季内保温幕组合、强制通风与蒸发冷却方式组合、室内外遮阳与湿帘风机降温系统组合等。

第二节　光照环境与设施植物

一、设施植物与光照条件

光照是设施植物栽培中的一个主要条件，在设施中发挥着热效应、光合效应、光形态效应等多种机能。太阳辐射所引起的热效应是设施内温度条件的主要来源，通过调节设施内的进光量，可改变设施内的温度条件。光照是设施内植物光合作用的根本动力，植物通过光合作用生产有机物并贮存能量。另外，光照与植物的形态建成关系密切，光控制植物的生长、发育和分化过程。光照条件可以用光照强度、光照时数和光照质量三要素来表示。

1. 光照强度的度量

人眼视觉对555 nm的黄绿光最敏感，以该波长为基准，对可见光为380～760 nm的不同波长光按人眼的感觉区别计算；而根据国际约定的人眼视觉特性评价的辐射能通量或辐射功率，就是光通量，光照强度则指受照平面上接受的光通量面密度，即单位面积的光通量，单位为klx（lux或lx）。由于植物生理辐射的光照波长与人眼的感受范围不同，同时不同波长可见光的植物生理效应与人眼视觉效应不同（图4-8），故用光照强度作为设施内植物光照的度量指标是不合适的。目前，常用光合有效辐射（photosynthetically active radiation，PAR）或光合有效光量子流密度（photosynthetic photon flux density，PPFD）来度量植物的光照强度。其中，PAR是指单位时间、单位面积叶片上到达或通过的光合有效辐射（380～710 nm）的能量，单位为W/m^2；PPFD是指单位时间、单位面积叶片上到达或通过的光合有效辐射的光量子数，单位为μmol/（m^2·s）。由于植物光合作用的强度取决于植物吸收的光量子数量，因此用光量子数度量植物的光照强度更为合理。

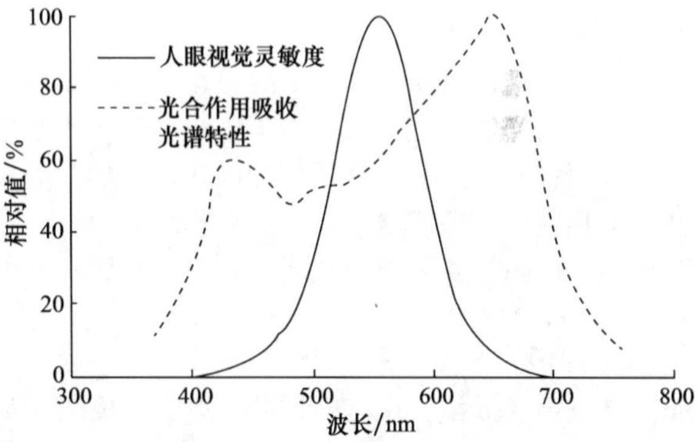

图4-8　不同波长可见光的人眼视觉效应与植物生理效应

光照强度、光合有效辐射、光合有效光量子流密度与光谱能量分布密切相关，只有当光谱能量分布情况确定时，才有明确的相关关系。一般在天气自然（太阳）光照情况下，三种光照度量单位的近似换算关系，见表4-8。例如，光照强度10 000 lx约相当于光合有效辐射42（或40）W/m^2，也近似等于光合有效光量子流密度168（或170）μmol/（m^2·s）。

表4-8　一般天气自然光照条件下各种光照度量单位的近似换算关系

光照强度/klx	光合有效辐射/（W/m^2）	光合有效光量子流密度/[μmol/（m^2·s）]	对应的太阳总辐射强度/（W/m^2）
1	4.2（4）	16.8（17）	10

2. 光照强度对植物的影响

光照强度直接影响植物的光合作用强度，不同的设施植物对光照强度的要求不同。植物对光照强度的要求可用光补偿点、光饱和点和光合作用强度三个数值来表示。光补偿点是指在某一光照强度条件下，植物光合作用所制造的养分和它因呼吸作用所消耗的养分互相抵消。光饱和点是指在一定的光照强度条件下，植物的光合作用强度已达到最大值，再增加光照强度时并不能增加其光合作用的强度。光合作用强度是指单位叶片面积在单位时间内所同化的CO_2量。在一定范围内（光饱和点以下），光照越强，植物的生长发育状况越好。例如，设施番茄每平方米接受100 MJ的产量为2.01～2.65 kg/m^2，若降低光照6.4%和23.4%，其产量分别损失7.5%和19.9%。根据设施植物对光照强度的要求不同，可以将其分为以下三类。

（1）*喜光设施植物*　需要较强的光照条件，不能忍受长期的弱光环境，一般原产于热带或高原的阳面。例如，西瓜、甜瓜、茄子、番茄、葡萄、樱桃，以及大部分一二年生的宿根花卉和球根花卉等都要求较强的光照，才能很好地生长，其光饱和点大多在60～70 klx甚至以上。

（2）*阴性设施植物*　不耐强光照，不能忍受强烈的直射光线，在遮阴条件下生长良好，生长期间一般要求有50%～80%蔽阴度的环境条件，大多原产于热带雨林或阴坡地带。例如，兰科植物、观叶植物、葱蒜类和多数绿叶蔬菜等，其光饱和点大多在25～40 klx。

（3）*中性设施植物*　介于上述两者之间。例如，蔬菜中的甜椒、白菜、甘蓝、萝卜，果树中的草莓，花卉中的萱草、麦冬草等，在较强的光照条件和微弱的光照条件下都可以生长良好，其光饱和点大多在40～50 klx。

一般在露地条件下，植物对光照强度的要求都能得到满足，而在设施中则相对较差，所以除了增加植物栽培设施的采光效果外，还要选择一些耐弱光的品种。另外，光照强度除对植物的生长有影响外，对植物的花色也有影响，这对设施花卉栽培尤为重要。例如，紫红色的花是由于花青素的存在而形成的，而花青素必须在强光下才能产生，在散射光下不易产生。因此，开花的设施植物一般要求较强的光照。

3. 光照时数对植物的影响

光照时间的长短对花卉的开花有影响，对蔬菜、果树的开花结果也有影响，这说明光照时数主要影响植物的花芽分化，即光周期现象，而光周期受季节、天气、地理纬度等的影响。设施植物对光周期的反应可分为三类，即长日设施植物、短日设施植物和中日设施植物。光照时数延长也可适当增强光合作用。在设施栽培中，光照时数不足往往成为限制因子，所以在高寒地区虽然光照强度能满足要求，但往往因为光照时数太短，一些开花的设施植物很难栽培成功，需要进行人工补光。

（1）*长日设施植物*　在12～14 h甚至以上较长的光照时数下，能促进开花的植物，如多数绿叶菜、甘蓝、豌豆、葱、蒜等蔬菜，以及瓜叶菊、紫罗兰、福禄考等花卉。若光照时数少于12 h，则植物将仍然处于营养生长阶段而不能抽薹开花，这对绿叶菜类和葱蒜类蔬菜的设施栽培有利，因为其产品器官不是花或果实。反之，日照愈长，开花愈早。

（2）*短日设施植物*　需要一段时期每日的光照时数少于14 h才能促进开花的植物，如豇豆、茼蒿、扁豆、蕹菜等蔬菜，以及菊花、一品红等秋天开花的多年生花卉。日照时数愈短，则开花愈早，但每日的光照时数不得短于维持植物生长发育所需的光合作用时间。

（3）*中日设施植物*　对光照时数要求不严格，适应范围宽，如大部分果树、黄瓜、番茄、辣椒、菜豆等蔬菜，以及大丽花、香石竹、扶桑、非洲紫罗兰、非洲菊等花卉。

4. 光照质量对植物的影响

光照质量即光的组成成分，是指具有不同波长的太阳光谱成分。一年四季中，光的组成因气候的改变而有明显的变化，比如夏季紫外线多，春天较少，冬天最少。紫外线与果实中的维生素C含量及含糖量有关，设施栽培中因一般玻璃和塑料薄膜透过的紫外线较少，所以果品的营养成分较差。光照质量对设施植物的果实着色也有影响，一般较露地栽培的果实颜色淡，如设施茄子、葡萄等没有露地栽培的风味好、颜色深。一般在露地条件下不存在人工控制光质的问题，但设施栽培时则应注意光质的调整，以提高光合效率，加速植物的生长发育，提高产品质量。

二、设施内的光照环境特点

在植物栽培设施内，光照条件受设施方位、骨架结构、采光面的大小和形状、覆盖材料的特性及其洁净程度等多种因素影响。设施内的光照环境包括光照强度、光照时数、光的组成（光质）、光分布等方面。

1. 光照强度

植物栽培设施内的光照强度一般比自然光照弱，这是因为自然光照通过采光面的覆盖材料才能进入设施内，而在这个过程中覆盖材料的吸收、反射，以及覆盖材料内面结露水珠的吸收和折射等降低了其透光率。尤其在寒冷的冬春季或阴雪天气，透光率只有自然光强的50%～70%，再加上覆盖材料尘染、老化等，甚至会使透光率不到自然光强的50%。另外，设施结构、屋面形状、采光角度、建筑材料的横截面积等都会影响到设施内的光照强度。

2. 光照时数

设施内的光照时数是指植物实际受光时间的长短，因设施类型而异。因塑料大中拱棚和大型连接屋面温室全面透光、没有外覆盖，故设施内的光照时数与露地基本一样；但单屋面植物栽培设施内的光照时数通常比露地短，因其受到蒲席、草苫、保温被等揭盖时间的影响。在寒冷季节为了防寒保温，设施内的光照时数可能不足8 h，高纬度地区冬季甚至不足6 h，远远不能满足植物对光照时数的需求。因塑料小拱棚和阳畦等设施夜间有覆盖物保温，故而存在光照时数不足的问题。

3. 光的组成（光质）

在露地栽培条件下，太阳光直接照射在植物上，植物的受光不存在光质差异。设施内光的组成与自然光不同，极易受透明覆盖材料的性质（化学组成、颜色、厚度等）影响，主要影响380 nm以下紫外线的透光率，尤其是大多数覆盖材料不能透过310 nm以下的紫外线。此外，覆盖材料影响设施内红光和远红光的比例（表4-9），进而影响植物的形态建成。

表4-9 农用塑料薄膜新膜和100 d后红光/远红光值比较（卫向东等，2009）

薄膜类型	新膜	100 d后	下降平均值
PVC（0.12 mm）	0.984±0.005	0.908±0.004	0.076
PE（0.10 mm）	0.972±0.006	0.922±0.008	0.050
EVA（0.10 mm）	0.986±0.009	0.931±0.006	0.055
EVA（0.15 mm）	0.961±0.007	0.916±0.008	0.045

4. 光分布

由于墙体、拱架结构、覆盖材料等因素的影响，设施内的光分布在时间和空间上往往具有不均匀性。例如，日光温室的东、西、北墙体和后屋面都是不透光部位，在其附近或下部一般会有遮阴，南屋面下的光照环境往往优于北部；在东、西山墙附近，上午或下午有三角形弱光区。塑料大中拱棚内一般是大棚南端的光强大于北端，上午东强西弱，午后则相反。此外，由于设施及植物本身的遮阴影响，设施内的光照往往是高处较强，向下则逐渐递减，近地面的光照最弱。设施内光分布的不均匀性，使得植物的生长也不一致。

三、设施内的光照调控技术

设施内的光照调控主要包括增强或减弱设施内的自然光照强度、人工补光、光质调节、日长调节几个方面。光照调控要求达到能够维持植物较强的光合作用或形态建成能力、设施内良好的温湿度环境条件，光强、光时、光质适宜且光照分布均匀。

（一）增强设施内的自然光照强度

1. 改进设施的结构以提高透光率

①选择适宜的栽培设施建造场地和合理的建筑方位；②设计合理的日光温室前屋面角度和后屋面仰角；③采用合理的栽培设施屋面形状；④选用合适的建筑材料，减少设施骨架遮阴；⑤选用透光率高、防尘性能好、抗老化的透明覆盖材料等。

2. 改进管理措施以提高透光率

①经常清洗栽培设施的透光覆盖面，保持透明覆盖材料的清洁。②在满足设施内植物生长发育适温的前提下，尽可能地早揭晚盖内、外保温覆盖物，以增加散射光线的透过率；在阴雨雪天气下也尽可能适时地揭开不透明覆盖物。③充分利用反射光，如在日光温室北墙内侧涂白、张挂镀铝反光幕或反光板等。④合理密植并合理安排植物的栽培行向，以减少植株间的相互遮阴。⑤加强植株管理，及时进行整枝打杈，摘除下部老叶、病叶及挡光严重的叶片等，以改善功能叶片的受光状态。

（二）遮光

光照过强会导致设施内温度过高，使植物蒸腾加剧，导致植株萎蔫。因此，在强光季节栽培蔬菜、花卉等植物，尤其是育苗移植后为了促进缓苗，常常要对栽培设施进行遮光，防止设施内的气温、地温和叶温持续过高，保护植物，促进其生长发育。另外，为了形成短日照的环境或者在设施内进行软化栽培时，也需要遮光；尤其在高纬度地区的夏季，设施内种植短日照植物因黑夜时间过短而不能完成其光周期时，需要适当进行遮光调节。

遮光的方法主要有：一是覆盖各种遮阴物，如遮阴纱、聚乙烯网、无纺布、软质膜、苇帘等；二是屋面涂白法，可利用涂层遮蔽剂遮光30%～50%，使设施内的气温下降3～5℃；三是屋面流水法，可遮光25%左右。遮光有内遮阳和外遮阳两种覆盖方式。利用设施栽培的蔬菜、花卉等植物，其适宜遮光率不同，标准值可参考图4-9。遮光率越大，升温抑制效果越好，但设施内的光照也相应减弱。

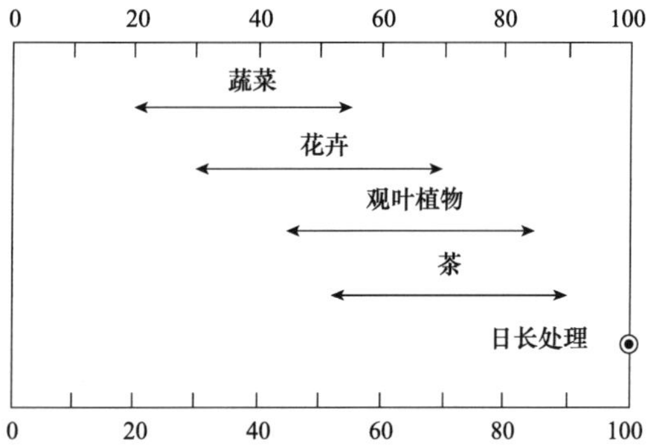

图 4-9　常见设施植物适宜的遮光率范围（%）（日本设施园艺协会，2003）

日长处理为需要通过遮光调节日照时长的情况，图中“◉”是指进行日长处理时遮光率选取的值为100%

表 4-10　部分设施植物的人工补光参数

种类	幼苗		植株	
	光照强度 /lx	光照时间 /h	光照强度 /lx	光照时间 /h
番茄	3000～6000	16	3000～7000	16
生菜	3000～6000	12～24	3000～7000	12～24
黄瓜	3000～6000	12～24	3000～7000	12～24
芹菜	3000～6000	12～24	3000～6000	12～24
茄子	3000～6000	12～24	3000～6000	12～24
甜椒	3000～6000	12～24	3000～7000	12～24
花椰菜	3000～6000	12～24	3000～6000	16
菊花金	—	—	2000～7500	12～16
鱼草	—	—	3000～6000	24
翠菊	—	—	3000～6000	24
紫罗兰	—	—	3000～6000	24
万寿菊	—	—	3000～6000	24
海棠	—	—	3000～6000	24

（三）人工补光

在弱光期（如连阴雨天）或光照资源较差的地区进行设施植物栽培或育种过程中，常采用人工补光，以满足植物生长发育对光照的需求，从而获得较好的生产效益。人工补光的目的有三个，即日长补光、栽培补光和满足需光种子发芽的需要。其中，日长补光以抑制或促进花芽分化、调节植物花期，即以满足植物光周期的需要为目的；这种补光一般要求有红光且光照强度较低，多用白炽灯。栽培补光以促进植物光合作用和作物生长，即以补充自然光照的不足为目的；这种补光要求补光强度应高于植物的光补偿点，光谱具有一定的可调性且富含红、蓝光，最好是类似于太阳光的连续光谱，多用高压气体放电灯、金属卤化物灯等。

植物的种类和品种不同，对光照强度、光谱特性的要求也不相同。因此，选取光源时应充分考虑植物的种类及其不同生长发育阶段对光照的需要。例如，西瓜、甜瓜等喜光设施植物的光饱和点较高，而芹菜等耐阴植物则要求较低的光照强度。人工补光的光照强度必须经过试验和经济分析来确定。一般情况下，光照强度越高，植物的光合作用越强，但光能利用率相对越低；光照强度适当降低时，光合作用虽也有所降低，但能获得相对较高的光能利用率。英国采用的蔬菜、花卉植物的人工补光光照强度和光照时间见表 4-10。

对于大多数果菜类蔬菜，冬春季设施内的光照强度一般都达不到植株的光饱和点，补光能够提高设施植株的光合碳同化效率。试验证明，对番茄、黄瓜、茄子等进行人工补光，均能取得明显的增产效果，经人工补光的蔬菜产量一般可提高10%～30%，显著提高经济效益。

1. 人工补光对光源的性能要求

人工补光的光源是电光源，对于电光源一般有下列要求。

1）要求有一定的光照强度且光照强度要有一定的可调性。植物冠层的光照强度在光补偿点以上、光饱和点以下，通常在 2000 lx 或 3000 lx 以上。

2）要求有一定的光谱能量分布。最好具有太阳光的连续光谱、有丰富的红橙光（600～700 nm）和蓝紫光（400～500 nm），可以模拟自然光照或者类似于植物的生理辐射光谱。对紫外线透过严重不足的栽培设施，还要求光源光谱中包含有紫外线（300～400 nm），尤其是葡萄、茄子等设施植物，适当进行紫外补光可促进果实上色。

3）要有较高的发光效率。光源的发光效率越高，相同光照强度水平消耗的电能就越少。尤其在设施内利用传统的热光源补光时，发光效率高还能够有效减少补光灯产生的热量，可减少其夏季运行的冷负荷。补光栽培中常用的人工光源发光效率，见表 4-11。

表 4-11　补光栽培中应用的部分光源发光效率的比较

	发光效率 /（lm/W）	光合效率 /W（相对值）	寿命 /kh	稳定器	垂直投影面积 /（m^2/kW）
白炽灯：300 W 反射型 *	5.2	1.0	2	无	0.048
荧光灯：40 W					
普通型、白色	55（1）	5.8	10	无	3.73

续表

	发光效率 /（lm/W）	光合效率 /W（相对值）	寿命 /kh	稳定器	垂直投影面积 /（m^2/kW）
普通型、昼光色	48（1）	4.9	10	无	3.73
植物用 BR 型	17（1）	4.7	10	无	3.73
高压水银灯：400 W 反射型	33	3.9	12	有	0.064
金属卤化物灯：					
“阳光灯” 400 W 反射型 *	24	3.6	6	有	0.057
高压钠灯：					
普通 400 W 反射型 *	68	7.8	12	有	0.064
色调改良型 400 W 反射型 **	57	8.2	12	有	0.073
LED 灯	20	0.04	50	无	0.068

注：* 使用反射伞罩时的推定值；** 从普通型估计值；植物用 BR 型是指具有红光（650 nm）和蓝光（417 nm）两种不同发光光谱的荧光灯粉的可发红光和蓝光混合光的植物用荧光灯

4）其他要求：当设定的光照强度较大时，补光灯的体积较小而功率较大，可减少灯遮挡自然光的面积；另外，补光灯要有较长的使用寿命，且价格比较合理。

2．设施内常见的人工光源

设施内常采用各种灯管进行人工补光，如白炽灯、荧光灯、金属卤化物灯、高压钠灯、低压钠灯、微波灯、发光二极管等等。

（1）*白炽灯*　白炽灯的光是基于电流通过钨灯丝的热效应而产生的，属于热辐射光源。其光谱是连续光谱，能量以红外线辐射为主（占总能量的 80%～90%）。生理辐射只占总辐射能的 10%～20%，且红橙光较多，蓝紫光较少，几乎无紫外线（图 4-10a）。发光效率偏低（7% 左右），不宜用作光合补光的光源，一般用作维持设施植物光周期的辅助光源。国产普通白炽灯的功率为 15～1000 W，寿命约 1000 h，结构简单，价格便宜，光照强度易调节，目前在设施内普通照明和设

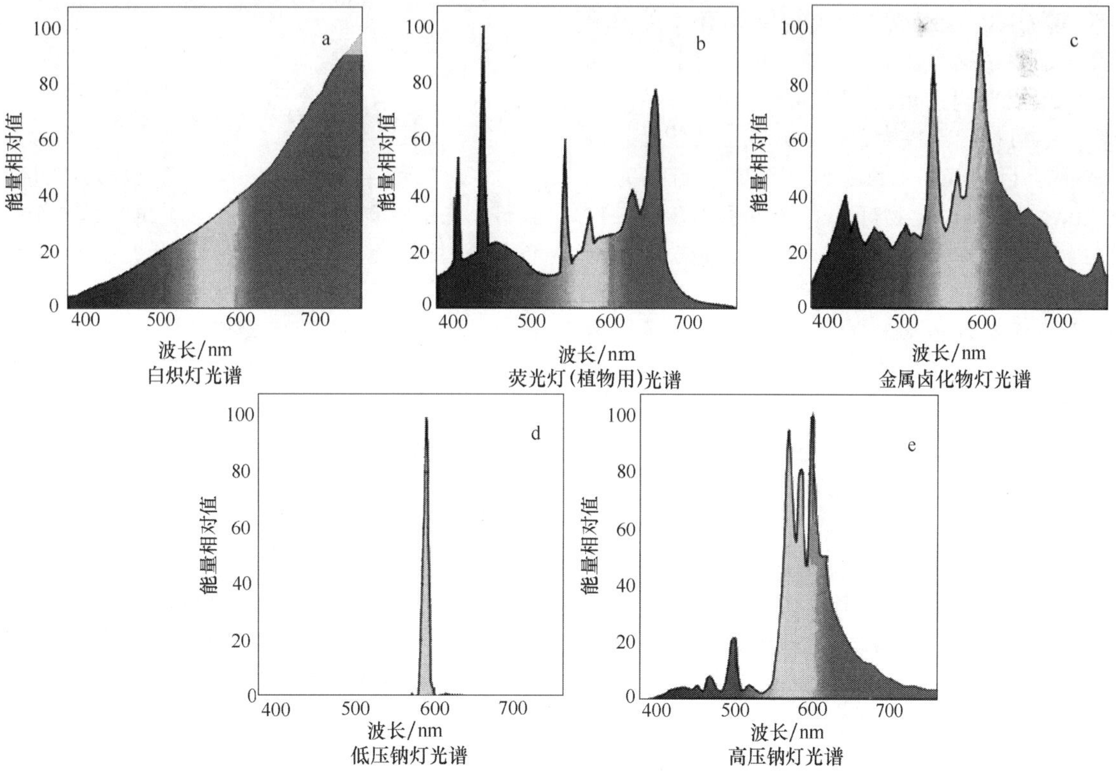

图 4-10　常见人工光源的能量分布（光谱）

施植物低强度补光中仍有应用。

（2）荧光灯　荧光灯是低压水银荧光灯的简称，属于气体放电光源。灯管内壁涂有荧光粉，管内充以水银蒸气和惰性气体，管端各有两个电极，与封在灯管内的涂有氧化钍螺旋形钨丝和一对触须连通。其发光原理是电流通过灯丝加热，氧化钍发射电子，电子在电场作用下获得加速而冲击汞原子，使汞原子电离发射紫外线，进而刺激管壁上的荧光粉发出可见光。因此，只要改变荧光粉的成分就可获得不同的可见光谱，如用于设施植物育苗的荧光灯，需加强蓝色和红色谱段。植物用荧光灯的发光光谱主要集中在可见光区域（图 4-10b），其成分一般为蓝紫光 16.1%、黄绿光 39.3%、红橙光 44.6%。国外研制出一种园艺用荧光灯，采用混合荧光粉，其能量分布与植物光合作用的光谱曲线相近。荧光灯的发光效率较高，为 51%～84%，使用寿命可达 3000 h 以上，且价格便宜。其缺点是单灯的功率较小，满足一定光照强度所需的灯数多，对自然光的遮挡较大；同时由于其附件多，故障率相对较高。因此，荧光灯多作为人工气候室育苗中的辅助光源，而在温室大棚中较少单独使用；与白炽灯搭配用，其合成光谱有利于设施植物的生长发育。

（3）金属卤化物灯　金属卤化物灯属于气体放电光源，由一个透明玻璃外壳和一根耐高温的石英玻璃放电内管组成，放电内管充有高压汞蒸气，并添加碘、溴等金属卤化物，可通过改变金属卤化物的组成来调整光色，以满足不同设施植物的补光需要。可发出连续光谱，紫外线、蓝紫光和近红外线低于自然光，而绿、红、黄光比自然光强（图 4-10c）。金属卤化物灯的发光效率也较高，功率较大，寿命可达几千小时，目前在设施植物栽培补光中使用较多。

（4）高压钠灯和低压钠灯　钠灯是基于钠蒸气放电产生可见光的电光源，也属于气体放电光源，有低压钠灯与高压钠灯两种。低压钠灯的工作蒸气压通常只有几帕，光色为单一的 589 nm 黄色光（图 4-10d）；光衰较小而发光效率极高，同时具有温升低、重量轻、自身功耗小、使用寿命长（平均寿命 18 000 h）等特点；由于其光色单一，故一般与其他光源配合使用，主要用于设施内照明或植物光周期补光。高压钠灯的工作蒸气压为 10～100 kPa，主要针对低压钠灯单色性太强等缺点而研制，具有发光效率高、功率大、耗电少、寿命长（12 000～20 000 h）、透雾强、不诱虫等特点；光谱分布以黄橙光为主（图 4-10e），目前在设施补光中使用较多。

（5）微波灯　微波灯是用波长 10 mm～1 m 的微波照射封入真空管的物质，使其发出添加物质决定的特定光谱，可以获得很高的照度。用金属卤化物灯或高压钠灯，即使多灯并用，在其下 2 m 位置平面的 PPFD 最大也不过 500 μmol/（m^2·s）；而一盏微波灯下方 2 m 位置平面的 PPFD 可达 1200 μmol/（m^2·s），相当于晴朗无云天气上午 10:00 的光强值。此外，微波灯的光谱能量分布与太阳辐射相近，其光合有效辐射比例高达 85%（图 4-11），且辐射强度可连续控制，寿命也长，在设施植物栽培补光中具有较好的应用前景，其缺点是能耗较高，且成本较昂贵。

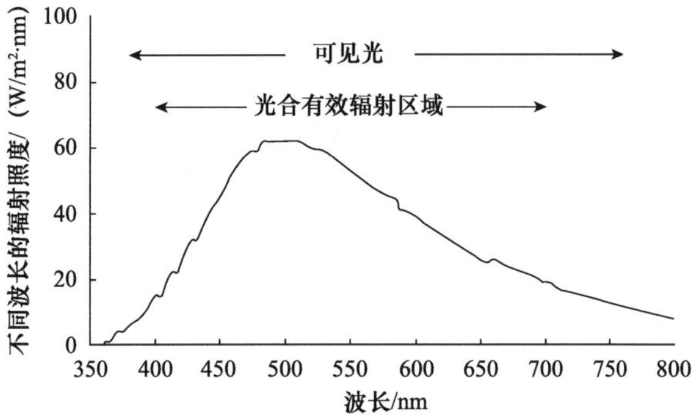

图 4-11　微波灯（3.5 kW）照射面的光强分布（古在丰树，1992）

（6）发光二极管灯　LED 是一种固态的半导体器件，主要由 P 型半导体（在它里面的空穴占主导地位）、N 型半导体（里面主要是电子）、量子阱等三部分组成。其工作原理是：当电流通过导线作用于半导体晶片时，电子和空穴会被推向量子阱并在量子阱内复合，进而以光子的形式发出能量。LED 灯的光谱单纯，可以获得植物高光合效率所需的红光单峰光谱。但仅有红光的栽培往往会导致植株形态异常，因此人工补光时往往与蓝光 LED 并用（图 4-12）。

用于栽培补光的 LED 灯，其光谱不含植物光合不需要的红外线，故本身发热少，近距离照射也不会改变植物的温度。单个 LED 灯的光照强度低，一般将数个 LED 灯安装在板上近距离照射植物时，补光效果好、电光转换效率高且使用寿命长。另外，

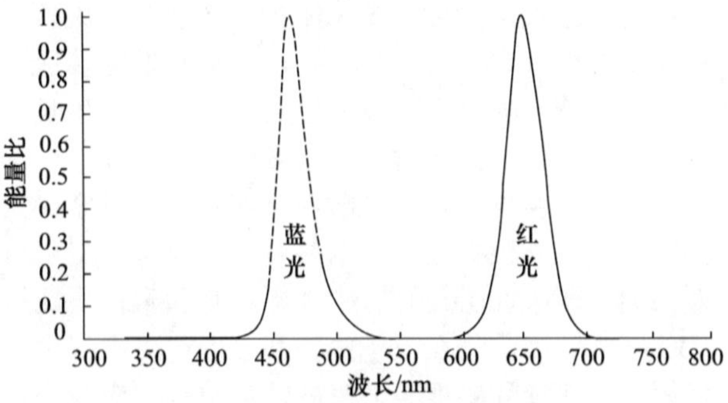

图 4-12　LED 灯蓝光和红光的能量分布

LED 灯节能环保，无有害金属，废弃物易回收，在设施植物人工补光领域也有良好的应用前景，缺点是价格相对较贵。

（四）光质调节

除光合作用外，植物的形态建成也与光的组成（即光质）密切相关。在温室大棚覆盖材料的生产工艺中，采用添加阻隔红光（R，600～700 nm）或阻隔远红光（FR，700～800 nm）助剂的方法，使覆盖材料具有所需的 R/FR 透光率的特性，促进或抑制设施内植物茎节的伸长（表 4-12）。目前，通过调整人工光源中红色 LED 或远红色 LED 的数量，即可方便地实现 R/FR 值的调节，进而达到调控植株形态的目的。覆盖材料的光波透过率中另一重要的谱段是紫外线，在设施栽培中月季等花卉、葡萄等果实的着色与紫外线有关，草莓、甜瓜等植物的放蜂授粉也受紫外线的影响。因此，需要了解红外线、紫外线等不同波长光的作用，配置适当的光谱比例，以更好地为设施植物栽培管理服务。

表 4-12　玻璃和光质调控薄膜对植株高度的影响（刘再亮等，2004）

（单位：cm）

植物	品种	薄膜种类		
		普通玻璃（CK）	红光吸收膜	远红光吸收膜
菊花	金安娜	32.6 b	34.6 a	28.4 c
	伊蕾丹	22.6 b	25.8 a	19.8 c
	黄雪球	50.8 a	50.4 a	40.7 c
黄瓜		17.3 b	19.8 a	8.6 c
番茄		6.0 b	6.8 a	4.7 c
青椒		7.3 b	8.4 a	5.4 c

注：表中不同小写字母表示在 0.05 水平下的差异显著（下同）

（五）日长调节

为了诱导成花、打破休眠、调节植物的生长发育进程，栽培中往往要进行短日照或长日照处理（表 4-13）。短日照处理即采用黑色、银色 PVC 膜或 PE 膜进行完全遮光。长日照处理即利用白炽灯等光源进行光周期补光，常用的补光方法包括彻夜补光法（从日落到日出连续补光）、日长延长法（日落后连续补光 4～8 h）、黑暗中断法（在夜间连续补光 2～5 h）及间歇补光法（在夜间 4～5 h 交替进行开、关灯）等。其中，间歇补光法一般在 1 h 内开灯 5～20 min，耗电量小，但需依赖定时器或微电脑时控开关反复启动补光灯，这样会影响灯泡的使用寿命。

表 4-13　光周期对矮牵牛始花期及始花期时株高、株幅和分枝数的影响（胡惠蓉等，2005）

光周期	始花期 /d	株高 /cm	株幅 /cm	分枝数
短日照处理	212.70±4.97A	18.18±0.55A	26.02±0.66A	8.00±0.30A
长日照处理	126.97±8.01B	9.11±0.48B	8.88±0.30B	2.93±0.29B

注：表中不同大写字母表示在 0.01 水平下的差异显著（下同）

第三节　土壤环境与设施植物

一、设施植物与土壤条件

土壤是植物生长发育的重要物质基础。俗语讲“根深才能叶茂”，如果土壤条件不适宜，那么会直接影响到植物的形态与功能。因此，在设施植物栽培生产实践中，常常采取各种有效的措施来创造或调节土壤条件，以满足植物生长的需要。

1. 设施植物对土壤养分条件的要求

土壤养分条件即土壤肥力，是衡量土壤能够提供植物生长发育所需的各种养分的能力，是土壤物理、化学和生物学特性的综合表现。在设施栽培条件下，由于植物的复种指数较高、单位面积的生物量较大，难以耐受瘠薄的土壤，因此必须要有充足的养分供应。尤其是设施蔬菜和果树，其产品器官多鲜嫩多汁、个体硕大，需要的氮肥浓度比水稻高 20 倍、比磷肥高 30 倍、比钾肥高 10 倍。在设施栽培水平高的国家或地区，设施内土壤的有机质含量高达 8%～10%，而我国大部分地区只有 1%～3%。

不同种类的设施植物吸收养分的数量和比例不同。例如，甜椒、花椰菜等对养分的吸收能力较大，而黄瓜、芹菜等对养分的吸收能力较小。根据植物的耐肥力差异，设施植物可分为强、中、弱三类。其中耐肥力强的有甘蓝、茄子等，中等耐肥的有番茄、辣椒、洋葱等，耐肥力较弱的有莴苣、甜瓜和菜豆等。另外，土壤通气适中是设施植物吸收养分进而正常生长发育的重要条件。当设施土壤的通透性差时，易发生烂根、沤根现象，甚至导致植株死亡。

2. 设施植物对土壤酸碱度的要求

土壤的酸碱度（pH）与土壤中有机质和矿质元素的分解利用及微生物的活动有关。不同种类的设施植物对土壤酸碱度的要求不同。大多数设施蔬菜适宜于中性土壤栽培（表 4-14）。北方果树多适应于中性土壤，在碱性或强酸性的设施土壤中生长不良或不能生长；而杨梅、荔枝等南方果树在中性和碱性土壤上生长不良，在酸性土壤中生长健旺。设施栽培的花卉根据其对土壤酸碱度的要求一般可分为三类，即酸性土花卉、中性土花卉和碱性土花卉（表 4-15）。因此，在设施植物栽培中，应根据生产实际尽量选择酸碱度最适宜的地块建棚；应及时检测、调整设施土壤的 pH，使其适于设施内植物的生长发育。

表 4-14　常见设施蔬菜作物适宜的土壤酸碱度

种类	莴苣	菜豆	黄瓜	茄子	冬瓜	番茄	萝卜	芹菜
pH	6.0～7.0	6.5～7.0	6.3～7.0	6.5～7.3	6.0～7.5	6.0～7.5	6.5～7.0	6.0～7.5

表 4-15　常见设施花卉作物对土壤酸碱度的要求

类型	生长条件	pH	举例
酸性土花卉	在酸性土壤上生长最好	<6.5	八仙花、大岩桐、兰科植物
中性土花卉	在中性土壤上生长最好	6.5～7.5	郁金香、四季报春等多数花卉
碱性土花卉	在碱性土壤上生长最好	>7.5	柽柳、紫穗槐等

二、设施内的土壤环境特点及其形成原因

设施内温度高、光照弱、湿度大、气体流动性差，而植物种植茬次多且较为单一、生长期长、施肥量大、根系残留较多，使得设施内的土壤环境与露地土壤有较大不同，主要表现在土壤理化性状劣化、土壤生物学环境恶化和植株自毒作用突出三大方面。

（一）土壤理化性状劣化

1. 土壤板结和次生盐渍化

温室大棚等设施内一般以栽培蔬菜、花卉、果树等植物为主，水肥需求量较大。由于灌溉施肥较频繁，耕层土壤湿度持续偏高，土壤团粒结构受到破坏，土壤中的大孔隙减少，土壤通透性变差且板结严重。另外，栽培设施往往要通过各种覆盖材料在晚秋或冬春季增温保温、在夏季降低温度，所以是一个相对封闭、半封闭的空间。由于设施长年或季节性覆盖，因此与露地相比，设施土壤得不到雨水的充分淋洗，栽培过程中大量施用的肥料会留存在土壤内；再加上设施内温度偏高，土壤蒸发旺盛，致使深层土壤中的肥料会随水分蒸发而沿土壤毛细管上升，最终在设施内的土壤表层积聚，造成土壤次生盐渍化和土壤板结（图 4-13）。

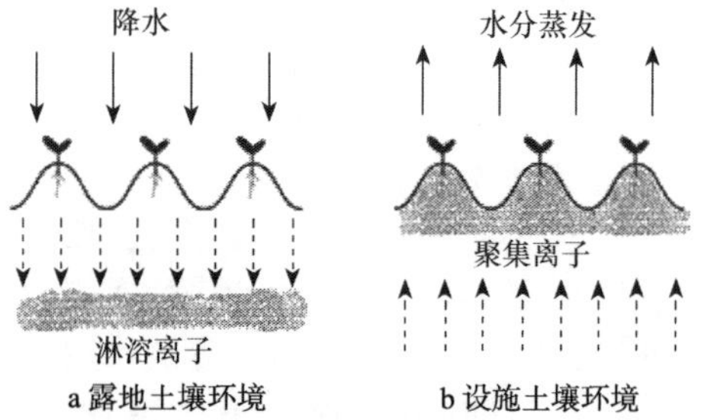

图 4-13　露地土壤和设施土壤表层水分、盐分的迁移模式

一般而言，使用 2～5 年的温室大棚，其土壤的盐分含量比露地增加 30% 以上；使用 8 年以上的设施，其土壤的盐分比露地提高 80% 以上。而根据对上海设施的调查，温室、大棚耕层土壤（0～25 cm）的盐浓度分别为露地的 11.8 倍和 4 倍，NO_3^- 浓度是露地的 16.5 倍和 5.9 倍，并随着种植年限的增加而增加。土壤盐分积累到一定程度就会对植物的生长发育产生盐害。当土壤中的全盐浓度在 0.3% 以下时，大多数植物仍能正常生长发育；当全盐浓度在 0.5%～1.0% 时，植株矮化、萎蔫；当盐离子超过 1% 时，大多数设施植物会枯死。

2. 土壤酸化

在设施植物栽培中，长期施用化肥和未腐熟的

有机肥，特别是超量施用氮肥或生理酸性肥料（如氯化铵等），会导致土壤酸化，并且设施土壤的酸化程度有随种植年限的增加而加剧的趋势（图 4-14）。土壤过度酸化影响植物对 N、P、K、Ca、Mg 等矿质元素的吸收和利用（图 4-15），而且使土壤的理化性状变差、土传病害加重，抑制植物生长。

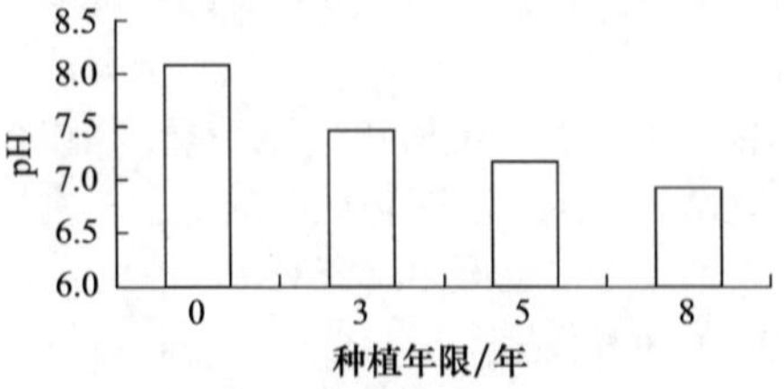

图 4-14　设施土壤的 pH 随种植年限的变化

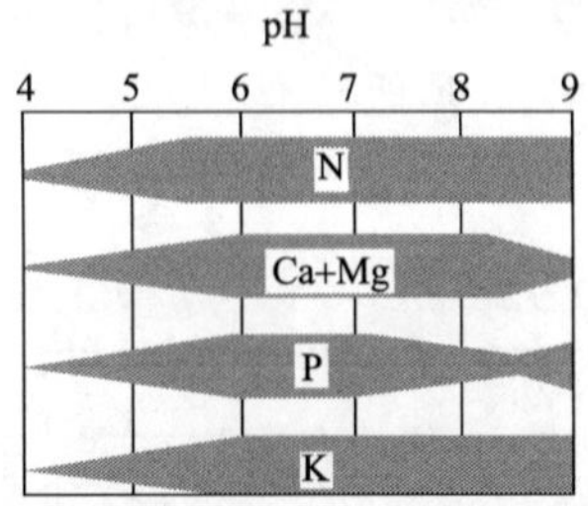

图 4-15　土壤 pH 与养分有效性

3. 养分比例失调

设施内植物的复种指数高，为追求高产而大量施用肥料，从而使土壤中的养分含量严重超标。而植物对矿质营养元素的吸收具有特异性，对所需养分年年吸收，对其不需或需要量少的元素积累过多；并且根系分布有深有浅，多年连作（同一种植物或感染同一种病原菌或线虫的植物连续种植）使根系吸收范围固定，造成局部营养缺乏；再加上超量施用化肥和盲目偏施单一化肥，进一步加剧了设施土壤的养分比例失调。据调查，大部分地区温室、大棚的化肥施用量高达 700 kg/667 m^2，其中 N、P 肥的有效利用率还不到 10%。土壤养分比例失衡不仅造成养分流失和资源浪费，而且对植物的生长发育有着显著的不良影响。

（二）土壤生物学环境恶化

1. 微生物群落失衡

由于设施栽培植物的种类相对单一，故而形成了特殊的土壤环境（如土壤容重增大、透气性降低），使硝化细菌、氨化细菌、放线菌等有益微生物受到抑制，而对植物有害的尖孢镰刀菌、疫霉、腐皮镰孢菌等真菌微生物大量发展，致使土壤的微生物群落失衡。随着连作年限的增加，设施土壤的微生物多样性有降低的趋势，且设施土壤由“细菌型”土壤向“真菌型”土壤演变，即有益的细菌、放线菌的数量随种植年限的增加先升高后降低，而有害真菌的数量随种植年限的增加呈直线增加（图 4-16）。

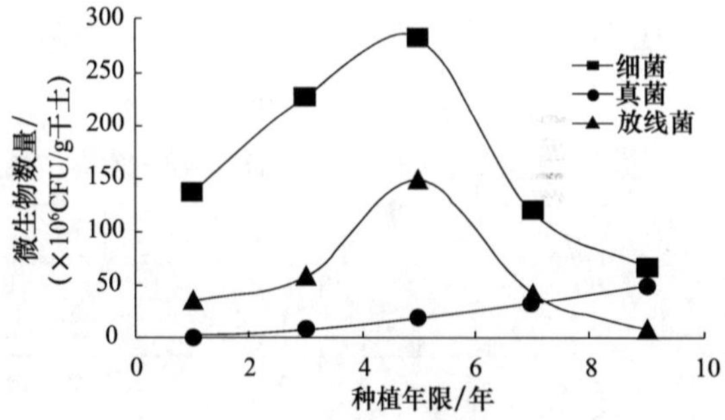

图 4-16　设施土壤的微生物群落随种植年限的变化（马云华等，2004）

2. 根结线虫危害时有发生

根结线虫病是发生在设施植物生产上较为严重的病害之一，其寄生范围相当广泛（表 4-16）。在设施栽培中，较高的温度条件使得植物生长需要大量的水分，而根结线虫靠土壤水分维持其代谢活动。设施土壤有足够的含水量，有利于根结线虫在土壤孔隙中自由移动。另外，设施内的植物根系主要分布在 5～20 cm 的土层，而根结线虫也主要分布在 20 cm 内的耕层中，并以 3～15 cm 居多；根结线虫在寄主植物根系分泌物的引诱下，移动距离很近，故容易侵入危害，且具有严重的

表 4-16　设施植物根结线虫病发病情况调查结果（董炜博等，2004）

黄瓜、番茄				西葫芦、菜豆、豇豆、小油菜等				合计			
调查棚数	发病棚数	病棚率 /%	病株率 /%	调查棚数	发病棚数	病棚率 /%	病株率 /%	调查棚数	发病棚数	病棚率 /%	病株率 /%
29	3	10.3	3.1	8	0	0	0	37	3	8.1	2.4
35	10	28.6	22.5	15	3	20.0	7.9	50	13	26.0	15.8
155	146	94.2	78.8	30	22	73.3	43.6	185	168	90.8	66.0
219	159	72.6	59.8	53	25	47.2	26.9	272	184	67.6	48.1

世代重叠现象，发病程度远甚于露地栽培。设施内采用沟灌或漫灌的措施，进一步加剧了根结线虫的传播，使得侵染率升高，导致根结线虫危害日趋严重。

（三）植株自毒作用突出

自毒作用是一种发生在植物种内的生长抑制作用，即同种植物的一些个体通过淋溶、残体分解和根系分泌，向环境中释放某些代谢的或分解的化学物质，对同茬或下茬同种或同科植物生长产生直接或间接的有害影响。为了获得较高的经济效益，设施内往往要连续栽培产值相对较高的单一植物，不注意轮作倒茬；而长期种植同一种植物，会使其根系分泌物在土壤中不断增加，使有害物质持续积累。因此，设施栽培下植株自毒作用的危害比露地栽培下更为突出。喻景权等研究表明，植株自毒作用主要由根系分泌的有机酸和酚类物质引起。

三、设施内的土壤障害调控技术

（一）合理的栽培制度

不同植物间进行合理的轮作、间作、套作和休茬，是目前应用较广且克服设施植物土壤障害效果较明显的有效措施。连作同一植物或同源植物会使特定的病原菌繁殖；轮作、间作等科学的种植模式和种植制度可以合理利用土壤养分，增强土壤酶活性，改善土壤的微生物区系，同时可以减少病原菌的营养源，降低病原菌的繁殖率，减轻病害的发生。例如，以连作8年设施黄瓜的土壤为研究对象，在夏茬休闲期种植速生叶菜和青蒜提高了土壤的微生物量碳含量、微生物总量和蔗糖酶活性，减少了根结线虫的数量，增加了各茬作物的产量（表4-17）。但在很多情况下，为了提高经济效益，又不得不进行某些植物的连作。因此，还必须采取其他措施，如科学施肥、合理灌溉、改良土壤、无土栽培、生物防治等。

表 4-17　不同栽培制度下作物产量的变化（张雪艳等，2009）　　（单位：kg/hm²）

茬口	栽培制度				
	黄瓜 - 休闲 - 黄瓜	黄瓜 - 休闲 - 黄瓜 / 青蒜	黄瓜 - 茼蒿 - 黄瓜	黄瓜 - 菠菜 / 小白菜 - 黄瓜	黄瓜 - 大蒜 - 黄瓜
早春茬（2～6月）	82 584.0	82 150.0	89 916.0	72 750.0	91 249.0
夏茬（6～9月）	0	0	32 896.5	28 359.0	33 463.5
秋冬茬（9～翌年1月）	61 833.0	61 281.0	72 300.0	63 235.5	68 916.0

（二）科学施肥

设施植物一般具有密度大、复种指数高的特点，因此建议施肥以有机肥为主、化肥为辅，N、P、K兼顾，控制化肥总量，进行配方施肥。在肥料种类的选择上，尽量选择易被土壤吸附、土壤盐浓度不易升高、不含植物不能吸收利用的残存酸根的优质化肥，如尿素、过磷酸钙、磷酸铵、磷酸钾等，这些肥料释放营养元素缓慢，不易造成土壤盐害，能提高土壤的缓冲作用，且有改良土壤的作用，可以适当多施。另外，生物有机肥含有固氮菌或能吸收、分解、利用P、K肥的有益微生物，因此结合深耕土壤，不仅可以改良土壤结构，改善土壤通透性，活化土壤，提高土壤温度，而且有利于设施植物的根系生长，增强自身抗盐能力；同时有利于提高土壤有机质含量，减少耕层盐分的积累。但必须注意有机肥施用前一定要充分腐熟。

（三）合理灌溉

设施土壤次生盐渍化主要由土壤水分的上升运动和通过耕作层的蒸发引起，而灌水方式是影响土壤水分蒸发的主要因素。因此，在设施栽培中合理灌溉也是减轻土壤障害、促进植物良好生长发育的主要措施之一。一般要根据植物的种类、品种、栽培茬口，以及不同生长发育时期对水分的不同要求等来确定灌溉定额。目前，在设施栽培中主要采用膜下沟灌、膜下滴灌、渗灌等方法，既能降低设施内的空气湿度，又能提高土壤温度，还可减轻或防止土壤板结。

（四）改良土壤

1. 以水排盐

在夏季（7～8月）高温休茬期，揭掉温室、大棚覆盖物，接受自然降水的充分淋洗；或者采用人工漫灌，在栽培设施附近开挖排水沟，让水带着盐分汇至沟中流走。对于长久使用的温室、大棚，可在设施土壤下部铺设固定的暗排管道，当发现土壤盐浓度超标且对植物生长造成障碍时，应及时增加灌溉频次和灌溉量。

2. 换土除盐

对于大型固定栽培设施，可定期换入室外大田中含盐较少的土壤。对于构造简陋的设施，可将设施迁到新场地。一般每隔3～4年进行一次换土或者迁移设施到新场地进行植物栽培。对于面积较小的保护地设施，在种植期间，深翻土壤，使含盐多的表层土与含盐少的深层土充分混合，以减轻或防止盐离子在耕作层积聚。可在每年的7～8月高温季节，将表土层土壤与粉碎的秸秆混匀，堆成圆锥，在锥顶上刨坑，隔2～3 d往坑里倒粪尿水等，经高温发酵后表土层的盐分被稀释，而且基本无病虫草害，且矿质营养较全面。

3. 土壤消毒

由于设施内小气候环境的特殊性，故土壤中的虫害、病原菌等有害生物和微生物较多。采用土壤消毒（土壤灭菌）方法可以杀死一些病菌和害虫，主要有物理消毒和化学消毒两种方法。

（1）物理消毒　在夏季高温、设施内休茬期间，先把土壤翻松，再利用太阳能、蒸汽、70℃以上的热水、太阳紫外线等提高土壤温度，消毒效果较好。在北方地区，利用冬季低温，同时结合揭膜和深耕来降低土壤温度，也能有效减轻设施土壤耕作层的病虫害。利用物理方式对土壤消毒，一般对设施内植物的生长发育无副作用。其中，蒸汽（热水）灌注消毒是土壤物理消毒中最有效的方法（图4-17），大多数土壤病原菌用60℃蒸汽消毒30 min即可被杀死。

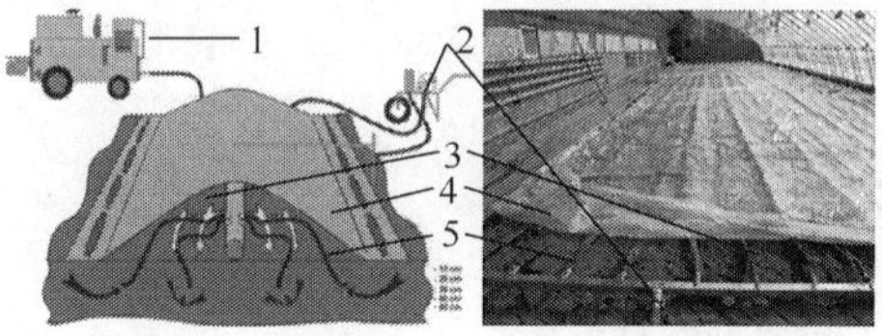

图4-17　设施土壤蒸汽（热水）灌注消毒

1. 蒸汽（热水）锅炉；2. 流量调节器；
3. 消毒区域；4. 保温膜；5. 蒸汽（热水）管道

（2）化学消毒　对于面积较大的栽培设施，可利用化学药剂对土壤进行消毒。常用的药剂有氯化苦、40%甲醛、硫黄粉等，利用其进行土壤拌药、药土沟施或穴施、药物熏蒸等对土壤进行消毒。该方法可直接杀死或减少土壤中的病原菌微生物和害虫，是缓解设施土壤障害的有效措施。但要注意防止对环境、土壤和设施植物的二次污染，在设施植物有机栽培中需谨慎应用。

1）氯化苦：主要用于防治设施土壤中的线虫。另将土壤堆成高约30 cm的长条，用药量为3～5 mL/m^2，渗入土层10 cm处并用塑料膜覆盖7 d，揭膜后冬天通风30 d、夏天通风10 d，然后再进行栽培生产，以防人、畜或植物中毒。

2）40%甲醛：主要用于防治设施土壤中的病原菌，使用时稀释50～100倍。先将土壤翻松，再用喷雾器均匀喷洒在土壤上，然后用薄膜覆盖2～3 d，使药液充分发挥作用后再揭膜，打开通风口，使甲醛充分散发出去，14 d后可以继续使用。

3）硫黄粉：主要用于栽培设施消毒、防治白粉病菌和红蜘蛛等，一般在播种前或定植前2～3 d进行熏蒸，熏蒸时关闭通风口，熏蒸一昼夜即可。

（五）无土栽培

大部分设施植物病害的病原菌可在土壤中存活多年，一旦发病，就很难用药剂根治。当设施内土壤障害较严重、常规方法难以解决时，可以采用无土栽培技术，以人工创造的根系环境取代土壤环境，充分满足植物根系对矿质、水分、气体条件的需求，从而有效防止土壤病害及土壤盐渍问题。同时，无土栽培的设施清洁、消毒方便且彻底，可实现植物连作种植。

（六）生物防治

生物防治，即通过“以菌治菌、以菌解毒”的生态学策略对设施土壤的生物退化进行修复，主要包括引入拮抗菌和接种有益微生物两种方法。

1. 引入拮抗菌

利用拮抗菌防治设施植物根部的病害，就是将培养好的拮抗菌以一定的方式施入土壤中；或者是通过在土壤中添加有机物等措施提高原有拮抗微生物的活性，进而减轻病害的发生。例如，利用从黄瓜根际土壤筛选的3株枯萎病拮抗菌（细菌DS-1、放线菌SG-126和细菌Q-2），其均能提高黄瓜对枯萎病的抵抗能力，减少发病率；其中，DS-1和SG-126能显著促进黄瓜的生长发育，而Q-2的效果较差，表明接种DS-1和SG-126拮抗菌对多年连作的设施土壤有较好的修复效果（表4-18）。

表4-18　接种拮抗菌对连作黄瓜生长发育的影响（张璐等，2007）

处理	株高/cm	最大叶面积/cm^2	单株叶片数/片	产量/(kg/盆)
不接种对照	154.8 b	196.93 b	18.8 a	6.91 c
DS-1	168.2 a	229.31 a	21.6 a	8.66 a
SG-126	161.2 ab	232.69 a	19.8 a	8.95 a
Q-2	161.6 ab	206.51 b	20.6 a	7.92 b

2. 接种有益微生物

在设施栽培条件下，可通过接种有益微生物

来分解土壤中存在的有害物质；也可以利用一些有益微生物对特定的病原菌产生有害物质或与之竞争营养和空间等途径来减少病原菌的数量及其对根系的感染，从而减少植物根际病害的发生，这对调节设施内的土壤生态系统具有重要作用。例如，黄瓜在不同时期接种AM真菌对其生长均有促进效应，与不接菌的对照处理相比，播种和移栽时的接菌处理均可促进植株对水分和矿质营养的吸收，对黄瓜的生长和产量品质具有一定的改善作用（表4-19）。

表4-19　不同时期接种AM真菌对大棚黄瓜的根系侵染率、植株成活率和产量的影响（李聪等，2014）

处理	侵染率/%	单株产量/kg	植株成活率/%
黄瓜播种时接菌	6.4 a	2.31 a	84.72
黄瓜幼苗移栽时接菌	2.2 b	2.01 b	86.11
不接菌对照	0 c	1.05 c	77.80

第四节　湿度环境与设施植物

一、设施植物与湿度条件

水是植物体的基本组成部分。在设施栽培条件下，植物组织内的含水量高达80%～95%。设施植物的一切生命活动如光合作用、呼吸作用及蒸腾作用等均在水的参与下进行。另外，水分是溶解土壤中矿质养分的载体，各种营养元素只有以水溶液的形态才能进入植株体内。空气湿度和土壤湿度共同构成设施植物的水分环境，影响设施内植物的生长发育。

1. 不同植物对水分的要求不同

植物根系的强弱及其吸收能力的大小、植物叶片的组织结构特点等，决定了植物吸收水分和蒸腾水分的能力。根据植物的需水特性不同，可以将植物分为耐旱植物、喜湿植物和中性植物。耐旱植物能忍耐较低的空气湿度和土壤湿度，一般表现为根系强大、叶片小且有茸毛等；喜湿植物的耐旱性较弱，生长期间需要大量的水分；中性植物对水分的要求中等，既不耐旱也不耐涝。在设施内栽培的蔬菜、花卉、果树等大部分植物对水分的反应较敏感，灌溉及时与否对其生长发育有明显影响；灌水不足可导致植物生长迟缓，灌水过多则可能使植物根际的通气状况不好，甚至导致烂根等现象出现。不同类型、不同品种设施植物的需水量也有差异（表4-20）。一般而言，叶面积指数大、生长速度快的植物需水量较大；相反，叶面积指数小、生长速度慢的则需水量较小；另外，含蛋白质或脂类较多的植物的需水量要多于含淀粉多的植物；耐旱品种和早熟品种的植物，其需水量要少于普通品种和中晚熟品种。

表4-20　主要设施植物的需水特点和灌溉方法

根系吸水力	需水量	设施植物的种类	灌溉方法
强	少	西瓜、甜瓜等瓜类，多肉花卉	根系发达，耐旱性强，灌水次数少
中等	中等	茄果类、根菜类、豆类，大部分花卉、果树	根系发达，较耐旱，需水量较大
较弱	较少	葱蒜类蔬菜	根系不发达，耐旱喜湿，应小水勤浇
	较多	白菜类、甘蓝类、黄瓜、叶菜类	喜湿，需经常灌水，保持土壤湿润
很弱	很多	水生蔬菜、水生花卉	水中栽培

2. 同种植物不同生长发育阶段对水分的要求不同

同种植物在不同的生长发育阶段对水分的需求量不同。种子发芽期需要水分较多，以便于原生质的活动、种子中贮藏物质的转化与运转，以及胚根抽出并向种胚供给水分；如果水分不足，种子虽能萌发，但胚轴不能伸长成苗。幼苗期的根系弱小，植株抗旱能力较弱，应保持土壤湿润，但过高的土壤湿度往往会造成幼苗徒长或烂根。营养生长期的植物抗旱能力增强，由于处于营养制造积累时期，植株生长旺盛，因此需水较多，对土壤湿度和空气湿度要求较高；但湿度过高又容易引起病害，可少量、多次灌溉以满足植物营养生长的需要。开花结果期的植物对空气湿度的要求比较严格，对土壤湿度仍有一定的要求，以维持正常的新陈代谢；缺水会引起植株体内的水分从其他部位向叶片移动，导致发育不良甚至落花落果。因此，开花结果期空气湿度宜低，以免影响开花、授粉和种子成熟，可将灌溉量和灌溉频次控制在较低水平。

3. 植物对空气湿度和土壤湿度的要求并不完全一致

由于设施长年或季节性覆盖，室内外气体交换弱，因此空气湿度往往过大，引起植物营养生长过旺，影响其开花结果。同时，设施内的高湿条件有利于病原菌孢子的形成、传播和侵染，导致菌核病、灰霉病、霜霉病、疫病等病害多发（表4-21）。在设施植物栽培生产中，应尽量采用膜下滴灌，以降低空气湿度。但要注意多数植物光合作用的适宜空气相对湿度为60%～85%，低于40%时，光合作用会受到阻碍，从而使植物的生长发育受到不良影响。土壤湿度过低会导致植株的营养条件恶化，植物生长发育受阻，出现萎蔫甚至枯死；而土壤湿度过高会影响根系对氧气的吸收，造成烂根甚至死亡。因此，在设施栽培条件下，一般要适当控制空气湿度，而适当提高土壤湿度，尤其对于吸水能力弱的植物根系，灌溉时应见干见湿、见干就浇、浇则浇透，以维持较适宜的土壤含水量。

表4-21 设施内高湿条件下常见植物的多发病害

名称	多发病的种类
黄瓜	菌核病、灰霉病、霜霉病、疫病等
番茄	菌核病、灰霉病、条腐病、叶霉病等
茄子	灰霉病、菌核病、花叶病等
青椒	灰霉病、菌核病、花叶病等
草莓	芽枯病等

二、设施内的湿度环境特点及其形成原因

（一）设施内空气湿度的特点

设施内的空气湿度是由于土壤水分蒸发和植物体内水分的蒸腾在设施密闭的情况下形成的，具有湿度一般都大于露地、日变化明显、湿度分布不均且依设施大小而变化等特点。设施内的水分移动模式图如图4-18所示。

1. 空气湿度一般都大于露地

空气潮湿程度可以用绝对湿度和相对湿度来表示。设施内空气的绝对湿度和相对湿度都明显高于露地。高湿是设施内小气候环境的突出特点，其原因是：设施属于半封闭系统，室内外空气交换弱，特别在寒冷季节的夜晚，为了保温而经常不通风，常出现90%～100%的高湿环境；设施覆盖材料的内壁面、相关设备及栽培畦面等均易沾湿，加上植

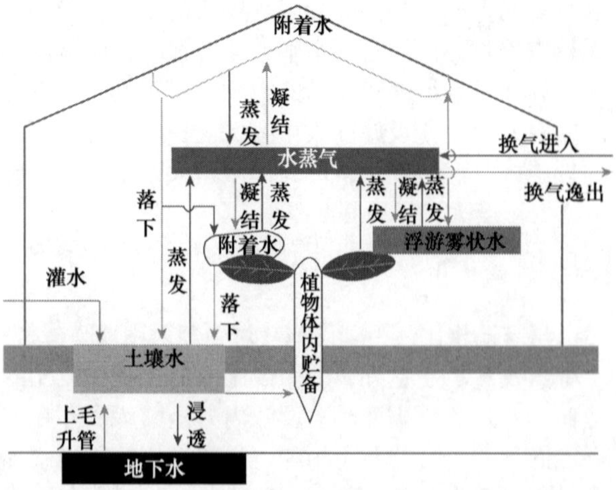

图4-18 设施内的水分移动模式图

物本身的结露、吐水（即在根压作用下，植物体内的水分从叶片的水孔排出），以及白天设施内温度高、土壤蒸发和植物蒸腾量大而水汽又不易逸散等。

2. 空气湿度日变化明显

设施内空气相对湿度的日变化很大，尤其是塑料温室和大棚，其变幅可达到20%～40%。空气湿度的昼夜变化规律与气温的日变化呈相反趋势。夜间，植物不能进行光合作用，加上外界气温低，植物生命活动消耗的水分少，故设施内常常维持较高的湿度，有时湿空气遇冷后凝结成水滴附着在薄膜等覆盖材料的内表面，或者形成“雾霭”。白天，设施内的温度升高，空气湿度逐渐降低，在通风的情况下室内的空气湿度会明显下降。设施内空气湿度的日变化还受天气、加温等因素的影响。其中，晴天空气相对湿度的日变化较大，而阴天或灌溉后的相对湿度几乎都在90%以上，变化幅度较小（图4-19）。

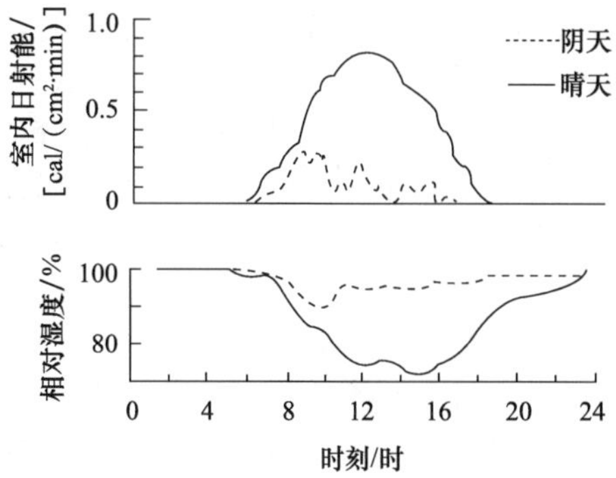

图4-19 不同天气条件下设施内空气相对湿度的日变化

3. 空气湿度分布不均匀，且依设施的大小而变化

设施内空气湿度的大小是水分多少的反映，与

温度的高低密切相关。受多种因素的影响，设施内无论在垂直方向还是在水平方向上都存在明显的温度差异，导致湿度在室内的空间分布不均匀。设施内的空气湿度与设施的大小有关。一般而言，高大的设施内空气湿度小，但局部湿差大；小型的设施内空气湿度大，但局部湿差小。

（二）设施内土壤湿度的特点

与露地相比，由于设施栽培中多采用地膜覆盖，土壤蒸发量小于室外，因而设施内的土壤湿度比露地稳定，且变化幅度小。设施内的土壤湿度存在着一定的湿差，且分布不均匀；通常设施的四周或加温设备附近的土壤湿度小，中间部分的土壤湿度大。此外，设施内的土壤湿度与灌溉制度、土壤毛细管上升水量、土壤蒸发量、植物蒸腾、空气湿度等因素有关，其变化呈现出高度的复杂性。

（三）设施内的水分收支

由于覆盖材料的遮挡，自然降水过程被阻截且设施内外空气交换受到一定程度的抑制，因此，设施内的水分收支模式与露地不同。其收支关系可表示为：$\mathrm{Ir}+G+C=\mathrm{ET}$（式中，Ir 为灌水量；$G$ 为地下水补给量；C 为凝结水量；ET 为土壤蒸发量与植物蒸腾量，即蒸散量）。设施内的植物蒸腾量与土壤蒸发量均为露地的 70% 左右，甚至更小。据测定，太阳辐射较强时，平均日蒸散量为 2～3 mm。设施内的水分收支状况直接决定了土壤湿度和空气湿度的高低，进而影响植物体对水分、养分的吸收及其生长发育状况。

三、设施内的湿度调控技术

设施内湿度的调节与控制包括降低空气湿度、增加空气湿度和土壤湿度的调控三个方面。其中，降低空气湿度是设施湿度环境调控的重点，目的在于防止植物体沾湿、减少叶面结露、抑制病害发生。而大型设施在进行周年生产时，到了高温季节还会遇到高温、干旱等问题，如果栽培不耐旱或喜湿性的植物，还必须加湿以提高空气湿度。设施内土壤湿度的变化不仅影响空气湿度及设施内的通风换气、养分吸收和热平衡状况，还与设施土壤的次生盐渍化程度密切相关。因此，土壤湿度调控也是保证设施环境有利于植物生长发育的重要手段。

（一）降低空气湿度

1. 通风换气

设施内高湿的原因是密闭，因此通风换气是调节其湿度环境最简单有效的方法。为了防止设施内的湿度过大，在不加温的设施里及时进行通风，其降湿效果较明显。一般采用自然通风，通过调节通风时间及通风口的大小和位置，达到降低设施内湿度的目的。但自然通风的通风量不易掌握，而且降湿不均匀。也可采用强制通风，根据风机的功率和通风时间计算通风量，生产上也便于控制。目前在生产上用到的除湿型热交换通风设备，可以防止因通风造成的设施内温度下降。其原理是：用多层塑料膜做成管道，使吸气与排气交叉流动，通过薄膜管道的吸气、排气进行热量交换，吸气温度升至与排气温度接近时再导入设施内，即室内吸入的是高温低湿的空气、排出的是低温高湿的空气，故除湿效果较好。

2. 加热除湿

在设施内空气中水分含量一定的情况下，通过加热提高室内气温，同时结合通风换气，可有效降低室内空气的相对湿度。加热除湿既要考虑植物生命活动对水分的需求，又要注意病害发生和消长的临界温度。一般保持叶面不结露，就可有效控制设施内病害的发生与发展。

3. 科学灌溉

在设施内采用滴灌、微喷灌、渗灌等节水灌溉措施可以有效减少土壤表面的积水，显著降低土壤的蒸发量，从而降低空气的相对湿度。与其相似，采用地膜覆盖也能有效减少土壤表面水分的蒸发。有研究表明，覆盖地膜后设施内空气的相对湿度由 95%～100% 下降至 75%～80%。

4. 吸湿除湿

利用氯化锂等吸湿材料或者通过吸湿机等吸收空气中的水分，可有效降低空气中的水分含量，从而降低设施内空气的相对湿度。

（二）增加空气湿度

当设施栽培的植物确实有高湿度需求时，一般采用喷雾器或者在设施内顶部安装的自动喷雾系统喷雾加湿，空气湿度较均匀且增湿效果较好。有条件的大型设施，可利用湿帘 - 风机系统，在降低室内温度的同时达到增加设施内湿度的作用。

（三）土壤湿度的调控

设施内土壤湿度的调控主要通过灌溉系统来实现，包括管道灌溉、滴灌、微喷灌、自行走式喷灌机、微喷带微灌、水培灌溉等。根据不同植物、不同生长发育阶段的需水特性及设施内的环境条件等来确定灌溉方式、灌溉时期和灌溉量。

1. 管道灌溉

管道灌溉是目前设施植物栽培中最常用的灌溉方法之一，即直接在田间供水管道上安装若干控制阀门和软管，手动打开阀门用软管进行灌溉（图 4-20）。管道灌溉系统具有适应性强、安装使用简单、管理方便、投资低等优点，而且几乎不存在灌溉系统堵塞的问题，只需要采用简单的净化过滤措施即可，因此在设施中被广泛采用。但单纯依靠管道灌溉系统进行灌溉，存在着劳动强度大、灌溉效率低、难以精确控制灌溉量、无法随灌溉施肥和加药等不足，因此在设施生产中常将管道灌溉与滴灌等其他灌溉系统结合使用，以获得更好的灌溉效果。

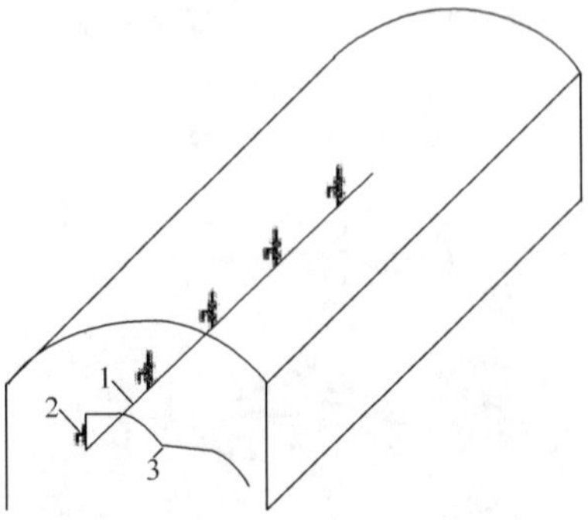

图 4-20 设施内的管道灌溉系统

1. 供水管；2. 控制阀门；3. 灌水软管

2. 滴灌

滴灌在设施内的土壤栽培和无土栽培等精准灌溉施肥中得到了广泛应用。即利用滴头、滴箭、发丝管、滴灌管、滴灌带、多孔管等灌水器，以点滴状或连续细小水流等滴灌形式出流浇灌植物（图 4-21）。滴灌系统具有水分利用效率高、环境湿度低、省工省力等优点，但也存在滴头易堵塞、易老化等问题。因此在设施植物栽培中，常将滴灌系统与微喷灌或管道灌溉结合使用，低温季节主要采用滴灌系统进行灌溉，高温干燥季节结合微喷灌或管道灌溉进行降温加湿，以更好地调节设施内的小气候环境。

3. 微喷灌

微喷灌系统是指所用灌水器以喷洒水流状浇灌植物的灌溉系统（图 4-22）。在设施内，一般将微喷头倒挂在设施骨架上实施灌溉，以避免微喷灌系统对室内其他生产作业的影响。由于设施是个相对封闭的生产环境，完全依靠微喷灌系统进行室内植物的灌溉，在低温潮湿季节易产生设施内空气湿度过高而使植物发病率增加的问题；同时一些植物在开花或坐果期间也忌讳明水浇灌；另外，由于喷灌具有降温效应，冬季使用时会大幅降低设施内的温度，不利于植物生长，因此在设施植物栽培中应有所限制地使用微喷灌系统。

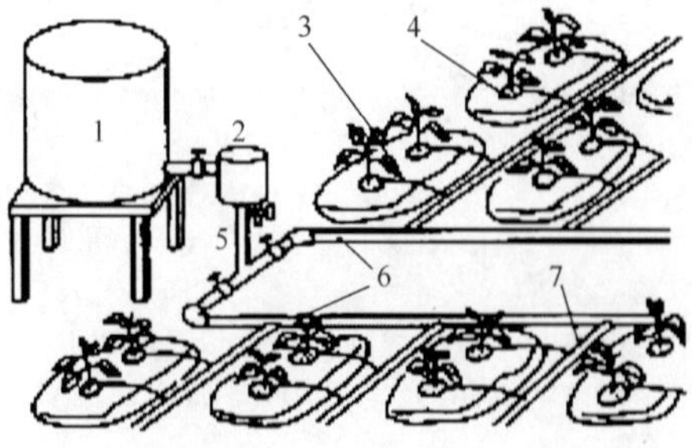

图 4-21 设施内的滴灌系统

1. 营养液罐；2. 过滤器；3. 水阻管；4. 滴头；5. 主管；6. 支管；7. 毛管

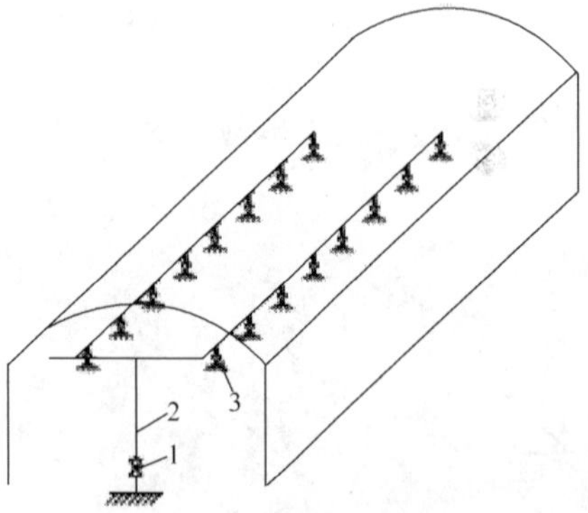

图 4-22 设施内的微喷灌系统

1. 控制阀门；2. 供水管；3. 微喷头

4. 自行走式喷灌机

自行走式喷灌机实质上是一种灌水均匀性较好、可在设施内移动使用的微喷灌系统。工作时，自行走式喷灌机沿悬挂在设施骨架上的行走轨道移动，通过安装在喷灌机两侧喷灌管上的多个微喷头进行灌溉作业（图 4-23）。自行走式喷灌机通常还配有施肥或加药设备，以便利用其对植物进行施肥或喷药作业；同时采用可更换喷嘴的微喷头，可根据植物的种类和生长发育阶段及喷洒目的的不同选择合适的喷嘴进行喷洒作业。由于投资较高，因此自行走式喷灌机多用于设施内集约化育苗、观叶性花卉栽培等有特殊灌水要求的植物生产中。

5. 微喷带微灌

微喷带微灌系统是采用薄壁多孔管作为灌水器的灌溉系统。其突出特点是可用作滴灌，也可用作微喷灌。将其覆盖在塑料地膜下，利用地膜对水流的折射可使多孔管出水形成类似滴灌的效果；而将其直接铺设在地面，多孔管出水可形成类似细雨的

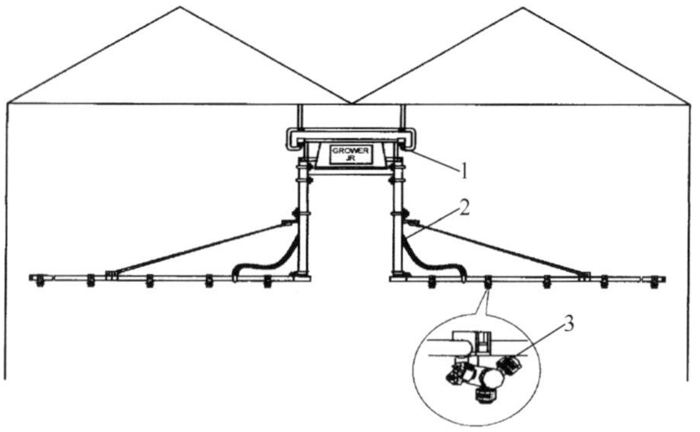

图 4-23　设施内的自行走式喷灌机

1. 喷灌机的行走轨道；2. 喷灌机的主机；3. 微喷头

微喷灌效果（图 4-24）。该系统的优点是抗堵塞性能好，不需用很精细的水源净化过滤设备，而且能滴能喷、投资低；其缺点是灌溉均匀性较差，使用年限较短。在设施栽培中，常在低温季节将其覆盖在地膜下作为滴灌用，而在高温季节则揭开地膜将其作为微喷灌用。因此，微喷带微灌系统是一种经济实用的灌溉设备，尤其适合在塑料大棚、日光温室等对灌溉要求不高的生产设施中使用。

6. 水培灌溉

水培是设施植物生产中特有的一种灌溉方式，也是无土栽培系统的一种配套的灌溉方式，包括栽培槽、贮液池、供液及排液管路、水泵等主要设备（图 4-25），以及供氧系统、温度调控、自动控制系统等辅助装置。其控制系统除了常规水循环的加压、过滤等过程控制外，还能对营养液的成分、浓度、温度、含氧量等指标进行实时控制和调节。由于是水培，植物根系吸收水分不再通过土壤或固体栽培基质的毛细管孔隙供水，而是直接浸泡在营养液中，故根系吸收水分需要的水势几乎为零。从灌溉形式上看，水培近似大田生产中的畦灌和沟灌，只是前者将后者的天然土壤换成固根设备，将灌溉水换成了营养液。因此，采用水培方式进行植物生产，可省去大田栽培的除草、松土等繁杂工序，且管理简单，但也存在初期投入较多、技术要求严格等缺点，目前其在现代化大型温室中的应用逐渐得到重视和发展。

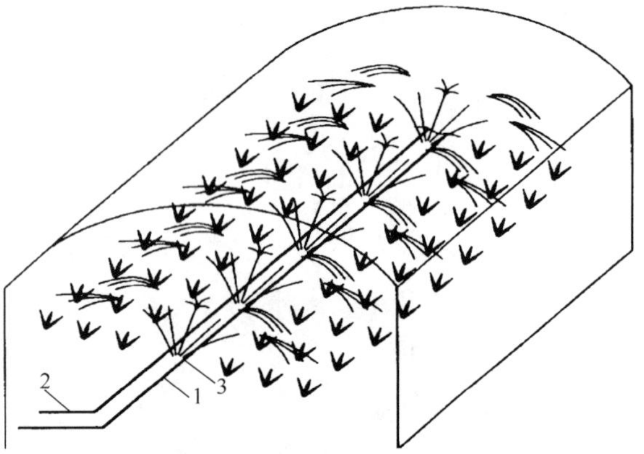

图 4-24　设施内的微喷带微灌系统

1. 控制阀门；2. 供水管；3. 微喷头

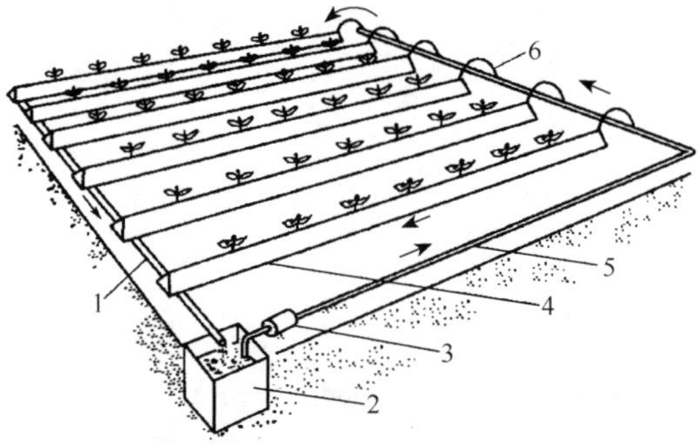

图 4-25　设施内的营养液膜水培系统

1. 回流管；2. 贮液池；3. 水泵；
4. 栽培槽；5. 供液主管；6. 供液支管

第五节　气体环境与设施植物

一、设施植物与气体条件

大气中的气体成分和含量相对较稳定，为露地植物的生长发育提供了良好的气体条件。由于温室、大棚等设施的封闭特性，室内外的气体交换受到限制，造成设施内的气体环境与露地不同。因此，充分认识和了解设施内的气体条件和调控技术，有助于更好地服务于设施植物的生产实践。

1. 设施植物对 CO_2 的要求

CO_2 是植物进行光合作用的必需原料，在设施栽培条件下有时起限制因子的作用。叶片通过吸收空气中的 CO_2，利用太阳能将其和水合成碳水化合物并释放 O_2 来进行光合作用。植物对 CO_2 的吸收利用具有补偿点和饱和点（图 4-26）。CO_2 补偿点是指植物光合作用吸收的 CO_2 与呼吸作用释放的 CO_2 相等时环境中 CO_2 的浓度。各种植物的 CO_2

补偿点不同，菠菜、苋菜、茼蒿、莴苣、菊花等 C_4 植物的补偿点一般小于 10 ppm[①]，称为低 CO_2 补偿点植物；而茄果类、瓜类、豆类等 C_3 植物的补偿点一般大于 40 ppm，称为高 CO_2 补偿点植物。当环境中的 CO_2 浓度超过其补偿点时，随 CO_2 浓度的增加，光合强度将不断增强；当 CO_2 浓度增加至一定限度时，植物的光合强度不再增强，这时环境中 CO_2 的浓度称为 CO_2 饱和点。环境中 CO_2 的浓度超过饱和点后，可引起植物的原生质中毒或气孔关闭，进而抑制光合作用。空气中 CO_2 的浓度一般是 380 ppm，这与植物进行光合作用时最适的 CO_2 浓度（1000 ppm）相差甚远；特别在设施栽培条件下，由于密植栽种、温度适宜、肥多水多，植物光合碳同化所需的 CO_2 就更多。因此，适当增施 CO_2 有利于提高设施植物的光合碳同化能力，促进其生长发育。

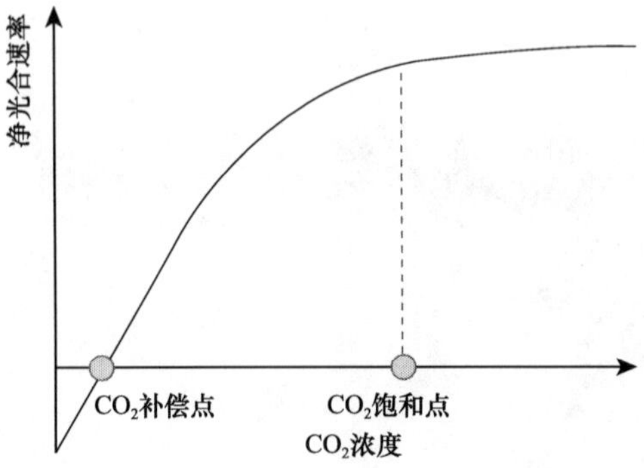

图 4-26 植物的 CO_2 补偿点和 CO_2 饱和点

2. 设施植物对 O_2 的要求

植物地上部的生长发育必须有地下部的生长相配合，而根系的呼吸作用集物质代谢和能量代谢于一体，构成了地下部代谢的中心。土壤的 O_2 含量，即土壤通气性是影响根系呼吸作用强度的重要因素之一。因此，在设施栽培中常采取翻耕土壤、施用土壤改良剂（有机肥或微生物菌肥）等措施以提高土壤的 O_2 供给量，进而促进根系对水分及营养元素的吸收。不同植物对 O_2 的需求存在一定差异，但任何植物所需要的 O_2 得不到满足，其生长都将受到影响，缺少 O_2 越严重则影响越大。土壤的 O_2 含量与水有直接关系，水分过多会造成土壤通气性差、O_2 不足，但水分亏缺会影响根系对养分的吸收，进而影响地上部的生长发育。

3. 设施植物与有害气体

在露地栽培条件下，由于空气的流通性良好，因此大气中少量的 SO_2 等有害气体对植物基本没有危害。在设施栽培条件下，由于温室、大棚密封较严，空气对流性差，极易积存有害气体，严重影响植物的生长发育，所以要经常检测和防除。

二、设施内 CO_2 的环境特点及调控技术

（一）设施内 CO_2 的环境特点

设施内 CO_2 的来源，除了空气中的 CO_2 外，还有植物、土壤、微生物呼吸作用产生的 CO_2 及人工增施的 CO_2，室内 CO_2 主要用于植物的光合作用（图 4-27）。

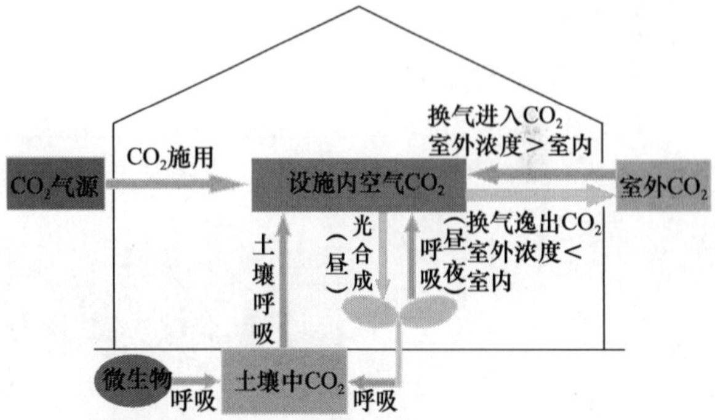

图 4-27 设施内的 CO_2 收支模式图

1. 设施内的 CO_2 浓度夜间比白天高，阴天比晴天高

夜间植物、土壤、微生物等通过呼吸作用，排出 CO_2，使设施内的 CO_2 含量相对增加；日出后，植物进行光合作用而吸收大量的 CO_2，消耗逐渐大于补充，使设施内的 CO_2 浓度降低。研究表明，设施内如果不进行通风换气，早晨揭开保温被前室内的 CO_2 浓度最高，可达 1100～1300 ppm；揭开不透明覆盖物 2 h 后 CO_2 浓度降至 250 ppm 以下；在放风前的 11:00 左右降至 150 ppm，甚至降至 50 ppm，尤其在晴天 9:00～11:30，植物的光合作用最强，CO_2 浓度急剧下降；放风后，CO_2 浓度升高，可维持在 300～380 ppm；关闭风口、盖上保温被后，CO_2 浓度逐渐增加，直至第二天早晨又达到最高值。阴天设施内 CO_2 的变化趋势与晴天相似，但总的来看阴天时植物的光合作用较弱，设施内的 CO_2 浓度更高。

2. 设施内的 CO_2 浓度与植物的生长阶段有关

在植物的不同生长发育阶段，设施内的 CO_2 浓度也不相同。一般而言，植物在出苗前或定植前，因呼吸强度大，排出的 CO_2 量也较大，设施内的

① ppm 为百万分之一。

CO_2浓度较高；在出苗后或定植后，因呼吸强度比出苗前或定植前弱，故排出的CO_2量小，设施内的CO_2浓度相对较低。

3. 设施内的CO_2浓度与设施的容积有关

设施的面积、空间大小等也会影响到室内CO_2的浓度变化。通常设施的容积愈大，CO_2出现最低浓度的时间愈迟。

（二）设施内CO_2浓度的调控技术

日出后，植物开始进行光合作用，随着设施内温度的升高，植物很快消耗掉大量的CO_2，而此时室内温度往往还没能升至可以进行通风换气的温度，必须采取及时补充CO_2的措施。另外，在一定范围内，植物的光合产物积累、植株的生长发育随CO_2浓度升高而增加，因此增施CO_2是设施内CO_2环境调控的重点内容和关键所在。

1. CO_2的施用浓度

CO_2的施用浓度应结合植物、季节、生长发育阶段、天气状况、水肥管理等方面考虑。一般应随光照、温度的增加而逐步提高CO_2的用量，但要小于CO_2饱和点，在设施植物生产上常取800～1200 ppm。当CO_2的施用浓度大于植物的饱和点时，植物的生长发育反而会受到一定程度的抑制。另外，叶菜类的CO_2施用浓度可偏高，果菜类的可适当偏低。

2. CO_2的施用时间

一般幼苗期施用CO_2多在幼苗出土后至20～30 d；在植物定植后3～5 d根系开始活动时施用CO_2且通常施用30～60 d；果类、瓜菜、豆类等植物常在其坐果初期开始施用CO_2，施用过早可能出现植株徒长或早衰。要求晴天施，阴雨天不施。每天的施用时间多从日出后0.5 h开始，在密闭薄膜下持续施用3～5 h。

3. CO_2的施用方法

通常在高温时段利用通风换气法给温室、大棚补充CO_2，而放风前设施内CO_2的增施主要采用化学分解法、燃烧法、液态CO_2或干冰施肥法、土壤化学法、发酵法等（图4-28）。

图4-28 设施内CO_2的施用方法

（1）化学分解法　化学分解法（CO_2发生器施肥法）是指用硫酸（H_2SO_4）（或盐酸）和碳酸氢铵（NH_4HCO_3）（或小苏打、石灰石）制备CO_2，其化学方程式是：$NH_4HCO_3+H_2SO_4 \longrightarrow (NH_4)_2SO_4+H_2O+CO_2$。反应产生的$CO_2$可以用作气肥，$(NH_4)_2SO_4$（硫酸铵）可用作土壤肥料。通常667 m^2的用量标准为：每天称取3.6 kg碳酸氢铵和2.25 kg浓硫酸（1∶3稀释），均匀放入30个容器内进行反应（常用塑料桶、挂高1.5 m）。晴天日出后0.5～1 h使用，通风前0.5 h停用，使设施内的CO_2浓度达到1000 ppm左右，一般连施30 d以上，阴雨天不施。在实际应用中，可一次配2～3 d的硫酸量，每天上午只需向桶内定量撒碳酸氢铵即可。施用一般从植株的初花期开始到盛果期结束，反应后的废液加10倍水稀释用作土壤追肥。此法中，硫酸可以用工业硫酸（酸的浓度以96%为宜），碳酸氢铵是化肥，成本低廉，而且在常温常压下就可反应，产生的CO_2量多。但在生产上用浓硫酸非常危险，而盐酸有一定的挥发性，会增加制成的CO_2中的杂质。因此，本法适合于在设施内试验或小面积应用，放气量和放气时间可根据栽培面积、天气、植物的叶面系数等调节。

（2）燃烧法　燃烧法是指利用液化石油气、天然气、沼气、木材、煤、焦炭、白煤油等燃料，在专门的燃烧器内燃烧产生CO_2，同时还可提供光照和热量。但成本较高且容易引入SO_2、CO等有害气体，主要在北方地区寒冷季节加温设施中有一定的应用。高级CO_2气肥棒是一种新型的燃烧式气肥，它选用高温干馏木炭为碳源，与催化剂和活化剂充分混合压制成型，再经烘干活化，直接用火点燃后置于设施内即可缓慢释放CO_2，且产生的有害气体少。

（3）*液态CO_2或干冰施肥法* 液态CO_2或干冰施肥法是指把气态CO_2加压后转变为液态CO_2，并保存在钢瓶内，施肥时打开阀门，用一条带有出气小孔的长塑料软管把汽化的CO_2均匀释放进设施内。钢瓶出气孔的压力为1.0～1.2 kg/cm^2；CO_2一般为酿酒厂、化工厂的副产品，纯度要求在99%以上。该方法容易控制CO_2的用量，而且肥源较多，适合于小中型栽培设施，大型设施可利用鼓风机促使CO_2均匀扩散。另外，也可利用干冰在常温下吸热后升华为气体进行CO_2施肥。但干冰的贮藏、运输条件严格，因此一般在苗床内小面积施用，使用不当易造成冷害。

（4）*土壤化学法* 土壤化学法是指以$CaCO_3$粉为基料，与其他添加剂、载体、黏结剂一起经高温处理形成颗粒状或粉状固体；然后将固体CO_2气肥撒在地表或埋入1～2 cm的表土层内，并与土混匀，在适当的温度、湿度条件下，经土壤微生物的生化和物化作用，缓慢放出CO_2。其缺点是产生的CO_2的浓度和量不易控制。使用时将固体CO_2气肥均匀埋于栽培行间，一般667 m^{2}的用量为40～50 kg，一次投入，释放CO_2有效期可达40～45 d，施用时勿靠近植物根系。

（5）*发酵法* 目前，在设施生产中比较常见的CO_2施肥就是在土壤中增施有机肥和在地面上覆盖稻草、麦糠、食用菌等，通过微生物的降解作用缓慢释放出CO_2，并持续不断地补充于设施内，供给植物生长发育。此法肥源丰富，成本低，简单易行，但CO_2发生量集中，难以控制用量。

4. 设施内施用CO_2的原则

1）晴天多施（1000 ppm左右），阴天少施或不施。

2）CO_2施肥要与其他措施配套：白天设施内适当增温2～3℃，夜间降温1～2℃，以防徒长；适当提高湿度（包括土壤湿度），以利于提高光合作用和加快植物的生长发育；增施P、K肥等。

3）CO_2施肥要保持连续性，一般前后两次间隔时间不超过一周。同时，施肥结束时，应逐渐降低使用浓度，逐渐停止施用，避免突然停止施用，以防早衰。

4）防止CO_2施用浓度过高造成植物徒长，并防止高浓度CO_2中毒，生产中控制在1600 ppm以下较为安全。

三、设施内有害气体调控技术

由于温室、大棚等设施的密闭性强，导致设施内一些有害气体散发不出去，危害植物的生长发育，因此在生产管理中应注意防范。

（一）有害气体、危害症状及其产生原因

1. 氨气（NH_3）和氮氧化物（NO_x）

设施内的NH_3主要来自未经腐熟的鸡粪、猪粪、马粪和饼肥等有机肥，肥料在高温下发酵时，产生大量NH_3，逸出土壤散至室内空气中，通过叶片的气孔侵入细胞造成危害；其次，大量撒施碳铵、硫铵、尿素等化肥，或者化肥施用太浅、撒施于土表及施肥后浇水不及时等，也会产生NH_3。设施内的NH_3浓度达到5 mg/L时，植物就会中毒，花、幼叶、幼果等幼嫩组织先发生褐变，后变为白色，严重时可导致全株萎蔫死亡。设施内的NO_2积累主要由于过量施用氮肥，土壤中的铵向亚硝酸转化虽能正常进行，但亚硝酸向硝酸转化受阻，致使土壤中积累大量的亚硝酸，当温度升高时就变成气体散至室内，浓度超过2～3 mg/L时植物就会中毒。NO_2通过叶片的气孔侵入叶肉组织，使叶绿体结构被破坏褪色，出现灰白斑；如浓度过高，叶脉也变成白色，严重时导致植株死亡。

2. 二氧化硫（SO_2）和一氧化碳（CO）

设施内的SO_2和CO积累主要是冬春寒冷季节室内加温时，用的燃料质量较差、燃料燃烧不完全，或炉体设计不合理、安装粗糙等原因造成的。一般而言，CO浓度在3 mg/L左右维持1～2 h，植物叶缘和叶脉间的细胞就会死亡，并发生小斑点或枯死。空气中SO_2浓度在0.3～0.5 mg/L就可使植物受害，可使植株叶片的正、反面出现白色或褐色斑点，重者可使叶片枯死，很多花卉植物都对SO_2很敏感。

3. 乙烯（C_2H_4）和氯气（Cl_2）

设施内的C_2H_4和Cl_2主要是由于温室、大棚的塑料薄膜和其他塑料制品的质量较差，在阳光的长期直射下挥发或分解产生的。另外，乙烯利使用浓度过大，也会产生C_2H_4。植物对C_2H_4较敏感。例如，当其浓度达到0.05 mg/L时，6 h后黄瓜、番茄的植株受害；达到0.1 mg/L时，2 d后番茄的叶片下垂弯曲，变黄褐色；达到1 mg/L时，大部分植物的叶缘或叶脉之间发黄，而后变白枯死。Cl_2浓度达到1 mg/L时，2 h就可危害十字花科植物；Cl_2能分

解叶绿素，使叶片变黄，重者变白枯死，很多花卉植物也对 Cl_2 比较敏感。

4. 其他有害气体

如果栽培设施建在空气污染严重的工厂附近，工厂排出的有毒气体如氟化物等都可从室外通过气体交换进入设施内，对植物造成危害。另外，设施内对土壤和空气进行消毒时，如果采用化学消毒法，也容易产生臭氧、甲醛等有害气体残留。

（二）有害气体的防治措施

1. 加强观测，及时通风

每天早晨在刚揭开保温被后，用 pH 试纸蘸取棚膜内表面附着的水滴，若呈碱性，表明有 NH_3 产生，需及时放风。另外，根据天气，在保证正常温度的情况下，加强通风换气，以便及时排出各类有害气体。

2. 科学施肥

有机肥要完全腐熟后方可施用，不施未腐熟的生肥。在冬春寒冷季节，设施内尽量不施或少施碳铵、硫铵、尿素等化肥，施用时采用沟施或穴施，施后盖土埋严实，不要撒施。施化肥（尤其是氮肥）时要“少量、多次”，分次适量施入，施后与土壤拌匀并用土盖严，同时做好通风换气工作，及时浇水。如果设施内 NO_2 气体过浓或土壤偏酸，在土壤中增施石灰，把 pH 调节至 6.5～7.0，可有效地防止亚硝酸气化。

3. 安全加温

冬春季加温时不用暖火炉，而用设有烟囱的专制加热炉，以便加热时把燃烟排出室外。炉体和烟道的设计要合理，安装要密闭；选用优质低硫燃料，并尽量燃烧尽；加温后，如设施内烟雾过浓，应及时通风散烟。

4. 选用优质塑膜

选用聚乙烯塑料膜或质量可靠的聚氯乙烯薄膜，以减少 C_2H_4 和 Cl_2 等有害气体的释放，可有效防止有害气体溶解在水滴中危害植物。

5. 对症抢救

植株出现有害气体中毒症状时，应找出原因，除采取针对性措施外，还应浇水、施肥、松土等，促使受害植株恢复生长。

第六节　设施环境综合调控技术

植物生长在复杂的环境中，各种环境对植物生长发育的影响具有综合效应，即各种单一环境均是在一定的其他环境条件下对植物的生长发育产生影响的。因此，我们仅了解各种单一环境因子对植物生长发育的影响是不完全的，必须在此基础上进一步了解综合环境对植物生长发育的影响。只有这样，才能科学地优化综合环境组合，以更好地满足植物成长的环境条件，生产出高品质的植物产品。

按照环境因子的作用规律，在诸多环境因子中只有当某一环境因子成为植物生长发育的限制因子时，单独调节这一环境因子才会对植物的生长发育产生明显的作用；但当这一环境因子被调节到一定程度，而再进行调节不会对植物的生长发育产生明显影响时，另外的环境因子就可能成为限制因子。

因此，综合环境调控不仅对作物的生长发育、产量和品质形成等具有重要意义，而且对于作物预防病虫害的发生、实现作物的无害生产等也具有重要意义。然而，目前有关设施作物栽培的综合环境调控方面的研究成果尚不够完善。因此，在设施作物栽培中科学地解决综合环境调控问题，将成为未来设施作物生产中的重大课题。

设施环境调控在设施植物栽培中起着重要的作用，适宜的环境和适当的调控技术是设施植物生产顺利进行的保证。随着信息技术的发展，设施调控技术的发展也逐步由单因子调控向综合调控及高层次的智能化的方向发展，结合物联网技术的应用，形成智能温室。设施环境调控技术的发展主要体现在以下几个方面。

1. 基于模型的设施环境调控技术

设施环境的调控需要满足植物的生长需求，同时也应考虑到环境和作物的交互作用，以及环境因子对植物生长发育的影响规律。为实现设施环境的标准化、自动化及智能化调控，就需建立温室环境及掌握植物生长发育的规律，建立温室环境和植物生长发育的专家系统，构建设施环境模型和植物生长发育模型，利用模型进行设施环境调控可以实现不同的环境调控目标。

王纪章等利用所建立的温室作物生长模拟模型、温室环境调控的效果预测模型和温室环境调控的成本模型，实现了以温室生产的经济最优为目标的温室环境参数优化和调控；并以此为依据，利用 C＋＋ Builder 开发环境建立了温室环境调控管理专家系统（GHMES），实现了基于模型推理（MBR）和基于专家知识推理（KBR）的结合，系统能够实现上市期的预测、生长阶段的预测和温室环境调控方案的查询，为温室生产者提供依据。毛罕平团队构建了日光温室、芬洛型玻璃温室和塑料连栋温室的环境动态模拟模型库。胡瑾建立了设施作物光合速率模型和光环境调控目标模型，依据模型设置作物光合需要的光环境目标，建立了基于作物光合需求的设施光环境调控系统。

2. 基于植物生长发育信息的设施环境调控技术

设施环境调控的目标是为设施内植物的生长发育提供适宜的环境条件，那么要达到最佳的环境状态，就必须了解植物生长发育的信息，监测设施植物的生长发育状态，建立设施植物的生长发育模型，结合环境因子影响植物生长发育的数据，建立基于作物生长发育信息的设施环境调控系统，以满足植物各种生长状态下的生长发育需求，实现依据植物生长状态进行环境调控，以达到调节植物生长发育的目的。

汪小旵等构建了基于作物生理信息的夏季温室黄瓜节水灌溉模型，根据环境参数和黄瓜茎流参数及叶面温度计算黄瓜的需水量，实现温室黄瓜的智能化灌溉。

3. 基于物联网技术的设施环境远程监测与调控

随着信息技术的发展及物联网技术在农业生产中的广泛应用，基于物联网技术的设施环境监测与调控也得到发展。物联网系统首先通过由各种传感器组成的感知层实时监测和采集设施内部的环境数据、作物生长状况、图片信息等，实现对设施植物生长过程中的环境条件、长势情况等信息的获取；然后经由网络构成的传输层将信息传至电脑、手机、执行器等终端设备构成的应用层；最后应用层对采集的数据进行监测、存储、分析总结，通过构建家系统或结合现有的专家系统进行设施环境的实时调控管理，实现设施环境的智能化远程化监测和管理。

第五章 设施植物育苗

第一节 设施植物的繁殖方式与技术

设施植物与露地栽培的园艺植物类似，其繁殖方式主要有两大类：有性繁殖和无性繁殖。有性繁殖（sexual propagation）即利用种子来繁殖后代，也称实生繁殖；无性繁殖（vegetative propagation）即利用植物的根、茎、叶等营养器官在适宜的环境下培养来繁殖后代，也称营养器官繁殖。设施栽培的植物大多数是蔬菜，其次是花卉和果树，其中蔬菜及一二年生花卉主要采用种子繁殖，果树及多年生的木本花卉一般利用营养器官进行无性繁殖。

一、种子繁殖

种子繁殖又称实生繁殖（seedling propagation），是一种最简单的繁殖方式，也是设施栽培植物最常用的繁殖方式。采用种子繁殖所获得的苗称为实生苗。

（一）种子繁殖的特点及应用

1. 优点

种子来源广，播种方法简便，易于掌握，便于大量繁殖；采用播种获得的实生苗的根系发达，生活力旺盛，便于植株对水分和养分的吸收，对环境的适应能力强；种子体积小、质量轻，便于采收、运输及贮藏。

2. 缺点

对于多年生的果树和花卉，采用种子繁殖开花结实较晚；后代易出现变异，从而失去原有的优良性状，存在品种退化的问题；种子繁殖不能用于繁殖自花不实植物及无籽植物，如香蕉、山药及许多重瓣花卉植物等。

3. 应用

适用于大部分蔬菜和一二年生花卉及地被植物的繁殖；适用于果树及某些木本观赏植物的砧木的繁殖；杂交育种必须使用种子繁殖，并且可以利用杂交优势获得比亲本更优良的后代。

4. 种子繁殖的一般程序

采种→贮藏→种子质量检验→播前处理→播种→播种后管理。每个环节都有其具体的管理要求。

（二）种子质量的检验

种子质量受到采收条件、贮藏时间、贮藏条件等的影响，在播种之前要对种子质量进行检验，以确保种子质量符合要求，保证播种后种子的发芽率和出苗率。对种子质量的检测主要有以下指标。

1. 种子含水量

种子含水量是指种子所含的水分质量与种子质量的百分比，它是种子安全贮藏、运输及分级的重要指标之一。其计算公式如下。

$$\text{种子含水量}=\frac{\text{干燥前供检种子的质量}-\text{干燥后供检种子的质量}}{\text{干燥前供检种子的质量}}\times 100\%$$

2. 种子净度

由于种子中可能会混杂泥沙、花器残体、种荚壳等杂质，因此需检验种子净度，其计算公式如下。

$$\text{种子净度}=\frac{\text{纯净种子的质量}}{\text{供检种子的质量}}\times 100\%$$

3. 种子饱满度

种子饱满度常用1000粒种子的重量（g）表示，称为种子的“千粒重”。每一种类或品种种子的千粒重基本上是一个常数。千粒重越大，种子越饱满充实，说明种子质量越高。

4. 种子发芽力

种子发芽力用发芽率和发芽势两个指标衡量，可由发芽试验来测定。种子发芽率是指在最适宜发芽的环境条件下，能够发芽的种子占供检种子总数的百分比，反映种子的生命力。发芽势是指种子自开始发芽至发芽最高峰时的粒数占供试种子总数的百分比。发芽势高即说明种子萌发快，萌芽整齐。

5. 种子生活力

种子生活力是指种子发芽的潜力或者反映种胚的生命力。主要的测定方法如下。

（1）目测法　直接观察种子的外部形态，凡种粒饱满、沉实，种皮有光泽，剥皮后胚及子叶呈乳白色、不透明，并具弹性的为有活力的种子。若种子皮皱、发暗、粒小，剥皮后胚呈透明状甚至变为褐色，则是失去活力的种子。

（2）氯化三苯基四氮唑（TTC）法　将种子浸胀后剥皮，剖为两半，取胚完整的一半放在器皿中，倒入0.1%～0.5% TTC溶液淹没种子，置15～40℃黑暗条件下3～5 h。具有生活力的种子，胚芽及子叶背面均能染色，子叶腹面染色较轻，周缘部分色深；无生活力的种子腹面、周缘不着色，或腹面中心部分染成不规则交错的斑块。

（3）靛蓝染色法　先将种子用水浸泡数小时，待种子吸胀后，小心剥去种皮，浸入0.1%～0.2%的靛蓝溶液（也可用0.1%曙红，或者5%红墨水）中染色2～4 h，取出用清水洗净。然后观察种子的上色情况，凡不上色者为有生活力；凡全部上色或胚已着色者，则表示已经失去生活力。

（三）影响种子萌发的因素

1. 环境因子

（1）水分　种子萌发需要充足的水分。种子吸水后种皮变软开裂，胚及胚乳得以吸胀，同时种皮的透气性增加，增强了种胚的代谢活动，原生质由凝胶态变成溶胶态，大分子贮藏养分分解，束缚态生长刺激物质转化为游离态，从而启动和保证了胚的正常生长发育，最后胚根突破种皮，种子萌发生长。

（2）温度　适宜的温度能够促使种子迅速萌发，温度过高及过低均不利于种子发芽。温带植物一般萌发的适宜温度为15～20℃，亚热带与热带植物则为25～30℃。变温处理有利于种子的萌发和幼苗的生长，昼夜温差在3～5℃为好。

（3）O_2　种子发芽时需要足够的氧气，因此必须保证种子萌发时具有良好的通气条件。如播种后覆土（或基质）过厚，或者土壤、基质中的水分过多，则易导致种子萌发时因缺氧而霉烂变质。

（4）光照　光照条件对种子发芽的影响因植物的种类而异，就大多数植物的种子来说，光照对种子发芽的影响很小或不起作用。但有些植物的种子萌发时具有喜光性，如莴苣、芹菜和报春花的种子需要一定的光照才能发芽，它们播种后不覆土或覆薄土，则发芽较快；也有一些植物种子的发芽会被光抑制，如水芹、飞燕草、葱和苋等，在播种后需要覆土。

2. 休眠因素

种子有生活力，但即使给予适宜的环境条件仍不能发芽，此种现象称为种子休眠（seed dormancy）。种子休眠是长期自然选择的结果，有利于植物适应自然环境以保持物种繁衍，但是这种特性会给播种育苗带来一定的困难。种子休眠的原因比较复杂，有的是由种皮或果皮结构的障碍所致，如桃等植物的种子外壳不易吸水膨胀开裂；有的是由种胚发育不全所致，如银杏、美国冬青等植物的种子；有的是由果实或种子发育过程中产生一些化学抑制物质所致，如核果类植物；有的则是由种子发育过程中某些内源激素（如脱落酸等）的大量积累所致。根据不同植物种子的休眠特性和成因，在播种前需采取一定的处理措施打破种子休眠。

（四）种子的播前处理

播种前进行种子处理主要是为了打破种子休眠，对种子进行消毒，防止带菌，促使种子快速萌发和发芽整齐，常采用的措施有以下几种。

1. 打破种子休眠

（1）机械破皮　对于种皮坚硬、不透水的种子，可以通过破皮、开裂、擦伤等方式改变种皮透性从而促使种子发芽，如山楂、樱桃、山杏等。对于少量种子，可以用砂纸磨、锤子砸、碾子碾及钳子夹开等方法；而对于大量种子，则需要用特殊的机械破皮机。

（2）层积处理　将种子与潮湿的介质（湿沙）混合均匀并一起贮藏在低温（0～5℃）通气的条件下，以保证其顺利通过后熟过程的处理方法称为层积。生产上多将其用于木本果树和观赏树木的种子处理。种子多，要保持通风，可在中间插秸秆。层积前先用水浸泡种子5～24 h，待种子充分吸水后，取出晾干，再与潮湿洁净的河沙分层堆积或种子与湿沙混匀堆积一定时间。沙的用量，小粒种子是其体积的3～4倍，大粒种子是其体积的5～10倍；沙的湿度约为最大持水量的50%，手捏成团不滴水即可。种子量大时可用沟藏法，选择背阴、干燥、不易积水处，挖深50～100 cm、宽40～50 cm的沟，长度视种子的多少而定，沟底先铺厚5 cm的湿沙，然后将与河沙混合均匀的种子放入沟内，到距地面10 cm处为止，其上用河沙覆盖，一般要高出地面呈屋脊状，上面再用草或草垫盖好。种子量小时可用花盆或木箱层积。层积日数因植物的不同种类而异，如酸枣60～100 d、毛桃80～100 d、山楂200～300 d、山葡萄90 d。层积期间要注意检查温度、湿度，防止霉烂、过干或过早发芽，春季大部分种子露白时及时播种。

（3）化学药剂处理　对于种壳坚硬或种皮有蜡质的种子（如山楂、酸枣等），可浸入有腐蚀性的浓硫酸（95%）或氢氧化钠（10%）溶液中，经过短时间的处理，使蜡质消除，种皮变薄，透性增加，利于萌芽。但处理时间应严格掌握，切忌过长；浸后的种子必须及时用清水清洗干净。

利用某些激素或化学肥料等化学药剂处理种子，也可打破种子休眠，促使种子萌发。例如，用赤霉素（5～10 mg/L）处理可以打破种子休眠，代替某些种子的低温处理。化学肥料如硫酸铵、尿素、磷酸二氢钾（KH_2PO_4）等可用于拌种，硼酸、钼酸铵、硫酸铜等微肥和稀土可用来浸种，使用浓度一般为0.1%～0.2%。用0.3%碳酸钠和0.3%溴化钾浸种，也可促使种子发芽。

2. 种子消毒

种子消毒可杀死种子携带的病菌，并保护种子在土壤中不受病虫危害。

（1）温汤浸种　用55 ℃左右的温水烫种15～30 min，杀死种子内外部的病菌（真菌、细菌），用水量为种子量的5～6倍，浸种期间不断搅拌。

（2）干热处理　将干燥（含水量<2.5%）种子置于60～80℃高温下处理几小时，杀死种子内外的病原菌和病毒。

（3）药剂消毒　分为药液浸种和药粉拌种。药液浸种可选用10%磷酸三钠溶液或2%氢氧化钠溶液，或者用100倍的40%甲醛溶液或1%高锰酸钾溶液浸种15～20 min，取出后再用清水反复冲洗。药粉拌种用70%敌克松、50%退菌特或90%美曲膦酯（敌百虫），用药量占种子重量的0.3%。

3. 浸种催芽

浸种的目的是促使种皮变软、种子吸水膨胀，有利于种子发芽，这种方法适用于园艺植物的种子。在室温20～30℃条件下浸种，浸种时间的长短根据作物种类有所不同。例如，黄瓜需浸种4 h，番茄、辣椒需浸种6～8 h，南瓜8～10 h，西瓜、葫芦12 h。

催芽是为种子萌发提供最适宜的温度、充足的氧气和饱和的空气相对湿度。将浸过的种子用保水透气的材料（如湿纱布）包好，置于适温条件下（20～30℃）；根据作物种类不同，催芽的适宜温度有所不同，可采用恒温箱进行催芽，4～5 h翻动种子包1次，每天用清水替换1～2次；当大部分种子露白时，停止催芽，准备播种。

（五）播种技术

1. 播种时期

选择适宜的播种时期是培养健壮幼苗的关键。不同作物的生物学特性和自然环境条件是决定播种时期的主要依据。设施蔬菜和花卉的播种时期常随需要而定，根据不同作物一年的茬口安排适宜的播种时期。果树一般早春播种，冬季温暖地带也可晚秋播种。

2. 播种方式

播种可分为直播和育苗移栽两种方式。直播可以平畦播，也可以垄播，播后不进行移栽，就地成苗或作砧木进行嫁接。育苗移栽先在苗床或穴盘内集中育苗，后分苗定植于田间。

3. 播种地块选择

播种地块应选择具有机质较为丰富、排水良好、质地疏松的沙质土壤的地块。播前要施足基肥，整地耙平，并进行土壤消毒。

4. 播种方法

有撒播、条播、穴播三种播种方法。

（1）撒播　撒播适用于种子较小的作物如海棠、韭菜、菠菜和小葱等。撒播要均匀，播后用过筛的细土覆盖，以稍埋住种子为宜。此法省工，方法简便，节约苗床面积，但易出现由撒播不匀所导致的幼苗分布稀密不均的情况，出苗量多，但管理不便。

（2）条播　大多数中、小粒种子可采取条播，条播因其具有一定的行距，所以便于机械播种、中耕管理和嫁接操作等。

（3）穴播　穴播多用于大粒种子如瓜类、豆类等蔬菜，桃、杏等果树种子及大粒的花卉种子也常采用穴播。穴播时先将苗床地整好，开穴，每穴播种2～4粒，待出苗后根据需要确定留苗株数。该方法苗分布均匀，营养面积大，生长快，成苗质量好，但产苗量少。

5. 覆土厚度

覆土厚度一般根据种子大小和土壤性质而定，一般为种子最大直径的2～5倍，覆土过厚，种子无法出苗；覆土过薄，易出现“带帽苗”，即幼苗夹带种皮出土。如苗床直播，覆土宜厚些；已催芽种子的播种，覆土宜薄些。土壤干燥，覆土可适当厚些；沙土比黏土覆土宜厚；秋、冬播种要比春季播种稍深。

（六）播种后的管理

1. 出苗期的管理

种子发芽期要求土壤或基质保持湿润、通气良好、温度适宜，播种后苗床或苗盘覆盖塑料薄膜保温保湿，如温度过低，也可采用电热温床育苗，幼芽大部分出土后，应及时揭去覆盖物。出苗前若土壤过干，应适时喷水。

2. 间苗移栽

出苗后，如果苗量过大，应于幼苗长到 2～4 片真叶时，进行间苗、分苗或直接移栽定植。若移栽太晚则易伤根，太早则成活率低。移植前要适当干旱来蹲苗；移植前 1～2 d 浇透水以利带土起苗，同时喷药防病；移栽后灌定植水 1 次，以利根系与土壤充分接触。

3. 施肥灌水

幼苗生长过程中，应根据幼苗的长势情况适时适量施肥和浇水。迅速生长期以追施或喷施速效氮肥为主，后期增施速效磷、钾肥。施肥时应严格控制施肥的浓度，宜少量多次。定植移栽前应追肥一次。

二、嫁接繁殖

1. 嫁接繁殖的概念

嫁接繁殖（grafting propagation）是指将某一植株上的枝条或芽，接到另一个植株的枝、干或根上，使两者结合后形成一个新的植株的繁殖方式。通过嫁接培育出的苗木称为嫁接苗。用来嫁接的枝或芽称为接穗（scion），而承受接穗的植株称为砧木（root stock）。嫁接用符号“＋”或“/”来表示，即砧木＋接穗或接穗 / 砧木，如桃 / 山桃或山桃＋桃。

2. 嫁接繁殖的意义

嫁接作为一种重要的无性繁殖方法，以前多应用于多年生的木本果树和花卉，如苹果、梨、桃、柑橘等，但近年来随着设施园艺的迅速发展，设施栽培中连作障碍普遍发生，导致土壤病虫害的传播日趋严重，嫁接可以利用砧木的抗逆性和抗病性，抑制土传病害发生，因此越来越多地在设施生产中得到应用和普及，所以目前嫁接也常应用于瓜类（黄瓜、甜瓜、西瓜等）和茄果类蔬菜（番茄、辣椒、茄子）的生产。采用嫁接繁殖，总结起来有以下优点。

1）嫁接繁殖对于木本果树来说，能保持接穗优良品种的性状，且与种子繁殖相比可大大缩短幼苗期，提早开花结果。

2）嫁接育苗选用的砧木，大多是野生或半野生类型或品种，抗逆性、抗病性强。利用其作砧木，可以显著提高嫁接苗的抗逆性和对环境的适应能力，表现为耐低温、耐热、耐弱光、耐干旱、耐涝、抗盐渍化、抗线虫等特点，如将黄瓜嫁接在黑籽南瓜上，可以大大降低土传病害枯萎病、非土传病害病毒病、霜霉病和灰霉病的发病率。除此之外，还可显著提高黄瓜的耐低温性，使其能更好地适应北方早春茬和越冬茬黄瓜设施栽培中的低温环境；同时，还可以提高黄瓜的耐盐性，对于克服设施土壤的次生盐渍化具有重要意义。

3）在果树和花木生产中，可利用砧木调节树势，使树体矮化或乔化，以满足栽培或消费上的不同需求。

4）促进生长，提高产量。嫁接促进植株生长主要表现在砧木根系发达，对水分和养分的吸收能力强，从而增强了嫁接苗植株的长势，促进作物早熟，从而提高了产量。例如，黄瓜嫁接苗的茎蔓长度在 5～6 片叶后显著高于自根苗，叶面积扩大，光合能力强；薄皮甜瓜嫁接后嫁接苗长势强，抗病力增强，产量明显提高。

5）嫁接繁殖用的多数砧木可用种子繁殖，而且接穗品种的枝芽量也比较大，故繁殖系数大，便于在生产上大面积推广种植。

3. 嫁接成活的原理

多年生木本植物的枝条，中心是木质部，外层是韧皮部，木质部和韧皮部之间是由数层薄壁细胞组成的形成层。在生长季节，形成层可以不断地进行分裂，向内分化形成木质部，向外分化形成韧皮部。当接穗嫁接到砧木上以后，在砧木和接穗伤口的表面，伤口周围的细胞及形成层不断地旺盛分裂，形成愈伤组织。愈伤组织不断增加，接穗和砧木间的空隙被填满后，其愈伤组织的薄壁细胞便互相连接，将两者的形成层连接起来。愈合组织不断分化，向内形成新的木质部，向外形成新的韧皮部，进而使导管和筛管连通，砧木和接穗就结合为一体，嫁接成活，形成了新的植株。

三、扦插繁殖

（一）扦插繁殖的概念和特点

扦插繁殖，即人为剪取植株的部分营养器官（如根、茎或叶），插入土壤或其他基质（包括水、空气）中，在适宜的环境条件下培育成完整植株的技术，如图5-1所示。扦插是指利用植物细胞的再生能力，在适宜的环境条件下诱导产生不定根或不定芽，属于自根繁殖，用扦插繁殖获得的苗木称为自根苗。其特点是：①能够保持母株的优良性状，繁殖获得的后代不发生变异；②幼苗期短，能够提早开花结果；③相对于嫁接繁殖，该方法简单易行，成苗迅速。因此，扦插繁殖是设施栽培木本果树、木本花卉的重要繁殖途径，如葡萄、月季等园艺植物大多采用扦插繁殖。

图5-1　扦插繁殖

（二）扦插繁殖的种类及方法

根据扦插利用植株的营养器官不同，可分为茎插、叶插和根插。

1．茎插

（1）硬枝扦插　硬枝扦插是指使用已经木质化的成熟枝条进行的扦插，如葡萄、石榴、无花果等。具体方法如下。

1）插穗采集：一般在深秋落叶后，采集生长健壮、芽体饱满的枝条作插穗。

2）插条贮藏：由于不能立即扦插，可按长60～70 cm剪截，每50或100根打捆，并标明品种、采集日期及地点。选择地势高燥、排水良好的地方挖沟或建窖以湿沙贮藏，短期贮藏置阴凉处湿沙埋藏。

3）剪插穗：扦插之前，将贮藏的插条取出，剪成长15～20 cm的茎段，上切口剪成平口，下切口大多剪成斜面，利于识别插条的形态学下端；同时斜面增加了与基质的接触面积，有利于生根，剪口需整齐，不带毛刺，每根茎段上保证有3～4个饱满的芽，如图5-2所示。

4）插条催根：为促使插条生根，可以在电热温床上进行扦插繁殖，提高土温，有利于插穗发根。另外，也可以在扦插之前使用生长调节剂进行处理，如吲哚乙酸（IAA）、吲哚丁酸（IBA）、萘乙酸（NAA）等，可以用涂粉法或液剂浸蘸法。

图5-2　剪插穗

5）扦插：深度要适宜，若硬枝插过深，地温低，则氧气供应不足；过浅易使插条失水。一般硬枝春插时上顶芽与地面平，夏插或盐碱地插时顶芽露出地表；干旱地区扦插，插条顶芽与地面平或稍低于地面。扦插角度一般为直插，插条长者，可斜插，但角度不宜超过45°。扦插时，如果土质松软可将插条直接插入；如土质较硬，可先用木棒按株行距打孔，然后将插条顺孔插入，并用土封严实。

6）插后管理：扦插后要尽量提高土温，促进插条下部先生根，后发芽、展叶，保持土壤湿润，通气良好，插后覆膜是一项有效的保水、保温措施。苗木独立生长后，除继续保证水分外，还要追肥，中耕除草。在苗木进入木质化时要停止浇水施肥，以免苗木徒长。

（2）嫩枝扦插　嫩枝扦插又称绿枝扦插，一般在7～9月进行。葡萄、无花果、柑橘和花卉中的杜鹃、一品红、虎刺梅及橡皮树等可采用此法繁殖。以半木质化的当年新梢为插条，通常长5～10 cm，过于幼嫩易腐烂，过老则生根缓慢。嫩枝扦插可保留一部分叶片，叶片仍可以进行光合作用，制造养分，对插条生根有促进作用；叶片较大的种类，为避免水分过度蒸腾，可将叶片剪掉一部分。剪取插穗切口的位置应靠近节下方，切面光滑。多数植物宜于扦插之前剪取插条，但多浆植物需要使切口干燥半天至数天后扦插，以防腐烂。嫩枝扦插处于夏秋季高温季节，叶片蒸腾作用强烈，因此成活的关键在于保持较高的空气湿度，以减少插条和插床的水分消耗，使叶片不致萎蔫；利用自动控制的间歇性喷雾装置，可维持空气的高湿度而使叶面保持一层水膜，降低叶面温度。

（3）芽叶插　芽叶插是指插条仅有一芽附一片叶，芽下部带有盾形茎部一片或一小段茎，插入沙床中，仅露芽尖即可，插后盖上薄膜，防止水分过量蒸发，如菊花、八仙花、山茶花、橡皮树、桂花、天竺葵、宿根福禄考等可采用此方法繁殖。

2. 叶插

叶插用于能自叶上发生不定芽及不定根的园艺植物，以花卉居多，大都具有粗壮的叶柄、叶脉或肥厚的叶片，如球兰、虎尾兰、千岁兰、象牙兰、大岩桐、秋海棠、落地生根等。叶插需选取发育充实的叶片，在设备良好的繁殖床内进行，维持适宜的温度及湿度，从而得到壮苗。

（1）全叶插　全叶插以完整叶片为插穗。一是平置法，即将去除叶柄的叶片平铺在沙面上，加金属针或竹针固定，使叶片下面与沙面密接，如图 5-3a 所示，落地生根和秋海棠等常用此法繁殖。二是直插法，即将叶柄插入基质中，使叶片直立于沙面上，从叶柄基部发生不定芽及不定根。例如，大岩桐从叶柄基部发生小球茎之后再发生根及芽，非洲紫罗兰、豆瓣绿、球兰、海角樱草等均可用此法繁殖。

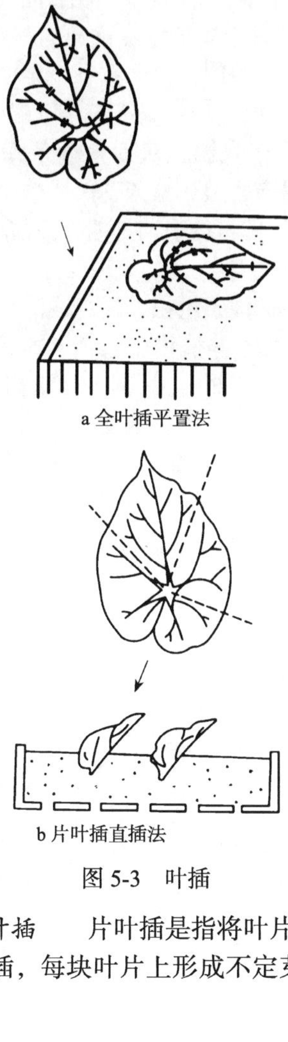

图 5-3　叶插

（2）片叶插　片叶插是指将叶片分切为数块，分别进行扦插，每块叶片上形成不定芽，如图 5-3b 所示，如蟆叶秋海棠、大岩桐、豆瓣绿、千岁兰等。

3. 根插

根插是指利用根上能形成不定芽的能力扦插繁殖苗木的方法。在少数果树和宿根花卉上可采用此法，如枣、山楂、梨、李等果树，以及薯草、牛舌草、秋牡丹、肥皂草、毛恋花、剪秋罗、宿根福禄考、芍药、补血草、荷包牡丹等花卉。休眠期选取一年生根作插穗，截成 15～20 cm 的根段，春季扦插，根上部与地面基本持平，表面覆 1～3 cm 厚的锯末或地膜，如图 5-4 所示。对于根系很细的植物，也可将根系剪碎，直接撒播于苗床，再覆盖一薄层蛭石或其他育苗基质。

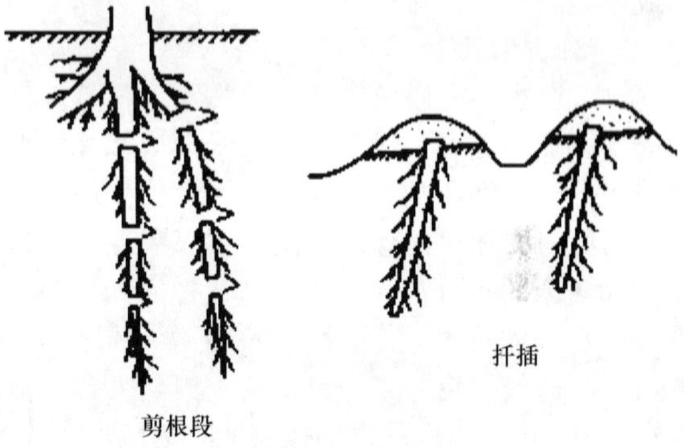

图 5-4　根插

（三）影响扦插生根的因素

1. 内在因素

（1）植物的种类和品种　不同的园艺植物扦插生根的能力有较大的差异。极易生根的植物有木槿、常青藤、南天竹、连翘、番茄、月季等；较易生根的植物有悬铃木、石榴、无花果、葡萄、柑橘、夹竹桃、绣线菊、石楠等；较难生根的植物有君迁子、赤杨、苦楝等；极难生根的植物有核桃、板栗、柿树、马尾松等。同一种植物的不同品种扦插生根的难易也不同，如美洲葡萄中的杰西卡比爱地朗发根难。

（2）树龄、枝龄和枝条的部位　一般枝龄越小，扦插越易成活，其中一年生枝的再生能力最强。从一个枝条的不同部位剪截的插条，其生根情况也有差异。常绿树种，春、夏、秋、冬四季均可扦插。落叶树种夏秋扦插容易，以树体中上部枝条为宜；冬春扦插以枝条的中下部为好。

（3）枝条的发育状况　凡发育充实的枝条，其营养物质比较丰富，扦插容易成活，生长也较良好。嫩枝扦插应在插条半木质化时采取；硬枝扦插多在秋末冬初，营养状况较好的情况下采条；草本植物应在植株生长旺盛时采条。

（4）激素　生长素和维生素对生根和根的生长有促进作用。由于内源激素与生长调节剂的运输方向具有极性运输的特点，如果枝条插倒，则生根仍在枝段的形态学下端。因此，扦插时应特别注意不要倒插。

（5）插穗的叶面积　插条上的叶片能合成生根所需的营养物质和激素，因此嫩枝扦插时，插条的叶面积大则有利于生根。然而插条未生根前，叶面积越大，则蒸腾量越大，插条容易枯死。所以，为有效地保持吸水与蒸腾间的平衡关系，实际扦插时，要依植物的种类及条件调节插条上的叶数和叶面积。一般留2～4片叶，大叶种类要将叶片剪去一半或一半以上。

2. 外界因素

（1）湿度　插条在生根前失水干枯是扦插失败的主要原因之一。因为新根尚未形成，无法顺利供给水分，而插条的枝段和叶片因蒸腾作用不断失水。因此，要尽可能保持较高的空气湿度，以减少插条和插床的水分消耗。尤其嫩枝扦插，高湿可减少叶面水分的蒸腾，使叶片不致萎蔫。插床的湿度要适宜，透气要良好，一般维持土壤最大含水量的60%～80%为宜。利用自动控制的间歇性喷雾装置，可维持空气的高湿度，使叶面保持一层水膜，降低叶面温度；其他如遮阴、塑料薄膜覆盖等方法，也能维持一定的空气湿度。

（2）温度　一般树种扦插时，白天气温达到21～25℃，夜间15℃，就能满足生根需要；但生根则要求土温18～25℃或略高于平均气温3～5℃。如果土温偏低或气温高于土温，扦插枝条会先萌芽，消耗大量营养，反而会抑制根系发生，导致死亡。在我国北方，当春季气温高于土温，扦插时要采取措施提高土壤温度，使插条先发根。例如，使用酿热温床或电热温床来提高土温，促进插条发根。

（3）光照　光对根系的发生有抑制作用，因此，必须使枝条基部埋于土中避光，才可刺激生根。同时，扦插后适当遮阴，可以减少苗床的水分蒸发和插条的水分蒸腾。但遮阴过度，又会影响土壤温度。嫩枝带叶扦插需要有适当的光照，以利于光合作用制造养分，促进生根，但仍要避免日光直射。夏季采用全光照喷雾嫩枝带叶扦插，可兼顾温、光、水、气的最适条件，有效提高生根率，一般在高温期晴天上午9时开始喷水，下午5时停止喷水。

（4）氧气　扦插生根需要氧气。插床中的水分、温度、氧气，三者是相互依存、相互制约的。土壤中的水分多，会引起土壤温度降低，并挤出土壤中的空气，造成缺氧，不利于插条愈合生根，也易导致插条腐烂。一般要求土壤气体中含15%以上的氧气，且水分含量适当。

（5）生根基质　理想的生根基质要求保水性、透气性良好，pH适宜，可提供营养元素，而且不带有害的细菌和真菌，不积水。

（四）促进插条生根的措施

1）机械处理：如剥皮、刻伤、环剥等，可以促进插条生根。

2）黄化处理：适用于生根困难的特殊树种，在其生长初期可以用黑纸等不透光的材料包裹枝条基部，能促进插条组织黄化，有利于生根。

3）加温催根处理：提高插条下端生根部位的温度，使土温高于气温，从而使插条先发根后发芽，常使用电热温床、酿热温床、火炕温床等。

4）浸水处理：休眠期扦插，插前将插条置于清水中浸泡12 h左右，使之充分吸水，达到饱和生理湿度，可以促进插条生根，提高成活率。

5）药物处理：植物生长调节剂吲哚丁酸、吲哚乙酸、萘乙酸、2,4-D，其他化学药剂维生素B_1、维生素C、硼、蔗糖、高锰酸钾等，可采用涂粉法或液剂浸蘸法，不仅能有效促进插条生根，提高扦插成活率，而且使用方便，目前在生产上应用广泛。

第二节　穴盘育苗

一、穴盘育苗的特点

穴盘育苗是指以有机基质和无机基质等轻质材料配比作为育苗基质，以塑料穴盘为育苗容器，将作物种子直接播入穴盘培育幼苗的育苗方法。穴盘育苗技术最初于1960年由美国研究开发，随后这项技术在欧美等农业发达国家得到了推广和普及，并成为许多国家专业化生产商品苗的主要方式。我国于1985年引进穴盘育苗技术，随后该技术以其不可比拟的优势在我国得到迅速发展和普及，特别是近年来随着我国设施园艺的发展，穴盘育苗技术大大提升了我国设施农业的现代化水平，穴盘育苗已成为设施作物育苗的主要方式，它与传统的常规育苗方式相比较，具有以下优点。

1. 提高幼苗质量

穴盘育苗，一次播种一次成苗，幼苗根系发达并与育苗基质紧密黏着，移栽定植时不伤根，缓苗快，移植成活率几乎可达到100%。另外，穴盘苗生长健壮，整齐一致。

2. 适于长距离运输

穴盘苗质量轻，穴盘规格一致，便于装箱，可成批远距离运输，利于集约化、规模化生产及分散供应。

3. 便于实现机械化、自动化

穴盘育苗可采用播种生产线，从基质混拌、装盘、压穴到播种、覆盖、喷水等一整套作业在一条作业线上完成，实现精量播种，每小时可播种700～1000盘，大幅度提高育苗生产效率；机械化播种一穴一粒，可节省种子用量，降低用种成本。日常管理如喷水、喷肥、病虫害防治均可实现机械化、自动化。

二、穴盘的选择

穴盘是育苗的必备容器，是按照一定的规格制成的带有很多小型钵状穴的苗盘，由于轻便、节省面积等特点，塑料穴盘应用比较普遍。按材料不同有聚苯泡沫穴盘和塑料穴盘。塑料穴盘因其塑料种类的不同而分为聚苯乙烯、聚氯乙烯和聚丙烯盘，其常见的颜色为黑色和白色，国内比较常见的塑料育苗穴盘大多为黑色，塑料穴盘的尺寸通常为54.4 cm×27.9 cm，高3.5～5.5 cm。根据孔穴的数目，塑料穴盘可分为32孔、50孔、60孔、72孔、98孔、128孔、200孔、288孔、512孔等不同规格，孔数大小与每孔的容积、体积和基质量成反比，孔越多则每孔的体积越小，其中50孔、72孔、128孔、200孔、288孔穴盘较为常用。不同规格穴盘的基本参数见表5-1。

表5-1 不同规格穴盘的基本参数

穴盘规格/孔	上口边长/cm	下口边长/cm	深度/cm	基质用量/（m^3/1000盘）
50	4.6	3.1	5.0	3.846
72	4.1	2.2	5.5	4.287
128	3.0	1.4	5.0	3.507
288	2.0	0.9	4.0	2.770

穴盘规格的选择对穴盘育苗非常重要，不同的规格对种苗生长影响差异较大，种苗的生长主要受孔穴的容积大小影响。孔穴数目少，孔穴大，基质量多，有利于幼苗生长，但生产成本高；孔穴数目多，孔穴小，基质量少，不利于幼苗生长，但生产成本低。生产上应根据不同的作物种类、育苗季节、幼苗植株生长量的大小、育苗时间的长短等来选择适宜规格的穴盘。苗龄较长、苗体较大的作物种类，应选择孔穴较大、孔数较少的穴盘；反之苗龄较短、苗体较小的蔬菜种类，应选择孔穴较小、孔数较多的穴盘。不同育苗季节、不同作物种类适宜的穴盘规格见表5-2。

表5-2 不同蔬菜种类的穴盘选择和种苗大小

季节	蔬菜种类	穴盘选择	种苗大小
春季	茄子、番茄	72孔	6～7片真叶
	辣椒	128孔	7～8片真叶
	黄瓜	72孔	3～4片真叶
	花椰菜、甘蓝	392孔	二叶一心
	花椰菜、甘蓝	128孔	5～6片真叶
	花椰菜、甘蓝	72孔	6～7片真叶
夏季	芹菜	200孔	5～6片真叶
	花椰菜、甘蓝	128孔	4～5片真叶
	生菜	128孔	4～5片真叶
	黄瓜	72孔	二叶一心
	茄子、番茄	72孔	4～5片真叶

三、穴盘育苗的基质及常用配方

穴盘的穴孔体积较小，有限的基质容量降低了对水分和养分的缓冲能力，因此穴盘苗根系的生长环境与传统苗床的生长环境有很大的差异，不适合采用一般的土壤，必须以人工调制的专用基质来育苗。适合穴盘苗的栽培基质应具备以下特点：①保肥能力强，能供应根系发育所需的养分，并避免养分流失。②保水能力好，避免根系的水分快速蒸发干燥。③透气性佳，使根部呼出的CO_2容易与大气中的氧气交换，避免或减少根部缺氧。④利于根系穿透，能支撑植物；过于疏松的介质，植株容易倒伏，基质养分容易分解流失。⑤pH适宜。

根据这些特点，穴盘育苗主要采用轻型基质，如草炭、蛭石、珍珠岩等。草炭的持水性和透气性好，富含有机质，而且具有较强的离子吸附性能，在基质中主要起持水、透气、保肥的作用；蛭石的持水性特别好，可以起到保水作用；珍珠岩的吸水性差，主要起透气作用。一般的配比含量为草炭：

蛭石：珍珠岩为1：1：1，也可以根据不同地区的特点，调整配比的含量，如南方高温多雨地区可适当增加珍珠岩的含量，干燥地区可以适当增加蛭石的含量。

此外，还可以利用工农业废弃物资源，就地取材制成不同的基质，如椰子纤维（椰糠）、芦苇末、食用菌菌渣、甘草渣、玉米芯、作物秸秆、腐叶等经发酵制成有机基质，用炉渣、细沙、石砾等作无机基质，按照一定的比例混合配成复合基质。另外，在配制育苗基质时，应根据其养分含量特点和不同作物种类对养分的需求添加一定量的肥料。一般草炭与蛭石配制的基质可添加三元复合肥；用食用菌废料配制基质时应多添加氮素营养，如膨化的消毒鸡粪等。另外，还应测定基质的pH，蔬菜幼苗生长一般要求基质呈微酸性，pH为5.5～6.5。因此，可适当添加生理酸性或生理碱性肥料，以调节基质的酸碱度，使之适合蔬菜幼苗的生长需要。几种常见的穴盘育苗的基质配方见表5-3。

表5-3　几种常见的穴盘育苗的基质配方

基质原料	配比
草炭：蛭石	2：1或1：1
草炭：蛭石：珍珠岩	1：1：1
平菇废料：草炭：蛭石	1：1：1
甘草渣：蛭石：珍珠岩	2：1：1
菇渣：玉米芯：蛭石	1：1：1

基质混合后，有可能寄生有危害植物的线虫、真菌、细菌及杂草种子等，因此必须进行消毒，基质消毒可以采取高温消毒法或化学消毒法。80℃以上的高温蒸气维持30 min可以杀死线虫、真菌、细菌及大多数杂草种子。化学消毒法可将40%甲醛溶液稀释50～100倍，将基质均匀喷湿，最后用塑料薄膜密闭覆盖1～2 d后将基质摊开，晾晒7～14 d，使药液的气味充分散掉；消毒药剂也可用0.1%～1%高锰酸钾溶液。

四、穴盘育苗技术

（一）种子处理

1. 种子消毒

播种前对种子进行消毒处理，目的是防止种子携带病原菌、传播病虫害。种子消毒的方法主要有以下几种。

（1）温汤浸种　取一个容器，装入50～55℃的热水，将精选后的种子倒入，不断搅动，并随时补充热水，使水温稳定在50～55℃，浸泡15～20 min。此法可消灭种子内外部的真菌、细菌等病原菌。

（2）干热消毒　将干燥（含水量<2.5%）种子置于恒温箱，保持75℃高温处理72 h，可杀死种子内外的病原菌和病毒。

（3）药液浸种　将种子放入10%磷酸三钠溶液或2%氢氧化钠溶液中，浸泡15～20 min，可用于防治病毒病；用稀释100倍的40%甲醛溶液浸泡15～20 min，捞出后用湿布包裹放入密闭容器2～3 h，以充分发挥药剂的杀菌效力，然后取出用清水洗净、催芽，可防治早疫病、叶霉病等；用高锰酸钾浸种时，先将种子放到50℃的温水中浸种25 min，然后再放入1%高锰酸钾溶液中15 min，取出后用清水反复冲淘至水清为止，浸种过程中需要不断搅拌；用50%的可湿性粉剂200～300倍液浸种10 min可以预防炭疽病和立枯病。

2. 浸种催芽

种子消毒结束后，要浸种催芽，以缩短出苗时间，减少烂种、干种等损失，提高出苗率。浸种的主要目的是让种子充分地吸水膨胀，不同种类的作物种子适宜的浸种时间也不同，一般黄瓜浸种4 h，番茄、辣椒浸种6～8 h，南瓜浸种8～10 h，西瓜、葫芦浸种12 h。浸种完成后捞出，用湿纱布包裹，置于25～30℃条件下催芽，催芽期间每天用清水淘洗种子1～2次，并翻动数次，以保证种子有充足的水分和氧气发芽，80%以上的芽露白时即可播种。

（二）基质装盘

如果基质较干，最好把基质湿润，先喷水，使基质的含水量达到60%左右，手握能成团，但水不从指缝滴出，松手后轻轻一捅团能散开即可。将潮湿的基质装在盘中，装盘时应注意不要用力压紧，因为压紧后，基质的物理性状受到破坏，使基质中的空气含量和可吸收水的含量减少；正确方法是用刮板从穴盘的一方刮向另一方，使每个穴盘都装满基质，填充时要均匀一致，填的基质必须一样多，尤其是四角和盘边的孔穴，一定要与中间的孔穴一样；基质不能装得过满，装完后各个格室应能清晰可见。

（三）播种

装好的穴盘在播种前要进行压穴，以利于播种，可用专门制作的压穴器压穴，也可以将装好基质的穴盘垂直码放在一起，一摞4～5盘，上面放一只空盘，两手平放在盘上均匀下压至要求深度为止。压穴的深度根据种子的大小而定，一般为0.5～1.5 cm，瓜类、豆类等大粒种子压穴深，茄果类、叶菜类等中小粒种子压穴浅。播种时将种子点在压好穴的盘中，尽量使种子的胚根向下或平放，每穴一粒，避免漏播，发芽率偏低的种子每穴播2粒。播种后覆盖基质，或者用蛭石、珍珠岩等覆盖，覆盖基质也要注意厚度均匀一致，利于出苗整齐，太薄种子易戴壳出土，太厚影响种子出土、易烂种，一般与穴盘格室相平为宜。

将播好的穴盘铺放在苗床中，及时用清水将苗盘浇透，浇水时喷洒要轻而匀，防止将孔穴内的基质和种子冲出；也可在播种前先将穴盘内的基质浇透水，然后再进行播种。播种完成后在穴盘上平铺覆盖一层透明地膜，以利于保温保湿，使其尽早出苗；也可在覆盖地膜时，在育苗盘上安放一些小竹条，使薄膜与育苗盘之间留有空隙，防止未揭膜前影响早出苗的生长。另外，压穴、播种、浇水、覆盖这几个环节在时间上一定要紧凑，否则造成水分蒸发，不利种子萌发。

（四）播种后的管理

1. 温度与水分的管理

苗期不同的作物对于温度的要求也不同，苗期温度、水分管理按“两低两高”的原则。以茄果类为例，第一期：种子萌芽期，对温度、水分及氧气的需求较高以利发芽，昼温25～28℃、夜温20℃，基质相对湿度维持在95%～100%，一般不用浇水；第二期：子叶及茎伸长期（展根期），温度适当降低，昼温20～25℃、夜温10～15℃，齐苗后用小水喷淋1次，该阶段水分供应稍减，相对湿度应降到80%，增加基质的通气量，以利根部在通气较佳的基质中生长；第三期：真叶生长期，温度要高些，昼夜温度分别为28℃和18℃左右，供水应随苗株的成长而增加，根据苗期掌握浇水时间；第四期：炼苗期，降温炼苗，昼温20～25℃，夜温前半夜14～17℃、后半夜12～13℃，宜限制给水以健壮植株。温度调节可通过放风、内外遮阳、湿帘风机等来完成。

2. 植株营养的管理

苗期结合喷水进行3次左右的叶面肥喷施，7～10 d 1次，可用0.1%尿素和0.1%磷酸二氢钾喷施，后期可稍加大浓度，二者总浓度为0.3%，最大不超过0.4%。

喷水喷肥时最好选在晴天的上午，喷水后若室内湿度过大，可酌情通风排湿，以减少病害发生；喷水喷肥一定要喷透，喷肥后最好再稍喷一遍水，以减小叶面肥的浓度，避免在叶片上形成肥害点。气候因素如气温骤变有时会造成磷吸收障碍，造成植株缺磷现象，初期叶背发紫，生长点生长缓慢，叶片无光泽；后期生长点停滞生长，个别苗株的叶片脱落，遇此情况，可用0.2%磷酸二氢钾喷施予以补救。

3. 苗期病虫害的防治

（1）猝倒病　症状：其主要表现是烂种、死苗和猝倒。烂种是指播种后种子尚未萌发就遭受病菌侵染，腐烂死亡。死苗是指种子萌发后出土遭受病菌侵入而死亡。猝倒是指幼苗出土后遭受病菌侵染，幼茎基部发生水渍状暗斑，继而绕茎扩展逐渐缢缩呈细线状，幼苗地上部倒伏地面，基质湿度大时，病苗上常生白色棉絮状菌丝。

发病条件：连阴雨天气、光照不足及幼苗生长衰弱时有利于病原传播，如遇寒流侵袭，不注意放风，则会加重病害发生。

防治方法：①播前，苗盘、基质消毒。②加强苗床的温、湿度管理，适时适量放风，避免低温高湿条件出现，不要在阴雨天喷水、喷肥和喷药。③喷施0.2%磷酸二氢钾和0.1%氯化钙等提高幼苗的抗病力。④药剂防治：幼苗出土后用30%苗菌敌800倍液、32.5%苗菌灵750倍液或72.2%普力克800倍液7～10 d喷施1次。

（2）立枯病　症状：刚出土的幼苗及大苗均可发病，病苗茎基部变褐，后病部收缩细缢，茎叶萎垂枯死，稍大的苗白天萎蔫，夜间恢复，当病斑绕茎一周时，幼苗逐渐枯死，但不呈猝倒状，病部初生椭圆形褐色斑，具同心轮纹及淡褐色蛛丝状霉。

发病条件：播种过密、间苗不及时、温度过高易诱发此病，病菌易危害茄果类、黄瓜、豆类、白菜、油菜、甘蓝等。

防治方法：①加强苗床管理，提高地温，科学放风，防止苗盘高温高湿条件出现。②喷洒0.1%～0.2%磷酸二氢钾可增强抗病力。③苗盘、基质和种子的消毒工作一定要做好。④药剂防治：用36%甲基硫菌灵悬浮剂500倍液或72.2%普力克水剂800倍液加50%福美双可湿性粉剂800倍液喷施，视病情7～10 d喷1次。

第三节 工厂化育苗

一、工厂化育苗的概况与特点

工厂化育苗是以先进的温室和工程设备装备种苗生产车间，以现代生物技术、环境调控技术、施肥灌溉技术、信息管理技术贯穿种苗生产过程，以现代化、企业化的模式组织种苗生产和经营，从而实现种苗的规模化生产。

工厂化育苗是随着现代农业的发展，以及农业规模化经营、专业化生产、机械化和自动化程度不断提高而出现的一项先进的农业技术，是现代化农业的重要组成部分。它是在人为创造的最佳环境条件下，采用科学化、机械化、自动化等技术措施和手段，进行批量生产优质秧苗的一种生产方式。通过优质种苗的供应、推广和使用园艺作物良种、节约种苗的生产成本、降低种苗的生产风险和劳动强度，为园艺作物的优质高产打下基础。20 世纪 60 年代，美国维生种苗公司率先研制开发穴盘育苗技术，20 世纪 70 年代荷兰、意大利、加拿大、日本、韩国等引进美国的先进技术，各国在蔬菜、花卉等的育苗方面逐渐进入机械化、科学化的研究。由于温室业的发展，节省劳力、提高育苗质量和保证幼苗供应时间的工厂化育苗技术日趋成熟。

1985 年，我国从美国引进工厂化育苗技术与设备，包括硬塑穴盘、精量播种设备，在北京建立了第一个蔬菜机械化育苗场——花乡育苗场，1987 年正式投产，进行蔬菜种苗商品化生产的示范和推广。自 20 世纪 90 年代以来，特别是伴随我国设施农业的迅速发展，园艺作物的工厂化育苗技术得到迅速推广，从事工厂化育苗的规模化企业越来越多地出现，工厂化育苗已成为园艺作物育苗的重要形式。

与传统的育苗方式相比，工厂化育苗具有以下特点。

1．节省能源与资源

工厂化育苗是采用穴盘进行育苗，与传统的营养钵育苗相比较，育苗效率由 100 株 /m^2 提高到 700～1000 株 /m^2，能大幅度提高单位面积的种苗产量，节省电能 2/3 以上，显著降低育苗成本。

2．提高秧苗素质

工厂化育苗能实现种苗的标准化生产，育苗基质、营养液等采用科学配方，实现水肥管理和环境控制的机械化和自动化。穴盘育苗一次成苗，幼苗根系发达并与基质紧密黏着，定植时不伤根系，容易成活，缓苗快，能严格保证种苗质量和供苗时间。

3．提高种苗生产效率

工厂化育苗采用机械精量播种技术，大大提高了播种率，节省了种子用量，提高了成苗率。

4．商品种苗适于长距离运输

成批出售，对发展集约化生产和规模化经营十分有利。

二、工厂化育苗的设施与设备

（一）工厂化育苗的设施

工厂化育苗的场地由播种间、催芽室、育苗温室、计算机管理控制室等组成。

1．播种间

播种间主要是进行播种操作的场所，通常也与包装间互为一体，作为商品苗包装场所。播种间内的主要设备是播种流水线或用于播种的其他机械设备，以及放置一些基质、肥料、育苗车、育苗盘等。机械化播种如图 5-5 所示。播种间要求有足够的空间，便于播种操作，另外要保证操作人员和育苗车

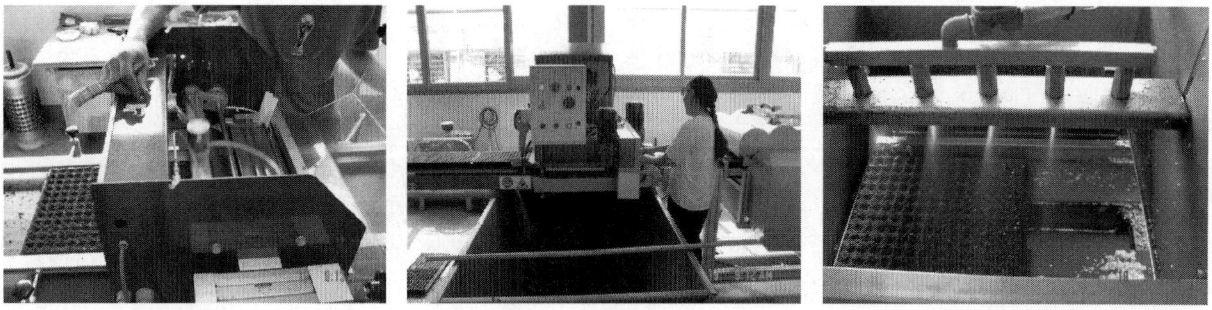

a 基质装盘　　b 播种　　c 浇水

图 5-5　机械化播种

的出入顺畅。播种间的占地面积和高度需要根据育苗厂的规模及播种流水线机械的体积而定，一般面积为 100 m²，高 2.5 m 以上，目前多以彩色轻质钢板建造，可实现大跨度结构。此外，播种间应安装给水、排水、电、暖等设备。

2. 催芽室

播种后将穴盘送入催芽室进行催芽，因此催芽室要能提供种子发芽的温度、湿度、氧气等条件，并能根据不同作物种子发芽的需求来调节。催芽室多以密闭性、保温隔热性好的彩钢板建造。为方便不同种类、不同批次的种子催芽，催芽室设有多个小单元，每单元为 20 m² 左右，一般有 3 个单元以上。因穴盘在催芽时可多层码放，节省空间，因此催芽室的高度应建得高些，一般在 4 m 以上。催芽室设有加热、增湿、补光、空气交换等自动控制和显示系统，室内温度为 20～35℃，可以调节，相对湿度能保持在 75%～90%，气流均匀度在 95% 以上。

3. 育苗温室

育苗温室是工厂化育苗中最重要的设施。大规模的工厂化育苗企业要求建设现代化的连栋温室作为育苗温室。温室要求南北走向、透明屋面东西朝向、保证光照均匀。温室内需配备完善的加温、降温、遮阴、补光、灌溉和 CO_2 施肥系统等，为种苗生长提供最适宜的环境，并应用计算机网络技术，能够实现温室环境控制的自动化，实现种苗生产的信息化管理，如图 5-6 所示。

图 5-6　育苗温室

4. 计算机管理控制室

育苗温室的环境控制由传感器、计算机、电源、配电箱和监测控制软件等组成，对加温、降温、排湿、补光、灌溉等系统实施准确而有效的控制。计算机管理控制室还具有育苗温室环境监测、数据采集处理、图像分析与处理、决策等功能。

（二）工厂化育苗的主要设备

1. 穴盘精量播种设备和生产流水线

工厂化育苗自动精量播种系统由育苗穴盘摆放机、送料及基质装盘机、压穴机及精播机、覆土和喷淋机等五大部分组成，基质搅拌、装盘、压穴、播种、覆盖、喷水等 6 道工序一次完成，整个播种系统由微电脑控制和调节。日常运行时生产线上配 4 名作业管理人员，1 穴 1 粒，准确率可保持在 98% 左右，成苗率为 80%～95%。其中精量播种机根据播种器的作业原理不同，可分为机械转动式、真空气吸式 2 种类型。机械转动式精量播种机对种子的形状要求极为严格，种子需要进行丸粒化处理方能使用；而真空气吸式精量播种机对种子的形状要求不是很严格，种子可不进行丸粒化加工。

欧美及日本等农业先进国家采用工厂化育苗已有 30 多年的历史，已建立了完备的工厂化育苗播种生产体系。我国对机械化育苗设备的研制应用起步较晚，与一些发达国家相比还有很大差距。但多年来国内的科研单位也研制出了一些育苗播种机的成品，主要有中国工业工程研究设计院和中国农业大学等单位联合研制成功的 2XB-400 型穴盘育苗精量播种机，广西农业机械研究院研制的 2ZBQ-300 型双层滚筒气吸播种机，胖龙（邯郸）温室工程有限公司研制的 BZ30 穴盘精量播种机，浙江台州一鸣机械设备有限公司研制的 YM-0911 蔬菜花卉育苗气吸式精量播种流水线。经过多年的发展，我国的设施育苗精量播种装置取得了一定的成果，但是在今后的发展道路上还有很多问题需要解决和完善。

2. 育苗环境自动控制系统

育苗环境自动控制系统主要是指育苗过程中的温度、湿度、光照等的环境控制系统。我国多数地区设施作物的育苗是在冬季和早春低温季节或夏季高温季节，为培育健壮的秧苗，必须根据不同种类作物幼苗的需求人为创造适宜幼苗生长的环境条件。因此，在育苗温室内需配备环境调控的仪器设备进行调节控制，以满足幼苗对光照、温度及湿度（水分）的要求。

（1）加温系统　除热带地区以外，我国大部分地区的冬季都比较寒冷，冬季进行种苗生产时，加温是必备措施。目前现代化大型育苗温室的室内加温方式主要有热水管道加温和燃煤燃油热风炉加温。育苗温室内的温度控制要求冬季白天温度晴天达 25℃，阴雪天达 20℃，夜间温度能保持在 14～16℃，以配备若干台 15 万 kJ/h 燃油热风炉为宜，水暖加温往往不利于出苗前后的温度升温控制。

育苗床架内埋设电加热线可以保证秧苗根部的温度在10～30℃任意调控，以便满足在同一温室内培育不同园艺作物秧苗的需要。

（2）降温排湿系统　工厂化育苗企业周年生产，夏季设施内的温度超过35℃会影响幼苗的正常生长。育苗温室要安装降温设备，目前温室内的降温方式主要有以下三种。

1）通风降温：温室面积在2000 m^2以上，就需安装大功率的排风扇；在开窗自然通风不能达到降温效果时，进行强制通风降温。

2）遮阳降温：需安装室外遮阳降温系统和室内遮阳降温系统，室外遮阳效果更好，各种遮阳网都可使用；室内遮阳主要是反射太阳光，使用缀铝条的遮阳网效果较好。另外，还可使用白色涂料喷在温室外表面，阻止太阳辐射进入室内，其遮阳率最高可达85%。

3）蒸发降温：安装湿帘风机降温系统、喷雾降温系统，利用水蒸发吸热来降低室内温度，另外还可采用屋面流水降温等。排湿系统主要是靠自然通风换气和排风扇。在夏季温室内温度较高的情况下，空气湿度通常不高。

（3）补光系统　冬春季节育苗，外界光照强度弱，温室内就更容易出现光照不足，因此要安装补光系统。在自然光照不足时，开启补光系统可增加光照强度，满足各种园艺作物的幼苗健壮生长的要求。补光强度要求在植物光饱和点以上（3000 lx），光线中富含蓝光和红光，最好类似于太阳光的连续光谱，能有效维持秧苗的正常生长发育，提高秧苗品质。以前设施内常用的人工光源均为电光源，目前常用荧光灯、高压钠灯、生物效应灯等，荧光灯的发光效率高，价格便宜，使用寿命在3000 h以上，且荧光灯的发光光谱可通过改变荧光粉的成分，获取所需光谱，是目前使用最普遍的一种光源。选取光源时要考虑光源的种类、功率、光谱特性、实际光能，还要注意价格、使用寿命等。

（4）CO_2补气系统　由于温室环境相对封闭，开窗通风时间有限，有时会出现CO_2不足，从而影响幼苗的正常生长，因此温室内需配备CO_2补气系统。常用的方法有以下几种，实际生产中可根据具体情况进行选择。

1）燃烧法：燃烧法是指通过燃烧柴油、汽油、天然气、液化气、沼气等燃料产生CO_2。此方法供气量大，操作方便，费用较低，但供气量不易控制，同时易产生CO、SO_2、NO_2等有害气体。

2）电解法：电解法是指利用可溶性金属碳酸盐电解释放CO_2。优点是气量大、气体纯、无污染、便于操作控制，缺点是投资大、成本高，发达国家育苗温室常采用。

3）土壤化学法：土壤化学法是指利用碳酸钙等埋入土壤，缓慢释放CO_2。此方法操作简单，但供气量不易控制，而且贮存困难。

4）成品气法：成品气法是指成品CO_2经压缩贮存于钢瓶中，在温室内直接释放施用。此方法使用方便，供气量可控制，但成本较高，在大规模工厂化育苗中应用较多。

补充CO_2在白天进行，一般浓度为600～1500 μL/L。为保证温室内的CO_2分布均匀，室内还应安装环流风机，同时施用CO_2时还应注意提高温室内的温度，尽量使光照充足，降低空气湿度等，促进幼苗充分利用CO_2进行光合作用。

（5）控制系统　工厂化育苗的控制系统可对环境的温度、光照、空气湿度和水分、营养液灌溉实行有效的监控和调节。由传感器、计算机、电源、监视和控制软件等组成，可对加温、保温、降温排湿、补光和微灌系统实施准确而有效的控制。

3. 灌溉和营养液补充设备

种苗工厂化生产必须有高精度的喷灌设备，要求供水量和喷淋时间可以调节，并能兼顾营养液的补充和喷施农药。对于灌溉控制系统，最理想的是能根据水分张力、基质含水量或温度变化控制调节灌水时间和灌水量。应根据种苗的生长速度、生长量、叶片大小及环境的温湿度状况决定育苗过程中的灌溉时间和灌溉量。苗床上部设行走式喷灌系统，保证穴盘每个孔浇入的水分（含养分）均匀。

4. 运苗车与育苗床架

运苗车包括穴盘转移车和成苗转移车。穴盘转移车将播完种的穴盘运往催芽室，车的高度及宽度应根据穴盘的尺寸、催芽室的空间和育苗数量来确定。成苗转移车采用多层结构，根据商品苗的高度确定放置架的高度，车体可设计成分体组合式，以利于不同种类园艺作物种苗的搬运和装卸。

育苗床架可选用固定床架和育苗框组合结构或移动式育苗床架。应根据温室的宽度和长度设计育苗床架，在育苗床上铺设电加温线、珍珠岩填料和无纺布，以保证育苗时根部的温度，每行育苗床的电加温由独立的组合式控温仪控制。移动式苗床设计只需留一条走道，通过苗床的滚轴任意移动苗床，可扩大苗床的面积，使育苗温室的空间利用率由60%提高到80%以上。育苗车间育苗架的设置以经济有效地利用空间、提高单位面积的种苗产出率及便于机械化操作为目标，选材以坚固、耐用、低耗为原则。

三、工厂化育苗的管理技术

（一）工厂化育苗的生产工艺流程

工厂化育苗的生产工艺流程主要包括：种子处理工序（种子精选、种子丸粒化）→基质处理工序（粉碎→过筛→混拌）→精量播种工序（穴盘清洗、消毒、干燥、穴盘装基、压穴、精播、覆盖、喷水）→催芽→育苗温室培养→炼苗→出圃→穴盘周转。具体工序如图 5-7 所示。

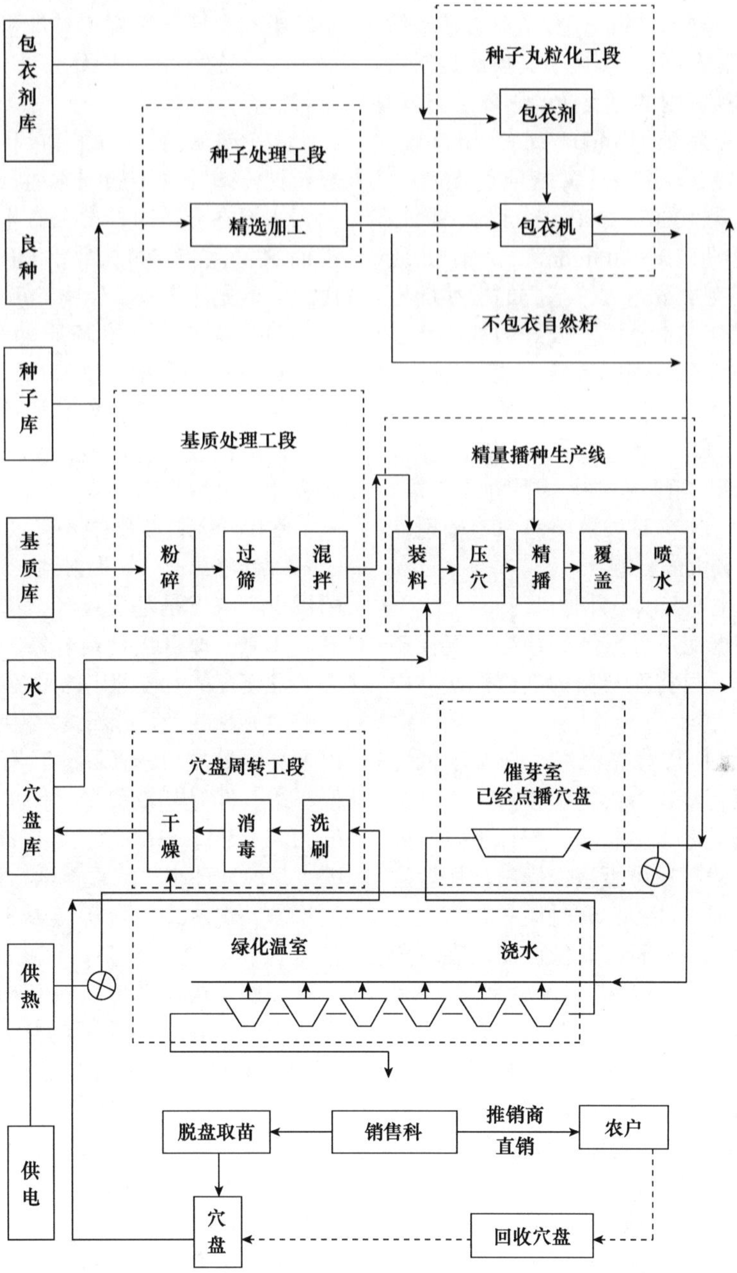

图 5-7　工厂化育苗的工艺流程

（二）基质配方的选择

1. 育苗基质的基本要求

工厂化育苗的基本基质材料有珍珠岩、草炭（泥炭）、蛭石等。国际上常用草炭和蛭石各半的混合基质育苗；我国一些地区就地取材，选用轻型基质与部分园土混合，再加适量的复合肥配制成育苗基质。

穴盘育苗对基质的总体要求是尽可能使幼苗的水分、氧气、温度和养分供应得到满足。影响基质的理化性状主要有基质的pH、基质的阳离子交换量与缓冲性能、基质的总孔隙度等。有机基质的分解程度直接关系到基质的容重、总孔隙度及吸附性与缓冲性，分解程度越高，容重越大，总孔隙度越小，一般以中等分解程度的基质为好。不同基质的pH各不相同，泥炭的pH为4.0～6.6，蛭石的pH为7.7，珍珠岩的pH为7.0左右，多数蔬菜、花卉幼苗要求的pH为微酸性至中性。阳离子交换量是指物质的有机与无机胶体所吸附的可交换的阳离子总量，高位泥炭的阳离子交换量为1400～1600 mmol/kg，浅位泥炭为700～800 mmol/kg，腐殖质为1500～5000 mmol/kg，蛭石为1000～1500 mmol/kg，珍珠岩为15 mmol/kg，沙为10～50 mmol/kg。有机质含量越高，其阳离子交换量越大，基质的缓冲能力就越强，保水与保肥性能也越强。较好的基质要求有较高的阳离子交换量和较强的缓冲性能。孔隙度适中是基质水、气协调的前提，孔隙度与大小孔隙比例是控制水分的基础。风干基质的总孔隙度以84%～95%为好，茄果类育苗比叶菜类育苗略高。另外，基质的导热性、水分蒸发蒸腾总量与辐射能等均对种苗的质量有较大的影响。

常用的有机基质主要有以下几种。

（1）*泥炭*　根据泥炭形成地的纬度、气候条件和分解程度的不同，可将泥炭分为低位泥炭、中位泥炭和高位泥炭三大类。

1）低位泥炭：也称富营养泥炭，分布于低洼积水的沼泽地带，以苔藓、芦苇等植物为主。其分解程度高，氮和灰分元素含量较高，酸性不强，养分有效性较高，风干粉碎后可直接作肥料使用。它的容重较大，吸水、通气性差，有时还有较多的土壤成分，矿物质的含量往往较高。低位泥炭在我国分布较广，储量也很丰富，有机质含量高达37%，水解氮为270～290 mg/kg，pH 5.0，总孔隙度大于80%，阳离子交换量为700 mmol/kg，这些指标都达到或超过国外同类产品的质量标准。但这类泥炭宜直接作为肥料使用，而不宜作为无土栽培的介质。

2）中位泥炭：也称中营养性泥炭。在低位泥炭沼泽中的各种植物死亡后渐渐堆积使地面隆起，而地下水又难以流到上面，造成矿物质营养供应缺乏；由于木本植物逐渐枯死，而大量仅需大气供养的苔藓却得到了发育，在这类沼泽中生成的泥炭属于中位泥炭。这类泥炭在我国分布较少，只限于东北冷湿地带，面积不大，储量也很少。

3）高位泥炭：也称贫营养型泥炭，主要由泥炭藓属植物残体组成，故又称泥炭藓泥炭。分布于低位泥炭形成地形的高处，沼泽中的植物陆续死亡和堆积，沼泽表面不断抬高、隆起，当其高出水面时，植物依靠土壤吸收地下养料更加困难，而苔藓植物大量生长发育，就在低位泥炭沼泽上形成了高位泥炭。高位泥炭在我国分布较少，主要分布在加拿大、俄罗斯等近北极圈地区。其分解程度低，氮和灰分元素的含量较少，酸性较强（pH 4.0～5.0）。容重较小，吸水、通气性好，一般可吸持相当于自身重量10倍以上的水分。在无土栽培中可作为复合基质的原料。

（2）*锯木屑*　除有毒、有油分的树种外，一般树种（阔叶木）的锯木屑都可以使用。未经腐熟的锯木屑在育苗时，常因微生物活动消耗大量的氮素而缺氮，使C/N失调，幼苗叶片黄绿。如需使用，应事先补充氮，经腐熟后使用。

（3）*菇渣*　该基质的理化性状好，管理简单，育苗较易成功。宜使用上一年种过平菇的棉籽壳，并进行再次堆置发酵。该基质为废物利用，可以降低育苗成本，但应注意其中夹带的杂物及病原菌虫卵。

常用的无机基质主要有以下几种。

（1）*珍珠岩*　优点是容重轻，搬运方便，带菌极少。缺点是基质过轻，浇水过猛时颗粒会受冲刷而飞溅，漂浮出育苗容器。属惰性基质，缓冲性小。设施育苗上较常用的颗粒大小为3～4 mm。

（2）*蛭石*　蛭石为次生云母矿石经过1000℃以上高温处理后的产品，具有相对密度小、搬运方便、透气性好、带菌少、保水性强等优点。总孔隙度为133.5%，pH 6.5，无有毒物质，属惰性基质。缺点是缓冲性小，缺乏氮素、速效磷等元素。

（3）*炉渣*　资源丰富，成本低，很少带菌，含全氮、速效磷较多，容重适中，有利于固定根系。一般以粒径为0.5～5.0 mm的较好（最佳粒径为2.0～3.0 mm），隔年的炉渣基质应消毒，可用0.05%～0.1%高锰酸钾溶液浸泡消毒。

（4）*岩棉*　质量较轻，搬运方便，带菌少，持水力强。农用岩棉属亲水性，酸碱度适中。因持水力强，若浇水或供营养液过多，通透性差，则易引起根系腐烂。

工厂化育苗基质选材的原则是：①尽量选择当地资源丰富、价格低廉的物料；②育苗基质不带病菌、虫卵，不含有毒物质；③基质随幼苗植入生产田后不污染环境与食物链；④能发挥土壤的基本功能与效果；⑤有机物与无机材料复合基质为好；⑥相对密度小，便于运输。

2. 育苗基质的配制

配制育苗基质的基础物料有草炭、蛭石、珍珠岩等。经特殊发酵处理后的有机物如芦苇渣、麦秆、稻草、食用菌生产下脚料等可以与珍珠岩、草炭等按体积比混合（1∶2∶1或1∶1∶1）制成育苗基质。生产上宜根据不同作物的种类配制育苗基质。

育苗基质的消毒处理十分重要，可以用40%甲醛消毒、蒸气消毒、太阳能消毒或加多菌灵处理等。多菌灵处理成本低，应用较普遍，1.5～2.0 m^3 基质加50%多菌灵粉剂500 g拌匀消毒。在育苗基质中加入适量的生物活性肥料，有促进秧苗生长的良好效果。对于不同的园艺作物种类，应根据种子的养分含量及种苗的生长时间，配制时加入生物活性肥料。

（三）营养液的配制与管理

育苗过程中营养液的添加取决于基质成分和育苗时间，采用以草炭、生物有机肥料和复合肥合成的专用基质，育苗期间以浇水为主，适当补充一些大量元素即可。采用草炭、珍珠岩、蛭石为育苗基质时，营养液配方和施肥量是决定种苗质量的重要因素。

1. 营养液配方

园艺作物无土育苗的营养液配方各地介绍了很多，一般在育苗过程中，营养液以大量元素为主，微量元素由育苗基质提供。几种蔬菜的营养液配方见表5-4，使用时注意浓度并调节EC、pH。

表5-4　几种蔬菜的营养液配方　（单位：g/L）

肥料种类	番茄	黄瓜	南瓜	甘蓝	莴苣	芹菜	小萝卜	菜豆
硝酸钙	2.520			1.260	0.658		0.675	0.675
硝酸钾		0.915	0.763		0.550		0.610	
硝酸钠			0.386			0.644		
硫酸铵		0.190		0.237	0.237		0.284	
硫酸镁	0.537	0.537	0.537	0.537	0.25	0.752	0.537	0.538
硫酸钾						0.500		0.750
硫酸钙					0.078	0.337		
磷酸钙		0.589			0.589	0.294	0.589	0.350
磷酸二氢钾	0.525			0.350		0.175		
过磷酸钙		0.337	1.170					0.500
氯化钠						0.156		

2. 营养液的管理

工厂化育苗的营养液管理包括营养液的浓度、EC、pH及供液的时间、次数等。一般情况下，育苗期的营养液浓度相当于成株浓度的50%～70%，EC为0.8～1.3 mS/cm，配制时应注意当地的水质条件、温度及幼苗的大小。灌溉水的EC过高会影响离子的溶解度。温度较高时，应降低营养液浓度，较低时可考虑营养液浓度的上限；子叶期和真叶发生期以浇清水为主或取营养液浓度的低限，随着幼苗的生长逐渐提高营养液的浓度。营养液的pH随着园艺作物种类的不同而稍有变化，苗期适应的pH为5.5～7.0，适宜值为6.0～6.5。营养液的使用时间及次数取决于基质的理化性质、天气状况及幼苗的生长状态，原则上应：晴天多用，阴雨天少用或不用；气温高多用，气温低少用；大苗多用，小苗少用。工厂化育苗的水肥运筹和自动化控制，应建立在环境（光照、温度、湿度等）与幼苗生长的相关模型的基础上。

（四）培育壮苗的环境调控

工厂化育苗条件下，环境调控主要是指对温度、光照、CO_2的调控。

1. 温度

温度是秧苗生长发育最基本的一个生态因子，控制适宜的温度是培育壮苗的重要技术环节之一。不同园艺作物种类及作物的不同生长阶段对温度有不同的要求。催芽室的空气湿度要保持在90%以上。蔬菜或花卉幼苗生长期间的温度应控制在合适的范围内，主要蔬菜的工厂化育苗温度管理要求见表5-5。

表5-5　主要蔬菜的工厂化育苗温度管理要求

蔬菜种类	催芽室温度/℃	苗期白天温度/℃	苗期夜间温度/℃
茄子	28～30	25～28	15～18
辣椒	28～30	25～28	15～18
番茄	25～28	22～25	13～15
黄瓜	26～28	22～25	13～16
甜瓜	28～30	23～26	15～18
西瓜	28～30	23～26	15～18
生菜	20～22	18～22	10～12
甘蓝	22～25	18～22	10～12
花椰菜	20～22	18～22	10～12
芹菜	15～20	20～25	15～20

2. 光照

在温室育苗条件下，由于采光屋面的透光率低，秧苗所接受的光强往往在光饱和点（40～70 klx）以下。因此，随着光照强度的增加，光合产物相应增加，尤其是在冬春寡照的地区，光强往往成为培育壮苗的限制因子。当光强降到光补偿点（2～4 klx）时，秧苗基本不生长，幼苗节间伸长，叶片薄，苗发黄，花芽分化延迟，花芽质量差。增加苗期光照的主要途径有清洗温室的采光面，提高透光率；延长光照时间；扩大秧苗的营养面积；人工补光等。在光照不足的条件下，人工补光有显著效果。例如，番茄用光强 8 klx 的灯光，每天夜间补光 7～8 h，补光 22 d，比对照早期产量增加 21.4%，总产量增加 18.3%。

通过秧苗质量与苗期营养面积的相关分析，地上营养面积（光合营养面积）及地下营养面积（根系营养面积）对番茄、辣椒等果菜类秧苗生长及秧苗质量的影响很大。成苗期秧苗的生长受营养面积的影响达 2/3 以上，地上或地下营养面积的任何一方面的变化都能对秧苗的生长产生影响。例如，地下营养面积相同，加大地上营养面积以后，秧苗的质量显著提高，番茄冠干重 / 株高增加一倍左右，黄瓜增加 50% 左右，且冠干重 / 株高在不加大地上营养面积前与地下营养面积相关，加大地上营养面积后相关不显著。

3. CO_2

秧苗营养包括矿质营养及碳素营养，碳素营养主要来源于空气中的 CO_2。国内外大量试验证明，苗期人工增施 CO_2 能显著提高秧苗的质量，表现为：根系增多，叶面积增大，叶数增多，叶片增厚，秧苗根系活力增强；叶片的叶绿素含量及气孔数增多；光合效率提高，生长速度加快，干鲜重增加；有利于育苗期的缩短。施用浓度：果菜类蔬菜秧苗为 1000～1500 mL/L，一般叶菜为 600～1000 mL/L。每日上午施用 2 h，连续施用 20～40 d。人工施用 CO_2 的方法及碳源有多种，从经济、方便及有效的角度来看，利用钢瓶 CO_2 压缩气体，通过有孔塑料管在覆盖的小拱棚内释放的技术是可取的。

（五）苗期的病虫害防治

瓜果类蔬菜及花卉在育苗过程中都有一个子叶内的贮存营养大部分消耗，而新根尚未完全发育、吸收能力很弱的断乳期，此时幼苗的自养能力较弱，抵抗能力低，易感染各种病害。园艺作物幼苗期易感染的病害主要有猝倒病、立枯病、灰霉病、霜霉病、菌核病、疫病、病毒病等；由于环境因素引起的生理性病害有寒害、冻害、热害、旱害、盐害、沤根、有害气体毒害、药害等。

对于以上各种病理性和生理性病害要以预防为主，做好综合防治工作，即提高秧苗素质，控制育苗环境，及时调整并杜绝各种传染途径，做好穴盘、器具、基质、种子等的消毒工作，再辅以经常检查，尽早发现病害症状，及时进行适当的化学药剂防治。育苗期间常用的化学农药有 75% 百菌清粉剂 600～800 倍液，可防治猝倒病、立枯病、霜霉病、白粉病等；50% 多菌灵 800 倍液可防治猝倒病、立枯病、炭疽病、灰霉病等；25% 瑞毒霉 1000～1200 倍液、70% 甲基托布津 1000 倍液和 72% 普力克 400～600 倍液等对蔬菜瓜果的苗期病害防治都有良好的效果。化学防治过程中应注意秧苗的大小和天气的变化，小苗用较低的浓度，大苗用较高的浓度；1 次施药后如连续晴天可以间隔 10 d 左右再用 1 次，如果连续阴雨天则间隔 5～7 d 再用 1 次；用药时必须将药液直接喷洒到发病部位；为降低育苗温室的空气及基质的湿度，打药时间以晴天上午为宜。对于猝倒病等发生于幼苗基部的病害，如基质及空气湿度大，则可以用药土覆盖的方式防治，即用基质配成 400～500 倍多菌灵土撒于发病中心周围及幼苗基部，同时拔除病苗，清除出育苗温室，集中处理。对于环境因素引起的病害，应加强温、湿、光、水、肥的管理，严格检查，以防为主，保证各项管理措施落实到位。

（六）炼苗

当穴盘苗达到出圃标准可移栽时，如定植到无保护设施的露地或温度低于育苗温室的塑料大棚时，由于露地或塑料大棚的环境与育苗温室有较大差异，因此需要在定植前对幼苗进行适当的锻炼，使其能够更好地适应定植环境。炼苗一般在穴盘苗出圃前一周开始。一方面是低温锻炼，白天将苗床温度降至 20℃左右，夜间如茄果类、瓜类降至 10℃左右，耐寒性作物可降至 1～2℃，降温过程要逐步进行，逐渐加大通风量，不可骤然降低。另一方面，定植前 7 d 秧苗开始适当控水，减少苗床浇水次数，促进根系生长，提高定植成活率。

（七）静电场技术在工厂化育苗中的应用

在设施作物栽培中，设施内高温高湿、低温高湿或寒冷季节光照强度弱等特殊环境，易造成设施栽培作物的抗逆性下降、影响植株的正常生长、病虫害发生严重等，从而影响产品的品质和产量。因此，在设施生产过程中，菜农频繁、过量使用化学农药进行防治，造成环境被污染、食品安全受到威胁和生态平衡被破坏等一系列严重问题。高压静电场作为一种物理方法被应用于设施农业生产中，取得了一定的成就，已经成为一个研究热点。目前静电场在设施农业中的应用主要有：静电处理种子促进萌发，空间电场防病促生，提高植物的抗旱性、抗寒性、耐盐性等方面。静电场技术具有结构简单、成本低廉等优点，适用于大规模的工厂化育苗生产。静电场驱动离子系统已经被应用于黄瓜、萝卜、莴苣等果蔬的温室种植，实践证明，该系统能有效控制黄瓜灰霉病，缩短萝卜的生长周期并提高糖分含量，彻底解决结球莴苣的顶腐病、心腐病，同时可提高莴苣的生长速度和甜度。静电场驱动离子系统是保障绿色农产品生产的有效技术系统。

1. 静电场发生装置的类型

（1）种子处理静电场装置　用于处理种子的静电场由可调的直流高压电源、金属板等组成。高压静电场发生装置可使用一台输出高压且可以连续调节的高压静电电源，把高压输出端和零线端分别与用有机玻璃或其他绝缘材料隔离开的两块圆形平行金属薄板相连接，两块带电的平行金属薄板中间形成了一个电场强度大小可以调节的均匀静电场，把植物种子均匀撒布在下金属板上，即可对植物种子进行静电场处理，如图 5-8 所示。

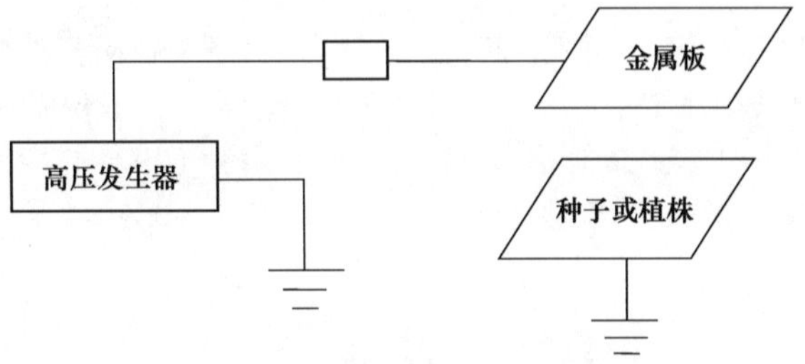

图 5-8　种子处理静电场

（2）植物栽培静电场　用于植物栽培的静电场由可调的直流高压电源、金属网、木电极、绝缘子和电极线等组成。在植物生长区域设置人工高压静电场的方法有多种形式，其中一种常用形式是在植物生长区域的上方，用绝缘支架架设一副用细金属丝构成的屏网，其高度可以调节，用一台输出高压数值且可以调节的高压静电电源，使其高压输出端与金属丝屏网连接，零线输出端接地，即在植物生长区域设置了一个人工高压静电场。既可以通过调节高压电源的输出高压，也可以通过调节屏网的高度来调控电场强度。

（3）空间电场发生装置　由可调的直流高压电源、穿线绝缘子、悬挂绝缘子和电极线等组成。其产生是以温室内悬挂的带有电极线的绝缘子为电极正极，地面、墙壁、棚梁、植株、菌等接地设施为电极负极。当电极线通入 40～50 kV 的直流高压电源时，正负电极之间就形成了空间电场。目前，在设施农业中应用最多的空间电场装置是由大连农业机械化研究所研制的静电场驱动离子系统。

（4）植物带电栽培　植物带电栽培装置是由可调的高压电源、控制器、陶瓷绝缘子、木电极等组成的。电场发生是通过电隔离装置将带静电的植物与大地隔离开，使空气病原微生物和害虫等受到植物所带静电斥力的作用而不得靠近，从而减少了病虫害的发生和农药的使用。

2. 静电场技术在工厂化育苗中的作用

（1）预处理植物种子，促进种子萌发和幼苗生长　利用静电场处理植物种子以提高其活力是静电生物效应研究最早、范围最广的领域。高压静电场种子处理技术就是把农作物的种子放置于场强大小适宜的高压静电场中，处理一定时间后再及时播种，使其发芽生长。静电处理提高了种子 α- 淀粉酶和 β - 淀粉酶的活性，使得酵解及有氧代谢的速度加快，促进淀粉水解，从而增强植物的呼吸强度。同时，研究表明经电场处理后，脱氢酶活性增强，提高了呼吸代谢作用。而对于植物种子而言，呼吸旺盛促进新陈代谢，加快新细胞的形成速度，从而提高种子活力，加快幼苗生长。种子经静电场处理后，其发芽势、发芽率、叶绿素、株高、块根等指标均有明显的提高，并能缩短农作物的生长期，增加产量，取得较好的增产效果。

（2）静电场提高设施幼苗的抗逆性

1）除湿：依靠上悬电极与棚室壁面、土壤之间建立的静电场能在 2～3 min 将温室内的雾气除去，并把湿度降下来，在系统工作的时间内，能持续保持棚室空间的清亮状态，这对缓解由高湿度和结露引起的病害有极显著的预防作用。

2）杀菌消毒：静电场的上悬电极与棚室壁面、地面之间会形成电晕电场，在电晕电场中，氧气被激发形成亚稳定的臭氧。臭氧具有杀菌作用，并与电场的驱动特性相结合，在不危害蔬菜生长的情况下，能除掉空气中 80% 以上的细菌、病毒，并能将棚室内各表面的细菌、病毒控制在不发病的状态下；而且有机农药、有机肥及腐物释放的异味气体会被除掉，使空气清新爽快。可通过上悬电极与土壤之间建立的电场在土壤中产生微弱的电流，该电流对细菌、线虫及病毒造成的土传病虫害有很好的控制作用；同时该电流对土壤中非游离态的营养物质有很强的解离作用，可大幅度提高土壤肥力，这为增强蔬菜等农作物的抗逆境能力提供了物质基础。

3）提高耐低温弱光性：依靠电场的驱动作用可促进低地温（12～15℃）时的植株对离子性肥料的吸收，其吸收能力可达到地温为 18～20℃时的状态；还能显著降低植株的光补偿点；并能使蔬菜对 CO_2 的吸收速度加快数倍，使蔬菜抵抗连阴天带来的生理障碍的能力大幅度提高。

4）补充 CO_2：通过高电压电场可将燃煤型 CO_2 增补器产生的烟气净化，并将净化后比较纯净的 CO_2 安全地供给植物。足量的 CO_2 能在高电压电场作用下被植株快速吸收，并与植株受电场驱动而从土壤中吸收来的大量离子性肥料相平衡，C/N 营养平衡与充足可使蔬菜旺盛生长，进而增强蔬菜抵御不良气候的能力。

（3）促进幼苗生长　在静电场作用下，叶片的光合速率及呼吸速率都明显高于对照处理，光合速率比呼吸速率增加的幅度更大。静电场的能量有可能部分代替叶绿素合成过程中光的作用，从而提高植物叶绿素的合成效率，使静电场作用下的叶绿素总含量高于传统栽培。叶片在静电场下积累的元素增多，这些元素又是光合合成中不可缺少的调节及营养元素，为叶片色素的合成及光合过程有关酶的合成提供了营养，使叶片光合器官的发育得以促进，这对维持较高的光合活性提供了良好的结构基础。静电场下植物的生长速率、产量都有所增加，这与静电场促进植物的光合速率密切相关。静电场对植物的光合器官和功能有显著影响。

（八）穴盘苗的包装与运输

种苗生产企业大批量地培育种苗，多数需要运往异地进行定植，因此合理的包装，以及在运输过程中尽量保证秧苗的质量、减少损失，对种苗生产企业来说非常重要。如果运输路途较远，则需要对秧苗进行保鲜处理，防止水分过度蒸发及根系活力减退。例如，番茄苗长距离运输时可用乙烯利、施特灵、富里酸等新型保鲜剂进行处理。运输的包装箱可采用纸箱、木箱、塑料箱等，并用塑料薄膜保湿。运输时秧苗可带盘或不带盘，带盘占空间，不带盘要注意保护好根系，应密集摆放，但每箱壮苗也不能太满，防止出现呼吸热的伤害。包装材料和设计应根据秧苗的大小、穴盘的尺寸、运输距离的远近等来确定，包装箱要用通气孔，包装箱上要标明种苗的种类、品种、苗龄、种苗数量等。运输工具可选用火车或汽车，最好采用保温空调车；运输过程中要尽量给予秧苗适宜的温度和湿度，如果是远距离运输，可喷洒适量含有氮磷钾及多种营养成分的营养液。运输车内的温度，冬季保持在 5～10℃，其他季节为 15～20℃，空气相对湿度保持在 70%～75%。

第四节　嫁 接 育 苗

一、果树嫁接育苗

（一）嫁接时期

从理论上说，在任何生长季节，只要是形成层可以分裂细胞的时期都可以进行嫁接，但一般以春季和秋季为多。

早春 3～4 月，砧木树液开始流动，接穗芽尚未萌发，砧木和接穗不离皮（木质部与韧皮部尚未分离）时适宜进行枝接和带木质部的芽接；秋季 7～9 月，砧木还未停止生长，接穗芽充分成熟，此时砧木和接穗离皮，可进行芽接。

（二）砧木的选择及接穗的采集

1. 砧木的选择

嫁接繁殖主要利用砧木品种的根系发达，以及适应性、抗逆性、抗病性强等特点，但不同类型和品种的砧木对环境的适应能力及对嫁接苗的影响都有很大差异，因此选择合适的类型或品种作砧木，对于嫁接繁殖至关重要。一般要求砧木具备以下特点：①与接穗有良好的亲和力；②对接穗生长、结果有良好的影响；③具有良好的适应性及某些特殊性状（如矮化、抗病等）；④繁殖系数大。

2. 接穗的采集

要求采集接穗的植株品种纯正，从良种母本园或经鉴定的营养繁殖系成年母树上采集接穗。母树应生长健壮，具备丰产、稳产、优质的性状，并无检疫对象（如苹果锈病、花叶病、枣风病、柑橘黄龙病、裂皮病、溃疡病等）。接穗本身必须生长健壮充实，芽子饱满。在果树生产上，为保证提早结果，还要求从正在结果的母树上采集接穗。

（三）果树嫁接的方法

1. 芽接

对于芽接来说，无论是接穗还是砧木最常用的繁殖材料是当年的新梢。因此，芽接一般是在形成层细胞分裂最旺盛的时期进行，其中 6～9 月是主要的时期。也有一些利用休眠芽作接穗在春季或早夏进行芽接的。

（1）“T”形芽接法　“T”形芽接法在砧木和接穗均离皮时进行。剪取当年生新梢，用手或修枝剪去除叶身，仅留叶柄。先在芽上方 0.5 cm 左右处横切一刀，再在芽的下方 1～2 cm 处斜向上切一刀，深达木质部边缘，推削到横切口。用手捏住芽的两侧，左右轻摇掰下芽片。芽片长为 1.5～2.5 cm，宽为 0.6～0.8 cm，不带木质部。将砧木在离地 3～5 cm 处切开“T”形切口，大小与芽片相当，然后一手用芽接刀拨开皮层，另一手拿芽片从上至下插入切口，芽片的上端对齐砧木的横切口，切忌留有空隙或与砧木皮层重叠。最后用薄膜条把接口处绑紧，利于保温保湿，同时使芽片的上切口与砧木的横切口更好地紧密接触，注意需露出芽眼和叶柄，如图 5-9 所示。

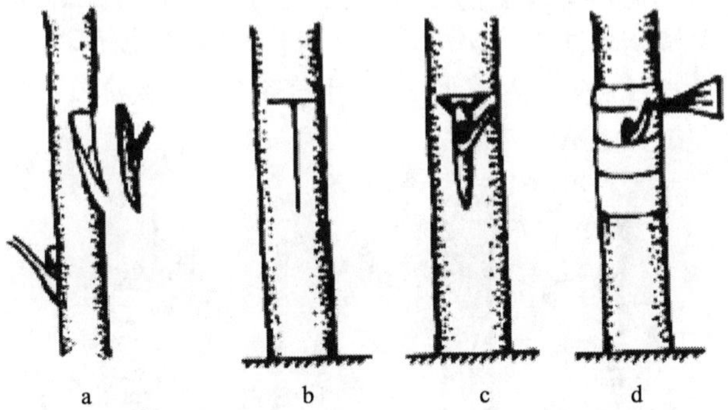

图 5-9　“T”形芽接法

a. 削接穗；b. 切砧木；c. 接穗插入切口；d. 捆绑包扎

（2）嵌芽接法　嵌芽接法是带木质部芽接的一种方法，在砧木和接穗不离皮时可进行。先在接穗的芽上方 0.8～1.0 cm 处向下斜切一刀，长约 1.5 cm，再在芽下方 0.5～0.8 cm 处，斜切成 30° 到第一刀口底部，取下带木质部的芽片，芽片长为 1.5～2.0 cm。按照芽片的大小，相应地在砧木上由上向下切一切口，切口比芽片稍长，将芽片嵌入切口中，注意芽片上端必须微露出砧木皮层，以利于愈合。尽量使接穗形成层的下部和两侧与砧木对齐，若砧木和接穗的粗度不一致，至少一侧要对齐，最后用薄膜条从上向下绑缚，如图 5-10 所示。

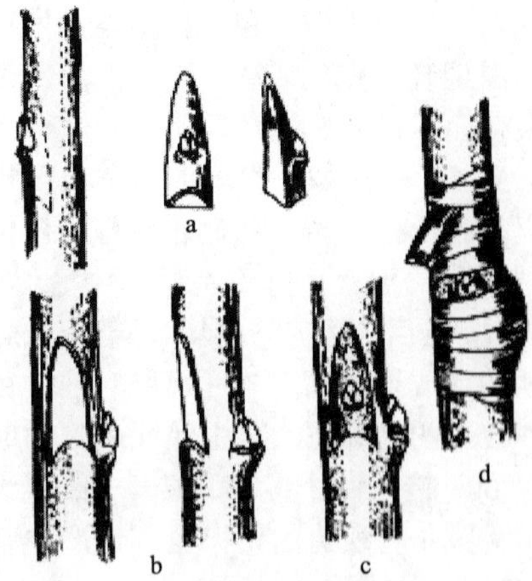

图 5-10　嵌芽接法

a. 削插穗芽片；b. 切砧木；c. 插入接穗芽片；d. 捆绑包扎

（3）方块形芽接法　用双刃刀在接穗芽的上下各 0.6～1.0 cm 处横切两个平行刀口，再在距芽左右各 0.3～0.5 cm 处纵切，均深达木质部边缘，取下长 1.8～2.5 cm、宽 1.0～1.2 cm 的方块形芽片，不带木质部。按照接芽上下口的距离，在砧木上开大小相当的切口，去掉皮层。将接穗芽片放入砧木切口中，使左右上下切口都紧密对齐，用塑料条包紧，如图 5-11 所示。

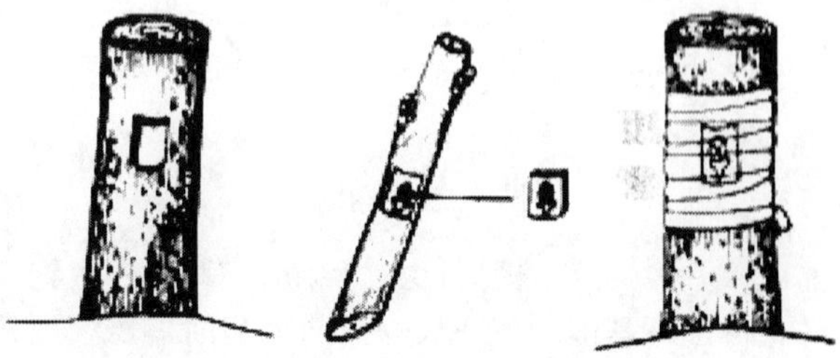
图 5-11　方块形芽接法

（4）环状芽接法　又叫套芽接法。用双刃刀在接穗芽的上下各 0.8～1.0 cm 处绕枝条环割，深达木质部边缘，再纵切一刀，剥下管状芽套。按接穗芽套的长度在砧木上环剥，然后将接穗芽套在砧木环剥部位，最后用塑料条包扎绑紧，如图 5-12 所示。

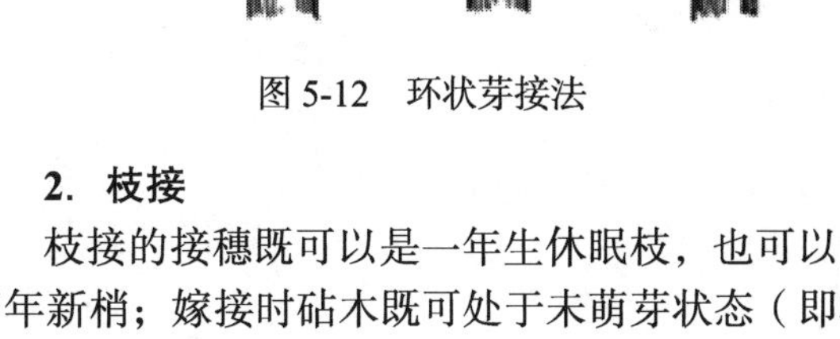
图 5-12　环状芽接法

2．枝接

枝接的接穗既可以是一年生休眠枝，也可以用当年新梢；嫁接时砧木既可处于未萌芽状态（即将解除休眠），也可以处于正在生长的状态；砧木的嫁接部位既可以是即将解除休眠的一年生以上的枝条，也可以是正在生长的新梢。其中接穗和砧木的生长状况以硬枝嫁接硬枝最为普遍，其嫁接的时期以春季萌芽前后至展叶为主。在保持接穗不发芽的前提下，嫁接时期晚一点成活率更高，但不能过晚，否则温度太高，不利于成活。

（1）劈接　接穗基部削成两个长度相等的楔形削面，削面长约 3 cm。将砧木在嫁接部位剪断或锯断，削平切口后，用劈刀在砧木中心纵劈一刀，深 3～4 cm。然后，用劈刀将切口撬开，插入接穗，并使接穗的形成层与砧木的形成层对准，在砧木较粗、接穗较细的情况下，至少保证一侧的形成层对准，可以同时接入两个接穗，接穗削面上端微露。最后，用薄膜条将所有的伤口全都包严，以防失水过多影响成活，如图 5-13 所示。

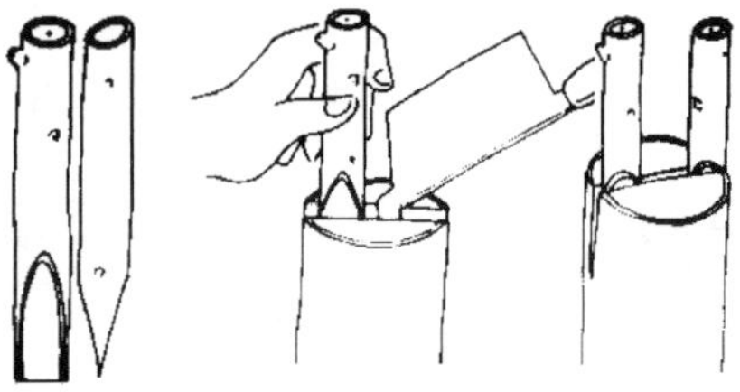

图 5-13　劈接法

（2）切接　接穗长 5～8 cm，有 2～3 个饱满芽。将接穗基部削成一长一短两个削面，长削面长 2～3 cm，与顶芽同侧，对面的短削面长 1 cm 左右。砧木在距地面 5～8 cm 的平滑处剪断，削平截面后，选皮层平整光滑面由截口稍带木质部处垂直向下纵切 2～3 cm，长削面向里插入接穗，砧穗形成层对准，用薄膜条等绑缚即可，如图 5-14 所示。

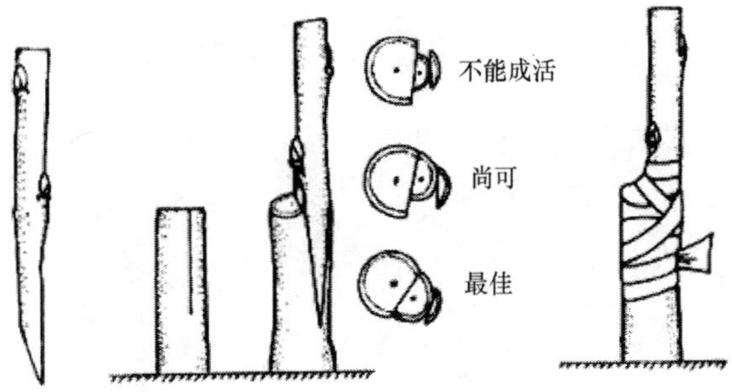

图 5-14　切接法

（3）腹接　腹接即在砧木腹部的枝接。砧木不在嫁接口处剪截，或者仅剪去顶梢，待成活后再剪除上部枝条。接穗留 2～3 个芽，于顶端芽的同侧作长削面，长 2～2.5 cm；对侧作短削面，长 1.0～1.5 cm（类似于切接接穗的削面）。在砧木的嫁接部位，选择平滑面，自上向下斜切一刀，切口与砧木约成 45°，深达木质部，为砧木直径的 1/3 左右，将接穗的长削面与砧木内切面的形成层对准插入切口，用薄膜条包扎嫁接口即可，如图 5-15 所示。

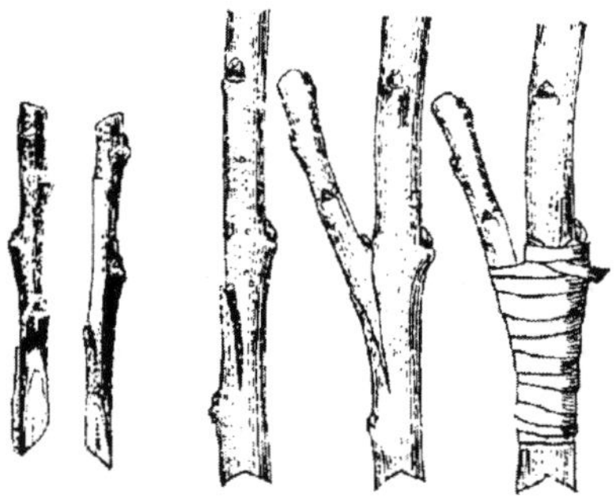

图 5-15　腹接法

（4）切腹接　将留 2～3 芽的接穗基部削成一长一短两个削面，长削面长 3 cm 左右，与顶端芽同侧，对面的短削面长 2.5 cm 左右。将砧木在距地面 5～10 cm 的平滑处剪断，形成约 45° 的斜剪口，再从斜剪口上端侧向下剪一长 2.5～3.0 cm 的直切口，与地面成 70°～80°。将接穗的长削面与砧木内切面的形成层对准插入切口，用薄膜条包扎嫁接口，如图 5-16 所示。

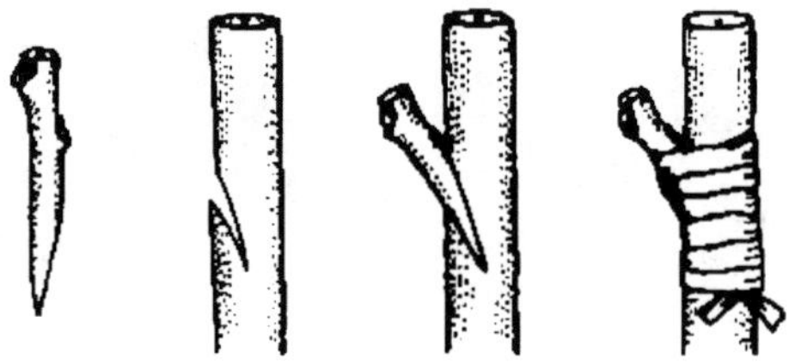

图 5-16　切腹接法

（5）插皮接　插皮接又称皮下接，砧木易离皮时采用此法。将接穗基部与顶端芽同侧的一面削成长 3 cm 左右的单面舌状削面，在其对面下部削去 0.2～0.3 cm 的皮层形成一小斜面。将砧木在嫁接部位剪断，削平切口，在砧木的木质部与韧皮部中间插入削好的接穗，接穗的削面应微露，最后用薄膜条绑缚，如图 5-17 所示。

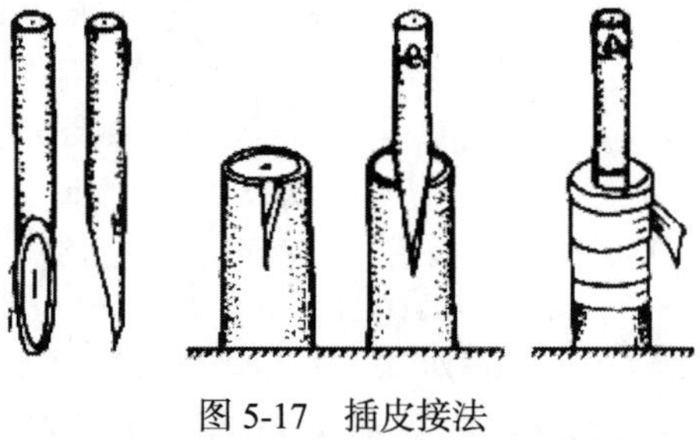

图 5-17　插皮接法

（6）插皮舌接　插皮舌接又称皮下舌接，砧木和接穗均离皮时进行。将接穗基部与顶端芽同侧的一面削成长 3～4 cm 的单面舌状长削面，在长削面的对面轻削一刀去掉前端较软的部分，以便插入。用手轻捏使接穗基部的韧皮部与木质部分离。用刀削去砧木最外层较粗的周皮，露出韧皮部，长度为3～5 cm。然后将接穗的木质部插入砧木的木质部与韧皮部之间，直至微露接穗削面为止，再将接穗的韧皮部盖在砧木的嫩皮上，用薄膜条包扎嫁接口，如图 5-18 所示。

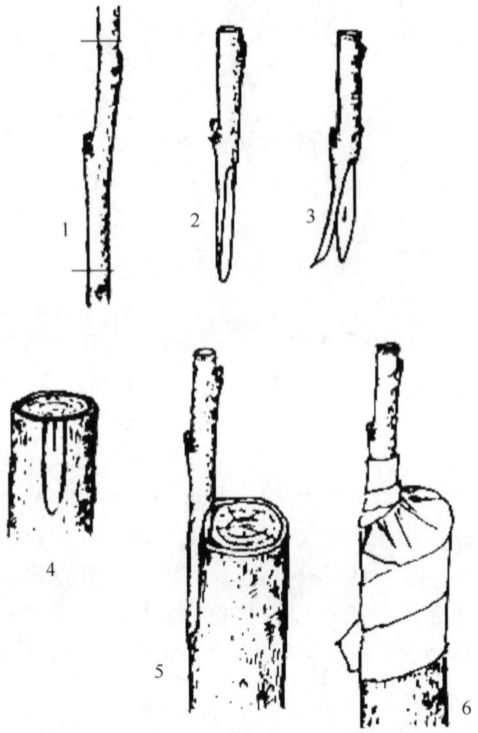

图 5-18　插皮舌接法

3. 根接

以根系作砧木，在其上嫁接接穗。用作砧木的根如果是完整的根系，砧木的根系比接穗粗，则可在根系上部平滑处截断，将接穗削好，采用劈接、插皮接等方法插入砧木根系。如果是部分根系，砧根比接穗细，则可将其截成长 8～10 cm 的根段，采用劈接、切接、插皮接、腹接等方法插入接穗枝条中。嫁接好后及时用塑料条绑缚，如图 5-19 所示。

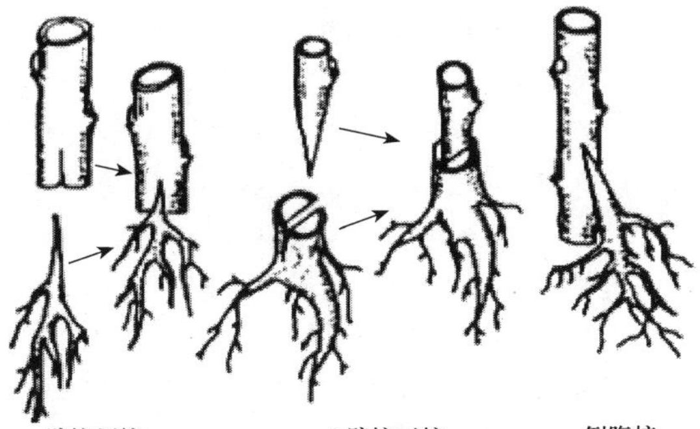
a劈接倒接　　b劈接正接　　c倒腹接

图 5-19　根接法

（四）嫁接后的管理

（1）检查成活、解绑及补接　嫁接后 7～15 d，即可检查成活情况，芽接接芽新鲜，叶柄一触即落表示已成活；枝接则需要接穗萌芽后有一定的生长量才能确定已成活。未成活的要及时补接，成活的及时解除绑缚物。

（2）剪砧除萌　嫁接后应及时剪断砧木，以促进接芽萌发，春季芽接的随即剪断砧木，夏季芽接的一般 10 d 之后解绑剪砧。剪砧木时注意修枝剪的刀刃应迎向接芽的一面，在芽片上方 0.3～0.4 cm 处剪下。剪口向芽背面稍微倾斜，有利于剪口愈合和接芽萌发生长，但剪口不可过低，以防伤害接芽。剪砧后砧木基部会发生许多萌蘖，必须及时除去，以减少养分消耗。

（3）设立支柱　为防止嫁接苗折断，一般在新梢长到 5～8 cm 时，紧贴砧木立一支柱，将新梢绑在支柱上，注意松紧适度。

（4）圃内整形　某些树种和品种的半成苗，发芽后在生长期间会萌发副梢，如桃树可在当年萌发 2～4 次副梢。可以利用副梢进行圃内整形，培养优质成形的大苗。

二、蔬菜嫁接育苗

（一）砧木的选择

优良的砧木应具备以下特点。

1）与接穗的亲和力强，嫁接后容易成活。

2）砧木比接穗具有更强的环境适应能力，耐低温、耐热、耐湿、耐弱光、耐土壤盐渍化、抗病抗虫能力强，尤其对土传病虫害如枯萎病、青枯病等免疫或高抗。

3）砧木根系发达，吸水、吸肥能力强，能促进接穗苗的生长发育，易实现早熟丰产目标，并且对接穗产品的品质无不良影响或影响很小。常用蔬菜嫁接砧木的种类及其特点见表 5-6。

表 5-6　常用蔬菜嫁接砧木的种类及其特点

作物	砧木种类	主要特点
黄瓜	黑籽南瓜	抗枯萎病，促进生长，耐低温
	中国南瓜	抗枯萎病，耐低温
	杂种南瓜	抗枯萎病，促进生长，延长生育期
	多刺南瓜	促进生产，抗根结线虫
西瓜	瓠瓜	抗枯萎病，耐低温，促进生长
	中国南瓜	抗枯萎病，耐低温，促进生长

续表

作物	砧木种类	主要特点
西瓜	杂种南瓜	抗枯萎病，耐低温，促进生长
	冬瓜	抗枯萎病，促进生长，不耐低温
	共砧	抗枯萎病，不耐低温
番茄	BF	抗青枯病、枯萎病
	兴津 101	抗青枯病、枯萎病
	Ls-89	抗褐色根腐病、黄萎病、枯萎病、根结线虫
	KNVF	抗褐色根腐病、黄萎病、枯萎病、根结线虫，兼抗烟草花叶病毒
	PEN	抗青枯病、枯萎病、根结线虫
茄子	赤茄	抗枯萎病，促进生长
	托鲁巴姆	高抗青枯病、枯萎病、黄萎病、线虫病，促进生长
	兴津 1 号	抗青枯病，不耐低温
	黑铁 1 号	抗枯萎病，促进生长

（二）嫁接的方法

1. 靠接

靠接主要适用于黄瓜、甜瓜、西瓜、西葫芦、苦瓜等蔬菜作物，尤其适用于胚轴较细的砧木嫁接。在茄果类蔬菜上也有应用。嫁接时期为瓜类蔬菜的砧木子叶全展，第一片真叶显露；接穗第一片真叶始露至半展，砧穗幼苗下胚轴长度为 5～6 cm 时利于操作。茄果类蔬菜砧木、接穗均长至 3～4 片真叶。

靠接苗易管理，成活率高，生长整齐，操作容易。但由于接口需要固定物，故嫁接速度慢，且成活后需要断茎去根，费工；另外，接口位置低，易受土壤污染和发生不定根，影响嫁接效果。幼苗搬运和田间管理时接口部位易脱离。因此，接口和断根部位不能太低，以防栽植时被基质或土壤掩埋而生不定根或者髓腔中产生不定根入土，失去嫁接意义。

（1）*瓜类蔬菜靠接*　通常黄瓜比南瓜早播 2～5 d，黄瓜播种后 10～12 d 嫁接；西瓜比瓠瓜早播 3～10 d，比南瓜砧早播 5～6 d，前者出土后播种后者；甜瓜比南瓜早播 5～7 d，若采用甜瓜共砧需同时播种。

嫁接时用刀片或竹签去除砧木生长点和真叶，在其子叶节下 0.5～1 cm 处呈 20°～30° 向下斜切一刀，深度达胚轴直径的 2/5～1/2。取接穗时，在子叶下部 1～1.5 cm 处呈 15°～20° 向上斜切一刀，深度达胚轴直径的 3/5～2/3。砧木、接穗的切口长度为 0.6～0.8 cm。然后将砧木和接穗的切口相互套插在一起，用专用嫁接夹固定或用塑料条绑缚。将嫁接完成的幼苗栽入营养钵，保持两者根茎距离在 1～2 cm，以利于成活后断茎去根，如图 5-20 所示。

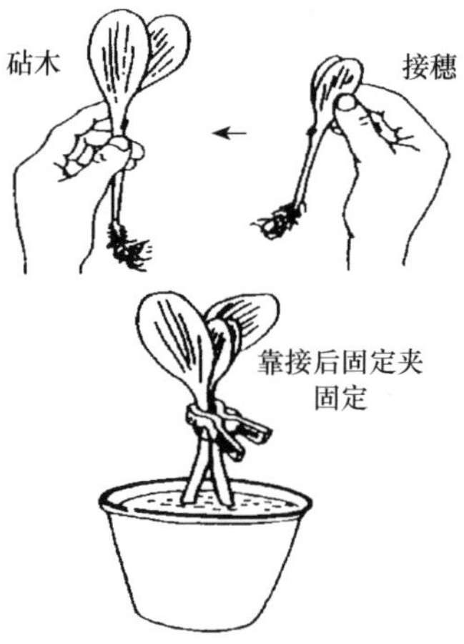

图 5-20　黄瓜靠接示意图

（2）*茄果类蔬菜靠接*　主要应用于番茄。番茄砧木提早 2～5 d 播种，砧木 3～4 片真叶、茎基 0.3～0.4 cm、接穗 3 片真叶时嫁接为宜。嫁接时先去除砧木生长点，砧木与接穗切口选在第一片真叶与第二片真叶之间，或者子叶与第一片真叶之间，砧木由上向下切，接穗由下向上切，切口角度为 30° 左右，长 0.5～1 cm，深度达茎粗的 1/2～2/3，然后将砧木与穗切口靠接在一起用夹子固定。茄子接穗早播 5～6 d，砧穗 2～3 片真叶时嫁接，方法同番茄。

2. 插接

插接适用于西瓜、黄瓜、甜瓜等蔬菜嫁接，尤其是应用胚轴较粗的砧木种类。嫁接时期，接穗子叶全展，砧木子叶展平、第 1 片真叶显露至初展。砧木比接穗早播，南瓜砧木比黄瓜早播 2～5 d，黄瓜播种后 7～8 d 嫁接；瓠瓜比西瓜早播 5～10 d，即瓠瓜出苗后播种西瓜；南瓜比西瓜早播 2～5 d，西瓜播后 7～8 d 嫁接；共砧同时播种。

插接法砧木苗无须取出，减少了嫁接苗栽植和嫁接夹使用等工序，也不用断茎去根，嫁接速度快，操作方便，省工省力。特别是瓜类蔬菜，嫁接部位紧靠子叶，细胞分裂旺盛，愈合速度快，接口牢固，砧穗不易脱裂折断，成活率高；接口位置高，不易再度污染和感染，防病效果好。但插接法对操作熟练程度、嫁接苗龄、成活期管理水平的要求严格，技术不熟练时嫁接成活率低，后期生长不良。

（1）*瓜类蔬菜插接*　嫁接时砧木苗无须挖出，用竹签剔除其真叶和生长点。左手轻捏砧木苗的子叶节，右手持一根宽度与接穗下的胚轴粗细相近、前端削尖略扁的光滑竹签或钢丝签，紧贴砧木一片子叶基部内侧向另一片子叶下方斜插，深度为 0.5～0.8 cm，竹签尖端不要穿破胚轴表皮，以手指能感觉到其尖端的压力为度，竹签暂不拔出。然后用刀片在接穗子叶节下 0.5 cm 处呈 30° 向下斜切，切口长度为 0.5～0.8 cm，接着从背面再切一刀，使下胚轴呈不对称楔形。拔出竹签，将削好的接穗插入砧木小孔中，使两者密接。黄瓜插接操作如图 5-21 所示。

a 用竹签去除砧木苗的生长点　b 砧木苗用竹签插斜孔

c 削接穗苗　d 削好的接穗

e 将接穗插入砧木　f 嫁接苗

图 5-21　黄瓜插接示意图

（2）*茄果类蔬菜插接*　在砧木第 1 片或第 2 片真叶上方横切，去除腋芽，然后用竹签从切口处或叶腋部位向下斜插，以尖端不扎破表皮为度；将接穗在子叶或第 1 片真叶下切成楔形，插入砧木小孔。

3. 劈接

茄子、番茄、西瓜等作物多用此法嫁接。砧木提前 7～15 d 播种，‘托鲁巴姆’做茄子砧木时则需提前 25～35 d。瓜类蔬菜嫁接时期为接穗子叶充分展开、砧木第 1 片真叶出现；茄果类蔬菜为砧木 5～6 片真叶，茎粗 0.4～0.5 cm，接穗 4～5 片真叶。

劈接法操作技术简单，容易掌握，砧木接穗结合面较大且结合紧密，成活率较高。另外，接口处离地面高，防病效果好。

（1）*茄果类劈接*　嫁接时首先将砧木于第 2 片真叶上方截断，用刀片将茎从中间劈开，劈口长度为 1～2 cm。将穗苗拔出，保留 2 片真叶和生长点，用刀片将其基部削成楔形，切口长度为 1～2 cm。然后将接穗插入砧木劈口中，用夹子固定或用塑料袋活结绑缚，如图 5-22 所示。

（2）*瓜类蔬菜劈接*　将砧木的心叶摘除，用刀片在 2 片子叶中间下胚轴的中央或一侧垂直下切，长度为 1～1.5 cm；将接穗下的胚轴削成楔形，削面长度与砧木切口长度对应；将接穗插入砧木切口，使两者密接并用嫁接夹固定。

a 砧木留 2 片真叶将茎切断

b 劈开砧木的茎

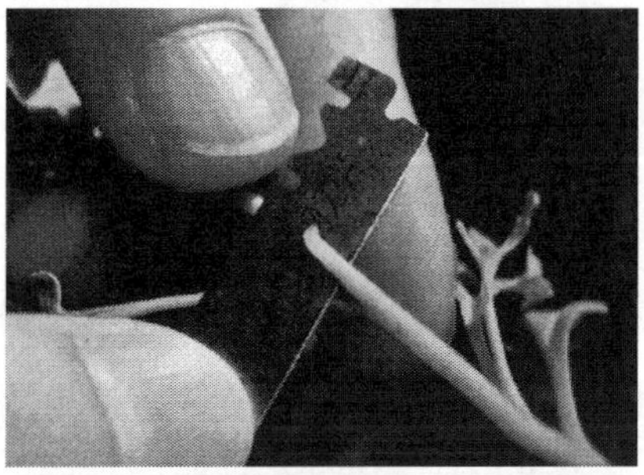

c 削接穗苗

d 削好的接穗

e 将接穗插入砧木

f 用嫁接夹固定

图 5-22 番茄劈接示意图

4. 套管式嫁接

套管式嫁接为日本首创，此法适用于黄瓜、西瓜、番茄、茄子等蔬菜。嫁接时期为瓜类蔬菜的砧穗子叶刚刚展开，下胚轴长度为 4～5 cm；茄果类蔬菜的砧穗有 2～3 片真叶。

嫁接时，在瓜类砧木的下胚轴、茄果类砧木的子叶或第 1 片真叶上方沿其伸长方向呈 25°～30° 切断，套上专用支持套管，其上端斜面与砧木斜面的方向一致。在瓜类接穗下胚轴上部、茄果类接穗子叶或第 1 片真叶上方，按同样的角度、相同的方向斜切。将接穗沿着与套管斜面相一致的方向插入，使砧穗切面很好地压附接合在一起，如图 5-23 所示。

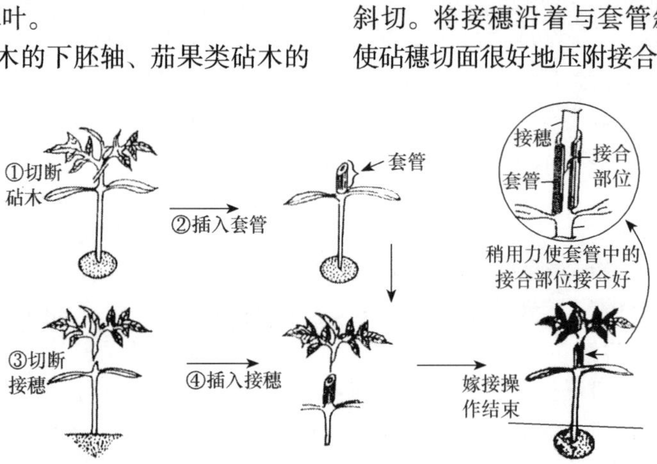

图 5-23 番茄套管式嫁接

套管式嫁接操作简单，嫁接效率高，驯化管理方便，成活率及幼苗质量均较高，砧木无须取出，便于移动运送，很适合规模化手工嫁接，也适于机械化作业，但对驯化设备和条件的要求较高。

（三）嫁接后的管理

经过嫁接，嫁接苗的部分组织受到创伤，需尽早形成愈伤组织，愈合伤口，重新开始生长。嫁接苗能否成活，与嫁接后的管理密切相关。

1．愈合期的管理

（1）光照　嫁接后，应避免光照过强造成植株失水萎蔫。嫁接后 2～3 d 用 70% 遮阳网等覆盖物适度遮阴，以 4000～5000 lx 为宜，3 d 后早晚见光 1 h，之后每天逐渐增加早晚见光时间，7～8 d 后可全天见光。

（2）温度　嫁接后应保持较常规育苗稍高的温度，以促进愈伤组织的形成。地温宜保持在 18～25℃，地温过低时可使用电热温床。气温白天 25～30℃，夜间 18～23℃。接后 3～7 d，利用增加通风量将温度降低 2～3℃。7 d 后叶片恢复生长，说明接口已经愈合，转为正常温度管理。

（3）湿度　除靠接外，采用其他方法嫁接的幼苗在愈伤组织形成之前，接穗的供水全靠切口处的砧木和接穗间细胞的渗透，因此必须保持较高的空气湿度，避免接穗蒸腾强烈而萎蔫。嫁接后先把装幼苗的营养钵浇透水，随后扣小拱棚，小拱棚内也应充分浇湿，并将薄膜四周封严保湿。前 3 天空气湿度要保持在 90% 以上，上、下午各喷雾 1～2 次，4～6 d 降为 85% 以上，7 d 后转为正常管理。

（4）气体　愈伤组织的代谢活跃、呼吸旺盛，氧气供应不足影响其正常代谢和生长。因此，嫁接后要处理好保温、保湿和通风的关系。前 3 天一般不通风，3 d 后视作物的情况早晚通小风，以后逐渐增强，10 d 后进入正常管理。嫁接后的管理如图 5-24 所示。

a 嫁接 3 d 后

b 嫁接 8 d 后

图 5-24　嫁接后的管理

2．嫁接成活后的管理

（1）断根　嫁接后 7～15 d，嫁接苗成活，开始恢复生长，采用靠接法嫁接的幼苗接穗根系仍长在土里，待幼苗成活后，应及时将接穗苗接口部位下的茎切断，使其完全靠砧木根生长。为避免切断后的茎重新长在一起，可采用把接口下的接穗茎切掉一截的方法，断根后适当提高温度、湿度，促进伤口愈合。

（2）去嫁接夹　用靠接和劈接法的嫁接苗嫁接时需要用嫁接夹或塑料条固定，幼苗成活后应及时去除。去除过早，尤其是靠接法，幼苗搬动过程中容易导致接口脱离或折断；去除过晚则影响茎的生长发育，一般在嫁接成活后 7 d 左右去除嫁接夹等固定物。

（3）去萌蘖　嫁接时虽去掉了砧木的生长点和真叶，但在幼苗成活和生长过程中还会产生萌蘖。这些萌蘖与接穗争夺养分，影响愈合成活和幼苗生长；应经常检查，一旦发现及时清除，以保证嫁接苗的正常生长。

第五节　水 培 育 苗

一、水培育苗的概念和特点

1. 水培育苗的概念

水培育苗又称营养液育苗，是指利用水培设施，采用成型的膨化聚氨酯泡沫、岩棉等作为介质载体，使幼苗根系能够吸收营养液进行生长的育苗方式。在深液流栽培、营养液膜栽培、浮板毛管栽培、深水漂浮栽培等水培栽培中，常采用水培育苗。

2. 水培育苗的特点

（1）优点　①营养液量大，缓冲性好，作物根系所处环境的营养成分、pH和温度相对稳定；②育苗过程中水分、养分充足，幼苗生长速度快，育苗周期短；③营养液可循环使用，省水省肥；④幼苗生长整齐一致，利于培育壮苗；⑤长成的幼苗可直接移栽进行水培，不用清洗根系。

（2）缺点　①营养液的消毒和无菌操作要求严格，一旦感染病害将难以控制，有时会造成严重的损失；②小株型作物育苗方便，大株型作物管理不便。

二、水培育苗的主要类型

1. 聚氨酯泡沫小方块育苗

将育苗专用的聚氨酯泡沫小方块平铺于育苗盘中，育苗块的大小约为4 cm×4 cm，高约为3 cm，在每一小块的中央切一个“×”形缝隙。育苗时，将已催芽的种子逐个嵌播于缝隙中，整片聚氨酯泡沫放置于塑料育苗盘中，在育苗盘中加入营养液，直至浸透育苗块后育苗盘内保持有0.5～1 cm厚的营养液层为止。让种子出苗、生长，待成苗后一块块分离，进行定植。此法适用于深液流水培或营养液膜栽培。

2. 岩棉块育苗

岩棉块的规格主要有3 cm×3 cm×3 cm、4 cm×4 cm×4 cm、5 cm×5 cm×5 cm、7.5 cm×7.5 cm×7.5 cm、10 cm×10 cm×5 cm等，可根据育苗的作物种类和苗龄大小进行选择。岩棉块除上、下两个面外，四周用乳白色不透光的塑料薄膜包裹，以防水分蒸发、四周积盐及滋生藻类。育苗时先用小岩棉块，在面上割一小缝，嵌入已催芽的种子，然后置于装营养液的箱、盘或槽中。开始时先用稀释的营养液浇湿，保持岩棉块湿润；出苗后，在盘、槽底部维持厚0.5 cm以下的液层，靠底部毛管的作用供水供肥；后期再将小岩棉块移入大育苗块中，大育苗块中央开有一个小方洞，刚好可以嵌入一块小育苗块，称为“钵中钵”。移入大育苗块后，营养液层可维持1 cm的深度。随着幼苗的长大逐渐拉开育苗块的距离，避免幼苗之间互相遮光，如图5-25所示。

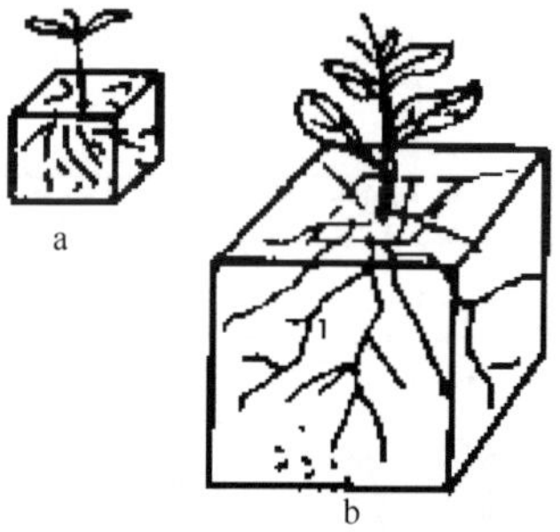

图5-25　岩棉块“钵中钵”育苗
a. 小育苗块；b. 大育苗块

3. 深水漂浮育苗

在温室或塑料棚内建造营养液池，然后将苗盘漂浮于含有完全营养液的水池中，完成种苗的萌发、生长和成苗过程，如图5-26所示。此法在湖北、云南、福建、河南、贵州等地已大规模应用。

三、水培育苗的主要设施和设备

1. 场地设施

水培育苗对场地的要求不严格，只要能满足阳光、空气、充足的水源条件，以及人为提供矿质营养即可。水培育苗的主要设施包括育苗床、育苗板、营养液循环系统、自动控制系统和营养液消毒装置。如采用根系完全浸入营养液的育苗方式，还需根系补氧装置。

2. 苗床

水培育苗以集中育苗为宜，苗床多为长方形，用红砖、空心砖或木板做成，用黑塑料薄膜铺底，薄膜边缘盖在苗床边梗或木板上，并检查是否漏水，如发现渗漏应及时更换薄膜或彻底补好漏洞。水培育苗的苗床尺寸根据育苗规模及设施大小来确定，一般长10 m左右，宽1.2 m以上。苗床做好后，于播种前一周灌营养液，盖上薄膜以提高营养液的温度。

图 5-26　深水漂浮育苗

四、水培育苗的技术要点

1．水培育苗作物种类的选择

由于水培育苗的投资较高，因而一般应选择培育经济价值较高的作物种类，且大多数为反季节栽培。目前，大型温室蔬菜育苗面积最大的还是番茄（包括樱桃番茄）和甜椒，其次为甜瓜、西瓜、黄瓜、西葫芦等。另外，还要考虑栽培形式是日光温室、大棚还是露地栽培，以选择不同生态型的品种。

2．水源和水质

水培育苗的水源必须保证清洁、无污染，以避免幼苗感染病菌。可用井水、自来水或河水，禁止用池塘水，以防黑胫病、根腐病等病害的发生。而水质影响到营养液的 pH 和各种元素的有效利用，所以有条件的地方，最好事先进行水质分析，了解所用水的 pH 及营养元素含量，以便调节。

3．营养液的配制

水培育苗对营养液的总体要求是养分齐全、均衡，使用安全，配制方便。育苗营养液可使用无土栽培的配方，常用配方如日本园试配方和山崎配方，使用标准浓度的 1/3～1/2 剂量，也可使用育苗专用配方。试验表明，水培育苗时，叶菜类蔬菜的育苗配方可采用氮 140～200 mg/kg、磷 70～120 mg/kg、钾 140～180 mg/kg；茄果类蔬菜的育苗配方前期氮 140～200 mg/kg、磷 90～100 mg/kg、钾 200～270 mg/kg，后期氮 150～200 mg/kg、磷 50～70 mg/kg、钾 160～200 mg/kg。此外，也可用 15-15-15 氮磷钾复合肥配成溶液喷灌秧苗，子叶期的适宜浓度为 0.1%，一片真叶后可提高到 0.2%～0.3%。

在实际配制过程中，应合理选择肥料种类，尽量降低营养液的成本。溶解肥料时，要注意个别肥料不能混溶。例如，钙离子不能和硫酸根、磷酸根混溶，硼酸不能和其他微量元素如锰、锌、铜、铁等混溶。营养液中铵态氮的浓度过高容易对秧苗产生危害，抑制秧苗生长，严重时导致幼根腐烂，幼苗萎蔫死亡。因此，在氮源的选择上应以硝态氮为主，铵态氮占总氮的比例最高不宜超过 30%。营养液的 pH 为 5.5～6.5，呈微酸性。

4．营养液的管理

水培育苗营养液的管理是一项非常重要的工作，要调节好营养液的浓度和 pH，科学控制供液时间和供液量。

（1）*营养液的浓度管理*　不同作物对营养液浓度的要求不同，同一作物在不同生育时期也不一样。总体来说，苗龄小时营养液浓度应稍低一些，随着秧苗的生长，浓度逐渐提高。一般认为，幼苗期的营养液浓度应为成株期标准浓度的 1/2 或 1/3。供液早晚对幼苗生长也有明显影响。与子叶展平期或第一片真叶期开始供液相比较，从幼苗出土时开始供液，其生长量显著增加，说明幼苗出土后，在异养向自养过渡阶段，适当提前供液时间是必要的。一般在幼苗出土、进入绿化室后即开始浇灌或喷洒营养液，每天 1 次或两天 1 次。

（2）*营养液的酸碱度管理*　营养液的酸碱度直接影响作物对养分的吸收及养分的有效性，营养液过酸或过碱会引起根系蛋白质和酶的钝化，降低根系的吸收能力，进而影响作物的生长发育。一般酸性条件下，作物吸收阴离子较多；碱性条件下，作物吸收阳离子较多。育苗营养液的 pH 范围应比栽培低一些，一般保持在 pH 5.5～6.6 为宜。微酸性可提高磷、铁、锰、锌、铜等元素的有效性，但如果 pH 过低，可降低钾、钙、镁的有效性。营养液的 pH 由于环境因素和作物吸收的影响经常发生变化，因而需要定期检测，进而调节营养液的酸碱度在幼苗可以正常生长的范围内，这项管理工作必不可少。当营养液的pH上升时，可用稀硫酸或稀硝酸溶液来调节；当营养液的pH下降时，可用氢氧化钠或氢氧化钾溶液来调节。在实际生产过程中，最好选用一些生理酸碱性变化较平稳的营养液配方。

（3）幼苗根系的供氧管理　水培育苗的幼苗根系大部分生长在营养液中，液层深厚很容易造成根系缺氧。不同作物种类对营养液中溶存氧浓度的要求不同，水生植物对营养液的溶存氧量的要求较低，旱生植物的要求较高。晴天时，温度越高，光照强度越大，植物对营养液中溶存氧的消耗越多。因此，要根据具体情况设法提高营养液的溶存氧量，在生产上主要通过人工的方法增氧，如搅拌营养液、通入压缩空气、营养液循环流动等。

第六章 设施蔬菜栽培

蔬菜是设施栽培的主要作物之一，其栽培水平基本可以反映设施作物栽培的总体水平。我国设施蔬菜栽培于20世纪50年代开始进入广泛的生产应用阶段，20世纪80年代进入普遍发展时期，20世纪90年代末进入快速发展阶段，21世纪以来进入高科技迅猛发展阶段，我国设施蔬菜呈现出生产面积稳步增加、栽培范围不断扩大、生产效益明显提升、管理水平逐步提高的良好势头，我国设施面积稳居世界第一。2016年，全国蔬菜播种2548.8万hm^2，产量91 834.9万t，总产值突破2万亿元，设施蔬菜的播种面积、产量、产值分别占21.5%、30.5%和62.7%。设施蔬菜已经成为我国部分地区农业和农村经济发展的支柱产业，对农业增收、农民增收发挥了重要作用，取得了巨大的经济效益和社会效益。本章主要介绍茄果类、瓜类、根茎类、绿叶菜类、水生蔬菜等的设施栽培技术。

第一节 概　论

一、我国蔬菜设施生产的特点

据中华人民共和国农业部蔬菜生产信息体系监测数据，2016年全国蔬菜播种面积为34 696.9万亩[①]，总产量为8.25亿t，其中设施蔬菜占蔬菜总产量的30.5%；2016年全国蔬菜（含瓜果）总产值首次突破2万亿元，其中设施蔬菜产值占比超过62%。

由于设施产业的高速发展，生产基地逐步向优势区域集中，形成华南与西南热区冬春蔬菜、长江流域冬春蔬菜、黄土高原夏秋蔬菜、云贵高原夏秋蔬菜、北部高纬度夏秋蔬菜、黄淮海与环渤海设施蔬菜等六大优势区域，呈现栽培品种互补、上市档期不同、区域协调发展的格局，改善了园艺产品的周年供应，有效缓解了供求矛盾，促进了休闲农业和乡村旅游的快速发展，满足了城镇居民走出闹市、体验农艺、康乐休闲的客观需要，推进了农业供给侧结构性改革。设施蔬菜栽培产业规模初步形成，优势效应也得到了一定体现，具有以下特点。

（一）设施装备与环境控制系统

通过多年的设施发展，在多学科合作研究和产学研联合攻关下，在现代温室生产技术引进和消化、日光温室改进、设施内部作业机具研发和环境控制等领域取得了显著进展。

设施类型不断优化，已形成以东北型、华北型、华南型等为代表的适应不同气候条件的温室类型。

设施环境调控的一个重要进展是智能化程度的提高，在智能化环境调控领域开展了较多的探索，开发了一系列新系统，如基于物联网的精确感知、高效传输及智能监控的连栋蔬菜温室环境监测系统；基于超低功耗单片机的大棚多点温湿度检测系统，该系统可以长时间连续地测量、显示、存储和无线传输大棚的环境温湿度信息，并可进行多点温湿度同时监测；基于物联网的分布式多节点环境参数监控系统，可以对数据的深度挖掘实现多种智能化服务；基于ZigBee技术的蔬菜大棚环境监控系统，实现了对棚内空气土壤温湿度、CO_2浓度和光照强度等参数的无线监测和控制。

（二）设施专用种质种苗的选育和应用

育苗技术无论在理论上还是应用上都有了长足的进步。全国各地的育苗设施逐步完善，逐步从传统的家庭育苗走向集约化工厂化育苗，在山东等地，育苗中有20%是工厂化育苗，涌现出多家年产2000万～5000万成苗的企业。在育苗基质上，各地根据其材料来源情况，研发了以玉米秸、麦秆、醋

① 1亩≈666.7m^2

糟、草炭、蛭石等不同比例的混合基质来替代传统育苗基质，形成了适合各地的规模化和商品化生产模式。基于我国目前存在的连作障碍和冬春低温弱光问题，国内多家单位开展了嫁接砧木资源的评价和利用的研究。在抗病方面，已筛选出番茄抗青枯病、枯萎病和抗根结线虫的砧木，以及黄瓜抗枯萎病、茄子抗黄萎病的砧木，但目前还缺少具有实用价值的瓜类抗根结线虫的嫁接砧木。在嫁接方法上，除传统的嫁接方法外，近年来形成和完善了一些新型或实用的嫁接方法，如套管式嫁接法、双砧嫁接法和离体嫁接技术。

（三）资源的高效利用与连作障碍的克服

我国因人口众多，资源匮乏，所以开展了大量提高包括土地、光能、水分和养分等在内的资源利用率的研究，在资源高效利用方面取得了显著进展。在水分和养分方面，传统的灌水和施肥模式存在利用率低的问题，主要养分的利用率仅为10%～30%，通过膜下滴灌、膜下渗灌等微灌技术，滴灌结合施肥，可减少肥料的淋溶损失，同时肥料的利用率可提高1倍。通过整合蔬菜配方施肥和水肥一体化水肥耦合新技术，将含可溶性化肥的水以较小的流量均匀、准确地直接输送到作物根部附近的土壤表面或土层中的灌水施肥方法，可以把水和养分按照作物的生长需求定量、定时直接供给作物，明显降低了大棚的湿度，达到节水、节肥、省药、省工的效果，并能明显提高蔬菜的产量和品质。与之配套的设施如移动式温室精确灌溉施肥机也已实现产业化生产。CO_2施肥可以增强蔬菜对生物逆境和非生物逆境的抗性，改变蔬菜作物的矿物质吸收和分配，提高光合作用和产量。

随着设施蔬菜的专业化和规模化生产的发展，连作障碍问题也日益突出。我国各地针对连作障碍的发生机制与防治开展了大量的研究。土传病虫害、次生盐渍化和自毒作用是引起连作障碍的主要原因，而间套作或轮作则明显保持了微生物种群的平衡，减轻了土传病害的发生。连作障碍的防治是今后相当长一段时间内蔬菜产业面临的一大难题。目前主要从种植制度和种植方式的优化、抗土传病虫害品种和嫁接砧木的筛选和利用、土壤消毒和土壤管理及生物防治等角度着手。例如，利用具有化感作用的葱蒜类作物同禾本科植物轮作或间套作；采用隔离和半隔离式栽培模式；推广应用水旱轮作栽培模式；选育抗性砧木和品种；开发石灰氮和1，3-二氯丙烯（1，3-D）等化学消毒物质；应用蒸气消毒和高温焖棚等环境友好型消毒技术；完善放线菌和穿刺巴氏杆菌等生物防治技术等。

（四）设施农产品的安全保障

在设施蔬菜栽培过程中，农药和肥料的过量使用及重金属污染问题日益突出。与发达国家相比，我国设施蔬菜生产中化肥和农药的投入相对较多，这主要与我国冬春季节温度较低、养分的吸收和利用率较低，以及农民习惯采取“低温损失化肥补”的施肥模式有关。其中硝态氮肥的大量施用使得设施蔬菜，尤其是叶菜类蔬菜容易富集硝酸盐和亚硝酸盐，严重影响蔬菜的安全和品质。设施环境调控是提高蔬菜营养品质的重要措施。在探明蔬菜养分吸收同环境关系的基础上，提出不同蔬菜不同栽培模式的施肥方式，起到了减肥不减产的效果，其中一个重要的方向为基于蔬菜生长发育与环境互作的“精准施肥”，推广水肥一体化等技术。另外，保水抗旱材料在我国具有广阔的发展前景，新型多功能保水剂系列产品研制与产业化，保水剂的有机-无机复合，以及保水剂与肥料、植物生长调节剂、杀虫剂、杀菌剂等物质的复配等技术得到了推广。

由于农药的大量、过量和不当使用，蔬菜产品及设施土壤中的农药残留超标问题依旧突出，农药残留已成为影响设施蔬菜产业的重要因素。设施生产中除选育出一批抗病品种外，还推广应用了防虫网、性诱剂、粘虫板、硫黄熏蒸、生物农药和有色薄膜等环境友好型病虫害防治技术。

二、我国蔬菜设施生产存在的问题

从一定意义上讲，我国是一个设施蔬菜产业大国，但不是强国。目前，我国设施蔬菜生产主要面临以下几个问题。

1. 蔬菜生产供应的不稳定性

我国大多设施环境的可控性差，生产中由短期或长期的低温弱光导致的产量不稳定情况在所难免。生产盲目性、灾害性气候和病虫害爆发，导致了蔬菜生产供应的不稳定性。

2. 智能化水平有待提升

占我国设施蔬菜栽培大多数的日光温室和塑料大棚设施目前普遍存在设施简陋、环境可控性差、冷害冻害频发的问题。由于我国土地制度的特点，单位农户的经营规模普遍较小，影响了操作的机械化和管理的智能化发展，导致了劳动生产效益和经营效益低、技术推广难度大和产品稳定性差等问题。

3. 国外品种的垄断

国外的许多种子企业凭借其多年的种质和技术

积累，育成的许多蔬菜瓜果品种具有一定的优势，长期垄断了一些区域的种子市场。

4. 设施蔬菜的安全生产仍然严峻

设施环境的特点及病虫害和连作障碍问题尤为严重，但我们的技术体系尚未成熟，造成过量施肥施药，不仅引起设施产品的农药和化肥污染，也容易造成土壤盐渍化及环境和生态的污染。

三、设施蔬菜的主要种类

设施栽培蔬菜的种类主要包括如下 6 类。

第一类：茄果类，包括番茄、辣椒、茄子等。

第二类：瓜类，包括黄瓜、西瓜、厚皮甜瓜、西洋南瓜、瓠瓜、丝瓜、苦瓜、冬瓜等。

第三类：豆类，包括菜豆、食荚豌豆、毛豆等。

第四类：绿叶菜类，包括莴苣、芹菜、小白菜、小胡萝卜、菠菜、蕹菜、苋菜、茼蒿、芫荽、落葵、菊花菜、荠菜、豆瓣菜等。既可单作还可间作套种，北方严寒地区单作面积较大的叶菜为芹菜、莴苣（结球）、茼蒿、菠菜、芫荽、蕹菜、荠菜等。

第五类：芽苗菜类，包括豌豆、萝卜、苜蓿、花生、荞麦、葵花籽等种子，在遮光条件下使其发芽培育成黄化嫩叶，或者在弱光条件下培育成绿色芽菜，作为蔬菜食用。

第六类：根茎菜类，包括芦笋、马铃薯、芋，以及水生蔬菜的莲藕、茭白等。

第二节 设施茄果类栽培

设施番茄栽培

番茄（*Lycopersicon esculentum* Mill.）是世界上重要的蔬菜作物，别名西红柿、洋柿子、番柿等，茄科番茄属一年生草本植物，起源于南美洲西部秘鲁和厄瓜多尔的热带高原地区（安第斯山），驯化地为墨西哥和中美地区。16 世纪传入欧洲作为观赏栽培，17 世纪开始食用，17～18 世纪传入我国。1949 年以后，我国的番茄栽培迅速发展，尤其是 20 世纪 60 年代以后，随着设施蔬菜生产的发展，番茄栽培面积不断扩大，现已成为我国主要的栽培蔬菜之一。

番茄中含有丰富的可溶性糖、有机酸、钙、磷、铁等矿物质，还含有丰富的维生素和多种氨基酸，柔软多汁，酸甜适口。其中番茄红素通过抑制癌细胞的生长起到抗癌和降低癌症发病概率的作用，尤其是胃肠道癌和前列腺癌；同时是当今工业上重要的天然食品着色剂，更是很强的抗氧化剂，可以有效地延缓衰老。

一、生物学特性

1. 植物学特性

（1）根　番茄的根系较发达、再生能力强、喜肥且吸肥、耐肥能力较强，分布广而深，大部分根群分布在 30 cm 左右的土层中，1 m 以下的土层中根系分布较少。在生长盛期，主根的入土深度可达 1.5 m 以上，根系横向分布可达 2.5 m。栽培过程中，移栽、中耕除草等农事操作，会使主根被切断而促进侧根的生长。

番茄除了主根上易发生侧根外，在茎基部特别是茎节上也易发生不定根，而且生长较快。利用这一特性可以进行扦插繁殖，容易成活，但扦插苗容易发生早衰。因此，在种子材料有限的情况下，可采用此方法进行扩繁。

（2）茎　番茄的分枝方式为合轴分枝（假轴分枝）。茎顶端的生长点逐渐分化形成花芽，由位于顶端花芽下的一个侧芽取代主茎继续生长，与主茎连续而成为合轴（假轴），第二花序及以后各花序下的一个侧芽均以此方式分化，即为合轴分枝。无限生长型的番茄品种可以合轴分枝的方式无限生长，植株高大，开花结果期长，总产量高，如‘中蔬 6 号’‘倍盈’‘夏朗’‘瑞丽’等多数品种都属于这一类型。而有限生长的植株则在分生 3～5 个花序后，不再分生新的侧枝，以花序封顶，不再伸长；有限生长型番茄的植株矮小，开花结果早而集中，早期产量高，多为早熟品种，如‘东农 703’‘东农 704’‘红珠 1 号’和‘西粉 3 号’等早熟品种均属于这一类型。目前市场上以无限生长型番茄品种为主，有限生长型番茄品种较少。

番茄的茎多为半直立，基部木质化，需搭架或吊蔓栽培。腋芽的萌发能力极强，几乎每个叶腋均能产生侧枝，需及时整枝打杈。生产上可通过整枝来调节番茄植株的营养生长和生殖生长的平衡，以争取高产优质。

（3）叶　番茄的叶片为单叶互生，羽状深裂或全裂，每叶有小裂片 5～9 对，叶形分为普通型、皱叶型、薯叶型。叶片的大小、形状、颜色等与品种和环境条件变化有关，这样既可鉴别品种的特征，也可作为栽培措施诊断的依据。例如，早熟品种的叶片较小，晚熟品种的叶片较大；露地栽培的叶色较深，保护地栽培的叶色较浅；低温下叶色发紫，特别是子叶及叶片背面，高温下小叶内卷等。番茄的叶片及茎表面均有茸毛和分泌腺，能分泌有特殊气味的汁液，起到驱虫的作用。

（4）花　为完全花，花冠黄色。大果型番茄多为聚伞花序，小果形番茄多为总状或复总状花序。一般雄蕊聚合成圆锥状包围着雌蕊，药筒成熟后向内纵裂，散出花粉，为自花授粉。自花授粉，发育正常的花一般不易天然杂交，异交率一般小于5%左右。花的发育是果实发育的基础。花芽分化期遇低温容易产生畸形花、畸形果，特别是第一花序第一花，其畸形花花瓣、雄蕊数较多，柱头扁粗，可根据这些特征及时将其摘除，避免消耗过多养分。

番茄的花芽分化早而快，并具有连续性。一般播种后25～30 d，幼苗2真叶片展开时，生长点开始分化花芽，每2～3 d分化一个花芽。与此同时，花芽相邻上位侧芽开始分化生长，继续分化叶片，每10 d左右分化一个花序，第一花序分化未结束时即开始分化第二花序，第一花序现大蕾时，第三花序已分化完毕。花芽分化的快慢、素质的好坏，受环境条件的影响，特别是温光条件。日温20～25℃、夜温15～17℃条件下，花芽分化的节位低，小花多，花芽分化质量高。高温花芽分化早，分化花数少；充足的光照有利于花芽分化。在适宜条件下，播种后55～60 d，第一花序开始开花，第二花序花芽的分化及发育基本结束，第三花序花芽分化也已结束。因此，在生产上保护地播种育苗，番茄苗龄一般以55～60 d为宜。

（5）果实　番茄的果实为浆果，由果皮、果肉、胎座、种子等组成。果实的形状、大小、颜色、心室数等因品种而有所不同。果形有圆、扁圆、高圆、长圆、梨形、樱桃形等。常见的栽培番茄的颜色有红色、粉红色和黄色，有些野生番茄的果实颜色为绿色。果实大小的差异很大，有不足1 g的，也有重达1 kg的，一般70 g以内为小型果，70～200 g为中型果，200 g以上为大型果。优良品种的果肉厚，种子腔小。目前市售的栽培品种小果型番茄的心室数多为2～3个，大果型番茄的心室数多为5～6个；心室的多少与品种遗传性和环境条件有关，心室数越多，果实越大，越容易产生畸形果。

果实的颜色是由果皮颜色与果肉颜色相衬而表现的。当果皮、果肉皆为黄色时，果实为深黄色；果皮无色、果肉红色时，果实为粉红色；果皮黄色、果肉红色时，果实为橙红色。果实的红色是含有茄红素所致，黄色是含有胡萝卜素、叶黄素所致。胡萝卜素和叶黄素的形成与光照有关；而茄红素的形成虽与光照有关，但更主要的是受到温度的影响。

（6）种子　灰褐或黄褐色，表面覆盖茸毛。在番茄授粉50～60 d后，种子发育成熟，先于果实成熟。千粒重为3～3.3 g。种子的保存寿命与温度和湿度成反比，即温度和空气湿度越高，种子寿命越短，反之亦然。生产上多用1～2年的种子播种，出芽整齐，幼苗生长势强。

2. 生长发育周期

（1）发芽期　从种子萌动到第一片真叶显露为发芽期。在适宜条件下，需7～9 d。种子发芽及出苗的好坏，主要取决于水分、温度、通气条件及覆土厚度。在适宜的温度条件下，种子吸水7～8 h即可接近饱和状态，吸水量达到种子干重的90%即可正常发芽出苗。从种子发芽到子叶展开，属于异养生长过程，其生长所需的养分由种子本身供给。发芽后，种子所含的营养物质很快被消耗，由异养转向自养（光合制造养分）；子叶出土后经2～3 d即可展开并变绿，幼苗从此由异养转向自养。此时提供充足的营养及适宜的环境条件，有利于培育壮苗。

（2）幼苗期　从第一片真叶显露到出现大蕾为幼苗期。花芽分化前为基本营养阶段，为营养生长打基础。子叶的大小影响第一花序分化的早晚，真叶的大小影响花芽分化的数目及质量，所以幼苗期子叶和真叶健壮肥大非常重要。2～3片真叶展开后，花芽开始分化，营养生长与花芽分化同时进行。一般播种25～30 d后分化第一花序，中晚熟品种8～9片叶出现花序，育苗条件差则花序节位升高。

从根的形态来看，种子发芽后主根垂直向地下伸长。随着主根的不断伸长，逐渐分化出二级、三级、四级……侧根，胚轴基部也发生不定根，这样就构成了以主根为中心的根系。幼苗的根系发育一般初期以垂直伸长为主，后期以水平伸长为主。

在幼苗生长发育前期，子叶是光合作用的主要器官，子叶的好坏对幼苗的营养生长和花芽分化起着重要作用。因此，生产上在子叶展开后到2～3片真叶展开前，要促进子叶肥大、浓绿，并尽量保护子叶不受任何损伤。

（3）开花期　从出现大蕾到第一个果实形成为开花期。番茄定植以后，从花蕾到开花需15～30 d。早熟品种或在高温期栽培时，时间较短；而中熟品种或在低温弱光条件下栽培则时间较长。随着花蕾的出现、开花及形成幼果，植株从以营养生长为主向营养生长和生殖生长并存阶段过渡。在适宜的温度条件下，花后 1 d，萼片、花瓣就完全展开，花冠的颜色变为深黄色，此时花药开始开裂，被花药所包围的花柱不断伸长，柱头不断接触花药筒，使大量花粉落到柱头上，从而完成授粉过程。从授粉到受精需要 24～50 h。受精后，在正常条件下，开始坐果，番茄的生长发育由花期进入结果期。

在生产上，开花期既要促进营养生长，使植株色泽浓绿、茎秆粗壮、根深叶茂，为以后的开花结果打好基础，又要防止植株徒长而引起落花落果或开花结果延迟。

（4）结果期　从第一花序结果到果实采收结束为结果期。番茄是陆续开花、连续结果的作物。无限生长型番茄，只要环境条件适宜，结果期可以无限延长。这一时期在各级花序及同一花序的不同花、果之间，营养生长与生殖生长之间存在着激烈的养分竞争。一般来说，下部叶片制造的养分，除供给根系等营养器官外，主要供给第一花序的果实；中部的养分主要输送到中部果实；而上部叶片的养分除供给上部果实外，还供给顶端生长点。从开花到果实成熟需要 50～60 d，夏季高温季节需 40～50 d，冬季低温弱光季节需 75～100 d，甚至更长。

在果实发育过程中，花后 4～5 d，果实的膨大速度很慢，用肉眼几乎看不出果实增大，这一时期果实增大主要靠细胞数的增多，而细胞本身膨大很小。如用坐果激素处理，可缩短这一时期，使果实发育迅速进入膨大期。从花后 4～5 d 到 30 d 左右，果实迅速膨大，这一时期主要是细胞膨大，细胞数目不再增多。开花 30 d 以后，果实膨大速度减慢，再经过 40～50 d，果实开始着色成熟，这一时期，果实几乎不再膨大，主要是果实进行内部组织成分的化学变化。果实的成熟过程，从外部形态来看大约可分为以下 5 个时期。

1）绿熟期（白熟期）：果实不再增大，果皮有光泽，果色由绿变白。绿熟期的果实可以进行人工催熟或采收贮藏。

2）催色期（变色期）：果实大部分为白绿色，但果顶变红。催色期的果实比较坚硬，适于长途运输，品质也好。这一时期种子基本成熟。

3）成熟期：果实除果肩外，由少部分变红到全部变红。果实尚未软化，营养价值较高，生食最佳，要及时采收。此时果实内的种子已完全成熟。

4）完熟期：果实全部变红，果肉开始软化，含糖量增加，甜度增大，种子成熟饱满。

5）过熟期：果实严重软化，果肉成水浸状，已不适于作为鲜食商品出售。

3. 对环境条件的基本要求

（1）温度　番茄是喜温蔬菜，生长发育的适宜温度为 10～33℃，其中昼温以 23～28℃、夜温以 13～18℃、地温以 18～23℃为宜。温度低于 10℃或高于 33℃，则植株生长发育不良；温度低于 5℃或高于 40℃，则植株停止生长；当温度低于 0℃或高于 45℃时，植株很快死亡。其不同的生长发育时期对温度有不同的要求：发芽期要求温度较高，以 25～30℃为宜；幼苗对温度的适应性较强，但温度过高易使幼苗徒长，温度过低则易产生畸形花，一般白天以 23～28℃为宜，夜间以 13～18℃为宜；开花期要求温度较高且严格，以 25～28℃为宜，高于 33℃或低于 15℃都会引起落花；结果期要求有一定的昼夜温差，昼温以 23～28℃为宜，夜温以 15～20℃为宜。

（2）光照　番茄是喜光作物，它的光饱和点为 70 klx。光照低于 30 klx 对番茄的生长发育不利，植株开始徒长、叶片薄、叶色淡、花数减少、落花落果及果实发育不良，并易发生灰霉病和叶霉病。番茄对光周期的要求不严格，无论在多长的光照时数下都能开花结果。但每天光照时数为 11～13 h，植株生长健壮，开花较早。也有个别品种需要在短日照条件下才能开花结果。

（3）土壤水分　番茄对水分的需要量很大，一般要求土壤的相对湿度为 65%～85%。但番茄在不同的生长发育时期对土壤湿度的要求是有差别的，一般发芽期要求土壤湿度较大，相对湿度应保持在 80% 以上；幼苗期和开花期要求土壤的相对湿度在 65%～70%；结果后，土壤的相对湿度应保持在 75% 以上。

（4）空气湿度　番茄为半耐旱作物，在较低的空气湿度下生长良好，要求较凉爽的气候条件，一般要求空气相对湿度为 50%～65%。空气湿度过高，特别是光照较弱的阴雨天，番茄的生长发育会受影响，并且容易发生病害。但若空气过于干燥，也可导致植株生长发育不良，造成落花落果，特别是在高温干燥的条件下，易发生病毒病。

（5）土壤和营养元素　番茄适宜疏松透气良好、腐殖质充足的壤土或砂壤土，在排水不良的黏重土壤或养分易于流失的砂性土壤中生长较差。适合微酸性至中性的土，pH 为 6～7。番茄需肥量较大，一般每生产 1000 kg 番茄，需要 2.7～3.2 kg 氮、0.6～1.0 kg 磷、4.9～5.1 kg 钾。生长发育后期需增施磷、钾肥，生长期间缺钙易引发果实脐腐病。

二、栽培类型和季节

温室和大棚番茄的栽培包括春茬栽培、秋茬栽培、秋冬茬栽培、冬茬栽培、冬春茬栽培和长季节栽培。各种茬次的栽培季节和所利用的设施，因不同地区的气候条件、栽培管理技术水平及习惯的不同而异。由于各地的气候条件及温室和大棚的保温措施不同，应根据棚室内的气温和地温来确定，一般在整个栽培季节应保证极端最低气温不低于5℃，地温不低于12℃。

三、品种选择

适合温室和大棚栽培的番茄品种应具备耐低温和高温、耐弱光、抗病、植株开张角度小、叶片疏、节间短、不易徒长等特点。但选择品种时除应注意不同品种对温室和大棚的适应性外，还应注意根据栽培的茬次和目的不同，选用不同的品种。目前常用的有限和无限生长型品种主要有以下几种。

1）有限生长型品种：‘浙杂9号’‘苏抗9号’‘早丰’‘早魁’‘西粉3号’‘东农704’‘早霞’等。

2）无限生长型品种：‘中杂9号’‘佳粉15号’‘卡鲁索’‘卡特琳娜’‘保冠’‘丽春’‘津粉65号’‘双抗2号’‘粉皇后’等。

设施栽培常选用无限生长型番茄品种，通过落蔓的栽培方式进行栽培。

四、冬春茬及春茬番茄的栽培技术

（一）育苗技术要点

1. 选择适宜的品种

日光温室和大棚的春茬及冬春茬番茄栽培应选择早熟或中早熟、耐弱光、耐寒品种。

2. 床土准备

床土的配制可用大田土或葱蒜茬土与豆类茬土、堆肥、发好的粪肥、草炭土、细沙和细炉渣等配制，田土应充分捣碎、捣细，并过筛，筛除大的土块、石头、草根等。时间充足时，田土最好摊开在阳光下晒几天。配制床土所用的有机质或有机肥必须充分腐熟。一般葱蒜茬土占50%，腐熟陈马粪占20%，草炭土占20%，大粪肥或细沙占10%，然后每平方米床土加尿素25 g，过磷酸钙200～250 g。

3. 播种

播种期在11月中上旬，若想提早上市可根据需要提前播种。播种前进行温汤浸种，即用50～55℃温水浸泡20～30 min，再用20～30℃水浸泡4～6 h，捞出后用纱布吸干种子上的水，然后播种；也可25～28℃催芽后再播种；也可省略浸种进行干播，可在电热温床或酿热温床上扣小拱棚以保证育苗温度。播种时首先加入厚5～10 cm的筛好的床土，然后整平稍压实，浇透底水，待水渗下后撒播种子，每平方米面积的播种量为25 g。播种后上覆1 cm厚用细筛筛好的床土，最后在上面盖上地膜，南方地区可不覆膜，保持床土湿润即可。如采用育苗盘育原苗，保证温度在25～28℃利于出苗。当两片子叶展开，第一片真叶破心时即可分苗，分苗后浇透水。

4. 苗期管理

播种后将苗床温度（土温）控制在25～30℃，夜温不低于20℃。出苗后及时揭去地膜，并且白天打开小拱棚放风降温，温度保持在22～25℃，夜间13～15℃。分苗后适当提高温度以促进缓苗，白天保持在25～28℃，夜间15～18℃。缓苗后应适当降温，防止徒长，白天温度保持在23～25℃，夜间12～13℃。在4片真叶展开前最低气温不要低于10℃，4片真叶展开后最低气温不要低于8℃。

在光照管理上，首先苗床要建在温室内阳光充足的地方，而且要经常清扫透明覆盖物的污染物，提高透光率。另外，在温度允许的条件下，尽量早揭和晚盖保温覆盖物。

在水肥管理上，播种时浇透水后，直至分苗前一天在分苗床（盘）内再浇一次水，以后直至定植不要控水蹲苗。浇水时要在晴天上午进行，而且每次浇水要浇透，避免每次少浇勤浇的浇水方法。在幼苗4片真叶展开时，可叶面喷施0.3%磷酸二铵。

5. 苗龄

日历苗龄为60～70 d；生理苗龄为8～9片真叶展开，出现未开花的大花蕾，株高25～28 cm，茎粗0.5～0.6 cm。一般生产上常采用穴盘育苗，不伤根。番茄植株长至4叶一心时即可定植。

（二）整地施肥与定植

1. 整地施肥

在定植前15 d开始整地施肥。施肥数量根据土壤的肥力状况进行测土施肥为宜，其施肥量以保证土壤中的有机质含量在3%～4%、全氮含量在0.2%左右、速效氮含量在160～200 mg/kg、速效磷（P_2O_5）含量在100～150 mg/kg、速效钾（K_2O）含量在300 mg/kg左右为宜。但若无条件实行测土施肥，则在一般土壤肥力水平下，可每667 m^{2}撒施腐熟优质农家肥（鸡粪或猪粪）7000～8000 kg，然后深翻40 cm，再按50 cm或60 cm（留4穗果）垄宽沟施磷酸二铵 20 kg、尿素 10 kg、硫酸钾 30 kg，最后做成垄或高畦（无软管滴灌设备做成垄，有软管滴灌设备做成高 10 cm、宽 100 cm 的高畦）。

2. 定植

定植时期以 2 月上旬为宜。定植时温室内的极端最低气温应保持在 5℃以上，10 cm 土温稳定在 10℃以上。定植方法采用埯栽或沟栽，株距为 30～35 cm（留 3 穗果 30 cm 左右，留 4 穗果 35 cm 左右），定植深度以幼苗第 1 片真叶与垄或畦上表面齐平为准。徒长苗可深栽，使幼苗第 1 花序在定植时距地面 20 cm 左右为宜。定植后灌足底水（埯浇或沟浇），然后封埯或封垄。最后安装软管和扣地膜（采用软管滴灌的要先安软管、后扣地膜）。

（三）定植后的栽培管理

1. 环境管理

（1）温度管理　定植后，白天的温度保持在 28～33℃，夜间尽量维持在 14～15℃，最低气温不低于 10℃。4～5 d 缓苗后，进行四段变温管理，即午前温度保持在（28±2）℃，午后保持在（23±2）℃，前半夜为（16±2）℃，后半夜为（12±2）℃，最低气温不低于 6℃。但定植后的生育前期（2 月），外界气温较低，应加强保温，此时夜间温度如低于 10℃，应适当提高白天的温度，使白天的温度维持在 32℃左右。生育后期外界气温较高，此时白天午前温度尽量控制在 30℃左右，最高不超过 35℃；夜间控制在 16℃左右，最高不超过 18℃。

（2）光照管理　番茄定植后，在温室后墙和两侧山墙上张挂反光膜，以增强温室后部和山墙处的光照。此外，要经常清扫薄膜上的灰尘，每天尽量早揭和晚盖草苫。加强光照管理，在番茄生育前期光照弱时尤为重要。但番茄生育后期由于生育繁茂，植株群体内常出现通风透光不良，因此第 1 果穗采收后，可适当摘除植株下部的老叶及病叶，以促进通风透光。总之，应使温室内白天大部分时间的光照强度保持在 40 klx 以上。

（3）水肥管理　定植时浇透底水后，3～5 d 再浇一次缓苗水，然后直到第 1 穗果长至核桃大小时再开始浇水，以后每 10～15 d 浇一次水，每次每 667 m^2 灌水 20～25 m^3。总之，灌水点的土壤水分张力 pF 应为 2.3～2.5（相当于土壤相对含水量的 70%～80%）。灌水时应注意在晴天午前进行，同时生育前期主要采取地膜下暗灌，地膜未覆盖沟不灌水，以防空气湿度过大，生育后期大放风时才可在全部沟内灌水。在第 1 果穗果实长至鸡蛋大小时，每 667 m^2 追施尿素 15 kg，硫酸钾 15 kg，追后及时灌水。

（4）湿度管理　尽量避免空气湿度过大。在番茄生育前期主要控制灌水及采取膜下灌溉，避免水分蒸发量过大。生育后期要加强通风排湿，但早晨应以迅速使室内升温，从而降低湿度为主。随着后期外界气温的升高，逐渐延迟午后的闭风时间。避免过早密闭温室后，随着室内逐渐降温而使空气相对湿度增大。

可以进行人工施用 CO_2：在番茄第一果穗开花至采收期，每天日出（揭草苫）后 0.5～1 h 施用，浓度为 0.8～1.0 mol/L，施用 1 h 后可以放风。CO_2 源可采用碳酸氢铵加硫酸的方法，也可施用液态 CO_2。采用碳酸氢铵和硫酸法，每日每公顷用碳酸氢铵 57 kg、硫酸 30 kg，加水 120 kg。液态 CO_2 每日每公顷施用 22.5～30 kg。

2. 整枝、插架或吊蔓

采用单干整枝，每株留 3～4 穗果，每穗留 4～5 个果，余者在激素蘸花时摘除。在最上果穗之上留 2～3 片叶后摘除顶尖，注意要在顶部叶片长至充分展开时才可摘除顶尖，避免在顶部叶片很小时摘除顶尖而破坏顶端优势，使顶部生长减弱，影响上部果实的生长发育，造成减产。插成人字架，然后用竹竿在上部把每行各自独立的人字架连接起来，形成整体。为了避免插架造成的遮光，可以用绳吊蔓。此外，还要经常摘除侧枝。

3. 保花保果

设施栽培的保温覆盖材料阻碍了传粉昆虫的进入，同时在秋延后、秋冬茬、冬春茬栽培期间缺少授粉昆虫及低温弱光等不利环境因素的影响，使得在开花期间授粉不充分，从而影响了产量和品质。为了提高番茄的坐果率，增加产量，改善品质，需要采用保花保果措施，生产上有人工授粉、化学激素处理和雄蜂授粉等多种方式。

人工授粉：人工授粉是生产上普遍采用的方式，但人工授粉增加了劳动强度，而且最佳授粉时间难以掌握。特别在花期短、花量大的情况下，人工授粉的效果不够理想，因此常使用激素蘸花或喷花。

化学激素处理：一般在每穗花有 3～4 朵开花时，采用保花保果剂进行蘸花，使用浓度越接近中午，水分挥发越快，应适当降低施用浓度，可防止落花，并促进果实膨大，减少畸形果的产生，提高产量。但往往造成不同程度的污染和残留积累。

雄蜂授粉：一个 600 m^2 左右的日光温室只需要 1 箱雄蜂，授粉期 40 d，悬挂方便，使用管理十分简便，省时省力。利用雄蜂授粉，避免番茄点花用的2,4-D、防落素、坐果灵等化学激素对果实的污染和对消费者健康的危害，减少了生产者长期在高温高湿的环境下接触药品的机会，绿色环保，是农业生产发展的方向。

五、长季节番茄的栽培技术要点

1. 具备保温性能良好的温室条件

长季节栽培必须要有性能良好的温室条件做保证，这是栽培成功的前提和首要条件。

2. 选择优良品种

进行长季节栽培必须选择增产潜力大，抗病、优质的无限生长型番茄品种，比较好的品种有‘倍盈’‘卡鲁索’‘中杂9号’‘粉皇后’‘卡特琳娜’‘保冠’等。

3. 掌握育苗期，培育壮苗

进行长季节栽培要掌握好育苗期，播种和育苗时间可根据当地的气候和温室性能而定，一般可在每年的7～11月播种育苗，8～12月定植。如果在7～8月育苗，正值高温多雨，应该搭遮阴棚遮阴防雨，以防幼苗徒长和发生病害。8月以后育苗，难度不大，可以参照冬茬及冬春茬番茄的栽培技术要点。

4. 定植及定植后的管理

当番茄苗达7或8片叶、苗龄达40～60 d时，即可定植。定植前要整地和施肥，深翻细耙，每667 m^2施腐熟优质有机肥10 000 kg，尿素14 kg，磷酸二铵25 kg，硫酸钾25 kg。有机肥全园施，化肥集中施用于定植沟。做成大小垄或高畦栽培，大垄距离为75 cm，小垄距离为55 cm，高畦可做成120 cm的宽高畦或60 cm的小高畦，株距为30 cm左右，定植后浇透水，待缓苗后覆地膜，把苗引出地膜。

定植后要以促进缓苗为中心，保持室内温度为白天25～28℃，夜间15～18℃。水分管理上，一般定植水浇透后，过3～5 d可再浇一次缓苗水，以后可适当控水，直到果实坐住、长至核桃大小时，再进行浇水。坐果后的温度可进行四段变温管理，即上午（28±2）℃，下午（23±2）℃，上半夜（16±2）℃，下半夜（12±2）℃，最低气温不低于6℃。在光照管理上，应尽量增强光照、延长光照时间，可在温室后墙张挂反光膜；在温度允许的情况下，尽量早揭和晚盖外保温覆盖物；经常清洗透明覆盖物，以增强透光率。关于营养管理方面，可根据不同植株的长势和土壤供肥特性灵活掌握施肥期，一般可在番茄的坐果期、果实膨大期及采收初期和中期进行土壤追肥，每次667 m^2追肥量为尿素10 kg，磷酸二铵15 kg，硫酸钾15 kg。在植株生长发育的中后期可结合防病进行根外施肥，可叶面喷施0.3%磷酸二氢钾，这对番茄的高产优质起重要作用。在植株调整方面，一般进行单干整枝，及时吊蔓，根据需要留10穗果以上，及时打掉植株下部的老叶和病叶，加强通风和透光，防止病害的传播和蔓延。当果实成熟时要及时采收，以免影响上部的果实发育和发生裂果。

保花保果方面同冬春茬番茄栽培。

六、几种主要病虫害及其防治

1. 叶霉病

农业措施：①选用抗病品种及无病种子，如‘辽粉杂3号’‘沈粉3号’‘双抗2号’等；②严格进行种子消毒；③加强通风排湿；④防止植株徒长、定植密度过大，加强水肥管理，增强植株抗性，但要严防大水漫灌；⑤采用40～42℃的高温短期闷棚，对该病有抑制作用。

药剂防治：用烟剂1号、叶霉净烟剂进行熏烟；或者用0.3%科生霉素、2%武夷霉素、80%新万生、80%大生、50%敌菌灵、60%防霉宝、68%倍得利等喷施，每7～10 d喷1次。

2. 灰霉病

农业措施：①选用无病床土育苗；②实行2年以上轮作；③加强通风透光，将相对湿度控制在85%以下，避免大水漫灌；④及时摘除残余的花瓣可有效控制该病的发生。

药剂防治：用烟剂2号、灰霉净烟剂、克灰霉烟剂进行熏烟；或者用0.3%科生霉素、2%武夷霉素、50%多菌灵、65%甲霉灵、60%灰霉克、40%施佳乐等喷施，每7 d喷1次。

3. 早疫病（轮纹病）

农业措施：①选用抗病品种及无病种子；②严格进行种子消毒；③实行2～3年的轮作；④加强通风排湿；⑤及时清除病残体。

药剂防治：百菌清烟雾剂、烟剂1号熏蒸；或者喷施40%大富丹、50%利得、80%喷克、80%大生、68%倍得利等，每隔7 d喷1次。

4. 晚疫病

农业措施：①选用耐病品种；②实行3～4年的轮作；③防止低温高湿，加强放风排湿；④及时清除病残体。

药剂防治：烟剂1号、百菌清烟剂、克疫霜霉烟剂进行熏蒸；或者喷施 72% 克露、69% 安克锰锌、56% 靠山、50% 甲霜铜、18% 甲霜胺锰锌等，每隔 7 d 喷 1 次。

5. 病毒病

番茄病毒病的常见症状有条斑型、花叶型和蕨叶型 3 种。本病是病毒感染所致。条斑型、花叶型主要由烟草花叶病毒（TMV）感染所致，蕨叶型主要由黄瓜花叶病毒（CMV）感染所致。通常在高温季节发病。

农业措施：①选用抗病毒品种及无毒种子；②及时清除病株，避免接触传染；③防治蚜虫；④培育壮苗，加强田间管理，提高植株的抗性。

药剂防治：可在幼苗期应用弱毒疫苗 N_{14} 防治烟草花叶病毒。

6. 温室白粉虱和烟粉虱

此类虫以刺吸式口器吸食番茄幼叶的汁液，同时传染病毒病等多种疾病，是主要的番茄温室害虫；繁殖快，在我国温暖无冬季的南方，每年可繁殖 10 代以上，危害严重。

农业措施：在设施条件下人工释放丽蚜小蜂与黄板联合使用，对控制番茄上的烟粉虱具有一定的效果。同时可与温室粉虱非嗜食植物芹菜间作，对粉虱的发生具有显著的驱避作用，另外风轮菜、紫苏、薄荷、除虫菊和果香菊等多种香草类植物均具有一定的驱避效果，其中薄荷和紫苏的驱避效果最好。

药剂防治：采用 25% 阿克泰可分散性粒剂 4000～8000 倍液进行移栽后喷雾及采用阿克泰 WG 2000～4000 倍液进行移栽前苗期灌根处理，对番茄烟粉虱的防治效果均较好。

设施茄子栽培

茄子（*Solanum melongena* L.）是茄科茄属植物，又称落苏、酪酥、茄瓜、昆仑紫瓜、紫膨亨。起源于亚洲东南热带地区，古印度为最早的驯化地，至今印度、缅甸及中国海南岛、云南、广东、广西仍有许多茄子的野生种和近缘种。中世纪传入非洲，13 世纪传入欧洲，16 世纪由中国传入日本。中国栽培茄子的历史悠久，类型和品种繁多，我国各地普遍栽培，一般认为中国是茄子的第二起源地。茄子含有丰富的蛋白质、维生素、矿质元素等营养成分，还含有少量特殊的苦味物质茄碱苷；经常食用，有降低胆固醇、防止动脉硬化和心血管疾病的作用，还能增强肝脏的生理功能，预防肝脏多种疾病，是一种良好的保健蔬菜。

一、生物学特性

1. 植物学特性

（1）根　茄子的根系发达，由主根和侧根构成。主根垂直伸长，分生大量的一级侧根，再旺盛地分生二级、三级侧根，组成以主根为中心的根系。茄子的根系一般为纵形，主根粗而强，垂直生长旺盛，深度可达 1.5 m 左右。而对于水平方向的侧根，比番茄等作物少且短；但是在地表下 5～10 cm 处，侧根的横向生长较强，有发达的横向生长侧根，伸长直径可达 1 m。茄子的主要根群分布在距地表 33 cm 以内的土层中。其根系木栓化较早，发生不定根的能力较弱；因此，根系的再生能力差，不宜多次移植。育苗移栽时应尽量减少伤根，同时在栽培技术措施上为根系发育创造适宜的条件，以促使根系生长健壮。

（2）茎　茄子在热带地区是灌木状直立性多年生草本植物，而在有霜地区作为一年生草本植物栽培。茄子的茎直立性较强，通常株高可达 60～100 cm，一般不需插支架；但在设施中嫁接栽培的茄子株高可达 150～200 cm，需采取整枝或插架措施，防止倒伏。茄子的分枝形式为“双杈假轴分枝”，即主茎生长到一定节位时，顶芽分化为花芽，由花芽下的 2 个侧枝生成 2 个第 1 次分枝，在分枝上的第 2 叶或第 3 叶分化后，顶端又形成花芽，下位 2 个侧芽又以同样方式形成 2 个侧枝。以此方式，继续形成以后的各级分枝。其茎的生长速度相对于番茄较慢，营养生长与生殖生长较平衡。茎的粗细和节间的长短与栽培条件的关系较大。水肥充足，温度适宜，茎生长粗壮，反之茎生长较细。温度高，光照弱，尤其是夜温过高时，节间细长，植株徒长。茎的外皮较厚，皮色随品种而不同，常见的有紫色、绿色、绿紫色、黑紫色、暗灰色等。茎皮颜色与果实、叶柄的颜色相关，紫色果实的品种，其茎及叶柄均为紫色；绿色果实的品种，其茎及叶柄为绿色。茄子的茎具有较强的再生能力，主干截（剪）断后，很快能发出新枝，新枝仍按双杈假轴分枝方式继续生长，形成新株，开花结果形成产量。利用这一特点，生产上可进行再生栽培，实现一茬双收。

（3）叶　茄子的叶为单叶，互生，有长柄。其叶片（包括子叶）形状的变化与品种的株型有关，株型紧凑、生长高大的一般叶片较狭长，而株型开张、生长较矮的一般叶片较宽。叶片边缘有波浪状的钝缺刻，叶面粗糙而有茸毛，叶柄和叶脉有刺毛。茄子的单叶面积较大，一般能达到 200 cm^2，大者可达 400 cm^2 以上，单株叶面积可达 0.3～0.4 m^2。

（4）花　茄子的花为两性花，一般单生，但也有 2～4 朵簇生的。花由花萼、花冠、雄蕊、雌蕊 4 部分组成。雄蕊包围着雌蕊，雌蕊基部膨大部分为子房，子房上端是花柱，花柱顶部为柱头，柱头是接受花粉的器官。花瓣为 5～6 片，基部合成筒状，白色或紫色。开花时花药顶孔开裂散出花粉，花萼宿存。根据花柱的长短，可分为长柱花、短柱花和中柱花。长柱花的花柱高出花药，花大色深，为健全花，能正常授粉，有结果能力；短柱花的花柱低于花药或退化，花小、色淡、花梗细，为不健全花，授粉率低，一般不能正常结果；中柱花的授粉率介于二者之间。花柱的长短受环境与栽培条件，特别是育苗条件的影响。茄子一般是自花授粉，花的寿命较长，花期可持续 3～4 d，夜间花也不闭，以后花瓣脱落。雌蕊和花粉的寿命也比较长，从开花前 1 d 到开花后 2～3 d，都有受精能力。

（5）果实　茄子的果实是由子房发育而成的，属于浆果，由外果皮、中果皮、内果皮、胎座、种子、隔壁、维管束、心髓等部分组成。外果皮是由子房的外壁，即心皮外侧的表皮发育而成；中果皮肉质多浆，是食用的一部分；内果皮是由心皮内侧的表皮发育而成。果实内部由中果皮和果心的几个隔壁分为 5～8 个子室，各子室都由发达的胎座组织构成，受精后在表面着生由胚珠发育而成的种子，同时也不断地增生和膨大，充满果实内部，形成幼嫩的海绵组织，可用来贮藏养分和水分，是供人们食用的主要部分。果实基部有宿存的花萼。果实的形状有圆形、椭圆形、卵圆形、扁圆形和长形；果实的颜色有白色、白绿色、绿色、紫色、黑紫色。茄子果实的着生很有规则，每分枝一次结一层果实，按果实出现的先后顺序，习惯上称之为门茄（根茄）、对茄、四面斗（四母斗、四门斗）、八面风、满天星。茄子是以嫩果为食用，在种子尚未开始硬化之前采收，一般开花后 15～20 d 即可采收。

（6）种子　茄子的种子发育比果实发育迟。果实在商品成熟期采收时，种皮十分柔软，不影响食用品质；生理成熟时，果皮变黄，种子硬化，种子才开始成熟。茄子的种子较小，扁平呈肾形，侧面形状有的呈圆形而脐部明显凹陷，有的呈椭圆形而凹陷浅。种皮有光泽、无毛，具有蜡质层，不易透水透气，发芽较慢。种子的千粒重一般为 4～5 g，1 g 种子有 200～250 粒。种子占果实重量的 1% 左右。茄子的种子由种皮、胚乳和胚组成，充满着蛋白质和脂肪。胚由胚芽、子叶、胚轴和胚根组成，胚的组织中也含有大量的脂肪和蛋白质。从开花到种子成熟需要 50～60 d，采收后要有一段时间的后熟，能提高种子的发芽力。种子的寿命为 4～5 年，使用年限为 2～3 年。

2. 生长发育周期

茄子的生长发育周期包括发芽期、幼苗期、开花坐果期和结果期。

（1）发芽期　从种子吸水萌动到第 1 片真叶显露（露心、破心、吐心）为茄子的发芽期，正常温度下为 10～13 d。种子萌动后 2～3 d 出现胚根，6～7 d 子叶出土，9～10 d 子叶展平，11～13 d 真叶显露。子叶出土展开前，为异养生长阶段，完全依赖种子内贮存的养分；子叶展开后开始进行光合作用，从根部吸收无机养分，逐渐过渡到独立生活的自养生长阶段。出土前后的环境管理是培育壮苗的关键因素。出土前的管理应着重创造适宜的土壤温、湿度条件，促进出土，防止出苗时间过长、苗芽衰弱甚至烂种的现象发生；出土后应适当降低温度，保持适宜的昼夜温差，减少夜间的呼吸消耗，有效地控制徒长。由于茄子的种子较小，内含的营养物质不多，发芽时很快被幼芽所利用。因此，幼苗出土后要及时保证必要的营养，这对促进幼苗生长发育、及早形成生殖器官有重要作用。

（2）幼苗期　从第 1 片真叶露出到定植为幼苗期，需 50～60 d，在幼苗期同时进行营养器官和生殖器官的分化和生长。在幼苗展开 3～4 片真叶、茎粗约 2 mm 时，开始花芽分化。从花芽分化开始转入营养生长和生殖生长同时并进的时期，茄子花芽分化的特点为 1 个花序可分化几个花芽，一般情况下只有 1 个花芽发育，其他花芽都退化。3～4 片真叶的苗，开始分化第 1 花；6～7 片叶的苗，已分化到第 6 花；10 片叶的苗，已分化了 21～23 朵花。同时，幼苗的根、茎、叶的生长量也加大，尤其是地上部的生长明显加快，幼苗生长量的 95% 都在这个阶段完成。

在花芽分化前应以控制为主，适当促进，积累营养，为花芽分化打好基础。移苗也应在花芽分化前进行，扩大营养面积，以保证幼苗的迅速生长和花器官的正常生长发育。花芽分化的质量与环境条件关系密切，在适宜的温度范围内，温度稍低，花芽分化质量好，长柱花多，花芽发育稍有延迟；反之，在高温下，花芽分化提前，中柱花及短柱花的比率增加，尤其在高夜温影响下更为显著。光照条件好有利于花芽的发育，随着光照强度的减弱，花芽发育变劣，短柱花增多。育苗床土肥沃，花芽发育充实，花器较大；床土营养越差，花的发育越迟，花器小，短柱花多。

（3）开花坐果期　从第1朵花显蕾到果实坐住（即门茄“瞪眼”）为开花坐果期。这一阶段是以营养生长为主过渡到生殖生长与营养生长同时发展的转折期，直接关系到产品器官的形成和产量，特别是早期产量。开花期的早晚取决于品种、苗龄及定植后的环境条件。正常条件下，第1花分化之后至开花经30～35 d。开花前1 d至开花后2～3 d，都有授粉受精能力，但开花当天授粉的结果率最高，可达100%，所以激素蘸花应在开花当天进行。柱头接受花粉后，通过传导组织、花粉管进入子房，大约在2 d后就可完成受精过程。门茄从开花至坐果（瞪眼），一般需要8～12 d。此期为以营养生长为主向以生殖生长为主的过渡时期，生产上应适当控制营养生长，防止因水肥偏大、光照不足、夜温过高而造成徒长，促进营养物质向生殖器官分配。在北方地区春季早熟栽培中，这段时间的主要问题是落花落果，其原因是早期温度低，影响正常的授粉受精，造成子房内的生长素含量低，从而引起落花落果。因此，人为施用生长调节剂以提高坐果率、促进果实膨大，对茄子早期产量的形成极为重要。

（4）结果期　从门茄坐果到拔秧为结果期。茄子的果实是由子房发育的真果，果实发育需要经历现蕾、露瓣、开花、凋瓣、瞪眼、成熟（商品果采收适期）、生理成熟等时期。门茄瞪眼后果肉细胞膨大，果实迅速生长，整个植株进入以果实生长为主的时期；这一时期要注意加强水肥管理，促进门茄果实的膨大和茎叶的同时生长及上部花果的形成。在对茄和四面斗结果时期，整个植株处于生长旺盛期，对产量的影响极大，是田间管理的关键时期，要采取一系列措施，促进果实的生长，保持植株生长的旺盛，防止植株早衰。当进入八面风时期后，结果数多，但单果重量较低，要想争取后期产量，必须加强水肥管理，维持植株长势，即可获得较好的产量。

门茄从瞪眼到成熟（商品成熟）需13～14 d，即从门茄开花到采收需21～26 d。以后每层果采收相隔10 d左右。从技术成熟到生理成熟，即种子成熟需经30 d左右。一般采种茄子应在开花后50～60 d开始采收。

3. 对环境条件的基本要求

（1）温度　茄子是喜温蔬菜作物，它对温度的要求比番茄还高，耐热性较强，但在高温多雨季节易产生烂果。茄子种子发芽阶段的最适温度为30℃，若低于25℃，则发芽缓慢，且不整齐。生长发育的最适温度为20～30℃；若低于20℃，会造成授粉受精不良及果实发育不良；低于15℃则生长缓慢，易产生落花；低于13℃则停止生长。相反，温度超过35℃，也会造成花芽分化的质量下降，长花柱花的比例降低，中、短花柱花的比例升高，从而造成大量的落花。

（2）光照　茄子属喜光作物，光饱和点为40 klx左右，光补偿点约为2 klx。在光照不足，特别是光照时间短的条件下，会大大降低花芽分化的质量，使短花柱花增多，从而提高落花率，而且果实着色也会受影响，尤其是紫色品种所受的影响更为明显。

（3）水分　茄子的枝叶茂盛、产量高，需水量较大，通常土壤含水量以70%～80%为宜。但不同生长发育阶段对水分的要求有所不同，门茄形成以前需水量相对较小，门茄迅速生长后需水量逐渐增多，直到对茄收获前后需水量最大。栽培上要充分满足茄子对水分的需求，否则就会影响其生长发育。但是，茄子不喜欢通气不良、过于潮湿的土壤，因此要防止土壤过涝，否则易出现沤根。茄子适宜的空气相对湿度为70%～80%。

（4）土壤　茄子对土壤的适应性较广，砂质土和黏质土均可栽培，但在富含有机质、疏松、保水保肥能力强、排水良好的壤土上生长发育最好。适宜的pH为6.8～7.3，较耐盐碱。茄子对土壤含氧量的要求较高，通常以5%～10%为宜。土壤含氧量低于2%，植株根系生长会受抑制，甚至出现死亡。

（5）营养元素　茄子的生育期长，产量高，需肥量较大。对大量元素的要求以氮肥为主，钾肥次之，磷肥较少。其中，果实膨大期需氮、钾肥最多，幼苗期需磷肥较多。一般每生产1000 kg茄子，吸氮量为2.7 kg，吸磷量为0.7 kg，吸钾量为4.7 kg。

二、栽培类型和季节

温室或大棚茄子栽培的类型大体可分为春茬栽培、秋冬茬栽培、冬茬栽培、冬春茬栽培等。目前以春茬栽培和冬春茬栽培为多。由于各地的环境条件、温室或大棚的设施状况及蔬菜市场的情况不同，各地在进行生产时应根据具体情况确定栽培季节。其中春天播种的可越夏连秋一茬到底栽培。

三、品种选择

茄子品种的地域性一般都较强，选用品种时主要掌握以下标准。

1. 选择适合当地生态型的品种

茄子在原产地起源后，经过人们的迁移、传播，现遍布世界各地。由于长期生长在不同气候、不同地理环境下，形成了不同的生态型品种，对环境条件的要求各异。在气候、地理条件差别较大的地区间相互引种，往往难以获得较好的栽培效果。所以在选择品种时，应注意选择在本地区自然条件下生长发育较好的品种。

2. 选生长期长短适宜的品种

不同生态型中都有生长期长短不同的早、中、晚熟品种，各地适于茄子生长发育的时间长短也差别很大。必须根据当地适于茄子正常生长发育的天数，对照品种所要求的生长发育天数来选择生长期适合的品种。尤其是在生长期较短的寒冷地区，更不适宜选用生长期偏长的品种。

3. 按栽培条件和栽培方式选定品种

茄子有露地和设施两种基本的栽培方式，设施和露地的小气候和栽培条件差别很大。设施栽培的多为提早、延晚和越冬栽培，应尽量选择耐低温、耐弱光、耐湿性较强和抗逆性较强的品种。

4. 按消费习惯选定品种

人们对茄子的消费习惯有很强的区域性。各地区的消费习惯主要表现在对茄子果实的形状和颜色的选择上，有的喜欢绿茄，有的喜欢紫茄；有的喜欢圆茄，有的喜欢卵圆茄，也有的喜欢长茄。各地的种植者应根据本地的特点和消费习惯来选择适销对路的优良品种。

目前供选的品种或杂种主要有‘西安绿皮’‘天津快圆茄’‘辽茄3号’‘辽茄4号’‘沈茄3号’‘鲁茄1号’‘龙茄1号’‘种都’系列茄子等。

四、日光温室冬春茬及春茬茄子的栽培技术

（一）培育壮苗

1. 床土准备

参照冬春茬番茄的栽培技术要点。

2. 播种

播前晒种是提高发芽率和发芽势的有效措施。为此，浸种前可在室外晒种6～8 h。然后，结合种子消毒进行浸种。具体方法如下。

1）用1%高锰酸钾溶液浸种30 min，捞出经反复淘洗后再放入55℃水中浸泡15 min，而后在30℃水中浸泡7～8 h。

2）用有效成分为0.1%的多菌灵加0.1%平平加浸种1 h后，再用清水浸种6 h。

3）用55℃温水浸种15 min，然后放入30℃水中浸泡7～8 h。此外，也可用0.5%～1%双氧水溶液进行浸种。这样既可促进发芽，又可起到杀菌作用。

茄子催芽前可先用细砂搓种皮上的黏液，然后包在湿布里放在温暖处。催芽温度以25～30℃为宜，但最好采用变温，即每天有16～18 h的较高温（25～30℃）和6～8 h的较低温（16～20℃），变温催芽比恒温催芽出芽快而且整齐。一般催芽需5～6 d，在此期间，每天要翻动1～2次，见干时适当喷水。出芽后，若遇天气不好不能及时播种时，应适当降低温度，以防止芽伸长过快。

茄子播种与番茄大体相同。在苗床上铺厚10 cm的床土，然后整平打透水，待水渗下后，将催芽种子撒播在苗床上。播种密度根据移植早晚的不同而异，如幼苗破心时移植，每平方米的播种量以35～40 g（8000～10 000粒种子）为宜；如2～3片真叶期移植，每平方米的播种量则以15～20 g（3000～5000粒种子）为宜。种子播后覆厚1 cm的营养土，然后上面再覆盖地膜，使地温保持在20℃以上。如采用苗盘育苗，则应将苗盘放在28～30℃的环境条件下。

茄子幼苗易发生猝倒病，在播种时可配制药土进行防治。具体方法是：每平方米苗床用15 kg营养土，内加70%五氯硝基苯和80%代森锌（或80%福美双）各5 g，混合拌匀，在苗床浇足底水后撒上2/3该药土，待播种后再盖上剩余的1/3药土。采用药土时要特别注意称准药量并拌均匀，避免出现药害，一旦出现药害应及时浇水缓解。

3. 嫁接砧木播种

由于常年栽培、重茬等原因，茄子枯萎病、黄萎病等土传病害的发生极为普遍，发病率很高，严重影响了设施茄子的生产，采取化学防护手段也难以克服。而利用高抗或免疫的砧木进行嫁接栽培，是目前预防设施内茄子土传病害比较理想的途径。同时，在增强植株生长势、改善根系活力、延长采收期、提高产量等方面，效果十分显著。

目前生产中使用的砧木主要是从野生茄子中筛选出来的高抗或免疫的品种，主要有以下3种。

1）托鲁巴姆：同时抗黄萎病、枯萎病、青枯病、线虫病等4种土传病害，达到高抗或免疫程度。根系发达，植株生长势强。节间较长，茎及叶上有少量的刺。种子粒极小，千粒重约为1 g，种子成熟后有较强的休眠性，发芽困难，需用激素处理或变温处理。幼苗出土后，初期生长缓慢，长出3～4片叶后接近正常，因此需较早播种。

2）赤茄：也称‘红茄’‘平茄’，是应用比较广泛而又比较早的砧木品种。主要抗枯萎病、黄萎病等。根系发达，茎粗壮，节间较短，茎及叶面上有刺。种子粒较大，容易发芽。幼苗的生长速度同正

常的茄子，因此嫁接期容易掌握。

3）CRP：抗病性相当于‘托鲁巴姆’，耐涝性比‘托鲁巴姆’强，茎较‘托鲁巴姆’细一些，茎上的刺较多一些，节间长。种子的休眠性不强，比‘托鲁巴姆’易发芽，但比赤茄慢。幼苗出土后，初期生长缓慢，2～3片真叶后正常，也需较早播种。

如采用休眠性较强的‘托鲁巴姆’，在催芽前需用快速催芽剂处理，一般4～5 d可出芽；也可在20～30℃温度条件下，用100～200 ppm浓度的赤霉素浸泡24 h，温度低时催芽效果差。注意赤霉素的浓度不要过高，否则出芽后易徒长。处理后用清水洗净，在变温条件下催芽，每天30～32℃ 16 h、20℃ 8 h，可促进出芽，一般需15 d左右才能发芽，较正常的茄子出芽时间长。对休眠性降低的种子，经浸种后可直接进行变温催芽。若采用易发芽的赤茄作砧木的话，进行温汤浸种即可，即用55℃热水浸种30 min，再用20～30℃清水浸泡12～14 h，在25～30℃条件下催芽，7 d左右可以出芽。

常用的嫁接方法有劈接和斜切接（贴接），这两种方法对砧木和接穗的大小与粗细的要求基本一致。这样的话，播种期的确定主要取决于砧木生长的快慢，如采用赤茄，只需提前7 d播种；如采用‘托鲁巴姆’，则需提早25～30 d；‘CRP’需提早20～25 d。

4. 嫁接

嫁接的适宜时期主要取决于茎的粗度，当砧木的茎粗达0.4～0.5 cm时为嫁接的适宜苗龄。

（1）劈接法　当砧木长到5～6片真叶时进行嫁接，嫁接的位置在第2片真叶与第3片真叶之间。首先将砧木保留2片真叶，用刀片平切砧木茎，将上部去掉，于茎中间劈开，向下切深1.0～1.5 cm的切口。然后将接穗拔下，保留2～3片真叶，用刀片去掉下端，并削成楔形，楔形的大小与砧木的切口相当，随即将接穗插入砧木的切口中，对齐后，用夹子固定上。

（2）斜切接　当砧木长到5～6片真叶时进行嫁接。嫁接时将砧木保留2片真叶，用刀片在第2片真叶上方的节间斜削，去掉顶端，形成斜角为30°左右的斜面，斜面长1.0～1.5 cm。再将接穗拔下，保留2～3片真叶，用刀片削成一个与砧木相反的斜面（去掉下端），斜面大小与砧木的斜面一致，将砧木的斜面与接穗的斜面贴合在一起，用夹子固定上。

5. 苗期的环境管理

苗期的环境管理是培育壮苗的关键。所以，它是育苗的重要环节，必须充分重视。

（1）温度管理　播种后要使土温经常保持在20～25℃，待大部分幼苗出土后，及时揭下地膜，并适当降温。白天保持在20～25℃，夜间为15～18℃，地温仍保持在20℃左右。分苗后尽量使白天的温度保持在25～30℃，夜温为15～18℃。缓苗后可适当降低温度，白天温度在25℃左右，夜温在15℃左右，最低温度应不低于10℃。嫁接后要保持较高的温度，一般保持在25～28℃，以促进伤口愈合。

（2）光照管理　茄子不像番茄那样要求强光照，但由于冬春育苗季节外界光照较弱，再加上覆盖物的阻挡，因此茄子育苗期间仍要清除温室或大棚透明覆盖面上的污染物，并尽量早揭晚盖多层保温覆盖物，以争取温室或大棚内有充足和较长时间的光照。但在嫁接期应特殊管理光照：嫁接后3 d要完全遮光，3 d后可逐渐见光，7～10 d后可完全见光。

（3）水分管理　整个育苗期间的水分管理要掌握每次灌水要灌足、尽量减少灌水次数的原则，这样可避免降低地温。另外，蹲苗要尽量采取控温不控水的方法，以避免影响花芽分化的质量。嫁接期间要进行高湿管理，保持相对湿度在90%～100%。

（4）追肥　由于茄子的苗龄一般较长，多在80～100 d，因此苗期容易出现脱肥现象。这样可采用叶面喷洒0.3%磷酸二铵或尿素的办法进行根外追肥。

（二）定植

1. 整地

通常定植前应首先进行温室消毒。消毒后进行土壤深翻整平，每667 m^{2}施优质有机肥5000 kg，再将粪土混匀耙平。

2. 定植

定植期因各地不同，在12月上旬至1月上旬。定植时的土壤温度需达到15℃以上。定植时应选择晴天，并按行距55 cm开5～6 cm深的定植沟，然后按株距38～40 cm摆苗、埋土和浇水。对于嫁接苗，定植深度不可过深，一般嫁接口要露出地面。第二天水渗后培成10 cm高的垄台，再按每两垄覆一幅地膜，覆盖时将地膜在幼苗定植处开口引出幼苗。此外，也可按小行距50 cm，大行距60 cm开5～6 cm深的定植沟，待定植覆土形成垄后，在小行距50 cm上每两垄盖一幅地膜。两种方法每667 m^{2}的定植株数均为2500～2800株。

（三）定植后的管理技术要点

1. 环境管理

（1）温度　定植后由于外界气温较低，故

应加强保温，促进缓苗。通常白天尽量保持在25～30℃，夜间保持在15～20℃，短期最低温度不要低于10℃，此时尽量不放风或少放风。待3月以后，随着天气逐渐转暖，可逐渐加大放风量。当外界最低温度超过15℃时，可进行昼夜放风。

（2）光照管理　由于冬春季节外界光照较弱，因此应特别注意尽量增加温室或大棚的透光率，并充分利用反射光。通常可采用清扫透明覆盖面的污染物和在温室后墙张挂反光幕的方法，这样可明显增加温室或大棚内的光照。

2. 水分管理

茄子定植时浇足定植水，3～4 d后再浇一次缓苗水，然后直至门茄瞪眼（即门茄长3～4 cm）时才可再行灌水。但由于此时天气尚冷，故不可采用大水漫灌，而只能采用膜下灌水。待3月中旬温室或大棚内的土温达18℃以上，外界气温也升高时，明沟暗沟都可灌水，但要注意灌水后放风排湿。进入4月后，一般每周可灌水一次。

3. 追肥

茄子的需肥量较大。一般在门茄瞪眼时开始追肥，以后每隔20 d左右追一次，每次每667 m^2追尿素10～15 kg或磷酸二铵10 kg，但应注意磷酸二铵的追施次数不应超过4次。

4. 整枝打叶

门茄坐果后主干各节陆续发生侧枝，为了调节秧果关系，需进行整枝，整枝的方法有普通整枝法和双干整枝法。非密植栽培一般采用普通整枝法，密植栽培适于采取双干整枝法。

普通整枝法：门茄坐果后将主干上两大分枝以下各叶腋中的侧芽陆续去掉，以免消耗养分和水分，当对茄开花坐果后再将两对2级侧枝以下的萌芽去掉，以后依此类推，各级坐果数分别为1个、2个、4个，一株茄子至少应当坐7个果。上面还可陆续留侧枝，结果数呈级数增加。

双干整枝法：主干只保留两个1级侧枝，以下各节发出的侧枝尽早去掉，当对茄开花坐果时只留2个开花结果的侧枝，下部的侧枝全部去掉，这2个分枝再开花坐果时再把果实以下的各侧枝去掉，依此类推，在主干以上一直保持2个分枝，形成双干。

5. 防止落花落果

茄子在低温或高温条件下均会出现落花或果实不发育现象。因此，生产上常需采用坐果激素蘸花。目前常用的有如下几种坐果激素。

1）2,4-D：20～30 ppm，用毛笔涂抹花萼和花柄。

2）沈农番茄丰产剂2号：根据不同气温每瓶兑水350～500 mL，用小喷雾器喷花或蘸花。

3）防落素：40～50 ppm，处理方法与沈农番茄丰产剂2号相同。

（四）采收

茄子为嫩果采收。采收的早晚不仅影响品质，还影响产量。特别是门茄，如果不及时采收，就会影响对茄发育和植株生长。判断茄子采收的适宜时期可根据茄子的萼片与果实相连处的白色或淡绿色环状带的变化，如这条白色或淡绿色环状带非常明显，则表明果实正在迅速生长，不宜采收；如果这条环状带已趋于不明显或正在消失，则表明果实已停止生长，应及时采收。通常，茄子的早熟品种开花20～25 d后就可采收。

五、日光温室冬春茬茄子的再生延后栽培

嫁接茄子的再生效果明显好于自根茄子的再生效果。因为嫁接茄子的根系发达、抗病性强，所以再生后可获得较高的产量。再生截枝的时间约在7月中下旬，因为这茬茄子的第4层果已收获完毕，而市场上茄子的价格又低，所以此时适宜进行再生栽培。其方法是：在主干嫁接刀口以上的位置留3节（保证有2～3个芽眼），用镰刀将主干割断，让留下的主干橛发新枝。割干截枝后拔掉杂草，连同割下来的枝叶一起清除到室外，尽量保持地膜的完整性。为了促进新枝的萌发，浇一次透水。切割口最好涂上白铅油，这样不仅能防止老干橛失水，还可防止褐纹病等病菌侵入。

割干后6 d左右便可发出新芽，逐渐形成新枝，待新枝伸长10 cm左右时，进行选留。一般每个老干上只留1个新枝作新株，其他较弱的都去掉；如果老干临近处缺株，此老干可留2个结果枝。此间在砧木基部发出的萌蘖应尽早全部去掉。在发枝过程中注意用百菌清、甲基托布津等广谱杀菌剂及杀虫剂喷雾防治病虫害。割干后15 d左右新株现蕾，每667 m^2施氮磷钾复合肥15～20 kg，随后灌水，促进新株的生长。门茄开花坐果期间不灌水、不追肥，尽量蹲住苗。门茄大部分坐果及门茄开始采收时可各施肥浇水1次，促进秧果生长，秧体争取在扣棚膜前能有较大的生长量。新株生长过程中一般按普通整枝法。当外界最低气温降至10℃左右时扣棚膜；当外界最低气温降至5℃时，上草苫，白天揭，夜间盖，使夜间最低室温保持在10℃以上。随着外界和室内温度的下降，秧体和果实的生长渐慢，

耗水量逐渐减少，可减少浇水次数，加大灌水间隔，施肥以叶面喷肥为主。管理上应看秧收果，秧弱早采，秧旺晚收。

六、茄子常见的几种生理性障碍

1. 僵果

俗称“石茄”，果实形状不正，朽住不长，果皮粗糙，果肉质硬，果内无种子，颜色发白，果小，无食用价值。产生的原因很多：①育苗期间弱光和高夜温形成短柱花，开花后不能授粉受精；②定植后在低温下开的花，授粉受精不良；③植株弱或长势过旺，用激素处理花朵不当；④单性结实的果实也可导致僵果的出现；⑤在干燥、肥料浓度过高、水分不足的环境下生长的植株，同化养分少，也会产生僵果。

防止措施：①避免在弱光和高夜温下育苗；②定植后注意保温防寒；③结果期间应防止土壤干旱，每次的追肥量不应过大。

2. 裂果

裂果者多果形不正，在果蒂下部出现开裂，轻者仅果蒂下出现轻微裂口，重时可发展至整个茄子的果实严重纵裂，露出种子。裂果虽可食用，但严重影响商品质量，也可引起其他病菌浸染而烂果。裂果发生的原因：①多在夏季栽培中产生，在白天高温、干燥，傍晚灌水的情况下容易发生；②长期干旱，突然灌大水或降大雨时发生多；③激素处理不当，如使用浓度过高、在中午高温时使用或反复施用都会出现裂果。

3. 无光泽果

果实无光泽的茄子表现为果皮表面暗淡发乌、无亮光，冬季栽培易出现，主要是由果实生长过程中得不到足够的水分所致。一是冬季栽培怕降低土温，不敢浇水，故土壤含水量低，根系吸水少；二是土壤含水量不低，但土温低，根系活力差，吸收水分能力差，故果实供水不足。

4. 着色不良果

果实着色不良是指紫茄子的果实皮色变成红紫色、绿茄子的果实皮色变成淡绿色，甚至长成花脸茄子，一般多在保护地内发生。茄子果皮色素的形成和积累与光线有关，冬季温室光照较弱，茄子色素形成和积累少，造成花脸。预防措施有：①经常擦拭塑料棚膜，增加进光量，能加深果皮颜色。②合理密植、适时整枝、适当摘除老叶等对改善果实受光有一定作用，有利于加深果皮颜色。如果花瓣或碎叶沾在果皮上，那么黏附的那部分果皮着色很淡，呈花脸状。

七、几种主要病虫害的防治

设施茄子的主要病害有黄萎病、灰霉病、叶霉病、菌核病、绵疫病。虫害有蚜虫、红蜘蛛、茶黄螨。

1. 农业防治措施

选择抗病的品种；使用无病种子或播前进行种子消毒；采用无病育苗床土或进行床土消毒；实行4～5年的轮作；在农事操作上避免伤根；注意灌水均匀等均可有效防止病害的发生。

2. 药剂防治

发病初期及时施药防治，可使用的药剂有以下几种。

（1）灰霉病、叶霉病　防治药剂同番茄的灰霉病和叶霉病。

（2）绵疫病　烟剂1号、克疫霜霉烟剂、58%甲霜灵锰锌、69%安克锰锌、25%络氨铜、56%靠山、30%绿得保、30%氧氯化铜等。

（3）菌核病　烟剂2号、速克灵烟剂、20%甲基立枯磷、40%菌核净、50%农利灵、50%复方菌核净、65%甲霉灵等。

（4）黄萎病　50%混杀硫、12.5%增效多菌灵、10%高效杀菌宝、60%防霉宝、50%琥胶肥酸铜、3.2%克枯星、50%苯菌灵等灌根。

设施辣椒栽培

辣椒（*Capsicum annuum* L.）原产于中南美洲的热带和亚热带地区。墨西哥、危地马拉分别是辣椒的原始起源中心和次级起源中心。辣椒是重要的蔬菜种类之一，世界各国均有种植。在中国，辣椒有着悠久的栽培历史，分布广，种质资源丰富，品种多样。随着设施辣椒生产的迅速发展，我国已实现了辣椒的周年生产和供应。辣椒可鲜食、干制、腌渍、调味、观赏或用于提取天然色素，同时还具有一定的药用价值。

一、生物学特性

1. 植物学特性

（1）根　为直根系，茎的基部可产生侧根，但再生能力不强。根系分布较浅，主要集中在10～15 cm的土层内。为获丰产，必须重视根系的培育与保护。

（2）茎　直立，腋芽萌发力较弱，株冠较小，适于密植。茎端出现花芽后，以双杈或三杈分枝继续生长。株高40～100 cm。辣椒的分枝结果很有规律，可分为无限分枝和有限分枝两种类型。

无限分枝型：植株高大，生长茁壮。当主茎长到7～15片叶时，顶端现蕾，花蕾以下2～3节生出2～3个侧枝，果实着生在分杈处。但生长至上层后，由于受果实生长的影响，分枝规律有所改变或枝条生长势强弱不等。绝大多数品种都属于此类型。

有限分枝型：植株矮小，主茎生长至一定叶数后顶部发生花簇封顶，在植株顶部形成多数果实。花簇下部的腋芽抽出分枝，分枝的叶腋还可能发生副侧枝，在侧枝和副侧枝的顶端都形成花簇封顶，但多不结果。各种簇生椒都属于此类型。

辣椒基部的主茎各节叶腋均可抽生侧枝，但开花结果较晚，应及时摘除，以减少养分的消耗。

（3）叶　叶片为单叶，互生，卵圆形或长卵圆形。氮素充足，叶形长；而钾素充足，则叶幅较宽。

（4）花　花由顶芽分化而成，单生或节间极短缩而成簇生状，花萼杯状，花冠裂片卵形，白色或紫色，雌雄同花，为常异交作物，自然杂交率约为10%，不同品种留种时应注意隔离。与茄子类似，植株的营养状态影响花柱的长短。营养不良，则短柱花增多，落花率升高。主枝及靠近主枝的侧枝营养条件较好，花器正常；而远离的侧枝则营养状况较差，落花率较高。可见，培育健壮的侧枝是增加结果数的重要条件。

（5）果实　为浆果，果皮与胎座组织往往分离，形成较大的空腔。细长形果实多为二室，圆形或灯笼形果实多为3～4室，果实的形状及颜色多样。红色果果皮中含有茄红素、叶黄素及胡萝卜素，黄果中主要含有胡萝卜素。绝大多数品种在成熟过程中由绿直接转红，也有少数品种由绿变黄，再变红。彩色甜椒有红、黄、橙、褐、白、紫、黑7种颜色，其中红、黄、橙、褐为老熟椒的颜色，未熟时为绿色；白、紫、黑为嫩椒的颜色，老熟时变为红、黄等颜色。根据果实内辣椒素的多少将其分为辣椒和甜椒。辣椒素主要分布在胎座及心室隔膜上，约占85%，果皮上约10%，其余在种子上。

2. 对环境条件的要求

（1）温度　辣椒属喜温蔬菜，其对温度的要求介于番茄和茄子之间。其生长发育的适温为15～30℃，其中昼温以27～28℃为宜，夜温以18～20℃为宜。温度超过30℃或低于15℃，对茎叶生长和花芽分化不利，同时也易造成落花。辣椒生长的适宜地温为17～26℃，地温过低影响其生长发育。反之，如果地温过高，虽然花芽分化进程加快，但花芽分化节位上升，花芽素质不好，落花率提高。尤其是强光直晒地面，对根系发育不利，严重时能使暴露的根系褐变死亡，且易诱发病毒病。

（2）光照　与番茄、茄子相比，辣椒不需要很强的光照。光合作用的光饱和点为30 klx。过强的光照对辣椒的生长发育不利，特别是在高温、干旱、强光条件下，植株根系发育不良，易发生病毒病；但光照过弱，也会影响坐果和果实发育。辣椒对日照时间长短的反应不敏感，但长日照有促进花芽分化的作用，可降低第一花的节位。

（3）水分和空气湿度　辣椒的根系不发达，它既不耐旱，又不耐涝。如果土壤缺水，不仅根系发育和叶片分化及扩展受到抑制，而且花芽形成、坐果率及果实膨大也受影响。但土壤过湿，辣椒就会烂根死亡。通常土壤湿度以60%～70%为宜。辣椒对空气的要求也较严格，空气相对湿度以70%～80%为宜，过湿易造成病害，过于干燥则对授粉受精和坐果不利。

（4）土壤　辣椒是较为耐碱的蔬菜作物。在pH 6.2～8.5均可生长，适宜的pH为6.5～7.0。在排水良好的肥沃砂质壤土上生长发育较好，而在地势低洼、地下水位高或土壤板结、透气性不好的地块上生长不良。

（5）营养元素　辣椒的需肥规律与茄子相似，幼苗期需肥量不大，但在结果期需肥量较大。一般每生产1000 kg辣椒，需氮（N）5.19 kg、磷（P_2O_5）1.07 kg、钾（K_2O）6.46 kg。

二、栽培类型及季节

温室或大棚辣椒栽培的类型大体可分为：春茬栽培、秋冬茬栽培及冬春茬栽培等类型。

三、品种选择

适应温室或大棚栽培的辣椒品种应具备耐低温、耐高温、抗病、早熟、高产等特点。此外，由于辣椒有尖形和圆形之分，有辣味、麻辣及不辣之分，因此在品种选择上还应考虑当地或销往地区的消费特点。目前温室或大棚栽培中常用的品种有以下几种。

（1）尖椒品种　‘汴选7号’‘湘研1号’‘湘研3号’‘湘研5号’‘保加利亚尖椒’‘羊角

椒’‘沈椒3号’‘沈椒5号’‘赣丰5号’‘中椒13号’‘新丰四号’等。

（2）圆椒品种　‘辽椒3号’‘辽椒4号’‘沈椒2号’‘洛椒3号’‘早丰1号’‘津椒3号’‘中椒4号’‘中椒5号’‘牟椒1号’‘苏椒5号’‘甜杂1号’‘茄门椒’等。

四、冬春茬和春茬辣椒的栽培技术

（一）培育壮苗

1. 浸种

辣椒浸种常与种子消毒结合起来进行。具体方法主要有以下几种。

1）将种子用清水浸5～6 h，再放入1%硫酸铜溶液中浸泡5 min，然后捞出，用清水洗净催芽。该方法可防止辣椒的炭疽病和疮痂病。

2）将种子用清水浸5～6 min后，用福尔马林（40%甲醛）150倍液浸种15 min后洗净催芽。该方法可防止辣椒的炭疽病和疮痂病。

3）将种子在清水中浸4 h，捞出后放入10%磷酸三钠溶液中浸20～30 min，也可用2%氢氧化钠溶液浸种15 min。该方法可使病毒的活性钝化。

4）温汤浸种的操作方法与茄子相同。该方法对辣椒的疮痂病、菌核病有杀菌作用。

需要注意的是：采用药剂浸种后，要将种子充分冲洗干净后，再浸种催芽。

2. 催芽

辣椒的催芽温度以28～30℃为宜；35℃高温之下虽然发芽快，但不够整齐；在25℃以下则发芽期延长。辣椒发芽需要充足的氧气，如含氧量低于10%，就会对发芽产生明显的不良影响。因此，催芽时除注意翻动、清洗种子外，还要注意种子包裹得不要过严，以保证充足的氧气供应。

3. 播种

辣椒的育苗方式及场所，与番茄大体相同。辣椒种子的发芽出土对床土和水分的要求严格。一般床土通气不良、水分过多或过少均会影响出苗。通常播种前浇足底水，播种后覆5 mm厚的床土，并盖上地膜；待出苗时揭开地膜，再覆5 mm床土。这样既可防止幼苗带帽出土，又有利于辣椒发根。辣椒每平方米的播种量为30～40 g，每667 m^2的用种量为120～150 g，需育子苗面积为4～5 m^2。

4. 分苗（移苗）

辣椒的分苗适宜期为2片真叶展开期。移植方法与番茄相同，但也有些地方采用一钵（坨）双苗，这种方法会影响幼苗的质量。

5. 苗期的环境管理

（1）温度管理　辣椒苗期对温度的要求比较高。播种后至出土前应保持在28～30℃；当幼苗拱土时，昼温可维持在28～30℃，夜间温度降至18～20℃；幼苗出土后昼温可降至25～28℃，夜温保持在15～17℃，土温保持20℃左右；移植后昼温保持在26～28℃，夜温保持在16～18℃，地温保持在20℃；定植前7～10 d，可采用昼温20℃、夜温12℃进行炼苗。

（2）光照管理　虽然辣椒在茄果类蔬菜中属于耐弱光蔬菜，但由于冬春温室或大棚内的透光率和光照强度弱，光照时间短，因此增加此时温室或大棚内的透光率和光照时数仍很重要。此外，在育苗期间，适当扩大苗距，避免幼苗之间相互遮光，对培育壮苗、促进早熟丰产有重要意义。

（3）水分管理　冬春茬或春茬辣椒栽培的育苗期大部分处于低温、光弱时期，此时保温、增温、增光是首要措施。因此，在水分的管理上应采取一次灌水要灌足、尽量减少灌水次数的原则。通常在播种前和分苗时浇足底水，使之能在较长时间内保持适宜的土壤湿度；缓苗后根据土壤的湿度情况，选择晴天午前进行补水，尽量避免因浇水而长时间地降低土温。同时也不应过度控水蹲苗，否则不能保证幼苗对水分的要求，影响幼苗质量。

6. 苗龄

冬春茬及春茬辣椒栽培的苗龄以80～110 d为宜。从生理苗龄来看，辣椒幼苗出现大蕾，叶片展开10片左右，株高20 cm左右，茎粗约0.3 cm。采用穴盘基质育苗时，苗龄应适当缩短，40 d左右，生理苗龄以4～5片叶为宜。

（二）定植及定植后的管理技术要点

1. 整地及定植

定植前首先应进行温室或大棚内的消毒与整地施肥。其方法与茄子栽培的有关技术相同。

冬春茬及春茬辣椒栽培既可采用畦栽，也可采用垄栽，但以垄栽为宜。一般可采用大小垄，即大行距70 cm，小行距55 cm，并在小行距两垄上铺一幅地膜。膜下沟为暗灌沟，大行距两垄间的明沟为作业行间。垄做好后，待深10 cm处的最低地温不低于15℃时，可进行定植。定植方法是：用打孔器在铺有地膜的垄上以25～30 cm的穴距打孔（或用刀片划成十字形开口，再挖穴），然后每穴定植2株。这样每667 m^2可定植3200～3400穴，合计6400～6800株。定植后浇足掩水，待水渗后及时封掩。

2. 定植后的管理

（1）温度管理　辣椒定植后的生育前期，正处于低温弱光时期，此时应加强保温并尽量增加光照，以促进缓苗和缓苗后的正常生长发育。在温度管理指标上，白天以26～28℃为宜，夜间前半夜以18～23℃为宜，后半夜以15～18℃为宜。如果温度高于30℃或低于15℃，那么辣椒的落花率和畸形果率都会增加。辣椒的生育后期，处于温度较高的春夏季节，此时应逐渐加大温室或大棚的放风量，待外界最低气温高于15℃时，可进行昼夜放风。

（2）施肥管理　根据辣椒的需肥规律，在辣椒栽培中除施足基肥外，还要进行追肥，每667 m^2可追施尿素25 kg、硫酸钾8～10 kg。以后根据情况每浇4次水可进行一次追肥，每667 m^2追施尿素15～20 kg。

（3）水分管理　在定植初期，为确保地温和蹲苗，应尽量少灌水。一般浇足定植水后，在缓苗后根据墒情，可利用膜下暗沟浇一次水，在门椒膨大前不再浇水。门椒开始膨大后，选择晴暖天气的午前进行浇水。此后应保持土壤湿润，避免土壤忽干忽湿，避免大水漫灌。在辣椒生育后期的高温季节，可采取小水勤浇的方法调节温室或大棚内的环境条件。

3. 植株调整

辣椒可采取与茄子相似的整枝方式，但在第三层果实（四面斗）结果后，往往出现枝叶茂盛和通风透光不良的现象。因此，此时应适当疏剪向垄内伸长的较弱侧枝，以保证群体内良好的通风透光条件。

（三）采收

温室或大棚冬春茬和春茬辣椒栽培多以青椒为产品供应市场。为了避免果实坠秧而影响植株的营养生长及上部坐果，通常应及早采收门椒和对椒。其他部位的果实，原则上是在果实充分长大、果肉变硬后采收。采收时应注意不要用力猛揪，以免折断果枝。

五、几种主要的辣椒病害及其防治

1. 病毒病

（1）农业措施　①选用抗病品种，如‘辽椒4号’‘辽椒2号’‘辽椒3号’‘沈椒2号’‘吉林3号’‘农大40号’‘巴彦椒’等；②使用无病种子或进行种子消毒；③实行2年轮作；④采用无毒床土育苗；⑤加强田间管理，增强植株抗性；⑥避免农事操作的接触传染；⑦防治蚜虫。

（2）药剂防治　发病初期喷施20%病毒A可湿性粉剂500倍液、1.5%植病灵乳剂1000倍液或抗毒剂1号200～300倍液；定植前用弱毒系N_{14}+S_{52}的100倍液免疫接种秧苗。

2. 炭疽病

（1）农业措施　①选用抗病品种，如‘羊角椒’‘早杂2号’‘柿子椒’‘早丰1号’‘长丰’‘吉林3号’‘杭州鸡爪椒’等品种；②使用无病种子或进行种子消毒；③选用无病床土育苗；④实行2年以上的轮作；⑤加强田间管理，提高植株抗性；⑥及时拔除或摘除病果、病株，进行深埋。

（2）药剂防治　喷洒80%炭疽福美可湿性粉剂800倍液、50%苯菌灵可湿性粉剂1000倍液、50%多菌灵可湿性粉剂500倍液、70%甲基托布津可湿性粉剂800～1000倍液、75%百菌清可湿性粉剂600倍液、50%混杀悬浮剂500倍液或50%多硫悬浮剂600倍液；将沈阳农业大学研制的烟剂1号和3号等量混合，每667 m^2每次350～400 g熏烟。

（3）辣椒的“三落”　落花、落蕾、落果是辣椒生产中经常出现的现象，对辣椒的产量影响很大。设施栽植辣椒的落花、落果主要由营养不良、不利气候条件和病虫危害而引起。一般在气候正常的情况下，落花、落蕾主要是由营养不良造成的，尤其是氮素不足或过多影响营养体的生长及营养分配，容易导致落花。春季辣椒早期落花、落蕾的主要因子多为低温、干旱、干风；结果期落花、落果，除营养条件外，高温干旱、病毒病、水涝等也是主要原因。进入高温多雨季节后，尤其是暴雨后突然晴天，气温急剧上升，更易导致落花、落果，甚至大量落叶，造成严重减产。

防止落花、落果应从加强栽培管理入手，认真做好温度、湿度和光照的调控工作，科学合理地供应水肥，做好防病工作。

主要是培育壮苗，适时定植，合理密植，科学施肥，定植后加强通风排湿，棚内白天的温度保持在25～30℃，夜间为15～18℃，开花期最低为15℃。棚内提倡地膜下滴水，勿大水漫灌。

通过科学栽培，提高植株的抗逆能力。在管理上要以保根、发根、壮根为中心，提高植株抗性。辣椒需磷、钾肥较多，应增施有机肥和磷、钾肥，适量用氮肥。同时提早预防病毒病、白粉病等病害。这样就能有效地预防辣椒落叶、落花和落果。还可用40～50 mg/kg的番茄灵、50 mg/kg的萘乙酸喷浸花，或者用20～30 mg/kg的2,4-D涂抹花柄。

第三节　设施瓜类蔬菜栽培

在我国，瓜类蔬菜主要分为甜瓜、冬瓜、南瓜、西瓜、丝瓜、苦瓜、葫芦、佛手瓜、蛇瓜9属，为一年生或多年生蔓性草本植物。栽培面积广、品种繁多、风味各异，是很好的膳食佳品。瓜类蔬菜的营养丰富，含有较为丰富的维生素、蛋白质、糖类、脂肪、矿物质，可生食，也可熟食，又可加工，产量高，在蔬菜供应中占有一席之地。

瓜类作物在植物性状、栽培技术要点、病虫害及其对环境条件的要求上都有较多的相似点，但由于系统发育的原因，各品种间也有一定的差异，所以在栽培管理过程中也要区别对待，以期获得更高的经济效益和社会效益。

瓜类蔬菜的根系大都较为发达，但易木栓化，根系再生能力差。真叶掌状，叶面积大，同时水分蒸腾量也大。多数茎蔓生，需支架栽培或爬地栽培。多数种类为雌雄同株异花，花的性型具有可塑性，低温短日照或使用植物生长调剂可促进雌花的分化和形成。均为虫媒花，易自然杂交，采种时应设法隔离。有共同的病虫害，忌连作。以果实为食用部位，施肥上必须施用适量的磷、钾肥。整个生长期内需要较高的温度和较大的昼夜温差，喜日照时数多和较强的光照强度。

设施黄瓜栽培

黄瓜（*Cucumis sativus* L.）为葫芦科黄瓜属植物，也称胡瓜、王瓜、青瓜。黄瓜起源于喜马拉雅山南麓的热带雨林地区和我国云南的西双版纳地区，分为华南型黄瓜和华北型黄瓜。果实颜色呈油绿或翠绿，表面有柔软的小刺，喜温暖，不耐寒冷，为主要的温室产品之一。中国各地普遍栽培，现广泛种植于温带和热带地区。黄瓜的营养价值高，富含蛋白质、糖类、维生素B_2、维生素C、维生素E、胡萝卜素、烟酸、钙、磷、铁等营养成分。黄瓜肉质脆嫩，汁多味甘，生食可生津解渴、利尿、消暑，有一定的减肥功效，且有特殊的芳香。

一、生物学特性

1. 植物学特性

（1）根　　根系不发达，由主根和侧根组成，根系分布较浅，主要分布在25 cm的耕作层内。根系对土壤条件的要求较为严格，要求土壤透气性、团粒结构好，并且要求土壤肥沃湿润，但忌积水。根系易木栓化，再生能力差，一般断根后很难再生新根，因此在栽培上宜直播，忌连作。

（2）茎　　茎为一年生蔓性草本攀缘性茎，茎上着生叶、花、卷须、侧枝。

（3）叶　　真叶为掌状全绿或浅裂，互生，叶片大且叶面和叶背均有较多的气孔，蒸腾系数高，在栽培管理上应注意适时适量地供给水分。

（4）花　　黄瓜的多数品种为雌雄同株异花的单性花，也有全雌性类型，该类型为设施栽培的高产类型。按花的性别分为7种类型：完全花、雌性花、雄性花、雌雄同株、雄全同型、雌全同型、雌雄全同型。雌花多单生，雄花簇生，通常在清晨开放。

（5）果实　　瓠果，由子房和花托合并发育形成假果。因品种不同，果实的外形也不同，主要为筒形或长棒形，果面平滑或有刺、棱、瘤。以幼嫩果实为其食用部分，可食部分为果皮胎座，幼嫩果实多为绿色、浅绿色、白绿色。黄瓜果实的生长速度快，一般每天可长1～4 cm，一般开花后8～18 d达到商品成熟，40～50 d达到生理成熟。

（6）种子　　种子由内、外种皮和胚组成，种子无胚乳，椭圆形，扁平，种皮为黄白色。种子的千粒重为22～42 g，寿命为2～5年，但以1～2年的种子生活力较高。

2. 生育周期

黄瓜的生育周期可以分为发芽期、幼苗期、发棵期和开花结果期。各个生育期的长短以及整个生育周期的长短取决于栽培茬口和栽培条件。例如，露地栽培春黄瓜的全生育期需要90～120 d，而日光温室越冬栽培的全生育期可以长达8个月以上。

（1）发芽期　　种子萌动到幼苗破心子叶展平为发芽期，在25～30℃条件下需要5～6天。依靠种子本身而生活，该期主要是主根下扎、下胚轴伸长及子叶展平。由于黄瓜种子比较小，且贮藏的营养物质有限，因此发芽时间越长幼苗就越弱。因此，此期应该给予适宜的温度和水分以促进发芽出土。

（2）幼苗期　　从第一片真叶显露到卷须出现（大致四叶一心）即为幼苗期，这个时期的长短与环境条件的关系很大，在适宜的条件下大约30 d。该期主要是幼苗叶的形成、主根的伸长及各个器官的分化（花芽分化和新叶分化），所以幼苗期生长的好坏将直接影响黄瓜产量的高低。此期生长缓慢，但根系生长比较快，水分过多、夜温过高及弱光等条件下容易引起地上部的徒长，所以管理上应促、控结合。

（3）发棵期　发棵期也称初花期、抽蔓期，指从卷须出现到第一雌花开放，大约 20 d，早熟品种比较短，中晚熟品种比较长。此期生长加快，花芽继续分化，花数不断增加，生长中心由以营养生长为主逐渐转移到营养生长与生殖生长同时进行。生产上应促进根系生长，保证第一雌花坐果，并防止“跑秧”。

（4）开花结果期　从第一雌花开放到拉秧即为开花结果期，其长短与品种种类、栽培季节及栽培措施等有关。例如，露地春黄瓜为 50～60 d，露地秋黄瓜为 40 d 左右，而日光温室越冬栽培则长达 6～8 个月。该期营养生长与生殖生长齐头并进，并且不断采收，所以生产上的管理要点是平衡果秧的关系。

二、对环境条件的要求

1. 光照

光饱和点为 55 klx，光补偿点为 20 klx。由于黄瓜为短日照作物，对日照长短要求不严格，因此在 8～11 h 的短日照条件下有利于提早开花结实。

2. 温度

对温度条件的要求是：适应气温为 10～38℃，适宜气温为 22～28℃；适应地温为 10～38℃，适宜地温为 15～25℃。所以，露地栽培需要在无霜期进行。设施栽培必须保证最低气温不低于 8℃，10 cm 深的地温不低于 12℃。黄瓜喜温喜湿。

3. 湿度

由于黄瓜的根系浅，再生能力弱，吸收能力差；但叶片大而薄，蒸腾能力强，需水比较多，所以，黄瓜对水分很敏感，要求空气相对湿度为 60%～90%，土壤必须潮湿，土壤最大持水量达到 70%～80%。而且不同生育期对水分的要求也不同。

4. 土壤和营养

适宜疏松、肥沃、透气良好的砂壤土，土壤的酸碱度（pH）以 5.5～7.0 为宜。黄瓜喜肥，N、P、K 必须配合施用。每生产 1000 kg 黄瓜，需要氮 1.7 kg，磷 0.99 kg，钾 3.49 kg，且结瓜期的需肥量占总需肥量的 80% 以上。在光合作用进行过程中，对 CO_2 很敏感。

三、品种类型及栽培时间的选择

（1）温室黄瓜品种　‘津绿 3 号’‘津优 3 号’‘津优 35 号’‘中农 26 号’‘津优 36 号’‘博耐’‘博新’、中荷系列黄瓜品种、‘津优 33 号’‘济优 9 号’‘新黄瓜 3 号’‘鞍绿 3 号’‘春绿 7 号’‘北京 204’等。

（2）水果黄瓜　‘中农 29 号’‘津美 2 号’‘京研迷你 4 号’‘浙秀 1 号’‘水果黄瓜 1 号’‘碧玉 2 号’‘橘红心迷你黄瓜’等。

（3）露地黄瓜　‘中农 20 号’‘中农 106 号’‘粤秀 3 号’等。

四、设施栽培的管理技术

目前黄瓜的栽培方式有很多，主要有春露地栽培、日光温室栽培、塑料大棚栽培，不同的栽培方式，其品种选择、所要求的品种特性等也有较大的差异，具体见表 6-1。

表 6-1　设施栽培黄瓜品种的选择

栽培方式	栽培品种	品种特性
塑料大棚春提早栽培	京绿 10 号、津优 10 号、津优 36 号	早熟、耐寒、单性结实能力强、丰产、抗病强
塑料大棚秋延后栽培	中农 8 号、津春 2 号、津春 4 号、津优 1 号、津优 5 号、津杂 3 号	耐高温、抗病性强
日光温室冬春茬	与越冬茬相似	耐低温、耐弱光
日光温室秋冬茬	中农 16 号、北京 204、津杂 1 号、津杂 2 号、夏丰一号	抗性、抗病、生长势强
日光温室越冬茬	戴多星、津春 3 号、津优 33 号、津优 35 号、津育 5 号	较耐低温、耐弱光、抗病、品质好、单性结实能力强、节成性好、瓜条生长快
春露地栽培	津春 4 号、中农 8 号、博美 1 号、津绿 5 号	较耐低温、较早熟、丰产性好、抗病性强
现代化温室	津优 35、中农 26、中冠 4、北京 101、津育 5、裕优 3 号	生长势旺、结果期长、结果能力强、品质好、耐储运、耐低温弱光、抗多种病害

（一）塑料大棚春提早栽培

1. 品种选择及育苗

塑料大棚春黄瓜栽培的品种，应选择抗低温、耐弱光、结瓜节位低、瓜码密、品质好、产量高、抗病性强的品种。连续进行2～3年黄瓜生产的塑料大棚，最好采用嫁接育苗的方法。实践证明，采用嫁接苗可有效地防止枯萎病的发生，同时植株根系发达，生长旺盛，抗逆性增强，整个生长期延长，总产量显著提高，是目前黄瓜生产中公认的一项重要的防病、增产的技术措施。大棚春黄瓜的育苗方法与温室春黄瓜的育苗方法基本相同，要注意播种期、播种量、种子处理（温汤浸种）、营养土的配制、播种方法及苗期管理等。由于塑料大棚没有外保温设施，温度变化比较剧烈，因此定植前的秧苗锻炼非常重要。在定植前5～7 d，温室（苗床）要早揭晚盖，增加放风量，夜间降至8～10℃，并有1～2次5℃左右的短时间的低温经历。以提高幼苗在塑料大棚中的适应性。

2. 整地做畦、施基肥

塑料大棚春黄瓜的栽培期比较长，需肥量大，所以定植前要精细整地，施足基肥。一般667 m^2施优质农家肥5000～7500 kg、过磷酸钙100 kg、复合肥5～50 kg，混合后2/3翻入土壤普施，其余部分作为定植沟的沟肥集中施用。整地时要求深翻25～30 cm，耙细耙平，使施入的肥料与土壤充分混匀。然后做成宽1 m或1.2 m的畦，或者做成70 cm＋50 cm的大小行（大行距为栽培行，小行距为操作行），开沟施入1/3种肥，准备定植。

3. 定植

要选择晴天上午进行，先顺畦按行距开小沟，在沟内施入种肥，然后按株距17～25 cm带坨放苗，放苗后可用少量的土稳住，然后浇水，水渗后覆土，并用手抹平畦面，栽植深度与原根基水平一致，但切忌嫁接口被土壤埋住。每667 m^2栽4400株左右。塑料大棚春黄瓜栽培最好也用地膜覆盖，并进行膜下暗灌，以提高地温，降低空气湿度，减少病虫危害。为了增加收入、提高早期产量，一般宽1 m的畦栽单行或隔畦栽双行，空畦套作耐寒的叶菜类，株距为17 cm，每667 m^2栽4000株左右；1.2 m宽的畦一般是两畦栽3行，株距为20 cm，每667 m^2栽4000株左右。

4. 田间管理

（1）缓苗期的管理　定植一周内密闭保温，中午不超过38℃不放风，保持地温在12℃以上，以利于发生新根。如果遇到寒流可在畦面扣小拱棚，或者在大棚四周覆盖草苫。

（2）初花期的管理　从缓苗到根瓜坐住为初花期，主要是促进根系发育，控制地上部徒长，为结果期打基础。因为进入结果期后根系能分配到的物质就要减少，所以只有在初花期长成比较强大的根系面积和叶片面积，才能为丰产打下基础。促根控秧的措施主要是控制灌水和大温差管理，促进光合作用，抑制呼吸消耗。白天超过30℃放风，午后棚温降到20～25℃时闭风，夜间保持在10～13℃。放风的方法是在大棚肩部扒缝放风，开始要卷起几处，以后随着外界温度升高而普遍卷起，形成一道放风缝，利用放风缝的大小来调节棚温。大棚春黄瓜定植时一般秧苗比较大，而且定植后条件适宜，生长较快，所以缓苗后要立即立支架以固定植株，可以插架、吊蔓、挂网架等，与温室相同。此时，还要结合绑蔓进行打侧枝、摘掉雄花和卷须等植株调整工作。另外，对下部的黄叶和病枯叶，也应及时摘除，以防消耗营养，影响通风透光，诱发病害，摘叶后的茎基部瓜蔓可盘在垄上，即落蔓。根瓜开始伸长时进行水肥管理。

（3）结果期的管理　塑料大棚春黄瓜进入结果期后，外界温度已升高，光照也比较强，正是促进黄瓜植株生长发育、夺取高产的关键时期。根瓜开始伸长说明黄瓜进入生长盛期，要及时进行水肥管理，结合浇水，每667 m^2施发酵稀粪500 kg或尿素10 kg、硫酸钾2 kg。以后每周浇水1～2次，每浇2次水冲施1次肥水，即常所说的“1清1混”水肥管理法。每667 m^2可施尿素15～20 kg、硫酸钾5 kg或磷酸二铵15～20 kg。每次灌水后要加大放风量以降低空气湿度。平时也要加强放风排湿，减少叶片结露时间，白天相对湿度控制在65%左右，夜间最好不超过85%。为防止早衰，延长收瓜期，可结合常规水肥管理进行叶面喷肥，一般10 d左右1次，常用的叶面肥有0.2%磷酸二氢钾，1：1：0.2：100的糖、尿素、磷酸二氢钾、水配成的糖，氮液及光合微肥、叶面宝等。放风是塑料大棚春黄瓜栽培的关键技术，不但白天晴天要放风，阴天和连阴天也要进行短时间的放风。夜间外界温度达到12℃以上时就要进行昼夜放风；外界温度达到15℃以上时，需撤掉大棚地脚的围裙。植株长到25～30片叶时进行摘心，促进回头瓜的着生。对于下部的老叶、黄叶、病叶，要及时摘除。每次灌水后当表土干湿合适时要进行浅中耕，以除草、培土。

5. 适时采收及采后处理

根瓜要尽量提早采收。初期2～3 d采收1次，盛果期每天采收，若阴雨天可2～3 d采收1次。采收要在早晨进行，要严格掌握采收标准，避免漏采。到7月，植株衰老，露地黄瓜也已到了结果盛期，可以拔秧。

（二）塑料大棚秋延后栽培

1. 日光温室越冬茬栽培

（1）品种选择　选择耐低温、耐弱光、抗病、节成性好、生长势强、单性结实能力强、品质好、产量高的品种，如‘戴多星’‘中农26号’‘中农29号’‘中冠4号’‘裕优3号’‘津育5号’‘北京101’‘津春3号’‘津优33号’‘津优35号’等。

为了抗土传病害，特别是提高对枯萎病的抵抗能力、提高黄瓜根系的耐寒性和抗逆性及克服重茬导致的土壤连作障碍，宜采用嫁接的方式育苗，应选择抗性强的南瓜幼苗作砧木。

（2）整地做畦、施基肥　越冬茬黄瓜的生长周期长，产量高，因此需肥量也高，应施足基肥，并以有机肥为主，也可以有机无机复混肥配合施用，这样会达到更好的效果。有机肥不仅可以培肥土壤，还可以改善土壤的团粒结构、增强土壤的通透性、改善土壤的理化性质，从而加强根系的生长及植株的光合能力。无机化肥的肥效能快速被植物所吸收利用，使植株生长快速，但单施无机化肥会降低地力，对环境会造成一定的危害，而且会对人体造成或多或少的伤害，因此不建议大量施用单一无机化肥，应少量多次施用。

（3）定植　黄瓜不应和其他瓜类蔬菜重茬，以防止枯萎病等土传病害的发生。如果是连续多年种植的棚室，要预防重茬现象，对土壤进行改良。大行距80～90 cm、小行距60～50 cm，株距27 cm，每667 m^2定植密度为3000～3500株。定植时将秧苗适当分级定植（大苗、壮苗定植在大棚周边，小苗、弱苗定植在棚室的中间部位）。

（4）田间管理　定植后到采瓜前期，应密闭保温，尽量提高室内的温、湿度，促进新根生长，以利于缓苗。一般以白天25～28℃、夜间不低于16℃为宜，在白天温度超过30℃时要从顶部通风。当新根长出心叶开始生长时缓苗已结束，这时选晴天浇1次水。浇水时，每667 m^2追施饼肥100 kg，并施适量的磷肥，如每667 m^2施复合肥20 kg，这期间主要以促根控秧为主。施肥采取薄肥勤施的原则，先轻后重，以氮磷钾复合肥为主，避免偏施氮肥，667 m^2每次施10～30 kg，10～12 d施1次肥。

（5）适时采收及采后处理　黄瓜由下至上连续结果，所以下位果实对上位果实进行养分竞争。当下位果实采收后，下部叶片制造的养分集中输送给上端的果实，使上端果实迅速膨大。当下位果实达到商品成熟时，上位果实正好进入膨大期，若不及时采收下位果实，不仅影响上位果实的膨大，还会导致叶片早衰，所以生产上应该及时采收。但是，不同的品种也应该掌握不同的采收原则：一般来说节成性强的品种适当早收也不会发生跑秧现象；节成性弱的品种采收早了（上面的果实还没有进入膨大期）就容易发生跑秧现象，所以应适当晚收。另外，植株长势弱应适当早收；植株长势强则应适当晚收。日光温室冬春黄瓜定植时苗龄较小，前期还要控温控水，进行大温差管理，所以生长比较缓慢，从定植到根瓜采收一般需要30 d左右。日光温室春黄瓜的苗龄较大，且外界环境越来越好，一般20 d左右即可采收。根瓜应尽量早收，特别是长势较弱的植株更应早收，以免赘秧。采收频率对产量和品质都有影响，多次采收是提高产量、增进品质、增加收入的有效措施。采收最好在早晨进行，应严格掌握采收标准。初期瓜条生长缓慢,3～4 d采收1次，以后2～3 d采收1次，到盛果期每天采收1次。

2. 日光温室冬春茬栽培

（1）品种选择与育苗　品种选择参考表6-1。由于日光温室冬春茬栽培黄瓜的苗期正值低温时节，故多采用电热温床或者在加温温室内育苗，苗龄比较长，一般为50 d左右。

（2）田间管理　日光温室栽培黄瓜温度的控制主要是通过封口的开闭和揭盖草苫的时间来调整，合理掌握揭盖帘的时间是防寒、保温和提高温室光照强度的有效措施。揭盖帘的时间应随季节的天气变化而定。实行四段变温管理，即上午的温度控制在26～28℃，下午光照减弱，逐渐降低到20～22℃，前半夜再降至15～17℃，后半夜降至10～12℃，当温度下降到15℃时应加盖草苫。采收期及时摘除老叶，去掉侧枝、卷须；适当疏花、疏果，减少养分损失；改善通风透光条件，促进果实的发育和植株的生长。植株生长到30～40节时可进行落蔓，一般整个生长期可落蔓2～3次。结瓜后期植株已衰老，管理上以促为主，防止早衰，适当加大通风量，降低棚温，减少浇水次数，控制茎叶生长，促进多结回头瓜。

（3）适时采收　冬春茬黄瓜适于早采，能提高价格和产量，尤其是根瓜必须早采，使蔓和瓜同时生长。如果瓜秧旺、幼瓜多，则要疏瓜，并适时控水；如果瓜秧细弱或花打顶，则把幼瓜全部去掉。采瓜在早晨进行较好，为了保鲜可在筐内垫上塑料薄膜。

五、黄瓜常见病虫害及生长障碍

（一）病虫害

1. 病害的症状及原因

（1）霜霉病　育苗期至收获期均可发病，只危害叶片，形成多角形病斑，湿度大时病叶背面产生灰黑色霉层。该病属真菌性气传病害，潜伏期短，再侵染频繁，流行性极强，如果防治不及时，几天便可造成大片干枯，甚至绝收。叶片上有水滴或水膜是霜霉病发生的决定性因子。大棚内通风不良，结露多且时间长，有利于病菌的萌发、侵入及孢子囊的形成。

（2）灰霉病　主要危害幼瓜，从开花后的雌花花瓣开始发病，接着侵染幼果，使幼果软腐。该病是低温高湿性、弱寄生的病害。病部产生的分生孢子通过气流传播，可进行再侵染。

（3）黑星病　苗期到收获期均能发病，主要侵染生长点附近的嫩茎、叶、幼果及卷须等。通风不良、湿度大时病害发生重。

（4）白粉病　它是发生较为普遍的一种病害，尤其在中后期植株生长衰弱时，容易发生流行。主要侵染叶片、茎和叶柄。该病害是喜高温、低湿的真菌性病害。

（5）灰疽病　黄瓜生长期都可发生，该病可危害叶片、茎及果实。病菌随病残体在土壤中越冬，借雨水和地面流水传播进行再侵染，高温是诱发该病的重要因素。此外，氮肥过重时、通风不良时及重茬地发病均重。

（6）根腐病、疫病、枯萎病　根腐病危害黄瓜的根部及土表以下的根茎部，被害后起初呈水浸状，病部缢缩不明显，后变为褐色并腐烂，只留下丝状变褐色的维管束，但不向上发展。枯萎病时，根部、茎基部的维管束变黑褐色，继续向上扩展到地上茎部，甚至叶柄的维管束也变黑褐色。疫病在茎部或在节部，开始呈水渍状暗绿色，病部软化缢缩，叶片渐渐萎蔫下垂，最后瓜秧枯死。三者的区别是：削开根茎部，导管变黑褐色并继续向上发展的是枯萎病；导管变黑褐色但不向上扩展的是根腐病；导管不变色的是疫病。

2. 病害的防治方法

大棚春黄瓜易发生的病害较多，应以预防为主，从加强栽培管理、搞好环境调控等多个方面进行综合防治。发病初期可及时用药剂防治，每 7～10 d 用药 1 次，连续 3～4 次。霜霉病可用 75% 百菌清 600 倍液、40% 乙磷铝 300 倍液或百菌清烟剂熏蒸防治；白粉病用 20% 粉锈宁 500 倍液或 75% 百菌清 600 倍液熏蒸防治；炭疽病用 80% 炭疽福美 500 倍液或 75% 甲基托布津 1000 倍液熏蒸防治；细菌性角斑病用 30% DT 杀菌剂 500 倍液或 200 单位农用链霉素熏蒸防治；灰霉病用 50% 速可灵 400 倍液或速可灵烟剂熏蒸防治。

3. 虫害

主要有蚜虫和白粉虱，可选用抗蚜威、敌杀死、扑虱灵等进行防治，也可用灭蚜烟剂熏烟防治。

（二）生长障碍

1. 花打顶

（1）症状及原因　花打顶的症状为植株的生长点不再向上生长，顶端出现雌雄花相间的花簇，不再有新叶和新梢长出，形成自封顶或花抱头状，多发生在结果初期，严重地影响了黄瓜的产量和品质。黄瓜花打顶多由生理因素造成，如温度异常、水分不适、施肥不当、苗龄过大、盐碱危害、植株超负荷等单一因素或综合因素作用均可导致黄瓜花打顶。

（2）防治措施　解决花打顶的措施是摘除生长点的小瓜，选晴天上午膜下浇足水，同时注意排湿；温度白天控制在 25～30℃，夜间保持在 18～20℃；促进根系恢复正常生长，一般 7～10 d 后可长出“龙头”，但各品种发生花打顶后的恢复能力不同。

2. 化瓜

（1）症状及原因　化瓜是指黄瓜未达到商品成熟前，子房在发育过程中停止发育，从而变黄或脱落的现象。连续的阴天、光照不足、光合效率低、光合产物少，对地下部分配的养分更少，地上部还要保证非生产器官的养分，因此会使叶片变薄，叶色变淡，容易出现化瓜现象。另外，生殖生长过旺、瓜码过密、坐瓜过多、果实间争夺养分也会造成化瓜。化瓜在黄瓜生产上普遍存在，特别是在保护地内种植的黄瓜，严重地影响产量。

（2）防治措施　其防治措施首先可从品种选择上入手，在棚室栽培中，应选择较耐低温和弱光的品种如‘津优 2 号’等；而在秋季栽培时，可选用苗期耐高温、后期耐低温的‘津优 1 号’等品种。其次要注重人工授粉的运用，在棚室栽培时采用人工授粉、放蜂等措施，刺激子房膨大，可使化瓜率下降 60%～70%。另外，应在加强水肥管理、改善环境条件、适当疏花、及时采收等方面进行防治，以防止化瓜现象的出现。

3. 弯瓜

（1）症状及原因　黄瓜的植株老化、摘叶过多、叶片发病及温度、光照、水分管理不当，以及嫩瓜条在膨大过程中受支架、茎蔓、叶柄的阻碍，都会造成弯瓜现象，从而严重影响黄瓜的产量和品质。

（2）防治措施　①选播黑刺短瓜型瓜品种，深耕土壤，并结合整地施足基肥；②按黄瓜的不同生长阶段灌水、追肥；③花芽分化期喷施氯化钙；④根据不同品种确定合理的种植密度，增温保温，保证充足的光照，促进光合作用，以满足黄瓜生长发育对营养的需要。

4. 大肚瓜

（1）症状及原因　大肚瓜的症状表现为瓜条前端部分肥大，而中间及基部反而变细。大肚瓜产生的原因一是雌花授粉不良；二是黄瓜生长前期缺水，细胞生长缓慢，到了生长后期又大量供水或突然暴雨，细胞发育迅速；三是持续高温、日照不足、病害等使干物质生产量降低，也会造成大肚瓜现象。

（2）防治措施　大肚瓜的防治措施：①创造适宜的条件，促进开花授粉；②适量施用草木灰、硝酸钾等钾肥，叶面喷施磷酸二氢钾等含钾的叶面肥；③在整个生长周期中均衡供水，保持土壤见干见湿，避免过度干旱后突然大水灌溉。

5. 苦味瓜

（1）症状及原因　黄瓜的果实有时会发生苦味，这种苦味物质称为苦瓜素（也叫葫芦素，分子式为$C_{32}H_{50}O_8$）。果实里容易出现苦味的位置，一般是在果梗靠近果肩的部分，先端比较少。黄瓜发生苦味与品种的遗传性、环境条件、栽培管理措施有关，其中与环境有关的因素有光照、温度、水分，与栽培条件有关的因素是施肥、嫁接、施用激素不当等。在氮肥过多、水分不足、低温、日照不良、生长发育初期或后期营养不足及植株生长发育不良时，容易产生苦味，在其条件下会形成苦瓜素，属于生理失调。

（2）防治措施　预防黄瓜苦味瓜的措施：①选择优良品种。在栽培瓜类蔬菜时要选择抗低温、耐高温、弱光、苦味轻的品种。②合理施肥。施足基肥，合理追肥，在肥料的选用上，多用腐熟的有机肥料，少用氮素化肥；瓜类蔬菜为喜钾作物，应注重钾肥的施用；在施肥方法上要采取少量多次，浓度宜淡。③合理灌溉。黄瓜属于浅根系作物，对土壤层水分的要求严格，对空气湿度的要求也大，所以应合理灌溉，采用少量多次的方法。④选择适当的砧木。

设施苦瓜栽培

苦瓜（*Momordica charantia* L.）为葫芦科苦瓜属一年生攀缘草本植物，原产于东印度及亚洲热带地区，在中国栽培的历史悠久。果实含苦瓜苷，味苦，夏季食用，具有清凉解暑、清热降火的功效。食用方法多样，可炒食，也可凉拌。苦瓜营养丰富，据分析每100 g苦瓜鲜果肉中含蛋白质0.8～1.0 g、脂肪0.2 g、钙18～22 mg、磷19～32 mg，维生素C含量高达84 mg，居瓜类之首。

一、生物学特性

1. 植物学特性

（1）根　苦瓜的根系发达，直根系，主要分布在20～30 cm的表土层内，茎节易生不定根，喜湿，不耐涝。

（2）茎　茎细，蔓生，主蔓上各节的腋芽活动性强，有较强的分枝能力。一般主蔓在10节以上才发生雌花，侧蔓2～3节以后就可以发生雌花。栽培过程中应及时支架、绑蔓，并进行合理的整枝管理。

（3）叶　子叶出土。初生叶一对，盾形。叶为掌状浅裂或深裂，绿色，光滑无毛。

（4）花　子房下位，雌雄同株异花，花单生，一般先开雄花后开雌花。

（5）果实　果实为纺锤形或圆柱形，多瘤皱。嫩果为青绿色或浅白绿色，老熟后果实呈橙红色，易开裂，由顶端3瓣裂。

（6）种子　种子为长圆形，具红色假种皮，两端各具3小齿，两面有刻纹，长1.5～2 cm，宽1～1.5 cm。

2. 适宜生长的环境条件

（1）光照　苦瓜属于短日性植物，要及时注意对光照的管理。需要注意的是，虽然苦瓜是短日性植物，但若苗期光照不足，则会降低对低温的抵抗能力。然而，在开花结果期需要较强光照，光照充足，有利于光合作用，提高坐果率；否则，易引发落花、落果，所以光照管理尤为重要。

（2）温度　相对来说苦瓜比较耐热，不耐寒。为了保证种子的发芽率，温度的控制非常重要。通常情况下，温度过高或过低都不利于种子发芽。一般最适合的温度为30℃左右，在13～30℃都可以发芽，低于13℃或高于30℃都对苦瓜以后的成长不利。通常情况下，13℃左右种子就会发芽困难；温度在20℃以下，就会造成发芽缓慢。另外，开花结果期适于20℃以上，最好在25℃左右。

（3）水分　苦瓜虽然喜湿却不耐涝。生长期间所需要的空气相对湿度和土壤相对湿度甚至接近90%，却不耐涝。苦瓜在喜湿和不耐涝这两点上也相对容易控制一些，对于喜湿这一点，在天气干旱时，注意浇水，保证土壤湿润即可；如果水分不足，植株生长就会受阻，果实品质就会下降。在不耐涝这一点上，只要注意不积水，避免沤根即可；如果积水沤根，苦瓜的产量和质量就会受到影响，严重的情况下植株会直接发病致死。因此，在苦瓜的栽培过程中对于水分的管理是非常重要的一环，既要保证土壤湿润，同时也一定要避免根部积水。

（4）肥料　苦瓜耐肥不耐贫瘠，在土壤肥沃、富含有机质、团粒结构好的土壤环境里生长健壮且开花结果量大。同其他的蔬菜相比，挂果量较大，采收期也比较长，因此需肥量也大。在挂果的初期可以浇一些稀释的粪水，以供应养料；进入挂果盛期要及时追肥，以补充苦瓜的生长需要。

二、品种类型

苦瓜按果实形状和表面特征分为长圆锥形和短圆锥形两类。长圆锥形苦瓜，果长为20～25 cm，横切面直径为5～6 cm，浓绿色，一般果重为0.2～0.3 kg，早熟，品质好。短圆锥形苦瓜，果长约20 cm，横切面直径约11 cm，顶端圆钝，青绿色，果重为0.2～0.6 kg，适应性强，品质优良。另外，根据果实颜色的深浅分为浓绿色、绿色和绿白色等，绿色和浓绿色品种的苦味较浓，长江以南栽培较多；淡绿或绿白色品种的苦味较淡，长江以北栽培较多。

三、栽培管理技术

（一）塑料大棚栽培

1．品种选择及苗床地设置

大棚栽培应选择比较早熟耐寒的品种，目前常用品种有‘槟城苦瓜’‘夏丰苦瓜’‘长白苦瓜’‘滑身苦瓜’。苗床地应选择在3年没种过瓜类作物的温室或大棚内，以避免有相同的病虫害传染及缺乏相同的营养元素。

2．浸种催芽及播种

辽宁南部地区大棚栽培苦瓜应在2月下旬将种子晒1 d，然后用56℃温水浸泡20 min，再将浸种温度降至30℃，保持24 h后将种子洗净用湿布包好，置于32～35℃的环境中催芽，待有70%左右的种子出芽即可播种于苗床。播种前苗床浇足开水，既杀虫、杀菌，提高地温，又能使底水充足。当床内5 cm深的地温降至30℃时即可播种，每个有芽的种子按8 cm的距离进行点播，播后撒上1 cm厚的床土再盖上地膜。

3．苗床期间的管理

播种后的苗床温度保持在30～35℃，勿过高过低；有70%的苗出土时揭去地膜，苗出齐后白天的温度控制在30℃左右，夜间温度控制在20℃左右。床土现白时，选择晴天上午9:00左右喷一次小水。小苗第一片真叶展开时喷施叶面肥，喷施0.2%磷酸二氢钾；小苗长到第3片真叶展开时，再喷一次同样浓度的磷酸二氢钾；苦瓜苗长到5片真叶时，苗齐，苗壮，颜色浓绿。定植前一周左右进行幼苗锻炼。白天充分利用太阳光照射，注意通风，使幼苗逐渐适应较低的自然环境温度，增强其抗寒、抗逆能力。

4．整地定植

苦瓜栽培选择在地势较高、排灌方便、有机质含量高的大棚内，忌与瓜类作物连作。前茬作物收获后将地深翻细耙，每667 m^2施入优质腐熟的农家肥5000 kg、过磷酸钙60 kg、生石灰50 kg作基肥。大棚内的苦瓜采用高畦栽培，畦宽1.2 m、长10 m、高20 cm，这样便于排灌。在辽宁南部地区，大棚内的地温稳定在12℃以上，一般在4月10日左右，应选择晴朗天气的上午进行定植。株距为80 cm，行距为120 cm，一般667 m^2定植700株左右。定植可进行3～4次中耕松土，提高地温，同时保持土壤水分，以促进苗的生长发育。

5．田间管理

（1）温度、光照调节　早春气温较低，而苦瓜的生长发育需要较高的温度，同时要以晴天光照充足时，棚内温度适当高些，阴天光照不足时，棚内温度适当低些，适当的短日照可促进苦瓜开雌花。白天棚内温度达到35℃时开始放风，当温度降至20℃时开始闭风，进入抽蔓结果期白天温度控制在25～30℃，夜间控制在15～20℃，最适温度为25℃。

（2）水肥管理　苦瓜耐肥不耐瘠，喜湿不耐涝，整个生长期要保持畦面湿润，结果期供应充足水分，随外界气温升高，棚内灌水次数增加；雨季注意排水，防止雨水灌入棚内，积水会造成苦瓜根系窒息而死亡。苦瓜全生育期追肥5次左右，追施氮肥时结合磷、钾肥，每667 m^2施尿素10 kg、硫酸钾5 kg，并进行灌水。在结果高峰期应重施一次坐果肥，离根部20 cm左右挖穴施入发酵腐熟的饼肥75 g，然后覆土并进行灌水，在采收结束前一周停止追肥灌水。

（3）整形插架　苦瓜为蔓性植物，主蔓各节腋芽的活动能力强，能形成较繁茂的茎叶系统。在大连旅顺经几年棚内种植苦瓜利用孙蔓结瓜，产量高，效益好。具体方法如下：当苦瓜长至5片真叶时进行摘心，留2个子蔓；子蔓长到5片真叶时，再进行摘心，每个子蔓留2个孙蔓，这样每一个植株上留4个孙蔓。用孙蔓结瓜，节成性好，瓜条直。当孙蔓长到20 cm时，进行插架引蔓，每条孙蔓插一个竹竿，间距 20 cm，搭成棚架结果，棚架高 200 cm，能延长植株生长长度，多结瓜，这种棚架结构非常结实不易倒伏。每一株苦瓜只留 4 条孙蔓生长，其余侧蔓全部摘除。苦瓜生长后期，茎蔓生长速度快。引蔓要勤，引蔓时间以晴天的下午 3:00 为宜，其他时间引蔓易折断瓜蔓。

（4）采收　苦瓜以嫩果供食，一般开花后 12～15 d 即可采收上市。采收的标准为果实上的条状或瘤状突起比较饱满，瘤沟变浅，尖顶变平滑。绿皮苦瓜皮色由暗绿转为鲜绿，并有光泽。采收后的苦瓜如不及时销售，应放在低温下保存，否则易后熟变黄开裂，失去食用价值。

（二）日光温室栽培

1. 品种选择

日光温室种植苦瓜在北方地区一般以冬春茬为主。播种至坐果初期处于低温、弱光季节，因此，在品种选择上宜选用前期耐低温性较强的早熟品种，如‘广西1号大肉苦瓜’‘广西2号大肉苦瓜’‘大顶苦瓜’‘成都大白’‘蓝山大白’‘夏丰’及‘秀华’‘翠秀’‘月华’等一代杂交种。

2. 浸种、催芽及播种

冬春茬苦瓜生产可于 9～10 月播种育苗，方法参照大棚苦瓜的栽培技术。

3. 苗床期间管理

请参照大棚苦瓜的栽培技术。

4. 整地定植

冬春茬栽培的定植期在 10 月中下旬至 11 月上旬。苦瓜生长期长，结瓜多，需肥量大，定植前应施足底肥。通常每 667 m^2 施入优质农家肥 5000 kg，配合施入过磷酸钙 25 kg、硫酸钾 10 kg，深翻耙平。日光温室冬春茬苦瓜采用宽行棚架栽培或窄行竖架栽培。宽行棚架栽培的大行距为 2.5 m，行距 50 cm，株距 40 cm，每 667 m^2 栽苗 1000 株左右；窄行竖架栽培可采用 80 cm 和 70 cm 的大小行栽培，株距 40 cm，每 667 m^2 栽苗 2000 株。按照不同的栽培方式整地起垄，选择晴暖天气定植。定植后盖地膜，采用开孔掏苗的办法。覆盖地膜有利于提高地温，同时降低温室内湿度，可减轻病害发生。

5. 定植后的管理

（1）温度、光照调节　苦瓜属于耐热蔬菜，冬春茬栽培的关键是温度管理。定植初期白天及时通风，防止温度过高造成植株徒长。12 月至翌年 1 月是温室内温光条件最差的时期，应采取一切措施增温补光。要求日温保持在 25% 左右，夜温 15℃左右，最低温度不能低于 12℃。2 月以后外界气温逐渐升高，白天应增加通风量，防止温度过高。一般温度达到 33℃即放风，日温控制在 30℃左右，夜温控制在 15～20℃。当外界气温稳定在 15℃以上时，可去掉塑料薄膜和草苫，转露地栽培。

（2）水肥管理　苦瓜定植时浇足水，一般在结瓜前不再浇水。进入开花结果初期每隔 10～15 d 浇水 1 次，并随水冲施腐熟鸡粪或速效氮、磷、钾肥，每 667 m^2 可冲施化肥 20 kg。日光温室苦瓜的后期管理主要是 4、5 月以后的管理。后期管理一般不整枝放任生长，但要注意摘除老叶，加强通风透光。5 月以后逐渐去掉棚膜，利用外界环境条件生长结果。苦瓜的生长势很强，在 7～8 月的高温季节照样生长良好，可继续加强水肥管理，促进生长结瓜。

（3）植株调整　利用宽行棚架栽培时，在宽行距用铁丝或细竹竿搭一个略朝南倾斜的水平棚架，根据温室条件，架高 2.0～2.5 m，利用吊绳引蔓上架。温室北端的植株主蔓 1.5 m 以下的侧蔓全部去除，温室南端的植株主蔓 0.6 m 以下的侧蔓全部去除，其余侧枝全部去掉。随着苦瓜的采收和茎蔓的生长，去掉下部的老叶。其上留 2～3 个健壮的侧蔓与主蔓一起上架，以后再发生的侧蔓如有瓜，即在瓜前留 2 片叶摘心，无瓜则去除。利用窄行竖架栽培时，每株仅保留 1 条主蔓，引蔓上架，只用主蔓结部的老叶，把老蔓落在地膜上。生长中期，侧蔓有瓜时可留侧蔓结瓜，并在瓜前留 2 片叶摘心，绑蔓的同时要掐去卷须，同时注意调整蔓的位置和走向，及时剪除细弱和过密的衰老枝蔓，尽量减少相互遮阴。日光温室栽培苦瓜需进行人工授粉，一般在上午 8 时左右，摘取新开的雄花，与雌花进行授粉。这样人工辅助授粉可以提高坐果率。

（4）病虫防治　请参照大棚苦瓜的栽培技术。

6. 采收

日光温室苦瓜采收的标准是：果实充分长成，瘤状突起明显，饱满而有光泽，顶部花冠脱落，白皮苦瓜表面由绿色变白色，有光泽感。一般从雌花开花至采收需 12～15 d。苦瓜柄长且牢固，可用剪刀剪摘。采摘过晚，苦瓜顶端开裂，露出红瓤，即失去商品价值。

四、苦瓜常见病虫害

1. 枯萎病

（1）症状　地上部全株枯萎，病株茎基部及根部可见其内部维管束组织变褐，最终患部软化以致腐烂。

（2）防治措施　①避免与瓜类蔬菜连作；

②及时拔除病株；③采用营养钵育苗，营养土提前消毒，做到定植不伤根，以减轻发病；④加强水肥管理，施用腐熟的有机肥，适度浇水，促进根系健壮；⑤另外，适时喷施增产菌或植保素促进植株生，长，也可以减轻发病。

2. 病毒病

（1）症状　全株受害，尤以顶部幼嫩部茎蔓的症状明显。早期感病植株叶片变小、皱缩，节间缩短，全株明显矮化，不结瓜或结瓜少；中期至后期感病，中上部叶片皱缩，叶色浓淡不均，幼嫩蔓梢畸形，生长受阻，瓜小或扭曲。

（2）防治措施　①及时拔除病株；②化学药剂防治。

3. 白粉病

（1）症状　主要危害叶片，初生近圆形粉斑，严重时粉斑密集分布于叶面上并且互相连合，导致叶片变黄，终致干枯，使植株生长及结瓜受阻，生育期缩短，产量降低。

（2）防治措施　①选用抗病品种；②物理防治；③化学防治；④保护地采用烟雾法。

4. 虫害

瓜实蝇又叫针蜂，其成虫似苍蝇，幼虫在果内蛀食，使果实发育受影响而变成畸形；后期果实腐烂变臭。可用 90% 敌百虫 800 倍液加 3% 白醋盛在瓦钵内诱杀成虫，也可用 20% 速灭杀丁 5000 倍液喷杀。每隔 7 d 喷 1 次，连续 2～3 次。

设施丝瓜栽培

丝瓜［*Luffa cylindrica*（L.）Roem.］，又称菜瓜、八角瓜，原产于印度，在东亚地区被广泛种植，为葫芦科攀缘草本植物，我国内外均有分布和栽培。丝瓜根系强大，茎蔓性，五棱，绿色，主蔓和侧蔓都生长繁茂，茎节具分枝、卷须，易生不定根；果为夏季蔬菜，所含各类营养在瓜类食物中较高，所含的皂苷类物质、丝瓜苦味质、黏液质、木胶、瓜氨酸、木聚糖和干扰素等物质具有一定的特殊作用。成熟时里面的网状纤维称丝瓜络，可代替海绵用于洗刷灶具及家具。不可生吃，可供药用，有清凉、利尿、活血、通经、解毒之效，还有抗过敏、美容之效。

一、生物学特性

1. 植物学特性

（1）根　根系发达，主根长达 1.5 m 以上，易生侧根且分布范围很广，但主要分布在 30 cm 的耕作层内。

（2）茎　茎蔓性，五棱，绿色，主蔓和侧蔓生长繁茂，茎节具分枝卷须，易生不定根。

（3）叶　单叶互生，有长柄，叶片掌状心形，长 8～30 cm，宽稍大于长，边缘有波状浅齿，两面均光滑无毛。

（4）花　雌雄异花同株，花冠黄色。雄花为总状花序，雌花单生，子房下位，第一雌花发生后，多数茎节能发生雌花。

（5）果　瓠果，普通丝瓜的果实呈短圆柱形或长棒形，长可达 20～100 cm 或以上，横径 3～10 cm，无棱，表面粗糙并有数条墨绿色纵沟。有棱丝瓜的果实为棒形，长 25～60 cm，横径 5～7 cm，表皮绿色有皱纹，具 7 棱，绿色或墨绿色。

（6）种子　种子椭圆形，普通丝瓜的种皮较薄而平滑，有翅状边缘，黑、白或灰白色；有棱丝瓜的种皮厚而有皱纹，黑色。千粒重 100～180 g。丝瓜为葫芦科草本植物丝瓜及粤丝瓜的鲜嫩果实。广东、广西、海南等地有栽培。夏秋采摘，刮去粗皮，洗净鲜用。

2. 适宜生长的环境条件

（1）光照　丝瓜为短日照作物，喜较强阳光，而且较耐弱光。在幼苗期，以短日照大温差处理，利于雌花芽分化，可提早结果和丰产。整个生育期当中，较短的日照、较高的温度有利于茎叶生长发育、开花坐果、幼瓜发育和提高产量。

（2）温度　丝瓜属喜温、耐热性作物。丝瓜生长发育的适宜温度为 20～30℃；其种子发芽的适宜温度为 28～30℃，30～35℃时发芽迅速。

（3）水分　丝瓜喜湿、怕干旱。土壤湿度较高、含水量在 70% 以上时生长良好，低于 50% 时生长缓慢；空气湿度不宜小于 60%，75%～85% 时，生长速度快、结瓜多，短时间内空气湿度达到饱和时，仍可正常生长发育。

（4）土壤　丝瓜是适应性较强、对土壤要求不严格的蔬菜作物，在各类土壤中，都能栽培。但是为获得高产，应选择土层厚、有机质含量高、透气性良好、保水保肥能力强的壤土、砂壤土为好。

二、设施栽培管理技术

（一）塑料大棚早春栽培

1. 品种选择及育苗

品种选择参考表 6-2。早春大棚栽培丝瓜的育苗期正处于早春低温期，因此宜采用电热温床或有其他加温设施的苗床育苗，以促进幼苗正常生　长发育。

表 6-2　不同栽培方式丝瓜品种的选择

栽培方式	栽培品种	栽培季节	品种特性
塑料大棚早春栽培	江蔬1号、五叶香、蛇形丝瓜、早杂1号	一般于1月中下旬至2月中下旬育苗，4月中下旬上市，可一直供应至8～9月	早熟性好，早期产量高，耐热，耐低温，耐弱光性能强，长势旺，连续结瓜能力强，对霜霉病和病毒病的抗性较强
日光温室冬春茬栽培	五叶香、江蔬1号	淮北地区，一般在9月下旬至10月上旬播种，春节前后上市，可供应至翌年6～7月	早熟或早中熟，耐低温、耐弱光性能好，长势健旺，主蔓连续结瓜能力强，瓜条发育速度快，耐贮运、抗病性好
露地栽培	江蔬1号、五叶香、蛇形丝瓜、长沙肉丝瓜、早杂1号、半长丝瓜、坊前肉丝瓜	3月下旬至5月上中旬均可陆续播种，可采收供应至霜冻之前	耐热性强，抗病毒病能力强，产量高，品质优

2. 整地

丝瓜栽培应选择在地势较高、排灌方便、有机质含量高的大棚内，忌与瓜类作物连作。前茬作物收获后，将地深翻细耙，每667 m^2施入优质腐熟的农家肥5000 kg、过磷酸钙60 kg、生石灰50 kg作基肥。

3. 定植

为保证丝瓜的正常生长发育，促进早成熟、早上市，应使用多层覆盖，使丝瓜在一个比较适宜的土温和气温条件下生长发育。具体覆盖措施是：定植时覆盖地膜、小拱棚、草帘、大棚，随着气温的升高和植株的生长发育，逐步撤去草帘、小棚，设立支架。

早春气温低，丝瓜发育缓慢，为取得高产，必须适当密植，但较温室的密度应当小一些。在棚内为方便操作，实行大小行栽培，大行行距为70～80 cm，小行行距为50 cm，株距为30～40 cm，667 m^2种2000～2200株。

4. 田间管理

大棚内栽培丝瓜可采用吊蔓方式，也可搭架。采用吊蔓方式的措施同日光温室栽培；采用搭架栽培的，茎蔓在上架之前，摘去所有侧枝，上架后不再打杈。

5. 适时采收及采后处理

丝瓜主要食用嫩瓜，一般在丝瓜果梗光滑、茸毛减少、果皮有柔软感而无光滑感时采收，时间大致为雌花开花后10～12 d。丝瓜连续结果性强，采摘太早总产量低，采摘过晚瓜质老化，纤维增多，品质下降。因此，在盛果期宜勤摘，每隔1天采收1次，采摘应在上午，用剪刀齐果柄处剪断。

（二）日光温室冬春茬栽培

1. 品种选择及育苗

品种选择参考表6-2。日光温室栽培丝瓜宜在9月下旬至10月上旬播种。播种过早，气温较高，易发生病毒病；播种过迟，温光条件差，苗发育慢，定植后缓苗慢，上市延迟。

2. 整地做畦施基肥

日光温室丝瓜的生长期长，采收期长，需肥量大。因此，要重施基肥。667 m^2宜施腐熟有机肥5000 kg，深耕晒垡后，整细耙平，沿南北向做宽50 cm的小高垄，垄间距为70 cm。

3. 定植

同塑料大棚设施早春栽培。

4. 田间管理

蔓长30 cm时吊蔓，摘除第1雌花以下的侧枝，以后侧枝留1叶摘心，同时还需剪去卷须，以免缠绕幼瓜。随着茎蔓的生长，及时落蔓，蔓的高度一般不应超过1.5 cm。对植株中下部的老叶、病叶及时去除，以免消耗养分、传播病害。对全田植株，留1/3的植株保留雄花作授粉用，其余的全部摘除，以免消耗过多养分。丝瓜是异花授粉作物，冬春温室内昆虫少，因此需进行人工授粉。一般于早晨进行，摘取雄花去除花瓣后，将花粉涂到雌花的柱头上，注意不要伤及子房。此外，也可用植物生长调节剂保花保果，如可用吡效隆10 mg兑水750～1000 mL，于雌花开放当天或前、后天浸花或子房1次，也可起促进坐果的作用。

整个生长期间应注意防寒保湿，草帘应早揭晚盖，适当通风，保持温室内温度白天在25～30℃，夜晚不低于15℃，至第2年5月气温较高时应撤去覆盖物。

5. 适时采收及采后处理

由于日光温室丝瓜以主蔓结瓜为主，同一根主蔓上同时能保证有2～3条瓜，如果不及时采收，就会影响高节位瓜和正在发育着的雌花的发育，引起化瓜。因此，对达到商品瓜要求的瓜需及时采收，以减少养分的消耗，促进植株多结瓜。

（三）丝瓜常见病虫害

（1）霜霉病　丝瓜霜霉病主要危害叶片。发病初期在叶片正面出现不规则的褐绿黄色斑，慢慢地扩展成多角形黄褐色病斑，湿度大时病斑背面长出灰黑色霉层，后期病斑连片，整叶枯死。有的菜区丝瓜生产受霜霉病危害十分严重，常常造成病斑累累，瓜叶干枯，植株早衰，瓜条弯曲、瘦小、老化，严重影响产量和质量。

防治丝瓜霜霉病首先要选用抗病能力强的品种，用营养钵育苗时要施足肥，排水通畅，基肥施足，注意引蔓整枝，对多余的枝条要及地打掉，保证株间通风透气。发现有生病的苗头要及时喷药。在发病前和发病初期，选用保护性药剂如75%达霜宁600～800倍液、百菌清、百可宁（40%悬浮剂）500～700倍液、70%代森锰锌500倍液或72%雷多米尔600倍液防治；发病期应喷洒治疗（兼保护）性药剂，如杀毒霜净（64%可湿性粉剂）600～800倍液、霜尽（55%可湿性粉剂）或霜露速净（72%可湿性粉剂）800～1000倍液。隔7～10 d喷1次，视病情连喷3～5次，注意叶面和叶背都应均匀喷湿。

（2）疫病　主要危害果实，茎蔓或叶片也会受害。近地面的果实先发病，出现水浸状暗绿色圆形斑，扩展后呈暗褐色，病部凹陷，由此向果面四周做水渍状浸润，上面生出灰白色霉状物。苗期染病，幼苗根茎部呈水浸状湿腐。

防治方法：①选用抗病品种；②实行轮作，选择高低适中、排灌方便的田块，秋冬深翻，施足优质充分腐熟的有机肥，采用高垄或半高垄栽植；③及时中耕、整枝，摘除病果、病叶；④采用地膜覆盖，增施磷、钾肥等。

（3）蔓枯病　危害茎蔓、叶片和果实。茎蔓病斑为椭圆形至梭形，边缘褐色，中部灰褐色，有时患部溢出琥珀色树脂状胶质物，最终导致茎蔓枯死。叶斑近圆形，褐色或黑褐色，微具轮纹。果实被害生近圆形或不定形的病斑，边缘褐色，中部灰白，斑下面的果肉呈“黑腐”。

防治方法：加强水肥管理，增施磷、钾肥，避免偏施氮肥，并注意清沟排渍和通风。药剂防治方法参考黄瓜炭疽病。

（4）根结线虫　对于根结线虫病重的温室，可用夏季灌水闷棚的办法予以防治。另外，据观察杂交品种对此病的抗性强于常规品种，因此可选用杂交品种来达到防治目的。

设施西瓜栽培

西瓜［*Citrullus lanatus*（Thunb.）Matsum. et Nakai］，原产于非洲，唐代引入新疆，五代时期引入中原，属葫芦科藤本植物。叶呈羽毛状，瓠果，为葫芦科瓜类所特有的一种肉质果，是由3个心皮具有侧膜胎座的下位子房发育而成的假果。主要食用部分为胎座，果实外皮光滑，呈绿色或黄色，果瓤多汁，为红色或黄色，罕见白瓤。西瓜性寒，味甘甜，它有清热解暑、生津止渴、利尿除烦的功效；有助于治胸膈气壅、满闷不舒服、小便不利、口鼻生疮、暑热、中暑、解酒毒等症。皮还可以做菜、入药等。

一、生物学特性

1. 植物学特性

（1）根　根系发达，主根群分布在地表下10～30 cm的土层内，一般采用直播或容器育苗移栽。

（2）茎　茎、枝粗壮，具明显的棱沟，被长而密的白色或淡黄褐色长柔毛。卷须较粗壮，具短柔毛，2歧，叶柄粗，长3～12 cm，粗0.2～0.4 cm，具不明显的沟纹，密被柔毛。

（3）叶　叶片纸质，轮廓三角状卵形，带白绿色，长8～20 cm，宽5～15 cm，两面具短硬毛，脉上和背面较多，3深裂，中裂片较长，倒卵形、长圆状披针形或披针形，顶端急尖或渐尖，裂片又羽状或二重羽状浅裂或深裂，边缘波状或有疏齿，末次裂片通常有少数浅锯齿，先端钝圆，叶片基部心形，有时形成半圆形的弯缺，弯缺宽1～2 cm，深0.5～0.8 cm。

（4）花　雌雄同株异花，单生花腋生。主蔓第3～5节先开雄花，第5～11节出现第一朵雌花，以后每隔3～7节再开1朵雌花。柱头和花药均有蜜腺，为典型的虫媒花。花清晨开放，午后闭合，也称半日花。

（5）果实　瓠果，由果肉、果皮和种子组成，果柄不脱落。果皮光滑，为白色、淡绿色、深绿色、墨绿色或近黑色、黄色等，具网纹、深绿或墨绿色条带。果肉由胎座发育而成，有白、黄、红等颜色，一般为大型果，单果重多在2～10 kg，有扁圆形、圆形、高圆形等各种形状。

（6）种子　扁平卵圆形，由种皮、胚和子叶3部分组成。种皮较厚而硬，平滑或裂纹，色泽白、黄、深黄、红、褐、黑等。种子大小因品种差异而不同，千粒重一般为40～105 kg。

2. 生育周期

（1）发芽期　种子萌动至子叶展平、真叶显露为发芽期，在25～30℃条件下需7～10 d。主要靠子叶贮藏的营养供种子发芽和生长。此期胚轴是生长的中心，根系生长很快。

（2）幼苗期　从真叶显露至“团棵”（具5～6片真叶）为幼苗期，在22～25℃条件下需25～30 d。幼苗节间短，呈直立状态。根系伸展速度加快，初步形成广而深的根系。此期地上部干、鲜重及叶面积增长量小，但生长点已分化20多枚叶片，并开始花原基和侧枝分化。

（3）伸蔓期　由“团棵”到留果节位雌花开放为伸蔓期，在25～28℃条件下需20～25 d。此时节间迅速伸长，植株由直立生长转为匍匐生长，第1～3叶腋开始萌发侧蔓。此期以营养生长为主，根茎叶生长加快，同时包含花芽分化、孕蕾和开花。栽培上要“促控”结合，前期促进根、茎、叶生长，形成强大的营养体；后期以控为主，确保适时开花坐果。

（4）结果期　留果节位雌花开放至果实成熟为结果期，在28～30℃条件下需28～45 d。早、中和晚熟品种分别为30 d左右、35 d左右和40 d以上。根据果实的生长发育、形态特征及生理生化代谢特点，又可划分为以下几个时期。

1）坐果期：留果节位雌花开放至果实褪毛为坐果期，需4～6 d。茎叶生长仍然旺盛，果实生长量较小，植株由营养生长为主过渡到生殖生长为主。此期长秧与结果的矛盾突出，栽培上应控制过旺的营养生长，以保证光合产物在营养生长和生殖生长之间合理分配，促进坐果。

2）果实生长盛期：果实从褪毛开始到定个为止为果实生长盛期，需20～25 d。此期以果实生长为中心，营养生长较缓慢，是决定产量的关键时期。

3）成熟期：果实定个到商品成熟为成熟期，需5～10 d。此期果实的重量和体积增加不大，以果实内的物质转化和种子发育为主，是决定品质的关键时期。

3. 适宜生长的环境条件

（1）光照　喜充足的光照，生长季如遇连续阴雨天，常表现为节间伸长、叶柄较长、叶色较浅等症状。

（2）温度　喜温，耐热不耐寒。种子在16～17℃开始发芽；生长适宜温度为18～32℃。

（3）水分　耐旱、不耐涝，喜湿。要求空气干燥，相对湿度以50%～60%为宜。但在花期授粉时，短时间较高的空气湿度有利于授粉受精。

（4）肥料　适用性广，在pH 5～8均能正常生长。因土传病害严重，要求严格实行轮作或采取嫁接栽培等技术措施，以防止或减轻土传病害的发生和危害。适应的土壤pH为5～7，较耐碱，盐分在0.2%以下能生长。

二、栽培管理技术

（一）塑料大棚

1. 品种选择及育苗

品种选择参考表6-3。育苗时直播西瓜要求热量多，在长江流域一般在4月下旬至8月为西瓜生长最适宜的季节。华南地区适于西瓜生长的季节更长，可以进行春秋两季栽培。由于西瓜的根系发达，不适于移栽，故在栽培上一般采取直播。为了克服西瓜直播对低产造成的影响，应改变直播为保护地营养杯育苗，把播种期适当提前，这样既可达到早结果的要求，也可延长生育期，达到高产的要求。

表6-3　不同栽培方式西瓜品种的选择

栽培方式	栽培品种	栽培季节	品种特性
塑料大棚栽培	郑杂6号、京欣1号、京欣2号、苏密1号、黑美人、特小凤	周年生产	耐低温、弱光、质优、早熟或中早熟
日光温室栽培	京欣1号、金宝1号、苏蜜1号及一些台湾早熟小果型品种	12月中旬	耐低温、弱光、坐果性好、抗病性强、长势中等、短日照
露地栽培	新红宝、新澄、齐红、中育6号、聚宝3号、浙蜜1号	4～9月	适应性、抗逆性强、高产优质、耐储运

因西瓜栽培怕连作重茬，对旧棚室重茬地，为防治西瓜枯萎病，最好采用葫芦科作砧木嫁接的方法，其中以靠接最为容易，效果最好。塑料大棚西瓜多数为一茬制，春季栽培一般在冬季温室育苗，3月定植，5月即可收获，有条件者还可以提前。西瓜种皮较厚，需要进行浸种催芽，这样可以将育苗时间缩短5 d左右。浸种的种子在20～25℃条件下，经5～7 d子叶便出土展平。方法是：将种子放入洁净盒内，倒入开水搅拌4～5 s进行荡种，以促进水分及早进入种皮，然后再倒入冷水继续搅拌，待水温降至40～45℃时任其浸泡半天，再用清水洗去黏液，捞出种子装入布袋内，置于15～30℃条件下

1～2 d，等胚根微露种皮后即可播种。播种前先在畦内铺以 10 cm 厚的营养土，营养土的配比应以园土 6 份、马粪 2 份、大粪干 2 份为最好，另加 4% 过磷酸钙和适量草木灰混合均匀，铺于苗床内，浇足水分，待水渗透后切块播种，覆土 1 cm，并用塑料薄膜加以覆盖，3 d 后幼苗顶土即可揭去塑料薄膜。种子的发芽温度以 30℃为宜，发芽后降温，白天 25℃，夜间 18～20℃，有利于瓜苗的正常发育。

2. 定植

定植的苗龄依据栽培季节而不同，秋季延后栽培时多选取 3～4 片真叶的健壮大苗，早春塑料大棚栽培时选取 4～5 片真叶的健壮大苗。但这时坐果茬芽已经开始分化，所以定植时要细心。由于西瓜与其他果菜类相比根部毛细根小，故应尽量少伤根。定植时，早春多取 3～5 叶的大苗，但大苗的定植管理措施必须跟上，否则影响西瓜的正常生长发育，导致落花落果。定植前必须进行低温炼苗，以增强抵抗力、利于定植还苗。塑料大棚西瓜一般选择在晴天定植，最好在当天下午 2 点以前定植完。定植后立即浇水，加盖小拱棚，使温度保持在白天 25℃、夜间 15℃。

3. 田间管理

（1）温、湿度管理　前期的营养生长期，温度应保持在 12℃以上；进入开花期必须使地温和气温都保持在 15℃以上。开花后 15 d 内果实生长较快，果实的大小取决于开花时子房的大小，因此这时必须保证温度，才能保花保果。昼夜温差在生育期内 10℃左右为宜，成熟期 25℃最为合适。土壤湿度过大，茎叶徒长，前期要少浇水，保持一定的干燥，坐果后要浇水保果膨大，到成熟期时又要控制水分，以利着色和增加糖度，按时成熟。西瓜要求的空气相对湿度为 20%～60%，湿度过大，则品质降低，且炭疽病严重，在通风管理上应特别注意。

（2）植株调整　植株进入孕蕾期，节间伸长，不能直立，一般要进行倒秧压土，让其按照指定的方向生长。秧蔓生长至 33 cm 左右时，为了促使发生不定根、吸收更多营养，必须进行盘条。整枝留蔓的方法很多，有的是单蔓，有的是双蔓，更有 3 蔓、4 蔓。一般单蔓不易控制坐果位置，生产上多用留双蔓的形式，可将主蔓与基部强壮的蔓留下。留瓜主要在主蔓上，若主蔓上留不住，可在侧蔓上留瓜。塑料大棚西瓜定植成活后，应立即摘心，留 3 条子蔓，其余侧蔓全部除掉。每株西瓜应保持 30 个叶片，才能维持果实的正常发育，叶片少了果实的品质差。第 1 次雌花常在主蔓第 10 节左右着生，这一果实生长很小且易变形；第 2 雌花在 16～20 节出现，坐果后，应在果位上部留 15～20 片叶子摘心，1 棵只长 1 果。留瓜应在长到拳头大时进行，生产上不留第 1 茬和第 4 茬以上的雌花，以第 2 果、第 3 果较为理想；早熟栽培留第 2 果，如果想长大瓜，就选留第 3 果。

（3）定植后的水肥管理　塑料大棚栽培，肥料流失很少，便于节约用肥，施肥量可以适当减少，特别是氮肥施用太多常使茎蔓徒长。磷肥有利于根的发育，对果实着色、果味品质起着很大作用。钾肥可以壮株保果，提高坐果率，有利于着色，增加粗度。要求每 667 m^2 施入腐熟农家肥 5000 kg、过磷酸钙 80 kg 作基肥，并在生育中期追肥 3 次：第 1 次在伸蔓后，在行间每 667 m^2 施磷肥 250 kg；瓜长到拳头大时第 2 次追肥浇水，每 667 m^2 追施磷肥 300 kg；第 1 果收获时进行第 3 次施肥浇水，每 667 m^2 施氮肥 40 kg。

4. 适时采收及采后处理

西瓜采收，判断果实成熟度是关键，主要有如下方法。

（1）听声判断　用手轻轻弹动西瓜，声音清脆为生瓜，沉稳、稍浑浊为熟瓜，沙哑则为过熟瓜或空心瓜。

（2）根据植株和果实的某些外部特征进行判断　假如果面纹路清晰，具有光泽、脐部，瓜蒂略有收缩，或果柄上绒毛变得稀疏或脱落，坐果节位的卷须枯焦为成熟标志。

（3）根据植株生长发育期进行判断　也就是根据雌花开放天数来判断，一般小果型品种 25～26 d，早、中熟品种 30～35 d，晚熟品种在 40 d 以上。

（二）日光温室

1. 品种选择及育苗

品种选择参考表 6-3。日光温室早春西瓜一般应采用育苗移栽的方法，也可以直播。

2. 整地施基肥

前茬作物收获后，深翻土地 30 cm，施腐熟有机肥每公顷 45 t、复合肥 900 kg、过磷酸钙 750 kg、硫酸钾 900 kg，深翻 30～40 cm，耙平起垄，覆盖地膜，搭好小拱棚，并封闭温室，利用太阳能提高地温，定植前浇透底水。

3. 定植

定植时，在畦面中间地膜上开穴。小型礼品瓜的株距为 35 cm，大果型品种为 45 cm，穴深 10 cm，将瓜苗带土轻放入穴内，浇足水，栽后可暂不封穴。

4. 田间管理

（1）温、湿度管理　定植后5～7 d闭棚增温保温，当室内连续数日出现32～35℃高温时在顶部扒缝放风，一般先揭开小棚，后揭日光温室通风。当温度降到25℃时闭棚，达到15℃时盖草苫。一般前半夜温度保持在15℃以上，后半夜11～13℃，清晨最低温度在10℃以上。进入结果期后，外界温度逐渐回升，为促进果实迅速膨大，应该保持在30～35℃较高温度，当连续数日出现35℃高温时，放风降温。3月中旬以后，随外界温度升高，将小拱棚撤掉。

空气相对湿度保持在60%～70%。湿度调节一般结合温度调控。通风换气进行，必要时可室内喷雾，以增加湿度。进入4月上旬后，外界气温升高，此时由于温室内通风量加大，地膜降湿作用不太大，而且地膜覆盖降低土壤的通透性，影响根系呼吸，不利于新根的发生与生长，可以撤掉地膜。

（2）植株调整　采用支架或吊蔓栽培方式。支架以篱笆架为好，架顶两端用竹竿连接固定并与温室棚架相连，当蜘蛛6或7片叶时，将瓜蔓呈"S"形绑在支架上。第一茬西瓜采用双蔓整枝，留主蔓上第二雌花坐瓜，人工授粉，挂纸牌，注明授粉日期，每株留1个或2个瓜。当瓜重0.5 kg时要及时吊瓜。根据果实成熟生理日期，在第一茬瓜采收前10 d左右留侧蔓上雌花授粉，7 d左右留瓜，每株留1或2个瓜，即为第二茬瓜，在第一茬瓜采收后将主蔓剪除，此时侧蔓已长35～40片叶。将下部老叶打掉，以架杆为中心，将侧蔓中下部盘条落在地面上，中上部绑在架杆上。若为嫁接苗，则要及时除去砧木不定芽，以免接穗生长。

（3）定植后的水肥管理　同设施塑料大棚栽培。

5. 适时采收及采后处理

同设施塑料大棚栽培。

设施甜瓜栽培

甜瓜（*Cucumis melo* L.）为葫芦科黄瓜属甜瓜种1年生攀缘草本植物，别名香瓜、果瓜、哈密瓜，染色体数为$2n=2x=24$。起源于非洲。

甜瓜主要食用部位为中、内果皮，即果肉，除鲜食外还可制作瓜干、瓜脯、瓜汁、瓜酱及腌渍品等，种子可炒食和榨油。

甜瓜营养价值高，居世界十大水果的第二位，每100 g果肉含水分81.5～94.0 g、总糖4.6～15.8 g、维生素C 29～39.1 mg、维生素A 4.2 g、叶酸0.3～11 mg、果酸54～128 g、果胶0.8～4.5 g、纤维素和半纤维素2.6～6.7 g，以及少量的蛋白质、脂肪、矿物盐等。种子含脂肪酸油27%（包括亚油酸、油酸、棕榈酸、硬脂酸、卵磷脂等）。

一、生物学特性

1. 植物学特性

（1）根　主根深约1 m，侧根水平伸展为2～3 m，主要分布在20～30 cm的耕作层中。甜瓜的根木栓化程度高，育苗时须护根。

（2）茎　茎蔓生，由主蔓和多级侧蔓组成，茎节上着生有叶片、侧枝、卷须和花，具有较强的分枝能力，自然状态下主蔓生长不旺，侧蔓异常发达，长度常超过主蔓。茎圆形，五棱，具有短刚毛。卷须不分叉。主要靠侧蔓和孙蔓结瓜。

（3）叶　单叶互生，叶片为近圆形或肾形，少数为心脏形、掌形。叶片不分裂或浅裂，叶片正反面均长有茸毛，叶背面的叶脉上长有短刚毛。叶缘呈锯齿状、波纹状或全缘状，叶脉为掌状网纹。

（4）花　花单性或两性，虫媒花，目前绝大多数甜瓜栽培品种以雄花、两性花同株为主要性型。两性花除雌蕊柱头和子房外，还带有发育正常的雄蕊；雄花单性，常数朵簇生。花瓣5枚，花冠黄色，钟状5裂，花药3枚，呈扭曲状。雌花花柱极短，柱头3裂，基部靠合，柱头深藏在花冠筒内。子房下位，长椭圆形、圆形或纺锤形，子房外被刚毛。雌花多着生在子蔓或孙蔓上。

（5）果实　瓠果，由果皮和种子腔组成。果皮由外、中、内果皮构成，外果皮有不同程度的木质化，随着果实的生长和膨大，木质化多的表皮龟裂形成网纹；中果皮和内果皮无明显的界限，均由富含水分和可溶性固形物的大型薄壁细胞组成，为主要的可食部分。种腔形状有圆形、三角形、星形等。3心皮，3心室，侧膜胎座。果实有扁圆形、圆形、卵形、纺锤形、椭圆形长棒等多种形状，果皮有绿、白、黄绿、黄、橙红等色，同时具有条带、网纹等各种花纹。果肉颜色有白、红、橙黄和绿色，质地有面、软、脆等不同类型，具有香味。可溶性固形物为10%～20%。薄皮甜瓜的果实较小。

（6）种子　为披针形或长扁圆形，表面光滑，黄、灰白或褐红等色。薄皮甜瓜的种子较小，千粒重为5～20 g；厚皮甜瓜的种子较大，千粒重可达30～80 g。寿命为5～6年。

2. 生长发育周期

（1）发芽期　种子萌动至子叶展平为发芽期，

在25～30℃条件下需要8～10 d。此期主要依靠种子贮藏的营养进行生长，地上部干重的增长量很小，胚轴是生长中心，根系生长很快。栽培上要求光照充足、温度稍低和较小的湿度，以防下胚轴徒长，形成高脚苗。

（2）幼苗期　从子叶平展到5～6片真叶（团棵）展开为幼苗期，在适宜的条件下需25～30 d。此期地下部根系迅速增长，次生根形成庞大的吸收根群，地上部干、鲜重及叶面积增长量小。幼苗各叶腋中均有小叶、侧蔓、卷须和花芽的分化。

（3）伸蔓期　幼苗由团棵到坐果节位雌花开放为伸蔓期，在适宜的条件下需20～25 d。幼苗节间迅速伸长，植株由直立生长转为匍匐生长，标志着植株进入旺盛生长时期。地上部营养器官进入快速旺盛生长阶段，主蔓开始迅速伸长，第1～3叶腋开始萌发侧蔓，与主蔓同时生长。此期以营养生长为中心，栽培上要"促控"结合，在保证叶、蔓、根生长的基础上，及时转向开花结果。

（4）结果期　从坐果节位雌花开放到果实生理成熟为结果期，需要30～90 d，又可划分为以下几个时期。

1）坐果期：坐果期是指坐果节位雌花开放至幼果坐住，约7 d。

2）盛果期：盛果期是指从果实旺盛生长开始到果实停止膨大为止，为18～25 d。该时期果实是生长中心，光合产物主要供应果实生长，无果侧蔓的光合产物更多地输入有果侧蔓。

3）果实生长后期：果实生长后期是指果实定个到成熟，为20～70 d。此期果实的重量和体积增加不大，以果实内含物的转化为主；果皮呈现出本品种特有的颜色和花纹；果实内的糖分增加，肉色转深而达到生理成熟，散发出各种香味；种子充分成熟并着色。

3. 对环境条件的要求

（1）温度　喜温，耐热、不耐寒，生长发育适温为25～35℃。种子发芽的适宜温度为25～30℃。幼苗期的适温为20～25℃，10℃时停止生长，7℃时发生冷害。茎叶生长的适宜昼温为25～30℃，夜温为16～18℃，长时间13℃以下或40℃以上生长发育不良。伸蔓期需要昼温在22～32℃，夜温在10～18℃。开花期的适温为30～32℃。果实发育的适温为28～30℃，以昼温27～30℃、夜温15～18℃、昼夜温差13℃以上为宜。根系生长的适温为22～25℃，最低温度为8℃，根毛发生的最低温度为14℃。从种子萌发到果实成熟，全生育期所需大于15℃的有效积温，早熟品种为1500～1750℃，中熟品种为1800～2500℃，晚熟品种在2500℃以上，其中结果期所需积温占全生育期的40%～50%或以上。

（2）光照　喜光，光饱和点为55～60 klx，光补偿点为4 klx，苗期最理想的日照时数为10～12 h。厚皮甜瓜喜强光，耐弱光能力差；而薄皮甜瓜则对光照强度的适应范围较广。光照时数影响性型分化，每天光照12 h，则植株分化的雌花多；光照14～15 h，则侧蔓发生早，植株生长快；光照不足8 h，则生长发育受影响。植株生育期对日照总数的要求因品种而异，早熟品种要求日照总时数为1100～1300 h，中熟品种在1300～1500 h，晚熟品种在1500 h以上。

（3）水分　根系发达，吸收水分的能力强，叶片被有茸毛，耐旱能力强。0～30 cm土层适宜的土壤含水量，苗期和伸蔓期为最大田间持水量的70%，开花结果期为80%～85%，果实成熟期为55%～60%。低于50%则植株受旱，尤其前期供水不足影响营养生长和花器发育，雌花蕾小，影响坐果；而土壤过湿，则易发生营养生长过旺、结果推迟、沤根等现象。果实形成期需水最多，但土壤水分过多延迟果实成熟且降低果实的含糖量、风味和耐贮性。甜瓜要求空气干燥，适宜的空气相对湿度为50%～60%，空气潮湿则生长势弱、坐果率低、品质差、病害重。空气湿度过低，则影响营养生长和花粉萌发，受精不正常，造成子房脱落。

（4）土壤与营养　对土壤的适应性较广，但以pH 7～7.5、土层深厚、排水良好、富含有机质的肥沃疏松壤土或沙壤土较好。甜瓜耐盐碱性较强，幼苗能在总盐碱量为1.2%的土壤上生长，但以土壤含盐碱量在0.74%以下为好。忌连作，应实行4～6年轮作。需肥量较大，据试验，每生产1000 kg果实需氮2.5～3.5 kg、磷1.3～1.7 kg、钾4.4～6.8 kg。增加磷肥可促进根系生长和花芽分化，提高植株耐寒性；增加钾肥可提高植株耐病性。各个生育期对营养元素的要求不同，应根据植株的生育期和生长状态施肥。基肥以磷肥和农家肥为主；苗期轻施氮肥；伸蔓期适当控制氮肥、增施磷肥；坐果后以速效氮肥、钾肥为主。

二、类型与品种

根据生态类型特性可分为薄皮甜瓜和厚皮甜瓜两大生态类型。

（一）薄皮甜瓜

薄皮甜瓜又称普通甜瓜、东方甜瓜、中国甜瓜、香瓜。主产于东北、华北、江淮、长江流域、华南。生长势较弱，株型较小，叶色深绿，耐湿，抗病，耐弱光。果实为圆筒、倒卵圆或椭圆形，果面光滑、皮薄，可连皮食用，不耐贮运。果实较小，单瓜重 0.3～1 kg，果肉脆嫩多汁或绵软少汁，可溶性固形物含量为 8%～20%。外果皮厚度为 0.1～0.5 cm。

根据果实的外部特征可分为 4 个品种群：①白皮品种群，果皮为乳白、绿白或黄白色，如‘山东益都银瓜’‘陕西白兔娃’‘江西南昌雪梨’及‘华南 108’等；②黄皮品种群，果皮为黄色或金黄色，如‘江浙黄金瓜’‘山东喇嘛黄’‘湖北荆农 4 号’及‘广州蜜瓜’等；③绿色品种群，果皮为灰绿、绿或墨绿色，如‘华北羊角脆’‘上海海冬青’‘东北青平头’等；④花皮品种群，果皮上有 2 种以上的颜色，常有绿色斑块呈条带状，如‘黑龙江白沙蜜’‘黄金道’‘龙甜 2 号’等。

（二）厚皮甜瓜

厚皮甜瓜主要分布在西北地区。植株生长势较强，叶片较大，叶色浅绿，不耐湿，需要充足的光照和较大的温差。品质好，耐贮运，但抗病性、适应性差。果实为圆、长圆、长椭圆或纺锤形，中大果型，单瓜重 2～5 kg，果皮厚，粗糙，多数有网纹，去皮食用。果肉厚 2.5～4.0 cm，肉质细软或松脆多汁，可溶性固形物含量一般为 12%～16%，高的可达 20%，多具有芳香气味。外果皮的厚度为 0.3～0.5 cm，去皮而食。

根据品种熟性及特征分为 6 个类型：①早熟球形软肉品种群，有‘新疆黄蛋子’‘甘肃铁蛋子’‘河套蜜瓜’‘伊丽莎白’等品种；②早熟脆肉品种群，有‘纳希甘’‘白皮脆’‘米籽瓜’等品种；③中熟夏瓜品种群，有‘赛力克可口奇’‘网纹香’‘红心脆’‘皇后’‘红甘露’等品种；④中晚熟秋瓜品种群，有‘秋黄皮’‘炮台红’等品种；⑤晚熟冬瓜品种群，有‘青麻皮’‘黑眉毛密极甘’‘卡拉可赛’等品种；⑥白兰瓜品种群，有‘大暑白兰瓜’‘黄河蜜瓜’等品种。

三、大棚栽培技术

甜瓜忌连作，应实施 5 年以上的轮作，南方水田轮作时间可缩短为 2～4 年。大田作物是其良好的前茬，不宜与蔬菜及其他瓜类作物连作。

设施栽培多利用塑料大棚进行。塑料大棚厚皮甜瓜栽培分为春季栽培和秋季栽培。春季栽培于 12 月下旬至翌年 1 月上旬播种，5 月上旬至中下旬开始采收；秋季栽培于 7 月上旬至下旬播种，9 月上中旬至 10 月中旬开始采收。

1. 品种选择

春季栽培，应选用早熟、中早熟、优质、高产、抗病、耐低温、外观和内在品质佳、耐贮运的品种，如‘伊丽莎白’‘状元’‘蜜世界’‘玉露’‘新世纪’‘黄醉仙’‘西博洛托’‘古拉巴’‘郑甜 1 号’等品种。秋季栽培，应选择耐热、抗病性强的品种，如‘秋香’‘秋蜜’‘伊丽莎白’等品种，防蚜、防雨、降低苗床温度、防止徒长是秋季栽培育苗的关键。对于甜瓜重茬的大棚，最好采用嫁接育苗或者进行土壤消毒。

2. 整地、施基肥

前茬作物收获后及时清理大棚并整地，一次性分层施足基肥，底层施有机肥 75 000 kg/hm^2、过磷酸钙 450 kg/hm^2，上层撒施尿素 375 kg/hm^2、硫酸钾 450 kg/hm^2。土地整平耙细后做成南北向、宽 1.0～1.2 m、高 30～40 cm、沟宽 40～50 cm 的高畦，定植前 10～15 d 扣棚，烤地增温，覆盖地膜。

3. 播种或育苗

同露地栽培。

4. 栽植

棚内 10 cm 土层的温度稳定在 15℃以上，苗龄 30～35 d 且具有 3～4 片真叶时即可定植，定植时间以晴天上午为好。定植密度根据不同品种和整枝方式确定，单蔓整枝，每畦种两行，早熟品种的株距为 35～40 cm，30 000～33 000 株 $/hm^2$，中早熟品种的株距为 40～45 cm，28 500～30 000 株 $/hm^2$；双蔓整枝，在畦中央种 1 行，定植密度减半。厚皮甜瓜早熟栽培多采用立架栽培，密度为 22 500～30 000 株 $/hm^2$，行距为 80～100 cm，株距为 35～45 cm。定植方法同露地栽培。定植后缓苗期间的棚温维持在 30℃左右，不要通风，以利缓苗。

5. 大棚环境管理

（1）温度管理　定植后为促进缓苗，闭棚增温，白天的温度保持在 28～35 ℃，夜间不得低于 20 ℃，地温为 27 ℃左右；缓苗后白天为 25～28℃，夜间为 18℃左右，超过 30℃通风降温；开花坐果前，白天的温度保持在 25～28 ℃，夜间在 16～18 ℃，地温在 23 ℃以上。当棚温超过 30 ℃时，应揭开棚膜放风，随着植株的生长和外界气温的升高，通风口由小到大，通风量由少到多。幼果坐住后为了促进果实发育，棚内应保持较高的温度，白天为27～35℃，夜间为15～20℃，地温为20～25℃。为增加果实糖分积累和提高果实品质，白天气温不宜超过35℃，并保持13℃以上的昼夜温差。秋季栽培苗期处在高温季节，应采取遮阴降温措施，每天上午10:00至下午3:00搭盖遮阳网，以防高温强光。定植后缓苗前使棚温控制在27～30℃，缓苗后降至23～27℃；坐果后白天控制在27～30℃；夜间保持在15～18℃。

（2）湿度管理　厚皮甜瓜适宜的空气相对湿度为50%～60%。塑料大棚密闭，导致棚内湿度大，夜间棚内温度低时，空气相对湿度可达到100%，叶片上出现结露。为降低空气湿度，应选用无滴膜；通过提高棚温来降低湿度，一般温度每升高1℃，空气湿度就下降5%；在不降低温度的前提下，尽量延长通风时间，加大通风量，以通风降湿；还可以通过覆盖地膜和采用滴灌来控制棚内的相对湿度。

（3）光照管理　甜瓜生长发育需要充足的光照，每天最好保持光照8 h以上。保持棚膜清洁、使用无滴膜以减少光照损失。

6. 植株调整

（1）吊蔓　大棚内多采用吊蔓栽培，幼苗长至6～7片叶时用尼龙绳或塑料膜带牵引吊蔓。

（2）整枝打杈　多采用单蔓整枝，留主蔓第10～13节子蔓作结果预备枝，其余子蔓全部摘除，当主蔓长至约1.5 m、25～30片真叶时打顶；或者在幼苗4片真叶时进行摘心，促发子蔓，选留一条健壮的子蔓，利用其孙蔓结果。

（3）授粉留瓜　雌花开放时，于上午8:00～10:00人工授粉，授粉后挂纸牌，注明授粉日期。当幼果长到鸡蛋大小时，选留果形周正、符合本品种特征的果实。留瓜有单层留瓜和双层留瓜两种方式，单层留瓜一般在主蔓的第11～15节各留一层瓜，一般小果型品种每株每层可留两个瓜，大果型品种留一个瓜；双层留瓜在第11～15节、20～25节各留一层瓜。当幼果长到0.5 kg时，开始吊瓜。可用网将瓜托住，或者用塑料绳将果柄与侧蔓相交处用活结将瓜吊到大棚顶部的铁丝上，防止果实成熟时脱落碰坏。

7. 水肥管理

定植后根据土壤的水分情况灌一次缓苗水，灌水量不要太大。定植后至伸蔓前，植株需水量较小，地面蒸发量也小，此时外界气温仍较低，应控制浇水。开花前不浇水，以促进根系生长发育。开花坐果期控制浇水，以防植株徒长，导致落花落果。进入伸蔓期，植株生长量增大，需肥、需水量也随之增加，外界气温已升高，应进行追肥浇水。一般沟施尿素225 kg/hm^2，追肥后浇水。果实膨大期是植株需肥、需水的高峰期，每公顷追施磷酸二氢铵300 kg、硫酸钾150 kg，保持地面湿润。双层留瓜的，在上层瓜膨大时，再追施1次。在果实膨大期，用0.3%磷酸二氢钾或1%～2%过磷酸钙浸出液进行叶面追肥，或者0.3%的氯化钾交替喷洒，效果更好。果实停止膨大后，逐渐减少浇水次数，果实成熟前5 d停止浇水。

8. 采收

早熟品种开花后30～35 d成熟，中晚熟品种35～40 d果实即可成熟。采收标准为香味浓郁，具本品种特性。采收时用剪刀将果柄两侧分别留5 cm左右的子蔓剪切，剪下的果柄和子蔓呈“T”字形，使果实外形美观。果实采收应在午后或傍晚进行，此时果实的水分含量较低，较耐贮运。秋季栽培的厚皮甜瓜果实成熟时外界气温较低，果实成熟速度较慢，成熟期要长几天。

第四节　设施绿叶菜类蔬菜栽培

绿叶菜类蔬菜是指以鲜嫩的绿叶、叶柄或嫩茎为主产品的速生性蔬菜。主要包括藜科的菠菜、叶甜菜；菊科的莴苣、茼蒿、紫背天葵；伞形科的芹菜、芫荽、茴香；苋科的苋菜；旋花科的蕹菜；锦葵科的冬寒菜；落葵科的落葵；番杏科的番杏等。绿叶菜类蔬菜的产品柔嫩多汁，含有丰富的维生素、矿质元素、蛋白质和碳水化合物。这类蔬菜种类繁多，形态、结构、风味各异，适应性广，生长期短，采收期灵活，在蔬菜的周年均衡供应、品种搭配、提高复种指数、提高单位面积产量等方面具有重要作用。根据对环境条件的要求不同，可分为两大类：一类原产于温带，喜冷凉湿润而不耐炎热，如芹菜、菠菜、莴苣、芫荽、茼蒿等，生长的适宜温度为15～20℃；另一类原产于热带，喜温暖而怕霜冻，但较耐高温，如落葵、蕹菜等，生长的适宜温度为20～25℃。

设施菠菜栽培

一、概述

菠菜（*Spinacia oleracea* L.），又名菠萎、赤根菜、波斯草、角菜。原产于波斯，有2000年以上的栽培历史，7世纪传入中国，16世纪传入欧洲各地。目前菠菜已成为世界各国普遍栽培的绿叶蔬菜，也是中国南北各地的一种主要蔬菜。

绿叶菠菜的营养价值丰富。在大众蔬菜中，菠菜的蛋白质、钙、铁、胡萝卜素、维生素B_2和烟酸含量是比较高的。菠菜富含钙、钾、铁、铜、碘等矿物质。菠菜中还含有钼，100 g鲜菠菜中含钼0.06 mg。近期发现钼可抑制人体中亚硝酸胺类致癌物质的合成吸收；此外，人体的心肌中含有比较高比例的钼，对维持心血管的正常功能也有重要作用。

二、生物学特性

1. 植物学特性

直根系，根群集中分布于30 cm的耕作层内，其主根发达，形似鼠尾，侧根少，入土较深，栽培中不适合育苗移栽。主根上部粗壮，呈紫红色，味甜可食。营养生长期茎短缩，抽薹形成花茎，直立中空，开花前也可食。抽薹前叶簇生于短缩茎上，呈莲座状，具细长的叶柄，是主要的食用部分，叶片深绿色，戟形或卵圆形。花茎中上部叶腋处着生单性花，雌雄异株，两性比约1∶1，偶有雌雄同株。有时也出现两性花，异花授粉。花黄绿色，雌花簇生于叶腋处，6～20朵，花被杯状，花柱4或5个；雄花呈穗状或圆锥花序，雄花花被和雄蕊都是4个，花药纵裂，黄绿色质轻，风媒花。种子由坚硬的革质花被包裹成果实，胞果，吸水困难，发芽慢。按果实外花被的构造可分为有刺种和无刺种两大类型，种子（果实）千粒重为8～10 g。

菠菜植株的性型表现有：绝对雄株、营养雄株、雌株和雌雄同株。绝对雄株的植株矮小，花薹叶狭而小；花茎上仅生雄花，呈复总状花序；早熟易抽薹，产量低；有刺种的绝对雄株较多。营养雄株的植株较高大，根粗，叶大而多，花薹叶也较大，抽薹晚，花期长，花茎上仅生雄花，产量较高。雌株的植株高大，生长旺盛，丛生叶较发达肥厚，抽薹迟，仅生雌花，属高产株型。雌雄同株的植株上有时生有雌花和雄花，依照雌花和雄花的比例又有几种情况：雄花较多、雌花较多、雌雄花数相等或早期发生雌花后期发生少数雄花；叶较发达，抽薹晚，也属高产株型。

2. 生长发育周期

（1）营养生长阶段　播种后至2或3片真叶展开，幼苗生长较慢，其后成长速度逐步加快。8～10片叶之前生长点不断分化，叶原基形成真叶，以增加叶数为主，叶面积增加较少；此后叶数增加趋缓，叶柄伸长、叶面积扩大，叶重增加形成产量。花序分化时的叶数因品种和播期而异，少者6或7片，多者20余片。

（2）生殖生长阶段　自花序分化到种子成熟为生殖生长阶段，与营养生长有一段时间的重叠。留种田要求有较多的雌株及适当的雄株搭配。凡是能加强光合作用和促进养分积累的外界环境因素都能促使雌性加强；凡是促进异化消耗养分的则有加强雄性的倾向；长日照促进花芽分化。生殖生长期的长短关系到采收期的长短和产量的高低。

三、生长发育对环境的要求

（一）变种及品种

1. 变种

按照植物分类学方法，菠菜是藜科菠菜属下面的一个种，种下面又根据不同的植物学特征分为有刺和无刺两个变种。

（1）有刺变种　果实菱形，一般有2～3个棱刺，果皮较厚。在我国栽培历史悠久，分布很广，因质地柔嫩、涩味少，适合我国人民的口味，又称“中国菠菜”。叶片薄而狭小，叶面平滑；叶柄细长，呈戟形或箭形，先端一般锐尖或钝尖，又称“尖叶菠菜”。但也有叶片先端较圆的有刺菠菜品种，如‘广州迟乌叶菠菜’‘成都圆叶菠菜’等。

有刺变种的耐寒力一般较强，耐热力较弱，对日照长短的敏感性较强，在长日照下易抽薹。适宜作秋季栽培或越冬栽培。春播易抽薹，生长期短，产量低。夏季栽培时，因为不耐热，所以生长不良。

（2）无刺变种　果实近圆形，无棱刺。叶片肥大，多皱褶，呈卵圆形、椭圆形或不规则形；叶片先端钝圆或稍尖；叶柄短，又称“圆叶菠菜”。耐寒力不如有刺菠菜，耐热力较强。对日照长短的敏感性不如有刺菠菜强，春季抽薹较晚。多用作春、秋两季栽培，也可在春季栽培。由于耐寒力不强，故在东北北部、山西北部等冬季严寒地区作越冬栽培时，往往不易安全越冬。

变种的耐寒力不是绝对的，由于不同地区长期选育的结果，因此在无刺菠菜中也有耐寒力较强的品种；而在南方长期栽培的有刺菠菜，拿到东北作越冬栽培时，常因受冻而大量死苗。

2. 品种

（1）双城尖叶 ‘双城尖叶’是黑龙江双城县和吉林省吉林市郊区的农家品种，属有刺变种。植株生长初期，叶片平铺地面，以后转为半直立；生长势强，叶片浓绿，叶片大，基部有深度缺刻；叶片中脉和叶柄基部呈淡紫红色。品质好，产量高。抗霜霉病、病毒病及潜叶蝇的能力较强，东北、华北地区栽培较多，为越冬栽培的优良品种。

（2）大叶乌菠菜 ‘大叶乌菠菜’是广州市郊区的农家品种，属有刺变种。叶簇半直立；叶片长戟形，先端渐尖；叶肉较厚，深绿色；叶柄较肥大。耐热力较强，早熟，品质优良，但易感染霜霉病。

（3）上海尖圆叶菠菜 ‘上海尖圆叶菠菜’是上海市郊的农家品种，属有刺品种。叶簇半直立；叶片卵圆形，先端钝尖，基部戟形；叶片平滑，叶色深绿，叶柄细长。品质好，耐寒力较强，耐热性弱，抗霜霉病较强。适宜晚秋栽培。

（4）全能菠菜 全能菠菜株型直立，叶片戟形，先端钝圆，浓绿色，大而肥厚，叶片较平滑。秋、冬播种作越冬栽培时，叶片长30～35 cm，宽10～15 cm。单株重100 g左右，最大的单株重可达500 g以上。涩味轻，品质优；抗逆性强，较耐霜霉病、炭疽病、病毒病；耐寒力及耐碱能力也较强。适宜作露地越冬栽培、大棚前茬早熟栽培或大棚延后栽培。

（5）法国菠菜 ‘法国菠菜’是从国外引进的古老菠菜品种，属无刺变种。又称洋菠菜、大叶菠菜、牛耳朵菠菜。株型开展，株高30～40 cm，开展度35～48 cm；叶片肥大，深绿色，叶面稍皱褶，基部两侧各有明显的缺刻；叶片长26～38 cm，宽14～16 cm。生长势强，抽薹较晚，供应期长，产量高，越冬栽培多次收获时，亩产可达3000～4000 kg。抗病力较强。曾在西北、东北等地广为栽培。

（6）春不老菠菜 ‘春不老菠菜’是用西安市当地的菠菜与法国菠菜杂交选育而成的，属无刺变种。生长势强。株高30～40 cm，开展度35～50 cm。叶片长圆形，浓绿色，宽大肥厚，叶面积皱褶多。较耐寒，抗病，抽薹晚，产量高，品质优。单株重一般为250～500 g，大者可达1 kg。

（二）对环境条件的要求

1. 温度

菠菜耐寒性很强，成株能在−10℃的露地安全越冬。种子在4℃时即可萌动，15～20℃时发芽率高，发芽势最强，高温不利于发芽。1或2片真叶和临近抽薹时的植株抗寒力较差。营养生长期适宜的生长温度为15～20℃。据陆帼一（1963，1965）报道，日均温在23℃以下时，生长点分化叶原基的速度随温度的下降而减慢；在20～25℃时叶片增重最快。气温超过25℃则生长不良，尤其在干旱条件下，叶片小且薄、纤维多、品质差。夏季菠菜营养生长缓慢的原因是高温限制了叶面积的扩大。

2. 光照

菠菜为典型的长日照植物。夏播未经受低温同样可以花芽分化，说明低温并非菠菜花芽分化必不可少的条件，而长日照和高温有利于花芽分化和抽薹。花芽分化后，花器的发育、抽薹及开花也会随温度升高和日照加长而加速。

3. 水分

菠菜在生长过程中需水较多，土壤含水量为75%左右，空气相对湿度为80%～90%时生长旺盛。干燥环境下叶片生长减缓，叶组织老化，品质差。尤其在高温、长日照、水分不足的环境下，营养器官发育不良，而生殖器官发育占优势，会加速抽薹开花。

4. 土壤

菠菜有较深的主根，较发达。主根略粗稍膨大，上部呈红色，贮藏养分，味甜可食。主要根群分布在25～30 cm的土层内。侧根不发达，不适于移栽。菠菜对土壤的适应性很广，但生产无公害菠菜产品对生态与土壤条件有很严格的要求。要求种植地3年内未种过棉花，连续栽培常规（非无公害）设施蔬菜不超过3年，以种植在保水、保肥、潮湿、肥沃、pH 6.0～7.5的中性或微碱性壤土中为宜，酸性土壤会使菠菜中毒，故不宜栽培。pH低于5.5则发芽后生长缓慢，严重时叶色发黄、无光泽、硬化、不舒展。

5. 需肥特性

菠菜生长期短，生长速度快，产量高，需肥量大，要求有较多的氮肥促进叶丛生长。为保证菠菜的正常生长，需要施用氮、磷、钾三要素俱全的肥料。在此基础上，要特别重视氮肥的施用。氮肥充足时叶部生长旺盛，不仅可以提高产量、增进品质，而且可以延长供应期。缺氮时植株矮小、叶色发黄、叶片小而薄、纤维多，而且容易早抽薹。缺硼时心叶会卷曲、失绿，而且植株矮小甚至停止生长，可施硼砂或叶面喷洒硼酸防治。

四、栽培技术

1. 茬口安排

菠菜的适应性很强，在保护地生产，可以一年四季栽培；露地分为春季栽培、夏季栽培、秋季栽培、夏季播种、越冬栽培。保护地栽培可以通过设施栽培满足市场的周年供应。

2. 品种选择

1）选择优质、大叶、商品性好、抗病的品种。

2）春季和越冬栽培应选择耐寒性强、冬性强的品种，以及在 −10℃可以安全越冬的耐寒品种。

3）夏季和秋季栽培应选用大叶、市场畅销、耐热的品种。

4）在选定品种后，购买种子要严防假冒伪劣。

3. 种子处理

菠菜的种子是包在果实里面的，而且菠菜果实的果皮较厚，水和空气不易进入，干籽播种出苗慢，出苗不齐，所以播种前需要对菠菜种子进行一定的处理。

1）种子水浸 10～12 h，在 15～20℃温度下催芽，3～4 d 即可发芽。

2）或者应用“破籽催芽”法（采用木桩敲破果皮后浸种）催芽。

3）种子浸泡后，放在 4℃左右低温的冰箱中处理 24 h，然后在 20～25℃的条件下催芽，经 3～5 d 出芽后播种。

4）种子药剂消毒。将种子在 1% 高锰酸钾或 10% 磷酸三钠溶液中浸泡 15～20 min，用清水洗净后再进行催芽处理。

4. 露地栽培

露地栽培畦，北方栽培菠菜一般采用平畦，撒播或条播；南方为排水、防涝及便于灌溉，同时也为了降低温度，多采用深沟高畦，撒播。播种方式可撒播或条播。开沟条播，沟深 3～4 cm，行距为 10～15 cm。露地生产，每 667 m^2 地沟施有机肥 5000 kg，打底水后播种（座水栽）。播种后苗出土前，进行一次浅锄松土或浇一次“蒙头水”，以保持土壤湿润；可浇 1～2 次水，如苗弱可追一次提苗肥；3～4 片叶后，再浅锄一次，同时去除过密的弱苗，此时应适当控水，使根系向下伸展。后期进入成长旺盛期，应分期追施尿素 2～3 次，每 667 m^2 每次施 5～10 kg，促进叶簇生长，提高产量，改善品质。

5. 大棚栽培

大棚栽培采用条状，穴播，株距为 8～10 cm，行距为 20 cm 左右。采用塑料大棚栽培时，只要冬季棚内温度维持在 0℃以上，菠菜仍可进行缓慢生长。可以根据栽培季节的不同，通过技术措施，调整生长期的最适生长温度，促进菠菜高产。棚内温度白天为 15～20℃、夜间温度为 5℃时，菠菜生长旺盛。可提早或延迟上市，赶上淡季供应，效益很好。

6. 适时采收

一般播后 40～50 d，菠菜长到 20～30 cm 高时及时收获上市，宁早勿迟。采收时应去掉枯黄叶，用清水洗净，扎成 250～500 g 一把。667 m^2 的产量可达 1500～2000 kg。

五、病虫害防治技术

菠菜同其他叶菜一样，常见的病害有霜霉病、炭疽病、病毒病，常见的虫害有潜叶蝇。防治上述病虫害强调的是综合防治的理念：即从菜田生态系统的总体观念出发，本着安全、有效、经济、简便的原则，有机地协调使用农业、生物、化学和物理的配套措施，达到高产、优质、无公害的生产目的。蔬菜生产一方面采用各种先进的农业生产措施，利用各种先进的科学手段，创造有利于蔬菜生长发育的条件，以提高其抗病性或抗虫性，或者使其避免病虫的危害，另一方面创造不利于病原和害虫生长发育、繁殖、传播的条件，使病原物不能完成其侵染循环或中断其侵染循环，制止病虫的发生和蔓延。

1. 霜霉病

菠菜霜霉病属真菌性病害，湿度大，栽培过密，涝洼地或窝风田发病重。根据其发病原因，在防治上首先选择土壤疏松、排水良好的高燥地块，然后选择颗粒饱满、不带病的优良种子。在撒种前用药剂对种子消毒；播种时掌握好播种量，适度稀播，及时拔除枯黄的萎缩株，保证田间的通透性；保证植株生长的水肥需要，促使植株健壮生长；增强植株的防病、抗病能力，减少病害的发生。植株一旦发生霜霉病，根据病情的轻重，选择低毒、低残留的农药，发病初期或前期用 5% 百菌清粉尘剂喷粉（每 667 m^2 用 1000 g），或者用 10% 百菌清烟剂熏蒸（每 667 m^2 用 400 g），用 80% 代森锰锌 600 倍液喷雾预防；发现病株后用 75% 百菌清可湿性粉剂 500 倍液、25% 瑞毒霉可湿性粉剂 750 倍液或 69% 安克锰锌可湿性粉剂 500～600 倍液喷雾。要交替轮换使用，每隔 7～10 d 喷 1 次，共喷 2～3 次。

2. 病毒病

菠菜病毒病主要是由蚜虫危害传毒发病，根据这一传病途径，选择适宜栽培季节的品种。例如，春夏播宜选择耐热品种。适期晚播；越冬菠菜风障不可过早，以免蚜虫聚集；夏、秋季栽培采用防虫网；苗期高温干旱时应勤浇水、轻浇水，注意雨后及时排水，清除田边杂草，保持田间清洁。这些都是防治蚜虫的有效手段，控制了蚜虫，也就控制了病毒病。为了更有效地控制蚜虫，可在苗期使用乐果、速灭杀丁等杀虫剂。

3. 潜叶蝇

潜叶蝇是菠菜生产中常见的虫害，对产品质量的影响较大。因菠菜潜叶蝇幼虫能在粪肥上生长，所以施用的粪肥要充分腐熟。一般秋天施入地里的腐熟有机肥，经冬天冻一冬，在春播地里可减轻其危害。在幼虫开始潜蛀时，要及时用药，可用2.5%溴氰菊酯3000倍液或40%乐果乳油1000倍液喷雾。

设施生菜栽培

一、概述

生菜是叶用莴苣的俗称，属菊科莴苣属，为一年生或二年生草本作物，又称千金菜。生菜原产于欧洲地中海沿岸，由野生种驯化而来。古希腊人、罗马人最早食用。生菜传入我国的历史较悠久，东南沿海，特别是大城市近郊、两广地区的栽培较多，台湾种植尤为普遍。

世界各地普遍栽培生菜，其肥嫩多汁、甜中带苦、清香爽口，为广大市民所喜爱。其耐寒性强，生长期间对光照的要求不严，很适合日光温室生产，栽培面积正不断地增加。生菜内有乳状液，含甘露醇、蛋白质、莴苣素及一些矿物质，莴苣素有苦味，有催眠镇痛之用，可提炼制药。而且生菜还是肯德基、麦当劳等快餐及西餐上的佳品，要求周年均衡供应。

二、生物学特性

1. 植物学特性

生菜按叶片的色泽区分有绿生菜、紫生菜两种。生菜根系浅，须根发达，主要根群分布在地表20 cm的土层内；茎短缩；叶互生，有披针形、椭圆形、卵圆形等，叶色绿、黄绿或紫，叶面平展或皱缩，叶缘波状或浅裂，外叶开展，心叶松散或抱合成叶球；种子灰白或黑褐色，千粒重为1 g左右。

2. 生长习性

生菜喜冷凉环境，生长的适宜温度为15～20℃，生育期为90～100 d。种子较耐低温，在4℃时即可发芽。发芽适温为18～22℃，高于30℃时几乎不发芽。

植株生长期间，喜欢冷凉气候，以15～20℃生长最适宜，产量高，品质优；持续高于25℃，则生长较差，叶质粗老，略有苦味。但耐寒也颇强，0℃甚至短期的零下低温对生长也无大妨碍。

生菜根系发达，叶面有蜡质，耐旱力颇强，但在肥沃湿润的土壤上栽培产量高、品质好。土壤pH以5.8～6.6为宜。

三、品种类型

生菜依叶的生长形态不同可分为结球生菜、皱叶生菜和直立生菜。

1. 结球生菜

结球生菜又称包心生菜，它的顶生叶形成叶球。叶片椭圆或倒卵形，叶全缘、锯齿状或浅裂，叶面平滑或皱缩，外叶展开，绿色；心叶向内抱合成叶球，呈圆球形或扁圆球形，绿白色。主要品种有‘万利’‘皇帝’‘萨林纳斯’‘北山三号’‘玛米克’‘碧绿’等。

2. 皱叶生菜

皱叶生菜的主要特征是不结球。基生叶，叶片长卵圆形，叶柄较长，叶缘波状有缺刻或深裂，叶面皱缩，簇生的叶丛有如大花朵一般。主要品种有‘红帆紫叶生菜’‘红花叶生菜’‘绿波’‘东山生菜’等。

3. 直立生菜

直立生菜又称长叶生菜，叶片狭长，直立或半直立生长，叶全缘或有锯齿，不结球或在冷凉季节能结成松散的圆筒形或圆锥形叶球，如‘广东牛利生菜’，以及从国外引进的‘罗马直立生菜’等。这个变种的品种较少，分布地区不广，在国内很少种植。

四、栽培技术

1. 茬口安排

（1）秋冬茬　8月上旬至9月上旬直播或育苗，苗龄为25～35 d，9月下旬至10月上旬定植在未扣膜的温室内，元旦前开始上市。

（2）冬茬　9月上旬至10月上旬播种育苗，苗龄为30～35 d，10月下旬至11月上旬定植，翌年1月上旬至2月上旬收获。

（3）冬春茬　12月下旬至翌年2月上旬播种，苗龄为30～40 d，收获期从2月下旬至4月初。

2. 冬茬、冬春茬栽培技术

（1）播种前准备　营养土的配制和苗床整理：用育苗盘育苗需配制营养土，生产中洁净菜田表土、细炉灰、草炭、腐熟细粪按3∶2∶2∶3的比例配制，要求pH 6.0～7.0。若每100 kg营养土加0.5 kg过磷酸钙和0.3 kg磷酸氢二铵，则更有利于育成壮苗。

用育苗畦育苗，每 10 m^2 营养土施腐熟细有机肥 30～50 kg，同时加少量过磷酸钙和硫酸铵。精细整地，耕翻深度在 25 cm 左右，使土壤和其肥料充分混匀，做成宽 1～1.5 m 的平畦，以利于操作。播种前 2～3 d 浇足底水，要使畦内保持 3～5 cm 的明水。冬季寒冷季节育苗采用育苗盘，有利于增加温度，缩短出苗时间，提高出苗率。

（2）种子处理　秋冬茬播期前用 75% 百菌清按种子重量的 0.3% 进行拌种，随即播种。冬季气温低，可以用 20℃温水浸种 3～4 h，搓洗沥去多余水分后装入纱袋中，置于 20℃左右的环境中，3～4 d 即可出芽。注意要每天淘洗并见光催芽，当 70% 左右的种子露白时应及时播种。若芽太长，易受损伤。

（3）播种　播前在浇透水的育苗畦或盘内撒薄薄的一层细干土，厚约 0.1 cm，防止种子滚浆，利于发根。生菜种子小且轻，播种时混细干沙，便于撒播，还有利于观察种子撒的是否均匀。先播 3/4，再用 1/4 补播，使种子撒播均匀。播完种后，上覆 0.3～0.5 cm 厚的细干土或营养土，搭设小棚保湿增温，育苗盘也可以放在电热线上，温度维持在 18～20℃，5～6 d 幼苗即可出齐。

（4）苗期管理　幼苗拱土后，及时撤掉小棚，要求白天温度为 18～20℃，夜间为 8～10℃，白天超过 22℃时立即通风，低于 20℃关风。当植株长至 2 叶 1 心时，育苗畦育苗应及时进行间苗，保证单株营养面积为 5 cm×5 cm，间苗后应适当浇水稳苗，一般用喷壶水或附加 0.5% 的尿素，可起到轻度追肥的作用。

间苗后适当控水，"团棵"时准备定植。育苗盘育苗，2 叶 1 心时及时分苗，移植前 2～3 d 浇透水，使幼苗含水充足。分苗畦浇大水后，按 5 cm×5 cm 见方，扎孔栽苗，此后喷水稳根，促进根系发育。生产中也可以将其栽植在塑料育苗钵中，只是成本有所提高。分苗后应加强保温，促使缓苗。

（5）整地做畦和定植　冬茬或冬春茬栽培，前茬多为秋延后或秋冬耐寒速生菜，定植前更应仔细整地，施足有机肥料，每 667 m^2 施充分腐熟的有机肥 3000～4000 kg、过磷酸钙 30～40 kg、硫酸铵 20～25 kg、氯化钾 7～10 kg（或草木炭 100 kg）。北方温室多做成平畦，畦宽 1 m，畦长依温室跨度而定，多为 6～7 m。

地整好后，铺地膜，早熟品种按 25～30 cm 见方、中熟品种按 35 cm 见方的株行距打孔定植，定植后将定植穴压土盖严，以利于提高地温和减少杂草发生。浇定植水时以点浇为好，严禁大水漫灌。苗定植后应适当提高温室的温度，白天保持在 18～20℃，夜间在 12～15℃，少放风以利缓苗。

（6）定植后的管理　结球生菜定植时第 1 叶环已形成，至植株开始包心（莲座期），此间要求白天保持在 18～22℃，夜间在 10～12℃。结球期白天保持在 18～22℃，夜间在 10～12℃，保持较大的昼夜温差是生产高质量叶球的必要条件。

生菜对氮肥的要求高于磷、钾肥，生产中要求均衡施肥。在缓苗后 7～10 d，结合浇水每 667 m^2 施尿素 3～5 kg 或硝酸铵 5～10 kg。早熟品种定植后 15 d 左右、晚熟品种定植后 30 d 左右进入结球初期，结合浇水每 667 m^2 施碳酸铵 15～20 kg 或尿素 10～15 kg、硫酸钾 10～15 kg。

定植缓苗后适当控水，以促进根系发育。不铺地膜定植的，应及时中耕，深度为 2～3 cm；缓苗后 7～10 d 再浇水、中耕，植株进入莲座期后不要中耕。铺地膜定植的要适当控水，促进根系发育，防止植株徒长。当结球开始时，适当增加水肥，以满足结球的需要。生菜要求田间土壤持水量在 60% 左右，空气相对湿度为 70%～80%。

3. 秋冬茬栽培技术

（1）浸种催芽　秋季播种时外界温度尚高，除选用'凯撒''皇帝'等适宜的品种外，还要进行催芽。具体方法是：用 20℃温水浸种 3～4 h，搓洗沥去多余水分后，置于 20℃温度下催芽。农民有时在水井或窑洞等自然低温处催芽。

（2）遮阴　生菜秋冬茬无论直播或育苗，都要进行遮阴，有条件的可利用遮阳网进行遮阴。也可利用冬瓜、丝瓜架下的遮阴环境育苗。

（3）防病虫　秋冬茬定植在尚未扣膜的温室，应修好排水沟，防止由雨淹引起的沤根。秋季高温多雨，病虫害严重，生长前期可用 70% 甲基托布津可湿性粉剂或 75% 百菌清可湿性粉剂 600 倍稀释液喷雾，以预防霜霉病等真菌病害；用 10% 蚍虫林 1000 倍稀释液喷雾，以防治蚜虫等害虫。

（4）保温通风　生菜属耐寒性蔬菜，但外界最低气温降到 10℃以下、初霜来临之前日光温室也应覆膜、盖苫，在覆膜后要加强通风，使之逐步适应环境。生菜进入冬季后，参考冬春茬栽培技术灵活应用，以达到优质高产的目的。

（5）采收　结球生菜采收的标准：叶球松紧适中，用手自顶部轻压时，叶球稍有承受能力。收获时从地面割下，剥除外叶，长途运输时保留 3～4 片外叶以保护叶球。

（6）包装 包装袋是用厚0.03～0.05 mm的聚乙烯膜制成的，每个包装袋上要事先打好6～8个直径为0.3 cm的小孔。采收后每袋装1球，装袋后再行装箱，每箱装24个，重约10 kg。如果长途运输，在装箱后要进入冷库预冷。

五、常见生育障碍及防治

1. 不结球

原因：①定植后，莲座叶生长期水肥过多，特别是氮肥过多，致使外叶徒长，而致不能正常结球；②叶球充实期缺少水肥，影响叶球结球；③结球期温度过高，光照不足，同化产物不能正常积累会造成不结球；④早春温度条件太低，抑制了莲座叶肥大和叶数的分化，致使心叶直立，不能进入结球期，也会造成不结球。

措施：选择结球性好的品种；莲座叶生长期控制好氮肥的施用量；加强田间管理。

2. 笋形球

原因：进入结球始期，气温突然升高，产生的叶片过旺生长，出现后生叶片明显地比前生叶片大的混乱生长现象，形成笋形叶球。另外，采收不及时，缩短茎伸长，也会形成笋形球。

措施：适期播种，避开高温期；适时采收。

3. 球叶中肋突起

原因：在结球中期，由于高温影响，莲座叶生长不充分，或者其他原因造成莲座叶生长受阻，致使球中叶片中肋突起，影响食用品质。

措施：适时播种；加强田间管理。

4. 顶烧病

原因：发病初期叶球内部、叶边缘枯焦变褐色，在潮湿、温度高时易腐烂。通常外叶尚好，切开叶球后方见病害。一般叶球接近成熟时发病。发病叶球严重降低食用价值。土壤高温、缺水是发病的主要原因。

措施：应以预防为主，选择抗病或耐病品种；加强水肥管理，水分供应要均匀，氮、磷、钾肥应配合施用；防止地温过高等。

5. 叶球开裂

原因：结球生菜生长后期叶球开裂、易腐烂且影响食用。其发生原因与品种有关，含水量大、产量高的易开球。开球主要与水肥供应不均匀、忽旱忽涝有关。

措施：采用不易开球的品种；水肥管理应适当；适期早收获；一旦开球，赶快采收上市，避免腐烂。

六、设施生菜的主要病虫害及防治

（一）主要病害及防治

1. 菌核病

菌核病主要危害茎基部、地上茎、叶柄等部位。发病部位多呈褐色水浸状腐烂，湿度大时病部表面密生棉絮状白色菌丝体及菌核。菌核初为白色，后逐渐变成黑色鼠粪状。发病植株的叶片凋萎，终致全株枯死。

防治方法：发病初期用50%多菌灵可湿性粉剂800倍液或50%扑海因可湿性粉剂1500倍液喷雾。隔7 d喷1次，喷2～3次。

2. 软腐病

软腐病在生菜生长中后期或结球期开始时发生，多从植株基部伤口处开始侵染。病初呈浸润半透明状，以后病部扩大成不规则形，成水渍状，充满浅灰褐色黏稠物，并释放出恶臭气味。随病情发展，病害沿基部向上快速扩展，使菜球腐烂。有时病菌也从外叶叶缘和叶球的顶部开始腐烂。

防治方法：发病初期用72%农用链霉素可湿性粉剂4000倍液，或者加47%加瑞农可湿性粉剂800倍液或77%氢氧化铜可湿性粉剂400～600倍液喷雾。隔7 d喷1次，共喷2～3次。注意：将药液喷到植株茎基部。

3. 灰霉病

生菜灰霉病在苗期染病，受害茎、叶呈水浸状腐烂；成株染病，始于近地表的叶片，初呈水浸状，后迅速扩大，茎基腐烂，疮面上生灰褐色霉层。天气干燥，病株逐渐干枯死亡，霉层由白变绿。湿度大时从基部向上溃烂，叶柄呈深褐色。在土壤中越冬借气流传播，寄生衰弱或受低温侵袭，相对湿度高于94%及适温时易发病。发病适温为20～25℃。

防治方法：用10%速克灵烟剂熏蒸，每667 m^2每次用400 g；或者用6.5%乙霉威粉尘剂，每667 m^2每次喷1000 g；发病初期用65%抗霉威可湿性粉剂800～1500倍液或用50%腐霉利可湿性粉剂1500倍液喷雾防治。每隔6～7 d喷1次，共喷2～3次。

4. 霜霉病

在生菜生长幼苗期、成株期均可发病，以成株期受害最为严重，一般主要危害叶片。病叶由植株下部向上蔓延，最初叶上生淡黄色近圆形多角形病斑；潮湿时，叶背病斑长出白霉即病菌的孢囊梗及孢子囊，有时蔓延到叶片正面；后期病斑枯死变为黄褐色并连接成片，致全叶干枯。

防治方法同菠菜霜霉病。

（二）主要虫害及防治

1．蚜虫

物理防治方法主要包括黄板诱杀和设防虫网。如发生蚜虫危害，可采用化学方法防治。例如，使用20%灭蚜烟剂熏蒸，每667 m^2每次用量为250 g；也可用2.5%敌杀死乳油2000～3000倍液、10%吡虫啉可湿性粉剂2000～3000倍液或50%抗蚜威可湿性粉剂2000～3000倍液喷雾防治。每隔7 d喷1次，连喷2～3次。

2．白粉虱

物理防治方法与防止蚜虫相同，主要包括黄板诱杀和设防虫网。白粉虱防治可用20%灭虫螨乳油2000倍液、10%扑虱灵乳油1000倍液或2.5%敌杀死乳油2000～3000倍液喷雾防治。每隔7 d喷1次，连喷3～4次。

3．潜叶蝇

防治方法同菠菜潜叶蝇。

设施茼蒿栽培

一、概述

茼蒿（*Chrysanthemum coronarium* L.）别名蓬蒿、春菊、蒿子秆，属于菊科茼蒿属一二年生草本植物，是以嫩茎叶供食的蔬菜品种。茼蒿的根、茎、叶、花都可作药材使用，有清血、养心、降压、润肺、清痰的功效。茼蒿具特殊香味，幼苗或嫩茎叶可供生炒、凉拌、做汤来食用。欧洲将茼蒿作花坛花卉。

由于茼蒿里含有多种氨基酸，因此茼蒿有润肺补肝、稳定情绪、防止记忆力减退等作用。而且茼蒿里含有粗纤维，有助于肠道蠕动，能促进排便，从而可以达到通便利肠的目的。茼蒿里含有丰富的维生素、胡萝卜素等，可以消痰止咳。茼蒿里含有蛋白质及较高量的钠、钾等矿物盐，能够调节体内的水液代谢，消除水肿。茼蒿还含有一种挥发性的精油及胆碱等物质，具有降血压、补脑的作用。

二、生物学特性

1．植物学特性

茼蒿属浅根性蔬菜，根系分布在土壤表层。茎圆形，绿色，有蒿味。叶长形，边缘波状或深裂，叶肉厚。头状花序，花黄色。瘦果，褐色。栽培上所用的种子，在植物学上称瘦果，有棱角，平均千粒重1.85 g。茼蒿性喜冷凉，不耐高温，生长适温为20℃左右，12℃以下生长缓慢，29℃以上生长不良。茼蒿对光照要求不严，一般以较弱光照为好。属长日照蔬菜，在长日照条件下，营养生长不能充分发展，很快进入生殖生长而开花结籽，因此在栽培上宜安排在日照较短的春秋季节。水肥条件要求不严，但以不积水为佳。生长期较短，一般播种后40～50 d即可收获。这种蔬菜适应性强，耐寒性强，田间管理简单，是温室深冬季节生产叶菜类蔬菜的理想品种。

2．生长发育对环境的要求

（1）温度　茼蒿的适应性广，生性喜欢冷凉环境，不耐高温。生长最适宜的温度为17～20℃，12℃以下生长缓慢，29℃以上生长不良，但能耐受短期0℃低温。种子在10℃以上即可萌发，但在15～20℃发芽最快。

（2）光照　茼蒿对光照要求不严格，一般在较弱光照条件下生长良好，在较高的温度和短日照条件下抽薹开花。长日照条件下，营养生长不充分。

（3）水分　茼蒿对水肥要求不严格，只要经常保持土壤湿润即可，但水分不能过多，否则影响生长发育而减产。

（4）土壤　茼蒿对土壤的适应范围广，要求不严格，但以疏松肥沃的微酸性沙壤土最好，pH以5.5～6.8最适宜。

三、品种类型

茼蒿的品种依叶片大小，分为小叶茼蒿和大叶茼蒿两类。

1．小叶茼蒿

小叶茼蒿比较耐寒，香味浓郁，嫩枝细，生长快，成熟早，生长期为40～50 d。缺点是产量低。

2．大叶茼蒿

大叶茼蒿又称板叶茼蒿，叶片宽大，产量较高，嫩枝短而粗，纤维少，品质好。缺点是生长慢，成熟期较晚。

四、栽培技术

（一）茬口安排

茼蒿依栽培季节不同分春播及秋播。春季可与甘蓝、花菜、马铃薯、冬瓜、茄子、辣椒、番茄等作物间套作。一般先播茼蒿，后栽培番茄等蔬菜。茼蒿在1月下旬至2月下旬播种，每667 m^2用种2.5～4 kg，播种越早，采收的次数越多，其用种量也越大。

茼蒿的植株小，生长期较短，多进行直播。在北方地区一般春、秋露地栽培，南方冬季需进行温室栽培。一般简易温室或节能型的日光温室均能生长良好，栽培容易。

（二）品种选择

大棚栽培主要选用小叶品种。小叶品种较耐寒，生长期为40～50 d。现在一般选择栽培大叶茼蒿，因为大叶茼蒿不但好看，而且市场价格较高。

（三）栽培管理

1. 选地整地

地块以选择土层深厚、疏松湿润、有机质丰富、排灌方便、保水保肥力良好的中性或微酸性土壤为宜。播种前先撒施复合肥，667 m^2 的用量为50～60 kg，也可以667 m^2 施入腐熟的有机肥2000 kg、尿素15 kg、磷酸二铵25 kg、硫酸钾5～10 kg，要将肥料与土壤充分混合均匀。

2. 做畦

一般要求畦宽1.5～1.8 m，长度可以根据大棚的实际情况灵活掌握。用耙将土整细、耙平，然后即可播种。

3. 浸种催芽

播种前3～4 d，进行催芽。茼蒿种子在植物学上称为瘦果，有棱角。将种子放入30℃的温水中浸泡24 h，再淘洗晾干，置于25℃条件下催芽，每天要淘洗一次，种子萌芽后即可播种。

4. 播种

由于茼蒿的植株小，生长期短，故可以与其他蔬菜间套作。生产上采用直播、撒播、条播均可。撒播一般667 m^2 的用种量为3～4 kg。条播667 m^2 的用种量为1.5～2 kg，比较节约用种量。条播时行距控制在10 cm左右即可。如间苗移栽，种子可撒密些，不移栽要稀播，以免浪费时间和种子。播完后覆盖一层1 cm厚的土，用平耙耙平，然后浇水。冬天隔10 d浇水一次，夏天隔7 d浇水1次。

5. 间苗

茼蒿在播后一周左右即可出苗，在幼苗长到2、3片真叶时，应该进行间苗。间苗不能使用镰刀，应直接用手间苗，将密度大的幼苗拔起，留下的株行距为4～6 cm，不能太稀，太稀影响产量。

6. 移栽

实践证明，移栽是栽培茼蒿的好方法。移栽苗比直播苗长得快、植株大，大概在一个月左右就能采收。移栽时要用镰刀起苗，先放入准备好的盆里，然后移栽到整好的地里，株行距为4～6 cm，最后浇一次透水。移栽后20 d施1次氮肥。

7. 水分管理

冬春由于气温较低，出苗后应适当控制浇水，以防猝倒病和霜霉病发生。要根据苗情浇水，一般7～8 d浇水1次。

8. 追肥

一般当苗长到10～12 cm时追肥1次。以后每采收1次就追1次肥。追肥一般采用随水追肥，把肥均匀地撒在进水口，和水一起直接灌溉，肥不可直接撒，以免烧伤茼蒿的叶子。生长期间，随水追1～2次速效氮肥，667 m^2 用尿素15～20 kg。

9. 适时采收

株高达20 cm左右、具有12～13片真叶时开始收割，不宜太晚，以免影响品质。收获时可用利刀在茎基部留2～3片叶割下，摘去黄叶，将茼蒿扎成小把出售。尽量不要连根拔起，连根拔起带泥影响外观，降低商品价格。刀采根留在地里还可做有机肥。一般20～25 d可以收获一次，每茬可收割2～3次。

五、设施茼蒿的主要病虫害及防治

（一）主要病害及防治

1. 叶枯病

叶枯病是茼蒿的重要病害，病菌借助气流传播入侵致病，主要侵染叶片；发病初期病斑呈圆形至不规则形，中央淡灰色，边缘褐色，湿度大时正背面具黑色霉状物；后期病斑相互愈合成片，致叶片枯死。

防治方法：发病初期应根据植物保护要求及时喷施20%施宝灵悬浮剂1000倍液、40%三唑酮硫黄悬浮剂800倍液等针对性药剂进行防治，7～10 d喷施1次，连续喷施2～3次，并配合喷施新高脂膜800倍液以增强药效。也可用50%扑海因可湿性粉剂1500倍液或50%多菌灵可湿性粉剂1500倍液喷雾，交替使用。

2. 霜霉病

该病主要危害叶片，病害发生初期，先在植株下部老叶上产生淡黄色近圆形或多角形病斑，然后逐渐向中上部蔓延，后期病斑变为黄褐色。病重时多数病斑连成一片，叶片发黄枯死。空气湿度大时，病斑背面产生白色霉层，即病原的孢子梗及孢子囊。

防治方法同菠菜霜霉病。

3. 褐斑病

此病在茼蒿整个生育期均能发生，以生长中后期发病重。主要危害叶片，病斑呈圆形至椭圆形，有时不规则，病斑中央灰白色，边缘黄褐色至褐色，有的病斑颜色由外向内深浅交替，略显宽轮纹状。空气湿度高时，病斑正、背面均产生灰黑色霉状物，即病菌孢子梗和分生孢子。后期病斑相互连接成片，致叶片枯死。严重时全株发病，较短时期内病株枯死。

防治方法：采收彻底清除病残落叶，重病地区实行与非菊科蔬菜轮作。发病期保护地种植应注意通风排湿，发病初期进行药剂防治，可选用70%甲基托布津可湿性粉剂600倍液、75%百菌清可湿性粉剂600倍液或50%扑海因悬浮剂1000倍液喷雾。保护地选用5%百菌清粉尘剂、5%加瑞农粉尘剂、6.5%甲霉灵粉尘剂每667 m^2使用1 kg喷粉防治。还可用80%大生可湿性粉剂500倍液或78%科博可湿性粉剂500倍液喷雾。一般7～10 d喷1次，连喷2～3次。

（二）主要虫害及防治

1. 潜叶蝇

防治方法同菠菜潜叶蝇。

2. 白粉虱

防治方法同生菜白粉虱。

3. 蚜虫

防治方法同生菜蚜虫。

设施西洋芹栽培

西洋芹俗称西芹，属伞形科芹属，原产于欧洲地中海沿岸及瑞典等地的湿润地区。西洋芹以肥嫩的叶柄供食用，富含多种维生素和矿物质，还含有挥发性芳香油，具有特殊的香味，可炒食、凉拌和做馅，有增进食欲、调和肠胃、解腻消化的功效，是优良的保健蔬菜。

与中国芹菜相比，西洋芹植株高大，叶柄肥厚而宽扁，多为实心，纤维少，质地脆嫩，味较淡，但不及中国芹菜耐热。单株重1～2 kg，每667 m^2产5000 kg以上。依叶柄颜色分为青柄和黄柄两大类型。青柄类型的叶柄呈绿色，圆形，肉厚，纤维少，抽薹晚，抗逆性和抗病性较强，成熟期晚，不易软化；黄柄类型的叶柄不经过软化自然呈金黄色，叶柄宽，肉薄，纤维较多，空心早，对低温敏感，抽薹早。

一、生长发育及对环境条件的要求

1. 温度

西洋芹性喜冷凉，不耐高温。种子发芽的最适温度为15～20℃，适温下7～10 d出芽，25℃以上发芽率迅速降低。30℃以上几乎不发芽。所以，在6月下旬至8月下旬的高温季节播种时，必须在15～20℃条件下催芽后播种才能出苗。西洋芹生长适宜的温度为15～25℃，最适生长温度白天为20～22℃，夜间为13～18℃，土温为10～20℃。当气温高于23℃时，常容易发生软腐病和叶斑病；高于27℃时，生长受影响，叶柄厚，角质层和纤维素发达，使植株木质化，且常造成薄壁细胞破裂，出现叶柄中空现象，品质下降。

西洋芹属绿体春化作物，幼苗生长到3～4片叶以后，在10～13℃条件下，经过14 d左右，即可通过春化；在4～7℃条件下，则8～9 d即可通过春化。

2. 光照

营养生长期喜中等光强，而不耐强光。在种植较稀、光照强的情况下，叶柄纤维增多，品质下降。因此，生产上常在生长后期采用遮光或培土的方法促使植株软化，以提高品质，故西洋芹适于设施栽培。

西洋芹叶片生长本身对日照长短的要求不严格，无论是长日照还是短日照均可，但通过春化的植株，如果遇到长日照，则容易抽薹。

3. 水分

原产于沼泽地带，性喜湿润，所以在整个生育期中要求有均匀而充足的水分供应。特别是采收前一个月左右，植株生长迅速，需水量更大，这时如果水分不足，则生长将受到抑制、纤维增加、品质下降、产量降低。一般土壤的相对含水量应保持在60%～80%。

4. 土壤及营养

宜选择富含有机质、肥沃、保水保肥性能好的腐殖土，沙性重或过于黏重的土壤不宜栽培西洋芹。

西洋芹是喜肥性蔬菜，故生长期间需肥量大，尤其需要较多的氮肥。氮肥不足，不仅生长发育受阻、植株生长细小，而且叶柄易空心与老化。西洋芹对磷、钾肥的要求也很高，磷对叶柄第一叶节的伸长有明显的促进作用，而第一叶节是主要的使用部位；钾肥充足，可使叶柄延长生长，使叶柄加粗加重、纤维减少、品质变佳。除氮、磷、钾三要素外，还要求有充足的有机肥和钙、镁、硼等微量元素。否则，缺钙易出现黑心病；缺硼或温度过高、过低、土壤干燥等条件下可能发生叶柄“劈裂”现象，初期叶缘呈现褐色斑点，后叶柄维管束有褐色条纹而开裂；钙过多则引起土壤偏碱，钙不足时也影响硼的吸收。

二、栽培季节

西洋芹是半耐寒性蔬菜，全国绝大部分地区均可利用大、中、小棚或日光温室达到周年生产、周年供应。南方地区大棚栽培，以秋冬茬栽培和冬春茬栽培为主。秋冬茬栽培可在5月末、6月初直至9月分批播种，5、6月播种的可在11月至翌年2月采收；冬春茬在9月播种，翌年3～4月植株抽薹前采收。北方地区利用日光温室栽培，秋冬茬可在7月下旬至8月上旬播种，9月下旬至10月上旬定植，翌年1～2月陆续收获上市；另一茬于9月上旬播种，11月上旬定植，翌年3～4月收获。

三、设施栽培技术

1. 品种选择

由于西洋芹有多种类型，故对品种的选择除考虑消费习惯外，应选择叶柄宽、纤维少、株型紧凑的品种；春夏季栽培的还应注意选择冬性强、抽薹迟的品种。目前生产普遍采用的西洋芹品种有‘高优它52-70’‘佛罗里达683’‘嫩脆’‘意大利冬芹’‘意大利夏芹’‘文图拉’等。大棚春早熟栽培的宜选择耐寒性较强、叶柄充实、不易老化、生长速度快、优质、丰产、抗病的品种，如‘高优它’‘加州王’‘嫩脆’和‘文图拉’等。

2. 种子处理与催芽

西洋芹种子细小，种皮坚硬，透水透气性差，发芽比较困难，尤其夏季高温下发芽困难，需将种子进行适当的低温催芽处理。方法是先将种子用冷水浸泡12～24 h，然后放在15～20℃的阴凉条件下催芽，3～4 d约80%种子出芽时播种。也可用1000 mg/L硫脲或5 mg/L赤霉素浸种12 h左右，代替低温浸种催芽。西洋芹的种子发芽需光照，因此每天最好在见光处翻动2～3次，并保持种子潮湿，待种子有50%左右发芽时即可播种。

3. 播种

夏末播种要选择地势高、排灌方便、通风好的地块，以肥沃的沙质壤土为好，并搭设防雨遮阳棚；冬季育苗利用日光温室和大棚，做宽1.0～1.2 m、高10～15 cm苗床，充分耕细土块，整平畦面，然后浇足底水，待水下渗后，用过筛营养土将畦面铺平即可播种。西洋芹的种子小，为方便播种，可在种子中掺些细沙撒播，每平方米苗床播5～6 g种子，大田栽培每667 m^2的需种量为50～60 g。由于西洋芹种子的破土能力弱，播种后覆土宜浅，以盖没种子为度；也可利用可控温电热温床育苗。

4. 苗期管理

夏季育苗时，可在苗床上架设遮阳防雨棚降温。出苗后，晴天白天光照强时盖上遮阳网，傍晚和阴雨天则应揭开遮阳网。

当幼苗具有1～2片真叶时，进行一次间苗，保持苗距为3 cm左右，同时拔除苗床杂草；幼苗长至3～4片真叶、高5～6 cm时，进行一次分苗，分苗床每10 m^2施腐熟堆肥25 kg、氮磷钾三元复合肥2～3 kg。夏季育苗时，分苗宜在阴天或晴天的傍晚进行；冬季育苗则在中午前后进行。分苗应边起苗，边栽植，边浇水。夏季应覆盖遮阳网遮光降温，冬季则再以小拱棚覆盖增温。分苗密度一般为5～6 cm见方。

西洋芹喜湿润，夏季育苗要特别注意水分管理，整个苗期以小水勤浇为原则，保持土壤湿润。播种后到出苗前要用喷壶浇水，苗出齐后灌第一次水，以后每隔3～5 d于早、晚浇水一次，做到畦面见干见湿。当植株长到5～6片真叶时，根系比较发达，可适当控制水分，防止地上部徒长。在幼苗8～9片真叶时即可定植，定植前一周左右，要适当控制浇水，以利定植后活棵。

5. 整地施肥与定植

西洋芹需肥量大，定植前每667 m^2需施优质腐熟有机肥5000 kg左右、磷酸二铵15 kg、硼砂1 kg、硫酸钾8 kg，将肥料与土壤充分拌匀，耕翻，耙平耙细。一般畦面宽80 cm左右，沟宽40 cm、深15～20 cm，每畦种植2行，株距为25～30 cm，每667 m^2栽8000～10 000株。定植前1 d将苗床浇透水，以利起苗时多带土移栽。移栽时将大小苗分开移栽，随起苗随移栽。秧苗定植的深度以不埋没生长点为宜，定植后应立即浇水。如果定植时温度较高，应覆盖遮阳网降温。

6. 定植后的温度管理

西洋芹喜冷凉气候，其生长适温为15～25℃，低于10℃则生长缓慢，超过25℃则生长不良。大棚的温度管理：夏秋季播种的，定植后以遮阴降温为主；到11月中下旬以后应进行扣膜覆盖，以防止植株受冻，必要时可在大棚内搭小棚加盖草帘或者夜间用无纺布进行浮面覆盖；进入3～4月以后，视温度情况可撤除大棚四周的裙膜。北方日光温室10月中旬就要覆盖薄膜，11月中旬就要外覆盖草苫，控制棚室内温度白天在20～25℃，夜间在10～15℃，最低不低于5℃，如要延长收获期可控制温度在10～15℃。

7. 水肥管理

定植后7～10 d每667 m^2应追施一次0.3%尿素水溶液5 kg，以促进秧苗恢复生长。定植7周以后，植株生长加快，需肥量增大，一般每隔1周追肥1次，每次可追施硫酸铵20 kg或尿素15 kg，加硫酸铵3～5 kg。最好将肥料施于距植株基部5～8 cm处。

西洋芹需水量大，充足的水分是高产优质的重要保证。夏秋季栽培的，定植后第一周每天早晚各浇一次水，以促进幼苗恢复生长；一周后应保持土壤湿润。灌溉最好采用沟灌或滴灌，尽量不用喷灌或浇灌，以减少叶斑病的发生。冬春季栽培的，定植初期宜在中午前后浇水，避免在早晚浇水。

8. 中耕除草

西洋芹前期生长缓慢，再加之浇水量较大，易造成土壤板结和杂草危害，应及时进行中耕除草，以改善土壤的通气状况，促进根系发育。但西洋芹根系分布较浅，大多分布在15 cm以内的土层中，所以中耕宜浅，只要达到除草、松土的目的即可，以免中耕过深造成根系损伤，影响根系生长。

对于有些侧芽较多的西洋芹品种，侧芽生长会消耗许多养分，影响产量和品质。所以，定植后50 d左右，可结合中耕除草及时摘除侧芽，必要时还可除去老叶。

9. 病虫害防治

西洋芹主要的病虫害有斑点病、斑枯病、菌核病、软腐病和蚜虫等，应及时防治。

10. 采收

为了获得高产并保证质量，西洋芹必须及时采收。采收时将植株从地面割下，然后进行整理。内销一般只要去除外部的3～4片老叶后即可出售；外销的则一般要剥去4～5片外叶，切除叶片，留下长40 cm左右的叶柄及少量叶片。

设施空心菜栽培

空心菜为旋花科番薯属一年生或多年生草本植物，开白色喇叭状花，因为茎中空，故名“空心菜”。原产于东亚，主要分布于亚洲温热带地区，是中国南方普遍栽培的蔬菜。空心菜以嫩茎、嫩叶供食，性寒味甘，有清热祛热、凉血利尿、解毒增食欲的作用，故市场行情看好；又由于生长耐热、适应性广、采摘方便，所以是设施栽培常用的接茬绿叶蔬菜。

空心菜属蔓生植物，根系分布浅，为须根系，再生能力强。茎蔓生，圆形而中空，柔软，绿色或淡紫色，茎粗1～2 cm。茎有节，每节除腋芽外，还可长出不定根，节间长为3.5～5 cm，最长的可达7 cm。空心菜喜高温多湿环境，适宜湿润的土壤，喜充足的光照。对土壤要求不严，适应性广，旱地水田、沟边地角都可栽植。夏季火热高温仍能生长，但不耐寒，遇霜茎叶枯死，高温无霜地区可终年栽培。

一、生长发育及对环境条件的要求

1. 温度

空心菜性喜高温，能耐35～40℃的高温，种子萌发需15℃以上。种藤腋芽萌发初期需保持在30℃以上，这样出芽才能迅速整齐。蔓叶生长的适温为25～30℃，温度越高，蔓叶生长越旺盛，采摘间隔时间越短；15℃以下蔓叶生长缓慢；10℃以下蔓叶生长停止。不耐霜冻，遇霜茎叶即枯死。种藤窖藏温度宜保持在10～15℃，并有较高的湿度，不然种藤易冻死或枯干。

2. 光照和水分

空心菜喜充足的光照、较高的空气湿度及湿润的土壤。环境过干，则藤蔓纤维增多、粗老不堪食用，大大降低产量及品质。

3. 土壤及营养

空心菜对土壤条件的要求不严格，但因其喜肥、喜水，故仍以比较黏重、保水保肥力强的土壤为好。空心菜的叶梢大量而迅速地生长，需肥量大，耐肥力强，对氮肥的需要量特大。

二、设施栽培技术

空心菜露地栽培从春到夏都可进行，播种时间为：广州12月至翌年2月，长江中下游一带4～10月，北方地区4～7月，沈阳可于4月中旬播种。若根据市场需要，可在温室、大棚、小棚中栽培以实现周年生产，随时供应市场。

1. 整地施肥

施足基肥，每667 m^{2}施腐熟粪肥1000～2500 kg，草木灰50～100 kg，在整地时均匀地撒施在畦面上，与土壤充分混匀，耙细整平。然后起畦，畦宽1.3～1.5 m，高约20 cm。

2. 土壤消毒

播种前以每667 m^{2}用石灰100 kg的标准进行撒播，撒播要均匀。撒播以后深翻土层，翻土的深度在15～20 cm比较合适，之后晾晒1～2 d再进行播种。

3. 品种选择

选用优质、高产、抗病虫、抗逆性强、适应性广、商品性好的品种。种子质量符合GB 8079—1987二级以上要求。冬春反季节栽培时应选择耐寒、不易抽薹的品种，如本地的‘大鸡白’‘大鸡黄’‘白壳’‘大鸡青’和泰国的‘青梗种’、广西的‘柳叶青’等。其中泰国的‘青梗种’叶色青绿，质脆嫩，较耐寒，不易开花，适宜外销。

4. 种子处理

用种子量 0.3% 的 35% 甲霜灵可湿性粉剂拌种。

5. 播种及苗期管理

空心菜种子的种皮厚而硬，若直接播种会因温度低而发芽慢，甚至引起种子腐烂。先把种子用 50～60 ℃温水浸泡 30 min，然后用清水浸种 20～24 h，捞起洗净后放在 25℃左右的温度下催芽，催芽期间要保持湿润，每天用清水冲洗种子 1 次，当种子有 50%～60% 露白时即可播种。播种可采用撒播或条播，每 667 m^2 用种量为 25～30 kg。播前用 60% 丁草胺乳油 500 倍液或金都尔 96% 乳油 1500～2000 倍液喷洒畦面除草。撒播可在播种后用细耙齿浅耙使种子埋入土中或用细土覆盖厚约 1 cm 左右；条播可在畦上划条 2～3 cm 深的浅沟，沟距为 15 cm，将种子均匀地撒施在沟内，再覆盖细土，最后畦面用遮阳网或稻草覆盖，浇水保湿。播后 5～7 d 即可出苗，出苗后揭开覆盖物。

6. 大棚温、湿度管理

注意保温防寒，播种后，应及时密封好拱棚，保证棚内温度高于 15℃。在阳光充足、棚内温度高于 35℃时，应及时通风。阴雨天空气湿度大，棚内空气相对湿度超过 90% 时必须及时揭开塑料拱棚的两端或四周的薄膜进行透气。

7. 水肥管理

空心菜对水肥需求量很大，除施足基肥外，还要追肥。当秧苗长到 5～7 cm 时要浇水、施肥，促进发苗，以后要经常浇水以保持土壤湿润。每次采摘后都要追 1～2 次肥，追肥时应先淡后浓，以氮肥为主，如尿素等。苗期用 10%～15% 的腐熟稀人粪尿淋施，每 667 m^2 的用量为 1000 kg；当幼苗有 3～4 片真叶时，每 667 m^2 用复合肥（氮：磷：钾＝15：15：15）15 kg 作追肥。

8. 病虫害防治

空心菜的病虫害主要有猝倒病、白锈病、褐斑病、菜青虫及蚜虫等，应采取措施及时防治。

9. 采收

适时采收是空心菜高产、优质的关键。生产上，一般在苗高 20～30 cm 时即可采收。在进行第一、二次采收时，茎基部要留足 2～3 个节，以利采收后新芽萌发，促发侧枝，争取高产。采收 3～4 次之后，应对植株进行一次重采，即茎基部只留 1～2 个节，除去植株基部过多过密的枝条，以达到更新和保持合理群体的目的。

设施苋菜栽培

苋菜，又称米苋，是苋科苋属中以柔嫩茎叶为食用部分的一年生草本植物。苋菜原产于中国、印度及东南亚等地，中国自古就作为野菜食用。作为蔬菜栽培以中国与印度居多，中国的南方又比北方多，在中国的南方各地均有一些品质优、营养高的苋菜品种。因苋菜的抗性强，易生长，耐旱，耐湿，耐高温，加之病虫害很少发生，现在全国各地广泛栽培。

苋菜以茎叶作为主要的食用部分，含有丰富的铁、钙等，苋菜能补气、清热、明目、滑胎、利大小肠，且对牙齿和骨骼的生长可起到促进作用，并能维持正常的心肌活动，防止肌肉痉挛；还具有促进凝血、增加血红蛋白含量并提高携氧能力、促进造血等功能。苋菜富含膳食纤维，常食可减肥轻身、促进排毒、防止便秘，常吃苋菜还可增强体质，是蔬菜中的“长寿菜”。

一、生长发育及对环境条件的要求

1. 温度

苋菜性喜温暖，耐热力较强，不耐寒冷。生长适温为 23～27℃，20℃以下则生长缓慢；温度过高，则茎部纤维化程度高；10℃以下的温度条件，种子发芽困难。

2. 光照

苋菜是一种高温短日照作物，在高温短日照条件下极易开花结籽。在气温适宜、日照较长的春夏季栽培，抽薹迟，品质柔嫩，产量高。

3. 土壤、水分与养分

苋菜对土壤的适应性较强，以偏碱性土壤生长较好。苋菜具有较强的抗旱能力，但水分充足时，叶片柔嫩，品质好。苋菜不耐涝，要求土壤有排灌条件。另外，土壤肥沃有利于获得高产。

二、栽培技术

苋菜从春到秋无霜期内都可栽培。露地栽培可从 3 月下旬至 8 月上旬播种；而大棚和小拱棚覆盖栽培可提早播种 20～30 d，即在 2 月下旬开始播种，并可提早上市 30 d 左右。除早春栽培外，播后 35 d 左右即可上市。

1. 品种选择

根据不同季节品种的习性与消费习惯，采用不同品种。冬季、早春采用抗寒能力强的‘红苋菜’‘花红苋菜’品种，其他季节采用抗病虫害性强的‘花红苋菜’与‘全绿苋菜’。一般在2月下旬至3月下旬宜选用早熟较耐寒的‘尖叶红米苋’和‘尖叶花红苋’等品种；4月上旬至5月下旬宜选‘红苋菜’‘大红袍’‘白米苋’和‘柳叶苋’等品种；6月上旬至8月上旬夏秋栽培宜选用较耐热的‘红苋菜’‘白米苋’和‘柳叶苋’等品种。

2. 浸种催芽

苋菜种子在凉水中浸种24 h，浸种过程中需搓洗几遍，以利吸水。在冬季、早春将浸泡过的种子捞出，用清水搓洗干净，捞出沥净水分，用透气性良好的纱布包好，再用湿毛巾覆盖，放在15～20℃条件下催芽，当有30%～50%的种子露白时，即可播种。其他季节采用直接播种的方式栽培。

3. 整地播种

宜选择杂草少的地块，苋菜对土壤的要求不严格，但以土壤疏松、肥沃、保肥和保水性能好为宜，667 m^2施入腐熟有机肥5000 kg、25%复合肥50 kg，精耕细作，做成畦宽1～1.2 m、沟宽0.3 m、沟深0.15～0.2 m的高畦。

苋菜的种子较小，播种掺些细沙或细土可以使播种均匀。667 m^2的用种量为0.25～0.5 kg。可平畦撒播或条播，撒播的可用四齿耙浅搂或不搂（雨水多的潮湿季节），条播者春季可稍深、夏季宜浅，浅覆土，然后镇压，即可浇水，等待出苗。冬季、早春加盖薄层稻草保湿，再盖上一层地膜保温，大棚遮挡严实、升温；夏季加盖遮阴网。

4. 田间管理

（1）温度管理　冬季、早春出苗后揭开地膜和覆盖物，浇水后在大棚内再建小型拱棚，以利保温，在外界气温较低时，于傍晚在小棚上加盖一层草帘保温。夏季出苗后，及时加盖遮阴网，应早盖晚揭。

（2）水肥管理　冬季、早春要经常保持土壤湿润，浇水要小水勤浇，尽量选择在晴天上午浇水，并在齐苗后浇施一次0.2%尿素水溶液，以后每7～10 d追施一次，促进生长。夏季适当加大浇水量，一般在早晨、傍晚浇水。除了施足基肥外，还要进行多次追肥，一般在幼苗有2片真叶时追第1次肥，过10～12 d追第2次肥，以后每采收1次就追肥1次。肥料种类以氮肥为主，每667 m^2可施稀薄的有机肥1500～2000 kg，加入尿素5～10 kg。

（3）除草　及时进行人工除草。播后约7～10 d出苗，出苗前后应注意防治杂草，条播者可进行行间中耕除草。

5. 病虫害防治

苋菜主要的病害是白锈病，在苗期可用75%百菌清可湿性粉剂1000倍液或77%特立克可杀得1500倍液叶喷洒预防。发病初期可结合人工摘除病叶进行药剂防治：可用77%可杀得800～1000倍液或75%特立克可湿性粉剂（生物农药）1500倍液进行喷雾防治。同时，每次采收后当天不可立即喷药，以免在苋菜植株伤口处产生斑块而影响商品外观。

6. 采收

苋菜是一次播种，多次采收的叶菜。苋菜的采收技术如下：春播苋菜在播种40～45 d、株高10～12 cm、具有5～6片真叶时开始采收。第一次采收结合间苗，拔出过密、生长较大的苗；第二次采收用镰刀进行割收，保留基部5 cm左右；待侧枝长到12～15 cm时，进行第三次采收。春播苋菜的亩产为1200～1500 kg。夏、秋播种的苋菜，一般在播后30 d开始采收，生产上只采收1～2次，亩产量在1000 kg左右。

设施番杏栽培

番杏，别名新西兰菠菜、洋菠菜、夏菠菜等，为番杏科番杏属一年生半蔓性肉质草本植物，以嫩茎叶为主要食用部位。原产于澳大利亚、东南亚、智利等地，主栽区分布在热带和温带。我国东南沿海在很早以前就已引进栽培，但未得到推广，甚至有些地方番杏已处于野生状态，近年又从欧洲引进。番杏具有较强的抗逆能力，易栽培，极少有病虫害，是一种不需用农药的无公害绿色蔬菜。有机番杏生长旺盛，嫩茎叶柔嫩、清香，在我国各地均可实现周年供应。据药理研究表明，番杏具清热解毒、利尿等功效，因此番杏已作为一种保健蔬菜进入市场。

一、对环境条件的要求

1. 温度

番杏喜温暖湿润的气候，适应性很强，耐热耐寒，但地上部不耐霜冻。在高温季节生长仍然良好，生长发育适温为20～25℃，盛夏高温35℃左右照常生长，低于8～10℃时生长缓慢，在较温暖的地区能露地安全越冬成多年生状态。

2. 光照

番杏对光照条件的要求不严格，较耐阴，在弱光、强光下均能生长良好。

3. 土壤和水分

湿润的土壤条件有利于番杏的生长发育，整个栽培过程需水量均匀。番杏植株抗干旱，但在生产上过分的干旱会严重影响其生长发育，以致降低产量和质量。有机番杏喜肥沃的壤土或沙壤土，较耐盐碱，对氮肥和钾肥要求较多，栽培上宜以肥沃、疏松、湿润的土壤为佳。

二、栽培技术

1. 栽培季节

番杏在热带、亚热带为多年生作物，栽培上作一年生栽培，生长期长。生产上多采用春播种植，华北地区于3～4月播种，保护地可周年栽培。

2. 整地

有机番杏栽培选择在排灌方便的沙壤土或壤土田，冬前或播种前进行深耕，亩施腐熟的有机肥2000～3000 kg，耙细耙平后做畦。畦的形式根据当地条件而定，畦面宽1～1.2 m。

3. 播种育苗

（1）种子处理　番杏以果实繁殖，果皮较坚厚，吸水比较困难，在自然状况下发芽期长达15～90 d，故播种前须进行预处理。处理方法有机械擦伤和温汤浸种，一般多采用温汤浸种。播前用50℃温水烫种10 min，于25℃条件下浸种20～30 h，如采用育苗移栽即可播种；若大田直播，浸种后需置25℃保温催芽，待大部分种子膨胀开裂时即可播种。

（2）播种密度　直播可行条播、撒播或穴播。定苗按株行距30 cm×50 cm进行播种，播后撒一层过筛的细土，浇水，保持土壤湿润。也可用穴盘育苗及营养钵育苗。用种量直播667 m^2需1.5～2 kg，如育苗移栽则只需0.5 kg。

（3）育苗　保护地可随时播种，北方露地栽培宜于春季土壤解冻后进行，这样可采收至初冬前。生产中一般采用育苗移栽，种子处理后播种，播后覆土保湿，经2～3周出苗，每果出苗5～8株。

4. 定植

定苗与移栽直播于4～5片真叶时，疏弱留强进行定苗，每穴留健壮的苗1～2株。移栽于幼苗4～5片真叶时进行，种植密度一般按株行距30 cm×（40～50）cm，667 m^2植5500株。

5. 田间管理

（1）水分　番杏以嫩茎叶为产品，出苗慢，春季干旱时注意浇水，缺水时叶片变硬。育苗移栽时，因番杏根系再生力弱，缓苗很慢（看上去好像死了），因此要及时补水，促进缓苗。播种定植晚，光照强，干旱时要及时浇水，以防诱发病毒病。植株加速生长要保持土壤湿润；植株生长茂盛、枝叶茂密，注意不要过湿，应见干见湿，过于湿润易腐烂；夏季注意防涝，以免烂根。

（2）肥料　番杏的生长期长，每次采收后都发生侧芽，需氮、钾肥较多。因此，除在播种前土地施足基肥外，还应进行多次追肥，以提高产量。一般从播种至采收前，看生长势而追施适量的尿素和氯化钾，亩用尿素10～15 kg、氯化钾5～10 kg，释水施下。一般在采收前每667 m^2施腐熟的有机肥1500 kg左右，以后每次采收后均要补肥一次。

（3）整枝　番杏本是粗放栽培作物，经人工栽培，因水肥条件好，生长更加旺盛。但由于它生长旺盛，匍匐蔓稀而匍匐，密而直立，很快占满田间；因此，如采收不及时，会使生长过密，侵占采收畦埂，使内部通风不良。因脚踩茎蔓造成伤口、通风差而造成腐烂，故而可考虑把匍匐到畦埂的茎蔓剪掉，或者稀疏畦间茎蔓，以利通风，避免踩伤。

（4）中耕除草　结合间苗进行中耕除草，间出的小苗可移植他处，宜带土移栽。植株封行后，要随时拔除杂草，免中耕。

（5）病虫害防治　番杏由于涩味浓，故病虫害发生不多。

（6）采收　番杏缓苗后，开始旺盛生长，当株高20 cm时，就可采收嫩尖，侧枝10～15 d就会生长出来。露地栽培，番杏的老叶子特别粗糙，没有滑嫩的感觉，因此采收时要特别注意。保护地栽培，因光照弱，而品质较嫩，收获嫩茎尖可长一些。因番杏的叶片很厚，生长又快，采收期又长，故而番杏是高产蔬菜，露地栽培可采收5个月，产量为3000～5000 kg/667 m^2。

设施冬寒菜栽培

冬寒菜，别名冬苋菜、马蹄菜、滑肠菜等，是锦葵科锦葵属二年生或一年生草本植物。原产于美国中部及南部各州。目前在我国的西南、华中和华南地区有部分栽培，近年来在北方地区作为特菜引进栽培。冬寒菜的食用期由幼苗开始直至开花初期，是一种供应期较长的绿叶蔬菜，其适应性强，栽培管理简单，适合在北方地区栽培推广。

一、生长发育及对环境条件的要求

1. 温度

冬寒菜喜冷凉湿润气候，不耐高温和严寒，但耐低温、耐轻霜，低温还可提高品质，低温下品质柔滑。种子在8℃时开始发芽，发芽适温为25℃。植株生长适温为15～20℃，30℃以上植株病害严重，低于15℃则植株生长缓慢。

2. 光照

对光照的要求不严格，喜充足的阳光，但怕强光。

3. 水分

对于多次采收嫩梢的，在生长旺季时，要随着不断地采收进行追肥，以补充因采收而带走的大量养分。一般以尿素为主，每采收1次，即追肥浇水1次。

4. 土壤及营养

冬寒菜对土壤的要求不严，无论瘠薄、肥沃均可种植，但以排水良好、疏松肥沃的土壤为佳。对于多次采收嫩梢的，要施足基肥，畦宽1.3 m左右，以方便采收为宜。冬寒菜耐肥力强，需肥量也较大。

二、设施栽培技术

适宜春播和秋播种植，夏季播种易化苗，故夏季露地不宜栽培。为保证周年供应，可夏季高温季节在保护地播种，但需采取降温措施。

1. 品种选择

（1）紫梗冬寒菜　茎绿色，节间及主蔓均为紫褐色，叶脉基部的叶片也呈紫褐色，七角心脏形，主脉有7条，叶柄较短，叶大肥厚，叶面皱。生长势很强，较晚熟，开花期迟，生长期长，如湖南的‘糯米冬寒菜’。

（2）白梗冬寒菜　茎绿色，叶较薄、较小，叶柄较长，较耐热，较早熟，适于早秋播种，如‘浙江丽水冬寒菜’。第1次采收时，一般株高12～15 cm，开展度为15～20 cm，茎粗1.5 cm，叶长8 cm、宽10 cm，叶柄长12 cm、粗0.4 cm。

（3）冬寒菜　江西省的农家品种。株高28 cm，开展度为34 cm，分枝力强，叶扇形，绿色，叶面有皱褶，主脉明显，有5～7条放射状皱纹，呈绿色，叶缘锯齿状，叶脉绿色，全株披白茸毛。品质优，从播种至始收70余天，亩产1250～2500 kg。

2. 整地施肥

一般做成平畦，对于多次采收嫩梢的，要施足基肥，畦宽1.3 m左右，以方便采收为宜。冬寒菜耐肥力强，需肥量也较大。播种后即可淋浇人畜粪作为种肥。

3. 播种

直播、育苗都可以，用种量为1～1.5 kg/667 m^2。播种方法可撒播或穴播，撒播需种量大，穴播需种量小。穴播株行距为25 cm左右，每穴播种4～5粒。穴播约需种子250 g/667 m^2，撒播的需种子0.5 kg/667 m^2，育苗需种子25 g/667 m^2。

4. 定植

根据采收要求不同，定植密度也有所不同。以采收幼苗为目的的，可适当密植，以15 cm×15 cm为宜；多次采收嫩梢的，以25 cm×25 cm为宜。

5. 水肥管理

对于多次采收嫩梢的，在生长旺季时，要随着不断地采收进行追肥，以补充因采收而带走的大量养分。一般以尿素为主，每采收1次，即追肥浇水1次。

6. 中耕、除草、间苗

冬寒菜生长期间要及时中耕、除草，防止杂草同冬寒菜竞争空间、养分及水分。撒播的在真叶4～5片时间苗2次，苗距为16 cm左右；穴播的间苗以2～3棵苗为1丛。

7. 病虫害防治

冬寒菜的虫害有地老虎、斜纹夜蛾和蚜虫等，可采用毒饵诱杀或敌百虫喷雾防治。病害主要有炭疽病、根腐病等，炭疽病可用50%复方甲基硫菌灵可湿性粉剂1000倍液或75%百菌清可湿性粉剂1000倍液加70%甲基硫菌灵可湿性粉剂1000倍液，根腐病可用50%多菌灵可湿性粉剂500倍液或40%多硫悬浮剂400倍液喷雾防治。

8. 采收

对于采收幼苗的，当播种后50 d左右，可结合间苗，间拔采收；对于食用嫩梢的，当株高18 cm时，即可收割上段叶梢。春季留近地面的1～2节收割，若留的节数过多，则侧枝发生过多，养分分散，嫩叶梢不肥厚，品质较差；其他季节留4～5节收割。冬寒菜的生长速度非常快，在其生长旺季，每5～7 d就可采收1次。667 m^2的产量可达1500～2000 kg。

第五节　设施豆类蔬菜栽培

豆类蔬菜为豆科（Leguminosae）一年生或两年生的草本植物，主要包括菜豆、豇豆、扁豆、刀豆、豌豆、蚕豆等。豆类蔬菜在中国栽培历史悠久，种类多，分布广，不仅在全国各地的露地广泛栽培，也是设施栽培中重要的蔬菜类型。豆类蔬菜以嫩豆荚和鲜豆粒供食用，风味鲜美独特，营养价值高，富含矿物质、维生素、蛋白质、糖类等，是人们最为喜爱和食用量较大的蔬菜种类之一。本节主要对近年来温室和大棚中栽培较多的菜豆、豇豆、豌豆及扁豆进行介绍。

设施菜豆栽培

菜豆（*Phaseolus vulgaris* L.）又称芸豆、四季豆、豆角，属于豆科菜豆属一年生草本植物。菜豆原产于中南美洲，16～17世纪传入欧洲，后传入亚洲，我国早有栽培。近年来，菜豆的设施栽培面积逐步扩大，尤其是温室菜豆栽培，使菜豆不仅可以在春、夏、秋季生产，而且可以在冬季生产，实现周年生产和周年供应。

一、生物学特性

1. 植物学特性

（1）根　菜豆根系发达，成株的主根深达60 cm以上，吸收能力较强；但易木栓化，再生能力较弱，故育苗时要注意保护根系，苗龄宜小不宜大。主根与侧根上都具有根瘤，有一定的固氮能力。开花结荚期是形成根瘤的高峰期，且植株生长越旺盛，根瘤形成越多，固氮能力越强。

（2）茎　菜豆按其茎的生长习性分为蔓生和矮生两类。也有少数介于矮生和蔓生之间的半蔓生类型，一般蔓长1 m左右，因其产量不高，故栽培少。蔓生菜豆属无限生长类型，蔓长达2～4 m，侧枝发生少，需搭架栽培。矮生菜豆一般株高30～50 cm，茎直立，侧枝发生能力强，不需支架。

（3）叶　菜豆子叶出土。初生真叶为单叶，对生，其后真叶为三出复叶，互生，基部着生1对托叶，小叶片近心脏形，全缘，叶面和叶柄具茸毛。一般为绿色，少数品种为紫色。

（4）花　菜豆为蝶形花，总状花序，着生在叶腋或茎顶的花梗上，根据品种不同，花色有浅红、紫、黄、白之分。自花授粉，天然杂交率极低。矮生品种主茎先端最早形成花序，侧枝从基部向上逐次形成花序，全株有30～80朵花。蔓生品种从4～8叶起，主蔓每节叶腋处逐次向上抽生花序，全株有80～200朵花。

（5）果实与种子　菜豆为条形荚果，其大小、形状、颜色因品种而异。一般果荚长8～28 cm、宽0.8～2.4 cm、厚0.4～1.2 cm。嫩荚单重为4～22 g，多为白绿或绿色，也有少数品种的背腹线带有色花纹或紫色。授粉受精后先是果荚发育，种子不发育，待果荚停止伸长后种子开始发育，因此嫩荚的采收应在种子发育之前。种子呈肾形，有纯白色、纯黑色、茶褐色、豆沙色、浅黄色、紫红色、蓝色和花色等，千粒重为300～700 g。发芽年限一般为2～3年，2年以上的种子发芽率下降，生产上宜使用1～2年的新种子。

2. 生长发育周期

生长发育周期是指菜豆自播种至嫩荚或豆粒成熟的生育过程，分为发芽期、幼苗期、抽蔓期和开花结荚期4个时期。

（1）发芽期　从播种至出现第1对真叶展开为发芽期。种子完成吸水作用后，在1～2 d出现幼根，7～9 d后子叶露出地面，再过3～5 d第1对真叶出现时结束发芽期。此时期主要靠种子自身（子叶）贮藏的养分进行生长。

（2）幼苗期　第1对真叶出现至第4～5个复叶展开为幼苗期，历时20～25 d。在第1个复叶展开时开始花芽分化。地下部的生长快于地上部，根开始木栓化，有根瘤发生。

（3）抽蔓期　从第4～5个复叶展开至植株现蕾为抽蔓期，蔓生菜豆约需15 d，矮生菜豆约需10 d。茎叶迅速生长，花芽不断分化发育，根瘤的固氮能力逐渐增强。

（4）开花结荚期　矮生种一般播种后30～50 d便进入开花结荚期，而蔓生种一般播后50～70 d进入开花结荚期。开花期的长短因品种、栽培条件而异，一般矮生菜豆为12～20 d，蔓生菜豆为25～45 d。肉眼能看到菜豆花蕾后经5～6 d开始开花，开花后5～10 d豆荚显著伸长，15 d基本长足，25～30 d完成种子发育。矮生菜豆嫩荚采收期为20～30 d，蔓生菜豆为30～60 d。

3. 对环境条件的要求

（1）温度　菜豆属喜温蔬菜作物，不耐霜冻和高温。矮生菜豆耐低温的能力要比蔓生菜豆略强。菜豆生长发育的适温为15～29℃。其中种子发芽适温为20～30℃，35℃以上和8℃以下不易发芽。幼苗生长发育的适温为15～25℃，最低界限温度为13℃，短期在2～3℃低气温下失绿，但温度回升后，可恢复绿色，0℃发生冻害。花芽分化的适温为20～25℃，30℃以上高温、干旱或低于15℃对花芽分化不利。开花结荚期的适温为18～25℃，低于15℃和高于30℃对结荚不利且易导致荚的发育不良。菜豆从播种到开花所需的有效积温：矮生品种为700～800℃，蔓生品种为860～1150℃。根生长的最适宜地温为23～28℃，地温13℃以下根少而短，且基本上不着生根瘤。

（2）*光照*　菜豆喜中等光强，光饱和点为25～40 klx，光补偿点为15 klx。光照过强，特别是加之高温干旱，或者光照过弱，均会引起落花落荚。由弱光造成的减产，要比低温带来的影响更为明显。根据菜豆生长发育对日长的要求，可将菜豆分为短日性、日中性和长日性3种类型，但生产上应用的大多数品种均属日中性品种，即在长短日照下均能正常开花结荚。

（3）*湿度*　菜豆怕涝，较耐旱，生长适宜的土壤相对湿度为60%～70%。过于干旱，根系发育不良，开花数减少，结荚率降低，而且根瘤菌的数量和活性也降低；但土壤湿度过大或地面积水，又会由于土壤中的O_2不足，根系发育受阻，吸收能力减弱，从而使植株的基部叶片黄化脱落、结荚率降低，严重者可使茎叶和豆荚腐烂，以至全株死亡。田间积水2 h，叶片即发生萎蔫；积水6 h，根系腐烂，植株死亡。菜豆要求空气相对湿度以80%左右为宜，空气湿度过低或过高均会造成严重落花。土壤湿度和空气湿度均过大，易引起菜豆炭疽病、疫病和根腐病的流行。

（4）*土壤*　菜豆对土质的适应性较广，而以富含有机质、排水良好和土层深厚的壤土或砂壤土为宜，有利于根系的生长和根瘤菌的活动。地下水位高、黏重土影响根系的吸收功能。菜豆适宜的pH为6.0～7.0。菜豆忌连作，因为其根瘤菌分泌出一种有机酸，使土壤呈酸性，影响根瘤的生长，而且易使土壤中的磷转化为植物难以利用的不溶性磷。

（5）*营养元素*　菜豆虽具有根瘤，其本身可以固氮，但生长初期根瘤菌不很发达，故氮肥宜早施。菜豆对氮、磷、钾的吸收，以氮最多，钾次之，两者差异不大，磷最少，但缺少磷肥会使植株和根瘤菌生育不良，从而造成减产。此外，微量元素中的钼和硼有利于根瘤菌的活动，对结荚有利。因此，施用钼肥和硼肥可促进菜豆的生育和根瘤菌的活动，提高菜豆产量。

二、类型与品种

菜豆按其茎的生长习性可分为矮生型和蔓生型两类。矮生型品种，主枝4～8节后开花封顶，早熟，结荚集中，占地时间短，特别适合间作和设施春提早或秋延后栽培，但产量低。而蔓生型品种的耐寒性通常不及矮生型品种，熟性也较晚，但生长期长、结荚多、产量高、品质较好，是菜豆的主要栽培类型。

温室和大棚不同设施栽培类型对品种的要求不同，春茬早熟栽培应以选择早熟、耐寒性较强的矮生型品种为主，而秋茬延后和秋冬茬栽培应以选择耐寒、优质、抗病的蔓生型品种为主。当然选择何种品种，各地还应根据市场情况具体确定。目前生产上应用较多的菜豆品种，矮生型品种主要有‘沙克沙’‘供给者’‘优胜者’‘推广者’‘法国芸豆’‘新西兰3号’‘冀芸2号’‘农友早生’等；蔓生型品种主要有‘架豆王’‘芸丰（623）’‘春丰4号’‘超长四季豆’‘老来少’‘丰收1号’‘秋抗19号’‘白不老’‘红花青壳’‘成丰四季豆’‘碧丰四季豆’‘双丰一号’等。

三、栽培类型及茬口安排

由于各地的气候条件及所利用的温室和大棚设施不同，因此菜豆的温室和大棚栽培类型较多，但大体可归纳为春茬栽培、秋茬栽培、秋冬茬栽培和冬春茬栽培等类型，各种类型的具体茬口安排见表6-4。在温室和大棚菜豆的栽培类型中，目前主要以春茬、秋茬和秋冬茬的栽培类型居多。菜豆忌重茬，宜实行2～3年轮作，适宜的前茬为大白菜、甘蓝、花椰菜、黄瓜、西葫芦、马铃薯等。

表6-4　温室和大棚菜豆的栽培类型及茬口安排（月/旬）

栽培类型	设施类型	育苗期或播种期	定植期	始收期
春茬栽培	大棚	2/上～3/中	3/中～4/中	4/中～5/下
	日光温室	12/下～翌年2/上	2/中～3/下	3/下～5/上
秋茬栽培	大棚	6/下～7/下	—	8/下～9/中
	日光温室	7/中～8/上	—	9/中～10/上
秋冬茬栽培	日光温室	8/中～9/中	—	10/下～11/中
冬春茬栽培	日光温室	10/下～11/上	—	2/上～2/下

四、主要栽培技术要点

（一）春茬栽培的技术要点

1．培育壮苗

菜豆属深根性作物，根系木栓化早，育苗过程中应注意保护根系、培育壮苗。

（1）播前准备及播种　播种前晒种1～2 d，精选粒大、饱满、无虫害的种子，可促使其发芽整齐。播种前先用0.5%福尔马林溶液或50%代森锌200倍液浸泡15 min，进行种子消毒，再用清水洗净后播种。为促进根瘤菌的活动与繁殖，可用0.08%～1%的钼酸铵溶液浸种1 h，再清洗后播种。育苗营养土可用未种植过豆类作物的园土和腐熟的有机肥按6：4的比例均匀混合配制，可用营养钵或穴盘育苗，或者用水调后做成10 cm×10 cm的营养土方。浇透水后在土块上扎1 cm深的小孔，然后每孔播3～4粒精选的种子，播后上盖3 cm厚的细沙或疏松的营养土，覆盖地膜和棚膜。保证室内气温在20～25℃，苗床温度在15～25℃，待幼苗出土时及时揭掉地膜，以免烤伤幼苗子叶。

（2）苗期的环境管理　菜豆在育苗期间主要是温度和水分的管理。菜豆播种后在水分适宜的条件下，温度为20～25℃，2～3 d就可齐苗；1周左右子叶便可展开，此时应适当降低温度，以白天20℃、夜间10～15℃为宜，预防徒长苗；当基生叶充分展开、第1片复叶出现后，为了促进根、茎、叶的生长和花芽分化，此时应适当提高温度，以白天20～25℃、夜间15～20℃为宜；定植前1周左右应进行幼苗锻炼，适当降低温度、湿度，以白天15～20℃、夜间10～15℃、最后几天夜间8～12℃为宜，让幼苗的生长环境接近定植地的环境。保证每穴幼苗2～3株。

（3）苗龄　菜豆的苗龄通常根据菜豆的品种类型及生长发育速度不同而异，一般矮生菜豆的苗龄以25 d左右为宜，生理苗龄以3片左右真叶为宜；蔓生菜豆的苗龄以35～45 d为宜，生理苗龄以5～6片真叶为宜。根据菜豆的苗龄及温室和大棚的安全定植期，确定菜豆适宜的播种时期。

2．定植

（1）整地做畦　菜豆根系较深，应深翻土地20～25 cm，施足底肥，每667 m^2可撒施腐熟有机肥4000 kg左右，并加施三元复合肥25 kg，然后进行深翻，翻后做畦或垄。做成畦面宽70～75 m、沟宽35～40 cm、畦高15～20 cm的高畦，每畦种两行。蔓生种的穴距为25 cm，矮生种的穴距为35 cm。待地温稳定超过10℃、夜间最低气温稳定超过5℃，即可准备定植。

（2）定植　先盖膜再定植。地膜盖好后，挖定植穴栽苗，再盖土。定植后浇定植水，同时做好保温工作，以利于缓苗。定植时要注意不要把苗坨或土方碰碎，要保护根系。

3．田间管理

（1）栽培管理　定植后要及时查苗、补苗，保证全苗。定植后2～3 d开始中耕，注意近根部要浅些以免伤根；以后每隔2周进行1次，直至菜豆开花，开花后为避免伤根应停止中耕。蔓生菜豆在伸蔓时，应及时插架或吊蔓，并进行人工引蔓上架。此外，在菜豆生育后期，还应及时打去植株下部的病叶、老叶、黄叶，以利于改善通风透光条件。

（2）环境管理　在定植前期由于外界气温低，故温室和大棚应以保温为主。为促进缓苗和缓苗后生长，以白天温度25～28℃、夜间15～20℃为宜，当白天温度超过32℃时应通风降温。当菜豆进入开花结荚期时，应适当降低白天的温度，白天温度以20～25℃为宜，夜间温度仍以15～20℃为宜，高于28℃或低于13℃都易引起落花、落荚。进入结荚盛期，由于外界气温不断升高，因此应加大放风量，防止温室或大棚内出现高温而造成落花。当外界温度适宜菜豆生长时，去掉薄膜。

（3）水肥管理　菜豆的浇水遵循“干花湿荚”的原则，定植前期少灌水施肥，结荚盛期多灌水施肥。定植后至开花前以控为主，土壤不过于干旱就不进行灌水，防止水分过多造成营养生长过旺，导致落花、落荚。结荚后应重施水肥，使土壤的相对湿度保持在60%～70%。施用量每667 m^2用50%的人粪尿2500～3000 kg、过磷酸钙15 kg，每隔15 d左右追1次肥。结荚期还应配合叶面喷施0.2%～0.5%的磷酸二氢钾加0.1%的硼砂和0.03%钼酸铵2～3次，增产效果显著。

（4）防止落花、落荚　菜豆的花芽分化数很大，但结荚数仅占花芽分化数的5%～13%，占开花数的20%～35%。因此，菜豆的结荚率相当低，具有较大的增加潜力。造成落花、落荚的原因很多，其中包括菜豆本身的遗传原因和外部环境原因两个方面。环境原因主要有两方面：其一是环境条件不适宜而造成授粉受精不良，如温度过高或过低、湿度过大或过小等都会造成这种现象，从而引起落花。气温高于32℃和低于13℃都易引起落花、落荚。其二是植株内部营养供应不足，从而造成各器官间激烈的营养竞争，弱的花芽就会变为潜伏芽或开花时脱落。例如，定植过密、水肥不足、光照较弱、同化物质减少等都会出现这种现象。

防止落花、落荚的措施主要有以下4方面：一是加强温光及空气湿度的管理，创造有利于菜豆开花结荚的环境条件；二是加强水肥管理，维持营养生长与生殖生长的平衡，并注意植株群体通风透光；三是适时采收，防止结荚过量而坠秧；四是花蕾期喷施0.1%硼砂、0.03%钼酸铵，连续2～3次。

4. 采收

菜豆为嫩荚采收，采收过早会影响产量，采收过晚又会影响品质，因此应掌握好采收时期。一般落花后8～12 d为采收适期，盛荚期可2～3 d采收1次。若进行罐藏和脱水，则应严格按采购标准采摘嫩荚，必须坚持每天采收。蔓生菜豆可产嫩荚1000～1500 kg/667 m^2，矮生种播种可产嫩荚500～1000 kg/667 m^2。

（二）秋茬栽培的技术要点

1. 整地施肥与播种

前茬作物结束后，应及时清理残株烂叶，一般每667 m^{2}施优质农家肥3000～3500 kg、过磷酸钙30～40 kg、草木灰100 kg，然后进行深翻，耙平后起垄。

秋茬菜豆栽培既可直播又可育苗，采用何种方法主要依据前茬作物拉秧的早晚而定。若前茬作物拉秧早，可采用直播；若前茬作物拉秧晚，可采用育苗。直播通常以25 cm左右的穴距开穴，然后每穴点播3～4粒精选种子，上部覆土3 cm左右。育苗则与春茬栽培基本相同，可采用营养钵或育苗土方。但此时育苗应注意防雨降温，可加大放风量，避免出现35℃的高温。另外，此时苗龄应适当缩短，一般以20～25 d为宜。幼苗定植的穴行距与直播相同。

2. 播后管理

（1）环境管理　幼苗期和抽蔓期的温度以白天保持在20～25℃、夜间在13～15℃为宜；开花结荚期以保持白天20～25℃、夜间15～18℃为宜。气温高于32℃、低于13℃，都易引起落花、落荚。在播种后的生育前期，由于气温偏高，因此应尽量降温和控制灌水，防止植株徒长；在开花结荚后，由于外界气温逐渐降低，应在早霜来临前及时扣膜，严寒到来前盖草苫。华北中部地区一般在9月下旬至10月上旬扣膜，11月上中旬盖草苫；南方地区多在10月中下旬搭架盖膜。应适当缩小放风量，白天不超过25℃不放风；植株生育后期应及时加盖多层保温覆盖材料进行保温。

（2）水肥管理　应掌握苗期少、抽蔓期控、结荚期促的原则。幼苗出土后，可根据土壤的湿度情况浇一次齐苗水，此后直到抽蔓应适当控水，植株抽蔓后随灌水追施一次化肥，每667 m^{2}追施尿素15～20 kg，以促进植株生长。然后至开花前应进行适当蹲苗，以促进植株营养生长和生殖生长的平衡。菜豆开花以后，应加强水肥管理，土壤的相对湿度宜保持在60%～70%，每隔7～10 d灌1次水，每灌2次水还应追施1次化肥，每次追施复合肥15～20 kg/667 m^2。

（3）栽培管理　播种后幼苗生育前期应加强中耕培土，一般每周中耕1次，以促进根系生长，但至植株现蕾后应停止中耕，避免伤根。植株伸蔓后应及时插架，插架方法与春茬栽培相同。

3. 采收

秋茬菜豆栽培的采收期长短主要依温室和大棚设施的保温情况不同而异。大棚栽培的采收期只有1.5～2个月，而日光温室栽培的采收期则可达3个月以上。豆荚的采收适期与春茬栽培相同。

五、几种主要的病虫害及其防治

设施内菜豆的病害主要有炭疽病、锈病、病毒病、枯萎病、白绢病、菌核病、根腐病、灰霉病等。

1. 炭疽病

（1）症状　除植株根部外，此病可危害地上各部位。幼苗发病，子叶出现红褐色至黑色近圆形病斑，凹陷呈溃疡状；茎部出现凹陷病斑，有时病斑汇合，环切茎基部，使幼苗倒伏枯死。成株发病，叶片背部叶脉上，沿着叶脉扩展成三角形或多角形的小条斑，呈红褐色或黑褐色；叶柄或茎部出现与苗期茎部相同的病斑，叶柄受害常导致全叶萎蔫；豆荚受害出现黑褐色晕斑，边缘深红色，圆形，凹陷，湿度大时病斑上分泌出粉红色黏液。

该病发病的主要条件是温凉多湿、多雨、多露、多雾等，发病温度为14～27℃，相对湿度为100%。当温度低于13℃或高于27℃、相对湿度低于92%时很少发病。

（2）防治措施

1）农业措施：①选用抗病品种；②使用无病种子或进行种子消毒；③实行2～3年的轮作；④适时早播、浅播，田间及时清除病苗，加强水肥管理。

2）药剂防治：用75%百菌清可湿性粉剂600倍液、50%甲基托布津可湿性粉剂500倍液、65%代森锌可湿性粉剂500倍液、80%炭疽福美可湿性粉剂1000倍液、70%代森锰锌可湿性粉剂500倍液或石灰等量式波尔多液150倍液，每7～10 d喷1次，连喷2～3次。

2. 锈病

（1）症状　主要危害叶片、豆荚，叶柄及茎发病较少。发病初期为小黄白色斑点，后变黄褐色，有晕圈，逐渐隆起呈黄褐色疱斑，破裂后散出铁锈色粉末（孢子）；发病后期生出许多黑褐色疱斑，破裂后散出黑褐色粉末（孢子）。发病严重时病斑密集，叶片大量枯死。

该病的发病条件为高温、高湿，湿度更为重要，相对湿度在95%以上易于发生。温室和大棚通风不良、栽培密度过大，以及阴雨、多雾、多露天气该病易于流行。

（2）防治措施

1）农业措施：①选择抗病品种；②清洁田园；③避免连作；④合理密植；⑤加强水肥管理；⑥加强通风；⑦避免室内湿度过大等。

2）药剂防治：用50%萎锈灵乳油800～1000倍液、50%硫黄悬浮剂200～300倍液、25%三唑酮（粉锈宁）可湿性粉剂2000倍液或50%多菌灵可湿性粉剂600倍液，每7～10 d喷1次，连喷3次。

3. 病毒病

（1）症状　发病初期嫩叶呈明脉，失绿或皱缩，继而长出的嫩叶呈浓淡相间的花叶，时有深绿斑块形成疮斑，叶变畸形。植株感病后矮缩，开花延迟。

该病主要由3种病毒侵染所致，其一为菜豆普通花叶病毒（BCMV），该病毒的致死温度为60℃，种子带毒率高达30%～50%；其二为菜豆黄色花叶病毒（BYMV），致死温度为55～65℃；其三为黄瓜花叶病毒（CMV）菜豆系，致死温度为60～70℃。该病在26℃左右、干旱条件下易于发生，超过28℃或低于18℃不易发病。光照强或延长光照时间，有加重病害症状的趋势。

（2）防治措施

1）农业措施：①选择抗病品种；②使用无毒种子；③10%磷酸三钠浸种；④加强水肥管理，提高植株抗性；⑤及时防治蚜虫等。

2）药剂防治：发病初期用磷酸二氢钾250倍液、20%病毒A可湿性粉剂500倍液、1.5%植病灵乳油1000倍液、抗毒剂1号300倍液或NS83增抗剂100倍液，每7～10 d喷1次，连喷2～3次。在喷药的同时，应与生长促进剂混合使用，使植株尽快成株，待成株后，即便有少数叶片发生，也不会影响产量。

4. 豆荚螟

（1）症状　豆荚螟属于螟蛾科鳞翅目，又名豆蛀虫、红虫等。主要危害叶、花及豆荚，幼虫经常蛀入荚内取食豆粒，被害籽粒重则蛀空，轻则蛀成缺刻，而且蛀孔内常堆积很多粪便，严重影响菜豆的产量和质量。豆荚螟在高温干旱下发生严重，低温多雨则危害轻。

（2）防治方法　①合理轮作（最好水旱轮作），及时清除田间落叶，减少虫源；②增加灌溉，合理安排茬口；③保护天敌；④药剂防治主要用1.8%阿维菌素乳油4000倍液、2.5%多杀菌素悬浮剂1000倍液或2.5%溴氰菊酯（敌杀死）乳油2000倍液，每隔10 d左右喷施1次，连喷2～3次。

设施豇豆栽培

豇豆（*Vigna unguiculata* L.）又名长豆角、带豆、裙带豆等，属于豆科豇豆属一年生草本植物。起源于热带的非洲埃塞俄比亚。汉代（公元前2世纪）从印度传入中国，在中国栽培历史久长，栽培面积大，分布于中国南北各地。南方春季栽培以长豇豆为主，秋季以短豇豆为主。随着设施蔬菜栽培的发展，设施豇豆的栽培面积也迅速发展，可以利用小拱棚和大棚进行春早熟、秋延后和春夏连秋一大茬栽培。

一、生物学特性

1. 植物学特性

豇豆为深根系蔬菜，主根明显，主根入土深达50～80 cm，主要根群分布在15～18 cm深的耕层内。根系易木栓化，再生能力弱，有根瘤菌着生。茎有蔓生、半蔓生和矮生3种类型，蔓的长短与成熟性相关，早熟品种蔓短、节少，晚熟品种蔓长、节多。叶片分为子叶、基生叶和三出复叶；子叶出土，第一真叶（基生叶）为单叶，1对，对生，以后的真叶为三出复叶，互生。总状花序，花为白色、黄色或淡紫红色；自花授粉，天然杂交率约2%。果实为长荚果，长为30～100 cm，横径为0.7～1.0 cm。种子呈肾形，褐色、紫色、黑色、黄白色和各种花斑（黑白或紫白相间等），千粒重为120～150 g。

2. 生长发育周期

（1）发芽期　从种子萌动到基生叶展开为发芽期，需7～10 d。第一对真叶开展后进行光合作用，结束异养生活。

（2）幼苗期　从基生叶展开至具有7或8片复叶为幼苗期，15～20 d。幼苗生长和叶面积增长缓慢，占总生长量的1%～3%，花芽开始分化，分化节位因类型、品种与环境条件而不同。

（3）抽蔓期　从7或8片复叶至现蕾为抽蔓期，需10～25 d，蔓生型长，矮生型短或无。主蔓节间伸长并开始迅速生长，基部抽出侧蔓，从直立生长转为缠绕生长，叶数及其叶面积迅速增加，根也不断扩大，根瘤数增多，生长量占总生长量的4%～15%。

（4）开花结荚期　现蕾至豆荚采收结束为开花结荚期，50～60 d。蔓生型有些早熟品种在主蔓第3～4节发生第1花序，多数品种在第7～9节发生，晚熟品种第1花序的节位稍高。此期的生长量大，营养生长与生殖生长同时进行，占生长总量的80%～95%，应保证水肥供应。

3. 对环境条件的基本要求

（1）温度　喜温，耐热不耐霜冻。种子发芽的最低温度为10～12℃，适温为25～30℃。幼苗生长以30～35℃最快，温度较高还促进花芽的分化发育。抽蔓至开花初期在20～25℃生长良好，15℃以下生长缓慢。开花结荚的适温为25～30℃，35℃以上的高温仍能正常结荚，18℃以下易造成生育障碍。

（2）光照　豇豆多数品种属中光性，对日照长短要求不严格。但在短日照下能降低第一花序的节位，使开花结荚数增多。少数品种如江苏的‘毛芋豆’，为短日型。豇豆喜光，开花结荚期要求日照充足。光照不足，落花、落荚严重。但矮生品种和半蔓生品种较耐阴，适于与高秆作物间套作。

（3）水分　豇豆比较耐旱。但种子发芽和幼苗期不宜过湿，以免降低发芽率或使幼苗徒长，甚至烂根死苗。开花结荚期要求以空气相对湿度为70%～80%、土壤含水量为60%～70%为宜。开花期大雨或长期阴雨天气，不利于根系的生长和根瘤菌的活动，易引起落花、落荚；干旱缺水同样也引起落花、落荚。

（4）土壤营养　豇豆对土壤的适应性广，只要排水良好的疏松土壤均可栽培。适宜土壤pH为6.2～7.0，过酸会抑制根瘤菌的生长。幼苗期因根瘤尚未充分发育，根瘤固氮能力弱，所以必须供给一定数量的氮肥；但应配合磷、钾肥，防止偏施氮肥造成茎叶徒长。伸蔓期和初花期根瘤菌成熟，一般不施氮肥。开花结荚后，植株需要大量的养分，仍应施入适量的氮肥，增施磷、钾肥，促进根瘤菌活动，提高豆荚的产量和品质。

二、类型与品种

豇豆按其果荚长短分为长豇豆与短豇豆两类，按其生长习性分为蔓性、半蔓性和矮性豇豆3类。蔓生种茎蔓长，花序腋生，随主蔓伸长，各叶腋陆续抽生出花序或侧蔓，栽培时需支架，生长期较长，产量较高；半蔓性种的生长习性似蔓性种，但蔓短，可以不用支架；矮性种茎短，直立，多分枝而成丛生状，栽培时无需支架，生长期短，成熟较早，产量较低。菜用豇豆多属蔓性长豇豆，依豆荚颜色可分为青色、白色和紫色3种。

青荚种的各地优良种有‘铁线青豆角’‘青皮长豆角’‘杭州青豆角’、四川的‘早豇豆’‘成豇7号’‘贵州朝阳线豇豆’、广州的‘细叶青豆角’等。白荚种有‘之豇28-2’‘秋豇豆512’‘宁豇1号’‘扬豇40’‘湘豇1号’等。紫荚种主要有‘紫豇豆’‘花豆角’等。

三、栽培类型及茬口安排

可利用温室和拱棚进行豇豆的春提早、秋延后和春夏连秋一大茬栽培。春提早栽培，一般于2月下旬至3月上旬温室播种育苗，3月下旬至4月上旬定植，5月下旬始收。秋延后栽培豇豆于6月下旬至7月上旬直播，8月上中旬始收，10月下旬至11月中旬拉秧。

四、主要栽培技术要点

1. 春茬栽培技术要点

（1）培育壮苗　育苗方法同菜豆，护根育苗。苗床内的气温白天为28～30℃，夜间为20℃，不能低于10℃。苗期一般不追肥，但需加强水分管理，防止苗床过干、过湿，土壤的相对湿度保持在70%左右，注意防止低温高湿引起的烂种、烂根。苗龄20～25 d、1～2片复叶时定植，定植前进行幼苗锻炼。根据温室大棚的安全定植期，确定豇豆适宜的播种期。

（2）定植　定植的适宜温度指标为棚内10 cm深的地温稳定在15℃以上，气温稳定在12℃。定植时间比菜豆稍晚1～2周，定植前10 d扣棚烤地、施足底肥、精心整地。每667 m^2可撒施腐熟有机肥4000 kg左右，并加施三元复合肥25 kg。做成畦面宽70～80 cm、沟宽40 cm、畦高15～20 cm的高畦。一般栽植密度为行距60 cm、株距27～35 cm，每穴2～3株。可根据不同的品种和地力条件，适当调节栽植密度。春提早定植宜在晴天上午进行。

（3）田间管理　定植后3～5 d不通风，闷棚提温，促进缓苗，棚内气温白天保持在25～30℃，夜间不低于15～20℃，当外界温度超过20℃时揭膜。定植时浇定植水，开花前严格控制浇水。始花期每 667 m^2 追施氮磷钾复合肥 20～30 kg，浇透水，以后每隔 10～15 d 浇水一次，注意掌握浇荚不浇花的原则。结荚期还应配合叶面喷施 0.2%～0.5% 的磷酸二氢钾加 0.1% 硼砂和 0.03% 钼酸铵 2～3 次，增产效果显著。

在豇豆的栽培过程中适时整枝搭架非常重要，在苗高 30 cm 时搭人字架。引蔓宜在晴天或中午进行，以免折断植株。及时整枝、抹芽、摘心，可以节约养分，改善群体通风透光条件，调节秧果平衡。主蔓第一花序以下的侧芽应及早抹去，以保证主蔓粗壮。主蔓第一花序以上各节位的侧枝都应在早期留 2～3 叶摘心，以促进侧枝形成第一花序。主蔓满架后及时摘心，以促进下部的侧枝开花结荚。矮生豇豆在植株出现侧枝时留 2～3 叶摘心，可显著提高坐荚率。

（4）落花、落荚　豇豆的结荚率仅占开花数的 23%～30%。同一花序内，第一、二对先开花，坐荚率为 60%～80%；第三、四对的坐荚率仅为 10% 左右；第五、六对花常发生落蕾、落花。因此，豇豆落花、落荚也相当严重，其原因与对策参考菜豆。

（5）采收　豇豆开花后 12～15 d 为嫩荚采收适期。采收要及时，初果期和后期一般 2～3 d 采收 1 次，盛期每天采收。采收过晚，不仅赘秧消耗养分，而且果荚变白，商品品质和食用品质大幅度降低。采收时要保护花序，不要损伤花序上的其他花蕾，更不能连同花序柄一起摘下。豇豆嫩荚的产量一般为 2000～3000 kg/667 m^2，高产可达 4000 kg/667 m^2。

2. 秋茬栽培技术要点

（1）整地施肥与播种　前茬作物结束后，应及时清理残株烂叶，整地、施基肥，耙平后起垄。秋茬豇豆栽培既可直播又可育苗。育苗则与春茬栽培基本相同，可采用营养钵或育苗土方，每穴点播 3～4 粒精选种子。苗龄以 20～25 d 为宜。

（2）播种后管理　播种后的生育前期温度偏高，要降温和控制灌水，温度不能超过 35℃，以防徒长。在开花结荚后，由于外界气温逐渐降低，故应及时扣膜，严寒到来前盖草苫，温度控制在 25～30℃，不能低于 18℃，否则易造成生长发育障碍。开花结荚期要求日照充足，光照不足则落花、落荚严重。若遇连阴天，需进行补光。水肥管理同春茬栽培。

五、豇豆的主要病虫害及其防治

豇豆的主要病虫害及其防治方法参考菜豆。

设施豌豆栽培

豌豆（*Pisum sativum* L.）别名荷兰豆、青豆，属于豆科豌豆属一年生或两年生草本植物，起源于地中海沿岸和亚洲西部。按用途可分为粮用豌豆和菜用豌豆，本节只介绍菜用豌豆。菜用豌豆分嫩荚、嫩豆粒、嫩茎叶用 3 种类型。嫩荚用类型也称为软荚类型，其中的宽扁荚品种人们习惯称为荷兰豆；嫩豆粒用类型的豆荚内果皮革质化，荚壳不能食用，以鲜嫩多汁的嫩豆粒为食用部分，也被称为硬荚种；嫩茎叶用类型，以嫩茎叶梢供食用。随着设施蔬菜栽培的发展与人民生活水平的提高，设施豌豆的栽培面积也发展迅速，尤其是设施荷兰豆的栽培面积逐年增大，现仍在发展之中。

一、生物学特性

1. 植物学特性

（1）根　豌豆为直根系，主根发达，侧根较稀疏，主要根群分布在 20 cm 深的土层中。根瘤发达，固氮能力较强，能在较贫瘠的土壤中生长。

（2）茎　豌豆的茎呈近四方形或圆形，脆嫩。根据茎的生长习性可分为矮生、半蔓生和蔓生 3 种类型。矮生类型一般节间较短，植株直立，属于下位分枝类型，主茎 1～3 节处发生分枝；蔓生类型节间较长，株高一般为 1.5～2.0 m，属于上位分枝类型，侧枝均能开花结荚；半蔓生类型介于上述两者之间。豌豆的茎蔓与其他豆类蔬菜不同，茎本身并不具有缠绕特性，但叶端有卷须，卷须可攀缘他物使豌豆向上生长。

（3）叶　豌豆子叶不出土。基部 1～2 节为单生叶，以后叶为偶数羽状复叶，互生，有小叶 1～3 对，叶面略有蜡质或白粉。复叶顶端的小叶退化成卷须。

（4）花　豌豆为蝶形花，总状花序，单生或对生于叶腋处，花色有白色、紫色和紫红色 3 种。始花节位，一般矮生种在主茎的第 5～7 节，蔓生种在第 10～15 节；始花后一般每节都有花，每个花梗着生 1～3 朵花。完全自花授粉作物，天然杂交率为 3%～4%。

（5）果实与种子　豌豆为荚果，荚长 5～10 cm，呈扁形或圆棍形，浓绿色或黄绿色，内含种子 4～5 粒，最多 7～10 粒。种子呈不规则圆形，千粒重为 150～800 g，寿命为 2～3 年。

2. 生长发育周期与环境要求

豌豆的生长发育周期可分为发芽期、幼苗期、抽蔓期和开花结荚期。

（1）发芽期　从播种到第1片单生叶展开为发芽期，需8～10 d。豌豆种子发芽后子叶不出土，播种深度可比菜豆、豇豆深一些。发芽时水分也不宜过多，否则容易烂种，发芽的适宜温度为18～20℃。

（2）幼苗期　从第1片单生叶展开到4～6片叶展开为幼苗期，一般为10～15 d。不同熟性的品种类型，其幼苗期所经历的时间不同。幼苗期对温度的适应性较强，可以忍耐−5～−4℃的低温，适宜的温度为15～18℃。幼苗期开始萌发侧枝和孕育花芽，短日照和低温可促进侧蔓发生，长日照和低温则可提早花芽分化，高温特别是高夜温，花芽分化的节位升高。幼苗期供应一定量的氮肥，以促进幼苗的健壮生长和根瘤的形成。

（3）抽蔓期　主茎伸长，形成具有2～3对小叶的复叶，一直到开花为抽蔓期。此期植株的茎蔓不断伸长，并陆续抽生侧枝，约需25 d。侧枝多在茎基部发生，上部较少，矮生型或半蔓生型的抽蔓期很短或无抽蔓期。抽蔓期的适温为15～23℃，要求良好的光照，对土壤养分的需求开始迅速增多。

（4）开花结荚期　从开花至嫩荚采收为开花结荚期。早熟、中熟、晚熟品种分别在第5～7节、第9～11节、第12～16节处着生花序。主蔓和生长良好的侧蔓结荚多。开花后15 d内以豆荚发育为主，嫩豆荚就在此时采收，15 d以后则豆粒迅速发育。

结荚期的光照强度以40 klx为宜，光照过弱对开花结荚不利。豌豆多属长日性作物，有些品种低于10 h光照不能开花，但也有些品种对光照反应不很敏感。开花结荚期的适温为15～20℃，温度超过25℃对开花结荚不利。豌豆要求土壤水分适度，见干见湿，不能积水。适宜的土壤相对湿度为70%左右，适宜的空气湿度为60%～70%。豌豆虽然能固定土壤和空气中的氮素，但由于豌豆本身的含氮量较高，因此仍然需要供应充足的氮、磷、钾等营养元素，吸收氮最多、钾次之、磷最少，施用比例为4：2：1。土壤pH以6.0～6.2为宜，pH低于5.5时易发生病害、降低结荚率。

二、类型与品种

生产上常用的栽培品种主要有两类：一是嫩荚类型，即荷兰豆，如‘法国大荚’‘食荚大菜豌1号’‘大荚荷兰豆’‘台中11’‘甜脆豌豆’等；二是嫩豆粒类型，硬荚种，如‘中豌4号’‘中豌5号’‘中豌6号’‘小青荚’等品种。另外，除上述一些品种可作嫩梢栽培外，也有嫩茎叶专用的品种，如‘无须豌豆尖1号’‘上海豌豆尖’‘豌豆苗’等品种。

三、栽培类型及茬口安排

北方地区可利用日光温室或塑料拱棚进行豌豆的春茬、秋茬、秋冬茬和冬春茬栽培。具体栽培类型及茬口安排见表6-5。

表6-5　豌豆的温室和大棚栽培类型及茬口安排（月／旬）

栽培类型	利用设施	播种期	定植期	始收期
春茬栽培	大棚	1/上～3/上	2/中～4/上	3/下～5/下
	日光温室	11/中～12/下	12/下～翌年2/上	2/上～3/下
秋茬栽培	大棚	6/中～7/中	7/中～8/上	8/中～10/中
秋冬茬栽培	日光温室	8/中～8/下	9/中～9/下	10/下～12/上
冬春茬栽培	日光温室	10/上～10/中	11/上～11/中	12/下～翌年1/下

四、冬春茬及春茬栽培技术要点

1. 育苗

（1）播种　播种方法与菜豆育苗基本相同，护根育苗。豌豆种子播种前要进行种子低温处理，有春化的作用，还可促进花芽分化、降低花序着生的节位、提早开花和采收，并增加产量。具体做法：先进行种子浸种催芽，待种子胚芽露出后进行10～12 d 0～5℃的低温处理。

（2）苗期的环境管理　播种后应将温度控制在10～18℃，以利于出苗。温度过低发芽缓慢；温度过高发芽虽快，但出苗率较低。出苗后，应进一步适当降低温度，一般以8～10℃为宜；定植前应适当炼苗，夜间可给予2℃的低温。此外，一般幼苗期间只要不过于干旱，可不进行灌水，以防秧苗徒长。

（3）苗龄　豌豆的适宜生理苗龄为4～6片真叶，苗龄过小会影响早期的产量，而苗龄过大又会造成早衰和倒伏，影响产量。苗龄为25～30 d（在16～23℃条件下）或30～40 d（在10～17℃条件下）。播种期就可根据温室和大棚内的定植日期和日历苗龄加以确定。

2. 定植

定植之前应先进行整地施肥。豌豆虽可进行生物固氮，但其需肥量仍很大，一般每667 m^2需施有机肥2000～3000 kg、过磷酸钙50 kg、草木灰50～60 kg。整地前先撒施肥料，然后进行深翻、整平、做畦。通常单行密植多为1 m的畦宽，双行密植为1.5 m的畦宽。

畦做好之后，按单行密植或双行密植的行距要求开沟，沟深以12～14 cm为宜，然后进行定植，单行密植按穴距15～18 cm，双行密植按穴距21～24 cm。定植后顺沟灌水，水渗后覆土并整平畦面。

3. 定植后的管理

（1）环境管理　在温度管理上，定植后至现蕾前白天温度以18～20℃为宜，如果温度超过25℃，就应及时放风降温，尤其应避免温度超过30℃，夜间温度保持在10℃以上。进入开花结荚期以后，白天温度以15～18℃为宜，夜间温度以12～16℃为宜，温度过高或过低都会影响结荚及幼荚的生长或品质。春茬结荚盛期以后，由于外界温度逐渐升高，故应逐渐加大温室和大棚的放风量，直至揭去棚膜。秋冬茬结荚盛期，外界温度低，应做好保温工作。

（2）水肥管理　定植时浇足底水后，一般直至现蕾前都不浇水，以促进植株根系的发育，促使植株健壮；当植株开始现蕾时，可进行一次灌水和追肥，以每667 m^2追施复合肥15～20 kg为宜，此后直至植株开始结荚，应以控秧促荚为主，进行中耕保墒；当植株开始结荚后，必须给予充足的水肥，以促进植株结荚及幼荚迅速生长，一般每10～15 d灌1次水，20～30 d追1次肥，追肥量与上述相同。

（3）栽培管理　豌豆的栽培管理主要是中耕和插架。定植后直至植株开花前，应以中耕保墒为主，一般每7～10 d中耕1次，以提高地温，促进根系生长，待植株开花后应停止中耕，避免伤根。豌豆现蕾开花后，结合浇水追施速效氮肥10 kg/667 m^2或浇人粪尿500～1000 kg/667 m^2，加速营养生长，促进分枝。待果荚已经坐住，浇水量可稍大，并追施磷、钾肥，可用20～30 kg/667 m^2复合肥和过磷酸钙10～15 kg/667 m^2浇施或沟施。结荚期可在叶面喷施0.3%磷酸二氢钾＋0.1%硼砂＋0.03%钼酸铵，连续2～3次，可增加花数、荚数和种子粒数。

由于豌豆多为蔓生或半蔓生性品种，因此必须插架，一般当植株的卷须出现时开始插架，架式多采用单排直立架。由于豌豆蔓多且不能自行缠绕，因此多采用竹竿上、下每0.5 m缠绕一道绳子的办法，使植株相互攀缘，再用绳子束腰稳住。

（4）生产中的常见问题和对策　豌豆易发生落花、落荚问题，其原因与植株密度过大、水肥管理过多、营养生长过旺、开花期空气湿度低和温度高、土壤干旱或积水等因素有关。应选用优良品种，适时播种，并加强水肥管理，保证营养生长与生殖生长的平衡，叶面喷施硼砂和钼酸铵等，以减轻落花、落荚。

（5）采收　豌豆的食用部位不同，则采收时期也不同。荷兰豆以嫩荚为产品器官，多数品种在开花后8～10 d豆荚便停止生长，豆荚充分肥大、柔嫩而子粒未发达时为嫩荚采收适期。

硬荚豌豆一般于子粒饱满、荚色由深绿变浅绿尚未转黄时采收，一般花后15～18 d嫩荚得以充分长大、厚约0.5 cm时及时采收。若采收过晚，子粒老熟，则糖分下降，纤维增多，品质变劣。不同部位的豆荚的生长发育进程不一致，应分期分批及时采收，盛果期应每天采摘1次。采收过程要注意保护茎叶免受损伤，以免影响后面的豆荚的生长发育。

采食豌豆嫩苗或嫩梢的，于幼苗2～3片真叶、高3～5 cm时整株采收，也可在苗高16～18 cm时采摘顶端嫩梢，以后7～10 d采收1次，可以采收4～8次。

五、几种主要病虫害及其防治

1. 白粉病

（1）症状　主要危害叶片，后期也可危害茎、荚。叶片受害后，叶面初期有白粉状淡黄色小点，而后扩大呈不规则形粉斑，互相连合成白色粉层，严重时布满叶片茎荚；后期白粉上可形成黑色颗粒，为此病菌闭囊壳，受害叶片迅速枯黄脱落。茎受害后，导致植株干枯死亡。

该病在潮湿、多雨、田间积水、植株生长过密等情况下易于染病，但在干旱少雨时，如果植株抗性弱，有时发病更重。

（2）防治措施

1）农业措施：①选用抗病品种；②及时清除病残株；③合理密植；④加强水肥管理，提高植株抗性。

2）药剂防治：发病初期及时用药防治，可喷洒50%硫黄悬浮剂300倍液、70%甲基托布津可湿性粉剂1000倍液、20%敌菌酮胶悬剂500倍液、50% DT杀菌剂500倍液、30%特富灵可湿性粉剂2000倍液或20%三唑酮（粉锈宁）可湿性粉剂1500倍液等，每7 d喷一次，连续喷2～3次。

2. 锈病

见设施菜豆栽培。

3. 炭疽病

见设施菜豆栽培。

设施扁豆栽培

扁豆（*Lablab purpureus* L.）又名眉豆、蛾眉豆、鹊豆等，属于豆科扁豆属一年生蔓性草本植物。扁豆原产于亚洲，主要分布在印度及热带国家，我国以南方栽培较多，华北次之。扁豆食用嫩荚或成熟豆粒。近年来设施栽培面积逐渐增大。

一、生物学特性

1. 植物学特性

（1）根　扁豆为直根系，侧根多，根系发达，主根深 1 m 左右，吸水、吸肥能力强，与豇豆族根瘤菌共生形成球形根瘤。

（2）茎　扁豆茎蔓生，有短蔓和长蔓两种类型。短蔓型茎长 50～60 cm，多分枝；长蔓型茎长 2～10 m。

（3）叶　扁豆子叶出土，第 1 对基生叶对生，单叶，以后均为三出复叶互生。叶柄长，小叶呈卵圆形，光滑。

（4）花　扁豆为总状花序，花紫色或白色，腋生。自花授粉，但昆虫传粉有一定的异交率。

（5）果实与种子　扁豆为荚果，扁平肥大，呈倒卵状或长椭圆形，颜色为紫红色或淡绿色。老熟时革质、黄褐色。每荚含种子 3～7 粒，略扁，呈椭圆形，种皮有白、黑和褐色，种脐白色，千粒重为 300～600 g，发芽年限为 2～4 年。

2. 对环境条件的要求

（1）对温度的基本要求　扁豆喜温暖，较耐热，植株能耐 35℃左右的高温，怕寒冷，遇霜冻即死亡。种子的发芽适温为 22～25℃，生长适温为 20～30℃，开花结荚的最适温为 25～28℃。在 35～40℃高温下，花粉发芽力下降，容易引起落花、落荚。

（2）对光照的基本要求　扁豆为短日性作物，大多数品种在秋季开花结荚，但有些品种对光周期不敏感，故我国南北各地均能种植。对光照强度的要求不严格，较耐阴。

（3）对水分的基本要求　喜湿润土壤，但对水分的要求不严格，成株抗旱力极强。田间积水或土壤湿度过高对其生长不利，甚至死亡；过分干旱则开花少，落花、落荚多。

（4）对土壤的基本要求　根系发达，对土壤的适应性广，而以排水良好、肥沃的沙质壤土为最好。pH 在 5.0～7.5 均可生长，以 pH 6.5 为宜。与其他豆类作物相同，扁豆也不宜连作。

二、类型与品种

扁豆按其茎的特征分为蔓生类型和矮生类型两类。蔓生种长 2～10 m，缠绕生长；短蔓型茎长 50～60 cm，属于有限生长型。按荚色分为白扁豆、青扁豆和紫扁豆 3 种。我国栽培的品种主要有‘猪耳朵扁豆’‘白皮扁豆’‘紫边扁豆’‘猪血扁豆’‘大青扁豆’等。设施栽培要求选择抗寒、耐热、适应性强、产量高、品质好的优良品种，选用豆荚均匀、纤维少、单荚重、抗病性强的品种。

三、栽培类型及茬口安排

设施扁豆栽培的栽培类型及茬口安排见表 6-6，主要以秋冬茬和冬春茬两种栽培茬口为主。

表 6-6　温室和大棚扁豆的栽培类型及茬口安排（月 / 旬）

栽培类型	利用设施	育苗期或播种期	定植期	始收期
春茬栽培	大棚	2/ 下～3/ 上	3/ 中～4/ 中	4/ 中～5/ 下
	日光温室	12/ 下～翌年 2/ 上	2/ 中～3/ 下	3/ 下～5/ 上
秋茬栽培	大棚	6/ 下～7/ 下	—	8/ 下～9/ 中
秋冬茬栽培	日光温室	8/ 上	9/ 上	10/ 下～11/ 上
冬春茬栽培	日光温室	12/ 下～翌年 1/ 上	2/ 上～3/ 上	3/ 下～4/ 下

四、主要栽培技术要点

（一）春茬栽培的技术要点

1. 培育壮苗

为使产品提早上市，春茬栽培一般要进行育苗。选择粒大、饱满、有光泽、无病虫斑的种子，播种前晾晒 1～2 d，以促进种子发芽，提高发芽率和发芽势。播种适期为 2 月末至 3 月初，条件好的设施还可提早播种。

播种方法基本同菜豆，出苗前应保持在 25～30℃，促进幼苗迅速出土。出苗后降低苗床温度，以 20～25℃为宜，防止出现高脚苗。真叶展开后保持在 20℃。定植前 5～6 d 进行 18～20℃的低温炼苗。

2. 整地与定植

春茬扁豆的生长期较长，产量高，需肥量大，应重施基肥，一般每667 m^2施磷肥40 kg、钾肥30 kg、优质堆肥3000 kg，结合施肥深翻30 cm，耙细整平。然后起垄做高畦，覆盖地膜，进行定植。行距为40～50 cm，穴距为35～40 cm，每穴定植2～3株。

3. 田间管理

（1）水肥管理　定植时浇足定植水，定植后一般不浇水。开花结荚后水肥齐攻，促进荚果生长，一般每7～10 d膜下暗灌1次，应选择在晴天上午进行，浇后及时放风降湿。隔1水追肥1次，每次追施复合肥15～20 kg/667 m^2。

（2）搭架引蔓、整枝　支架栽培的，抽蔓前要搭架人字架，抽蔓后及时用绳引蔓，待蔓爬到架顶时摘心。为了使蔓生扁豆的收获期提早，可多次摘心，控制株高。蔓长40～50 cm时，进行摘心，促使多发侧蔓。抽出侧枝后选留3个壮枝，长3～4片叶时再摘心，促生2次侧枝。连续摘心2～4次，使植株生长呈低矮的丛生状，提早开花结荚。不需支架。

4. 采收

扁豆开花后7～15 d、豆粒初显时采摘。进入收获期后，一般4～5 d采收1次。采荚时勿伤花序，以免影响产量，一般情况下每667 m^2的产量为1500 kg。

成熟种子的采收，长蔓品种150～210 d，早熟短蔓品种60～75 d。成熟豆荚转干黄时采收晾晒，脱粒风净后贮藏。

（二）秋茬栽培的技术要点

1. 整地施肥与播种

前茬作物结束后，应及时清理残株烂叶，一般每667 m^2施用优质农家肥3000～3500 kg、过磷酸钙30～40 kg、草木灰100 kg，然后进行深翻，耙平后起垄。

秋茬扁豆栽培一般进行直播，注意防雨、降温、加大放风，避免出现35℃高温。另外，此时苗龄应适当缩短，一般以20～25 d为宜。

2. 田间管理

（1）环境管理　生育前期气温偏高，因此应尽量降温和控制灌水，防止植株徒长；在开花结荚后，由于外界气温逐渐降低，因此此时应适当缩小放风量，白天不超过25℃不放风；植株生育后期应及时加盖多层保温覆盖材料进行保温。

（2）水肥管理　应掌握“苗期少、抽蔓期控、结荚期促”的原则。幼苗出土后，可根据土壤的湿度情况浇一次齐苗水，因此此后直到抽蔓应适当控水，植株抽蔓后随灌水追施一次化肥，每667 m^2追施尿素15～20 kg，以促进植株生长。然后至开花前应进行适当蹲苗，以促进植株的营养生长和生殖生长的平衡。扁豆开花以后，应加强水肥管理，土壤相对湿度宜保持在60%～70%，每隔7～10 d灌1次水，每灌2次水还应追施1次化肥，每次追施复合肥15～20 kg/667 m^2。

（3）栽培管理　播后幼苗生育前期应加强中耕培土，一般两周中耕1次，以促进根系生长，但至植株现蕾后应停止中耕，避免伤根。植株伸蔓后应及时插架，插架方法与春茬栽培相同。

3. 采收

秋茬扁豆栽培的采收期长短主要依温室和大棚设施的保温情况不同而异。大棚栽培的采收期只有1.5～2个月，而日光温室栽培的采收期则可达3个月以上。豆荚的采收适期与春茬栽培相同。

第六节　设施芽苗类蔬菜栽培

芽苗类蔬菜（芽苗菜）泛指利用植物种子或其他营养贮藏器官，直接生长出可供食用的嫩芽、芽球、幼梢或嫩茎等的一类蔬菜。芽苗菜色鲜味美、营养丰富，其中氨基酸和维生素的含量特别丰富。生产期间不用化肥、农药，为速生的绿色蔬菜，投入少，效益高，深受广大种植者和消费者的喜爱。生长周期短，多数为10～15 d，可以多品种、多茬次排开播种，分期收获。生产场地占地面积小，利用率高，可立体栽培，在温室、大棚、厂房等设施内均可栽培，现已成为一类很有发展前途的新兴蔬菜产业。

一、芽苗菜分类

根据其利用营养的来源可分为种（籽）芽菜和体芽菜两类。种芽菜是指利用植物种子直接培育成可供食用的幼嫩的芽或芽苗的一类蔬菜，如大豆芽、绿豆芽、赤豆芽、黑豆芽、蚕豆芽、豌豆苗、萝卜苗、黄芥芽、蕹菜苗、荞麦苗、苜蓿芽及种芽香椿等。

体芽菜多指利用2年生或多年生作物的宿根、肉质直根、根茎或枝条培育生长成可供食用的芽球、嫩芽、幼茎或幼梢的一类蔬菜。例如，由肉质直根在遮光条件下培育成的芽球菊苣；由宿根培育而成的蒲公英、菊花脑等（均为幼芽或叶）；由根茎培育成的姜芽、石刁柏、春笋（均为幼茎）；以及由植株、枝条培育成的香椿芽、枸杞头、花椒芽（均为嫩芽、嫩叶）和豌豆尖、辣椒尖、佛手瓜尖（均为幼梢）等。

二、种芽菜的栽培技术要点

1．栽培场地

种芽菜一般采用半封闭式、多层立体、无土纸床、无营养液栽培方式，其产品可分为绿化型和半软化型两类。绿化型产品多在塑料大棚、日光温室或加温温室等设施中生产，半软化型产品多在工业厂房或一般房屋内生产。芽苗菜进行大规模工厂化生产，生产厂房完全按工业使用标准设计，可分为播种、催芽、栽培、采收4个车间。

2．栽培设备

（1）栽培架　为提高土地利用率、充分利用空间、便于进行立体栽培，最好采用多层栽培架，栽培架由30 mm×30 mm×4 mm的角钢组装而成，一般可制作3～5层，每层的间距为40 cm，长度以每层可排放6个育苗盘为宜。为了方便操作，架高一般不超过1.5 m。在温室等不规则空间栽培时，可依据空间增加或减少栽培架的层数。工厂化生产时，可在栽培架的底部安装4个轮，便于活动。

（2）栽培容器　为适应立体栽培的需要，生产种芽菜的栽培容器应具有能容装或铺垫多种栽培基质的功能，并能适度地保持水分，同时具有良好的通气状况。一般选用市售的轻质塑料平底育苗盘，其规格为外径长60 cm、宽24 cm、外高5 cm，底部有透气孔眼。

（3）栽培基质　种芽菜栽培的基质应选用洁净、无毒、质轻、吸水持水力强、使用后残留物易处理的纸张、泡沫塑料片、白棉布、无纺布等，也可用珍珠岩、蛭石等，可与水洗沙结合使用。生产上多用纸张作基质，成本低，易于操作，可用于豌豆苗、蕹菜苗、荞麦苗、花生芽等种芽菜的生产。生产种芽香椿时，多选用珍珠岩作基质。

（4）喷淋器械　采用铺纸的苗盘生产芽菜，必须经常地、均匀地喷雾或喷淋。喷雾常用的器械有背负式喷雾器和压力喷雾器；喷淋常用的器械有淋浴喷头或自制浇水壶细孔加密喷头等。

（5）浸种及苗盘清洗容器　浸种及苗盘清洗容器可依据不同生产规模分别采用盆、缸、桶、砖砌水泥池等。

3．培育技术

（1）主要种类和品种　用于生产芽苗菜的种子要求纯度高、净度好、子粒大、发芽率高。豌豆苗生产可采用青豌豆、花豌豆、灰豌豆、褐豌豆、麻豌豆等粮用豌豆，尽量不要选黄皮或绿皮的大粒豌豆，这类豌豆在生产上很容易烂种和烂苗；萝卜苗可采用石家庄白萝卜、大红袍萝卜、国光萝卜、娃娃缨萝卜等秋冬萝卜；荞麦苗可采用山西荞麦或内蒙古荞麦等；种芽香椿可采用紫油香椿，发芽率高，香味浓，要求用发芽率85%以上、大小一致的新种子，或者在4～5℃低温干燥条件下贮藏的上年的种子；用于苜蓿芽生产的优良品种有‘WL-323MF’‘WL-324’‘先驱者’‘三得利’等。另外，在购买种子时，除应注意种子质量外，还要考虑到货源是否充足、稳定。也可根据当地情况开发试种一些其他的种类或品种。

（2）种子的清洗与浸种　用于芽苗菜生产的种子在播前应进行晒种和清选，可采用风选、盐水清选、机械清选或人工清选，剔除虫蛀、残破、畸形、发霉、瘪粒、特小粒种子和杂质。花生种子尤其要进行严格的人工清选，无发芽能力的花生种子更易腐烂。为了促进种子发芽，经过清选的种子还需进行浸种。一般先用20～30℃的洁净清水将种子淘洗2～3遍，然后浸泡。浸种时间：荞麦为36 h，豌豆、香椿为24 h，萝卜为6～8 h。浸种结束后要将种子再淘洗2～3遍，然后捞出种子，沥去多余的水分，便可播种。豌豆、黑豆种子可进行55℃温汤浸种10 min，对种子进行消毒和杀菌。

（3）播种　播种多在塑料苗盘中进行，播前先将苗盘洗刷干净，并用石灰水或漂白粉水消毒，再用清水冲净，然后在盘底铺一层纸张，即可播种豌豆、萝卜或荞麦。播种量以干种子重量计，育苗盘的规格为外径长60 cm、宽24 cm，每盘播种豌豆400～500 g、萝卜75 g、荞麦150 g、香椿50～100 g。播种时要求撒种均匀，以使芽苗生长整齐。但香椿的播种方法与豌豆等不同：①苗盘铺纸张后要再铺一层1.5 cm厚的珍珠岩，注意珍珠岩要提前加清水搅拌后挤去多余水分；②播种前必须提前进行常规催芽，催芽温度为20～22℃，催芽时间为4～5 d，当60%的种子露芽时再播种。

（4）叠盘催芽　播种完毕后，进入催芽车间进行叠盘催芽。将苗盘叠摞在一起，放在平整的地面进行叠盘催芽。注意苗盘叠摞和摆放的高度不得超过100 cm，每层之间要间隔2～3 cm，以免过分郁闭、通气不良，而造成出苗不齐。此外，为保持适宜的空气湿度，摞盘上面要覆盖湿麻袋片、黑色薄膜或双层遮阳网。

催芽应在湿度条件比较稳定的地方或专设的催芽室内进行，催芽室内的温度应保持在20～25℃。但香椿的要求较严格，应保持在20～22℃，以提高发芽率。叠盘催芽期间每天应喷水1次，水量不要过大，以免发生烂芽。但香椿不需喷水，因为珍珠岩所保持的水分完全能满足其发芽需要。此外，在喷水的同时应进行1次倒盘，调换苗盘上下前后的位置，使苗盘所处的环境尽量均匀，促进芽苗整齐生长。在正常条件下，4 d左右芽苗达到1～3 cm高时，即可结束催芽。将苗盘一层层单放在栽培架上，然后进入栽培车间进行培育管理。

几种种芽菜的浸种时间、发芽适温、生长适温及生长期见表6-7。

表6-7 几种种芽菜的浸种时间、发芽适温、生长适温及生长期

种类	浸种时间/h	发芽适温/℃	生长适温/℃	生长期/d
豌豆	24	20～25	18～23	8～10
香椿	24	20～25	20～23	15～18
萝卜	2	20～30	20～25	5～7
荞麦	24	20～30	20～25	8～10
苜蓿	6	15～25	18～23	8～10
蕹菜	36	25～30	20～25	10～12
赤豆	24	25～30	20～25	12～13
花生	24	25～30	18～25	8～10

（5）绿化期的管理　绿化期应根据芽菜的种类、栽培设施及环境，从光照、温度、水分和通风等几个方面进行调节，使其满足芽苗菜的生长需要。

1）光照管理：为使芽苗菜从叠盘催芽的黑暗、高湿环境安全地过渡到栽培环境，在苗盘移到栽培室时，应放置在空气相对湿度较稳定的弱光区过渡1 d，以避免发生萎蔫。为生产绿化型产品，应在芽苗上市前2～3 d，把苗盘放置在光照较强的区域，以使芽苗更好地绿化。但进入6～8月以后，尤其是采用日光温室等设施生产时，为避免光照过强，必须在温室外覆盖遮阳网。

2）温度管理：芽苗出盘后，要求的温度环境虽然没有叠盘催芽期间严格，但应根据不同种类、不同生长期分别进行管理。一般来说，如果同一生产场地同时种植几种芽苗菜，那么室内温度应控制在夜间不低于16℃、白天不高于25℃。在上述温度范围内，豌豆苗、种芽香椿较喜欢低温，而萝卜苗、荞麦苗则喜欢高温。芽苗菜生长前期，要求温度范围较为严格，中后期则可放宽一些。此外，注意保持一定的昼夜温差，切忌出现夜高昼低的逆温差。

3）水分管理：由于芽苗菜采用的是苗盘纸床栽培方式，加之芽苗本身鲜嫩多汁，因此要经常补水，其原则是小水勤浇，冬季每天喷淋3次，夏季每天喷淋4次。浇水要均匀，先浇上层，然后依次浇下层，浇水量掌握在喷淋后苗盘内基质湿润、苗盘底部有少量滴水为宜。此外，还应注意生长前期水量宜小，中后期稍大；阴雨、低温天气水量宜小，高温天气宜大；室内空气相对湿度较大、蒸发量较小时，水量宜小，否则宜大。空气相对湿度保持在60%～85%。

4）通风：通风是调整栽培室温度、降低空气相对湿度、减少种芽霉烂的重要措施之一。在保证室内温度的前提下，每天应至少进行通风换气1～2次，即使在室内温度较低时，也要进行短时间通风。

（6）病害防治　为了保证产品达到绿色食品标准，应通过控制温度、湿度、通风、清洁容器和场地等方法预防病害的发生。在防治上可采取：①用0.1%高锰酸钾溶液对种子表面进行消毒，消毒时间为5 min。②认真清洗栽培盘，在阳光下暴晒1～2 d，可用3%石灰水浸泡。③香椿在种植过程中适量浇水，多见光，保持较高的温度；萝卜芽采用"渗水"的方法将水自盘底浇入，慢慢渗透基质，要避免因喷淋叶面水分过多而出现烂叶的现象。豌豆、花生较少发生病害。

（7）采收　芽苗菜产品应及时采收，才能保证其优质、高产。以活体整盘出售或小包装上市。

1）豌豆苗播种后，经8～9 d即可收获，收获时苗高约15 cm，顶部小叶已展开，食用时切割梢部7～9 cm，每盘可产350～500 g。

2）萝卜苗播种后，经5～7 d即可收获，苗高

6～10 cm，子叶展平，食用时齐根切割，每盘可产500～600 g。

3）荞麦苗播种后，经9～10 d即可收获，苗高10～12 cm，子叶展平，食用时齐根切割，每盘可产400～500 g。

4）种芽香椿浸种后，从催芽经18 d左右即可收获，苗高7～10 cm，子叶开展，心叶未长出，食用时可齐根切割或带根拔出，每盘可产400～500 g。

4. 种芽菜生产中易出现的问题

（1）烂种　栽培过程中容易发生烂种现象，尤其豌豆芽苗菜更易烂种。生产豌豆苗时应注意：①切勿采用种皮为绿色或黄色的大粒豌豆品种；②必须严格控制浇水量和温度，水量过多，尤其在高温、高湿条件下，极易引发烂种、烂芽；③还要注意苗盘严格消毒。

（2）芽苗不整齐　芽苗不整齐常使产品的商品率降低。为此应注意以下几点：①采用纯度高的种子，并应均匀地进行播种和浇水；②要水平摆放苗盘，还要经常倒盘，使芽苗的生长环境一致。

（3）老化（纤维过多）　栽培过程中，如遇干旱、强光、高温或低温、生长期过长等情况，会导致纤维迅速形成，使芽苗老化，生产上应尽量避免上述情况出现。

三、体芽菜的栽培技术要点

体芽菜栽培需分两步进行。第1步：培育出壮硕的植物营养贮藏器官。这一生产环节一般是在露地田间进行，要求土壤肥沃、疏松，有机质含量高，通透性良好，排水通畅，并且有良好的浇灌、施肥条件，以促进营养器官充分发育，贮藏足够的营养，为第2步获得优质高产的体芽菜打下基础。第2步：将营养贮藏器官密植于适宜的环境条件下，促进芽体的生长，场地可选择塑料大棚、日光温室、厂房等。

（一）香椿芽

香椿（*Toona sinensis* Roem.）属于楝科香椿属落叶乔木，是我国珍贵的木材、蔬菜兼用树种。香椿的幼嫩芽叶芳香馥郁、营养丰富，含有多种氨基酸及矿物质，为蔬菜中的上品。香椿具有防治感冒、去肠火等药用价值。

1. 育苗培育幼芽栽培

（1）露地育苗

1）种子处理及播种：一般于3月中旬育苗。选择适合矮化种植、树形易于控制、发芽早、椿芽风味较好的品种。香椿种子贮藏后容易失去生活力，因此要选择饱满、优质的当年新种，颜色鲜艳呈红黄色，种仁黄白色，每平方米的用种量为6.0 g左右。播种前搓去刺膜进行清洗，放在40℃的温水中浸种5 min左右，不停地搅动，然后放在20～30℃水中浸泡24 h，捞出冲洗，沥去水分，用3～4层湿纱布包裹，置于20～25℃的环境下催芽。催芽期间，每天翻动种子1～2次，并用25℃左右的清水淘洗2～3遍，控去多余的水分。4～5 d后，当有40%～60%的种子萌芽时即可播种。

育苗要选地势平坦、光照充足、排水良好、土质肥沃的沙壤土作育苗地，结合整地每平方米施有机肥7.5 kg、过磷酸钙75.0～90.0 g、尿素22.5 g作为基肥。在10 cm深的地温稳定在12℃以上时，即可播种。若采用日光温室、塑料大棚育苗，一般可在终霜前60～80 d播种育苗。播种时在1 m宽的畦内按30 cm的行距开沟，沟宽5～6 cm、深5 cm，将催好芽的种子均匀播下，覆盖厚约1 cm的细土。

2）苗期管理：播种后7 d左右出苗，刚出土的种苗茎叶娇嫩，应适当遮光。当幼苗有1～2片真叶时，结合中耕除草进行第1次间苗，株距为5～10 cm；4～6片真叶时可去掉塑料膜，进行第2次间苗和定苗，定苗前先浇水，以株距20 cm定苗。7月底至8月下旬，株高50 cm左右时进行苗木的矮化处理。用15%多效唑200～400倍液，每10～15 d喷1次，连喷2～3次，即可控制徒长、提早封顶、促苗矮化、增加物质积累。在进行多效唑处理的同时结合摘心，可以增加分枝数。

（2）设施栽培

1）定植：温室或大棚栽培香椿一定要施足底肥，每平方米施优质农家肥7.5 kg、过磷酸钙150.0 g、尿素37.5 g，撒匀深翻，然后整畦栽苗，一般畦宽60～100 cm。栽植时间一般以11月上旬封冻之前为宜，当大田壮苗的叶片脱落后及时起苗，起苗尽量多保留粗壮的根系，按行株距为15 cm×15 cm定植于温室或大棚内整好的畦中，栽植密度为45株/m^{2}左右。

2）定植后的管理：栽植后浇透水，不封盖薄膜，使苗木继续通过休眠并散发水汽，避免土壤过湿导致烂根，同时必须保持空气、土壤和苗木的湿润。在收完第1茬香椿、第2茬香椿芽长出后开始第1次追肥，每平方米可施尿素15.0～22.5 g或复合肥22.5 g，也可溶于水中浇灌。每采收1次可施1次追肥。采收期间，每次采收前3～5 d，选晴暖天中午给苗木喷水，喷到叶面滴水为止，湿度过大时要通风。

栽植后开始 20 d 左右可使温度保持在 1～5℃，以利缓苗和通过休眠。通过生理休眠后，即可扣膜保温生产，使棚室内温度白天控制在 18～24℃，夜间在 12～14℃，在这种条件下 40～50 d 即可长出香椿芽。设施香椿生产，也要有较好的光照才能促进生长，采用无滴透明膜，并保持棚膜清洁。

3）采收：温室加盖草苫 40～50 d 后，当香椿芽长到 15～20 cm，而且着色良好时采收。采收时需用剪刀剪下或用快刀片削下芽头，不能用手掰，以防损伤芽和树体。第 1 次采收时，顶芽留下基部 1～2 片复叶，第 2 次采收留 2～3 片。开始采收侧芽时，必须留下一部分侧芽不收，使其萌发后形成辅养枝，以利恢复树势。每隔 7～10 d 采 1 次，共采 4～5 次，每次采芽后要浇水。当 4 月露地椿芽上市时，停止采收。

（3）露地恢复培养　香椿苗木经冬、春两季采摘，体内的养分基本耗尽，需挖出苗木，栽到露地，进行恢复培养。采收结束后，应逐渐除去薄膜，适度通风降温，使衰弱的苗木慢慢适应外界的气候条件。起苗时尽量少伤新生根，并除去腐败老根，促使新根萌生。露地移植 10～12 株 /m^2，6 月中下旬进行平茬，2～3 年生苗距地面留干 15～25 cm，将其上部剪掉，同时加强水肥管理，发芽后选留 1 个健壮枝作主干培养，除去其余侧芽。也可以在夏季枝条长到一定高度时摘心，培养成有 2～3 个短枝的多头苗木，经过夏、秋两季的恢复培养，秋末冬初再将苗木移入棚室进行生产。每年依此法进行“平茬”更新，苗木存活率可达 90% 左右，育一批香椿苗木，可连续使用 3～4 年。

2. 冬季枝条育芽栽培

采用香椿枝条，冬季在大棚、温室、闲置厂房等处进行立体架式育芽生产。

（1）育芽设施　育芽设施主要有立体育芽架和育芽容器。立体育芽架可用木材、钢筋或角铁制作，长 150～250 cm，宽 30～60 cm，每层间距 40～50 cm，视育芽场地的空间可做 2～4 层。育芽盘可用 60 cm×25 cm×8 cm 的黑色塑料育苗盘。

（2）选剪枝条　在 11～12 月香椿落叶后，选用 2～3 年生香椿树上直径 2～3 cm 的枝条，剪成 20 cm 左右的小段，按芽朝上的方向将 6～8 根枝条用塑料绳捆在一起。

（3）浸条催芽　将捆扎好的枝条用 0.05% 的生根粉（萘乙酸类）和 0.05% 的萌芽素（生长素类）水溶液浸枝条下端 6 h，以打破枝条休眠，促进其快速生根、发芽。

（4）管理　枝条本身的营养有限，因此要获得较高的产量需在培养过程中补充一定的营养。在清水中加入 0.01% 磷酸二氢钾、0.03% 尿素及 0.01% 的糖配制成营养液，将配好的营养液加入容器内，数量以容积的 2/3 为宜；然后将用生根粉和萌芽素处理过的枝条切口朝下插入容器中；最后将其移入棚室内进行培育。最初隔 4～6 d 向容器内补充一次营养液，以后每隔 2～3 d 补充一次。棚室内的温度白天控制在 20～25℃，夜间 9～15℃。在此条件下一般 20 d 后香椿即可发芽，25～30 d 即可采摘上市，在 2 个月内可采摘香椿芽 2.5 kg/m^2 左右。

（二）菊苣

菊苣（*Cichorium intybus* L.）又名欧洲菊苣、苞菜、苦白菜等，属于菊科菊苣属的多年生草本植物，以嫩叶、叶球、叶芽为食用器官。芽球菊苣是指利用其肉质根中积累的营养经软化栽培结出的芽球，呈乳黄色，长 10～15 cm，单重 50～100 g，是一种优质高档的稀特体芽类蔬菜。菊苣除含有丰富的蛋白质、矿物质和维生素外，还含有特殊的苦味物质，如马栗树皮素、马栗树皮苷、野莴苣苷和山莴苣苦素等，有清肝利胆、镇痛和催眠的功效。

1. 主要类型和品种

菊苣分叶用和根用，用于软化栽培的为叶用型。软化菊苣按芽球的颜色可分为乳白色、乳黄色和红色三种。按直根休眠期的长短可分为需经低温贮藏处理的菊苣和无休眠期的菊苣两种。目前生产上多采用由中国农业科学院选育的‘中囤 1 号’，以及从国外引进的品种，如荷兰的‘科拉德’‘特利劳夫’、日本的‘白河’‘沃姆’等品种。

2. 软化菊苣对环境条件的要求

菊苣的抗逆性极强，耐寒，根株在北京地区能露地越冬，夏季高温长日照下抽薹开花，宜在气候较凉爽的地区栽培。一般都进行秋季或秋冬季栽培；肉质根囤栽则多于冬春季，在温室、塑料大棚等保护设施内进行。收获直根后，在黑暗的条件下软化栽培，保持湿润，温度在 10～12℃时需 30～40 d 收获芽球，温度在 18～20℃时 20～25 d 即能形成芽球。

3. 软化菊苣根株的栽培

（1）整地做畦　培育芽球菊苣栽培用的肉质根一般采用干种子直播，应选择地势高燥、具有良好的排涝条件、土质疏松、富含有机质、土层深厚的沙壤土或壤土地块种植。每平方米施入腐熟有机肥 4.0～8.0 kg、复合肥 75.0 g，深翻整平土地，按南北走向做宽 70 cm、高 15 cm 左右的龟背形高畦。

（2）播种时间与方法　播种期以 6 月下旬至

7月上旬为宜，植株有充分的生长时间而又不会出现先期抽薹现象。如播种过早，先期抽薹率高，直根不能应用；播种过迟，则直根太小，影响软化后芽球的产量。菊苣宜直播，因为育苗移栽常因伤根而易形成歧根或弯根，使须根增多，影响软化后芽球的产量和质量。直播的用种量为0.3 g/m^2，每畦播双行，于畦两边开浅沟，行距为40 cm，沟深3 cm，条播或点播，播后覆土1 cm左右。播种后扣地膜，出苗后即划开地膜，3～4片真叶时定苗，定苗株距为15～20 cm。在种子来源较少或种植地不能及时腾出时，也可采用育苗移栽，最好用育苗盘或营养土块育苗，带土坨移栽。

（3）田间管理　出苗期如遇高温干旱，要加强管理，及时连续浇水，降低地温，保持土壤湿润，有利于苗齐、苗全、苗壮。出苗后约20 d，看苗情追施氮肥1～2次，并进行中耕松土、除草，封垄前追施30.0～45.0 g/m^{2}复合肥1次。灌水以见干见湿为原则，播种后约90 d，植株的肉质根已形成，要控制浇水，进行叶面施肥，用0.3%磷酸二氢钾喷洒叶面1～2次，促使养分向根部运转，增加根部的干物质含量，以利于下阶段的贮藏和软化栽培。

（4）根株的收获　菊苣植株经栽培110～120 d，形成充实的肉质根，即可收获。北方地区大致在11月上中旬前，南方各地则稍晚。收获时要尽量将根群全部挖起，不留断根在土中。根株收获要在晴天进行，大面积收获时，挖根后连叶簇一起于畦边排放整齐，看天气情况晾晒2～3 d，清除个别抽薹的植株，然后在田间垛成圆堆。堆垛时将根部朝内、叶朝外，保护根部不受冻伤，以便有较充足的时间在田间整理根株。根株整理时，在根冠上留约6 cm的叶茬，掰掉外部的黄叶、烂叶，把大、小根分别堆放，然后运至冷凉处贮存备用。根株上留的叶茬不宜过长或过短，过长贮存时易发生腐烂而伤及株根，过短易切伤生长点而不能形成合格的商品芽球。修整和贮运工作务必在严寒到来前完成，切勿使根株受冻害，否则在软化栽培时会因根株冻伤腐烂而失收。

（5）贮藏　库或窖内的管理温度控制在0～4℃，空气相对湿度在95%以上，可贮存3～5个月。若用硅橡胶气调包装袋包装，效果更佳。

4. 软化菊苣芽球的栽培

根株收获后，宜经低温处理7～10 d，使其通过休眠，再进行软化栽培。标准的根株应是直圆锥形的无叉根，长15～20 cm、横径3～5 cm、重100～125 g，过长的直根可切去一部分。一般1 hm^{2}大田的根株需300～370 m^{2}的软化栽培槽。软化栽培的方法很多，可用阳畦、大棚、温室、地窖，甚至露地进行，也可用高塑料桶、木箱等器具盛装置于室内。根据所用的基质可分为土培法和水培法两种。

（1）土培法　直接于地面上挖槽，宽100～150 cm，深30 cm左右，长度依场地而定。槽底铺电热线后，上覆土3 cm左右。然后把已修整干净的根株从槽的一端开始，一个个紧挨着排好，浇足底水。埋入深度以露出根头部生长点为度，盖土要整齐平整。槽上盖黑色膜或其他遮光物进行遮光，形成软化栽培必需的黑暗环境。若发现栽培畦内湿度过大而引发霉菌生长，可将覆盖物揭开，进行“拉缝”通风。槽内温度控制在18～20℃，20 d左右见有黄白色芽尖露出土面时，即可扒开泥土，收获芽球。收获芽球后留下的残根可继续长出侧芽，在侧芽长到10～15 cm时采收上市。符合商品规格的芽球呈乳黄白色，芽叶厚且抱合紧实，长12～15 cm，最粗处的横径约6 cm，单个球重100 g左右。收获的芽球随即整理干净，遮光保藏于0℃冷库（相对湿度在95%以上），或者随即包装上市。为延长收获期，华北地区最经济的方法是在室外露地于冬冻前挖槽沟（方法与设施栽培相同），把菊苣的根株栽植于槽沟内，覆盖厚度约20 cm的细沙土，槽面加盖草帘，在自然气温下越冬，但需经常检查。冬季不盖草帘的可延至4月上旬收获。

（2）基质培法和水培法　基质培法的原理与土培法基本相同，可进行立体生产、机械操作，生产效率更高。将菊苣根埋在容器里，覆盖细沙、木屑、草碳。水培法是将肉质直根插入悬挂有网板的塑料箱槽内，然后往箱槽内注入洁净的清水，水位高6～9 cm，有条件的可设置水循环系统，则效果更佳。水培时应注意：一是根株要洗干净，并除去老叶，叶柄长度一致；二是水要流动，水质清洁，最佳水位应在根株的1/2以下、1/3以上处；三是温湿度及遮光要严格控制。

5. 留种

留种株的选择是指从软化栽培中选出芽球外观好、符合商品标准的根株，集中栽植于采种圃，要与其他品种和苦苣等隔离，拔除过早抽薹开花的植株。大批留种株盛花期后打顶，花茎中部的种子转黄色时即可割下，晾晒干后脱粒，风干保存备用；少量植株采种，应分批采收，随熟随采摘，可提高种子质量。

（三）姜芽

姜（*Zingiber officinale* Rosc.）又称生姜，是

姜科姜属中能形成根（状）茎的多年生宿根草本植物。软化姜芽是指种姜在避光并保持适宜的温度、湿度环境条件下萌发的幼芽，它具有嫩、鲜、香、脆的特色，营养丰富，耐储存，无污染。姜芽含有姜辣素、姜油酮和姜醇，有健胃、去寒和发汗等保健功效。

1. 类型与品种

生姜可分为疏苗型和密苗型两大类型。疏苗型生姜植株分枝少，姜块肥大，姜块茎节少而稀；密苗型生姜植株分枝多，姜块茎节多而密。以获取姜芽为主要目的的，应选用密苗型品种，如‘山东莱芜小姜’。

2. 选种和排种

（1）选种　在姜块培育的各个环节中，姜块选择是关键的一环。选择出芽率高、芽眼饱满、大小适宜、色正、无病虫的姜种，剔除瘦弱干瘪、肉质变褐色及发软的姜块。将整块生姜按芽眼切割分开播种，每千克姜种可出芽 32 个以上。

（2）催芽　将按芽眼切开的生姜块立即沾上一层草木灰进行消毒，再选晴天晾晒 1～2 d，并翻动1或2次，然后将姜种叠堆（一般堆高不超过 60 cm）在室内，适量喷水，一层沙子一层生姜，堆内温度保持在 25℃。30 d 左右，待大部分姜芽长到 1 cm 长时即可播种。

（3）排种　催芽后的生姜芽眼朝上，一块块码入铺有 3 cm 厚的湿润细河沙的箱槽内，一般排姜种 20～25 kg/m^2，上面再盖 5 cm 的湿润细沙。河沙湿度以用手可捏成团，但不滴水滴为宜。

3. 栽培管理

（1）水分管理　在多数姜芽出土时，根据床土的干湿情况，喷第二次水，水量以湿透沙土为宜。整个生育期间既要保持床土湿润，又不要积水，室内湿度保持在 70%～80%。还要注意喷水后用细沙土把芽床四周及顶面露出的姜块培严，姜种上面的细沙的厚度不低于 5 cm。

（2）温度管理　姜芽生长的适宜温度为 20～28℃。为促进多发芽、快发芽，在姜芽出土前，床温要掌握在 25～28℃；姜芽出土后，保持在 22～25℃。低于 15℃，则姜芽不萌动；高于 28℃，则姜芽徒长，芽体瘦弱细长。温度低时需加盖薄膜、稻草等覆盖物增温；温度高时可采取打开门窗通风及向地面和空间喷水等措施降温。

（3）通风　姜种上床后，室内一般封严不通风。出芽后，特别在采收前几天，要根据芽苗长相适当通风换气，以提高芽苗质量。

4. 采收

一般在姜种上床 45～50 d、大部分芽苗长至 30 cm 高时，即可采收。用工具把姜块起出，然后把姜苗掰下，去掉芽苗上的须根，冲洗干净即可。超过 30 cm 的芽苗可以切去顶芽。姜芽可鲜食，也可经盐渍成软包装或罐装姜芽食品。目前姜芽产品多销往日本。

第七节　设施水生蔬菜栽培

水生蔬菜在我国已有 2500 多年的栽培历史了，中国是世界上水生蔬菜驯化栽培历史最悠久的国家。绝大多数水生蔬菜原产于中国，欧美等西方国家称这些蔬菜为中国特菜。我国种植的水生蔬菜主要有莲藕、芋头、茭白、慈姑、荸荠、水芹、芡实、菱、莼菜、蒲菜等十余种，种植面积和产量均占世界的 80% 以上，居世界首位。

设施莲藕栽培

莲藕（*Nelumbo nucifera* Gaertn.）别名藕、莲、荷、水芙蓉等，属于莲科莲属多年生水生草本植物。莲藕可供食用、药用和观赏，通常藕和莲子供食用，莲花供观赏，深受人们喜爱。

一、生物学特性

1. 植物学特性

种藕栽植后，顶芽和侧芽抽出细长的鞭状根茎，称莲鞭或藕鞭。莲鞭上有节，向下生须根，向上生叶。莲鞭的分枝性较强，每节都可抽生分枝，即侧鞭，侧鞭的节上又能分枝。种藕生出的叶片的大小和形状各异，初生叶小，沉于水中，称钱叶；后生叶较大，浮在水面的称浮叶，伸出水面的称立叶。植株生长前期立叶从矮到高，生长后期从高到矮，可以从叶片来鉴别藕头生长的方向。结藕前的一片立叶最大，称后栋叶，以此叶作为地下茎开始结藕的标志，最后一片叶称终止叶，形为卷叶，色深、叶厚，叶柄刺少。

到夏秋之间，莲鞭先端数节开始肥大，称主藕或正藕，一般由3～6节组成，全长1.0～1.3 m。主藕的分生侧枝称子藕，子藕还可抽生孙藕。母藕先端一节较短称藕头，中间1～2节较长称藕身，连接莲鞭的一节较长而细称尾稍。藕为地下根茎的变形肥大部分，中间有7～9条纵直的孔道，同叶柄中的孔道相通，以交换空气。花为红色、浅红色或白色，花瓣为20片左右。果实称莲子，果皮内有紫红种皮，所有的果实包埋在半球形的花托——莲蓬内，每个莲蓬一般有15～25个莲子。

2. 生长发育周期

生产上多用种藕进行无性繁殖，如用莲子播种繁殖，生长缓慢，需2～3年才可收获，而且变异较大。莲藕从种藕栽植到新藕收获，因品种和环境不同需80～180 d，大致分为幼苗期、茎叶生长期和结藕期3个时期。

（1）幼苗期　本阶段从种藕萌芽开始到立叶发生为止。植株营养的来源主要依靠种藕贮藏的养分。

（2）茎叶生长期　从植株抽立叶至出现后栋叶为止为茎叶生长期。此时为莲藕植株营养生长的主要时期，既要求根、莲鞭、叶片旺盛生长，但也不宜生长过旺，以防疯长贪青，延迟结藕。

（3）结藕期　结藕期是指后栋叶出现到莲藕成熟，为产品器官形成期。植株各部分的营养物质除一部分输向果实外，大部分向新藕内集中。

3. 对环境条件的要求

莲藕性喜温暖多湿、无风而阳光充足的气候条件，霜降后叶、花、藕鞭逐渐死亡。最喜欢土层深厚、有机质含量丰富的土壤和较稳定的水位。

（1）温度　莲藕喜温暖，要求温度达15℃以上才能萌芽；茎叶旺盛生长阶段要求温度为25～32℃，水温为21～28℃；结藕初期也要求较高的温度，以利于藕身的膨大；结藕后期则要求昼夜温差较大，白天为25℃左右，夜晚为15℃左右，以利养分的积累和藕体的充实；休眠期要求保持在0℃以上，保持5～10 cm的水位，防止受冻。

（2）光照　莲藕为喜光植物，生长发育要求光照充足，不耐遮光。前期光照充足，有利茎叶生长；后期光照充足，有利开花和藕体的充实。莲藕对日照长短的要求不严格，但一般长日照有利于茎叶生长，短日照有利于结藕。

（3）水分　莲藕在整个生长发育过程中均不可缺水。萌芽生长阶段要求浅水，水位在5 cm为宜；植株进入旺盛生长阶段，要求水位逐步加深至10～30 cm；以后随着植株的开花结果和结藕，水位又宜逐渐落浅，以利于藕体的膨大；进入休眠期，只需保持浅水。萌芽生长阶段水位过深常推迟萌芽；结藕期水位过深，则易引起结藕延迟和藕身细瘦。整个生育期中，田间水位切忌暴涨暴落，尤其不能长时间淹没荷叶，否则易造成荷叶死亡腐烂。

（4）土壤和营养　莲藕在壤土、沙壤土和黏壤土上均能生长，但以含有机质丰富的沙壤土为最适。沙壤土疏松，莲藕地下茎在土中生长时所受阻力小，易于获得优质高产。土壤有机质的含量一般要求在1.5%以上；土层深度在30 cm左右，过深不利于挖藕；土壤pH在5.6～7.5，以pH 6.5左右最好。莲藕对氮、磷、钾三要素的要求并重，一般籽莲类型的品种对氮、磷的要求较多，而藕莲类型的品种对氮、钾的需求较多。

二、品种

设施栽培的品种应选择前期较耐低温、萌芽早、生长势强的早中熟品种，主要品种有'苏州花藕''飘花藕''鄂莲1号''鄂莲3号''鄂莲4号''武植2号''大紫红'等。

三、塑料棚早熟栽培技术

1. 栽培季节

莲藕萌芽的最低温度为15℃，因此设施莲藕栽培的季节应根据设施的性能和地区而定。栽培莲藕可用的设施有地膜、小棚、中棚和大棚等。例如，塑料大棚栽培时，黄淮平原一般于2月中下旬至3月上旬栽植，武汉地区可提前至春节前后；日光温室栽培时可进一步提前至1月下旬；而地膜覆盖栽培则常在3月中下旬栽植。目前，生产上多采用塑料大棚进行栽培，江淮地区常在2月中下旬栽植，6月中下旬采收上市。

2. 建棚整地

当外界温度在10℃左右时整地建棚，选择南北走向，有利于通风和透光。设施种植莲藕的生育期短，施肥应以基肥为主。种植田块在收完前茬后，应尽早整地施基肥，施入腐熟粪肥5.0～7.5 kg/m^2，施肥后深耕20～30 cm，耕细耙平，放3～5 cm的浅水，使土壤松软。种植田块如是冬闲田，则冬季即可进行深耕培肥。临种植前1～2 d施入尿素45.0 g/m^2，以促进萌芽期的生长。大棚应在种植前10 d左右提前扣膜、闭棚，以利于提高水温和土温。

3. 合理密植

在大棚内日平均气温稳定上升到15℃以上时应及时种植。种植时的行向和大棚的走向一致，应注意种藕顶芽的走向，棚中央部位的种藕顶芽指向大棚两侧，两侧的种藕顶芽指向棚的中央，以免莲鞭伸出田埂。行距为1.0～1.5 m，同一行相邻两穴的种藕顶芽相对，穴距为0.8～1.0 m，这样可保证以后各地下茎和叶片在棚内分布均匀，以利于充分利用大棚空间。种藕应选用顶芽和侧芽均健壮的大藕，种植时将种藕顶芽斜插入土中8～12 cm深，尾梢节上翘露出水面，以接受太阳光照，提高种藕温度，促进萌芽。用种量为5000～6000 kg/hm^2。

早熟栽培也可先进行催芽，然后栽植，防止栽植过早、水温过低及晚霜冻害引起烂种缺株。催芽方法：将种藕置于温暖的室内，上下垫覆稻草，每天洒水一两次，以保持20～25℃的温度及一定湿度。经过20 d左右，芽长10 cm，即可栽植。

4. 温度和光照管理

在种植后至田间出现少数叶片期间应闭棚，提高大棚内的气温和土温。当田内出现较多叶片后，白天棚内温度达32℃时开始通风，并维持气温在25～30℃，夜间气温维持在15℃以上。若天气较阴冷，大棚内的气温达不到32℃以上，则可以不通风，2～3 d后通风一次。棚内出现大量立叶后，随外界气温回升，中午前后应加强通风，防止高温烧苗。莲藕进入结藕期后，白天的温度可适当提高，气温达35℃时开始通风，晚上则加大通风量，尽量降低温度至15℃，以促进光合产物向新藕运输，促进新藕膨大。当气温稳定在30℃时，可拆除大棚，大棚膜一般在5月下旬或6月上旬揭除。

莲藕喜光，整个生长发育过程都需要充足的光照。大棚的棚膜宜选用新的多功能无滴膜，既有利于改善大棚内的光照状况，提高棚内温度，又可防止莲藕生长初期棚膜内侧凝聚的低温水滴滴至叶面而造成危害。

5. 水位调节

水层管理掌握“浅—深—浅”的原则。大棚莲藕生长初期外界气温较低，为提高土温，宜保持2～3 cm的浅水层，甚至保持土壤充分湿润即可。待立叶出现后，随立叶逐片长高至完全封行，可逐步加深水层至10 cm。当田间出现少数后栋叶时，可放水干田3～5 d，促进莲藕从旺盛的茎叶生长转入结藕阶段，然后恢复3～5 cm的浅水层，促进莲藕膨大和充实。

6. 追肥

大棚莲藕在种植前除需施足基肥外，还需分期追肥。一般在田间出现少量立叶时，追施发棵肥，可在行间结合中耕除草施腐熟粪肥2.0～3.0 kg/m^{2}或尿素15.0～23 g/m^2，以促进立叶和分枝的生长。在田间封行至开始出现后栋叶期间，应重施结藕肥，一般每平方米施腐熟粪肥3.0～4.5 kg或尿素30.0 g，加过磷酸钙22.0 g、硫酸钾22.0～30.0 g。施前应放干田内积水，在叶片上无露水时进行，以便肥料吸入土中，同时尽量避免化肥沾留叶片产生灼伤。施肥后隔1 d恢复水层。追肥不宜用碳铵，以防烧苗。整个生育期内，严格控制氮肥的用量（纯氮量不超过225 kg/hm^2）。

7. 摘叶摘花

定植1个月后，浮叶渐渐枯萎，应摘去，使阳光投入水中提高地温。莲藕以采藕为目的的，如有花蕾发生应将花梗曲折（为防雨水浸入不可折断）以免开花结子消耗养分。

8. 转藕头

莲藕植株在生长期间，地下茎伸长，两侧产生分枝，并呈扇形向前伸展。当新抽生的卷叶接近棚侧边缘，且卷叶缺口朝向棚外时，表明地下茎的先端已逼近棚外，必须将先端顶芽转向棚内，以免地下茎在棚外结藕。一般应选择在晴天的下午，扒开表土，找到顶芽，将顶芽转向棚内，用泥压稳即可。

9. 病虫害防治

大棚莲藕在选用健壮、无病虫害的种藕作种的基础上，一般不易发生严重的病虫害。目前易发生的虫害主要有蚜虫，可用抗蚜威喷杀；病害有叶枯病、褐斑病，可用50%多菌灵可湿性粉剂、50%代森锰锌500～600倍液喷雾或50%甲基托布津800倍液喷雾防治。

10. 采收

大棚栽培的莲藕采收期的迟早会影响产量，一般采收越早，产量越低。因此，采收期应根据市场价格和莲藕生长状况来确定，以保证有一定的经济效益。要达到最大产量，在终止叶出现后，其叶背微呈红色，基本立叶叶缘开始枯黄时，藕已成熟。在挖藕前10 d，将藕田排干，用铁锹挖取。

设施茭白栽培

茭白（*Zizania latifolia* Griseb.）古称菰，别名茭笋、菰首，属于禾本科菰属多年生宿根水生草本植物。茭白原产于我国，主要分布在长江流域以南各地，华北地区有零星栽培。种质资源及栽培经验以太湖区域和武汉地区最为丰富，无锡、杭州、武汉的茭白远近驰名。茭白以膨大的肉质茎为食用器官，味道鲜美，营养丰富，被视为蔬菜中的佳品。

在中医学上，茭白性味甘、凉、滑，无毒，有止渴、利尿、降血压等作用。

一、生物学特性

1. 植物学特性

茭白为多年生宿根水生植物。根为须根且发达，在分蘖节和根状茎的各环节上抽生，主要分布在地表 30 cm 的土层内。茎可分为地上茎和地下茎两种。地上茎是短缩状，部分埋入土中，其上发生多数分蘖，形成多蘖株丛，称“茭墩”；地下茎为匍匐茎，横生于土中越冬，其先端芽次年春萌生新株，新株又能产生新的分蘖。由于茭白植株体内寄生着黑粉菌，其菌丝体随植株的生长，到初夏或秋季抽薹时，主茎和早期分蘖的短缩茎上的花茎组织受菌丝体代谢产物——吲哚乙酸的刺激，基部 2～7 节处的分生组织细胞增生，膨大形成肥嫩的肉质茎（菌瘿），即食用的茭白。株高 1.5～2.0 m，有 5～8 片叶，叶分为叶片和叶鞘两部分。叶片与叶鞘相接处有三角形的叶枕，称茭白眼。叶鞘自地面向上左右互相抱合，形成假茎。

茭白有雄茭、正常茭和灰茭之分，从植株外形上很容易识别。雄茭是指少数植株抗病力特别强，黑粉菌的菌丝不能侵入，不能形成茭白，至夏秋花茎伸长抽薹开花；雄茭中心抽薹高出正常茭之上，较易识别，宜及时连根拔除，不可留根株于土中。正常茭是指能够正常膨大形成可食用的肥嫩肉质茎的植株。灰茭是指部分植株过熟后或菌丝体生长迅速，致茭白内部已充满黑褐色的孢子，致使品质变劣，不能食用。

2. 生长发育周期

茭白一般不开花结实，以分株进行无性繁殖。茭白的生长发育过程可划分为 4 个时期：萌芽发苗期、抽叶分蘖期、孕茭膨大期和休眠期。

（1）萌芽发苗期　从越冬母株基部茎节和地下根状茎先端的休眠芽萌发、出苗到长出 2～3 片叶为止为萌芽发苗期，需 30～40 d。

（2）抽叶分蘖期　从主茎抽叶分蘖开始到分蘖基本停止为抽叶分蘖期，主茎孕茭。本期经历的时间，因茭白的类型和栽培年度有差异。一熟茭经历 130～150 d；两熟茭栽植的当年（秋茭采收年）需 150～170 d，而在第二年（夏茭采收年）时间较短，为 60～80 d。

（3）孕茭膨大期　从主茎拔节开始至肉质茎膨大收获为止为孕茭膨大期，需 40～50 d。

（4）休眠期　从植株地上部茎叶枯死、茎部和地下根状茎先端的芽休眠开始，至翌春萌芽为止为休眠期，需要 80～150 d。一般在气温 5℃以下时进入休眠，翌年春天气温上升到 5℃以上则开始萌发。

3. 对环境条件的要求

（1）温度　茭白于 5 ℃以上开始萌芽生长，萌芽期的适温为 15～20 ℃，分蘖期的适温为 20～30 ℃，孕茭始温为 15 ℃，孕茭适温为 20～25℃，30℃以上不能孕茭。气温降至 5℃以下，则地上部迅速枯死，以根株分蘖和分株上的休眠芽留存土中越冬。

（2）水分　茭白为浅水性水生植物，生长期间不能缺水，休眠期间也要保持土壤充分湿润。植株从萌芽生长到孕茭，水位要逐渐加深，一般从 5 cm 逐渐加深到 25 cm，才能促进有效分蘖和分株孕茭，并使茭肉白嫩。但如水位过深，也会抑制生长和孕茭，最深不能淹没茭白眼。否则，将会引起茎基部节间拔长，茭肉缩短，产量和品质下降，甚至易变为灰茭。

（3）光照　茭白生长和孕茭都需要充足的光照，但夏季的高温、强光照对生长不利。茭白原为短日性植物，只有在日照转短后才能孕茭，至今大多数一熟茭品种仍保留这一特性，而两熟茭则对日照长短的反应已不太敏感，只要温度适宜，在短日照和长日照下都能正常孕茭。

二、品种

设施栽培多选择夏茭早熟的双季茭类型的优良品种。主要品种有‘苏州小蜡台’‘两头早’‘杭州梭子茭’‘广益茭’等。另外还有一些优良品种也较适合塑料棚早熟栽培，如‘六月茭’‘黄岩双季茭白’等。

三、塑料大棚栽培技术

1. 栽培季节

长江中下游地区露地栽培时，一般单季茭在 4 月定植；双季茭分春栽和秋栽两种，春栽一般在 4 月中下旬，秋栽常在 7 月下旬到 8 月上旬。江苏、浙江等茭白产区在对双季茭的春茭进行春季塑料棚早熟栽培时，一般在 12 月下旬至翌年 1 月上中旬进行大中棚覆盖栽培，可使双季茭春茭的上市期提早到 3 月上中旬，比露地栽培的上市期提前 2 个月，其经济效益明显提高。

2. 整地施基肥

茭白生长量大，要求土壤肥沃、富含有机质，

pH 以 6～7 为宜。基肥一般每平方米施入优质腐熟有机肥 3.0 kg、优质氮磷钾复合肥 37.5 g，结合深耕翻入土中 20～30 cm 深处。如在原秋茭田直接建棚盖膜，在割除秋茭地上部的枯株后，在行间施入基肥并耕翻，然后马上搭棚盖膜，放入浅水，耕耙平整，达到田平、泥烂、肥足，以满足茭白生长的需要。

3. 寄秧育苗

寄秧育苗是近年来茭白栽培技术的重要改进，即在秋季选出优良的母株丛（茭墩内无灰茭、雄茭，结茭整齐一致，薹管较低）挖起，先在茭秧田中寄植一段时间，然后再分苗定植于大田或大棚内，可以促进茭白早熟，提高种苗纯度和质量。寄秧与栽培田的比例为 1∶20。寄秧密度以株距 15 cm、行距 50 cm 为宜，栽植深度与田土表面持平。

4. 栽植

双季茭春茭大棚早熟栽培一般于 12 月下旬至翌年 1 月中旬栽植。栽植时，将种茭墩从留种田带泥挖出，按行距 80 cm、株距 60 cm 栽植，随挖随栽。用利刀顺着分蘖方向纵切，分成若干小墩，尽量不伤及分蘖和新根。每个小墩要求带有薹管，并有健全的分蘖苗 3～5 株。栽植深度以原老茎薹管入土为宜。如从外地引种，运输过程中应注意保湿。如在原秋茭地直接建棚，则应做好匀苗补缺工作。若栽时，茭苗植株过高，可在栽前割去叶尖，留株高 30 cm，以减少水分蒸发。

5. 温度管理

茭白生长的适温为 15～30℃。而春季早熟栽培的定植期正处于冬季严寒季节，因此为促进茭白迅速萌芽生长，定植后应闭棚，棚膜四周用泥土压实，如棚内温度仍然偏低，可加盖小拱棚或地膜覆盖。萌芽后根据棚内的温度情况，在晴天中午适当揭膜通风。当棚内温度达 28℃时，加大通风量，防止高温烧苗。待棚内茭白植株封行后，严格控制棚内温度在 15～25℃，晴天白天棚温达 25℃时即通风降温，以促进孕茭。4 月中下旬气温较稳定时，即可揭去棚膜。

6. 水层管理

茭白在不同的生长发育阶段对水层的要求不同。萌芽期及分蘖前期因气温较低，为了增温，促进萌芽和形成健壮的分蘖，宜保持 5 cm 以下的浅水层，甚至土壤充分潮湿即可。随着植株的生长和气温的回升，应逐步加深水层到 10 cm 左右。孕茭期应灌 20～25 cm 的深水护茭，保持茭白肉质白嫩，最高水位不能超过“茭白眼”，防止薹管的拔高。浙江黄岩地区的茭农在棚栽茭白生产中采用培土护茭代替灌深水护茭，效果显著，即在茭白开始孕茭时培土，每次培土稍高于植株基部的明显膨大部位，最后培土高度不能超过茭白眼。茭白培土不仅可阻隔阳光对茭白基部的直射，缓和茭白基部的温度变化，使茭白肉质白嫩，延长膨大期，不易老化，从而提高茭白的品质和产量；而且以培土代替灌深水护茭，可使茭田不受蓄水能力的限制，只要有灌水能力的田块都可种植，使双季茭的节水规模化生产成为现实。

7. 追肥

茭田的追肥掌握前促、中控、后促的原则。第 1 次追肥在苗高 10～20 cm 时，每平方米追施氮磷钾复合肥 30.0 g、腐熟粪肥 2.2 kg，促进植株生长和前期有效分蘖的形成，称为“提苗肥”；隔 20 d 左右施第 2 次追肥，每平方米施氮磷钾复合肥 37.5 g、氯化钾 15.0 g，以促进分蘖的形成和快速生长，称为“分蘖肥”；第 3 次追肥一般在全田有 20%～30% 的株丛开始孕茭时进行，每平方米追施尿素 30.0 g、磷酸二氢钾 7.5 g，称为“催茭肥”。以后在茭白采收过程中，如果植株落黄过快，且有大量分蘖尚未膨大，可适量补施一些速效肥。

8. 病虫害防治

茭白常见的病害有茭白胡麻斑病、茭白纹枯病和稻瘟病。常见的虫害有螟虫、长绿飞虱和稻蓟马等，但在早春塑料棚早熟栽培中往往发生较轻。为防止病虫害的发生，可采取如下措施：在 12 月上中旬齐泥割去地上部的枯死植株，清理田园后，立即用 2.5% 溴氰菊酯 2000～2500 倍液喷洒根部及土表，减少螟虫等越冬虫口基数，可明显减轻茭白生长期间的虫害发生。在苗高 10～20 cm 时，用 50% 多菌灵可湿性粉剂 600 倍液或 70% 代森锰锌可湿性粉剂 400 倍液进行喷防 1 次，以后在孕茭前再喷防 1～2 次，可明显减轻或推迟各种病害的发生。

9. 采收

茭白的采收标准是孕茭部位明显膨大，叶鞘一侧因肉质茎的膨大而被挤开，茭肉略露出 1.5～2.0 cm。过早采收，则产量偏低；采收过迟，则茭肉纤维增多，表皮易发青，商品性变差。一般 3～4 d 采收 1 次。夏茭连根拔起，削去薹管，留叶鞘 30 cm，注意不要伤及邻近的分蘖。

第七章 设施花卉栽培

第一节 概　　论

商代甲骨文中，“花”即华，表现了盛开的花型和枝叶葱茂之花卉状；汉代许慎《说文解字》称：“卉，草之总名也。”南北朝时《梁书·何点传》载：“园中有卞忠贞冢，点植花卉于冢侧。”这是花、卉二字联用的较早记述。狭义的花卉是指具有观赏价值的草本植物，如菊花、一串红、鸡冠花、百日草等；广义的花卉除了包括具有观赏价值的草本植物外，还包括草本或木本的地被植物、花灌木、开花乔木等，如梅花、桃花、月季、山茶等。本书中的花卉主要包括狭义的花卉和具有观赏价值的观赏植物。

花卉产业作为新世纪的“朝阳产业”，是一项集经济、社会、生态效益于一体的绿色产业。花卉产业是兼具物质文明与精神文明双重意义的特殊产业，随着国民经济的发展和人民生活水平的日益提高，其在农业和农村经济、城乡经济一体化建设及社会经济、文化生活中占有越来越重要的地位，起到越来越大的作用。

自第二次世界大战以来，荷兰、美国、日本等发达国家用现代物质条件装备花卉业，用现代科学技术支撑花卉业，以温室大棚为代表的农业设施得到了全面的普及和推广，穴盘育苗、容器育苗、遗传工程等技术也得到了广泛应用，花卉生产实现了反季节性、可周年供应、品质一致性，形成了比较完善的物流体系，逐渐向新型现代花卉和观赏植物产业转变。

一、概念与特点

设施花卉栽培是一种通过人为地创造花卉的生长发育环境，依托塑料大棚、日光温室等栽培设施，对花卉进行栽种培养，以期达到促成或延迟花卉生长周期的栽培技术。与露地环境相比，设施花卉栽培可以给花卉提供一个相对稳定的生长环境，使其免受干旱、降雪等自然灾害，不仅满足了人们崇尚自然、追求美的精神需求，而且充分实现了花卉的观赏目的，同时，还保证了花卉产品的质量，做到四季供应，提高市场竞争能力。设施花卉栽培具有以下几个方面的特点。

1. 提高繁殖效率，提升花卉品质

设施栽培条件下，菊花、香石竹可以周年扦插，其繁殖速度是露地扦插的10～15倍，扦插的成活率提高了40%～50%；三色堇、矮牵牛等草花温室或塑料大棚内播种育苗，可以提高种子发芽率和成苗率，使花期提前；根据不同种、品种及瓶苗的长势可实现组培苗的炼苗和驯化，有利于提高成苗率，培育壮苗。

例如，在长江流域的普通塑料大棚内，可以进行蝴蝶兰的生产，但开花迟、花径小、叶色暗、叶片无光泽；而在高水平的设施栽培条件下，进行温度、湿度和光照的人工控制，是解决长江流域高品质蝴蝶兰生产的关键。

2. 不受季节和地区的限制，可周年供应

随着设施栽培技术的发展和植物生理学研究的深入，根据花卉和观赏植物不同生长发育阶段对温度、湿度和光照等设施环境条件的需求，进行人为调控，从而创造出满足其生长发育需要的设施栽培环境。目前，已经实现了大部分花卉和观赏植物的周年供应。例如，唐菖蒲、郁金香、百合、风信子等球根花卉种球的低温贮藏和打破休眠技术，牡丹的低温春化处理，菊花的光照结合温度处理等已经解决了这些花卉的周年供应。

不良环境条件如夏季的高温、暴雨、台风及冬季的霜冻、寒流等影响着花卉和观赏植物的露地栽培，甚至给花卉生产带来了严重的经济损失。设施栽培由于其创设环境良好，不容易受到外界的影响和干扰，更有利于植物的生长，使得其在开花质量高的同时也带来了更多的经济效益。例如，广东地区1999年的严重霜冻，使陈村花卉世界种植在室外的白兰、米兰、观叶植物等的损失超过60%，而采用钢架结构的温室由于有加温设备，各种花卉基本没有损失。

在观赏方面，人们追求“新、奇、特”的花卉和观赏植物。设施栽培从栽培、采收、销售等各个环节中，打破了地域限制，使原产于南方的花卉如蝴蝶兰、杜鹃花、山茶顺利进入北方市场，也使原产于北方的牡丹花开南国。

3. 集约化、规模化栽培，提高单位面积产量

设施栽培的发展，尤其是现代温室环境工程的发展，使设施生产的专业化、集约化程度大大提高。目前，设施栽培时可以自动控制温室内的光照强度、温度、空气湿度、CO_2浓度等生态因子，其生产效率和自动化程度都非常高，有利于生产出高品质的产品。例如，美国的全封闭式温室体系是当今世界最先进的技术水平，它可以通过计算机远程遥控机械对温室内的植物进行作业。在荷兰等发达国家从花卉的种苗生产到最后的产品分级、包装均可实现机器操作和自动化控制，提高了单位面积的产量和产值，使人均劳动生产率大大提高。

二、设施花卉和观赏植物栽培的发展现状

国外的设施栽培最早起源于罗马。罗马人用云母片作为覆盖物，成功使黄瓜提早成熟，这是设施栽培最早的雏形。20世纪70年代，设施农业迅速地在美国、日本等发达国家中发展起来。至2018年，全世界的设施栽培面积已经达到400多万公顷。其中，荷兰是世界上最大的花卉生产国，每年出口鲜花和盆栽植物的总价值达到25亿美元，其中平均每年出口鲜花35亿株，盆栽植物3.7亿盆。在荷兰，花卉的栽培面积达到7328 hm^2，其中温室面积为5378 hm^2，占总面积的73.4%；1.6万个企业从事切花、盆栽观赏植物的设施栽培和生产。

我国的设施栽培起步较晚，技术水平较低。20世纪60年代，以草帘作为覆盖材料的设施栽培开始兴起，70年代末出现了塑料温室，直至90年代后期，我国的设施栽培技术才迅速地发展起来，并逐渐集约化、规模化。随着我国经济的不断发展，至2018年，我国仅设施经济林栽培面积已达3.7万hm^2，而山东省设施栽培面积就达0.96万hm^2，辽宁省达0.48万hm^2，其余面积较大的省份还有河北、河南、吉林、黑龙江等省份，栽植品种主要有冬桃、大樱桃、苹果等树种。

截至2016年底，全国花卉种植面积133.04万hm^2，销售额1389.70亿元，出口额6.17亿美元。花卉的栽培设施从原来的防雨棚、遮阴棚、普通塑料大棚、日光温室，发展到加温温室和全自动智能控制温室。

三、我国设施花卉和观赏植物栽培存在的问题

1. 栽培设施和技术较为落后

一些先进的发达国家采取“高投入、高生产、高质量”的原则，采用先进的现代化设备和高科技技术，从而保证了花卉的质量和效果。但是，我国90%以上的温室栽培的设备较为简陋，技术设备也不规范，缺乏科学量化的管理设备和体系，进而严重影响其花卉栽培的质量和产量。我国鲜切花的平均产能为50～80朵/m^2，只占世界综合产能的一半，而且花卉质量是三级。广东省地处热带亚热带地区，是我国重要的花卉生产基地之一，但由于缺乏先进的设施，产品的数量和质量得不到保证，因此在国际市场上缺乏竞争力，如广东产的月季在香港的批发价只有荷兰的1/2。

2. 栽培效率不高，管理水平较低

虽然我国的花卉种植面积居世界第一位，但是我国设施花卉栽培的产量和其栽培效率都远远不及国外，尤其是欧美等国家，贸易出口额还不到荷兰的1/100。由于我国的花卉管理体系不健全，缺乏先进的、科学的温室管理设施和技术设备，对于栽培过程中劳动力的分配和管理也不合理。据调查发现，我国人均温室管理面积只占日本的20%、欧洲国家的2%、美国的1/300，而且其花卉的栽培成果只有40%的成活率，从这可以看出我国花卉设施的栽培效率和管理水平都远远落后于先进国家。

因此，要生产出高品质的花卉和观赏植物产品，并提高中国花卉在世界花卉市场中的份额，就必须充分利用我国现有的设施栽培条件，并继续引进、消化和吸收国际上最先进的设施及设施栽培技术。在设施栽培的过程中，我们还必须注意投入和产出的比例，在制订设施花卉和观赏植物栽培的发展计划时，应注意全球的生产发展趋势。

四、我国设施花卉和观赏植物栽培的改进

1. 加强对设施栽培设备和技术的建设和发展

荷兰设施栽培主要采用玻璃、PVC材料、自动化设备等设施，以及无土基质来培养花卉和观赏植

物。与之相比，我国目前的设施栽培设备和栽培技术都比较落后，如采用钢架、简易型塑料大棚及竹木、水泥拱杆等温室，采取全土混少量的基质培育花卉或观赏植物等。因此，我们不仅要加强我国设施栽培的自动化、科学化、先进化建设，还要加强对先进栽培技术的引进和采用，促进我国花卉产业向更先进、更科学的方向发展。

2. 加强花卉团队的开发和培养

花卉的栽培和培养离不开专业人才对其的栽种和培养，因此，我们要想加强花卉栽培的质量和产量，就要加强对我国花卉团队的开发和培养。要努力吸收优秀的专业人才，并加强对现有的设施花卉栽培团队专业知识的普及和培训，提高其理论水平和培养管理水平，争取打造一支优秀的、先进的设施花卉栽培队伍，为我国设施花卉栽培产业的发展做贡献。

3. 推进设施栽培的产业化进程

产业化体系包括设备设施与环境工程、种子工程、产后处理、采后保鲜等部分，是设计、制造、生产、销售、农科贸一体化的系统。花卉产业的设施栽培与采后保鲜、运输、销售等紧密连接，其中任何一个环节的疏忽都会导致严重的损失。加强设施栽培的产业化进程，有助于花卉产业的发展。

以市场为导向，以科技为先导，集成国内外农业高新技术，大幅度提高单位面积的产量与效益，走适合我国国情的现代设施花卉栽培发展道路，将会给我国设施花卉和设施观赏植物的发展带来更加美好的明天。

第二节　设施切花栽培

设施切花栽培是利用设施栽培条件，生产出能够从活体花卉植株上剪切下来的具有观赏价值的枝、叶、花、果的总称。设施切花栽培在中国花卉栽培中是一个新兴产业，具有生产周期快、单位面积产量高、规模化及批量化生产、不受季节和产销距离限制的特点。切花在设施栽培过程中，要求其能与市场需求紧密结合，同时还要与包装、贮藏、运输等配套，适地适花，充分发挥产区自然环境和技术设备条件的优势。

一、分类

设施栽培的切花种类多，根据切取的花卉材料主体器官的特征，通常将切花分为以下 4 类。

1. 切花类

切花类以花作为设施栽培培养的主体。因其具有鲜艳的色彩、优美的姿态、诱人的香气，故而是插花和其他花卉装饰的主要花材来源。切花类根据生态习性又可分为以下 4 类。

（1）一、二年生类切花　该类切花常作为配材或填充花材、如勿忘我、紫罗兰、金鱼草、孔雀草、霞草（满天星，如图 7-1a 所示）、石竹（图 7-1b）、万寿菊、翠菊、鸡冠花、百日草、千日红、三色堇、矢车菊、蛇目菊、麦秆菊、波斯菊、福禄考等。

a 满天星

b 石竹

图 7-1　一、二年生类设施切花

（2）宿根类切花　这类切花在设施切花栽培中占较大比例，多作骨架花材，如菊花（图 7-2a）、香石竹、非洲菊（扶郎花，如图 7-2b 所示）、芍药、补血草、花烛类、飞燕草、鸢尾、鹤望兰、松果菊、荷兰菊、金光菊、宿根天人菊、萱草等。

（3）球根类切花　该类切花花大而醒目，常

a 菊花

b 非洲菊

图 7-2　宿根类设施切花

作焦点花，如百合（图 7-3a）、郁金香、风信子、小苍兰、朱顶红、马蹄莲（图 7-3b）、晚香玉、球根鸢尾、欧洲水仙、大丽花、花毛茛等。

（4）木本切花　　如玫瑰（图 7-4a）、牡丹（图 7-4b）、梅花、山茶、迎春、白兰、桂花、珍珠梅、榆叶梅、连翘、银芽柳等。

a 百合

b 马蹄莲

图 7-3　球根类设施切花

a 玫瑰

b 牡丹

图 7-4　木本类设施切花

2. 切叶类

切叶类以叶作为设施栽培培育的主体。用作切叶的花卉，有的叶色绚丽多彩，有的叶形美观奇特，多用作插花和花卉装饰的配材，起烘托作用。

（1）草本切叶　　如玉簪、文竹（图 7-5a）、天门冬、广东万年青、肾蕨、春芋、彩叶草、羽衣甘蓝、雁来红（图 7-5b）、银边翠、石刁柏、绿萝等。

（2）木本切叶　　如苏铁、棕竹、棕榈、散尾葵、鱼尾葵、美丽针葵、巴西木、变叶木、广玉兰、

a 文竹

b 雁来红

图 7-5　草本切叶类

常春藤、龟背竹、红叶小檗、鹅掌柴等。

3. 切枝类

切枝类常指没有着生花朵的枝条或分枝，外形线状，有直、曲、拱、扭、垂等多种形态变化，如松枝、柏枝、枣枝、竹枝、龙柳、南蛇藤等。

4. 切果类

切果类以果实作为设施栽培培育的主体。

（1）木本切果类　如佛手、石榴、苹果、山楂、海棠、南天竹、金橘等。

（2）草本切果类　如五色椒、玉珊瑚、观赏瓜、观赏茄、丝瓜、葫芦等。

二、切花的设施栽培

切花多为地栽，设施栽培打破了地域和季节的局限，但由于其处于密闭空间，故造成切花生长环境的温度和湿度的差异都较大，更影响着设施花卉的生长。因此，在设施栽培过程中，要注意以下几个方面。

1. 培养土的配制

设施切花栽培所用的土壤根据设施基地状况确定，可因地制宜利用原土，也可人工配制。人工配制的土壤是根据栽培切花种类的不同，将各种基质按照一定的比例配制均匀，经过消毒后进行整地做畦，从而配制满足切花生长需求的培养土。常用的基质有园田土、腐叶土、沙土、腐熟发酵的锯末或谷糠和泥炭等，同时掺入一定量的厩肥和骨粉。

2. 土壤消毒

切花生产的土壤要彻底消毒，特别是温室切花生产的土壤。常用的消毒方法有以下两种。

（1）蒸气消毒　将人工配制的培养土堆积起来，通上蒸气管道，外部用塑料薄膜覆盖，送进高温蒸气，可彻底消灭土壤中的病原虫体和杂草种子等，这种方法最安全有效。但消毒时间不能太长，以土壤表面冒出蒸气为准，利用余热继续消毒。

（2）福尔马林消毒　用市场销售的福尔马林（40% 甲醛），配成 1 : 50 或 1 : 100 倍药液泼洒土壤，25 kg/m^3，泼洒后用塑料膜覆盖 3～6 d，再晾 10～15 d 即可种植。处理时要注意保护皮肤，并防止药液对眼睛造成刺激性伤害。

3. 整地做畦

设施切花栽培一般多为地栽，将消毒好的培养土拉入温室内，做成宽 1～1.2 m 的高畦，畦的长度根据温室的大小而定。

4. 切花品种的选择

选择适合当地立地条件、气候条件、适合做切花的、深受广大群众喜爱的切花品种。

5. 繁殖和育苗

为了提高切花生产的效益，培育高质量的鲜花，常有播种、扦插、分株和组织培养，现国内外多采用组培脱毒苗生产切花。

6. 定植

培育好的种苗，根据切花的上市时间，分期分批进行定植。不同切花的定植密度不一样，如香石竹为 30～40 株 /m^2，月季为 7～9 株 /m^2。尽量选阴天或下午进行定植。有些花卉要带土移栽，有些可裸根移栽。无论哪种栽植方法，栽后都要充分灌水。

7. 张网设支架

定植后，茎秆易倒伏的切花种类要张网设支架，网孔直径约 15 cm，网宽 1.2 m。例如，为了使香石竹的苗木直立生长，在苗床两头设立钢架，在距床面 15～20 cm 高处张第一层网，以后随着茎的生长张第二、第三层网，一般张到四五层为止。网用细铁丝拉成或用尼龙网，使植株生长在网格内，四面都得到支持，保证开花后茎秆不会弯曲，以提高切花的质量。除香石竹生产需张网设支架外，还有许多花卉如菊花、小苍兰、唐菖蒲等切花栽培也需要张网设支架。

8. 施肥灌水

切花在生产期间，要不断补充营养和水分才能保证植株的健壮生长。根据切花对肥料的需要量可将切花分为多肥类、中肥类和少肥类3种。例如，香石竹、一品红为多肥种类，菊花为中肥种类，洋兰为少肥种类。目前，国外在切花栽培上采用每15～20 d对土壤肥力和含水量进行1次分析，根据不同切花的需求来补充肥料，或者通过切花的养分含量和肥料利用率来确定施肥量，如某株花卉的鲜重为100 g，它的干重为鲜重的10%，经测定植株氮（N）、磷（P_2O_5）、钾（K_2O）含量分别占干重的4%、0.5%和2%，则认为其吸收氮为0.4 g、磷为0.05 g、钾为0.2 g。根据肥料中的有效成分含量和实际利用率，可以计算出每株的施肥量。

9. 整形、修剪

切花栽培中要提高单株产量和质量，必须进行整形和修剪。不同切花的整形、修剪方法不同，草本类以摘心和除蕾为主，木本花卉以修剪和摘蕾为主。

三、设施切花的采收

1. 采收时间

设施切花采收前的管理决定切花品质。在阳光充足、温度适宜且昼夜温差大的条件下，同化产物的储存较多。因此，切花采前要少施氮肥，偏施含钙、钾、硼元素的肥料，使枝梗坚硬、疏导组织发达，能抵抗病虫害的侵袭。另外，适当控制灌溉可避免枝梗细软下垂。

设施切花在适宜的发育阶段采收可保持长时间的新鲜状态。适宜的采收时间因切花的种类、品种、季节、环境条件、距市场的远近和消费者的特殊要求而异。一般而言，长距离运输的设施切花在保证花蕾正常开放、不影响品质的前提下，应尽可能在蕾期采切；本地市场直接销售的切花的采收时期根据市场需求而定。但是，也要考虑切花的特性。例如，月季和非洲菊在幼嫩蕾期采收，易发生“弯颈”现象；飞燕草和假龙头应在花序基部1～2朵小花开放时采收，否则花蕾将不能正常开放。

设施切花比较理想的采收时间是傍晚，而夏季最适宜的切割时间是晚上8点左右，此时经过一天的光合作用，花茎中积累了较多的碳水化合物，质量较高。针对于采后失水快的切花种类（如月季）宜在上午采收，采收时要在露水、雨水或其他水气干燥后进行，以免采收后造成真菌病害感染。上午采切的优点是可保持切花细胞高的膨胀压，即切花含水量最高。下午采收如遇高温干燥，切花易于失水。在晴朗炎热的下午，深色花朵的温度比白色花朵高出6℃多。

2. 采收方法

设施切花采收根据切花的用途，利用剪刀或采收器进行剪切。剪切时应形成一斜面，以增加花茎的吸水面积，尤其是木质茎切花。剪口应光滑，避免压破茎部，否则会引起含糖汁液渗出，有利于微生物侵染，还将形成茎的阻塞。伤口产生乳汁的种类如一品红，因乳汁在伤口凝固会影响水分吸收，故每次剪切花枝后，立即用85～90℃的热水浸渍数分钟。

切花类剪切时要尽可能地使花茎长空，但由于花茎基部木质化程度过高，基部切割会导致切花的吸水能力下降，缩短切花的寿命。因此，切割的部位应选择靠近基部而花茎木质化程度适度的地方。

四、设施切花的保鲜

设施切花从采收到在消费者手中，要经过采收、包装、运输、批发、销售及瓶插等许多环节，而切花在整个环节中有20%～40%的损失。因此，在每个环节都应采取相应的保鲜措施，以减少损失，延长切花的寿命。

1. 设施切花衰老凋萎的原因

（1）内部因素　由花枝切离母体后引起的一系列生理失调所致，如缺水、缺乏营养、乙烯的产生等。

（2）外部因素　如温度的高低、水质的好坏、空气含氧量的多少、气压的大小等。

2. 保鲜方法

设施切花保鲜是指采用物理或化学方法延缓切花衰老的技术措施，是切花作为商品流通的重要技术保证，也是缓解生产与销售的矛盾、促进周年均衡供应市场的重要手段。通常可分为物理和化学保鲜两种方法。

（1）物理方法保鲜　采用一些低温贮藏、气调贮藏、辐射处理及正确切取等方法起到花卉保鲜的作用。

（2）化学方法保鲜　采用切花保鲜剂。切花在采收以后的保鲜处理中，保鲜剂的使用起着决定性作用，它是延缓衰老、萎蔫的关键因素。不同品种的切花要求不同种类的保鲜剂。

切花保鲜剂是指用于调节鲜切花（切叶）的生理生化代谢，达到人为调节鲜切花的开花和衰老进程、减少流通消耗、提高切花观赏品质等目的的化学药剂。根据用途可分为预处理液、催花液和瓶插液。切花保鲜剂的品种较多，大部分保鲜剂都含有营养成分、生长调节剂、乙烯抑制剂和杀菌剂等，主要成分是水和糖，其他成分在不同的保鲜剂配方中有所不同。

3. 保鲜剂的处理方法

（1）吸水或硬化处理　吸水或硬化处理的目的是在切花采后的处理过程或贮藏运输过程中发生不同程度失水时，用水分饱和的方法使萎蔫的切花恢复细胞膨压。具体做法是用去离子水配制含有杀菌剂和柠檬酸（但不加糖）的溶液，pH 为 4.5～5.0，并加入润湿剂吐温 20（0.01%～0.1%），装在塑料容器内；先在室温下，把切花茎在 38～44℃热水中呈斜面再剪截，然后转移至同一温度的上述水溶液中，溶液深 10～15 cm，浸泡几小时后，再移至冷室中过夜（继续插在水溶液中）。

（2）脉冲处理　脉冲处理是指把花茎下部置于含有较高浓度的糖和杀菌剂溶液（又称为脉冲液）中数小时至 2 d，目的是为切花补充外来糖源，以延长随后在水中的瓶插寿命。这一处理在运输前进行，一般由栽培者、运货商或批发商完成。脉冲处理是一项非常重要的采后处理措施。脉冲液的最适浓度因种而异，如唐菖蒲、非洲菊用 20% 或更高的浓度；香石竹、鹤望兰和丝石竹用 10% 的浓度，月季、菊花等用 2%～5% 的浓度。脉冲液的处理时间及脉冲时的温度和光照条件对脉冲效果的影响很大。一般脉冲处理时间为 12～24 h。例如，香石竹的脉冲时间为 12～24 h，光照强度为 1 klx，温度为 20～27℃，相对湿度为 35%～100%。

（3）花蕾开放液处理　这是切花采后通过人工技术处理促使花蕾开放的方法，花蕾开放液一般含有 1.5%～2.0% 的蔗糖、200 ppm 杀菌剂、75～100 ppm 有机酸。将切花插在开放液中处理若干天，在室温和高湿度条件下进行，当花蕾开放后，应转至较低的温度下储放。对于每一种切花，拿捏好花蕾发育阶段最适宜的采切时期十分重要。如采切时花蕾过于幼小，即使使用花蕾开放液处理，花蕾也不能开放或不能充分开放。

（4）瓶插保持液　瓶插保鲜剂的种类繁多，不同种类有不同的保持液配方，其中糖浓度较低（0.5%～2%），还含有有机酸和杀菌剂。由于一些切花从茎端和淹在水中的叶片分泌出有害物质，会伤害它们自身和同一瓶中的其他切花。因此，每隔一段时间，应给花瓶调换新鲜的保持液。

切花月季的设施栽培

月季（*Rosa chinensis*）被称为花中皇后，又称“月月红”，属蔷薇科蔷薇属植物，有刺，枝条直立，叶互生，奇数羽状复叶，花单生茎顶，花瓣多数，重瓣型，其因具有绚丽的色彩、硕大的花朵、千姿百态的花型而备受人们喜爱（图 7-6）。

图 7-6　切花月季的设施栽培

月季在我国已有 2000 多年的栽培历史，后经印度传入欧洲，以中国月季为亲本进行杂交，培育出了许多的优秀品种。切花月季的栽培，至今不过 200 多年。切花月季的商品名常被称为玫瑰，与切花菊花、香石竹、唐菖蒲并称为世界四大鲜切花，也是市场销量最大的鲜切花之一。现在，多数国家的切花月季栽培十分普遍，也能做到常年供应。

（一）种类与品种

用作切花的月季品种有白色系、蓝色系、橙色系、红色系、粉色系、黄色系等，其中白色系有‘象牙’‘雪山’‘平湖秋月’；蓝色系有‘蓝色月亮’‘序曲’‘插曲’‘前奏曲’‘巴黎之歌’‘银星’‘拉文特雀姆’；橙色系有‘霞光夕照’‘月季夫人’‘烘云托月’；红色系有‘国旗红’‘火炬’‘芸香’‘华丽的星’；粉色系有‘粉和平’‘卡琳娜’‘伊丽莎白’‘悄春’；黄色系有‘金巨人’‘金凤凰’。

目前，新优品种‘黑魔术’‘芬得拉’‘维西利亚’‘冰清’‘玛利亚’‘诱惑’等大花品种较受欢迎，杂色、复色系在市场也备受青睐，多头（桃）品种如‘尤美’‘戴安娜’‘飘亮’系列等也已成为市场新宠。这与北京、上海、深圳、杭州等高、中端市场对品种需求的多元化和对色彩需求的多样化有关。

（二）生长习性

月季性喜温暖、阳光充足，不耐高温，喜疏松、肥沃、排水良好的土壤，土壤微酸性或微碱性不能正常生长。最适宜的生长温度为白天20～27℃，夜间15～18℃，在5℃左右也能极缓慢地生长开花；但低于5℃，即进入休眠或半休眠状态，30℃以上的高温与低温潮湿环境则病害严重。适宜的空气相对湿度为75%～80%。

（三）繁殖方法

切花月季一般采用扦插和嫁接法繁殖。扦插繁殖适用于发根容易的小花型月季。生产上多在春季的4月下旬至5月底扦插，此时气候温和，枝条活力强，成活率高，插后一个月即可生根。多数大花型和中花型品种的扦插不易生根，黄色和白色系品种尤难生根，常用嫁接繁殖。选用根系发达、生长旺盛、抗病性和抗寒性较强的粉团蔷薇和野蔷薇的扦插苗或实生苗作砧木，嫁接方法常用“T”形芽接法和切接法。

（四）栽培要点

1. 整地做畦

切花月季一旦成活，生长期可达4～7年，根系深入土层深而广，因此在种植前要对土壤进行改良。将种植畦进行深翻，深度达35～40 cm，结合翻地施入基肥以改良土壤，一般180 m^2（标准大棚）施堆肥1200～1500 kg，加入骨粉100 kg、过磷酸钙40 kg、砻糠50 kg，黏性很重的土壤可以加入大粗砂、锯末、稻糠等与土壤充分混合以改良土壤。施入基肥后进行整地做畦，6 m宽的大棚做4个畦，畦宽70 cm，畦高20～25 cm，沟宽60 cm。

2. 栽植

每畦栽两行，株距为20 cm，每个标准棚用苗1150株左右，平均6.41株/m^2。切花月季的栽植时间一般以每年2～3月为宜，不超过4月。栽植时，适当剪去粗根、弱根，保留2～3片完全叶（五小叶）打头。根系蘸泥浆，向四周散开。嫁接苗应将嫁接部位置于土表上1～2 cm，接口朝南，接穗垂直向上，将土略培于接口部位；扦插苗的深度适中即可。栽植后，土壤浇水沉实，松土整平。若运输中根系见干，则在栽植前把根系放入水中浸泡24～48 h，待吸足水分后再进行栽植。

切花月季的设施栽培可采用二行式、三行式、四行式，根据设施栽培面积决定。温室栽培可采用二行式或三行式，二行式是每畦栽2行，行距35 cm，株距20 cm；三行式是每畦栽3行，行距30 cm，中间一行可作梅花状栽种。

3. 栽培管理

（1）整枝打顶　　定植后的3～4个月为营养体的养护阶段。随时将产生的花蕾摘除（花蕾要小于0.5～0.6 cm）。扦插苗，接穗上萌发的枝条应根据长势做到强留双、弱留单（一般留单）；第二次萌发的枝条应留2～3枝作为开花母枝。对于早期的花枝也可从基部第二完全叶处折枝下伏至地面，保留叶片，让其进行光合作用。

（2）水肥管理　　切花月季的需肥量较大，以有机肥为主（基肥），另外需施一些化肥，补充有机肥中矿质元素的不足，特别是钾肥。一般是在每次浇水时补充施入KH_2PO_4，也可配成液态肥追施，一般根施浓度为1%～2%，叶面喷施浓度为0.1%～0.2%。在进入生长期后应增施磷、钾肥，少施氮肥。最好用滴灌，若用软管浇水，管口要紧贴地表，中压喷洒，尽量不要淋湿叶片。

（3）架网　　当植株长到一定高度时，开花枝易倒伏或弯曲，有的品种枝角开张度较大，应在畦两边树枝张网，网宽依畦面而定。一般网张宜为18.5 cm×18.5 cm，两端立杆，杆高为1.8～2.3 m，两侧用尼龙绳将网隔目相穿，两端拉紧使网张开，可上下移位。

（4）日常管理　　控制日温在23～25℃，夜温在16～17℃。要及时通风，夏季应适当遮阴降温，温度≤28℃。及时抹除开花枝上的侧芽、侧蕾、砧木基部的脚芽、弱枝上的花蕾及接穗上的根，以节省养分，利于主花生长。在6～7月，对较老的枝条进行短截或疏剪，对壮枝进行捻枝或折枝。根据不同枝条发出的新枝做不同的处理，及时除去病叶、病枝，修剪时，留外向芽。

修剪时保持树势均匀，一般留外侧芽，以保证枝条向上直立生长，但在植株扩张时，可留内侧芽。冬季修剪，剪除细弱枝和病虫枝，回缩骨干枝，留3～4个，高度控制在30～40 cm。

（5）病虫害防治

1）常见的病害如下。

A. 黑斑病：一般在7～8月、温暖潮湿的环境中，特别是多雨季节，极易发生。采取的防治方法为：①要特别注意冬季清除落叶枯枝，并喷施硫合剂。②发现病叶、病枝要彻底剪除并集中烧毁，以减少侵染源。③平时加强栽培管理，多施磷、钾肥，提高植株的抗病能力。④在发病期尽量少喷水，必须时只在早上天气晴朗开始升温时进行，避免长时间浇湿叶面。⑤发病初期喷施50%多菌灵可湿性粉剂1000倍液、50%代森铵1000倍或70%甲基托布津可湿性粉剂1000倍液，均有效果。

B. 白粉病：5～9月为发病盛期，至10月不再发病。天气干旱的年份及长势衰弱的植株发病严重。防治方法为：①秋冬清除病叶、病蕾，早春剪除病芽、病枝、病叶，集中深埋或烧毁。②改善栽培条件，增加通风透光，少施氮肥，多施磷、钾肥。③发芽前喷施5硫合剂；发病初期，喷施25%粉锈宁可湿性粉剂1500倍液、70%甲基托布津可湿性粉剂1000倍液、15%粉锈宁可湿性粉剂1000倍或0.02%～0.03%高锰酸钾溶液。

2）常见的虫害如下。

A. 叶蜂：一年发生两代。结合冬季更换盆土消灭越冬幼虫。在冬季修剪时，剪除被害枝叶，集中烧毁。可喷施50%杀螟松1000倍液、40%氧化乐果1000倍液或溴氰菊酯2000倍液。

B. 黄刺蛾：危害叶下的皮层和叶肉组织，严重时可将叶肉吃光，仅剩叶脉和叶柄，对月季危害严重。防治办法：①结合冬季修剪，清除枝杈上的越冬虫茧。②利用黑光灯捕杀成虫。③幼虫发生期喷施90%敌百虫500～1000倍液或20%菊酯类药物1000～2000倍液。④保护天敌，如黄胡蜂、长脚胡蜂、螳螂等。

切花菊的设施栽培

菊花（*Chrysanthemum morifolium*）为菊科菊属多年生草本植物，茎色嫩绿或褐色，单叶互生，卵圆至长圆形，边缘有缺刻及锯齿，头状花序顶生或腋生，一朵或数朵簇生，舌状花为雌花，筒状花为两性花（图7-7）。

图7-7　切花菊的设施栽培

菊花起源于我国，与梅、兰、竹并称为“花中四君子”。我国的菊花最先传入日本，深受日本人们的喜爱，成为最高贵的花卉之一，因此日本把菊花定为日本皇族的国花。1688年我国的菊花由荷兰商人引入欧洲，19世纪中期又从英国传入北美，此后菊花普及全球。

切花菊居世界“四大切花”之冠，约占总量的30%。其品种繁多，色彩丰富，花型多变，姿态万千，周年供应。我国是菊花的故乡，切花菊生产自1926年开始，但产量和培育品种少，80年代中期逐渐开始大规模生产，并于1996年开始出口切花菊，我国成为切花菊第三大生产国。切花菊生产在欧美、日本等的发展很快，并逐渐壮大。近年来，切花菊已发展成为国际商品花卉中总产值最高的花种。

（一）种类与品种

切花菊按照花的形态分类如下。①独轮菊：一个茎秆上只留一个花蕾，花朵直径一般为8～15 cm，用途广泛。②多头菊：一个茎秆上有多个花蕾，一般留5～7个，主蕾发育后期长势逐渐衰弱，侧蕾发育旺盛并逐步取代主蕾，形成伞房花序（图7-8）。

（二）生长习性

菊花的适应性特别强，喜光照。适宜的温度为15～25℃，较能耐寒，宿根地下茎能耐最低 −10℃的低温。

切花菊属于浅根性植物，要求土壤通透性和排水性良好，且具有较好的保肥、保水能力；喜肥沃、

多头菊

图 7-8 切花菊的设施栽培类型

排水良好的沙质壤土，中性，微酸性为好，忌碱性土壤、洼地、飞沙地带。需水较多，但忌积涝；过于干旱、水分较少，则植株发育缓慢；花期缺水，则影响花的数量和质量，但水分过多易烂根，易引起死亡，特别是夏季暴雨后，闷热闭气，极易造成植株死亡，雨季要特别注意排水。

（三）繁殖方法

切花菊的种苗生产主要采用扦插法和组织培养法。

（四）栽培要点

1. 整地做畦

由于切花菊对多种真菌敏感，因而种植前要对土壤进行消毒，忌连作；同时为避免前作病虫的传播与发生，还不宜与同种作物连作。为改善土壤通气性，提高土壤的保水、保肥能力，促进切花菊根系生长，应施入长效有机肥料，施腐熟的有机肥 3000 kg/667 m^2，并注意增施一些磷、钾肥，一般 667 m^2 施 50 kg 过磷酸钙和 20 kg 高氮复合肥作基肥，在翻土时均匀地翻入畦内。

切花菊忌水湿，土壤湿度过大，则菊株生长不良；如遇积涝，则造成烂根死亡。因此，栽培时应选择地势相对较高、通风好的地块。土壤以沙土和轻壤土为好，土壤 pH 以 6.0～7.5 为佳。整地时做到深沟高畦，以畦高 30 cm、畦宽 75 cm、沟宽 60 cm 左右较好。畦的长度不宜过长，以不超过 15 m 为佳田，四周要开好腰沟，做到雨停水平。

2. 栽植

切花菊一般适宜的种植期为 8 月上旬。根据栽培季节不同，定植的时间也不同。一般夏季在下午进行，冬季在晴天的上午进行，如果定植量很大，可在遮阳条件下全天进行。

定植之前要铺支撑网，用 10 cm×10 cm 5 目尼龙支撑网进行主株张网，以便切花菊的枝头均匀地分布。铺网时，网面要绷紧，使每一个网眼呈正方形，网的两端用挡板和铁管固定，有条件的地方用铁丝网效果最好。随着菊花长高，支撑网逐渐抬高，有的可使用两层网，使切花菊不倒伏。

定植前，应对种苗进行分选，把病、残苗除掉，把壮苗和细、弱苗分开进行栽植，一般把壮苗栽植在畦中间，弱苗栽植于畦两边，边上通风透光好，这样很快能使苗的生长势保持一致。定植时，要求种苗茎部埋入土里 2 cm，使根系舒展，与土壤接触紧密，株行距为 10 cm×10 cm，每个网眼定植 1 棵切花苗，每行可种植 6 株菊苗，视畦宽而定；畦宽 75 cm 左右时可种植 7 株，畦宽 65 cm 左右宜种植 6 株。定植后，应立即浇水，浇水量要大，同时用遮阳网进行遮阳。浇水后，马上进行扶苗、补苗，有的菊苗根系裸露在外面，也要重新覆土。

3. 栽培管理

（1）中耕锄草　切花菊缓苗后，不宜浇水，而以锄地松土为主。第一次、第二次要深松，使表土干松。地下稍湿润，使根向下扎，并控制水肥，使地上部生长缓慢，俗称“蹲苗”，否则生长过于茂盛，至伏天不通风透光，易发生叶枯病。第三次中锄时，并在植株根部培土，保护植株不倒伏。每次中锄时，应注意勿伤茎皮，不然在茎部内易生虫或蚂蚁，将来生长不佳，影响产量。

（2）提网、整枝、抹芽、疏蕾及换头　当网上植株的高度达到 25 cm 左右时要及时提网，保持网上部分的长度在 15 cm 左右。网上部分过长，则植株容易弯曲；相反网上部分过短，由于植株未完全木质化，也容易弯曲。提网最好在晴天的下午进行，因为这时叶子比较柔软，提网时不易受损伤。提网时把花网向外侧绷紧，同时向上提起。提网工作一定要及时。

切花菊摘心后萌发多个分枝，此时应留强、去弱，选留 1 枝，其余全部除去。当腋芽生长至 2 cm 时要及时抹掉，抹芽时双手同时进行，并要及时，芽长不超过 2 cm 时就要抹掉，如抹芽太晚，会留下很大的伤口而不能出口；也不能在芽很小时进行抹芽工作，这样容易弄掉叶片而不能出口。现蕾后及时剥除菊株顶端主蕾以下的所有侧蕾，剥除侧蕾时要特别小心，不要伤及主蕾。如花蕾生长密集，可待花梗稍大后剥除，使养分集中供给主蕾。出现“柳叶头”现象时，应及早摘心换头，将枝条顶梢的柳叶部分连同 1～2 片正常叶剪去，待其下部萌发的侧枝长成代替主茎，以后在短日照条件下花芽分化，孕蕾开花。

（3）水肥管理　切花菊的水肥管理主要是促使菊花茎秆生长健壮，达到切花菊所需的高度，叶片生长均匀茂盛，花和叶协调，花型大，颜色艳。一般土壤的水分掌握在保持湿润，最适宜的土壤含水量是40%～60%；不能过干或过湿，不宜沟灌和漫灌。

切花菊因种植密度大，耗肥较多，除施用基肥外，必须经常结合浇水追肥。营养生长初期植株较小，生长缓慢，需肥量不大，随着菊株的长大，需肥量逐渐增加。在高温季节，施肥过多、浓度过大会引起烧根，造成脚叶枯黄、脱叶。一般在现蕾前以氮肥为主，宜适当增施磷、钾肥。菊株转向生殖生长时，可暂时停肥，以利花芽分化，待现蕾后露色前，可重施追肥；追肥宜薄肥勤施，但要小心肥料过量，造成营养生长过旺及柳叶枝的发生。秋凉后菊株生长迅速，可增加施肥次数，适当提高肥液浓度和施肥量；追肥时应注意不要使肥液污染叶片，如有玷污应及时用清水淋洗，以免受害。另外，每周可用0.1%～0.2%的尿素和0.2%～0.5%的磷酸二氢钾根外追肥一次，可使叶色浓绿、花色鲜艳而有光泽。

（4）合理使用生长调节剂　小苗定植成活后可用5 mg/m^{3}赤霉素喷施，3周后再用25 mg/m^{3}喷施，以增加菊花的茎秆高度。当现蕾大小到0.5 cm时，立即用500～1000 mg/m^{3}的比久（B9）进行菊株顶部喷施，可有效地降低切花菊的花茎长度，提高商品价值。

（5）病虫害防治　切花菊的病虫害主要是白粉病和蚜虫。白粉病的被害表现为：叶背的白色小斑点变大，生成圆形或椭圆形的疣状大斑点，不久叶正面变成淡黄色，叶片卷曲向上，最后变成黄褐色。防治方法：①要加强室内通风，从发病前10 d开始每周喷代森锰锌800～1000倍液。②可用粉锈灵、杀毒矾、三唑酮治病害。

蚜虫可以用蓟蚜清、毕达、百舒等药防治。防治方法：①冬季清园，将枯株和落叶深理或烧掉。②发生期喷50%杀螟松1000～2000倍液、40%乐果乳油1500～2000倍液或80%敌敌畏乳油1500倍液，每7～10 d喷1次，连续数次。

（6）电照补光　我国目前还没有在元旦、春节能自然开花的切花菊品种，所有的品种属秋菊品种的晚生品种，其对短日照敏感，花芽形成于秋末。早春栽植的植株，即使营养生长未达到一定的大小，也会形成花芽分化，这就失去了切花价值。电照补光主要是促进菊花的营养生长，抑制生殖生长，不让其过早地花芽分化，因而电照补光是栽培元旦、春节切花菊的重要措施。电照补光时可以从以下3个方面进行调控。

1）补光时间：灯光的开始时期应在菊株种植后当天，花芽尚未分化时，开始补光。例如，预先安装好照光设施，做到适时补光，一般在8月20日左右开始补光，因立秋之后日照时数逐渐少于13.5 h，故如不及时补光，菊株很快就会从营养生长转向生殖生长。在条件适宜的情况下，补光结束后切花菊的生长发育会受到温度的影响，若夜间温度为15℃左右，要经过10 d花芽开始分化；若最低温度保持在10℃，则需要15 d花芽开始分化。而切花菊从花芽分化到开花需50～55 d，从补光结束到开花共计60～70 d。因此，补光的结束期应掌握在开花前60～70 d停止光照，12月下旬上市的切花菊需要在10月中旬结束照明；在翌年1～2月上市的切花菊，因花芽分化时遇低温，花芽发育往往推迟，需要在10月下旬结束照明。

2）补光强度：切花菊补光的光照强度可在0.045 klx以上，最低为0.020～0.030 klx。一般6 m宽的标准大棚可种4畦，可布3排低电压60W的白炽灯，每排白炽灯间隔2.5 m。点灯高度，以距离植株90～100 cm为好。

3）补光方法：可采用暗期开始（日落后）或暗期结束（日出前）这两种连续补光法。近年来，生产上用得比较多的是每天的补光时间在半夜进行，使整个夜间分成两段暗期，每段暗期不超过7 h。在每天23时到次日凌晨2时补光，补光2～3 h较为恰当。

康乃馨的设施栽培

康乃馨（*Dianthus caryophyllus*）又名狮头石竹、麝香石竹、大花石竹、荷兰石竹，是石竹科石竹属多年生草本植物，全株无毛，粉绿色；茎丛生，直立；叶片线状披针形；花常单生枝端；有香气，粉红、紫红或白色；花期为5～8月（图7-9）。因其体态玲珑、斑斓雅洁、端庄大方、芳香清幽等特点，现在已成为优异的切花品种和全球销量最大的花卉。

康乃馨在欧洲已有2000多年的栽培历史，历来为西方名花，希腊及南欧海岸的雅典人将其尊崇为宙斯之花。据记载，英国17世纪的康乃馨栽培有800多个品种；1840年法国人达尔梅将只在春季开花的香石竹改良为连续开花的类型；1850年传到美国后培育了百余个品种，并应用于商业生产；1938

图 7-9　多花型康乃馨的设施栽培

年育成了 William Sim 系列品种。目前，康乃馨的主要生产国有以色列、意大利、西班牙等，各国或利用自然气候优势，或采用现代化全天候温室以达到周年生产，同时培育抗病新品种，保持优质种苗性状的稳定性。我国也广泛栽培供观赏，或者作为切花，采用温室培养可四季开花。

（一）种类与品种

康乃馨的种类与品种很多，常有三大类：①大花香石竹，按其来源又可分为美国 Sim 大型香石竹和地中海型大花香石竹。前者适应性强，生长势旺，以红色为基调，节间较长，叶片较宽，但耐寒性较差，适合温室栽培；后者节间较短，叶片狭长，不易裂苞，较耐低温，产量高，可露地栽培且色彩丰富。②多花型香石竹，一种多分枝小花香石竹，花径为 3～5 cm，因插花效果好，近十几年比较流行。③小花矮化香石竹，植株很矮，花小且多，很适合盆栽观赏。

目前国内外栽培的最新优良品种是：①大花种，白色系有‘埃维瑞斯特’‘白乔莉’等；粉色系有‘费格罗’‘玛白尔’等；黄色系有‘伊萨贝尔’‘卡蒂’；橙色系有‘伊里亚斯’‘橙色卡蒂’；紫晕系有‘皮诺克柴欧’；斑纹系有‘弗拉维欧’‘帕瑞斯泫尔’。②多花型种，白色系有‘伊坦恩妮’‘皮克卡罗’；粉色系有‘格罗兹拉’；红色系有‘卡萨布兰卡’；黄色系有‘斯特罗尼拉’；斑纹系有‘哥本’‘米兹黑里拉’；复色系有‘美晨’‘美宝’。

（二）生长习性

康乃馨喜阴凉干燥、阳光充足与通风良好的生态环境，耐寒性好，耐热性较差，最适生长温度为 14～21℃，温度超过 27℃或低于 14℃时，植株生长缓慢。喜肥，宜栽植于富含腐殖质、排水良好的石灰质土壤。

（三）繁殖方法

康乃馨的设施栽培一般采用扦插繁殖。插穗宜选择无病虫害、生长健壮、节间紧密的植株，并具有 3～4 对展开叶、1 对未展开叶，群体插穗带花芽率小于 10%。扦插时间一般应避开 7～8 月炎热夏季。扦插时以插入土壤 1 cm 为宜，夏季要深插，一般在 1.5～2 cm。扦插完毕要喷足水，要控制不宜过湿，以免烂根。

（四）栽培要点

1. 整地做畦

种植前 1～2 月进行土地平整，667 m^2 撒施充分腐熟的厩肥（1 t）、饼肥、过磷酸钙（100 kg）等有机肥，深翻 30 cm，整成南北向高畦，畦面宽 120 cm。同时，还需要对土壤进行消毒，可采用化学消毒法，即用 40% 的甲醛溶液配成 1∶50 或 1∶100 的溶液喷施土壤；然后用塑料薄膜覆盖 6～7 d，揭开晾晒 10～15 d 后即可种植。

2. 栽植

设施栽培时，康乃馨从定植到初花所需的时间随光强、温度和光期长短的不同而不同，栽植时间一般在 4～5 月或 10～11 月。4～5 月栽植，具有苗源充足、定植成活率高的优点，但旺盛生长期在夏季高温期，不利于康乃馨的正常生长发育，且易生病，故此时种植应选择通风良好的地段，且须加强病虫害防治；10～11 月栽植，具有成活率高、易培育出高质量的切花等优点。

康乃馨的定植深度宜浅不宜深，以根茎部刚露出土为宜，浅栽的幼苗易成活，且发根快，到旺盛生长期结合松土进行拥根培土。定植的密度随种植时间、品种和采收目的的不同而不同，与摘心的方式和次数也有关，一般为 15 cm×15 cm 或 15 cm×18 cm，总的要求是每个分枝都占有一定的空间，以达到质量和产量的统一。正常情况下有效分枝控制在每平方米180～200支，单株分枝控制在5～6.5枝。

栽植时，栽植穴要挖得大一些，不要弄掉幼苗所带的土，轻轻栽入穴后按压根部，定植完毕用手指在行间土表划浅沟，沟内浇水，如果直接往叶上浇水易引起倒苗，若从根茆浇水则易引起茎腐病。

3. 栽植管理

（1）水肥管理　康乃馨的根际部过湿易发生茎腐病，高温期间更是如此，因此定植后必须在行间浇水，使根际土壤经常保持几分干燥。通常在9月中旬至10月下旬、气温为15℃左右时，由于生长旺盛，不必担心茎腐病的发生，故可增加浇水量；但在11月或翌年2～3月，由于昼夜温差大，如浇水过多，则大轮系的花萼易开裂，故浇水要严加控制。夏季的浇水时间，必须掌握在清晨和傍晚进行；冬季浇水则在中午前后进行，必须避开温度在0℃以下的严寒。

康乃馨以硝酸钙、硝酸钾、磷酸铵、硼砂等溶解于水作液肥施用，效果最好。康乃馨在施肥苗期要掌握薄肥勤施，可用稀粪水、菜饼水或含氮、磷、钾、钙、镁的液肥。当9～10月或3～4月生长旺盛期需要大量养分时，可在张网之前结合中耕进行一次施肥，即用菜籽饼、骨粉或速效复合肥在植株根穴中施入；张网后再结合浇水进行追肥。随着植株的不断生长，在中后期逐渐减少氮肥的用量，适当增加磷、钾肥的用量。花蕾形成后，可每隔一星期喷一次磷酸二氢钾，以提高茎秆高度。

（2）温、湿、光管理　7～9月是夏季高温时期，病害发生多，因此夏季要遮阴，加大室内通风，有条件的地方可配合喷雾降温，创造湿的环境，减少叶面蒸腾，使康乃馨安全越夏。在严寒的冻天，温度低，应加强保温，有条件的应加温，使室内的夜间温度不低于10℃。日光温室栽培时由于室内湿度大，故应加强通风换气，以降低温室内湿度，防止或减轻叶斑病等病害的发生。同时，应尽量使植株多接受自然光照或加辅光照，即使阴雨天也要揭开草帘。

（3）摘心　摘心是种植康乃馨的基本技术措施，它关系到采花的时间、质量和产量。摘心的时间、部位和次数因品种、栽培季节、供花日期、生长势而变化。康乃馨每一节位都可萌发1～2个侧芽，通过摘心可决定单株的产量，若要单株产量高，摘心节位就要高些，反之则低些；种植密度高的，摘心节位可低些，反之则高些；高温季节摘心节位要高一些，其他季节可低一些；品种不同则摘心节位也不同。

康乃馨植株长出2～3个侧芽并长出明显的叶片时才能进行摘心，留下长出的芽和3～4对叶片，即在第六、七节位摘心最好，植株的高度为20～50 cm。所有侧芽长出来后再进行适当的选择，去弱留强，培养成开花枝。

常用的摘心方法有一次摘心、一次半摘心和两次摘心。一次半摘心是对第一次摘心后发生的一半侧枝进行再摘心；两次摘心是对第一次摘心后发出的全部侧枝进行再摘心。第一次摘心是在定植后约30 d、幼苗6或7节时进行的，第二次摘心在第一次摘心后发生的侧枝长出有5或6个节时进行的。摘心应避免在清早、傍晚及阴雨天进行，应选在晴天中午前后进行并及时喷洒防病药剂。摘心时一手牢固地握住幼苗的基部，使摘取不至于将根拔起，另一手抓紧中心叶，用力快速摘取生长点。

（4）张网　摘心后，侧枝开始生长，整个植株张开，为避免外面的侧枝弯曲而妨碍生长发育，要尽量提前张网，使茎正常发育。当苗高距畦面15 cm时张第一张网，拉第一张网时，同时拉上以后的3～4层网，以后随着茎的生长顺序拉上第二、第三、第四、第五层网，网格之间的间距为20～25 cm。张网的关键是第一、二层网，若不仔细拉好，到生育的后半期，整个植株的重量都落到下部的茎上，造成浇水、中耕施肥困难，且光照、通风差，而有利于病害的发生。拉网的网一般采用尼龙绳编织的，其网格的大小与种植的株行距相等，这样就能使每一植株分布在合适的网格内，植株就不会倒伏。

（5）病虫害防治　康乃馨是一个易感病的切花品种，整个生长期都有病虫危害，需注意观察发现，并及时防治，防止扩大蔓延，减少损失。易感染的病害有茎腐病、叶斑病、锈病和病毒病等，主要虫害为蚜虫、红蜘蛛、蓟马等。

1）茎腐病：在5～9月高温多湿季节发生，由镰刀菌侵入导管，根茎部分变软弱，白天萎缩，不久枯死，大多通过土壤传染。预防方法是：采用排水良好的地块，并进行土壤消毒；避免深植，谨慎浇水，不要长时间淋雨，苗床要求通风良好，移栽、定植时不伤茎。生长期发生此病时，要及时将感病植株带土挖出、烧毁，并灌注甲氧乙氯汞800～1000倍液或土壤消毒剂敌克松500倍液。

2）叶斑病：该病是康乃馨的主要病害之一，全年均可发生，在梅雨季节发病迅速且严重。孢子借气流和雨水传播，从气孔和伤口侵入危害植株。发病多从下部叶片开始，初期叶上产生淡绿色水渍状不明显的小圆斑，以后扩大为3～5 mm的大斑，紫色或褐色，圆形、椭圆形或半圆形，中央为灰白色。在潮湿的条件下，病斑上长出粉状黑色霉层；干燥时，病部扭曲。在茎上，病害多从枝条分叉处和抹芽伤口部位发生，病斑为灰褐色、不规则长条形，其后产生粉状黑色霉。在花苞上，病斑初为圆形、椭圆形，水渍状，随后呈浅褐色到深褐色，病斑上有粉状黑色霉；严重时，花不能正常开放，或一侧不能正常开放，形成畸形花，成为裂萼的原因之一。发生此病时，采取的防治措施为：①对土壤消毒；②保持通风透光，避免叶上积水，适时摘心，并于晴天摘心，以利伤口愈合；③选用抗病品种，实行轮作；④定植前淘汰带病苗；⑤用 1% 波尔多液、75% 百菌清可湿性粉剂 500 倍液、75% 代森锰锌 500 倍液或 50% 甲基托布津可湿性粉剂 500 倍液等交替使用，根据发病情况 1～2 周喷 1 次。

3）蚜虫：高温、透气差的时候易发生，蚜虫群集在叶片、花蕾和嫩芽上吸食汁液，使叶片卷缩，叶色变黄，严重时导致叶片脱落，影响开花。蚜虫又是病毒病的传染媒介，必须及早防治，要反复用药，效果较好的药剂有有机磷剂量、1000 倍的氧化乐果、50% 辛硫磷乳油 1500 倍液、一遍净 1500 倍液等。

4）红蜘蛛：高温干燥时易发生，若扩大蔓延则不易绝灭，因此要在早期喷施杀螨剂。红蜘蛛吸吮叶肉汁液，受害叶片初呈黄白色小斑点，后逐渐扩展到全叶，造成叶片卷曲，枯黄脱落。防治方法为：①清除田间杂草，减少来年的螨源；②改善栽培条件，适当增加空气温度；③初发期，喷施 40% 三氯杀螨醇乳油 1000 倍液或 40% 乐果乳油 1500 倍液等，连续喷 2～3 次，每次间隔 3～5 d。

5）蓟马：高温干燥时易发生，蛀食尚未展开的心叶，使展开的叶产生灰白色的条纹或斑块、萎缩、叶色浓淡不匀；寄生在花上，造成花瓣边斑点。其防治方法与红蜘蛛相同。

唐菖蒲的设施栽培

唐菖蒲（*Gladiolus gandavensis*）是鸢尾科唐菖蒲属多年生草本植物，别名菖兰、剑兰、扁竹莲、十三太保。唐菖蒲球茎呈扁圆球形，直径为 2.5～4.5 cm，外包有棕色或黄棕色的膜质包被；叶基生或在花茎基部互生，剑形，基部鞘状，顶端渐尖，嵌叠状排成 2 列，灰绿色，有数条纵脉及 1 条明显而突出的中脉；花茎直立，高 50～80 cm，不分枝，花茎下部生有数枚互生的叶；蝎尾状单歧聚伞花序长 25～35 cm，每朵花下有 2 片苞片，膜质，黄绿色，卵形或宽披针形，长 4～5 cm，宽 1.8～3 cm，中脉明显；无花梗（图 7-10）。唐菖蒲原种产于南非，世界各地普遍栽培，主要生产国为美国、荷兰、以色列及日本等。

图 7-10 唐菖蒲的设施栽培

唐菖蒲被誉为“世界四大切花”，是欢乐、喜庆、和睦的象征，主要应用于插花艺术，能表现出风韵不凡，将作品的内涵从容地由自然美升华到艺术美，故有些专家称赞它是插花领域里的“万能泰斗”。1984 年在美国总统里根结束对中国的访问，举行答谢宴会时，特地从香港、广州空运 1100 多枝新鲜的唐菖蒲到北京，借以增进宴会的热烈气氛。

（一）种类与品种

唐菖蒲为重要的鲜切花，可做花篮、花束、瓶插等。我国培育的唐菖蒲品种已达 450 多个，重点分布在吉林、辽宁、甘肃、武汉、包头等，主要的切花品种有‘含娇’‘大红袍’‘藕荷丹心’‘鸳鸯锦’‘紫英华’‘玉人歌舞’‘烛光洞火’‘黄金印’‘琥珀生辉’‘桃白’‘金不换’‘冰罩红石’‘朝霞’等。

唐菖蒲的花色十分丰富又极富变化，主要有白色系、粉色系、黄色系、橙色系、红色系、浅紫色系、蓝色系、紫色系、烟色系及复色系10个色系（图7-11）。目前，我国栽植的唐菖蒲种球绝大多数是进口的，主要来自荷兰、日本、美国等，品种主要有：白色系的‘白友谊’‘白雪公主’‘白花女神’等；粉色系的‘魅力’‘粉友谊’‘夏威夷人’‘玛什加尼’等；黄色系的‘金色原野’‘金色杰克逊’‘荷兰黄’‘新星’‘豪华’等；红色系的‘红美人’‘红光’‘奥斯卡’‘胜利’‘玫瑰红’‘乐天’‘钻石红’等；紫色系的‘长尾玉’‘蓝色康凯拉’‘紫色施普里姆’；烟色系的‘巧克力’；复色系列的‘小丑’。

图7-11　唐菖蒲的设施栽培种类

（二）生长习性

唐菖蒲喜凉爽、不耐寒、畏酷热，要求疏松、肥沃、湿润、排水良好的土壤。生长最适温度白天为20～25℃，夜晚为10～15℃。唐菖蒲为长日照植物，以每天16 h光照最为适宜。

（三）繁殖方法

唐菖蒲的繁殖以分球繁殖为主，新球于第二年开花。为加速繁殖，也可将球茎分切，每块必须具芽及发根部位，切口涂以草木灰，略干燥后栽种。培育新品种时，多用播种繁殖，秋季采下种子即播，发芽率高；冬季实生苗转入温室培养，次春分栽于露地，加强管理，秋季可有部分苗开花。

（四）栽培要点

1．整地和施肥

栽培唐菖蒲应选择向阳、排水性良好、含腐殖质多的沙质壤土；土层要深厚、疏松、排水良好，切忌积水。在黏土中虽能生长开花，但更新球发育差，大球下形成的小球也少。一般苗床做成高20 cm、宽1～1.5 m的高畦。

栽种前土壤应施够充足的基肥，基肥的种类以富含磷、钾肥为好，氮、磷、钾要兼顾。对以种球生产为主的地块应以增施钾肥为主。由于唐菖蒲是浅根性植物，故肥料应浅施。追肥分别在二片真叶期（花芽分化后）和吐穗期，施用稀薄粪水加尿素一次；中期重施一次钾肥；后期注意控氮，以免植株徒长，造成倒伏。

2．球茎选择与处理

在确定栽培品种后，要注意选择球茎，选择时注意品种不可混杂，选无病虫、芽点没有损伤的种球。在种植前要将分级球茎先浸水15 min，再用0.1%的升汞或福尔马林80倍液浸泡0.5 h消毒，取出后冲洗干净再下种。

3．种植时期

自然条件下一般在4～5月、地温在10℃左右时种植，若要周年生产，则应根据不同的供花期来确定。在温度、光照有保证的条件下，要求元旦前上市的应在9月初下种，春节期间上市的可在9月末下种，早春供应切花的可于11月下旬至12月下旬下种。5月下旬至6月上旬开花的，可于2月初催芽，4月初露地种植，国庆开花的可在6月初至7月中下种。

一般栽种后3个月左右便可开花，但栽培周期受生长期的气温影响较大。生长期的温度越高，栽培周期越短。例如，生长期的平均温度为12℃时，剑兰从栽植到开花需110～120 d；平均温度达15℃时，只需90～100 d；20℃时，需70～80 d；高达25℃时，栽培周期仅为60～70 d。

4．打破休眠

球茎在低温条件下连续休眠约3个月，如果需要提前种植，可先用35℃的高温处理15～20 d，然后再用2～3℃的低温处理20 d，即可打破休眠。但在此期间应保持球茎干燥，湿度过大易造成球茎腐烂。

5．种植

种植密度随品种株型的不同而异，大株型的20 cm见方，中小株型的10～15 cm。种植深度一般为3～10 cm。为防止倒伏，在种植球茎时，应预先将2层20 cm×20 cm的尼龙网格放于种植床上，以后随着植株的长高，逐层用支柱绷紧尼龙网，防止植株倒伏，花茎弯曲。

唐菖蒲在栽培过程中可施追肥3次，2～3片叶时施肥1次，花序抽生阶段1次，开花半个月后再施1次，以磷、钾肥为主。栽后6～8周为叶生长期，不宜施用氮肥过多，否则植株易倒伏。

唐菖蒲在出苗之前每隔10 d灌水1次；苗出齐后切勿干旱，否则叶尖容易变黄；花葶出现后更不可受旱，夏季应4 d灌水1次；开花后应停止灌水以延长花期。浇水要掌握分量，水太多容易引起根部腐烂，缺水又往往引起花葶萎蔫低垂，且浇水后仍不能复原而屈曲成“之”字形，影响美观。

6．病虫害防治

病害：①唐菖蒲花叶病，是世界性病害，凡是种植唐菖蒲的地方均有该病发生。该病可引起唐菖蒲球茎的退化，使植株矮小，花穗短小，严重影响花卉的生长。防治方法为：加强检疫控制病害发生；对种球茎进行检测，选择没有病毒的球茎进行栽植；带病毒的球茎要进行统一销毁，以减少花卉的再侵染；及时拔除苗圃中的病株，以防互相感染；发病时用58%代森锰锌可湿性粉剂500倍液、75%百菌清可湿性粉剂或50%多菌灵可湿性粉剂1000倍液进行叶面喷施，每7 d喷施1次，一般喷施3～4次即可。②干腐病，又名枯萎病或黄斑病，它是唐菖蒲栽培期间的重要病害，主要危害球茎、叶片、花和根部。植株在发病时，首先从外侧叶片的尖端开始黄化，然后向内侧叶片蔓延，最后枯萎。防治措施：尽量避免栽植的花坛连作，不宜多施氮肥，适量增加磷、钾肥的使用量；种植前球茎可用50%多菌灵500倍液浸泡30 min；在植株发病初期，用50%代森锌1000倍液，每7 d喷洒叶面1

次，喷洒3次。

虫害主要是蓟马，其成虫、若虫白天藏匿在叶腋间，阴天或夜间则爬到叶面上危害植株。它主要咬食植株的叶、茎和花，使叶片变色，在花冠上留下白灰色的点状食痕和产卵痕，导致花瓣卷缩。防治措施：可用40%乐果乳油1000倍液或80%敌敌畏乳油300倍液喷洒防治。

百合的设施栽培

百合（*Lilium brownii* var. *viridulum*）是百合科百合属的球根花卉，无皮，鳞茎呈扁球形，由许多肥厚的鳞片组成，即“百片之合”，故名百合，喻百年好合、吉祥如意。百合叶散生，呈披针形。花单生或数朵横向着生于茎顶，单生花呈喇叭状长筒形，有清香，花被6枚（图7-12）；花色极为丰富，有白、粉、粉红、黄、橙红、紫红、红、紫及杂色等，斑点或斑块的颜色有黑色、红色、紫红色、红褐色、黑褐色等。自然花期为冬春。

中国是百合属植物的故乡，全世界的百合属植物约90个品种，其中起源于中国的有46个品种和18个变种。欧洲对百合记载较早的是《旧约圣经》。1794年麝香百合由日本传入荷兰，1819年传入英国。自20世纪以来，我国开展了大规模的杂交育种工作。百合资源丰富，历史悠久，花型、花色多样，有极高的食用及药用价值，被誉为“球根花卉之王”。

图7-12　百合的设施栽培

百合是近年来风靡全球的高档花卉，其花语是文雅和纯洁，在现代婚礼上新娘手捧白色的百合花，是纯情、圣洁和庄严的象征。近年来，北京、上海、广州等大城市切花百合的消费呈上升趋势，使各地的百合栽培面积不断增加，北京、上海、陕西、甘肃、辽宁、云南和四川等地都建立了大型百合鲜切花的设施栽培基地。

（一）种类与品种

目前生产上做切花栽培的百合主要有亚洲百合、东方百合、麝香百合三大种系，切花栽培品种有200多个。我国栽培的优良品种主要从荷兰、日本引进，经过几年的栽培试验，目前已经筛选出一批适合我国生产的切花品种，如‘卡萨布兰卡’。

（二）生长习性

百合喜冷凉，耐寒而怕酷暑。生长开花的最适日温为20～25℃，夜温为10～15℃，花芽分化的适温为15～20℃；属长日照植物，生长期要求充足的光照，但多数品种更喜略有遮阴的环境，光照为70%～80%，相对湿度为80%～85%；对土壤要求不严，但以疏松肥沃、排水良好的微酸性沙壤土为宜。

（三）繁殖方法

百合常用分球繁殖，也可采用鳞片扦插、茎生小鳞茎繁殖及组织培养等繁殖方法，除分球繁殖培养出的小鳞茎有一些可作商品球外，其他几种方法培养出的小鳞茎因为直径太小，一般当年不宜作商品球，需经2～3年的培养方能成为商品球。

（四）栽培管理

1. 整地做畦

将土壤深翻40 cm，清除杂物，打碎大土块，去除砖头、瓦块、植物残体、烂塑料袋等废物，整平耙细。为改良土壤的透气性和透水性，一般可添加腐质土和珍珠岩。

将床面耙平、耙细，温室内多做高畦。畦宽1～1.2 m，畦高10～15 cm，畦长依圃地大小而定，畦面间的沟宽应有40 cm。结合深翻，施足有机肥（腐熟的猪粪或腐殖土、复合肥），并用呋喃丹等进行土壤消毒，杀死地下害虫。畦面整好后，种植前一周充分浇透水。

2. 种球处理

新收获的种球，需经过6～8周的低温（10℃左右）处理，才能顺利通过自然休眠；从国外进口的冷冻种球，应在10～15℃条件下缓慢解冻后才能播种。没有通过自然休眠的种球不能直接播种；已经解冻的种球不能再次冷冻。

种植前将种球从球箱中拣出，轻拿轻放，防止将芽碰断；同时检查种球的质量，剔除芽折断或腐烂、鳞片或基盘腐烂等不合格的种球；用百菌清杀菌剂1000倍液浸泡种球20 min。

3. 播种

在种植前，土壤应预先预冷。种植前最好通过遮阳、通风和冷水灌溉来降低土壤温度。在温度较高的条件下，只能在早上和傍晚进行种球种植。气温较高时，最好推迟1～2 d种植。

种球从杀菌剂中捞出后即可种植，种植时应将芽保持垂直向上；种植完一条苗床后应立即浇透水，并装好滴灌系统和遮阴网，做好插牌，并注明品种、规格、种植日期等。种植深度为种球高度的3～5倍，根据种植期间的温度，种植深度还需作适当调整。一般冬季的种植深度为芽点以上6～8 cm，夏季的种植深度为芽点以上8～10 cm。为避免根系损伤，种植时不要压得太紧，一般株距为10 cm，行距为种球围径的1.5倍。种植密度受季节、气候条件、土壤类型的影响。在温度较高和光照强度较大的月份，种植密度应大一些；而在光照较弱的季节（冬季）或在弱光照条件下，种植密度应小一些。例如，于春节或情人节上市，可在9～10月于温室内播种种球，行距为20～25 cm，株距为8～15 cm，开沟深度为10～15 cm，覆土厚度以8 cm左右为宜。

4. 日常管理

（1）温度控制　生长初期保持在12～15℃，有利于根系发育；生长后期维持日温在20～25℃、夜温在10～15℃，有利于提高切花的品质。夏季设施栽培百合切花，温度不能超过30℃，温度过高就得采取相应的降温措施，如打开天窗、揭开四周的棚膜或喷雾降温等。冬季设施栽培百合切花，温度不得低于5℃，温度过高就得采取相应的加温措施。

（2）遮阴　生长前期遮阴，可促进生长；当10%的植株现蕾时应及时揭去遮阴网，增加光照，提高切花质量，防止落蕾；莲座期尽量给予全光照。夏季光照强烈，根据不同的品种可遮阴50%～70%，夏季的遮阴时间为10:00～16:00，冬季为11:00～15:00。

（3）扶苗　当小苗长出地面2 cm后，应及时将长得不正的小苗扶正，必须严格把握此关键时期，若错过扶苗时机则会伤到根系，不扶苗将严重影响切花的质量。

（4）水肥管理　种植后应随时保持土壤湿润，避免过干、过涝。发根期和采收期的需水量较大，尤其不能太干。生长期要浇6～10次水，以促进根系与土壤紧密结合。营养生长期保持见干见湿。花芽分化期和现蕾期不可缺水，缺水易导致植株矮小、切花质量下降。

小苗长到15 cm时开始施第1次肥，以后每周施1次，坚持“薄肥勤施”的原则，施肥以氮肥和钙肥为主，可追施尿素、硝酸铵等氮肥和硝酸钙，用量为6～10 kg/667 m^2，以促进茎叶生长；花芽分化到现蕾开花期，每隔7～10 d用0.2%磷酸二氢钾等溶液进行叶面喷肥，有利于花芽分化，增加花朵数量；开花后，追施速效磷酸二氢钾可促进鳞茎发育；生长期叶片发现缺铁黄花时，及时喷洒0.2%～0.3%的硫酸亚铁溶液防治。

（5）病虫害防治　切花百合在设施栽培时，不同生长时期均易发生病害，因此要做到严控制、勤管理、多观察。在种植后1～3周，即切花种球出苗发根期，易感染茎腐病和疫病；为防治该病害，可在种球开始出苗时用敌克松混农用链霉素粉剂800～1000倍液灌根预防，发现病株时应立即连种球清除。切花现蕾前2周为切花叶烧敏感期，此时期容易发生叶烧和缺铁症，该期如果持续高温，切花枝条会变软，因此应及时拉花网防止倒伏；尤其要避免设施环境内的温度和相对湿度有较大的变化，开门窗坚持“慢开、慢关、少开”，并保持足够的土壤湿度；发现缺铁症时，要及时喷施螯合态铁以补充铁元素的吸收。种植后5～8周为切花现蕾期，该期容易发生落蕾和花芽干缩症状。其防治方法是：要及时拉掉遮阴网，增加光照并加强通风。切花采收前期容易发生疫病，可用杀细菌性药800～1000倍液灌根。切花百合栽培的整个时期都会感染灰霉病，可定期喷施防治真菌（如1000倍灰尽、施灰乐、甲基托布津、百菌清、铜高尚、代森锌等）和细菌（农用链霉素、绿佳等）的药。

危害切花百合的虫害主要有蚜虫、螨虫和线虫。切花百合生长中后期都易感染蚜虫，可用莫比郎、功夫、杜邦克蚜敏等水剂1000倍液喷施，注意轮换用药。螨虫主要危害百合的地下部分，可用新克虫及蒜蛆一遍净灌根。线虫会对整个生长时期造成危害，在目前尚无较好药物防治的前提下，采用喷施克线灵的方法。

5. 采收

定植后的第二年秋季，待地上部分完全枯萎、地下部分完全成熟后采收。百合一般在大暑前后（7月下旬）选晴天采挖。收后，切除地上部分，须根和种子根放在通风处贮藏。收获后的百合要进行加工，主要有：①剥片，即把鳞片分开，剥片时应把外鳞片、中鳞片和芯片分开，以免泡片时老嫩不一，难以掌握泡片时间，影响质量。②泡片，待水沸腾后，将鳞片放入锅内，及时翻动，5～10 min，待鳞片边缘柔软、背部有微裂时迅速捞出，在清水中漂洗去黏液。每锅开水，一般可连续泡片2～3次。③晒片，将漂洗后的鳞片轻轻薄摊晒垫，使其分布均匀，待鳞片六成干时，再翻晒直至全干。以鳞片洁白完整、大而肥厚者为好。

非洲菊的设施栽培

非洲菊（*Gerbera jamesonii*）是菊科火石花属宿根草本植物，别名扶郎花、太阳花等。原产于南非，在我国各地均有较好的适应性，现全国广为栽培。非洲菊的株高可达60 cm，根系发达，容易形成不定根。叶基生，莲座状，短圆形或匙形，羽状浅裂或深裂，基部渐狭窄。花梗从叶丛中央抽出，并高出叶丛20～40 cm，头状花序单生于花梗顶端，筒状花较小，乳黄色，舌状花较大，呈倒披针形或带形，花色有红、橙、黄、粉、白、紫等色，盛花期为4～5月和9～10月。果实扁平，黑褐色，果熟期为4～11月（图7-13）。

图7-13　非洲菊的设施栽培

（一）种类与品种

目前，非洲菊的优良品种多从荷兰引进，主要有单瓣、半重瓣两个品种，单瓣主要有‘加利福尼亚’‘血腥玛丽’‘海地’‘里昂莱拉’‘红宝石’‘罗莎伶’‘太阳舞’等；半重瓣主要有‘菜花黄’‘凯茜’‘钻石’‘靓粉’‘红艳’‘太阳’等。

（二）生长习性

非洲菊喜冬暖夏凉的环境，畏寒冷，忌炎热。最适生长温度为日温20～25℃、夜温16℃，低于10℃则停止生长，进入休眠，0℃以下死亡。非洲菊喜阳光充足，但略阴可使花茎较长。非洲菊怕涝，土壤湿度过大时易引起根茎腐烂，短时间内导致整株死亡；适宜的空气湿度为60%～80%，湿度在90%以上时易感染疫霉病、叶斑病等病害。非洲菊在疏松肥沃、排水良好、富含腐殖质、土层深厚、微酸性（pH 5.5～6.0）的土壤中生长好；在碱性土壤中，易发生缺铁黄化现象，忌积水和黏重土。

（三）繁殖方法

非洲菊可用分株、扦插、播种和组培法繁殖。切花规模化生产主要采用组培繁殖，一般以花托和花梗作为外植体，但花托作为外植体的繁殖系数高，每20 d可繁殖5～7倍；以直径5～7 mm的花托小切块效果最好，从接种到产生愈伤组织、分化出芽需要2个多月。一株幼苗3个多月经4次增殖，可产1万株试管苗。

（四）栽培管理

1. 整地做畦

深翻25 cm以上，并将土块敲细碎，去除残留的石块、瓦砾等，施足基肥，每667 m^2施入充分腐熟的有机肥料3500～4000 kg、氮磷钾复合肥20～25 kg、草木灰350 kg左右。畦高一般为30～40 cm，畦宽1～1.2 m。

2. 定植

非洲菊生产用苗，宜向专业生产单位购进组培苗。若苗龄小，一般经过2～3次分苗后再按标准密度定植。宜浅栽，根颈部露出土面1～1.5 cm，以免灌溉时叶丛中央积水烂心。

3. 栽后管理

（1）温度控制　从5月中下旬开始，加强通风透气，搭设遮阳网或对植株进行喷雾降温；冬季从11月下旬开始，做好保温加温工作，使温室内的气温在12℃以上，以促进植株的正常生长开花。夏季温度超过30℃或冬季温度低于10℃可阻碍生长，降低开花数，故夏季高温和冬季低温一定要控制好温度。

（2）遮阴　缓苗期的光照控制在30%～40%，成活后控制在40%～60%，生殖生长阶段保持在40%～60%的透光性即可。夏季注意遮阴。冬季光照不足，需及时人工补光，保持每天的光照时数不低于12 h，可提高植株的产花量。

（3）水肥管理　苗期控制水分，促进根系发育。生长旺盛期保证水分充足，土壤含水量为70%～80%、空气湿度为80%～85%较为理想，浇水采用滴灌法。

栽植时施足基肥，生长发育期还需不断追肥。生长前期以氮肥为主，苗期每周用0.1%的复合肥（N：P：K=5：3：2）叶面喷施。花前每2周用0.1%磷酸二氢钾+0.1%尿素喷施1次，4～5月和9～10月为盛花期，可叶面喷0.4%磷酸二氢钾溶液。每10～15 d用0.1%磷酸二氢钾（或0.1%～0.2%螯合铁）+0.1%～0.2%硼砂（或硼酸）+5～10 mg/kg钼酸钠进行叶面喷施，可补充微量元素。浇液肥时，切忌从植株的中心浇施，以免烧烂花心。

（4）疏蕾　在植株叶片生长较弱或具5片功能叶之前，宜摘除所有花蕾；当一棵植株同时具有3个发育相当的花枝时也应适当疏蕾，以避免养分供应不足，影响花质；夏季切花质量差，也可进行疏蕾，以蓄积养分，有利于增加冬春切花产量。

（5）病虫害防治　非洲菊的主要病害有叶斑病、白粉病、病毒病。叶斑病可用70%甲基托布津可湿性粉剂800～1000倍液或50%多菌灵可湿性粉剂500倍液喷施；白粉病可用70%甲基托布津1500倍液或75%粉锈宁可湿性粉剂1000～1200倍液进行防治，每7～10 d喷1次，连续喷2～3次；病毒病防治应把进苗关，并及时防治蚜虫，减少传毒媒介，发现病株及时清除并销毁。非洲菊虫害主要有跗线螨、棉铃虫、烟青虫、甜菜叶蛾、蚜虫等。跗线螨可用40%三氯杀螨醇1000倍液进行防治，8～9 d喷1次，喷药对花色有不利影响，故花期不宜采用。

第三节　设施兰科植物栽培

兰科（Orchidaceae）植物是一个十分庞大的家族，在被子植物中仅次于菊科植物，是单子叶植物中的第一大科，全世界约有700属、近20 000个原生种及大量的杂交种和品种。兰科植物广布全球，主要产于热带和亚热带地区。中国也是兰科植物的重要分布区域，有173属约1247种和大量的变种、品种，主要分布于云南、四川、台湾等地区，北方温带地区和西部高原、干旱地区分布比较少。其中，在我国云南兰科植物共有133属684种，占中国兰科植物总种数（约1100种）的62.18%，是兰科植物量丰富的地区，也是世界兰科植物的分布中心之一。

一、植物学特性

兰科植物的花朵构造由3枚萼片、3枚花瓣及1个合蕊柱构成。萼片位于花的最外方；3枚花瓣中下方居中的一枚称唇瓣，是兰花最精彩的部分，也是变化最大的部分，为分属分种的主要依据；合蕊柱位于兰花的中央，是由雌蕊和雄蕊结合而成的。根肉质肥大，无根毛，有共生菌；具有假鳞茎，俗称芦头，外包有叶鞘，常多个假鳞茎连在一起，成排同时存在；叶直立或下垂；种子细小。

兰科植物喜温暖湿润，特别以冬暖夏凉最为理想，切忌高温干燥。冬季要求以不结冰为好，保持在3～7℃最宜；夏季以25～28℃为合适。在自然分布中，兰花产地旁有溪涧，常年承受雨露，且年降雨量要求在1000 mm以上。要求有上层深厚、腐殖质丰富、呈黑褐色、疏松肥沃、透水保水性能良好的微酸性土壤，pH为5～6.5，忌积水。喜阴，要求日照时间短，不同品种对郁闭度的需求不同，春兰要求树荫的郁闭度在0.7～0.95；惠兰要求在0.5～0.8，光照时间较春兰稍长；建兰、墨兰、寒兰也要求大的郁闭度庇荫。

二、分类

根据兰科植物的生活习性，将兰科植物分为以下3类。

（1）地生兰　地生兰最为常见，与其他普通植物一样生长在地面上，靠根系从土壤中吸收水分，温带和亚热带地区的兰科植物一般属这一类（图7-14a），如春兰、墨兰、寒兰、蕙兰、建兰等。

（2）附生兰　附生兰附着生长于树干或石上，广布于热带地区，具肥厚且带根被的气生根，根系多裸露于空气中，以从空气中吸收水分（图7-14b）。

a 地生兰　　b 附生兰　　c 腐生兰

图 7-14　兰科植物的设施栽培种类

石斛属、贝母兰属及万代兰属等为比较常见的附生兰，如石斛兰、万代兰等。

（3）腐生兰　腐生兰生长在已经死亡并且腐烂的植物体上，从这些残体上吸取营养物质，不能进行光合作用，因而为非绿色植物，这类兰花植物中最有名的是天麻（图 7-14c）。

根据产地，将兰科植物分为以下两类。

（1）国兰　中国兰花简称国兰，通常是指兰属植物中的一部分地生种。假鳞茎较小，叶线形，根肉质；花茎直立，有 1～10 余朵花，花小而芳香，通常为淡绿色有紫红色斑点。

（2）洋兰　洋兰是相对于国兰而言的，泛指除了国兰外的兰花，其实并非全部原产于西洋，常见的有蝴蝶兰、卡特兰、虎头兰、兜兰、文心兰、万代兰、石斛等。其讲究的是花型、花色，一般原产于热带和半热带，多为附生，栽培需较高的温度和湿度，是当今世界上最流行的花卉。

三、繁殖方式

1．播种繁殖

播种繁殖主要用于新品种的培育；在自然条件下种子发芽率极低，故多用组培技术与设备在玻璃器内无菌的条件下进行，其方法和一般组培繁殖大体一致。选用尚未开裂的果实，表面用 75% 的乙醇灭菌，取出种子，用 10% 次氯酸钠浸泡 5～10 min，再用无菌水冲洗 3 次，播于盛有培养基的培养瓶内，然后置暗培养室中，温度保持在 25℃左右，萌动后再移至光下即能形成原球茎。从播种到移植，需半年到一年的时间。

2．分株繁殖

具假鳞茎的种类普遍采用分株繁殖，在旺盛生长前进行。一般每隔三年分株一次，春秋两季均可进行。选择生长健壮、假球茎密集的植株进行分株，分株后每丛至少要保存 5 个连接在一起的假球茎。分株前要减少灌水，使盆土较干。分株后上盆时，先以碎瓦片覆在盆底孔上，再铺上粗石子，占盆深度的 1/5～1/4，再放粗粒土及少量细土，然后用富含腐殖质的沙质壤土栽植。栽植深度以将假球茎刚刚埋入土中为宜，盆边缘留 2 cm 沿口，上铺翠云草或细石子，最后浇透水，置阴处 10～15 d，保持土壤潮湿，逐渐减少浇水，进行正常养护。

3．扦插繁殖

对于有长地上茎的单轴分枝种类如万代兰属、蜘蛛兰属等，采用顶枝扦插；对于单轴分枝及不具假鳞茎的属如蜘蛛兰属等，采用分蘖扦插；具较长的假鳞茎的种类如卡特兰、石斛属等，可采用假鳞茎扦插；蝶兰属一般采用花茎扦插。

四、栽培

中国栽培兰花有 2000 多年的历史了。据记载，早在春秋末期就开始种兰花；魏晋以后，兰花已用于点缀庭园，由起初的以采集野生兰花为主，逐渐发展成为人工栽培兰花；唐代，兰花栽培发展到一般庭园和花农培植；明、清两代，又进入了昌盛时期。随着兰花品种的不断增加及栽培经验的日益丰富，兰花已成为大众观赏之物。关于其培育记载的书籍数目越多，明代《遵生八笺》中阐述培育兰花有四戒，即“春不出，夏不日，秋不干，冬不湿”；《兰易十二翼》将兰花栽培概括为“一喜日而畏暑，二喜风而畏寒，三喜雨而畏潦，四喜润而畏湿，五喜干而畏燥，六喜土而畏厚，七喜肥而畏浊，八喜树阴而畏尘，九喜暖气而畏烟，十喜人而畏虫，十一喜聚族而畏离母，十二喜培植而畏骄纵。”

兰科植物栽培主要采用盆栽，盆栽时选择排水、通气性良好的基质作为培养土，如树皮或椰子壳纤维、花生壳、活水藓、珍珠岩、泥炭或木炭按一定的比例混合。上盆时，盆底垫足一层瓦片，浅栽，露出茎和假鳞茎；上盆后放在无直射日光及雨淋处。浇水掌握“干则浇，湿则停，适当偏干”的原则，以雨水、泉水为好，各种用水均应先取来积蓄在罐中，使水中污染物沉淀、水温正常、自来水中氯气逸尽，然后再浇。

光照是设施兰花栽培必须注意的问题，它影响着花芽的形成。在春夏季节，兰花最好用芦帘遮阴，或者放置于室内朝东朝南通风的窗口。帘下兰花宜每半月转盆 1 次，使兰花四面受光，有利于植株均衡生长。到了秋凉时，应将盆兰从荫蔽处移出，让它在上午晒半天的太阳，但要注意秋不干。冷天放室内南窗下越冬，但不必过暖，最好加盖塑料薄膜罩，以保持叶面的湿度。

五、应用

兰花是一种风格独特的花卉，因其花色众多、花姿富于变化、叶终年鲜绿，而且刚柔兼备、姿态优美，而使其具有较高的观赏价值。历来，兰科植物被认为是高洁典雅的象征，被誉为“花中君子”“王者之香”，与“梅、竹、菊”并列合称为“花中四君子”。通常以“兰章”喻诗文之美，以“兰交”喻友谊之真；也有的借兰来表达纯洁的爱情，如“气如兰兮长不改，心若兰兮终不移”“寻得幽兰报知己，一枝聊赠梦潇湘”。

目前，兰科植物的栽培和应用越来越广泛。有的将兰科植物建成兰科植物专类园，该园即可独立成园，也可成为“园中园”；上海辰山植物园的兰园就是一个“园中园”的例子，园中栽植着各种兰科植物，通过兰科植物的造景塑造出优美的兰景。有的将兰科植物单独进行盆栽，点缀室内，高雅而清馨，如摆放在高档茶室和宾馆接待室，可提高品位和档次（图 7-15）。国兰花香馥郁、叶姿飘逸秀柔，在国际兰界十分受重视，特别是日本、韩国和我国的香港、台湾地区都非常崇尚国兰。在无锡市鼋头渚公园以兰花为主体建立了“江南兰苑”，并成立了全国兰花研究中心；在靖江、南京等地建立了小型兰花生产基地，为国兰进入千家万户提供了丰富的种质材料。

图 7-15　设施兰花的应用

蝴蝶兰的设施栽培

蝴蝶兰（*Phalaenopsis aphrodite*）为兰科蝴蝶兰属多年生草本植物，单茎，无假鳞茎，茎短，有肥厚多肉的叶片，有粗壮的气生根，花茎从靠近上部的叶腋间抽出，有花数朵至多朵，不同种有较大的差异。花色有白、黄、粉红、红、紫红及各种复色。因其花大、花期长、花色艳丽、色泽丰富、花型美丽别致，如蝴蝶翩翩飞舞，深受人们喜爱，被誉为“洋兰皇后”。

蝴蝶兰是世界上栽培比较广泛和普及的洋兰品种之一。最早于 1750 年发现，目前已发现 70 多个原生种，大多数产于湿热的亚洲地区（图 7-16）。商业上栽培的蝴蝶兰品种均为杂交种，近年来经过研究人员的不断努力，已经成功培育出数不胜数的杂交品种，经过杂交的蝴蝶兰花型大、开花期长达 2～3 个月，花朵色彩和花纹的变化更是层出不穷。

我国蝴蝶兰的设施栽培起步晚，但发展较快，且具有一定的规模。由 1997 年屈指可数的栽培企业发展到 2003 年 35 家栽培企业，年上市量由 20 万株左右发展到市场销出的开花株达 700 万～800 万株。自 2004 年 9 月开始，蝴蝶兰设施盆花在华东、华中、华北地区市场上供不应求。目前，蝴蝶兰年

图 7-16　蝴蝶兰的设施栽培

产量在 1000 万株左右，且呈逐年上升的趋势。2006 年及其以后，蝴蝶兰设施产业以外销为主，开始走向国际化，主要面向欧洲大陆，仅 2006 年的输出量就为 2500 万～2700 万株。

（一）种类与品种

蝴蝶兰栽培的品种众多，主要有红、黄、白、绿 4 个色系。其中红花系是蝴蝶兰设施栽培的主要品种，目前国内市场上的红花系占有率在 80% 以上，主要有‘巨宝红玫瑰’‘火鸟’‘红龙’‘大辣椒’‘光芒四射’‘内山姑娘’‘兰花红’‘清香美人’‘七巧玫瑰’‘满天红’等；黄花系约占国内市场的 10%，主要有‘富乐夕阳’‘昌新皇后’‘台北黄金’‘兄弟女孩’‘万花筒’‘梦幻兄弟’‘黄金甲’等；白花系在国内市场的占有率低，主要有‘V3’‘雪中红’‘小家碧玉’‘台湾阿嬷’‘白雪公主’‘都市女孩’等。

（二）生长习惯

蝴蝶兰原产于亚洲热带地区，常野生于高温、多湿的中低海拔山林中，喜热、多湿和半阴环境。生长最适日温为 25～28℃，夜温为 18～20℃。在夏季 35℃以上的高温或冬季 10℃以下的低温时，蝴蝶兰停止生长。若持续低温，根部停止吸水，造成生理性缺水，植株就会死亡。32℃以上的高温对蝴蝶兰的生长不利，会促使其进入半休眠状态，影响花芽分化，难以开花。蝴蝶兰花芽分化的温度以 16～18℃为宜。

（三）繁殖方法

1. 播种繁殖法

此法能繁育出大量优良的种苗，而且不易传染病毒和其他病害，还能利用杂交的手段来培育更优良、更新奇、更多花色花型的新品种。

（1）自然播种法　将已开裂的蒴果散发出来的种子播于亲本植株的花盆中。自然播种法简单易行，无需复杂的无菌程序和操作工具，适用于一般家庭蝴蝶兰的种植者，但此法成功的机会甚微，极少应用。

（2）无菌播种法　将未裂开的成熟蒴果洗净，经过乙醇 - 升汞消毒后，用无氧水冲洗；消毒后将种子取出，均匀地平铺于已制备好的瓶中的培养基表面；培养条件为光照强度 2～3 klx，每天 10～18 h，温度保持在 20～26℃；9～10 个月后，小苗长出 2～3 片叶子便可出瓶上盆栽植。此法是一项科学性较强的工作，一般在组织培养实验室里进行，或者在规模大、管理严格的组培工厂里进行。

2. 花梗催芽繁殖法

许多品种的蝴蝶兰在花凋谢后，其花梗的节间上常能长出带根的小苗来，剪下另行种植就能长成一株新的蝴蝶兰。可采用人工催芽的方法确保蝴蝶兰的花梗长出花梗苗，用于繁殖。方法是先将花梗中已开完花的部分剪去，再用刀片或利刃仔细地将花梗上部第一至第三节节间的苞片切除，露出节间中的芽点；然后，用棉签将催芽剂或吲哚丁酸等激素均匀地涂抹在裸露的节间节点上；处理后将兰株置于半阴处，温度保持在 25～28℃，2～3 周后可见芽体长出叶片，3 个月后长成具有 3～4 片叶并带有气生根的蝴蝶兰小苗；切下小苗上盆，便可成为一棵新的兰株。

3. 断心催芽繁殖法

兰株因冻害、虫害、病害或人为等因素而致使其生长点遭到破坏后，经过一段时间，会从兰株近基部的茎节上长出 1～2 个新芽，可以利用这一特点来繁殖蝴蝶兰。具体方法是：将茎顶最高的心叶抽掉，注意要将茎尖生长点破坏，使其无法向上生长；伤口晾干或用杀菌剂涂抹消毒灭菌，经过一段时间即能在近基部的茎节上长出2～3个新芽；待新芽长大并有根系从基部长出时，就可切下另行种植，成为一棵新的植株。

4. 切茎繁殖法

切茎繁殖法的原理是破坏茎尖生长点，以诱发潜伏芽生长。蝴蝶兰植株的叶腋处虽有潜伏芽1～3个，但多不能萌芽成株。可待植株不断向上生长、茎节较长后，再将植株带有根的上部用消毒过的利刃或剪刀切断，植入新盆使其继续生长，下部留有根茎的部分给予适当的水分管理，不久就可萌生新芽1～3个（依植株本身的性状及管理方法而定）。如植株的茎较长，也可考虑分切多段，只要每段有2～3节节间或长2～3 cm以上并有一条以上根者，就有可能长成一棵新的植株，但如果植株的根和茎均已干枯死亡，则此法无效。

5. 组织培养法

采用组织培养法来繁殖蝴蝶兰，可以获得与母株完全相同且优良的遗传特性。这种方法产生的蝴蝶兰苗称为分生苗或组织苗。用于进行分生培养的植物组织（外植体）可以是顶芽、茎尖、茎段、休眠芽，也可以是幼嫩的叶片或根尖，但目前最常见的是采用蝴蝶兰的花梗。因为选用花梗作为外植体，不仅不会损伤植株，而且容易诱导。较老的花梗或已开花的花梗主要取其花梗节芽，而幼嫩的花梗除了花梗节芽外，花梗节间也可作为培养的材料。

（四）栽培要点

1. 栽培设施

蝴蝶兰的生长对环境条件要求严格，蝴蝶兰的设施栽培要求有冬季能加温、夏季能降温，并且具有遮阳的设施环境。蝴蝶兰生长的设施主要有：①可人工调控温度的温室。蝴蝶兰设施栽培的温室主要有塑料薄膜温室、玻璃温室、PC空板温室。塑料薄膜温室的造价相对较低，但保温性能及透光性略差；玻璃温室光照均匀，使用寿命长；PC空板温室的透光性强，可防紫外线。②风机、水帘。主要用于夏季降温。蝴蝶兰不耐高温，炎热的夏季需要用风机和水帘进行降温。标准的温室内，风机与水帘的距离不超过14 m，其中风机数量可每200 m^2配1台，也可100 m^2安装1台；水帘主要采用厚10 cm、15 cm两种规格，水帘越厚则降温效果越好。③内外遮阳网。主要用于控制光照强度，调节温度，降温时先开外遮阳后开内遮阳。④暖气。冬季气温低，不利于蝴蝶兰生长，可采用水暖（锅炉）、气暖、空调加温等设备进行温室内加温。水暖是指通过地面盘管，使热水通过暖气管道散热而进行加温，该方法可有效地节约温室空间、热稳定性好且费用低。⑤内保温膜。主要是用来保温。⑥水电。蝴蝶兰对水质的要求相对较高，所以水质的pH和EC应该有保障；电是温室设备运转必不可少的。⑦发电机。用于防止突发停电。⑧内循环风机。主要用来缓冲气体流通、平衡温室中的CO_2浓度、平衡温度、阻止水蒸气凝结。⑨植物补光灯。主要是对蝴蝶兰进行补光。栽培过程中要经常对设备进行检修，尤其是催花之前，以保证催花期间设备能正常运行。

2. 栽植

目前，蝴蝶兰设施栽培的苗主要是采用组培苗，当试管苗拥有3～4条完整的根系、2叶1心、叶高达3～4 cm时进行1周的炼苗，炼苗时保证室内温度为25～28℃，空气相对湿度为60%～70%，光照强度为5 klx。

蝴蝶兰试管苗炼苗完成后，可移栽上盆。选用保水、保肥且通气透水性好的水苔为移栽基质，可满足蝴蝶兰肉质根系对水分、湿度的需求。移栽前，将水苔用清水浸泡4 h，洗去杂质，脱干备用。移栽时，将已炼苗完的蝴蝶兰试管苗轻轻地从瓶中取出，放入清水中洗去根部的培养基，不要伤到蝴蝶兰的根系与叶片；然后将水苔缠绕蝴蝶兰的根系，露出叶片和茎基，装入3.5 cm软盆。

3. 苗期管理

蝴蝶兰的苗期管理一般分为3个阶段：第一阶段为小苗期，该期叶尖距从4 cm长到（12±2）cm，采用3.5 cm塑料软盆，培育3～4个月；第二阶段为中苗期，该期叶尖距从（12±2）cm长到（20±2）cm，采用5 cm塑料软盆，培育2.5～3.5个月（图7-17）；第三阶段为大苗期，该期叶尖距从（20±2）cm长到（30±2）cm，栽培用盆为7.5 cm塑料软盆（图7-17）。

（1）小苗期　刚移栽的蝴蝶兰小苗在第1周生长时，需要进行弱光培育，光照强度一般在5～7 klx较为适宜，随后可逐渐增加光照强度至10 klx，光照时间控制在每天8～10 h。这一阶段中，小苗对水肥要求严格，要具备良好的水分条件，过干易引起小苗萎蔫，严重时会导致叶片变黄，过湿易造成腐烂。一般每2 h进行1次叶面喷水，空气湿度保持在60%～80%；每3～4 d进行1次叶面喷肥，采用20-10-20（氮-磷-钾的百分含量）复合肥5000倍液。温度不能过低，保持在26～27℃，太高会导致叶子失水萎蔫，太低会造成冻伤。

（2）中苗期　换盆后，对蝴蝶兰苗和栽培基质喷施1次800倍液的70%甲基硫菌灵可湿性粉

中苗培育　　大苗培育

图 7-17　设施蝴蝶兰的中苗和大苗培育

剂，以防止病菌生长。换盆后的前 3 d 培育要不停地向根部浇水，使空气湿度达到 70%～85%，随后依据水苔的湿度，保持在每 7～10 d 向根部浇水 1 次；同时随水喷施 20-20-20 复合肥 4000 倍液；并要逐渐增加光照强度，保持在 12 000～15 000 lx，光照时间保持在每天 10 h；温度控制在 20～25℃。

（3）大苗期　蝴蝶兰苗换盆后不能立刻浇水，待水苔干透后才能浇水，随后每 7～10 d 浇水 1 次，且随水喷施 20-20-20 复合肥 2500～3000 倍液。白天温度为 24～28℃，夜间温度为 20～22℃。空气湿度保持在 70%～90%。光照强度为 20 klx，光强过低容易徒长，影响催花。

4. 催花期管理

当蝴蝶兰苗拥有 4 片半大叶、（30±2）cm 的叶距且 1.5 cm 以上的假球茎时，便可以进行催花培育。对没有达到上述规格的蝴蝶兰苗株需进行催熟处理，其环境条件应控制为：白天温度不高于 30℃，夜间不低于 25℃。在温度有保障的条件下，将光照强度提高到 20～35 klx，肥料选用高磷高钾肥。此阶段需 30～45d。其次控水也是催熟的方法之一。

（1）花芽分化期　该期的温度白天控制在 25℃，夜间控制在 20℃，其昼夜平均温度为 22.5℃，低温持续 10 h，达到这个温度大多数品种均可以在 30～45 d 抽梗，且抽梗较整齐。光照强度控制在 20～35 klx。催花期间肥料的变化主要以高磷肥为主。盆内要保持有充足的水分，介质湿度保持在 70% 左右，浇水时水温大于 20℃；空气湿度为 75%～85%。

（2）抽梗期　依据蝴蝶兰花梗的长度分为两个时间段进行栽培管理。

1）第一时间段为蝴蝶兰花梗抽出后至 10 cm 长度以下时，温度白天控制在 25～27℃，晚上控制在 18～20℃；空气湿度要求 70%～85%；光照强度保持在 20～35 klx；栽培基质内要有充足的水分。

当花梗长至 10 cm 时要开始分级、分区隔离摆放。一般将催花仓分为高温区、中温区和低温区。将花梗低的放入高温区，花梗高的放入低温区，以便更好地调控花期。花梗抽出后肥料施用也要随之改变，以开花专用肥为主。

2）第二时间段为花梗长度为 10～45 cm 时，白天的温度控制在 25～30℃，晚上控制在 18～20℃；空气湿度要求 70%～80%；光照强度为 20～35 klx。

花梗达到 15 cm 时，为了便于日常管理及成品的形态美观，需插铁丝线、夹花夹。铁丝为蝴蝶兰花梗专用包塑铁丝。插铁丝时，要将铁丝插在花梗后面，靠近花梗，直立。花夹的位置和数量应根据花梗的高度适时调整，但花夹不能正好夹住梗节部位，不然影响其花梗的生长；为了拉长花序、组盆时使花苞向前，最上面的花夹要夹在第 1 个花苞下面 2～3 cm 处，如此可保持花序弯曲弧度在 85° 左右。

（3）着苞期　花梗长到 45 cm 以后开始着苞，第六、七个节后开始分化第 1 个花苞。在着苞期白天的温度控制在 23～27℃，晚上控制在 17～20℃，温度的合理控制要以成品花上市的时间为依据；空气湿度控制在 80%～90%；光照强度控制在 20～35 klx；盆内要有充足的水分。着苞期要求调整花序的向光性，以有利于花苞的生长；主要以上午 10:00 后阳光照射时间最长的地方为花序应调整的方向。抽梗后最好不要搬动，否则影响以后的花序排列。

5. 病虫害防治

常见害虫主要有介壳虫、红蜘蛛、蜗牛等。介壳虫可用 40% 速扑杀乳油 1500 倍液喷杀；红蜘蛛可用 20% 霸螨清乳油 3000 倍液喷杀；蜗牛用乙醛诱杀。常见的病害有细菌性软腐病和真菌性病害，如白绢病、灰霉病、镰刀菌病。细菌性病害易在盛夏发病，应定期喷施 72% 农用硫酸链霉素 5000 倍液预防，发病严重时连喷2～3次（间隔5～7 d）；真菌性病害可选55%多菌灵可湿性粉剂1000倍液防治。

石斛兰的设施栽培

石斛兰（*Dendrobium nobile*）是兰科石斛属多年生植物，假鳞茎丛生，呈圆柱形或稍扁，基部收缩；叶纸质或革质，矩圆形；总状花序，花大、半垂，为白色、黄色或粉红色等，是一种热带气生兰，因其花姿优美、色彩艳丽，所以成为各国花卉市场上最受欢迎的“四大洋兰”之一（图7-18）。主要分布于亚洲的热带和亚热带地区及澳大利亚和太平洋岛屿，我国大部分分布于西南、华南、台湾等地。在《神农本草经》和《本草纲目》中石斛均被列为上品，具有“养阴生津，润喉护嗓，温胃明目，补肾益力，延年益寿”的功效。现代药理研究表明，石斛具有提高免疫力、抗衰老、抑制肿瘤、抑制血栓形成的作用。随着花卉产业的兴起，石斛兰也成为一种观赏植物。由于石斛兰具有秉性刚强、祥和可亲的气质，故被誉为“父亲之花”。

（一）种类与品种

全球石斛兰共有1500种，除个别品种外，皆属附生兰类。我国现共有76种，仅占全世界的5%左右。目前，常见的栽培品种主要有白色和粉红色等，其中白色系列主要为‘凯布1号’‘泰国白’‘白塔’；粉红色系列为‘粉色钻石’‘王朝’‘萨宾’。用于观赏的栽培品种有‘密花石斛’‘白花石斛’‘华丽石斛’‘偏向石斛’‘聚伞石斛’‘蝴蝶石斛’；用于入药的石斛主要品种有‘铁皮石斛’‘金钗石斛’‘紫皮石斛’‘鼓槌石斛’等。

（二）生长习性

石斛兰喜温暖、湿润和半阴环境，不耐寒。生长适温为18～30℃，生长期以16～21℃更为合适，休眠期为16～18℃，晚间温度为10～13℃，温差保持在10～15℃最佳。白天温度超过30℃对石斛兰生长的影响不大，冬季温度不低于10℃，幼苗在10℃以下容易受冻。

图7-18　石斛兰的设施栽培

石斛兰忌干燥、怕积水，特别在新芽开始萌发至新根形成时需充足水分。但若过于潮湿，如遇低温，很容易引起腐烂。天晴干热时，除浇水外，还要往地面多喷水，保持较高的空气湿度。常绿石斛类在冬季可保持充足的水分，但落叶类石斛可适当干燥，保持较高的空气湿度。

（三）繁殖方法

自然条件下，石斛兰的种子需要相关的共生菌促使其萌发，但由于具有发育不完全的胚、种皮致密且通气性差、种皮中含有抑制物等原因，种子萌芽率低，而且从种子到成苗需要3～5年。设施栽培时多采用无性繁殖的方式培育种苗，其中比较常用的方法有分株繁殖、分芽繁殖、扦插繁殖和组织培养法。

1. 分株繁殖

石斛兰在生长过程中可以在基部不断萌发新的芽，一般2～3年后新茎丛生、根系饱满，此时原来的盆具和栽培基质已不能满足植株的生长需求，需要对植株进行分株，即把植株分成若干簇分种在不同的盆中。

将石斛兰植株从盆中取出并将旧基质轻轻抖掉，用剪刀剪除腐烂根系和受损根系，按照每簇保留3～4个新芽的原则，轻轻将兰苗分开，再种植入盆。种植时将新芽靠近盆中央，植株竖直，牢固种在盆中间，种植宜浅不宜深，以植株牢固而基质刚好盖住原根系为度。

种植后将植株放置在遮光50%～75%、温度

22～30℃、相对湿度60%～85%的温室中培养，并保持温室通风透气。种植当天，用50%多菌灵可湿性粉剂800倍液喷雾，防止病菌入侵。种植后应适当控制水分，并停止施肥，大约一个月后，植株恢复生长，新根长出，新芽萌发，可适当增强光照强度、增加浇水次数，并追施薄肥。

2. 分芽繁殖

分芽繁殖是指把石斛兰植株茎的顶端或基部长出的小植株切取出来单独种植的繁殖方式。石斛兰假鳞茎顶端处的芽眼会长出具有根茎叶的小植株，小植株称为高芽，切取高芽进行繁殖的分芽繁殖也称高芽繁殖。

该方法是待小植株长至高8～10 cm、根数3～4条时，用消毒过的刀剪将小植株切下，用70%代森锰锌可湿性粉剂杀菌处理伤口，再将芽放在盆中央，根向四周展开，慢慢填入植料，同样要求浅栽（图7-19）。种好后要将其放在阴凉处并保持较高的空气湿度，但不可太潮湿，以防烂根。

3. 扦插繁殖

选取未开花的石斛兰假鳞茎，用消毒过的刀具从根际剪下后，按2～3节的长度剪切成小段，切口可涂适量草木灰，竖直扦插在用水苔和蛇木屑（水苔∶蛇木屑＝7∶3）混合制成的扦插床上进行，待生根发芽后便可移栽入盆。栽种时将新芽连带老茎一起栽种在盆中央，深度不宜太深，以水草刚好盖过根系为度。

栽种后将植株放置在遮光50%～75%、温度22～30 ℃、空气相对湿度60%～85%的温室培养。种植当天，用50%多菌灵可湿性粉剂800倍液喷雾，并适当控制水分，暂时不要施肥。移栽10～15 d后，新根长出，可适当增强光照强度、增加浇水次数，并追施薄肥，以促进植株迅速生长。

4. 组织培养法

原球茎是兰科等植物离体种特有的植株再生途径，是缩短的、呈珠粒状的、由胚生细胞组成的类似嫩茎的器官。石斛兰主要是通过原球茎发生途径外进行繁殖的，茎尖、花序枝、叶片、幼芽等各器官均可诱导出原球茎。原球茎在适宜的条件下自身可以不断增殖，或者在原球茎转绿之前切割成小块或给予针刺等损伤，再转移到新鲜的培养基上进行增殖。离体培养一段时间后，原球茎逐渐转绿，长出毛状假根，叶原基发育成幼叶，转移到生根培养即可形成完整的再生植株。该繁殖途径不受季节限制，取材方便，利于规模化、工厂化生产。

图7-19　石斛兰的分芽繁殖

（四）栽培管理

1. 栽培设施

栽培设施主要用于遮阳、防冻、防雨，可选用玻璃温室或塑料薄膜连拱大棚，也可选用6 m或8 m的标准塑料大棚，棚长不大于40 m，棚间距不少于2 m，以利通风。

设施石斛兰栽培可以地栽，也可以进行搭架栽培。地栽时，宜在棚内开沟做畦，畦宽1.2～1.4 m；畦沟、围沟高约25 cm，沟沟相通，并有出水口；畦面整平，上铺碎石、石棉瓦或地布，防水防草。地栽石斛兰的空间不能充分利用，占地率高。搭架栽培是设施石斛兰栽培常用的方法，一般架高以50～80 cm为宜，宽1.2～1.4 m，利于通风，便于操作。

栽培基质有水苔、碎石、花生壳、苔藓、椰子皮、松树皮、木屑、木炭、木块等，但目前栽培中应用的主要有树皮、木屑，或树皮、木屑、碎石、有机肥混合物。地栽基质的厚度一般控制在20 cm左右，下层用5 cm左右粒径的粗基质，上层用70% 2～3 cm粒径的松树皮＋30%碎石，效果较好。搭架栽培的基质一般用2～3 cm粒径的松树皮，厚度为5～10 cm。基质使用前需要发酵、消毒，可防止烧苗，并可杀死害虫、虫卵及病菌。

2. 栽培

设施石斛兰栽培主要是利用组培苗进行培育，从组培瓶苗到成苗要经过炼苗、小苗、大苗、开花的培养。各时段对设施环境的条件需求不同，具体如下。

（1）炼苗阶段　为了让瓶苗很快适应设施栽培环境，提高石斛兰苗的抗性及成活率，石斛兰瓶苗应先放置于一个与设施栽培要素相近的环境中，其环境要求为：80%～85%的遮光率，温度控制在25～28℃。放置一段时间，待瓶内的培养基几乎被根系吸收完、根系变粗硬或石斛兰苗叶尖顶到瓶子的顶部时，要及时出瓶移栽定植。

（2）小苗培育　瓶苗经过一段时间炼苗后即可进行定植。用消毒过的镊子将瓶苗从瓶中取出，在流水下轻轻地冲洗附着在瓶苗上的培养基，再将瓶苗放在800倍液杀菌剂中浸泡1～2 min，然后晾干2～3 d，定植于1.5寸① 营养杯或50孔穴盘中。

培育石斛兰小苗时，设施的环境温度控制在22～32℃，遮光率为70%～75%，相对湿度为80%～90%，要求通风良好。阴天或连续雨天不要浇水；夏天1～2 d浇1次水，冬天2 d浇1次；最好早上浇水，切记中午不可浇水；每次浇水必须浇透。小苗阶段属于营养生长阶段，也是新根系和新芽长出的阶段，虽需大量的水，但根系脆弱，如花盆内出现积水，则极容易造成烂根情况的发生。因此，浇水的同时应时刻留意盆内基质的干湿状况。

经过对温度、湿度和光照强度的不断调整，生出大量的新根、新叶和新芽，及时提供充足营养。小苗每周喷施2000倍液20-20-20 N-P-K复合肥两次，隔周喷施2000倍液5-11-26 N-P-K复合肥两次。循环施之，1个月后可逐渐增加肥料的浓度至1500倍，并移至光线稍强的地方；3个月后可增加至1000倍，施肥的时间在早晨8:00～11:00或下午16:00～18:00，阴天或下雨不施肥。

（3）大苗培育　当小苗长到5～10 cm时，1.5寸营养杯或50孔穴盘已不再适合兰苗生长，继续使用原来的容器会使兰苗生长放缓，茎叶细小。此时，需要进行换盆，选用2.5寸或12 cm×10 cm的营养杯种植，使得石斛兰苗根繁叶茂。

该期培育时，环境需求为温度控制在22～32℃，遮光率为50%～60%，相对湿度为60%～80%，且通风良好。阴天或连续雨天不要浇水；夏季每天浇1次水，冬季2 d浇1次；早上浇水，切记中午不可浇水，每次浇水必须浇透。

这一时期石斛兰苗主要是以营养生长为主，施肥以施1000～1500倍液20-20-20 N-P-K复合肥液3次，以及1000～1500倍液5-11-26 N-P-K复合肥1次；循环施之，浓度逐步增加，施肥每周两次，冬季减量。在春季可每月增施基肥一次，用缓效肥，或者用花生麸、豆饼发酵后拌骨粉或过磷酸钙（比例为2∶1），以固体粉状施于盆面。每7～15 d喷洒1次杀菌剂和杀虫剂，预防病虫害。

（4）开花株培育　这个时期石斛兰以生殖生长为主，花芽分化对高温敏感，而花芽形成和伸长需要凉爽的环境，适宜温度为昼温20～32℃、夜温20℃左右，高温极易终止花芽的进一步发育。此期要注意用风机水帘控温，加热保温，且通风良好。

设施环境内的光照时数适当增加，光照强度适当加强，有助于花芽分化、花序的形成及伸长、花茎数增多、开花率提高；叶色黄绿、硬且有光泽，花色鲜艳。遮光率为50%～60%，可通过安装照明设备达到遮光效果。

在花芽开始分化时可适当干旱以促进其分化，要进行控水，促进花芽分化，相对湿度控制在60%～80%。阴天或连续雨天不要浇水；夏季每隔1天浇1次水，冬季每隔2～3 d浇1次；早上浇水，切记中午不可浇水；每次浇水必须浇透；遇到寒冷天气，浇水的次数要适当减少，甚至不浇水。

花芽分化至花芽形成期应增加磷、钾肥的施用量，降低氮肥比例，以利于花芽的形成和花茎伸长。施肥以20-20-20 N-P-K复合肥液两次、5-11-26 N-P-K复合肥液肥一次、10-30-20 N-P-K复合肥液一次，浓度为500～1000倍，如冬季遇天气寒冷时可减量或降低浓度；每7～15 d喷洒1次杀菌剂和杀虫剂，预防病虫害。

石斛兰苗可当年开花，有的则在第二年开花。培育超过2年的石斛兰苗，盆内的苗株增多，基质酸化，就需要分株换盆。分株时，用经乙醇消毒过的剪刀将兰株从自然丛株分开或用手轻轻撕开，除去干瘪皱的老茎，以促使新芽萌发，剪去已发黑、空心腐烂的老根，清除掉已酸化的基质，可将修剪清理好的兰株放在阴凉处晾干，有利于兰根伤口不感染，2 d后种植于3.5寸或16 cm×14 cm的营养杯中。一般基质表面在兰株的根与茎交界处，基质的填充不要过于坚实或疏松。换盆3 d后才可以浇水，不宜过湿。切记此阶段不能施肥，一般在换盆一个月后，受伤兰根逐步恢复健康且有新根长出来

① 1寸≈3.33 cm

后再逐量增施肥料。

3. 病虫害防治

（1）高温与冻害防控　在石斛兰生长过程中，当气温超过35℃时，设施栽培的石斛兰基本停止生长；气温高于40℃时，大棚内温度可达50℃以上，严重影响石斛兰的生长和质量。此时，可通过在外棚顶装一根水管，在水管上每隔3～4 m装一个雾喷头对棚外喷雾，以降低棚内温度，棚内温度可降低3℃以上。石斛兰多数品种仅耐 -2℃，冻害是影响石斛兰设施栽培的一个主要问题。解决冻害问题应首先从品种上着手，然后再考虑利用加温等措施防御冻害。

（2）病虫害　病害主要有：①石斛兰炭疽病。主要危害叶片，病症为叶片出现褐色或黑色病斑，1～5月均有发生。防治方法：在发病初期用65%代森锌600倍液或75%百菌清800倍液叶面喷雾，较严重时用25%多菌灵1000倍液喷雾。一般每7 d喷1次，连续喷2～3次。②石斛兰黑斑病。危害叶片，使叶片枯萎，发病季节一般在3～5月。防治方法：可用50%多菌灵1000倍液喷雾2～3次。③石斛白绢病。该病可导致石斛基部腐烂，并向茎、叶扩展，形成毁灭性危害。防治方法：应立即拔除病株并烧毁，再用生石灰粉消毒病穴，或者用50%福多宁可湿性粉剂3000倍液或75%灭普宁可湿性粉剂1000倍液喷雾，每7 d喷1次，连续喷2～3次，着重喷植株基部及四周地面。

虫害主要有：①介壳虫类。主要寄生在石斛兰的叶片、叶鞘、假鳞茎上，以刺吸式的口器吸取营养，造成石斛兰植株生长不良。一般采用速灭松乳剂或大灭松乳剂及氟氧氰菊酯1000倍液，每7～10 d喷洒1次，喷洒时叶片上下、左右及鳞茎都要喷到，连续3次。②蚜虫。主要在春季和夏初危害发育中的花穗，使花穗变形扭曲，发育不良，其分泌的蜜汁吸引蚂蚁，传播病害和病毒，引起煤烟病。可用氧化乐果、除虫菊酯、乙酰甲胺磷等1000倍液轮换喷洒，效果较好。

大花蕙兰的设施栽培

大花蕙兰（*Cymbidium hybrid*），又名喜姆比兰，为兰科蕙兰属常绿多年生附生植物，假鳞茎粗壮，假鳞茎上每个节上均有隐芽，属合轴性兰花；叶片2列，长披针形；根系发达，圆柱状，肉质，粗壮肥大（图7-20）。其叶长碧绿，花姿粗犷，豪放壮丽，有的具有国兰的幽香典雅，有的具有洋兰的丰富多彩，是世界著名的“兰花新星”，在国际花卉市场十分畅销，深受花卉爱好者的倾爱。

图7-20　大花蕙兰的设施栽培

大花蕙兰是兰属人工杂交种，是对兰属中通过人工杂交培育出的、色泽艳丽、花朵硕大的品种的一个统称。自1889年英国以中国的独占春（*C. eburneum*）作母本、碧玉兰（*C. lowianum*）作父本培育出第一个大花蕙兰品种（*Cymbidium*‘Eburneo-lowianum’）以后，在20世纪40年代，欧美也选育出大量种间和品种间杂种。至今，大花蕙兰的栽培品种已有近2万个，在国内外市场十分走俏，成为兰花中的庞大品种群。

（一）种类与品种

设施栽培品种依照用途分为：①切花品种，花大，花枝长80～150 cm，如‘红色天使’；②盆栽品种，花大型或小型，花枝直立或自然下垂，如‘红公主’‘幸运之花’。

常见的设施栽培品种按颜色又可分为：①红色系列，如‘红霞’‘亚历山大’‘福神’‘酒红’‘新世纪’‘亚历山大’等；②粉色系列，如‘贵妃’‘梦幻’‘修女’‘心境’‘幸运星’等；③绿色系列，如‘碧玉’‘幻影’‘往日回忆’‘世界和平’‘钢琴家’‘翡翠’‘玉禅’等；④黄色系列，如‘黄金岁月’‘龙袍’‘明月’‘幽浮’（UFO）；⑤白色系列，如‘冰川’‘黎明’；⑥橙色系列，如‘釉彩’‘梦境’‘百万吻’；⑦咖啡色系列，多见于垂花蕙兰系列，如‘忘忧果’（forgoten fruits）；⑧复色系列，如‘火烧’（fairburn）。

（二）生长习性

大花蕙兰原产于我国西南地区，常野生于溪沟边和林下的半阴环境，喜冬季温暖和夏季凉爽。在花芽形成、花茎抽出和开花这3个阶段都要求白天和夜间温差大，生长适温为10～25℃，夜间温度为10℃左右比较好。叶片呈绿色，花芽生长发育正常，花茎正常伸长，在2～3月开花；若温度低于5℃，则叶片呈黄色，花芽不生长，花期推迟到4～5月，而且花茎不伸长，影响开花质量；若温度在15℃左右，则花芽会突然伸长，1～2月开花，花茎柔软不能直立；如夜间温度高达20℃，则叶丛生长繁茂，影响开花，形成花蕾也会枯黄。

大花蕙花对水质要求比较高，喜微酸性水，对水中的钙离子、镁离子比较敏感，怕干不怕湿。以雨水浇灌最为理想。生长期需较高的空气湿度，如湿度过低，则植株生长发育不良，根系生长慢而细小，叶片变厚而窄，叶色偏黄。

光照是影响大花蕙兰生长和开花的重要因素。喜光，光照充足有利于叶片生产，形成花茎和开花；过多遮阴，叶片细长而薄，不能直立，假鳞茎变小，容易生病，影响开花。盛夏遮光为50%～60%，秋季多见阳光，有利于花芽的形成与分化；冬季雨雪天，如增加辅助光，对开花极为有利。

（三）繁殖方法

大花蕙兰常见的繁殖方法是分株繁殖，在商业生产中用得最多的方法是组织繁殖法，还有播种繁殖和假鳞茎繁殖的方法。

（四）栽培管理

1. 品种的选择

大花蕙兰为杂交种，在充分了解栽培种特性的基础上，还应把握两个原则：①根据市场需要选择适当的花色、花型，一般花大色艳的品种或某些特殊的花色、花型品种深受人们喜爱。例如，红花系的大花蕙兰，由于喜庆热烈，深为中国人推崇。②选择花芽容易分化的品种，许多大花蕙兰品种开花前需要一定的低温诱导。例如，广东、福建等地区种植大花蕙兰时是将成株在一定的时间移至高山上进行诱导后才开花；而在华北地区种植则需要栽培设施和技术，需对其栽培环境进行人工调控才能开花。

2. 设施基地的处理

设施栽培首先需要对栽培场地进行清理和消毒处理，同时准备好花盆、栽培介质。由于大花蕙兰的栽培时间较长，因此为保证大花蕙兰能够在花盆中良好生长，花盆的选择应根据大花蕙兰的生长阶段来合理选用。例如，在培育大花蕙兰的前7个月适当地换用不同规格的多孔黑营养钵；在大花蕙兰生长3年后选用硬质塑料花盆。

栽培介质应根据大花蕙兰根系的特点，选用疏松、透气、排水好、保肥好的基质材料，如水草、蛇木屑、松树皮等。此外，还要配置与检查室内温室栽培配套的设施，如降温系统、加温保温系统、遮光系统、通风系统等，以保证各系统能够有效应用。

3. 定植

选择优质的大花蕙兰苗，即以根系粗壮、鳞茎粗大、叶片无损伤、无病害的大花蕙兰苗为佳。选好幼苗之后，在花盆底部添加1/3的大颗粒基质材料，中间部分添加细颗粒基质材料，将幼苗的鳞茎基础部分栽种到基质材料中，并浇入适量水。10 d后喷洒杀菌剂，预防病虫害。

4. 水肥管理

相比其他花卉，大花蕙兰需肥量较高，施肥原则是薄施勤施、结合浇水施肥。幼苗生长期要按薄肥勤施的原则，施肥主要以N、P、K为20-20-20的肥料，浓度为1500～2000倍。在幼苗期整个生长阶段把萌发的新芽全部抹去，只留1个芽生长。中苗期的水肥管理跟幼苗期一样；中苗期的留芽通常只留10～12月的秋芽，留芽数为1～2个，成长过程中及时掰除其余侧芽，留芽时选择较壮的、有利于整盆株型发展的芽。大苗期的施肥浓度可以加大，配制成1000倍，7月以前每2周施1次，8月以后每周1次，9月以后用磷酸二氢钾根外追肥，促进假鳞茎充实膨大。留芽跟中苗期一样，让当年的假鳞茎生长壮实，培养2～3个芽作为开花。开花株的水肥管理要注重大花蕙兰的花芽分化时间，大花型的一般在6～7月，中花型的一般在8～9月。11月后进入花芽生长期，此时要供给大量的水分和养分；施肥上再改施N、P、K比例为1∶1∶1的全价复合肥1000倍，每周1次，2～3 d浇水1次。

5. 光温调控

光照强度、温度均会影响大花蕙兰的幼苗生长和花芽形成与分化，所以在培育大花蕙兰的过程中，需要对栽培条件予以有效的控制。光照强度方面，尽管大花蕙兰喜强光，但幼苗并不耐强光，所以幼苗期将光照强度设置在22～35 klx；中苗期光照强度设置为 30～45 klx；待到大苗生长期，光照强度设置为 35～40 klx。

大花蕙兰自然状态下适应的温度在 −2～37℃，温室培育大花蕙兰时温度应设置在 10～28℃。夏季的适宜温度在 21～26℃，最高温度为 36℃，若夏季温度过高，要采用水帘和遮阳网进行降温，一般采用 30%～50% 的遮阳网，在晴天 10:00～16:00 打开遮阳网降温；秋季的适宜温度为 15～20℃，若温度超过 28℃，应采取措施如湿帘、风扇换气、遮阳网等进行降温，否则极易发生花芽枯萎。

6. 花期调控

大花蕙兰的自然花期在春季 4～6 月，而作为一种年宵花卉，需要根据市场来人工调控花期。目前，大花蕙兰的花期调控主要采用环境调控和药剂调控两种方法。环境调控，可延迟花期，也可催前，延迟花期，就是在大花蕙兰植株到花芽分化期之前，通过调剂温度来抑制花芽分化，从而延迟花期；催前就是将植株放到单一温室中，合理调节温度、光照，并延长施肥浇水时间，促进植株尽快花芽分化。药剂调控，主要是利用乙烯利、赤霉素等化学药剂的作用，促进或抑制花芽分化，控制花期。这一时期的栽培管理也是非常关键的，影响着成花的数量和质量。

（1）留芽时间　留芽时间是大花蕙兰花期调控技术中的关键技术。大花蕙兰在自然生长条件下，以春季和秋季萌芽最多。如果不留芽任其自由生长，则大花蕙兰芽过多极难开花，所以要对其萌芽进行控制。一般春季的芽需要全部抹去，依不同品种留 10 月至次年 1 月的芽（小花品种留 2～3 个，大花品种留 1～2 个），即秋冬季留芽。

（2）光照管理　光照强度是诱导花芽分化和开花的最重要的因子之一，一般应达到 50～60 klx。在强光照下，光合作用增强，有利于糖分积累，从而间接促进花芽分化，田间表现为叶色黄绿色而不是深绿色。深绿色虽然好看，但常常不开花或花少，所以应在叶片不受灼伤的前提下光强越强越好，一般深花色品种需要光强较高，浅花色品种需要光强较低。

（3）水肥管理　水肥管理是花期控制技术中最灵活而有效的技术。春季随着气温的升高，浇水次数逐渐增加，从 3～5 d 淋 1 次到 1～3 d 淋 1 次；随着温度的升高，维持每周施 1 次平均肥或高氮肥，直到叶丛停止生长。在假鳞茎开始膨大时即花芽开始分化时（依品种不同，在 6～8 月），减少浇水量并停肥，以提高植株体内的 C/N，促进花芽分化。停止施肥 20 d 后，此时花芽肉眼可见，换施骨粉或高磷肥，促进花芽分化和花芽伸长。

（4）温度管理　大花蕙兰的花芽分化对温度不太敏感，20～28℃均可分化花芽，但花芽发育和伸长需要夜晚 16～18℃、白天 20～25℃。当夜间温度高于 20℃、白天温度高于 25℃时花芽容易枯萎。较低的夜间温度和适宜的温差可以使花芽正常发育和伸长。大花蕙兰较耐寒，但花芽不太耐寒，应注意防止 5℃以下的低温冻害和霜冻。通过调控光照、水肥、温度，结合抹芽技术，可以使开花率达到 83%。

7. 病虫害防治

大花蕙兰的病害种类繁多，主要有病毒病、软腐病、炭疽病、叶枯病，这些病害对大花蕙兰的影响不一，其传播形态也各不同，轻微者影响其生长，伤害其组织，严重者影响层面广大，甚至可能全场废弃，故不得不慎。防治方法：①改善种植场所的环境，加强通风，降低湿度；②培育壮苗，尽量降低种植密度，增强植株抗病性；③发生细菌性软腐病、炭疽病和叶枯病时，应及时摘除病叶，细菌软腐用 0.5% 波尔多液或 200 mg/L 农用链霉素，一般每 15 d 喷洒 1 次，高温高湿季节 3～5 d 喷 1 次；炭疽病和叶枯病用多菌灵、好生灵、雷多米尔等药剂交替使用，7～15 d 喷 1 次。

虫害主要有介壳虫、红蜘蛛、蜗牛、蛞蝓、蓟马等。应以预防为主，每隔 10～15 d 喷 1 次，选用虫地乐、高锰、克螨特、速灭螨、氧化乐果等交替使用；如果虫害发生严重，可 3～5 d 喷 1 次。

建兰的设施栽培

建兰（*Cymbidium ensifolium*）是兰科兰属的地生植物，俗称四季兰、夏蕙、剑蕙、秋兰、剑叶兰等（图 7-21）。叶片常排成两列，花序顶端的苞片不比子房长；叶中脉不明显，基部横切面不呈“V”字形，边缘锯齿不明显，叶宽在 2 cm 以下，假鳞茎较小；花葶较短，一般低于叶面，花被较短圆；花期为 7～9 月。

建兰的栽培历史悠久，品种繁多，是兰科兰属栽培观赏的主要品种之一，主要分布于我国的西部及东南诸省，尤以福建分布和栽培最广。我国早期的兰花专著《金漳兰谱》主要汇述闽南漳州一带的该种兰属植物，故称之为建兰，也是中国兰花中唯一以省份名称命名的种，且该名称已被植物界袭用。

（一）种类与品种

常见的设施栽培品种主要有‘金针’‘彩

图 7-21　建兰

虹’‘大荷素’‘仁化白’‘天香素’‘绿梅’‘大青’‘观音素’‘宝岛奇龙’‘银边大贡’‘金荷’‘龙岩素’‘宝岛仙女’‘富山奇蝶’‘天鹅素’‘铁骨素’‘金丝马尾’。

（二）生长习性

建兰喜温暖湿润和半阴环境，耐寒性差，越冬温度不低于 3℃，忌阳光直射，不耐水涝和干旱，宜生长于疏松肥沃和排水良好的腐叶上。最适宜的生长温度为 15～30℃，35℃以上易造成生长不良，5℃以下的严寒会影响其生长力，使其处于休眠状态。

（三）繁殖方法

建兰常用分株繁殖，在春、秋季均可进行，一般 2～3 年分株 1 次。选择植株生长健壮，假球茎密集的植株进行分株，分株后每丛至少要保存 5 个连接在一起的假球茎。分株前要减少灌水，使盆土较干。分株后上盆时，先以碎瓦片覆在盆底孔上，再铺上粗石子，占盆深度的 1/5～1/4，再放粗粒土及少量细土，然后用富含腐殖质的沙质壤土栽植。栽植深度以将假球茎刚刚埋入土中为好，盆边缘留 2 cm 沿口，上铺翠云草或细石子，最后浇透水，置阴处 10～15 d，保持土壤潮湿，逐渐减少浇水，进行正常养护。

（四）栽培管理

1. 兰圃的建设

设施栽培建立的兰圃应选在地势较高处，以面向东南、背靠西北为宜；具备三通（通水、通路、通电）一平（园地平整）的基本条件。兰棚的模式有多种，若资金有保证，最好采用 3.5～4.0 m 高的钢架薄膜式隔热 PC 板大棚，棚顶用遮光率为 80%、防台风的固定遮阳网，棚内 2.5～3.0 m 处再铺一层 55% 的普通活动遮阳网；在兰架上搭建临时的活动拱棚，铺上塑料薄膜用于增（保）温遮雨。棚架应牢固，立柱要与放兰花的架子搭配好，便于日常管理，方便操作。兰架的设置应离地面 50～60 cm 高，宽度为 1.6 m，各排间距为 80 cm。水电设施应做到水管、电线合理布局，保证安全。生产上要求配备塑料膜、遮光板、遮阳网、加湿机、喷药机、排气扇、运输包装工具、农用工具等设备；管理上要求配备仓库、围栏、防盗设施、包装材料与工具、值班场所及周转场所等设施。

2. 定植

设施栽培的栽培基质要求排水、透气性良好并取材方便，常用的介质有碎石、陶粒、木炭、花生壳、谷壳、锯木屑、蛇木屑、树皮，在种植前要对栽培基质进行重复清洗和消毒。兰盆选择能固定兰株的专用塑料盆或陶瓷盆，喇叭口塑料高腰盆较理想，也可采用 13 cm×18 cm 的营养钵。

一般以 9～10 月种植为佳，也可在 3～5 月。上盆时先将枯根、枯病叶剪除，每株 2～4 蘖，多余分开，根长保留兰盆高度的 2/3。将全株浸入多灵菌或甲基托布津 800～1000 倍液消毒 2～3 min，然后只将根茎部分再浸泡 20 min，阴干，待根部略皱、柔软时种植。栽植时，应注意兰株不能倒伏，新芽朝外，叶片分布均匀，根系舒展自然，介质覆盖在假鳞茎上应有利其保湿和发芽。栽种后将小苗与大苗分开摆好，盆与盆之间摆放整齐，并为新芽生长留有空间。新使用的介质不亲水，易干燥，需连续浇灌 3 次透水，1～2 周后正常管理。

3. 光温管理

建兰适于生长的年平均气温为 15～23℃，夏天气温炎热，光照强，空气闷热，可用 70%～80% 的塑料遮光网来控光降温；或者开启门窗，让空气彻底对流，促使降温；或者向通道、兰架下淋洒清水，向室内空间喷水雾，促使降温。冬季要采取加温设备进行保温。

光照与建兰的生长发育关系密切，一般建兰的适宜生长环境是“半阴”，遮阴度在70%～80%。光照过强，叶色变淡绿甚至发黄；光照适度，则叶绿而质细腻，且有光泽，并多分化发芽，生长健壮；光照太弱，则叶色深绿而失去光泽，细长呈徒长状。壮苗、开花苗需光照强度稍大，新植苗、老苗反之。光照强度可采用遮光板、遮阳网、遮光膜等进行调节，光照不足时，可采用人工照明补充。

4. 保湿通风

兰圃要注意保湿与通风，以利兰花生长。保持空气湿度要采用先进的全自动加湿机，也可向空间、通道、兰架下喷淋水雾；保持基质湿度要根据光照、湿度、通风等条件来调控。野生兰花原生于山野幽谷，产地四面敞开，但又有林草遮阴，时有和风吹拂，能长期生长于空气清新的环境。因此，兰圃也需创造这些兰花生长的条件，兰圃较闭塞的要增开门窗，促使空气对流。

5. 水肥管理

建兰浇水的原则应是“干则浇、湿则停、适当偏干”，夏秋季多浇，冬季少浇。夏季日间多次喷雾降温保湿，浇水时间以17:00～20:00为宜；冬季尽量少浇，保持一定干燥，浇水时间以9:00～16:00为宜；春、秋季早晚各浇一次，雨天减少，旱季增加，喷水时间以8:00～17:00为宜。

施肥采取“因兰制宜、看苗定肥、宁淡勿浓、适时薄施”，即根据兰种、苗势、生理特点，掌握时机。采用的肥料种类有干肥和液肥，其中干肥是采用牛骨粉（含氮4%、磷22.06%）、草木灰（磷1.04%、钾6.41%）、饼肥（氮7%、磷1.32%、钾2.12%）及火烧土混合肥配制与复合肥交替使用，每年盆内不少于4次；液肥以腐熟的有机质肥过滤冲淡液，尿素、磷酸二氢钾或专用花肥交替作追肥或根外施肥，一般每隔15 d喷1次，在根外施喷时前后2 d用清水喷洒叶面一次，冲洗尘土、药液残渣。施肥时间把握4个阶段：①催芽肥（春末夏初），干肥1～2次，根外施肥10 d 1次，以氮、钾肥为主，促进地上部茎叶抽发、地下部根系扩展。②发育肥（夏末初秋），新芽叶片伸长出叶，促使新芽健壮，以氮为主，勤施薄施，新芽开叶后以钾为主促使壮苗，每周用磷酸二氮钾喷施1次。③促花肥，待新梢叶片不再生长时即转入花芽分化期，以磷为主，干肥1次，根外施肥每周1次。④秋末初冬，寒露至立冬期间兰花将转入休眠期，下干肥1次、液肥2次，叶面喷施每10 d 1次，以保证安全越冬，含膏育秀，提高来春的萌芽率。

6. 病虫害防治

建兰是观叶观花植物，一旦发生病虫害，其观赏价值受损，甚至失去商品价值。因此，防病虫害是保叶的关键，预防比医治更为重要。设施建兰栽培应采取的预防措施为：①兰圃四周架设防虫网，防止携带病毒的刺吸性昆虫飞入；②避免外界污染空气进入和不良水质流入；③禁止带病毒兰株入圃；④定期进行全园消毒，高温多湿天气选用抗菌类农药喷洒，高温干燥天气则用抗病毒、杀虫类农药预防；⑤加强对使用介质及器具的清毒。

常见的建兰病害有：①白绢病，多发生于梅雨季节。应注意通风透光，盆土排水良好予以预防，发病后可去掉带菌盆土，撒上五氯硝基苯粉剂或石灰即可。②炭疽病，终年都有，高温多雨季节更为猖獗。防治方法除改善环境条件外，发病期可先用50%甲基托布津可湿性粉剂800～1500倍液喷治，7～10 d 1次，然后再辅以1%等量式波尔多液，每半月1次。

虫害有：①蚧壳虫，在高温多湿、空气流动不畅的情况下，繁殖最快。用常规法防治。②根腐病，又叫线虫病。线虫寄生于兰花根部，可引起根系腐烂，地上叶片生长不良，叶色退绿、发黄，甚至造成植株萎蔫。线虫危害可造成大量伤口，还引起其他土传病菌的侵染，导致植株发病，加速植株枯死。栽培基质可用100℃蒸气灭菌消毒，杀死虫卵。危害重的要立即换盆，将病株泡入药液中20～30 min，捞出晾干，用新基质重新栽种。

春兰的设施栽培

春兰（*Cymbidium goeringii*）为兰科兰属地生植物，又名朵兰、扑地兰、幽兰、朵朵香、草兰。植株一般较小，假鳞茎较小，卵球形；根肉质肥大，无根毛；叶带形，边缘无齿或具细齿；花葶直立，花多单朵或两朵，不出架；花色以绿色、淡褐黄色居多，花幽香兰（图7-22）。因其株型纤小、清秀脱俗，花色素雅、香气清幽，有“花中君子”和“天下第一香”的美称。

春兰是中国兰花中栽培历史最为悠久、人们最为喜欢的种类之一，主要分布于我国黄河流域以南的大部分地区，生于海拔300～3000 m的山地林缘、林中空地及灌丛草坡等多石湿润坡地上，是我国兰科植物（国兰）中分布最广、品种资源最丰富的种类之一。

（一）种类与品种

春兰因花瓣和萼片的形状不同，形成不同的瓣

图 7-22　春兰的设施栽培

型，依据瓣型可分为荷瓣、梅瓣、水仙瓣等。梅瓣的‘宋梅’，花型端庄大方，被列为春兰四大名种之首；水仙瓣的‘龙字’是春兰四大名种中花色最为艳丽且花朵最大的品种，与‘宋梅’并称为“国兰双璧”；荷瓣的‘大富贵’被誉为荷瓣之王。

线叶春兰、营草兰、春剑是春兰的变种。此外，可用于设施栽培的品种有‘福娃梅’‘西神梅’‘新春梅’‘汪笑春’‘翠桃’等。

（二）生长习性

春兰耐干旱，喜高温多湿的环境，忌闷热，最适生长、开花的温度为 15～28℃，低于 8℃或高于 35℃易停止生长。

（三）繁殖方法

通过组织培养法快速繁殖根状茎，该方法繁殖速度快；也可通过常规分株繁殖，但繁殖系数较低。

（四）栽培管理

1. 设施兰圃的建设

春兰属于半阴性植物，对温度、湿度要求较高。因此，兰圃要求通风好，具有调控温度、湿度的功能。兰圃建设时，要求兰架离地面为 60 cm 左右，兰架间距保留约 60 cm，既达到良好的通风条件，又可防止害虫从盆底爬上。兰圃的顶端设双层遮阳网和薄膜防雨遮阴，一面墙设水帘，并安装风扇和加温设备。

2. 兰盆和基质的选择

春兰的根系为肉质根，怕积水、喜通气、耐干旱。因此，选择兰盆时，既要有利于植料的通风、透气、排水，又要考虑美观等因素。常用的兰盆有塑料盆、瓷盆、素烧陶盆、紫砂盆等。塑料盆轻便，保水性好，但不吸水，透气性和散热性较差；素烧陶盆透气性好，价格适中，但外观较粗糙；紫砂盆透气性较好，造型美观，可根据需要进行选择。近年大多采用细而高的植盆，这种盆可保证兰根有较好的透气性，有利于兰根的生长。

传统养兰普遍使用的是非颗粒植料，但容易造成板结，导致积水，使兰根腐烂，增加了管理难度。为了增加通气，避免烂根，目前采用先进的混合基质培养法，疏松透气，保湿性好，很好地解决了烂根这一难题。栽植的基质有塘基石、蛭石、植金石、珍珠岩、峨嵋仙土等，根据需要混合使用。栽植时要先筛去粉尘，然后用不同的筛子分筛出大、中、小三种颗粒，浸湿、晾干备用。

3. 定植

春季前期或秋后，将兰苗从旧盆内取出，剔除病株、弱株。用锋利的刀将其分成 2～3 株为一丛，并用百菌灵浸泡根系；将盒垫放入盆底，填大粗颗粒料，把植株放入盆内，将老的假鳞茎偏向一边，留出新芽的位置；舒展好根系，加入中颗粒料，填到假鳞茎的地方，拍打植盆，使土落实；再盖上小颗粒料，将盆面整成中央稍高的馒头形。放在通风阴凉地方，进行叶面浇水，直到盆底流出水为止。

瓶苗移栽前需要经过一段时间的炼苗。炼苗后，用湿水苔裹住根部移植到 78 孔的穴盘中，设施环境内的温度为 22～30℃，光照强度为 10～15 klx，水苔始终保持湿润，空气湿度控制在 75%～80%，并适当通风。移植 3 个月，待新生根长出后，移植到兰盆内。

4. 水肥管理

浇水是养好春兰的关键，掌握“不干不浇，干则浇透”的原则，但根部不能有积水，要根据季节变化和兰盆内植料的干湿程度来给水。一般而言，在夏天气温较高、蒸发量大时，每天傍晚或早晨浇水 1～2 次，使兰叶和盆面保持滋润，每周浇透一次，使植料彻底湿润；冬天春兰处于休眠状态，每隔 4～5 d，在中午浇水1次；春天2 d浇1次；秋天1 d 1次。

施肥对春兰是必需的，要求薄肥勤施，浓度不能太高，否则会产生肥害，甚至导致春兰死亡。施肥的方法主要有基肥、根追肥和叶面肥。根据春兰的营养生长和生殖生长时间的不同而定。春夏季为新芽新叶生长期，处于生长旺盛的时期，为促进根系的早生快发和新芽新叶的生长可每隔7 d施兰菌王或花宝一号1000倍液1次；秋冬季春兰生长缓慢，应少施肥或不施肥，每隔半月施花宝二号和花宝三号1500倍液1次。

第四节　设施盆栽花卉栽培

一 品 红

（一）概述

一品红（*Euphorbia pulcherrima*）又名圣诞花，为大戟科常绿灌木，原产于墨西哥和中美洲，广泛栽培于热带和亚热带，是著名的变色型观叶植物。一品红的颜色鲜艳热烈，非常适合节日的喜庆气氛，其变色期较长，一般可持续3～4个月，从12月持续到翌年的3月，是圣诞、元旦、春节期间重要的室内外观赏盆花。

（二）生长发育对环境条件的要求

一品红喜温暖、湿润及充足的光照，适宜的生长温度为18～28℃，不耐低温，为典型的短日照植物。冬季室温不能低于5℃，以16～18℃为宜。强光直射及光照不足均不利其生长。对水分要求严格，忌积水，保持盆土湿润即可，土壤过湿，容易引起根部腐烂、落叶等。

（三）栽培品种

一品红依分枝性的不同分为标准型品种和多花型（自然分枝型）品种两大类。标准型品种幼时不分枝，近于野生种，植株高，最早栽培的品种以‘Early Red’为典型的代表。自然分枝型品种，生长到一定时期不经人工摘心便自然分枝，自然形成一株多头的较矮植株，更适合于盆栽应用。每类中均有一些主要品种，每一品种又因芽变及人工选择分出不同色彩的品种。

一品红常见的品种有：‘一品白’（Ecke's white），苞片乳白色；‘一品粉’（Rosea），苞片粉红色；‘一品黄’（Lutea），苞片淡黄色；‘三倍体一品红’（Eckespoint c-1），苞片栎叶状，鲜红色；‘重瓣一品红’（Plenissima），叶片灰绿色，苞片红色，重瓣；‘亨里埃塔·埃克’（Henrietta Ecke），苞片鲜红色，重瓣，外层苞片平展，内层苞片直立，十分美观，但抗寒性较差；‘球状一品红’（Plenissima Ecke's flaming sphere），苞片血红色，重瓣，苞片上下卷曲成球形，生长慢；‘保罗·埃克小姐’（Mrs Paul Ecke），叶片宽大，栎叶状，苞片血红色。

近几年上市的新品种有：‘彼得之星’（Peter star），叶片大，浅绿色，苞片大，鲜红色；‘自由之神’（Freedom），叶片深绿色，苞片大，暗红色；‘喜庆红’（Festival red），矮生，苞片大，鲜红色；‘喜皮托红’（Petoy red），苞片宽阔，深红色；‘喜胜利红’（Success red），叶片栎状，苞片红色；‘橙红利洛’（Orange red lilo），苞片大，橙红色；‘喜珍珠’（Pearl），苞片黄白色；‘皮切艾乔’（Pichacho），矮生种，叶片深绿色，苞片深红色。

（四）繁殖育苗技术

一品红繁殖以扦插为主，用老枝、嫩枝均可扦插，但枝条过嫩则难以成活。一品红的扦插繁殖主要有半硬枝扦插和嫩枝扦插两种方式。不管采用哪种扦插繁殖方式，一品红的插穗都应在清晨剪取为宜，因为此时插穗的水分含量较为充足。一品红半硬枝扦插多在春季3～5月进行，一般气温在15℃以上时即可。扦插时，剪取一年生木质化或半木质化的枝条，长约10 cm，剪除插穗上的叶片和枝顶，而且基部切口剪成斜面并靠近节部，蘸上草木灰，待剪口晾干后再插入细沙中，插后浇透水，温度保持在22～24℃，20 d后就可生根。在扦插期间应注意遮阴，防止水分丧失和枝条萎蔫。嫩枝扦插，当一品红的当年生枝条生长到6～8片叶时，取长6～8 cm、3～4个节的一段嫩梢，在节下剪平，去除基部大叶后，立即投入清水中，以阻止乳汁外流，然后扦插，扦插后应保证嫩茎及叶片潮湿，并采取挡阳措施。嫩枝扦插的大多数品种在14～18 d就可以生根。一品红以嫩枝扦插生根较快，而且成活率高。如果在自制温室内扦插繁殖，只要室内温度保持在22℃左右，3月下旬就可扦插，而且可以根据需要一直延续到9月为止。

（五）设施栽培技术

1. 栽培设施

目前一品红的生产多在玻璃温室或连栋塑料温室内进行，温室生产可实现对环境因子的控制，有利于一品红的花期调控和生产高品质的一品红。

2. 栽培基质

一品红喜疏松、肥沃、排水良好的土壤，pH以5.5～6.5为宜。一般用菜园土3份、腐殖土3份、腐叶土3份、腐熟的饼肥1份，加少量的炉渣混合使用，盆栽采用无土混合基质，如泥炭、蛭石、珍珠岩及椰糠等。

3. 环境条件控制

（1）温度　一品红喜温暖湿润的气候，怕寒冷，适宜的生长温度为18～28℃，4～9月为18～24℃，9月至翌年4月为13～16℃。每年的9月中下旬进入室内，要加强通风，使植株逐渐适应室内环境，冬季室温应保持在15～20℃。温度低于15℃或高于32℃均生长不良或落叶，低于5℃会发生寒害，植株即使受到短时间低于0℃的冷风直吹也容易出现叶片脱落的情况。苞片变色及花芽分化期，若室温低于15℃，则花、叶发育不良；开花期温度不应低于10℃，否则会引起苞片泛滥，基部叶片易变黄脱落，形成“脱脚”现象。

（2）光照　一品红喜阳光充足的环境，不耐阴，其不同生育阶段需要的光照强度有一定的差异。强光直射及光照不足不利于其生长，夏季高温强光时，应适度遮阴（遮阴70%）；当温室温度高于32℃时，应加大遮阴。冬季光照不足会造成徒长、落叶，同时容易造成花朵发育不整齐，延迟开花，从而影响盆花的品质，因此应适当补光，一般不低于3000 lx的光比较适宜。对于光照强度的管理，建议采用摘心前20～35 klx、摘心后40～60 klx、出售前20～36 klx。

一品红为短日照植物，在茎叶生长期需充足的阳光，促使茎叶生长迅速繁茂。要使苞片提前变红，应将每天的光照控制在12 h以内，促使花芽分化。每天光照9 h，5周后苞片即可转红。

（3）湿度　一品红喜欢湿润的环境，但开花后温室湿度不可过大，否则苞片及花蕾上易积水、霉烂。

4. 灌溉浇水

一品红对水分的反应比较敏感，生长期只要水分供应充足，茎叶就生长迅速，有时甚至出现节间伸长、叶片狭窄的徒长现象；相反，盆土水分缺乏或者时干时湿，会引起叶黄脱落。因此，水分的控制直接关系到一品红的生长和发育。一品红的浇水要根据天气、植株生长情况、盆土干湿情况、植株生长发育时期等因素而灵活掌握，避免太干和过湿。一品红生长较快，整个生长期需水量较大，所以要多检查、勤浇水，发现基质太干就要适当浇水。一般盆土1/3干了就应浇水，浇水时浇水量不要过多，以盆底刚好有水流出为止；但也切忌浇“半腰水”，即浇水只湿润了盆土表面，形成上湿下干，这样容易引起根系向盆面生长的反常现象。

对于一品红的生根苗或幼苗，宜在傍晚浇水，有助于增强其长势；生长期浇水则一般选择在上午浇灌，冬季则宜在中午前后进行浇水，因此时水温与气温较接近。尽量避免在强烈的阳光下浇水，在未及时浇水而使盆土过干、植株失水过多、叶片萎蔫、嫩枝低垂，又尚未达到永久萎蔫的情况下，一般不可立即浇大水，正确的做法是先将花盆置于湿度大的阴处，逐步少量淋水，随植株逐渐恢复挺拔态，再增加浇水量。特别要注意的是，夏季高温季节浇足水后切忌暴晒，如果突然暴晒，土壤的水分蒸发加快，植株就会出现生理性缺水现象，轻者叶缘焦枯，重者可造成一品红死亡。

一品红对水质要求严格，要求EC、pH、钠吸附比（SAR）、碳酸盐、钠离子、钙离子等因子不能太高，另外还需避免硼、氟、硫、铁或其他溶盐含量过高。

5. 施肥

一品红喜肥，生长期需氮肥较多，生产上以施用配方肥为宜，一类为包裹缓释粒肥，另一类为速效液体肥。生长初期适当控肥，用液体（N：P：K＝20：10：20）肥和钙肥，以低浓度50～100 ppm交替浇灌，每次浇水时都配液肥施用，能防止过量的盐分积累。随着植株生长的加快，逐渐提高肥料的浓度，但最高浓度不超过300 ppm。进入花芽分化期以后，大约在10月中旬（自然花期栽培）改用一品红专用肥料（N：P：K=15：5：25）和钙肥交替施用，浓度不超过250 ppm，栽培基质的EC维持在1.5～2.0 mS/cm，但品种间有差异，不同生育期所需的EC也不尽相同。接近开花时，宜施1次过磷酸钙或硝酸磷水溶液，使苞叶色泽艳丽。苞片完全转色后，可以适当降低肥料的浓度，以防“烧苞”现象发生，至出售前1周可仅浇清水。

6. 形态调控

一品红的株高是评判外观品质优良的重要标准之一。一品红的栽培形态常采用直径为15 cm或18 cm的直边花盆为主，其生产的基本国际标准是“冠：高>1：1.3”，即冠幅与株高的协调统一，不能片面地理解为造型就是控制株高。要生产出完美的、达到国际标准的一品红，就必须适时、适用、适法进行高度控制。传统的一品红盆花高度控制采用摘心和整枝做弯的方法，现在国内的高度控制主要采用植物生长调节剂处理和环境条件控制。

（1）摘心、整形控制高度　可通过摘心、整形做弯控制株高。摘心时间的选择不仅要与植株生长势有关，而且要与生产盆花的冠幅及冠面花数相结合。一般冠幅 30～40 cm、冠面花数 5～7 枝的，应在种苗上盆后一个月左右摘心，当幼苗长到 8～10 张叶时打顶，整株保留 5～7 个芽即可，其余新芽全部抹去。若培养冠幅在 40 cm 以上的盆花，摘心时间可稍后，培养冠幅在 60 cm 以上大花时，可分两次摘心。摘心的方式有强摘心、中度摘心、弱摘心及弱摘心加除幼叶等。强摘心为摘至完全展开叶为止，一般摘去 6～7 cm；中度摘心为摘至完全展开叶上方两叶为止，一般摘去 3～4 cm；弱摘心仅摘去顶芽心部，一般在 2 cm 以内。强摘心得到的株型较开张，枝条较整齐；弱摘心会得到较高的株型；弱摘心加除幼叶，可使枝条数增加。做弯一般在枝条长至 18 cm 左右时开始，做弯前两天起就不要浇水了。操作时间宜在下午 6:00 左右，因为一品红经过一天的曝晒，枝条含水量相应减少而发软；如在早晨做弯，则枝条脆硬容易折断。做弯是用细绳把枝条拉成弓形，并予以固定。可按不同的方向，隔一段时间做弯一次，把枝条扔绑成左右盘旋的螺旋状，使植株变矮。最后一次做弯应在开花前 20 d 左右。做弯造型时注意，要求强枝放在周围，弱枝放在中间，强枝向下弯曲程度要大些，这样可使植株枝叶分布均匀，高矮一致，开花整齐，整个树形丰满美观。

（2）植物生长调节剂控制株高　为提高一品红的商品性和观赏性，可使用植物生长调节剂，使其达到矮化效果。常用的激素有矮壮素（CCC）、比久和多效唑（PP333），市面购置生长调节剂配制溶液时，不仅需要精确测量其用量，还要随外界的温度、植株的生长发育情况及所遇见的株型来作浓度的调整。植物生长调节剂的喷叶处理，正常情况下应在 10 月 15 日以前完成或更早，这样可以保证植株的高度一致；调节剂在摘心后尽早施用，一般以新枝长至 5 cm 以内为宜；植物生长调节剂应在早晨或晚上使用，间隔 10 d 使用 1 次，最多 3 次；使用方法多采用叶面喷雾或灌根，叶面喷洒的效果优于施入土壤。生长抑制剂使用必须注意安全，防止药害产生，如使用过量，可以增加氨态氮或尿素态氮的使用，削弱矮化剂的效果。CCC 通常最适合使用的浓度在 1000～2000 ppm，喷施整株；通常于摘心前 10 d 喷施 1 次，摘心后 15 d 再喷施 1 次，25 d 后视效果再决定是否加施 1 次。B-Nine 叶面喷洒的浓度通常为 2000～3000 mg/ kg；通常把 B-Nine 与 CCC 混合使用，使用的浓度为 CCC 500～1000 ppm＋B-Nine 1500～3000 ppm，喷施叶片易有短暂的药害，需施用两次以上，但两种混合物应在花芽分化前使用，花芽分化后使用，会减小苞片的大小。PP333 可用来喷叶或灌根，叶面喷施浓度为 5～10 ppm 或 8 ppm，灌根浓度为 2～5 ppm；通常于摘心后腋芽萌发枝长约 10 cm 时叶面喷施 1 次即可。

（3）环境条件控制株高　在生育有效积温下，平均温度高时，昼夜温差增大会导致一品红茎的伸长和植株高度的增加。保持相同的有效温度，降低昼夜温差，可以减少茎的伸长速度；而在同一平均温度下，日夜温差为负值，会使茎节缩短，株型较紧密。一般来说，长日大多会促进生长。光质的影响则较复杂，一般而言，紫外线会抑制株高，而远红光则有促进茎伸长的趋势，红光及蓝光也有抑制茎伸长的效果。

7. 花期调控

一品红是典型的短日照植物。在自然条件下，日照 12 h 20 min 为临界点，短于这个临界点，一品红就会转入生殖生长，开始花芽分化。其自然临界日为 9 月 20 日至 25 日，之后 5～7 d，在显微镜下观察可看到花原基。

一品红从花芽分化到发育完全均要求短日条件，即夜温低于 23℃，每天日照少于 12 h 20 min。在自然光照条件下，以临界日开始到长成可出售的成花，所需的时间称为短日感应时间。不同品种的短日感应时间有一定的差异，一般都在 8～10 周。根据短日感应时间可推算出出售日期，即临界点日期＋短日感应时间＝出售日期，一品红种植者可根据自己的需要灵活掌握。

（1）国庆节开花的花期调控　要使一品红提早开花，就要在自然条件为长日的情况下制造人工短日，即蒙黑幕。为保证短日效果，黑幕遮盖时间每日为 14～15 h，即每日下午 5:00～6:00 起，到第 2 天上午 8:00 左右。由于黑幕处理会升高夜温，因此一定要注意夜温不能超过 23℃，否则就达不到预期效果。可在夜晚时将黑幕打开，帮助散热，然后在日出前把黑幕盖上，也可采用通风设备和水帘降温。另外需要注意的是，遮黑后的光照强度以 1～2 lx 为最好，同时避免漏光，从而降低花的品质。

（2）春节开花的花期调控　要想使一品红延

长至春节开花，则要通过夜晚加光延长日照的方式，使植物维持营养生长。一般只要植株周围有 100 lx 左右的光照就能阻止花芽分化、发育。通常采用日光灯或碘钨灯，在晚上 10:00 到次日凌晨 2:00 进行加光，效果很好。开灯日期可以通过前面的公式逆推得出。例如，'自由亮红'（52～56 d）品种要求元月 20 日出售，由公式可推出，开灯日期（11 月 20 日）＝出售日期（元月 20 日）－短日感应时间（8 周）。另外，一品红要求 15～18℃的夜温，低温会使苞片的发育和转色变慢。

8. 病虫害防治

一品红在温室栽培过程中易感染灰霉病、根腐病、茎腐病、叶斑病等病害，可用 65% 代森锰锌 800 倍液防治。一品红的虫害主要有粉虱、叶螨、蓟马等，防治可采用温室封闭管理或者使用杀虫剂。

观赏凤梨

（一）概述

观赏凤梨是指所有具有观赏价值的凤梨科植物，观赏凤梨为凤梨科多年生草本植物，原产于中、南美洲的热带、亚热带地区，以附生种类为主，一般附生于树干或石壁上，性喜温暖、潮湿的半遮阴环境。观赏凤梨的株型独特，叶形优美，花型、花色丰富漂亮，花期长，观花、观叶俱佳，而且绝大部分耐阴，适合室内长期摆设观赏。

（二）生长发育对环境条件的要求

观赏凤梨为多年生常绿宿根花卉，原产于美洲热带雨林地区。喜高温、多湿、半阴的环境，观赏凤梨的根系极不发达，要求栽培基质疏松、透气、排水良好，喜酸性基质，适宜 pH 为 5.5～6.5。观赏凤梨的适宜光照强度为 18～22 klx，忌夏季高光照强度下的太阳直射，光照过强叶片易出现斑点，严重时灼伤叶片；光照过弱则易造成植株徒长。生长的适宜温度为 15～20℃，最低不低于 10℃，最高不高于 35℃。喜高湿环境，空气相对湿度宜保持在 60%～80%。

（三）栽培品种

观赏凤梨花、叶均美，既可观叶，又可观花，观赏期长达几个月之久，十分适宜作为室内装饰和观赏之用。主要有星花凤梨属、莺哥凤梨属、珊瑚凤梨属、铁兰属等品种，其中市场上较热销的品种有以下几种。

艳凤梨（*Ananas comosus*）：是菠萝的花叶变种，其果序常被切下作瓶插之用，是经久耐赏的观果和赏叶的凤梨类植物。

巨富星（*Cuzmania* cv. Tutti frutii）：大型品种，叶密生，深绿，花序较大，深红色。

火炬星（*Cuzmania* cv. FOCUs）：又称圆锥果子蔓，特点是植株较高大，叶片亮绿色，花序高出叶面，外形尤似一个燃亮的火炬或一个红色的麦克风，形神兼备，是历年花市上观赏凤梨的主打品种。

金凤凰（*Vrisea* cv. Annle）：又称安妮莺哥凤梨，特点是叶片较窄，绿色，复穗花序由 6～8 个金黄色小花序组成，花梗深红色，色彩对比强烈。

三色彩叶凤梨（*Neoregelia carolinae* var. *tricolor*）：是彩叶凤梨的花叶变种，特点是植株鸟巢状，叶筒中央呈深红色，叶片有金心或金边的色彩，形成绿、黄、红三色。

炮仗星（*Guzmania* cv. Disitiflora）：又名炮竹星，是疏花型品种，特点是叶片翠绿色，中部以下弯垂，穗状花序高出叶面，花朵疏生，基部红色，顶部黄色，色彩对比强烈。

火凤凰（*Vrisea* cv. Poel-mannii）：又称波尔曼莺哥凤梨，特点是叶片深绿色，复穗花序由 3～5 个剑形的红色小花序组成，高出叶筒中央，十分美丽，金边或金心叶的变种称为花叶火凤凰，观赏效果更优。

黄玉星（*Guzmania* cv. Pax）：中型品种的特点是叶片浅绿色，开出黄色的花序，是用于组合盆栽凤梨的配色，使其在众多红色品种中独树一帜而十分瞩目。

粉掌铁兰（*Tillan dsiacramea*）：又称球拍，以示其扁平的花序形似一块乒乓球拍。其特点是株型小，叶 20～30 片，矮生，线形，绿色披的色鳞片，穗状花序从叶丛中央抽出，紫蓝色。

帝王星（*Guzmania* cv. Empire）：大型品种，特点是植株叶片密生，翠绿色，花序深红色，高度几乎与叶片齐平。

粉菠萝（*Aechmea fasciata*）：又称粉叶珊瑚凤梨，特点是叶革质，密披白粉，边缘具刺齿，花序球形，从叶筒中央抽出，红色。此外还有开粉红色花和叶片满布粉的变种银叶粉菠萝，其观赏效果更胜一筹。

丹尼星（*Guzmania* cv. Denise）：又名丹尼斯果子蔓，特点是莲座状植株由密生的深绿色叶片组成，花序顶端深红色，星状，色彩艳丽且经久不变。

车厘星（*Guzmania* cv. Cherry）：是丹尼星的姐妹品种，外形似丹尼星，但株型较细瘦，花序较长，鲜红色。

大奖星（*Guzmania* cv. Gran dPrix）：又名巨奖

星，特点是植株中等大，深红色的星形花序伸出叶筒中央，颜色艳丽。

斑马红剑（*Vriesea splanens*）：又称斑马莺哥凤梨，别称“辟邪红剑”。它的叶片具有深绿与浅绿相间的斑马条纹，开剑形的穗状花序，由 2 列深红色的花苞片，伸出于叶筒中央。

斑马珊瑚凤梨（*Aechmea chantinsii*）：是一个既可观叶、又可观花的原生种类，特点是莲座状叶丛是由深绿与浅绿相间的叶片组成，复穗花序有大片的深红色苞片，色彩艳丽。此外还有金心叶变种，称为金心斑马珊瑚凤梨。

（四）繁殖育苗技术

观赏凤梨的繁殖方法分为有性繁殖和无性繁殖。有性繁殖即种子繁殖，无性繁殖的方法有分株繁殖、扦插繁殖和组织培养等。种子繁殖的凤梨因种苗生长缓慢、长势较弱，一般要栽培 4～5 年甚至 10 年以上的时间才能开花，又因为后代易产生性状分离，生产上较少采用。

1. 分株繁殖和扦插繁殖

观赏凤梨母株在开花前后基部或叶片之间能抽出蘖芽，而母株则不能继续生长而死亡，利用蘖芽能进行分株繁殖和扦插繁殖，有根的蘖芽可直接上盆，称为分株繁殖，无根的则需进行扦插繁殖。分株繁殖和扦插繁殖常在春季进行，高温期间分株的成活率较低。扦插时，当蘖芽 8～10 cm 时割下，插入腐叶土和粗沙各半的基质中，保持室温在 25～28℃，30～40 d 可生根，50～60 d 能上盆栽培。掰下蘖芽的母株经种植后还可再长 2～3 批蘖芽，要使母株多长蘖芽，必须养护恰当，最好地栽，经常施肥，并给予较充足的光照。另外，凤梨蘖芽分株的迟早与繁殖系数有较大关系。分株越迟，子株越大，成活率越高，子株生长也越快，但分株过迟时，也会影响母株进一步繁殖新芽。分株苗栽培 2～3 年即可开花。

2. 组织培养

观赏凤梨分株繁殖，繁殖速度慢，获得的种苗数量小，大小不整齐。近年来商业化栽培品种的大规模繁殖多采用组织培养法。观赏凤梨的组织快繁多以蘖芽的茎顶组织为材料，经常规消毒后接种在添加 6- 苄氨基腺嘌呤（6-BA）4 mg/L 和吲哚乙酸 0.1 mg/L 的 MS 培养基上，30～40 d 可形成不定芽。通过液体振荡培养的方式有利于提高不定芽的诱导率，每个茎顶组织在培养 50～60 d 时能获得 6～10 个不定芽。将生成的不定芽切割后在相同的培养基上进行增殖，每次的增殖速度视品种而异，为 3～6 倍。当增殖到一定的数量后，可再转移到添加吲哚乙酸 0.2 mg/L 的 1/2MS 培养基上，20～25 d 诱导出新根，成为完整的小植株。当组织苗长至 3～5 cm 时，将其移入温室或常温下进行炼苗，使其逐渐适应外界环境，以提高组织苗移植的成活率。

（五）设施栽培技术

1. 栽培设施

目前华东及北方地区普遍使用现代温室进行观赏凤梨的冬春季节加温栽培，也有部分北方地区使用节能日光温室进行生产，华南地区采用塑料温室进行冬春季节的保温生产。各地区应根据当地的气候特点适当选择合适的设施类型进行栽培生产。

2. 栽培基质

生产栽培的观赏凤梨多为附生种，要求基质疏松、透气、排水良好，pH 呈酸性或微酸性。生产上宜选用通透性较好的材料，如树皮、松针、陶粒、谷壳、醋糖、珍珠岩等，并与腐叶土或牛粪混合使用，如 3 份松针＋1 份草炭＋1 份牛粪，或 3 份草炭＋1 份沙＋1 份珍珠岩等。

3. 环境条件控制

（1）温度　观赏凤梨的生长温度一般应不低于 13℃、不高于 35℃，但不同生长时期或不同种类和品种对温度的要求也不相同。通常各时期对温度的要求见表 7-1。

表 7-1　观赏凤梨不同生长时期对温度的需求

（单位：℃）

生长时期	昼间温度	最适温度	夜间温度	最适温度
营养生长期	20～32	28	20～30	25
催花后生殖生长期	20～28	22	20～25	20
开花后	15～25	18	13～18	15

（2）光照　大多数观赏凤梨品种喜欢半阴环境，忌阳光直射。一般而言，凤梨的适宜光照强度为 18～22 klx。在适宜的光照范围内，光照强度增大，将会促进植株叶片变小、株型紧凑、花型变大、花朵上色快。若光照太强，则会在叶片上留下斑点，严重时会灼伤叶片；光照太弱则会造成植株徒长、色泽灰暗、花序纤细失色，导致植株生长不整齐、质量下降。观赏凤梨的不同种类或品种在不同的生长阶段对光照的要求也有较大的不同，一般情况下不同属类的适宜光照强度为：光萼荷属 30 klx、果子蔓属 18～22 klx、彩叶凤梨属 25 klx、铁兰属 25～30 klx 及丽穗凤梨属 18～20 klx。

不同生长发育阶段，观赏凤梨的光照强度需求也不同。通常各时期对光照强度的需求见表 7-2。

表 7-2 观赏凤梨不同生长发育时期对光照强度的需求

生长时期	所需光照强度/klx	备注
营养生长期	15～18	湿度高、通风良好的条件下不宜超过 20 klx
催花后至花序抽出前	18～20	—
开花后	20～30	不宜超过 30 klx

（3）湿度 凤梨喜欢高湿环境，空气湿度宜维持在 65%～85%。在此湿度范围内，叶片宽而光亮，花穗大而长，花色鲜艳美丽。湿度过低（低于 40%），叶片会向内卷曲或无法伸展，甚至叶尖出现焦枯现象；但湿度也不宜过大，若湿度太大，则植株叶片上会出现褐色斑点，严重时出现烂心现象。苗期的相对湿度宜控制在 80%～85%，栽植 3 个月后宜控制在 65%～85%。可通过向种植床下方及走道洒水的方法来提高空气湿度，同时还可达到降温的效果。

4. 水肥管理

水质对观赏凤梨非常重要。凤梨喜酸性，它要求水质的 pH 为 5.5～6.5，不喜盐分，尤其是钙盐与钠盐。pH 高于 7 时，植株吸收营养不良，高钙钠盐会使叶片失去光泽，妨碍光合作用，并容易引起心腐病和根腐病。EC 宜控制在 0.3 mS/cm 以下。

观赏凤梨的根系较弱，主要起固定植株的作用，吸收功能是次要的。其生长发育所需的水分和养分主要是贮存在叶基抱合形成的“叶杯”内，靠叶片基部的吸收鳞片吸收。即使根系受损或无根，只要“叶杯”内有一定的水分和养分植株就能正常生长。

夏秋生长旺季，1～3 d 向“叶杯”内淋水 1 次（水要先贮存 1～2 d），每天叶面喷雾 1～2 次。保持“叶杯”内有水，叶面湿润，土壤稍干；冬季应少喷水，保持盆土潮润，叶面干燥。

在配制肥料时，氮、磷、钾的比例一定要适宜，这是培育出高品质凤梨的前提条件。适宜的氮、磷、钾比例为 1∶0.5∶1。另外，凤梨对硼元素非常敏感，即使微量的硼都会让凤梨产生烧顶症状。镁对叶绿素和酶的合成有重要作用，因此在配制肥料时，镁肥含量以 12% 为最佳。凤梨宜随水施肥，每次浇水都伴随施肥，肥液的 pH 为 5.5～6.0，EC 为 1.0 mS/ cm 左右，施肥原则为“薄肥勤施”。

5. 催花

观赏凤梨自然生长超过 30 片叶时，在温暖湿润的环境下可自行开花，花期以春末夏初为主，为使观赏凤梨能在节日开花，应进行人工催花。催花最常用的方法是用乙炔饱和溶液进行处理，即用一根皮管将乙炔气体瓶和储水桶连接起来，并将带有气孔的皮管均匀浸没在水中，用 0.5 Pa 的压力慢慢将乙炔气体从瓶中释放到水中，100 L 水的放气时间在 45 min 以上。当容器里流出的水具有强烈的气味时，就可以用来催花。将乙炔水溶液灌入凤梨已排干水的“叶杯”内，用量以刚好填满“叶杯”为好，重复进行 3 次，每次间隔 2～3 d。催花温度宜控制在 20℃左右，光照也不能太强，因此最好在早上进行。催花结束后，3 周内只浇清水。开始施肥后，钾肥要偏多些，光照可稍微加强，这样对凤梨着色有好处，可避免花色暗淡和着色不均匀。催花结束到凤梨出花所需的时间因品种而异，一般在处理后 3～4 个月即可开花。

6. 病虫害防治

观赏凤梨较少发生病虫害，但因高温高湿、排水不良或者因浇灌水中的钙盐、钠盐浓度高时，易引起心腐病和根腐病。心腐病的主要症状是被害植株的心部嫩叶组织变软腐烂，呈褐色，与健全部位界限明显，心部用指轻碰即脱离；根腐病的主要症状是被害植株根尖黑褐化腐烂，不长侧根，病株对水分及养分的吸收大受影响，植株生长势弱，生长缓慢。应及时清除病株，可用 50% 多菌灵 500 倍液或 75% 甲基托布津 1000 倍液灌注叶杯 2～3 次。平时要加强通风，保持盆土相对干燥，避免高温高湿的环境。

仙 客 来

（一）总述

仙客来（*Cyclamen persicum*），是报春花科仙客来属多年生草本植物，叶片由块茎顶部生出，呈心形、卵形或肾形，叶片有细锯齿，叶面绿色，具有白色或灰色晕斑，叶背绿色或暗红色，叶柄较长，红褐色。原产于地中海沿岸，仙客来是一种普遍种植的鲜花，适合种植于室内花盆，冬季则需温室种植。仙客来的某些栽培种有浓郁的香气，而有些则香气淡或无香气。

（二）生长发育对环境条件的要求

仙客来性喜温暖，怕炎热，在凉爽的环境下及富含腐殖质的肥沃沙质壤土中生长最好。仙客来不耐高温，温度过高会使其进入休眠状态，30℃以上植物将停止生长进入休眠，且容易腐烂、死亡；冬季花期温度不得低于10℃，若温度过低，则花色暗淡，且易凋落，生长适温为15～20℃。仙客来喜阳光，应将仙客来放置在阳光充足的地方养护；光照充足对其生育十分有利，但害怕夏季强光直接照射，适宜的光照强度为15～25 klx。仙客来喜湿但忌过湿积水，每天保持土壤湿润即可，要求排水良好、富含腐殖质的微酸性沙壤土，忌盐碱，土壤pH为5.8～6.5。

（三）栽培品种

仙客来为报春花科仙客来属多年生球根花卉，园艺栽培品种繁多，依据花型、花色、植株大小、外观特征分类，可将仙客来品种分为五大类。

大花系：为冬季主要的豪华盆栽花型，花大、色艳、品种繁多，观赏价值高，对温度要求严格，较难养。生长的适宜温度为10～28℃，高于30℃管理不当会落叶休眠，低于7℃会延迟开花；花期平均温度高于15℃，又会造成形散而混乱，影响商品价值。

中型系：株型紧凑，丰花密集，花中型。该系列中也有植株矮小、开大花、易栽培的品种。

杂交一代系：是仙客来的纯合体杂交一代，其特点是生长健壮、开花整齐、抗病力强。

微型系：又称迷你系，该系小巧玲珑，能在手上观赏，花小如指甲盖，常带香味。

巨大花系：也称拉丁系，花大。

（四）繁殖育苗技术

（1）播种繁殖　播种繁殖是仙客来繁殖常用的方法之一。仙客来的种子需经过人工授粉后才能获得，种子一般于5月成熟，应及时采收。仙客来的种子较大，千粒重为10g左右，一般发芽率为85%～95%。为促进种子发芽，播前可浸种催芽，用冷水浸种24 h或30℃温水浸泡2～3 h，然后清洗种子表面的黏着物，包于湿布中催芽，温度25℃保持1～2 d，种子稍微萌动即可取出播种。播种时间一般在9～10月，用普通花盆播种即可。

（2）分割块茎繁殖　仙客来的块茎不能自然分生子球，因而其不能像一般球根花卉那样分球繁殖，而是需要人工切块繁殖。一般于8月下旬块茎即将萌动时，将块茎自顶部纵切分成几块，每块都应带有芽眼，将切口涂以草木灰，稍微晾干后，即可分植于花盆内，精心管理，不久即可展叶开花。

（3）组织培养繁殖　仙客来组织培养繁殖可采用花蕊、块茎、叶片、幼茎等作为外植体，一般从一二年生的幼株上采集，其中以块茎作为外植体最易诱导产生幼苗。以块茎为外植体时可选用MS培养基，以MS＋3 mg/L 6-BA＋1 mg/L NAA为诱导培养基，以1/2MS＋0.3 mg/L NAA为生根培养基，以MS＋3 mg/L 6-BA＋0.4 mg/L NAA为继代培养基。

（五）设施栽培技术

1. 栽培设施

淮河以北地区生产盆栽仙客来的常用设施为节能日光温室，华东地区及长江以北地区常用现代玻璃温室或塑料温室进行冬春季节的加温栽培，华南地区可采用玻璃温室和塑料大棚进行保温生产。冬季生产，现代温室多以锅炉水暖供热或二道幕保温，日光温室则以保温被、草帘等覆盖保温。

2. 栽培基质

基质的选择很重要，要求基质疏松、通气性好、渗水性好、保肥保水能力强。为了提高播种的出芽率和壮苗率，最好用进口育苗基质，可以加入10%～25%的小粒珍珠岩。保证基质的pH为6.0～6.5，EC为0.5～0.75 mS/cm，基质的酸碱度可通过加入硝酸或碳酸钙来调整到要求的范围。

如果采用进口泥炭，不用加入肥料；如果采用国产泥炭，最好每立方基质中加入500 g的N∶P∶K比例为1∶1∶2的复合肥，同时需要加入一定量的杀菌剂（如1 kg百菌清/m^3基质）和杀虫剂（如1.5 kg米乐尔或呋喃丹/m^3基质）来预防镰刀菌属病害、地种蝇和根际线虫的大量发生。实验证明，杀菌剂对种子萌发没有促进或抑制作用，但能预防病害。

3. 环境条件控制

（1）温度　仙客来生长期间的温度，白天宜控制在20～25℃，夜间在15～18℃。夏季应通过遮阴、喷雾、强制通风及湿帘风机系统等措施进行降温，一定要避免气温超过30℃，否则植株易因高温而进入休眠状态，导致当年不能正常开花。生长后期，温度需保持相对稳定，以利于出花整齐，该时期的适宜温度为15～25℃，夜温在15℃左右。进入花期后，可根据上市时间适当调控温度，但应保证温度在10℃以上。

仙客来的生长适温为15～24℃，在10～22℃时，温度越高则开花越早。冬季最好不要低于10℃，否则造成根系腐烂、叶片卷曲、花小且花色暗淡。夏季长期高于28℃时，植株将停止生长；超过35℃，则植株易腐烂、死亡。实验证明，低夜温能促进开花，且生长在18℃日温和15℃夜温条件下开花最早，但花小。

（2）光照　仙客来生长的适宜光照强度为25 000～45 000 lx，高于此光强则可通过遮阴、降温、喷雾等综合措施来控制光照。仙客来为日中性植物，日照长度的变化对花芽分化和开花没有决定性作用，但日长和光强可以改变其成花速率和花的发育进程，增加有机物质的积累。光强在叶芽转化为花芽的过程中是一个决定因素。

（3）湿度　1片真叶形成以前，空气湿度应高于95%；出现2～3片真叶时，空气湿度应高于85%；出现4～5片真叶时，空气湿度应在75%～85%；当达到6片以上真叶时，空气湿度维持在65%～85%即可。

4. 水肥管理

浇水施肥的原则是见干见湿，但不能太干，浇则浇透。如果太干，最好不要直接施肥，先用水湿透，再行施肥，以免损伤根系。

肥料种类可选择适合仙客来各个生长阶段的专用肥料，如‘花多多’‘卉友’‘美沃’‘花无缺’等商品肥料。也可采用配方施肥：N：P：K的比例在1：0.6：2较适合仙客来的生长。EC：小苗为0.8～1.2 mS/cm，中苗为1.2～1.5 mS/cm，大苗为1.5～1.8 mS/cm。需要的大量元素有硝酸钙、硝酸铵、硫酸钾、磷酸二氢钾、硫酸镁；需要的微量元素有硫酸锰、硫酸锌、硫酸铜、钼酸钠（或钼酸铵）、硼酸、螯合铁［组成物为硫酸亚铁和乙二胺四乙酸（EDTA）及其二钠盐］。

5. 形态调控

仙客来在进入生长旺季时，球茎上的幼叶见光后会迅速长成紧密的叶群，致使下面的幼蕾因缺乏光照而延迟发育，因此应当疏掉叶群中部的叶片。仙客来在盛花期间，必须及时摘除先期开放的花蕾，以防过多消耗养分，延长花期。

6. 花期养护

仙客来是喜光花卉，冬春又是旺盛开花期，故欲使花蕾繁茂，就要在现蕾期给予充足的阳光，可放置在室内向阳处，并每隔1周施一次磷肥，最好用0.3%磷酸二氢钾复合肥溶液浇施，每盆用量约150 mL。平时每隔1～2 d浇水1次，使盆土湿润，切不可浇大水，掌握盆土见干才浇水；但切忌盆土过干，过干会使根毛受伤、植株上部萎蔫，再浇大水也难以恢复。浇水时水温要与室温接近。开花期不宜施氮肥，否则会引起枝叶徒长，缩短花朵的寿命。如叶过密，可适当稀疏，以使营养集中，开花繁多。仙客来开始开花并继续形成花蕾时，室温应保持在15～18℃，最低不能低于10℃，温度太高则花期缩短，超过28℃则叶片发黄。可去掉先开的3～4朵花，以促使更多的花蕾萌生。所有这些工作和调整盆间距都是在进入花期时同时进行的，花期内必须仔细观察温度和通风情况，以防因灰葡萄菌的侵染而造成花朵上产生灰霉病。

在仙客来销售中，我们常会碰到没开花或花期已过而造成销售不畅的情况，直接影响了经济效益。所以要做好仙客来的花期调控：①调整仙客来的播种期；②肥料N、P、K的合理搭配可促进花芽分化，如用2%磷酸二氢钾进行根外追肥，能将花期提前，并增加花数；③用10～50 mg/L赤霉素点涂花蕾处，可提前7～10 d开花；④低温处理，把仙客来置于5～10℃环境中，可延长仙客来的开花期。

7. 病虫害防治

仙客来的病害主要有叶腐病、软腐病、灰霉病。预防病害：一是要注意改善栽培条件，提高植株的抗病能力；二是要对盆土、花盆进行消毒，对种球进行脱毒处理；三是发生病害后，可用克菌丹、农用链霉素、多菌灵、百菌清等药防治。

危害仙客来的虫害主要有蚜虫和螨虫。用氧化乐果乳剂1500倍液喷洒可防治蚜虫，用40%三氯杀螨醇1000～1500倍液可防治螨虫。

西洋杜鹃

（一）概述

西洋杜鹃（*Rhododendron hybridum*），属杜鹃花目杜鹃花科常绿灌木，也称比利时杜鹃、西鹃，株型矮壮，花型、花色变化大，色彩丰富，是杜鹃花中最美的一类，也是世界盆栽花卉生产的主要种类之一。花朵为重瓣，花大，花色丰富，可于寒冬腊月开花，作为我国重要的年宵花供应春节市场。

（二）生长发育对环境条件的要求

西洋杜鹃为常绿灌木，矮小。枝、叶表面疏生柔毛。喜温暖、湿润、空气凉爽、通风和半阴的环境，适宜的温度为15～25℃，超过35℃或低于0℃有死亡的危险。要求土壤酸性、肥沃、疏松、富含有机质、排水良好。夏季忌阳光直射，应遮阳，常喷水，保持一定的空气湿度。

（三）栽培品种

西洋杜鹃的品种非常丰富，单是欧美就约300多个。在开花期可从花朵的颜色和形态来区分，在花前、花后可从观察叶片的形状加以辨别。近年在岭南各地引进的品种有25～30个，上海则有

40～50个，而群众比较欢迎的多数为红花和粉红色花的品种。例如，开红花的‘极光’‘红麟麟’和‘绯色芙蓉’；开白色镶红边，瓣旁有波纹的‘王冠’；以及红瓣白边、瓣缘有皱褶的‘天女之舞’等品种都较为流行。

常见的西洋杜鹃品种主要有‘美国双喜’‘美国西子’‘冠中王’‘荷兰粉皇后’‘天女散花’‘凤冠’‘红双喜’‘白佳人’‘王冠’‘双季桃雪’‘比利时’‘西德’‘荷兰’‘蛤蟆牡丹’‘五宝珠系’‘四海波系’等近百个品种。

（四）繁殖育苗技术

1. 扦插法

扦插法通常在5～6月进行。选择半成熟嫩枝为好，插条长12～15 cm，去掉基部2～3片叶，留下顶端的叶片并剪去一半，插于盛腐叶土或河沙的插床中，扦插的深度为插条的一半，插后压实，保持湿度，40～50 d开始愈合，60～70 d逐渐生根。如插条用0.2%吲哚丁酸溶液浸蘸基部1～2 s，可提高生根率。

2. 压条法

压条法于4～5月进行，用高空压条法。选择2～3年生的成熟枝，在离顶端15～20 cm处用利刀进行环状剥皮，环宽1.5 cm，用塑料薄膜包扎，用苔藓或腐叶土填塞，并保持湿润，4～5个月愈合生根，根系多剪下可直接盆栽。

3. 嫁接法

嫁接法以梅雨季节为好。常用生长势旺的2年生毛杜鹃为砧木，接穗用生长健壮、当年萌发的西洋杜鹃嫩枝为好。以枝接为主，切口长3 cm，取接穗8～10 cm，留顶端2片叶，并剪去一半，削成楔形，长3 cm，插入砧木，绑扎保湿，50 d后愈合，成活率高。

4. 播种法

4月春播。种子细小，播种土需消毒，发芽适温为22～24℃，采用室内盆播，播后不需覆土，只需轻压一下。10～15 d发芽，幼苗生长缓慢，待幼苗具2片真叶时移栽4 cm盆。播种苗需4～5年才能开花。

（五）设施栽培技术

1. 栽培设施

栽培设施为具有遮阴、加温设备的玻璃温室、塑料大棚或日光温室。

2. 栽培基质

栽培基质为用泥炭土、腐叶土、锯末等配制的混合土，只要pH在5.5～7、通透性好，富含腐殖质也可。盆栽土壤用腐叶土、培养土和粗沙的混合土，pH以5～5.5为宜。

3. 环境条件控制

（1）温度　西洋杜鹃喜温暖、湿润和充足的阳光；不耐寒，怕炎热和强光暴晒。西洋杜鹃的生长适温为12～25℃，3～9月为18～25℃，9月至翌年3月为12～18℃。春秋两季，气温凉爽，为西洋杜鹃的生长旺盛期。高温季节，温度超过30℃，则生长缓慢；若长期处于高温环境，则花芽不易形成。温度在15～25℃时花蕾发育较快，30～40 d可开花；15℃以下开花需50 d以上；5～10℃，杜鹃花生长缓慢；温度在0～4℃，西洋杜鹃处于休眠状态。

（2）光照　西洋杜鹃为长日照植物，但它喜半阴，怕强光直射；遇直射光过强，叶子反而失绿，叶边缘呈褐红色。最适光照为30 000 lx，此时生长良好、大量开花；30 000 lx以上或2000～3000 lx或以下对西洋杜鹃的生长均不利；7000～8000 lx杜鹃才能开花。

（3）湿度　西洋杜鹃喜湿润环境，但盆土宜保持稍湿润。西洋杜鹃根系浅，须根细，既怕干又怕涝，切忌积水。因此，盆土时干时湿对根系生长不利；浇水过多，则根易腐烂，导致落叶枯死；盆土缺水，则叶色变黄，心叶卷曲，花瓣变软、打蔫，花朵枯萎凋谢，花期明显缩短。空气湿度以70%～90%为宜。生长发育期要喷水，维持较高的空气湿度对西洋杜鹃的生长和开花均有利。

4. 灌溉浇水

根据天气情况，灵活掌握。水质应偏酸，如用自来水则需在缸中存1～2 d再用。11月后可少浇水；2月下旬浇水增加；3～6月需每日1次，不足时傍晚补水，盆中积水要及时倒水；7～8月要随干随浇，午间还要在地面、叶面喷水；9～10月也要注意浇水。

5. 施肥

施肥要求薄肥勤施。常用肥为草汁水、鱼腥水、菜籽饼。施肥一定要在春秋两季，春季在花开过后，4～5月；秋季在开花前，10～12月。春天施肥，以氮肥为主；秋天要以磷肥为主，如发酵过的牛奶、豆饼、鱼肚肠、水果皮等。

6. 形态调控

幼苗期常摘蕾、摘心，以促株型、侧枝萌发，长大成棵后均以疏剪为主。生长期要进行修剪、整枝和摘心。剪除有损树姿的徒长枝和从根际发出的萌蘖枝；影响通风透光和交叉的过密枝条应适当疏稀；病株和枯枝应随时剪除，以利萌发新枝。

7. 花期管理

西洋杜鹃开花时放在室内通风处，可开花 1 个月之久。西洋杜鹃于 7～8 月孕蕾，秋后入温室，维持 20℃则可半月开花，据此可使其在元旦、春节开花。花后应摘除残花，加以修剪，妥为保养。西洋杜鹃的管理主要是当心夏天，特别是高温天气，一定要放在阴凉通风处，每天浇 1～2 次水，保持花盆不干即可。西洋杜鹃耐寒，春、秋季最好养，冬天 −6～−5℃放在室外也冻不死。温度高低与开花早晚有关，一般天冷了将花移至室内，在窗台或靠窗处，见点光就行，无需搬进搬出，一直可至春天，盆土保持不干不浇，浇必浇透，浇水时叶面也喷点水。

8. 病虫害防治

西洋杜鹃易受褐霉病危害，尤其在高温多湿的梅雨季，必须及早预防，可用等量式波尔多液或 50% 多菌灵可湿性粉剂 1500 倍液喷洒。夏、秋季易受红蜘蛛和军配虫危害。红蜘蛛多发生于夏、秋，危害叶片，使叶片呈灰白色，可用 40% 乐果乳油 1500 倍液喷杀；军配虫常发生于 8～9 月，危害严重时，叶片大量脱落，直接影响树势，发现危害初期用 40% 氧化乐果乳油 1000 倍液喷杀。

天　竺　葵

（一）概述

天竺葵（*Pelargonium hortorum*），别名洋绣球、石腊红、入腊红、日烂红、洋葵，属牻牛儿苗科，包括约 230 种多年生肉质、亚灌木或灌木植物。天竺葵原产于非洲南部，世界各地普遍栽培。天竺葵幼株为肉质草本，老株半木质化。

（二）生长发育对环境条件的要求

天竺葵性喜冬暖夏凉，忌高温，怕寒冷。温度超过 35℃，进入半休眠状态；冬季室内每天保持在 10～15℃，夜间温度在 8℃以上，即能正常开花，但最适温度为 15～20℃。天竺葵喜燥恶湿，冬季浇水不宜过多，要见干见湿。天竺葵生长期需要充足的阳光，光照不足，则茎叶徒长、花梗细软、花序发育不良；弱光下的花蕾往往花开不畅，提前枯萎。天竺葵不喜大肥，肥料过多会使其生长过旺不利开花。

（三）栽培品类

天竺葵的栽培品种类别繁多，主要的栽培品种有以下几种。

马蹄纹天竺葵：株高 30～80 cm。因其叶缘内有明显的浓褐色马蹄纹而得名。花瓣为同一颜色，深红到白色；上部两瓣极短，花瓣狭楔形。本种育出彩叶品种极多。

家天竺葵：又名蝴蝶天竺葵、洋蝴蝶。全株具软毛。叶上无蹄纹，叶缘齿牙尖锐，不整齐。花大，花色有白、淡红、淡紫等色。因其花瓣上有两块红色或紫色的块斑而得名。

盾叶天竺葵：又叫藤本天竺葵、常春藤叶天竺葵。茎半蔓性，植株呈匍匐或攀缘状。叶盾形，稍有光泽。花小，4～8 朵聚生，花有白、粉、红、紫和桃红等色。花期在冬春季。

芳香天竺葵：又名察香天竺葵、圆叶天竺葵。茎细弱蔓性，新枝、新叶常簇生于茎顶部。伞形花序，花小，白色，上两瓣具红紫色斑纹。用手触摸叶片，即发出诱人的香气。

香叶天竺葵：又名摸摸香。半灌木。叶掌状，5～7 深裂，裂片再呈羽状浅裂。花桃红或淡红色，中心有紫红色斑纹，上两瓣较大。花期在夏季。

（四）繁殖育苗技术

1. 播种繁殖

春、秋季均可进行，以春季室内盆播为好。发芽适温为 20～25℃。天竺葵种子不大，播后覆土不宜深，2～5 d 发芽。秋播，第二年夏季能开花。经播种繁殖的实生苗，可选育出优良的中间型品种。

2. 扦插繁殖

除 6～7 月植株处于半休眠状态外，其他时间均可扦插，以春、秋季为好。夏季高温，插条易发黑腐烂。选用插条长 10 cm，以顶端部最好，生长势旺，生根快。剪取插条后，让切口干燥数日，形成薄膜后再插于沙床或膨胀珍珠岩和泥炭的混合基质中，注意勿伤插条茎皮，否则伤口易腐烂。插后放半阴处，保持室温在 13～18℃，插后 14～21 d 生根，根长 3～4 cm 时可盆栽。扦插过程中用 0.01% 吲哚乙酸液浸泡插条基部 2 s，可提高扦插成活率和生根率。一般扦插苗培育 6 个月开花，即 1 月扦插，6 月开花；10 月扦插，翌年 2～3 月开花。

（五）设施栽培技术

1. 栽培设施

栽培设施为具有遮阴、加温设备的玻璃温室、塑料大棚或日光温室。

2. 栽培基质

栽培基质可用腐殖土、泥炭加 1/4 的河沙和少量基肥作培养土，也可用细沙土。可用草炭：珍珠岩：

蛭石为7∶2∶1的比例混合基质，pH为5.5～6.3。

3. 环境条件控制

（1）温度　天竺葵最适宜的温度是10～20℃，春、秋季节是最适宜的，冬天太冷、夏天太热，高于35℃则进入半休眠状态，冬季保持室温在10℃以上，低于3℃易受害，不宜低于0℃。

（2）光照　天竺葵属于长日照花卉，生长和开花与光照的积累有关。光照量越多，则生长量越大，开花越早。栽植后两周内，光照强度应保持为27～32 klx，之后可逐渐增加至38～49 klx。

4. 灌溉浇水

天竺葵忌浇水过多。如果发现天竺葵的根部溃烂，可能是因为浇水过度而天气又比较闷热。浇水的频率控制在2～3 d浇一次水，每次浇水要水量大，保证浇透。

5. 施肥

一次性施肥过多会造成天竺葵脱水，如果施肥过多，如施加的氮肥过多会造成植株疯长，不开花，施肥过多以后勤浇水可以缓解症状。

6. 形态调控

为使植株的冠形丰满紧凑，应从小苗开始进行整形修剪。一般苗高10 cm时摘心，促发新枝。待新枝长出后还要摘心1～2次，直到形成满意的株型。花开于枝顶端，每次开花后都要及时摘花修剪，促发新枝不断、开花不绝，一般在早春、初夏和秋后进行3次修剪。由于它生长迅速，故每年都要修剪整形。一般每年至少对植株修剪3次，第一次在3月，主要是疏枝；第二次在5月，剪除已谢的花朵及过密的枝条；立秋后进行第三次修剪，主要是整形。

一般在伏天过后，天气转凉，天竺葵逐渐恢复长势，休眠植株的新芽已长出。此时正是8月下旬至9月上旬，即应结合换盆对植株进行全面的修剪。根据植株的长势，一般选留靠近基部位置的生长健壮、分布匀称的主枝3～5个，其他过密的、纤弱的、徒长的枝条一并从基部剪掉。然后再把主枝及侧枝进行短截，每个侧枝只留3～5个生长健壮的侧芽，以使整个植株的枝条分布均匀、紧凑，株型丰满矮壮。

花谢后应立即摘去花枝，以免消耗养分，以利于新花枝的发育和开花。一般盆栽3～4年的老株需要重新进行更新。冬春花期，应放在阳光充足处，否则叶片易下垂转黄。雨雪天增加人工辅助光照，开花更为理想。

7. 病虫害防治

灰霉病和真霉病是天竺葵的主要病害，首先要做好预防工作，即保持植株的生长环境通风良好、及时清理干枯的枝叶、室内保持较高的夜温、灌溉时间尽量安排在清晨等。真菌病则可以通过采用粗泥炭基质及不使植株缺水等手段来降低发生的概率。

丽格海棠

（一）总述

丽格海棠（*Begonia*×*hiemalis*）为葫芦目秋海棠科秋海棠属草本植物，分布于热带及亚热带地区，宜作观赏物种。丽格海棠为须根系，株型丰满，单叶互生，呈不对称心形，叶色多翠绿，少有红棕色。花型多样，多为重瓣，花色丰富，有红、橙、黄、白色等，花朵硕大、色彩艳丽，具有独特的姿、色、香；而且花期长，可从12月持续至翌年4月，盛花期为4～6月和9～12月。丽格海棠性喜温暖、湿润、半阴的环境。

（二）生长发育对环境条件的要求

丽格海棠适宜在温润、空气流动好的条件下培育，比较难养，苛求温度、光照、肥料及水分条件。半日照；最佳适温在18～22℃；因茎多汁易折，故浇水时要特别注意；喜欢寒冷、阴凉的环境，夏季尤为难养，因高温多湿环境病死的占了很大一部分。

（三）栽培品种

丽格海棠的花色丰富，有紫红、大红、粉红、黄、橙黄、白、复色等；花瓣有单瓣、重瓣、半重瓣及花瓣具皱边等多种之分。常见的栽培品种有‘柏林’‘巴克斯’‘贝蒂’‘世纪红’‘布莱特兹’‘金帝’等。

（四）繁殖育苗技术

丽格海棠的繁殖方式有播种、扦插、组织培养。播种繁殖的在9月至翌年4月应给予人工光照，栽培期为10～13周，盛花期在第6～8周。扦插是丽格海棠最为广用的繁殖方式，有枝插和叶插两种，大概3周就会生根了，选用有间隙、能让根部呼吸、不易流失水分的基质，可用手抓的方式试一下，易散开、弹性好的为佳，温度保持在20～22℃。

枝插的插穗可以是秋末冬初剪取的新枝条，注意枝条的长短，一般为8～10 cm，将底部切成马蹄状，基质选用消毒之后的蛭石粉或素砂，将枝条的1/3插进基质，慢慢浇透水，避免叶面积水和渍水，以免过涝，盖上塑料膜，放在空气交换频繁的半遮阴处，2～3周后长出根，当最初的白色成黄褐色时，就可以上盆了。

叶插的插穗宜剪取繁茂、丰满、六分成熟的叶子，叶柄底部斜切，大概3周后叶柄下部即会长出须根，不过还要经过大概45d左右才能从叶柄下部发出不定芽，然后慢慢出土。

（五）设施栽培技术

1. 栽培设施

栽培设施为具有遮阴、加温设备的玻璃温室、塑料大棚、日光温室等。

2. 栽培基质

丽格海棠喜欢排水良好的基质，如椰糠、泥炭土、蛭石、珍珠岩、炭化树皮等，建议采用80%高纤维的泥炭土和20%珍珠岩。

3. 环境条件控制

（1）温度　丽格海棠生长的适宜温度为白天21℃、夜间13℃，在15～22℃时生长速度最快。当低于5℃时，会受冻害；低于10℃生长停滞；超过28℃，生长缓慢；超过32℃，生长停滞。夏季当温度超过24℃后，就要注意减少光照强度，以免发生徒长，导致节间及花序伸长、叶片较大、花径及花被数减少，花色也不如在低温下鲜艳。秋、冬季夜间温度若维持在18～20℃，则可达到最大的营养生长量。采用日温低于夜温的逆温差处理，有助于控制植株徒长，提高成品的质量。

（2）光照　丽格海棠生长的适宜光照强度为5～15 klx，尽量不要超过25 klx，光照强时应适当降低温度。在上盆定植后的最初2～3周应注意遮阳，待恢复正常生长后，逐步使植株得到充分的光照。苗期要求光照较低，需要适当遮阳，5～10 klx即可。夏季需要70%以上的遮光。10月下旬温度下降后可以适当增加光照；到11月下旬开始在短日照条件下（或短日照处理后），应尽量让其有充足的光照，光照强度可达25 klx。

（3）湿度　丽格海棠前期的生长需要较高的空气相对湿度，相对湿度应控制在80%～85%，可经常向地面洒水以提高空气湿度；当形成花蕾后，要注意降低相对湿度，以维持在55%～65%为宜。

4. 灌溉浇水

丽格海棠具有肉质根茎，根系纤细，地上部分的枝叶脆嫩富含水分，水分供应不足，会影响植株生长，过湿时容易引起茎根腐烂。浇水应遵循见干见湿的原则，浇水时特别注意不要直接浇到叶上或花上，以免引起叶霉病。

5. 施肥

一般在定植时施以缓效肥为基肥，追肥用速效肥，灌溉时混入水中，也可将液肥喷在叶面，但在花蕾出现后尽量不使用叶面追肥的方式，以保证叶面鲜绿。定植初期（2～3周）少施肥或不施肥，以后至花芽分化前的营养生长阶段可用15-5-15或20-10-20的复合肥，每周施1次肥，溶液的pH为5.5～6.0；花芽分化至花期，应注意磷、钾肥的施用，使用完全肥料（20-20-20），每周施1～2次。同时也可选用丽格海棠专用肥。

6. 形态调控

为了侧枝的萌发及更好的塑型，需要经历摘心处理，一般在生长期进行。另外，要马上去掉多余的花蕾，减少养分消耗，以保证其他花朵盛开所需的养分。

7. 花期调控

大部分丽格海棠品种是短日照植物，人工控制光照是调节和控制花期的主要方法之一。当日照时间超过14 h时进行营养生长，光照时间少于14 h时，3周以上可完成花芽分化，6周左右即可开花。可按照目标花期进行倒推，制订从育苗、定植、营养生长、光照调节延迟或提前花芽分化等进程，以达到人工控制花期的目的。

促花的具体做法：一般在目标花期前14周开始进行短日照处理，开始2周光照9 h、黑暗15 h；再2周光照10 h、黑暗14 h，此时花芽已开始分化；然后2周光照11 h、黑暗13 h，花芽分化完成，经6～8周培养即可开花上市。对某些光照不敏感的品种，可采用调节温度、肥料类型、摘心等方法调节花期。

8. 病虫害防治

主要的病害有白粉病和灰霉病，应控制空气的相对湿度在70%～80%，并保持叶片干燥，发病后可喷65%敌克松600～800倍液防治。主要的虫害是甜菜叶螟和斑衣蜡蝉等，可喷杀螟松乳油1000倍液防治。

观叶植物的设施栽培

室内观叶植物一般是指以植物叶片为主要观赏对象，并且能够在室内弱光环境下存活和生长的一大类植物。室内观叶植物除具有美化家居的观赏功能之外，还可以起到净化室内空气的作用，能营造一个良好的生活环境。室内观叶植物几乎能周年观赏，深受人们的喜爱，在家庭、宾馆、大厦、办公室和餐厅等公共场所都有摆放。品种选择室内观叶植物的种类多，差异也很大，同时室内不同位置的生长环境也存在很大的差异。所以室内摆放植物，必须根据具体位置、具体条件选择适合的品种，满足该植物的生态要求，使植物能正常生长，充分显示其固有的特征，达到最佳观赏效果。

（一）室内观叶植物的种类

在世界范围内大约有超过100属1000种，以及不同起源、不同形态的植物被作为观叶植物栽培应用。大部分观叶植物原产于热带、亚热带地区，因此多数观叶植物喜好高温高湿的生长环境，中光性，具有很好的弱光适应性，不耐低温，仅有少数起源于温带。

我国栽培的观叶植物主要集中在天南星科、棕榈科、龙舌兰科、百合科、桑科、五加科6科42属中，其中天南星科植物是最主要的观叶植物。目前我国最为广泛栽培应用的观叶植物主要有广东万年青（*Aglaonema modestum*）、花叶万年青（*Dieffenbachia picta*）、喜林芋（*Philodendron imbe*）、花烛（*Anthurium andraeanum*）、白掌（*Spathiphyllum korina*）、海芋（*Alocasia macrorrhizos*）、合果芋（*Syngonium podophylum*）、竹芋、麒麟叶、金钱树、平安树、发财树、龙血树、榕树、鹅掌柴、食虫植物及蕨类等。

（二）设施栽培技术

1. 栽培设施

一般具有遮阴、加温设备的温室、塑料大棚、日光温室均可进行室内观叶植物的生产。

2. 栽培基质

观叶植物在栽培时要求有类似原产地的生长环境。选择栽培基质时，不仅应考虑其固有的养分含量，而且要考虑它保持和供给植物养分的能力。多数商业化生产栽培基质以容重轻的无土栽培基质为主，适宜容重在0.15～0.75 g/cm^3。基质中有机成分的含量可以为50%～100%，其中草炭、树皮、椰糠、菇渣等都是良好的基质有机组分，而无机组分主要是珍珠岩和蛭石，可按不同比例混配以调节通气性和保水性。当前应用最为广泛的是草炭：珍珠岩：蛭石按6：2：2的体积比组成的混合基质。多数观叶植物要求栽培基质的pH在5.5～6.5，少数植物如竹芋和多数蕨类则要求pH在5.0～6.0。基质的EC应控制在3.0 mS/cm以下。

3. 环境条件控制

大多数观叶植物原产于高温高湿的热带或亚热带雨林地区，需要光照较少，喜高湿，在强烈的阳光下易出现日灼、叶尖枯黄、脱水凋萎等现象。在设施栽培种中应注意遮阴，特别是在夏季阳光强烈的季节，应避免阳光直射。多数观叶植物不耐低温，适宜的生长温度为20～30℃，低于10℃则生长不良，低于5℃则会出现生长停滞，造成落叶等现象。

4. 水肥管理

多数观叶植物的生长需要高湿，保持充足的水分对生长十分重要。要保证观叶植物的健壮生长，应一直保持叶片胀度。决定灌溉量与灌溉频率的因素主要有植物种类、生长季节、植株大小、容器大小和基质的保水性能等。春、夏季节植物生长较快，温度高，蒸腾量大，需每天浇水；而冬季温度低，植株生长缓慢，灌溉次数可减少至1周1次。

观叶植物对肥料的要求最重要的是氮肥，$N : P_2O_5 : K_2O = 3 : 1 : 2$左右最适于观叶植物生长。控释肥和水溶肥都可用于观叶植物生产，如基质中含有有机质肥料和含氮量较高的有机质时，应适当调整肥料的比例和施用量。

5. 病虫害防治

观叶植物生产时一般需要维持相对高温高湿的栽培环境，这种环境也适合各种病菌繁衍。观叶植物生产时，各种细菌性软腐病、细菌性叶枯病、疫病、根腐病、枯萎病、白粉病、炭疽病、叶斑病、锈病及病毒病等普遍发生。观叶植物主要的虫害有蚜虫、粉蚧、蚧壳虫和蓟马，寄生性螨虫和线虫也常发生。

室内观叶植物的病虫害防治须贯彻“以防为主，防重于治”的原则。严格检疫制度，杜绝病虫害的来源，使病虫害的发生降低至最低的可能性。

病虫害的防治必须采用综合的技术措施。除了注意把握上述提及的原则和方法外，还要特别注意栽培技术与日常管理，努力改善栽培环境条件。保持适当的温湿度，注意通风、遮阴及正常的水肥管理等，使植株健壮生长，提高抵抗病虫害的能力；改善环境条件，随时注意环境卫生，加强通风透光，及时清除病虫枝叶及枯枝落叶等，使其不利于病虫害的生存与发展。至于药剂防治，对于室内观叶植物来讲，只能作为辅助措施。因为即使它比较简单易行，并且能在较短的时间内抑制和杀死病虫、消除病虫威胁，但药剂使用不当容易出现药害，病虫也容易产生抗性，同时会带来环境污染。尤其是摆放在室内时，更需谨慎，应尽量选用无毒和低毒农药。如果使用有毒药剂防治，需将病株移至室外一定区域，喷施后经数小时方可移回原位。

第八章 设施果树栽培

第一节 概　　论

设施果树栽培是指利用温室、塑料大棚或其他设施，通过改变或控制果树生长发育的环境因子（包括光照、温度、湿度、CO_2、O_2、土壤等），对果树生产进行调控以达到某种生产目标的果树栽培方式。与露地栽培相对应的是，设施果树栽培通过人工调控果树的生态环境，避免自然灾害，打破果树生产的地域限制，调控果实成熟期，实现周年供应，增加经济效益。设施果树栽培是高新技术发展的产物，具有高投入、高产出的特点，是当今世界果树生产集约化发展的新趋势。

一、设施果树栽培的历史与现状

设施果树栽培历史久远，17世纪的法国已有柑橘的温室栽培，300多年前西欧就开始进行葡萄保护地栽培；至19世纪末20世纪初，比利时、荷兰等盛行利用玻璃温室栽培葡萄。第二次世界大战后，国外的设施果树产业发展迅速，日本、美国、意大利、荷兰、比利时、加拿大等是设施果树产业的发达国家。其中，日本是世界上设施果树栽培面积最大、技术最先进的国家，其设施果树栽培面积除草莓外已有9000 hm^2。目前，世界各国进行设施栽培的果树多达几十种，以草莓的设施栽培面积最大，葡萄次之。桃、李、杏等核果类果树发展迅速，成为主栽品种。除此之外，用于设施栽培的果树还有苹果、梨、无花果、枇杷、樱桃和香蕉等。

设施果树栽培的技术与应用研究涉及品种适应性与选育、设施功能与环境控制、生态模拟与驯化栽培、果品周年供应与绿色生产、生理生物学基础与靶体调控等方面。在环境调节与控制方面，已达计算机智能整体控制和专家系统相结合的先进水平，设施果树栽培已经呈现人工气候室的显著特征。

二、设施果树栽培的类型和方式

1．设施果树栽培的主要设施类型

设施果树栽培的结构多种多样，按覆盖形式可分为浮面覆盖、避雨棚、塑料大棚、日光温室和玻璃温室，按自动化控制程度又可分为简易设施和高级设施两大类。在设施栽培中，华南地区、华东地区可选择塑料大棚、塑料小拱棚及荫棚等避雨栽培设施，冬季寒冷的西北、华北和东北地区可选择可加温的塑料大棚和日光温室。

（1）简易设施　　浮面覆盖是简易设施栽培的方式之一，通常以通气、透光、轻巧的材料直接覆盖在植株上，达到防寒、防霜、防风、防鸟的目的。覆盖材料有以聚乙烯醇、聚乙烯纤维、聚丙烯、聚酯为材料的不织布，还有维尼纶寒冷纱、聚酯寒冷纱、孔网等。目前，国外应用较多的是不织布，它是继塑料薄膜之后的一种新型覆盖材料，具有节能保温、防霜防冻、防雨防旱的作用。因此，利用不织布进行覆盖栽培，可提高果实品质、增加产量，并减少病虫害的发生。

防雨棚指的是在果树的上部搭设天棚，起到避雨、降温、防病的作用，以改善品质、增加产量、防止水土和养分流失为目的的一种简易设施。在华中、华南地区如福建，葡萄避雨和金柑的设施栽培应用较多。

（2）高级设施　　高级设施如薄膜大棚、塑料日光温室和玻璃日光温室等，它们是设施果树栽培的主要形式，成本较高。设施可分为加温和不加温两种类型。东北、西北、华北及华东冬季寒冷地区需设置加温装置。为减少夜间热量的损失，提高促成效果，大棚和温室的薄膜或玻璃上常需要覆盖保温材料。传统的做法是用3～5 cm厚的草苫覆盖，但浪费劳动力。目前，许多地方借鉴国外的经验，利用带反光膜的保温被，可实现自动卷帘，其保温效果好，且省力、省工。双层膜覆盖也大大降低了整个系统的热传导系数，提高了热效率，特别是外层膜的内表面，有水滴凝结时，水滴可调节棚内气温，减小温度波动。近年来，一些新型复合材料不断问世，不仅保温效果好，使用也更为方便。

2. 设施果树栽培的方式

（1）促成栽培　果树的促成栽培，是以提早成熟、提前上市为目的的栽培模式，是我国设施果树栽培的主流，保证了早春、初夏果品淡季鲜果的供应。通过促成栽培，葡萄、桃、杏、樱桃、李等均可提早1～2个月上市。此外，浙江温岭地区大棚设施翠冠梨栽培的果实成熟期可比露地提早近1个月，但从大棚果实下市到露地果实上市存在20 d的空档期，从中熟沙梨品种中筛选出几个优良品种通过设施栽培可填补该空档期，该期最宜选用的沙梨品种有‘秋荣’‘幸水’‘雪青’‘圆黄’等。果树的促成栽培模式，一般是在果树满足了需冷量之后再采用大棚、温室等设施进行升温，促其早开花、早结果。为了提早使果树满足低温需冷量的要求，可采用反保温措施。例如，葡萄推迟到11月中旬，桃、油桃推迟到10月底至12月初扣棚。也有部分果树可在落叶前提早把它们移植到冷库中，待满足果树对低温的要求后升温，可使果实成熟期更加提前。

（2）延迟栽培　果树的延迟栽培，是指以延长成熟期、延迟采收、提高果实品质为目的的栽培模式。延迟栽培既能生产出高品质果品，又可省去或降低鲜果的贮藏费用，实际上起到延长鲜果货架期和降低贮藏成本的作用，并获得较高的市场差价。在意大利，大量葡萄园在秋季实行薄膜覆盖，使葡萄延迟到圣诞节采收。极晚熟桃盆栽的延迟成熟可于春季设冰墙降温延迟开花期，使果实生长后期采取扣棚保温等措施，使果实成熟期延迟30～40 d。在辽宁省利用葡萄的二次结果习性进行延后成熟栽培，同时利用当时的棚内低温延迟采收，延迟效果在60 d以上。

（3）避雨栽培　避雨栽培具有避雨、防病、防止水土流失等作用，可以减少裂果、降低病害的发生程度，消除雨水对果树外力的冲击，尤其是花期避免雨水冲刷、减少落花、提高坐果率，最重要的是，棚内环境条件容易控制，又可适当提早果实成熟。避雨大棚栽培在南方多雨地区是主要的栽培方式，在葡萄栽培上的应用更为广泛。

三、设施果树栽培的技术特点

1. 设施果树品种的选择

设施果树品种选择的正确与否直接关系到栽培的成败，因而品种在设施栽培中尤为重要。一般选择下列类型的品种：一是选择花芽形成快、促花容易、自花结实率高、易丰产的品种；二是选择以鲜食为主、个大、色艳、酸甜适口、商品性强、质量好的品种；三是选择适应性强，尤其是对温湿环境条件适应范围宽，耐弱光且抗病性强的品种；四是选择树体紧凑、矮化、易花早果的品种。

2. 设施果树的低温需冷量和破眠技术

低温需冷量是决定扣棚时间的首要依据。只有当果树满足其需冷量，且通过自然休眠后，扣棚才能使果树在设施条件下正常生长发育。

通常认为果树完成自然休眠的最有效温度是0～7℃的低温累积小时数（称为需冷量），而10℃以上或0℃以下的温度对低温需求的累积基本无效。例如，桃的需冷量为800～1200 h，杏的需冷量为500～900 h，李的需冷量为700～1000 h，葡萄的需冷量为1000～1500 h。

栽培过程中，常采用人工低温集中处理法，即当秋、冬季节平均温度低于10℃时（一般为7～8℃）开始扣棚保温，大棚除覆薄膜外还要加盖草帘或草苫。草苫的揭放与正常的保护相反，夜晚揭开草苫，开启棚内的风口做低温处理，白天盖上草苫并关闭风口，保持夜晚低温。大多数落叶果树按此种方法集中处理20～30 d便可顺利通过自然休眠，以后进行保护栽培即可。目前采用人工方法代替低温随时打破休眠的技术，在葡萄生产上用石灰氮打破休眠，经石灰氮处理的，可比未处理的提前发芽，且发芽整齐。

3. 果树设施的环境调控技术

设施果树栽培为植株生长创造了特殊的可控小区环境，而不是对露天自然条件的简单模仿和移植。不同地域、不同树种、不同品种的最适宜环境模型不相同，因此应根据当地的条件区别对待、灵活调控。影响果树设施环境的因素主要是光照、温度、湿度和CO_2。

（1）光的调控　针对果树设施内光照强度弱、光谱质量差、光照时间短的特点，在光照因子调控上的具体措施有以下几个。

1）选择透光率高的覆盖材料：常用的有普通、无滴、复合功能棚模等，可根据经济状况选用。

2）棚室结构要合理：大棚每高出1 m，下部减少光强约10%。因此，在保证便于调控、坚固耐用、抗性较强的基础上，适当降低棚体高度，以增加果树下部的光照，尽量减少支柱、立架、墙体等附属物的遮光挡阴。

3）铺设反光地膜：在棚内的地面或墙体挂竖镀

铝膜，利用反射光增强光照。

4）人工补光：常用光源有荧光灯（4～100 W）、水银灯（350 W）等。

5）选择适宜的树体结构，选用耐弱光的品种。

6）加强对树体的综合管理。

（2）温度的调控　大棚温度（包括气温和土温）应根据果树不同生长发育阶段对温度要求的不同而灵活调节，调节手段主要有保温、加温、通风、遮阴等。当白天温度过高时，应放风降温；当遭遇低温时，应及时采取覆盖保温材料或烧煤、燃油、电热、沼气燃烧、熏烟等方式进行加热。棚内升温初期一定要逐渐进行，切忌升温过快。设施果树对温度的敏感期主要是萌芽开花期和果实发育膨大期，在这两个生长阶段前后要控制好棚内的温度。提高土温可促进早萌发，提高萌发整齐度，但土温比气温上升慢。因此，扣棚前15～30 d覆盖地膜，且铺地膜前全园灌水，可利于提高土温、气温，使根系提早活动。

（3）湿度的调控　设施内的湿度（包括大气湿度和土壤湿度）通常比露地高，相对湿度为80%～100%，易造成植株的霉菌感染。开花期花粉黏滞，生活力低，不利于授粉。有研究表明，调节棚内湿度可达到葡萄增产的目的。湿度调节主要靠覆盖地膜、通风换气和严格控制灌水，可采取地膜下浇水或适当喷雾。空气湿度的调节主要通过地面浇灌和空间喷雾来调节，土壤湿度的调节主要采用控制浇水次数和每次浇水量来实现。对于设施果树栽培，不同发育时期的果树对空气相对湿度的要求不同，开花坐果期要求相对湿度较低，一般为50%～60%，其他时期应在80%以下。

（4）CO_2的调控　CO_2的多少直接影响光合产物的生成。研究表明，园艺作物中物质产量的90%是靠光合作用形成的。一定范围内，植物光合作用的产物量与CO_2的浓度呈正相关。设施内的CO_2与自然条件下相比表现为严重亏缺，光合作用最强时，CO_2浓度也下降到最低，只相当于自然条件下CO_2浓度的20%。由于大棚经常密封，CO_2得不到补充，使原本因光照不足而导致的果树的光合能力进一步下降。因此，适当补充CO_2可提高设施果树的光能利用率，增加产量。研究表明，弱光条件下，当棚内CO_2浓度达到室外的3倍时，光合强度可以提高到原来的2倍。增加CO_2的方法有以下几种。

1）增施有机肥。

2）通风换气，增加CO_2。

3）施用现成的CO_2气体肥料或CO_2肥料制剂：增施CO_2气体肥要视树种、生长发育期不同而异，一般在花芽分化期和果实膨大期施用效果最佳。日照强度和温度较高时增施CO_2气肥的效果也较好，同时要注意CO_2的浓度不宜太高。

四、设施果树栽培存在的问题与发展趋势

1. 我国设施果树栽培存在的问题及应对措施

尽管我国的设施果树栽培在近几年得到了迅速发展，但在栽培及相关配套技术、品种的引种选育、设施结构及设施材料等方面还很不成熟。

中国设施栽培的品种主要是从现有生产品种中筛选出来的，盲目性大，对设施栽培的适应性较少，有些甚至不适合设施生产。低温需求量是限制扣棚保温时期，从而限制成熟上市的重要方面，但一些树种、品种具体完成休眠的需冷量和提早升温之间的矛盾尚未解决。各树种设施栽培的最佳树形及更新修剪技术有待进一步提高。由于大棚内的空间有限，光照低，但果树往往旺长，造成光照恶化和花芽难成，所以应设法利用矮化紧凑型品种或矮性砧木，控旺促花，改善群体光照状况。

设施果树栽培是高度集约化和规范化的，任何一个栽培技术环节出现问题都会导致栽培失败。目前，许多地方的设施果树栽培成功与失败并存，个别地方的失败率较高，特别在甜樱桃、杏、李等树种上问题较多。在详细摸清设施条件下果树各树种、品种生长发育模式的基础上，尽快提出适合不同树种品种、栽培模式、区域保护栽培的较为规范的技术模型。观察设施条件下果树生长发育的物候规律，研究设施条件下果树的生理生化变化规律，探讨设施果树的营养运转分配规律、光合作用规律、生长发育与产量品质的关系、内源激素的动态规律、生长调节剂的应用、花芽分化、果树需肥规律等问题，探索出一条较为完善可行的设施果树树体综合管理模式，如反保温与休眠解除技术、花前温湿度调控、生长季环境条件控制、花果管理（授粉问题、提高坐果率问题）、新梢生长与花芽分化的调控、土肥水管理制度、采后管理（越夏更新问题）等。其中，越夏更新问题是影响设施生产较为重要的问题，主要是养根、壮树、壮枝，解决持续性生产问题。

良好的栽培设施是果树设施生产的重要基础条件。合理的大棚、温室结构，健全的设备设施是提高果树产量、品质的前提条件。但目前多数地区的棚室结构基本上仍沿用蔬菜生产用塑料大棚和简易日光温室结构，光照利用率低，温度、湿度调控设施不完善，在采光、保温等方面根本达不到果树的要求，使设施果树栽培的发展受到一定程度的限制。

设施简陋一方面增加了劳动量，另一方面也降低了抵御不良气候的能力。温室结构不够合理，性能较差，主要表现为：温室朝向不合理、前后屋面角小、墙体及后坡厚度不够、前屋面弧度不合理、外保温层厚度不够、通风口设置不当等。由此，导致了温室采光不良，以及升温、保温、蓄热、降温效果不良，温室强度不够，操作不便等。

2. 我国设施果树栽培的发展前景

设施果树栽培是现代农业生产的特征，是果树生产发展的必然。高效节能简易日光温室、冷棚将继续作为主要的设施类型，设施结构日趋合理；以高产、优质、高效为目标，结合物联网技术，比如运用物联网智慧果园智能监控系统管理设施，将进一步改进和提高栽培管理技术；发挥区域生态优势，采用最佳生产模式，开发并占领属于自己的消费市场；开展规模型基地建设，拓宽生产经营渠道，开拓国内外市场，满足多层次的消费需求，实现由设施果树生产大国向生产强国的转变。

第二节　设施葡萄栽培

一、概述

葡萄是葡萄科（Vitaceae）葡萄属（*Vitis*）木质藤本果树，是我国的大宗水果之一，国内各地都有栽培。

我国是设施葡萄栽培大国，是世界上栽培面积最大、分布范围最广、设施种类和设施栽培品种最多的国家。全国各省份均有设施葡萄的栽植，栽培面积超过 60 000 hm^2，约占全国葡萄栽培面积的 13%。

设施葡萄当年定植，当年形成花芽，第二年即可获得较高的产量，通过控制设施内的环境因子，控制果实成熟期，可延长市场供应。在南方，温度高、湿度大，葡萄极易感染病害，通过设施栽培，能够遮蔽雨水，又能适当降低地下水位，可有效控制病害，扩大品种的种植范围。例如，福建福安等地区从山东引进‘红宝石无核葡萄’品种，采用避雨栽培，表现出早投产、丰产、品质优的特性。

二、葡萄的设施栽培类型

葡萄的设施栽培模式有促成栽培和避雨栽培两大类型。促成栽培又分为加温栽培和不加温的保温栽培，采用加温的促成栽培又称超早型栽培。避雨栽培从设施结构方面划分，可分为简易避雨和大棚避雨两种。简易避雨一般泛指竹木结构搭建的小型避雨栽培，又称单行小棚避雨，常规的是各种结构的单栋或多栋连栋大棚。

1. 促成栽培

促成栽培是指大棚采用加温或保温措施，使葡萄早发芽、早开花、早成熟，从而达到成熟期提早的目的。这种栽培模式改变了葡萄生育期的进程，使年生长期内的各个物候期提早，因此又称反季节栽培模式。在我国南方，大多以塑料薄膜大棚栽培葡萄，即促成栽培葡萄，由于方法简单、投资少、管理容易，因而被广泛采纳。

促成栽培采用日光型节能温室或塑料大棚。根据大棚内温度热量的来源，又分为加温栽培与保温栽培。

（1）加温栽培　加温栽培是一种在冬、春严寒季节，在大棚内实行人工加温，以促进早熟为目标的栽培方式。利用早熟品种在日光型节能温室中实行加温栽培，其目的是使早熟品种的成熟期提前。在我国北方，开始加温的时间为 12 月下旬到次年 1 月上旬，在南方可适当推迟到葡萄发芽后进行，一般在 2 月初到 2 月上中旬。在闽北地区，通常在 2 月中旬覆膜闭棚，并在地面上加盖地膜，使棚温逐渐提高，将白天的棚温控制在 18～25℃，夜间保持在 5～15℃，以确保萌芽整齐。

（2）保温栽培　保温栽培一般是指塑料大棚利用白天的太阳辐射加温，夜间覆盖草帘等保温材料进行保温。这种不加温的栽培方式，效果不如加温栽培，但是不需要燃料，造价及生产成本较低。

在南方，保温栽培通常在 1 月底到 2 月上旬覆膜。为提高催芽期的棚温，棚内再覆盖地膜或再在葡萄架上覆盖第二层塑料薄膜。由于南方春天气温回升较慢，沿海地区又多阴天，因此葡萄的发芽期并不是催得越早越好。

2. 避雨栽培

避雨栽培是设施栽培的一种特殊形式，是我国长江以南地区特有的一种生产模式。在我国南方各省春、夏多雨，栽培欧亚种葡萄，病虫危害严重，产量低甚至无收。因此，在南方地区栽培欧亚种葡萄，为了避免不利气候的因素，必须采用避雨栽培的方式。

（1）简易避雨　简易避雨是指利用葡萄原有行间的架材料，增设覆膜设施，从而防止雨水淋落到葡萄枝叶、果穗上，以达到避雨栽培的目的。这种避雨方式投资少、成本低，易于在生产上推广应用。但由于避雨设施没有大棚的结构完整、牢固，因此避雨作用也不完全。当遇到台风、暴雨或雨水特多的年份时，其生产效益会受到影响，因此在夏季多台风的东南沿海地区不适宜采用简易避雨的方式。

（2）大棚避雨　大棚避雨是指利用镀锌管大棚或连栋钢管大棚，在葡萄发芽后覆盖顶膜，防止下雨淋水，且不改变葡萄的生育期。根据结构及材料的不同，生产上使用的避雨棚类型有钢架结构棚、粉煤灰支架棚、单行棚 3 种。避雨栽培架式一般有双十字“V”形架式和高宽垂架式，前者适用于生长势中等的品种，后者适用于生长势强的品种。在福建福安等葡萄产地，通过大棚避雨栽培技术能够有效解决巨峰葡萄栽培过程中的圆粒、裂果、病虫害问题（图 8-1）。

图 8-1　福建福安的葡萄避雨栽培

图左白色虚线框内为未进行避雨栽培的葡萄

三、设施葡萄的品种

南方的气候高温、高湿，尽管采用设施种植葡萄，但仍然受到大气候环境的影响，所以在品种选择上仍然要以欧美杂交种为主；由于南方的光照相比北方偏弱，昼夜温差较小，所以在果皮颜色上宜多选择绿色和黑色品种；大城市周边的产区应以早、中熟品种为主，边远山区以晚熟品种为主，因为晚熟葡萄一般比较耐贮运。早熟、适宜促成栽培的品种有‘无核早红’‘喜乐’‘奥古斯特’‘京亚’‘京玉’‘粉红亚都蜜’等；中熟品种有‘巨峰’‘京优’‘先锋’‘藤稔’‘无核白鸡心’‘里扎马特’等；晚熟品种有‘晚红’‘牛奶’‘秋红’‘秋黑’‘夏黑’等。

四、葡萄苗木繁育

葡萄繁育可采用播种、扦插、组织培养、压条和嫁接等方法。由于大棚内的环境因子受人为控制，设施葡萄的育苗条件比露地栽培优越，因此适用于露地栽培中的育苗方法均能用于设施育苗。

（一）扦插育苗

扦插育苗是葡萄育苗中的常规育苗手段，包括硬枝扦插和嫩枝扦插，生产上常采用硬枝扦插。

1. 苗床准备

苗床准备工作始于冬季大棚覆膜前。入冬前先施入一定量的有机肥，并结合施肥深翻土地。土壤耙细后做高畦，浇水后 3～5 d 先覆地膜，后大棚覆膜保温。苗床宽度一般为 1～1.5 m，以便于操作。

2. 插条准备

硬枝扦插条应于萌芽前选用一年生充分成熟和芽眼饱满的枝条，枝条粗壮、节间短、无病虫害、表皮有光泽。采集的插条，应尽快贮藏，防止长时间风干或日晒，为贮藏方便并减少品种混乱，一般是结合冬季修剪，把各品种修剪下的一年生长枝，剪成 6～10 节，每 50～100 根枝条扎成一捆，砂藏或土藏。扦插前，将选好的枝条按 15 cm 的长度剪截，每枝留 2～3 个芽，上端距芽 1 cm 平剪，下端在节下 0.5 cm 处斜剪成楔形。

扦插前进行清水浸泡或药剂催根。清水浸泡时间为 12～24 h，沥干后用以下两种方法处理。

1）用低浓度生长素（IBA 或 NAA）浸泡插条基部 8～12 h，促进愈伤组织的形成；IBA 的使用溶度是 20～30 μL/L；NAA 的使用溶度为 50～150 μL/L。

2）用生根粉在插条基部浸泡 4～8 h，能提高插条的成活率 20% 左右。

3. 扦插时间与方法

当土壤 20 cm 处的土温稳定在 10℃以上时即可开始扦插，此时正好与大棚葡萄的发芽期相吻合。扦插密度一般按行距 40～50 cm，株距 13～15 cm，每 667m^2 土地扦插 10 000 根左右。扦插时先用稍细于葡萄插条的树枝把地膜穿破，深至 5～6 cm，再在洞眼中扦入插条，避免膜片粘在插条底部，影响生根。

4. 扦插后的管理

插苗出叶片后，遇高温干旱要及时浇水，最好采用淋浇的方法，以保证插孔内进水，但地面湿度不宜过大。幼苗长出4叶以后，叶面喷布0.1%尿素或0.2%磷酸二氢钾，一般情况下不进行土壤追肥。

（二）嫁接育苗

嫁接繁殖是葡萄生产中必不可少的技术措施。生产实践证明，葡萄栽培品种自根苗（扦插、压条）的局限性明显。如当年生长量小，栽后第二年花序少，产量低，抗病性、抗虫性、抗寒、耐涝、抗旱等方面不适应，而葡萄嫁接苗能避免自根苗的这些缺点。

1. 葡萄嫁接育苗的作用

（1）能保持原品种的特征特性　嫁接繁殖所采用的砧木和接穗的枝芽，都是原品种的营养器官，嫁接成活仅仅是砧穗接口体细胞双方形成层产生愈伤组织，接穗与砧木的细胞或组织没有改变各自的基因，从而能长久保持原有品种的特有性状。

（2）能提高葡萄植株的抗逆性　采用具有不同抗性（抗病害、抗虫害、抗寒、抗涝、抗旱、耐盐碱等）的葡萄砧木进行嫁接栽培，可以避免根系的某些病虫危害，尤其是毁灭性的根瘤蚜及线虫的威胁；提高根系抗冻害、抗干旱、抗水湿等能力，增强根系对盐碱、石灰质土壤的适应性；使原本自然气候条件不良、葡萄生长发育困难的地区，能通过抗性砧木的诱导使葡萄发育正常，从而提高土地的利用率，扩大葡萄的种植区域。

（3）能抑制或促进葡萄植株的生长　通过科学选配葡萄穗/砧的优良组合，控制生长势过强或促进生长势太弱的接穗品种达到均衡生长，从而达到早结果、优质、丰产的目的。

（4）能快速实现品种的更新换代、老园更新　随着科技发展及对外合作交流，国内外的葡萄新品种层出不穷，采取枝、芽嫁接的方法可在短期内繁育出大量的优质苗木，提高新品种的繁殖系数，满足市场需求；同时通过枝、芽嫁接能有效地对老品种园进行高接换头以去劣换优，达到在短期内更新品种的目的。

2. 嫁接方法

（1）绿枝嫁接　葡萄的绿枝嫁接育苗是指采用砧木和接穗的当年半木质化新梢作嫁接材料，进行夏季人工田间嫁接繁殖苗木的方法。该嫁接方法不必应用复杂的设备与设施，但嫁接时间集中、受季节约束、标准化程度低、劳动强度高、生产效率较低。

接穗选择半木质化的新梢，采用劈接法。将接穗于芽上1.5～2 cm处平剪，芽下留4 cm剪断。然后在芽下1～1.5 cm处下刀，沿芽两侧各削一刀，所削切面长3～4 cm，芽下留面厚于内侧留面，下端厚1 mm左右。削好接穗后在砧木的节间垂直劈一个切口，将接穗尽快插入砧木劈口中，与砧木的形成层对齐。用塑料条从砧木劈口下端至少1 cm处，自下而上包严，露出接穗芽眼，将接穗顶端也包严，扎紧，忌漏气。嫁接后做好接芽保湿工作，可用普通地膜，切成14 cm宽的长条包扎。先将砧木劈口处包严扎紧，然后将接穗用一层薄膜全部包起，回缠到劈口处扎紧。接穗芽眼萌发抽条时，会自行突出。在包扎过程中，注意捏紧劈口两侧，防止包扎时碰动接穗，造成形成层没有对齐。嫁接过程中，应将砧木上的芽眼抹掉。

绿枝嫁接是我国当前繁殖葡萄苗木最主要的方法，接穗来源丰富，可利用新梢和副梢绿枝芽与砧木配套繁殖，为新品种推广做出了突出的贡献。

（2）硬枝嫁接　葡萄的硬枝嫁接是指采用砧木和品种接穗的一年生成熟枝条作嫁接材料，可在冬季室内进行机械嫁接或人工刀具嫁接的一种育苗方法。它具有嫁接时间长、受季节约束小、标准化程度高、劳动强度低、生产效率高的特点。目前，国外广泛采用机器硬枝嫁接育苗，我国也在引进与同化。

接穗选用1年生粗壮、充实、成熟的枝条。可采用劈接或腹接法。

1）劈接法：方法与绿枝嫁接相同。若砧木过粗，可插入两根接穗。

2）腹接法：先削1个大切面，长3～4 cm，再在切面的背面切1个小切面，长1.5～2 cm，并且削切面时最好使所切切面的一侧比另一侧稍厚。削好接穗后，在砧木上斜着剪1个长3～5 cm的剪口，深度约为砧木粗度的2/3，将接穗插入，并且让接穗切面较厚的一侧与砧木的形成层对齐，然后用塑料条自下而上绑严。最后，在嫁接的接穗上面封土5～10 cm保湿。

3. 嫁接后的管理

（1）土壤管理　育苗地通常选择土壤肥沃的土地，最好轮作不重茬。葡萄育苗往往采取地膜覆盖的方法，发挥增温保湿的作用，地膜种类的首选是黑色防草地膜。要保持苗垄（畦）上常年不长草，土壤通气好，随时将生长在地膜外的杂草清除。非地膜覆盖育苗，应及时除草并疏松表土。

（2）施肥　葡萄育苗施肥应以土壤有机肥为主，辅助性地施叶面肥。

地膜覆盖育苗在生长后期很难土壤追肥，为防止苗木生长后期脱肥，应特别重视早春土壤有机肥的施入。育苗地有机肥的数量和肥料的种类根据土壤的肥力情况而定，如厩肥每 667.7 m^2 施 3～5 t，同时配合微生物肥和复合肥料，均匀撒散在地面，通过旋耕、起垄，将肥料与土壤均匀混合。发现苗木生长期脱肥，可通过滴灌系统或在叶面适当辅助性地追施氮、磷、钾等化学肥料弥补。

（3）灌、排水　葡萄苗圃必须有排水和灌溉条件。嫁接后应马上补充水分，这样才能保证嫁接成活。灌溉应以滴灌为主，避免漫灌。立秋后为防止苗木徒长，促进苗木枝条木质化，应控制给水。

（4）抹芽　葡萄砧木每个节位上有 1 个冬芽和多个隐芽存在，受嫁接创伤的刺激，这些芽极易萌发，因其消耗苗木的营养、干扰接芽的萌发和生长，故必须及时对砧木进行抹芽和除萌。对于绿枝嫁接的苗木，这个工作可连续作业 5～6 次，一般要持续到苗木绑梢上架后；硬枝嫁接育苗在嫁接过程中已进行了除芽处理，但为防止遗漏，田间还要开展检查性除萌。

接穗的芽眼可能同时萌发出 2 个或更多新梢（夏芽副梢和冬芽副梢），要选留 1 个强壮的新梢，多余的新梢应及时抹除。

（5）搭架与绑梢　搭架、绑梢的主要作用是固定新梢，合理利用空间、促进新梢生长，增加叶片以增加光合产物，加强通风透光，减轻病虫害的发生，便于苗木的田间管理，提高苗木质量，同时能多收获品种枝条。

搭架的材料由立杆和线绳两部分组成。通常采用竹木作架杆，细铁线、尼龙绳、塑料绳等作横线。

新梢长至 30 cm 以上时开始上架绑缚。绑缚材料可因地制宜，稻草、玉米皮等泡湿后均可使用。绑蔓机是绑葡萄枝蔓的良好设备，可以提高绑梢工效 3～5 倍，日本及我国台湾已经广泛使用。

（6）摘心与副梢处理　摘心，又称为掐尖。绿枝嫁接前为使等候嫁接的砧木或接穗枝梢达到半木质化状态，提高接穗芽的利用数量，嫁接前 2～3 d 对梢尖进行摘心；苗木数量大，嫁接人员少，应分批次摘心，防止砧木或接穗老化，影响嫁接操作与成活率。嫁接后，为使葡萄苗木新梢在早霜来临前充分木质化，至少要保证苗木基部有 4～5 个成熟的饱满的芽，应适时对苗木进行摘心。无霜期短的地区，新梢不易木质化的品种及苗梢枝芽没有再利用价值的苗木，应早摘心；相反，可晚摘心。

葡萄新梢生长过程中每个节位叶腋中均有冬芽和夏芽，夏芽发育很快，一旦成熟或受到摘心刺激后就立即萌发抽出夏芽副梢。苗木下部发出的副梢，应从基部抹除；苗木中部发出的副梢，留 1 片叶后摘心；苗木顶端的副梢，留 2～3 片叶后反复摘心。

五、设施葡萄的建园与栽植

1. 园地规划

建立葡萄大棚的园地要求交通方便，日光充足，无大风直袭，地下水位在 1.2 m 以下，排水良好，附近有水源，能够提供灌水条件的砂质壤土为最好，土壤 pH 为 6～8。

2. 栽植方式

葡萄大棚栽培的栽植方式有两种。一种是多年一栽式，即一次栽植，多年生产。这种方式要求控制徒长和下部光秃，管理技术高。在南方，多以拱棚架栽植，因此以此种栽植方式为主。另一种是一年一栽式，即在栽植的第二年，待果实采摘后，立即拔掉，重新栽植。这种栽植方式可以高密度栽植，每公顷可栽 12 000 株左右，将植株高度控制在 1.5～2 m，操作管理方便。此方式坐果率高、品质优，适合于小规模种植。

3. 架式与密度

（1）小棚架与棚篱架　小棚架适用于多年一栽式，因栽植行的方向不同，可分为以下两种。

1）东西向：株距为 0.6～0.8 m，行距为 6 m，每公顷栽 2000～2700 株。

2）南北向：株距为 0.5 m，行距为 5～10 m，每公顷栽 1900～4000 株。

棚篱架适用于多年一栽式，是以棚架与篱架相结合的架式，其结果面有棚架和篱架两个架面，方向以南北向或东西向均可，每公顷可栽植 5000 株。

（2）单臂篱架　适用于一年一栽式。每行立一排支柱，支柱间距为 6～8 m。架面与地面垂直或略倾斜，架高 2～2.5 m，架过高，不利于操作，还导致互相遮光，影响葡萄的品质。每行支柱上拉 4～5 道铁线，如图 8-2 所示；第一道离地至少 55 cm，以后各道相距 45 cm，最后一道距离柱顶 10 cm。栽植密度分为以下两种。

1）同等行距：行距为 1～2.5 m，株距为 0.5 m，每公顷栽 7500～12 000 株。

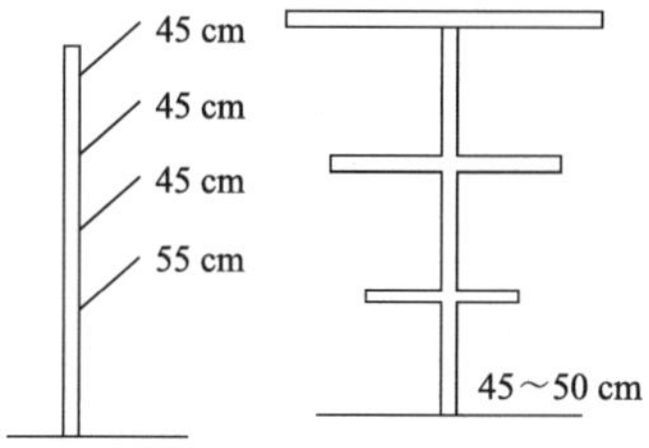

图 8-2　单臂篱架

2）宽窄行距：宽行的行距为2.5～3 m，窄行的行距为0.5 m，株距为0.5 m，每公顷栽10 000～12 000株。

一般采用单蔓整枝，也可以双蔓整枝，树高1.0～1.2 m，主干高20 cm左右，主蔓长0.8～1.0 m，主蔓直接着生结果枝组。篱架整形，栽植后次年可结果。该方式的特点是早期丰产，但要加强管理。

（3）双臂篱架　一年一栽和多年一栽的模式均可使用。双臂篱架由双排单臂篱架组合而成，高度为1.7～1.9 m，4～5道铁线。外观似倒梯形，底部的臂间距为70～80 cm，上部的臂间距为100～120 cm（图8-3）。通常单行栽植，单蔓整枝（也可以双蔓整枝），篱架整形，行距为2.0～2.5 m，株距为30 cm，双侧交叉引蔓，每公顷栽13 000～15 000株，栽植后第二年可产葡萄30 000 kg，实现早期丰产。双臂篱架也可双行栽植，但中耕除草及施肥不方便。

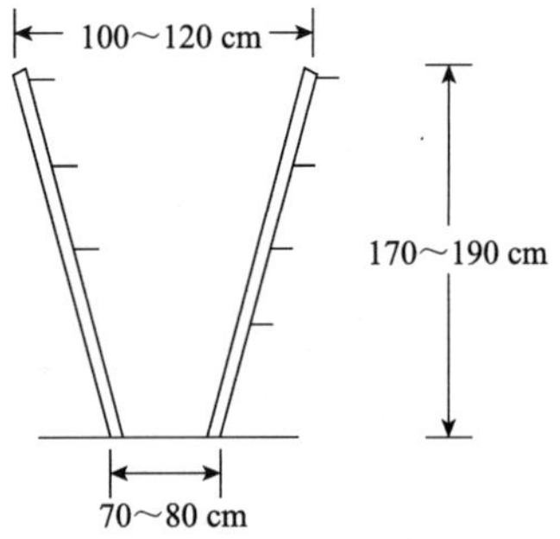

图8-3　双臂篱架

此架式的特点与单臂篱架相似，也可早期丰产，但是透光性较差，因此管理过程中，应加强枝梢的引缚与修剪，防止架面郁蔽，影响果实的品质。

（4）V形篱架　由立柱、三道衡量、8道铁线组成，即三横梁结构（图8-4）。架材中的三道横梁，

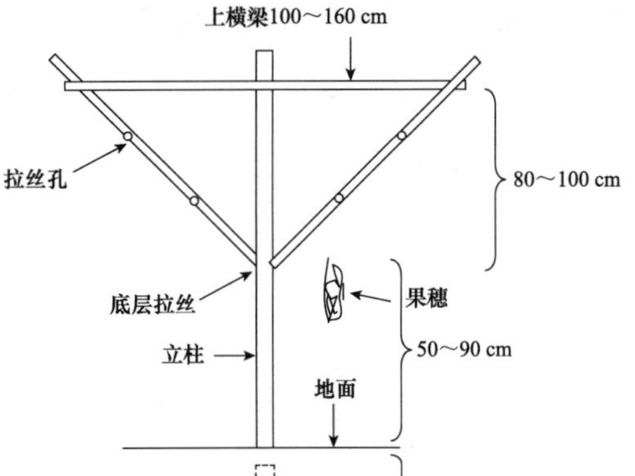

图8-4　V形篱架

可以是竹、木或角铁直接建成三脚架，即三脚架结构。通常单行栽植，栽植行距为2.0～2.5 m，株距为0.6～1.2 m，每公顷栽植5000～8000株。一般采用单臂或双臂水平整形，干高0.5～1.0 m。植后第二年每公顷可产葡萄25 000 kg左右，第三年进入丰产期。

该架式的特点是节省架材、结果部位不上移、中耕除草及施肥等作业方便。V形篱架除适合日光温室外，还适合葡萄非寒地区的大棚及避雨棚，是我国南、北方应用比较广泛的一种架式类型。

4．栽植时期

绿苗定植的时间一般在5～6月，具体的时间应根据苗木的生长和供应情况适当调整。一般来说，只要在苗木、气温两方面均具备的前提下，绿苗定植的时间是越早越好。

成苗定植在南方分冬种和春种。冬种时间是在11月下旬到12月中旬，此时南方气候较暖和，比如福建省11～12月的平均温度在15℃左右，且地温高于气温，对苗木根系伤口的愈合有利，这时定植的苗木翌年发芽，成活率高。

扦插定植只有在春季进行。例如，上海地区的最佳时间是3月上旬。在生产上，一般不提倡绿枝扦插定植。

5．栽植技术

（1）挖栽植沟与回填　葡萄定植后要在固定的位置上生长、结果多年，需要有较大的地下营养体积。而葡萄根系的幼嫩组织是肉质的，其生长点向下、向外伸展遇到阻力就停止前进，所以需要相对疏松的土壤环境。根据挖根调查，葡萄根系在栽植沟内的垂直分布以沟底为限，栽植沟挖的深，根系垂直分布也随之加深，但70%的根系集中分布在地表20～60 cm处；根系的水平分布也受栽植沟的约束，根系在沟中、下部的位置基本分布在沟的宽度范围内，顺栽植沟方向能延伸7～8 m，只有少量根系能在沟外耕作层范围内伸展。可见，葡萄挖沟栽植和改良土壤有利于根系占据更大的营养空间。栽植沟的深度一般为70～80 cm，宽度为80～100 cm。

栽植沟回填与畦面造型时因南、北方的气候差异而选择不同的方式，北方多采用传统的平畦栽培，南方采用高畦栽培。高畦有利于土壤升温。通常高畦的修剪规格为，上宽100～120 cm，下宽120～150 cm，畦高约30 cm，畦间沟深20 cm。土壤贫瘠的园地，要客土改良，用田园表土或从园外取山皮土回填入沟。

（2）苗木选择　为了提高适应性，要选择嫁接苗；嫁接苗的砧木类型应符合要求，嫁接口完全愈合无裂缝。经越冬贮藏的苗木，根系不发霉，苗茎

皮层不发皱，芽眼和苗茎用刀削后断面鲜绿，即为好苗。合格的葡萄苗应具备 6 条以上直径在 2～3 mm 的侧根和较多的须根；苗茎直径在 6 mm 以上而且完全木质化，其上有 3 个以上饱满的芽；整株苗木应具备无病虫危害、色泽新鲜、不风干等外部形态。

栽植前，苗木应进行适当地修整，剪去枯桩、芽眼及过长的根系。根系剪留长度为 10～15 cm，嫁接口上剪留 2～3 个饱满的芽。用 1200 倍的多菌灵浸泡 12～24 h 杀菌消毒，同时还能使苗木吸足水分。

（3）栽植密度　根据不同地理位置冬季是否需要下架防寒的气候特点，以及设施类型、土壤肥力情况、整形方式、架式特点、品种树势等因素的不同造成的栽植密度有所差别。严寒地区的葡萄需要培土防寒，栽植密度应小一些；高温、高湿的环境病害严重，栽植密度也不宜太大；土壤肥沃的枝繁叶茂栽植密度应比贫瘠土壤小；树势旺盛的品种应稀栽。为了增加光照、提高光合效能、促进花芽分化、提高果实品种、促进枝条木质化、确保稳产优质，无论何种栽培方式，设计时均应充分考虑栽植密度。

6. 栽植管理技术

（1）栽时挖大穴　在栽植畦中心轴线上按株距挖深、宽各 20～30 cm 的栽植穴，穴底部施入几十克生物有机复合肥作口肥，上覆盖细土做成半圆形的小土堆，将苗木根系均匀散开四周，覆土踩实，使根系与土壤紧密结合。栽植深度以原苗木的根颈与栽植畦面平齐为宜。过深导致土温降低，氧气不足，不利新梢生长，缓苗慢甚至出现死苗现象；过浅导致根系容易露出畦面或因表土风干，降低成活率。

（2）覆膜、灌水、培土　栽植后及时覆盖黑色地膜，保证嫁接口以上部位露出畦面。黑色地膜具有对土壤保湿、增温、防杂草的作用，对提高成活率有良好的效果。

根据土壤墒情，一次灌透水。在干旱地区，为了防止苗木风干，可采用培土堆的方法来对苗木保湿，以提高苗木栽植的成活率。其做法为：待水渗下后，给苗茎培土堆，高度以苗木顶端不外露为宜；待苗木芽眼开始膨大，即将萌芽时，选无风傍晚撤土，以利苗木及时发芽抽梢。

栽后一周内只要 10 cm 的土层潮湿不干，就不再灌水，以免降低地温和土壤通气性，待土壤干燥时再少量灌水。

六、栽植后的管理

一年一栽式的设施葡萄，要在苗木栽植后，加强培育，促使快速生长。而多年一栽式的葡萄，除适用于苗木栽植后的培育外，也包括以后各年揭棚到盖棚的管理。

1. 施肥

（1）促梢肥　促进新梢萌发要用速效肥料。当新梢长到 20 cm 时，追施速效氮肥，每株施尿素 30 g；以后每隔 30 d 左右，追肥一次，每株施氮磷钾三要素复合肥 50～100 g。还可用 0.3% 磷酸二氢钾多次进行根外施肥。这种控氮增氮钾的施肥方法，既可促梢；又可控梢防徒长。

（2）秋基肥　9 月中旬到落叶前，葡萄的地上部逐渐停止生长，而根部正是产后的一次生长高峰。即便是伤根，也能够很快愈合，又能促发新根，并因地温较高，微生物活动旺盛，能使肥料很快分解而被根部吸收，转化为有机营养积累于根、茎中，有利于满足翌年的萌芽、开花、果架和果实增长的需要。要以有机肥料为主，将这次秋基肥施足。施肥的量，根据葡萄的计划产量而定，即每公顷计划葡萄产量是 22 500 kg，用禽苗粪的量是其 2～3 倍，为 45 000～67 500 kg；也可按肥料的有效成分计算，即每公顷用氮 150 kg、磷（P_2O_5）225 kg、钾（K_2O）150 kg。

2. 整形

在苗木发芽时，留下部 2～3 个方向不同的壮芽，将其余的芽全部抹去。要求尽早抹芽，以利于苗木的生长发育。待苗高 20 cm 时，根据栽植密度的不同，确定不同的留枝量。如株距为 0.5 m，则只留 1 枝；而株距为 0.8 m 的，可留反方向的枝条，即留 2 枝。当新梢长至 30 cm 时，就要引绑，并及时抹去离地 30 cm 以下新梢上的副梢。如果是巨峰葡萄采用 1 枝健壮的枝梢向前延伸的，在新梢长至 30～40 cm 时，开始引绑和摘梢。要随时摘除叶腋中萌发的副梢。当新梢长至 2.5 m 左右时，进行摘心，并保留顶端 2～3 枝副梢，每枝副梢留 2 片叶进行反复摘心，促使主梢的营养积累、枝梢成熟和花芽形成。直至秋季落叶后，每株留 1 条主蔓，在长 1.5 m 左右（20 节左右）处剪截。

3. 枝梢管理

葡萄的枝梢管理要进行正常性的、连续性的工作。主要有以下几个。

（1）上架　萌芽后，待新梢 3～4 片叶时，就开始上架。

（2）抹芽　葡萄除中芽萌发外，副芽也能萌发。抹芽是为定枝打下基础。当芽长至花生粒大小时，抹除瘦弱的副芽，保留肥大的中芽。先萌发的饱满芽，大多形成结果枝，而尖细瘦小的芽多萌发为发育枝。因此，可将多余的、部位不好的、萌发较迟的、瘦小尖细的、密生的芽抹去。对于植株基部的芽，往往萌发早、长得旺，要及时抹除。

（3）疏梢定枝　因有些芽眼中的副芽没有及时抹除，长出了副梢，形成了双生枝或三生枝，所以要疏梢定枝。当长至3～5片叶时，除对生长健壮有花序的新梢适当保留外，对生长瘦弱、无花序或花序细小的新梢要及时疏除。对于2年生的葡萄，以每条主蔓上留5～10枝结果新梢为宜，并随时疏除长出的副梢和其他无用的新梢。对于多年一栽式葡萄，以每平方米架面留10～15个结果枝为好。疏梢定枝所留的枝芽，要尽量靠近主蔓。通过定枝，能调节好植株的负载量，合理安排枝芽的密度，避免结果部位外移，有利于葡萄的高产、优质。

（4）扭梢　设施栽培的葡萄，常发芽不齐整。有时顶芽已萌发至20 cm，而下部的芽才刚萌发。为了使结果枝在开花前的长短能基本一致，对于先萌发的新梢在长到20 cm时，应将其基部扭一下，使其缓慢生长，让迟萌发的新梢过10 d左右赶上。

（5）引缚　引缚有理顺枝梢、整理架面、调节树势、有利透光等多种作用。当结果枝长到30 cm时，将长势强的枝条用布条拉至枝叶较少的部位，使其能均匀地分布在架面上。

（6）疏花序与掐穗尖　在萌芽后20 d左右，花序开始分离，要根据当年花序的多少和花序的大小，来决定疏除多少。一般是将弱果枝上的花序疏掉；若是花序少的年份，则以强壮果枝结两穗来增加产量。根据品种的不同和花序的大小，酌情掐去穗尖的1/5～1/4。

（7）摘心　摘心的目的是终止新梢延长、减少养分消耗、促进坐果。在设施内有少量开花时，就在果枝的花序以上留5～6片叶摘心，营养枝留4～5片叶摘心。并在摘心后抽出副梢，只保留顶端的1～2枝，每枝副梢只保留2～4片叶反复摘心。

（8）除卷须　葡萄在人工栽培管理下，卷须是无用的器官，既要消耗养分，又为操作管理带来不便。因此，在摘心、绑蔓、去副梢时，及时除卷须。

七、设施葡萄的花果管理

大棚栽培的葡萄，要以高效益为目标。所以要在保花、保果且有足够果量的基础上，进行疏果，以达到合理的负载。

1. 提高坐果率的措施

葡萄的花果管理，虽然要以疏果达到增产、增质的目标，但是要在有一定果量的基础上才能进行疏果。所以要在加强水肥管理的同时，采取一些提高坐果率的措施。

1）扭梢或环割：对长势强的果枝，于开花前在花序的上部采取扭梢或环割的方法。

2）喷硼砂：于开花前2～4 d，用0.2%硼砂液喷于叶片和花序上。

3）喷助壮素：于初花期喷洒助壮素100～150倍液。

4）B9处理：于盛花期用2000～3000 mg/L B9溶液浸花序。

2. 负载量的确定

确定葡萄的负载量是较为复杂的工作。负载量的确定与品种、树龄和树势都有关系。并且，果实的产量与有效叶面积有关。如果叶幕过多，则相互遮阴，不仅不能增加光合产物，反而会增加消耗。1 m^2架面的叶面积指数为2左右。若1果枝留叶片1.5片，1片叶的平均叶面积为0.015 m^2，则1果枝的叶面积为0.23 m^2，9果枝的叶面积共2.07 m^2。因此，1 m^2架面可负载9果枝，产3 kg左右的葡萄果实，即每公顷的葡萄产量以22 500～25 500 kg为宜。

3. 负载量的调整

根据以上拟定的负载量，对架面上的果穗和果粒要作适当的调整。方法是疏穗和疏果。

（1）疏穗　落花后10～51 d，根据坐果情况进行疏穗。将生长势强的果枝留2穗，中果的果枝留1穗，生长势弱的果枝不留果。经过疏穗，使每株保留4～6穗。

（2）疏果　落花后15～20 d，根据坐果情况，除去部分过密果和单性果，使每株保留50粒左右。

4. 增大果粒

通常采取下列方法增大果粒。

1）在花前或花后喷洒1000～3000 mg/L矮壮素。

2）在落花后15～20 d，用10 mg/L吡效隆膨大剂处理果穗。

3）落花后10～12 d，用5～10 mg/L细胞分裂素（即1 g粉剂兑水100～200 kg）处理果穗。

5. 促进果穗着色和成熟

促进果穗着色和成熟的方法有以下几种。

1）于果实开始着色时，在果枝基部环割。

2）果实开始着色时，摘掉新梢基部的部分老叶。

3）于果实硬核期喷洒1500 mg/L乙烯利（含0.3%磷酸二氢钾），过15～20 d喷洒3000 mg/L乙烯利溶液；再过10 d喷洒3000 mg/L乙烯利溶液。连续地喷洒3次。

八、环境控制

（一）日光温室的温度调控

设施葡萄栽培的重要措施是温度调控，做得好有利于葡萄植株的生长，反之对葡萄有害。

1. 增温及加温

只有封闭的、具有一定保温能力的葡萄设施才能开展增温、加温活动。对于日光温室，当有日光照射时，打开保温覆盖物，利用日光辐射使日光温室增温，夜晚盖上保温覆盖物，减少热辐射进行保温；对于大棚，为了保温可以在设施内部增加两层或三层膜，这样也能达到早期增温的效果。

为了维持正常的温度，在增温过程中连续出现阴天、雾天及雨雪天等不良天气时，应根据需要进行人工加温。加温方法有火炉加温、热风炉加温、电热风加温等，加温的同时应强化日常管理，以真正达到加温的预期目的。通过人工加温，可确保葡萄提早成熟或延迟采收，解决了葡萄的周年供应问题，可获得良好的经济效益。

开展早期加温，往往导致葡萄休眠时间不足、树势连年衰弱、花芽分化受到抑制等一系列问题出现，影响连续结果，这是目前北方日光温室葡萄早促成栽培生产中出现的问题。

2. 增温与产期调节

（1）北方日光温室葡萄的产期调节　日光温室是北方葡萄产期调节的基础性设施。通过早期增温或人为加温及其他生产技术，可实现葡萄的周年供应，但主要应用是促早栽培，以缓解早期葡萄市场的供需矛盾。目前日光温室也开始部分应用于延迟栽培或延迟采收方面。例如，沈阳地区的葡萄生产，通过日光温室的早促成、普通促成栽培，每年4月中下旬开始向市场供应新鲜葡萄，6～7月进入高峰；通过日光温室的延迟栽培或延迟采收，果实可推迟到元旦或春节采收（表8-1），结合大棚与露地栽培，沈阳地区葡萄鲜果的市场供应期长达9个月之久，葡萄产期调节幅度大，鲜果市场供应期延长。

表8-1　不同模式葡萄产期调节情况（沈阳，2011年）（赵常青等，2012）

栽培模式	升温时间	上市时间/月
早促成栽培	11月中下旬	4～5
普通促成栽培	12月中下旬	6～7
延迟采收栽培	4月末	11～12

（2）大棚产期调节　大棚具有封闭性，也有一定的保温效果，能够起到调节葡萄产期的作用，虽然对葡萄产期的调节幅度较小，但比普通避雨棚具有优势。目前大棚主要用于促成栽培，一般可使葡萄提早20～50 d上市。为了提高保温效果，可人为地在内部增加两层或三层膜保温。例如，地上起拱扣膜、棚内再反衬塑料膜等方法，可使葡萄进一步提早成熟上市。

在我国南方，通过大棚种植的早熟葡萄品种，可比露地栽培的同品种早15～30 d成熟。例如，云南5月下旬开始成熟，浙江南部6月中旬开始成熟，浙江北部7月初开始成熟。部分早、中熟品种实行两季栽培，二茬果可推迟到10～12月采收，南方鲜食葡萄市场可从原来的2个多月延长到8个月。

葡萄大棚栽培在发挥促成作用的同时，还发挥定向栽培的作用。所谓定向栽培，即按照人们预定的时间使葡萄采收上市的栽培模式。大棚及避雨棚的环境条件能够满足许多高档葡萄品种在中秋节采收上市的需求，且能抵御不良的环境条件。针对中秋节市场，所选择的品种有‘玫瑰香’‘意大利’‘醉金香’‘巨玫瑰’‘夕阳红’及‘状元红’等。

3. 温度调控指标

利用日光温室栽培葡萄，可提早或延迟采收，调节市场供应，提高经济效益。温室内环境的温度调控影响栽培效果，所以科学合理地调节温室内环境的温度，对温室葡萄生产具有重要意义。

（1）休眠期的温度调控　葡萄一般需要在≤7.2℃的条件下，经过1000～1400 h方可完成正常休眠。北方大部分地区的自然冷量能够满足葡萄休眠的需求，在温度不能满足葡萄需冷量的地区，可白天覆盖、夜间将覆盖物揭开并打开通风口，人为降温增加冷量，保持温室内温度低于7.2℃，以满足葡萄正常休眠的需求。葡萄的休眠期不得进行升温作业。温度的波动常导致葡萄不能完成正常的休眠过程，表现为树势衰弱、减产等。因此，北方日光温室葡萄的休眠期不能开展间作，应确保株体正常休眠。

（2）解除休眠的温度调控　白天揭开覆盖物，夜间重新覆盖，以满足葡萄植株发芽生长所需的温度。解除休眠阶段，应将温度控制在2～9℃，实行缓慢升温。

（3）萌芽期的温度调控　缓慢升温，使气温和地温协调一致地逐步进行，防止由升温过快导致的芽萌发不齐、花序发育不良等。第一周，白天在15～20℃，夜间在5～10℃；第二周，白天在15～20℃，夜间在7～10℃；第三周至萌芽，白天在20～25℃，夜间在10～15℃。从升温至萌芽一般控制在25～35 d，一般欧美杂交种葡萄比欧洲种早萌芽3～5 d。

（4）萌芽到开花前的温度调控　为避免温度过高引起新梢徒长、花器官发育不良等问题出现，白天的最高温度应控制在20～25℃，夜间维持在10～15℃，不低于10℃。在适宜的温度条件下，葡萄从萌芽到开花需40 d左右。

（5）开花期的温度调控　多数葡萄品种需在较高的温度条件下授粉受精才能顺利进行，一般昼夜平均温度在20℃左右时授粉受精较好。因此，花期温度白天应控制在22～26℃，大于30℃时应注意通风换气降温；夜间在15～20℃，低于14℃时应加温。

（6）果实生长期的温度调控　果实进入生长期后，白天在25～28℃，夜间在20～22℃，不低于20℃。这一阶段应注意天气变化，适时进行覆盖与通风，保证幼果生长在适宜的温度范围内。

（7）葡萄着色成熟期的温度调控　葡萄开始着色后，白天保持在28～32℃，夜间通风降温保持在14～16℃，不低于14℃，使昼夜温差达到10℃以上。若白天的温度在32℃以上，则要及时放风降温。

（8）果实延迟采收期的温度调控　葡萄的延迟采收，需要维持树体的正常生命活动。一般温度控制为白天15～20℃，夜间大于5℃。需确保叶片及果实不能出现霜害或冻害。

4. 温度调控技术

（1）保温技术　优化日光温室的结构设计，包括日光温室的朝向设计为南偏西5°；墙体采用异质复合体，内墙采用载热能力强的建材如石头及红砖帘，并采取穹形结构以增加内墙的面积、增加蓄热量，外墙通过增加建筑厚度、开展堆土及合理选用含聚苯基等现代保温材料等措施减缓热传导的速度，达到保温的目的。

（2）降温技术

1）通风降温：通风降温是目前广泛采用的最主要的降温方法。降温的顺序是先放顶风，而后放底风，最后再通过后墙的通风窗放风降温。通风降温的方法，在北方一般是在萌芽后的白天大量应用，但有些地区冬季葡萄休眠阶段需冷量不足时，夜晚可通风降温。

2）遮阴降温：葡萄休眠期需要遮阴降温，萌芽期间也可采用遮阴的方法降温，只有此阶段树体不需要光进行光合作用，其他时间需要光照，不能利用遮阴降温。

（二）大棚的温度调控

大棚一般没有增温及加温设施，而是完全利用自然光辐提高棚内温度，诱导葡萄生长发育，日照长度及葡萄生长发育各阶段温度等指标与露地基本相同，花芽分化条件基本能够满足，连续丰产性强。

连栋大棚除侧面放风外，上部必须设置放风涵道；跨度大于8 m的连栋大棚也应在顶部设置放风通道，只依赖侧面通风往往不及时，高温时热量易积累，对树体造成伤害。为了有利于通风，大棚肩高的设计一般应以1.5～1.8 m为宜，其下部安装0.5～0.6 m高的塑料裙围，避免地面放风造成土壤湿度的剧烈变化。在较高的位置最大可形成约1.0 m宽的通风道，根据需求，随时通过卷膜器的升降控制通风口的宽度，达到合理放风的目的。

大棚的封闭标志着开始增温，应密切关注室内的温度变化。而大棚温度变化剧烈，高温时节中午可达40～50℃，而葡萄生长发育的适宜室温为25～30℃，高于这一温度范围，对葡萄植株有伤害。根据生产经验，在高温来临前应提早放风、及时检查大棚内的温度变化，并根据外界的气温变化情况及时掌握放风量的大小。

（三）避雨棚的温、湿度及光照调控

南方葡萄主要采用避雨栽培，故避雨棚应用较多。避雨棚可分成大避雨棚和小避雨棚两类。小避雨棚，宽度为2.0 m左右，一行葡萄一个棚；大避雨棚，宽为5.0～6.0 m，两行葡萄一个棚。一般避雨棚是非封闭结构，棚内的温、湿度受棚外环境影响，无法人为调控，但由于避雨棚覆盖了薄膜，光照受到影响，故可开展调控工作。

1. 避雨期棚内的光照强度变化

南方阴雨多，地理位置纬度低，日较差小，光照弱，平均日照时数比北方少1000 h左右，避雨棚或大棚设施内的光照又减少了25%～35%，导致葡萄树体营养积累不足，影响当年及下一年的花芽分化，这是许多欧洲种葡萄品种在南方种植不能连续丰产的主要原因。

2. 合理覆膜、揭膜

覆膜时间应根据当地的物候期变化决定。一般在葡萄萌芽前覆膜，直至葡萄采收结束全程避雨，目的是防病、保护叶片及果实。有的覆膜期更长，甚至全年覆盖。

避雨棚保护了葡萄的正常生长发育，但在避雨条件下，由于光照弱，枝条及叶片存在徒长现象，枝条节间变长，叶片颜色变淡，厚度变薄，故花芽分化受到一定的影响。为了增加光照，可适度晚覆膜、早揭膜、覆膜期间间断性覆膜等，这些能在一定程度上缓解光照，解决花芽分化差的问题。为此，在避雨棚设计中，应做到棚膜晴天可揭、雨天可放，既要考虑膜安装的牢固性，又要考虑其随时揭放的性能，还可根据当地葡萄的物候期及当地的降雨时间适时覆膜、揭膜，做到人为调节光照，充分利用光照。

九、休眠解除

根据葡萄的不同休眠方式，可分为自然休眠和被迫休眠，其解除休眠的方法也有所不同，应根据葡萄的栽培地域、栽培方向或目标及栽培设施而异。

1. 葡萄被迫休眠的解除

北方葡萄的被迫休眠是环境低温所导致的，需要给予足够的温度以解除休眠。北方除部分日光温室促早栽培葡萄的自然休眠没有充分满足外，一般自然休眠都能得到充分满足，甚至还有一段被迫休眠的时间，可见低温是北方发展设施葡萄的优势。以沈阳地区为例，在自然条件下，葡萄12月末可结束自然休眠，1～4月都是被迫休眠阶段。在被迫休眠阶段可随时通过设施增温打破休眠，实现促早栽培；而12月末前升温，葡萄尚处于自然休眠阶段，需要人为破眠。

2. 葡萄自然休眠的解除

葡萄的自然休眠是生理表现，必须通过人工处理来解除。

（1）北方日光温室促早栽培　北方日光温室葡萄为了实现促早栽培，往往需要在12月末之前增温，而在此阶段自然休眠没有结束，因此需要人为使用生理化学方法打破休眠。

（2）南方设施葡萄促早栽培　南方葡萄的休眠是自然休眠，但休眠期的温度一直处于波动的状态。休眠不彻底，则休眠期要延长。为了实现促早栽培，也需要使用化学方法打破休眠，因为依赖增温打破休眠的时间长，很难达到早采收及提高经济效益的目的。

（3）葡萄一年多收　有效积温高的地区或设施类型，为了充分利用热量资源、满足市场需求，开展了一年多收生产，实现了一年二收及三收。为此，根据葡萄的上市目标，需要在葡萄自然休眠期用石灰氮等解除休眠，诱导葡萄枝条随时萌芽、随时结果。

3. 石灰氮在打破葡萄休眠方面的应用

在葡萄促成栽培或一年多收栽培中，需要提早解除自然休眠，促使葡萄早萌芽、多萌芽，并萌芽整齐，缩短增温时间，达到早开花、早结果、早上市的目的。植物体内抑制萌芽的激素是脱落酸，日本学者崛内昭作（1977）的研究发现石灰氮有促进葡萄体内脱落酸降解的作用。为此，国内外主要采用石灰氮涂抹结果母枝冬芽的方法，促使其解除休眠。石灰氮的化学名称为氰氨基化钙（$CaCN_2$），商品为灰色粉末。日本及我国的台湾、广西等地用其打破葡萄休眠，实现巨峰及先锋等一年多收。石灰氮的使用技术如下。

（1）使用时间　南方以提高萌芽率和萌芽整齐度为主要目的，宜在常规萌芽前20～35 d处理；大棚及封闭避雨棚的促成栽培要在覆膜前后进行，处理越早则萌芽越早。

北方地区日光温室葡萄的促早栽培，如果需要在12月末以前升温，需要石灰氮处理；而12月末以后升温的葡萄植株，一般不再需要石灰氮处理，因为此时葡萄的自然休眠已经结束，休眠期得到满足，温度适宜即能萌芽。

（2）使用方法与处理部位　我国主要采用涂抹法。用小刷涂结果母枝上指定的冬芽；日本大部分采用机器喷涂法，处理的部位是整个结果母枝。如果采用人工涂抹的方法，那么每个结果母枝顶端的1～2芽可留下不处理，发挥其自身的顶端优势作用已经足够，下部冬芽根据需要选择性处理。

（3）使用浓度　为了提前打破休眠、提高萌芽率和萌芽整齐度，天津林业果树研究所（1997～1998）对加帘大棚栽培的‘乍娜葡萄’开展了不同浓度石灰氮的处理研究，结果显示浓度为16%～20%的液剂处理效果好，不仅萌芽整齐，且萌芽、开花及果实成熟时间可提早1个月左右。

另根据杨治元的研究，使用浓度为50%的氰胺（H_2CN_2），兑水30倍，即浓度为1.67%的效果较好，或者采用50%单氰胺15～20倍液处理，效果稳定。

（4）配制方法　按照所需浓度，首先将一定量的石灰氮放置于塑料容器内，后用相应量的70℃水浸泡溶解2 h，搅拌均匀，自然冷却后使用。药液应现配现用，时间长药液易挥发，药效降低。

第三节　设施草莓栽培

一、概述

草莓是多年生草本植物，属蔷薇科（Rosaceae）草莓属（*Fragaria*），其果实鲜红、柔软多汁、馥郁可口，不但含有丰富的无机和有机营养物质，而且具有较高的药用价值和抗衰老作用。近年来，随着农业产业结构的调整和市场对于水果品质的优质化、多样化和个性化的需求，我国正在加快推进设施草莓的生产。

设施草莓是草莓生产现代化的一个重要标志，它通过利用一系列的农业工程设施来调控生态条件、优化草莓的生长发育环境，从而达到人工调节草莓生产的目的。设施草莓分为促成栽培、半促成栽培等几种形式，其主要优点包括提早成熟、品质提高、供应期延长、病虫害减少和抗御不利气象因素的影响等。

二、设施草莓的栽培类型及模式

草莓的设施栽培类型主要有塑料大棚和日光温室的促成栽培及塑料大、中棚的半促成栽培等，对应的具体技术要点等如表 8-2 所示。

表 8-2　设施草莓栽培的主要类型

设施栽培类型	结构模式	技术要点	收获期	产量 / (t/hm^2)
促成栽培	塑料大棚	促进花芽分化育苗，采用地膜和普通大、中、小棚 3 层塑料农膜保温，5～10 mg/L 赤霉素或者加温、电照	前期 11 月中下旬至 2 月上旬，中后期 3 月中旬至 5 月下旬	22.5～30.0
	日光温室	促进花芽分化育苗，采用地膜和大、中、小棚塑料农膜保温，5～10 mg/L 赤霉素或加温、电照	前期 11 月中下旬至 2 月下旬，中后期 3 月上旬至 5 月下旬	37.5～60.0
半促成栽培	塑料大棚	采用地膜和大、小棚保温，5～10 mg/L 赤霉素	4 月上旬至 6 月上旬	15.0～22.5
	塑料中棚	采用地膜、中棚保温，5～10 mg /L 赤霉素	4 月下旬至 6 月上旬	15.0～30.0
超促成栽培	日光温室	关键在于育苗，采用特殊的育苗方式，人为诱导花芽提早分化	10 月下旬至 11 月上旬	
抑制栽培	日光温室	植株需长期低温冷藏	8～9 月	

（1）促成栽培　草莓促成栽培是一种采取措施诱导花芽分化，人为给予高温和长日照处理，防止其休眠，促进植株的正常生长发育，提早开花结果，从而提高经济效益的栽培方式。草莓的促成栽培具有投资少、见效快、上市早、售价高、效益好及容易管理等特点，被种植户广泛采用。促成栽培要选择休眠浅、生长势强、耐低温、易栽培及品质优的品种，如‘丰香’‘章姬’和‘幸香’等。主要的结构模式包括塑料大棚促成栽培和日光温室促成栽培。

1）塑料大棚促成栽培：草莓塑料大棚促成技术在我国北方应用比较广泛。它是草莓的一种特早熟栽培方式，是指根据草莓生理特性，利用大棚设施控制环境条件，克服不利于草莓生长的自然条件，实现冬季保温，促使草莓进入休眠，使收获期尽量提前。在北方地区，由于生产期处于最寒冷的季节，故促成栽培受自然条件的影响较大，因此需要建造保温性能较好的温室，甚至需要加温。

促成栽培必须在草莓进入休眠前的 10 月进行保温，所用的品种必须是休眠浅的早熟品种，如‘入春香’‘丰香’‘静香’‘丽红’‘女峰’‘宝交早生’等。尽管促成栽培是在草莓进入休眠之前进行的，但诱发休眠的客观因素是存在的，因此必须采取抑制休眠的措施。例如，在保温开始后给予高温、长日照和赤霉素处理。

覆盖棚膜的时间因地点和品种而异，计划提早上市和休眠浅的品种早扣棚，计划推迟上市和休眠深的品种晚扣棚。果实采收时，应同时进行植株整理，及时摘除老叶、病叶和病果等，改善通风透光条件，增加光合产物的积累，提高后期果实的产量及品质。利用塑料大棚进行草莓的促成栽培，采果期可从当年 11 月一直延续到翌年 5 月，一般产量可达 18.75 t/hm^2，使草莓成为淡季水果市场供应的珍品。

2）日光温室促成栽培：草莓的日光温室促成栽

培是一种高投入、高产出的高效栽培方式。日光温室促成栽培的采收可从当年11月到翌年5月结束，产量可达37.5～60.0 t/hm^2。草莓日光温室促成栽培应在外界气温降到8～10℃时覆盖棚膜，一般在扣棚前后也要进行地膜覆盖，这样不仅可以减少土壤水分的蒸发、降低室内温度，还具有提高土温、促进草莓根系生长的作用。

（2）半促成栽培　半促成栽培是一种草莓在秋季完成花芽分化后，利用保温设施，在草莓通过自然休眠以后进行保温，从而达到比露地栽培提早采收、提早上市的栽培方式。采用半促成栽培方式可使草莓果实在4～6月上市，比陆地栽培提前1～2个月。半促成栽培对品种的选择不太严格，但以耐寒性较强、需冷凉较高、休眠较深且果型大、丰产、优质及耐贮存的品种为宜，如‘哈尼’‘硕丰’和‘宝交早生’等。

草莓半促成栽培成功的关键是适时扣棚保温。保温时间过早，不能满足草莓休眠所需的低温，植株仍处于休眠状态，生长矮小，导致减产；保温时间过晚，导致草莓处于低温时间过长，植株徒长，成熟期延迟。通常，当气温下降到16℃以下时是扣棚的最佳时间。

（3）超促成栽培　超促成栽培是一种利用控制环境的育苗装置进行低温、短日照处理，人为地诱导花芽分化，使成熟期更早于促成栽培的栽培方式。

由于超促成栽培采用特殊的育苗方式，人为地诱导花芽提早分化，故可使成熟期比促成栽培提早1个月左右，即10月下旬至11月上旬可上市，其经济效益大大高于促成栽培。

超促成栽培的关键是育苗。半促成和促成栽培采用常规的育苗方法，一般是在自然条件下进行，方法简便；而超促成栽培，育苗期要提早到1～2月开始，因此需要保温设施。花芽分化的诱导需要在人工控制的环境下进行，需要低温冷藏设备，因此该方法复杂、技术性高。在品种选择上，虽然各种品种均适于超促成栽培，但为了早成熟、早上市，仍以果实发育期短的早熟品种为宜，即采用与促成栽培相同的品种。在设施类型的要求上，宜采用保温性能好的日光温室。

（4）抑制栽培　抑制栽培是一种通过长期低温贮藏，使已经分化好花芽的草莓苗的生长发育暂时受到抑制，并在预定采收期的适宜时间定植，从而达到早期收获的栽培方式。

在目前已有的条件和栽培技术下，抑制栽培的成熟期只能提前到与超促成栽培的时期相同；若能克服夏季的高温、多雨天气，则可把成熟期提前到8～9月。抑制栽培对设施类型的要求和对品种的选择与超促成栽培基本相同。栽培的关键技术是植株需长期低温冷藏。

三、设施草莓的品种

草莓的品种需要根据市场需求、栽培气候条件和生态环境来选择，一般选择生长势强、休眠期短、自花授粉能力强、坐果率高、抗性强、果实品质佳及产量高的品种。目前，各地常用的草莓的设施栽培品种主要有‘丰香’‘章姬’‘日本99’‘鬼怒甘’‘幸香’和‘枥乙女’等。

1. 丰香

‘丰香’是日本农林水产省蔬菜试验场以‘绯美’×‘春香’育成的。其植株生长势较强，株型较开张，发叶速度较慢，植株叶片数少，匍匐茎发生较多；叶呈圆形，大而厚，叶色浓绿，叶面平展；花序低于叶面，花器大，花粉量多，坐果率高，低温下的畸形果较少；果实呈圆锥形，果面鲜红有光泽，果肉白色，肉质细软致密，风味酸甜适中，果皮较韧，耐贮运，平均单株产量为200～250 g，亩产1000 kg以上。该品种休眠浅，需5℃以下低温50～70 h即可通过自然休眠；为适于暖地型塑料大棚促成栽培的优良品种，经大棚促成栽培，果实可在11月中旬采收。

2. 章姬

‘章姬’是日本静冈县的荻原章弘在1992年用‘久能早生’与‘女峰’杂交育成的草莓新品种，在日本被用作鲜食的优良品种及观光、馈赠友人的礼品。‘章姬’品种的植株健旺，株高25～30 cm，株幅30～35 cm；叶片肥大，厚而深绿，平滑有光泽，总叶片数少，产量高，果实大，平均单果重30 g左右，平均亩产可超过3500 kg；果实呈长锥形，外观光亮，极少有畸形果，果心空隙小，果肉鲜嫩多汁，甜度高无酸味，可溶性固形物含量为11%～12%，风味佳。该品种属浅休眠早熟品种，上市比‘丰香’早7～10 d，前期产量比丰香高30%以上；为暖地型塑料大棚促成栽培的优良品种。

3. 日本99

‘日本99’是从日本引进的草莓品种，其植株长势强，株态直立，易于栽培管理；植株叶片大，新茎分枝多；连续结果能力强，果实品质优，果实具有典型的草莓香味，果味浓香，果形为标准的圆锥形，果个大，最大单果重120 g，硬度大，耐贮运，果肉致密，果面鲜红，有诱人的光泽；种子凹陷，为红色。商品果率可达95%以上，抗病性强，综合性状突出。该品种具有较强的丰产性，保护地促成栽培一般亩产可达2000 kg以上，高产地块可达3000 kg。

4. 鬼怒甘

‘鬼怒甘’是从‘女峰’品种中株选而成的草莓鲜食新品种，具有果大、糖度高、抗病、优质、丰产性强等特点。该品种属早中熟品种，植株生长旺盛，叶圆勺形，叶片大，黄绿色；抽生匍匐茎的能力极强，同期内，匍匐茎的发生条数比‘丰香’多1倍。极抗白粉病，与‘丰香’种植在同一大棚内做对比试验可知：在不用任何杀菌剂的条件下，‘丰香’白粉病的发病率为98%，而‘鬼怒甘’则不感。鬼怒甘的果实呈圆锥形，大小均匀，平均单果重25 g，果实鲜红色，具有鲜亮的光泽，极甜，可溶性固形物可达18%；果实硬度大，成熟后不软化，耐贮运性强，高产、稳产。

5. 幸香

‘幸香’草莓是日本农林水产省蔬菜茶叶试验场久留米分场，1987年以‘丰香’草莓为母本、以特大果草莓‘爱莓’为父本杂交后选育而成的。该品种具有糖含量和维生素C含量高、硬度大及易栽培、抗病性强等优异特性。植株为半直立形，株型紧凑；叶片小，较厚，椭圆形，株高一般为25～30 cm，果柄长15～20 cm；果实为长圆锥形，果形整齐。平均单果重25 g，第一花序单果重30～40 g，最大在50 g以上，浆果红色有光泽，果肉致密细腻，呈浅红色，含可溶性固形物10%左右，每百克果肉含维生素C 80 mg，酸度0.59%，耐储运，在日本被认为可采用机械采收和包装。‘幸香’草莓完成自然休眠仅需5℃以下积温150～2300 h，适于促成和半促成栽培，在北纬41°附近的自然条件下，花芽分化时间一般为9月中旬，10月下旬进入休眠，12月下旬结束自然休眠，在无保护栽培的条件下，进入被迫休眠期。春季3月下旬恢复生长，4月下旬开花，5月下旬收获。匍匐茎的发生时间为4月下旬，每株可发生15～20条，可形成80～100株子苗。该品种植株健壮，长势较旺，根系发达，易于生根和成活，有利于子苗的扦插和移植。

6. 枥乙女

‘枥乙女’是从日本引进的草莓品种。果实呈圆锥形或扁圆锥形，果实大，一级序果的平均单果重34.0 g，最大单果重42.0 g。果面鲜红色，富光泽，美观漂亮，畸形果和沟棱果很少，外观品质极优。温室栽培连续结果能力较强，第一级序果和第二级序果的果形及大小相差较小，整齐度好。种子平于果面，分布均匀。果实甜酸适口，香味较浓，鲜食品质优。可溶性固形物含量为10.2%，可滴定酸含量为0.91%，耐贮运性强，货架期长。植株直立，新茎分枝较少，株高约25 cm。叶片大而厚，叶色浓绿。匍匐茎的抽生能力较弱，平均每个母株繁殖匍匐茎苗10～20株，且匍匐茎抽生时间较晚。8月底进入花芽分化期。休眠期短，需5℃以下低温约150 h。抗草莓白粉病的能力强于‘章姬’，但不抗草莓黄萎病。

7. 安娜

‘安娜’是美国品种。该品种植株生长势强，开张，株高约28 cm，冠径为32 cm×30 cm。叶片为三出掌状复叶，阔卵圆形，微卷呈匙状，深绿色，微有光泽。果实呈扁圆形，横纵径为3.4 cm、2.5 cm，一级单果重约45 g，最大可达52 g，有光泽，外观艳丽，浓香味，可溶性固形物为14.6%，果实红色，果肉橙红色，果实中有小空隙，硬度好，耐贮运。该品种是四季品种，连续结果能力强，一季果生产后，经5～6周即可生产下期果实。

四、设施草莓苗木繁育

培育优质壮苗是草莓丰产的关键技术之一。当年萌发的匍匐茎苗，无损伤且无检疫病虫，有5片以上的正常叶展开，叶柄粗短，叶色正常，中心芽饱满，有5 cm以上的侧根5条以上。繁殖方法有：匍匐茎分株法、新茎分株法、组织培养法和种子繁殖法等。

（一）苗木的繁殖方法

1. 匍匐茎分株繁殖

利用草莓植株上发生的匍匐茎形成的幼苗作为秧苗栽植，称为匍匐茎分株繁殖。一般品种都有发生匍匐茎的能力，但发生的多少因品种而异，多者一年一株可产生几十条匍匐茎，每个匍匐茎又可产生2～3个幼苗。因此，一株母苗一年可繁殖几十株幼苗，多者可繁殖上百株。但早形成的苗生长旺盛，花芽分化充实，质量较好。当幼苗在7月下旬至8月上旬达到4～5片叶或以上，且具有一定数量的须根时即可移栽，匍匐茎分株法要经过母株培育园、子苗繁殖园、假植苗培育园三个过程。

母株培育园要选择土质疏松、避风向阳的土地。母株要选择合适品种、无病虫害、健壮的植株。畦2 m宽，可以不施基肥。按60 cm的株距单行种植，每公顷栽12 000株，让母株越冬。1株母株可采4～6片叶的子苗60株左右。

子苗繁殖园，又称育苗园，目的是多发匍匐茎、促发子苗。所以，要隔 10～15 d 用稀人粪尿或尿素液，加少量的磷、钾肥，薄肥勤施，并要进行根外施肥与病虫害防治。

假植苗培育园是提供假植小菌的地方，最好是在设施所在地的附近。选用土壤疏松、肥力中等、排灌方便的土地，可以不施基肥。假植的作用是一次断根处理，有利花芽分化，并能促发较多的新根，提高栽植的成活率。促成栽培在 7～8 月假植，半促成栽培在 8～9 月假植。假植时间为 30～60 d。假植畦宽为 1～1.2 m，假植密度为 15 cm×15 cm 或 15 cm×20 cm。一般假植园与设施面积的比例是 1 :（3～4）。假植苗要经常浇水肥，摘去老叶，培育成壮苗。

2. 新茎分株繁殖

新茎分株繁殖又称为分墩法。在春季每个植株可发出数个新茎分枝，7 月中旬至 8 月上旬，当每个新茎分枝达到 4～5 片发育良好的叶片，而且具有较多的新根时即可移栽。方法是将秧苗整墩翻起，剪掉部分地下衰老变黑的根茎，使每株新茎苗带有一定数量的白色新根，用于生产园定植。

3. 组织培养繁殖

组织培养是快速繁殖草莓的有效方法。一个新茎或匍匐茎的生长点（茎尖）一年可繁殖上万棵甚至几十万棵苗。用小的茎尖（0.3 mm）还可培养出无病毒的秧苗，这是一项应用较广的育苗技术。

草莓组织培养繁殖最好选用无病毒的草莓植株。其方法是将草莓茎端采回，经消毒后剥下茎尖生长点，放入盛有培养基的锥形瓶内，封好瓶口，置于培养架上。从消毒后到封口这一过程必须在无菌条件下操作，以防污染。接种在培养基上的茎尖经过一段时间的培养，可以看到分化出的绿色芽点，继而发育成茎、叶和根，形成完整的小植株。为了提高繁殖速度，当初代培养的幼苗长到一定的阶段时，再将其茎尖剪下，接种在新的培养基上，一个茎尖又可分化出多个新苗，如此继续培养多代，即可得到大量的试管苗。当试管苗的数量达到一定的要求时，即可将生长健壮、根系发育良好的小幼苗移至营养钵或培养箱，置温室内培养。培养初期应注意遮阴，并保持 80% 以上的湿度，以保证其成活。当幼苗长出 3～4 个复叶时，即可移入繁殖圃或苗圃。

（二）常规育苗技术

1. 苗圃的准备

苗圃的准备工作是育苗的基础，对幼苗的质量起重要的作用。

苗圃应选在地面平坦、土质疏松、有机质丰富、排灌方便、光照良好的地块上。前茬以小麦、豆类、瓜类等作物为宜；已种过草莓、烟草、土豆、番茄而又未轮作其他作物的地块，不宜作苗圃地用。

草莓为喜肥植物。一般 667 m^2 地施有机肥 4～5 m^3，过磷酸钙 100 kg 左右或磷酸二铵 25 kg。结合施基肥，深翻土地，使地面平整，土壤熟化。

畦宽 1 m，畦长 20 m，畦埂要直，畦面要平整，以便灌水。定植前土壤要适当沉实，以防定植后浇水时幼苗栽植深浅不一或露根，致苗成活率不能保证。

2. 秧苗定植

（1）母株的选择　母株质量的好坏不仅影响秧苗的成活和长势，而且对母株繁殖子苗的多少起着重要的作用。母株最好选用不带病毒的苗。选用的母株要求矮壮、茎粗、根系完整、有较多的新根，且多数新根长到 5 cm 以上，并具有 4 片以上的叶子。

（2）栽植时期　母本园可以秋栽，也可以春栽。秋季栽植在华北地区一般可在 8 月下旬至9 月中旬进行。这时多数秧苗的发育已达到所要求的定植标准，同时气候凉爽，蒸发量小，土壤水分和空气湿度较大，栽植容易成活，有较长的生长期，可保证植株生长健壮，安全越冬。

春季栽植的时期一般在 3 月中下旬，土壤化冻后进行。不同地区可灵活掌握。总之，以在临发芽之前栽植最好。有条件的可带土移栽，成活率最高。

（3）栽植密度　栽植密度应保证每株母苗有 0.5 m^2 以上的繁殖面积，即 667 m^2 地栽植 600～1200 株。定植的株行距应根据畦面宽度而定。1 m 宽的畦面，在中间栽一行，株距为 40～50 cm；1.5 m 宽的畦面，可栽两行，行距为 70 cm，株距为 40～50 cm，以保证足够的营养。

（4）栽植技术　栽植深度是秧苗成活的关键。栽植过深，埋住苗心，不易发苗，且易引起腐烂；栽植过浅，则新茎外露，易引起秧苗干枯，不易成活。理想的栽植深度应掌握在苗心与地平面相齐，达到上不埋心、下不露根。在栽植时应使根系舒展，不要团在一起，以利于根部的生长发育。栽后浇一次透水，而后视土壤的干湿程度决定灌水的时间和次数。

3. 苗期管理

苗期管理包括土壤的水分管理、老叶与花蕾管理等方面。

（1）土壤的水分管理　定植成活后，适当晾苗。在生育期间进行多次中耕除草，使土壤保持疏松，待发生匍匐茎后可不再中耕，但应及时去除杂草。

夏季土壤容易干旱，应根据情况决定灌水的时间和次数。春季当秧苗开始旺盛生长时，可施 1 次复合肥（20～30 kg/667 m^2），可在植株两侧 15～20 cm 处开沟施入；6～7 月大量匍匐茎发生及匍匐茎萌生根后，可撒施一次尿素（5～10 kg/667 m^2），以促秧苗生长；7 月下旬后控制施用氮肥。每次施肥后应结合浇水。有条件的地方可采用叶面喷肥，每隔 12 d 左右喷 1 次 0.5% 尿素或 0.5% 磷酸二氢钾。

（2）去老叶与花蕾　当新栽的秧苗长出新叶后，应及时去掉干枯的老叶。在整个生长季，随着新叶和匍匐茎的发生，下层叶片不断衰老，应及时将老叶除去，可防止老叶消耗营养，也利于通风透光。春季草莓现蕾后，应及时将花蕾去除。除蕾的时间越早越好，以免消耗养分，有利于早生和多生匍匐茎。去花蕾是育苗的关键性措施。

（3）引茎和压茎　匍匐茎伸出后将其在畦面上均匀顺开，以防混交在一起或疏密不均。当匍匐茎长至一定长度时，人工将匍匐茎伸直、摆正，然后在发苗处挖一小坑，用土压在幼苗基部，以利于发根，提高幼苗的繁殖系数。压茎是一项经常性的工作，幼苗随时发生应随时压茎，直到 8 月下旬至 9 月上旬为止。后期发生的匍匐茎生长期短、生长弱，应加以控制，以便集中养分供前期幼苗的生长。例如，计划第二年春季移栽的秧苗可继续压茎到 9 月中下旬。

（4）赤霉素的应用　在母株生长旺盛期和大量匍匐茎发生期，可喷 50～100 μg/g 的赤霉素 1～2 次，以促使母株旺盛生长，早生、多生匍匐茎，提高秧苗的产量和质量。

（5）壮苗　为了培养健壮、整齐一致的秧苗及促进花芽的分化，常采用断茎、断根和假植的方法。

断茎是指当子苗长出 4 片以上的叶子后，可在其同母苗连接的匍匐茎间切断，使其成为一株独立生长的苗。断茎有利于幼苗的独立生长。

断根通常在花芽分化以前 10～14 d 进行。由于断根能挫伤根系，抑制地上部的营养生长，使植物体内的氮素下降，故有利于花芽分化。

假植通常可获得整齐一致的幼苗，日本常采用假植育苗。假植的时间一般在 7 月上中旬。假植时将秧苗假植在早已准备好的假植苗圃内，株行距为 15 cm×15 cm。栽后浇水、遮阴。每天浇一次小水，成活后视干旱程度决定浇水的时间和次数。对假植苗发生的匍匐茎应及时去掉，至 9 月上旬即可移至露地或保护地栽植。

4. 秧苗出圃

当秧苗长至符合生产要求的标准时，即可根据需要出圃。

（1）出圃时期　出圃时间应为当地草莓定植的最佳时期。当大部匍匐茎苗长到 5～6 片复叶时即达到出圃的标准。如出圃后直接定植于生产园或温室大棚，在华北地区可于 8 月中旬前后出圃。出圃时间不宜过早或过晚。过早，子苗生长发育不良，幼苗质量差，影响产量，降低栽植的成活率；出圃过晚，影响花芽分化，降低草莓产量。

如果需用低温冷藏的方法打破其休眠，出圃时期可推迟到 9 月上中旬。经过一定时期（20～30 d）的低温处理，出库直接定植于保护地并于第二天开始保温，使其直接生长。这样处理的幼苗由于打破了休眠，故生长比较旺盛，但应注意避免徒长，以免影响产量。

（2）起苗技术　起苗前如土壤干燥应提前 2～3 d 浇一次水，使土壤保持湿润状态，根系带有湿土，不易被风吹干；起苗深度应不低于 15 cm，以免切断根系；起苗前要切断匍匐茎；定植地点近的最好带土起苗移栽；幼苗起出后如不能及时栽植应用水将根泡起，不使根被吹干。采取以上措施可保证成活率的提高。

（3）秧苗分级　秧苗起出后对秧苗进行整理，除去老叶和匍匐茎。凡叶片达到 5 片以上、根系达到 6～8 条或以上的秧苗作为生产定植用苗；凡不够此标准的幼苗可集中假植一段时间。对于母株分生出的新茎，如苗数量充足应予以淘汰，如秧苗欠缺也可选择新根多的新株使用。

（4）包装运输　对需要远途运输的秧苗，经过整理后，每 50 或 100 株捆成一捆，装入浸过水的蒲包、果筐或麻袋中，使袋内保持湿润。秧苗运到后立即摊开，不使内部发热，并用清水浸湿或用水浸泡根，不使其被风吹干。

（三）特殊的育苗技术

常规育苗只能满足 11 月下旬以后上市的促成和半促成栽培的用苗，但不能满足 10 月下旬到 11 月上旬超促成和抑制栽培用苗的需要。为此必须利用控制环境的育苗装置和设施，以促进花芽提早分化，或者通过抑制已分化花芽的植株生长，来满足超促成栽培和抑制栽培对草莓苗的需要。

1. 低温黑暗处理育苗

低温黑暗处理的苗一要健壮，二要早期成苗，因此早期必须利用保护设施。

（1）早期育苗的管理　早期育苗越早越好。但育苗开始越早，对保温设施的要求越高，育苗的成本也随之提高。最好从 1 月开始。根据日本佐贺县农业试验场东部园艺分场的试验，从3月20日开始定植母株，每隔10 d为1个处理，调查其匍匐茎和合格秧苗的数量（表8-3）；结果表明，定植越早，合格苗的数量越多。

表8-3　不同定植时期的匍匐茎发生数和合格苗数量（'女峰'）

定植日期（月/日）	匍匐茎发生数				采苗数					
					6/16			6/29		
	5/9	5/15	5/22	6/2	假植	插苗	合计	假植	插苗	合计
3/20	3.8	5.7	7.1	13.1	11.3	9.3	20.6	19.3	17.7	37.0
4/1	1.7	3.1	4.7	9.5	7.6	6.3	13.9	11.6	14.6	26.2
4/10	2.8	3.0	5.0	10.5	7.2	7.0	14.2	15.3	10.2	25.5

为了提早花芽分化的时间，以达到10月下旬采收上市的目的，必须确保在6月上中旬能获得足够数量并具有3～4片真叶的健壮秧苗。为此除了提早育苗时间外，还需要把温度控制在30℃左右，并在定植后20 d喷施赤霉素，促使匍匐茎发生数和小苗数量的增加。不同浓度赤霉素的促进作用有一定的差异。

当秧苗在6月上中旬达到3～4片叶时，即可移栽至营养钵内。为了保证成活，在移栽后的一周内应遮阴，并每天在叶面上喷水，5～7 d即可生根。

营养钵育苗的优点是不存在重茬问题，因为营养钵育苗每次都可以配制新的营养土，可以完全避免重茬带来的危害，并且病虫害少，苗整齐一致。

秧苗上钵后，要及时摘除老叶、匍匐茎及出现的花蕾，否则会影响叶片的展开和植株的发育，致使低温黑暗处理时花芽分化不良。在7～8月的高温季节要进行遮阴，使钵内土温控制在30℃左右。遮光率一般控制在50%～60%，遮光不能太强，否则氮的含量增加，碳的含量降低，影响花芽分化。

（2）低温、黑暗处理　在钵内育苗经过50～60 d，一般在8月上旬到中旬，即可入库进行低温和黑暗处理。在入库前，需经低温预冷，低温处理的温度以13～15℃为宜，12℃以下花芽分化晚，15℃以上植株营养消耗大；库内的相对湿度应保持在90%以上。为了保证库内温度和湿度的稳定，入库前预先将库内温度降至10℃左右；在装钵的盘内先灌上水，在处理期间，可根据湿度状况决定灌水或喷水。

处理时间的长短和温度的高低对花芽分化有不同的影响。根据日本野菜茶试验场盛冈支场的试验，'女峰'在5月下旬上钵，培养到30 d时断绝氮素，到60 d时，把重30 g的秧苗置于冷库10℃和15℃的低温黑暗下处理15 d、20 d和25 d，其结果如下（表8-4）。结果表明，15℃比10℃处理的花芽分化更好；处理天数为15 d比20 d的顶花序花数多。

表8-4　低温黑暗处理下温度和时间对花序发育的影响

品种	处理区名	温度/℃	时间/d	定植日期（月/日）	处理有效株率/%	平均开花日（月/日）		处理有效株的顶花序花数
						处理有效株	处理无效株	
女峰	A	10	15	8/5	36	9/20	11/28	51.8
	B	12.5	15	8/5	50	9/24	11/21	44.8
	C	15	15	8/5	83	9/20	11/30	43.9
	D	10	20	8/10	25	9/21	11/27	37.3
	E	15	20	8/10	75	9/24	11/29	31.0
	F	10	25	8/15	50	9/27	11/17	20.8
	G	15	25	8/15	92	9/30	11/18	22.1

2. 夜冷短日照处理育苗

育苗的目的与低温黑暗处理相同，主要是促进花芽提早分化，作为超促成栽培用苗。因此要求在8月上旬前能培养出生长健壮、发育整齐、具有4片以上叶片的秧苗。

草莓花芽分化要求低温和短日照，但作为花芽分化条件的温度和日照并不是单独起作用的，而是相互作用的。研究表明，在'宝交早生'的花芽分化中，温度为17℃、日照8 h经6～7 d的时间即可诱导花芽分化，这是在各种温度和日照组合中诱导花芽分化所需日数最少的组合。不同品种对夜冷短日照处理的反应不同。

3. 长期冷藏育苗

长期冷藏育苗是指是将前一年已经分化好花芽

的草莓苗置于低温下贮藏，暂时抑制其生长，以供抑制栽培使用的育苗方法，其目的也是提早（10月下旬到11月上旬）采收、提前供应市场。

（1）育苗　植株长期冷藏用的苗，必须是耐寒性比较强的品种和秧苗。为此，幼苗要经受充分的预冷，入库时秧苗的氮素要低，氮素过高，则抗寒性降低，植株在冷库中易引起冻害和腐烂。育苗期间如氮肥施用的多，到育苗后期一定要控制施氮量，同时进行断根，抑制过多氮素的吸收。

植株长期冷藏的秧苗，定植后新叶的生长及花芽发育初期，其养分消耗主要靠自身贮藏的养分，因此冷藏的苗必须选择发育健壮的大苗。细根在冷藏期间养分已经消耗，所以根系粗壮且多是秧苗后期生长的重要营养来源。由此可见，植株长期冷藏的秧苗应该选择茎粗、根系粗壮的秧苗，秧苗的重量在30 g以上；花芽分化不易过深，过深在冷藏时易发生冻害，一般要求在花粉和胚珠形成之前，雄蕊和雌蕊形成期比较适宜。

（2）冷藏技术　在北方地区，冷藏开始期一般可在12月初土壤冻结之前，或者在早春2月下旬至3月中旬土壤解冻时进行。由于已经经历了低温的锻炼，贮藏期短，秧苗所受损伤较少。

适宜的冷藏温度是植株长期冷藏的关键。最适宜的冷藏温度是−2～0℃，超过0℃，芽在贮藏中就会萌动，从而导致植株产生霉菌而腐败；温度过低则会引起冻害，若直接降温至−3℃以下则根和芽都会受冻；冷藏前期温度为−2℃，冷藏60 d后降至−4℃，其冷藏效果最好。冷藏初期的温度受植株自身温度的影响。由于植株入库前的体温比冷库中的温度要高，因此贮藏箱中的温度开始比冷库中所规定的温度要高。入库前秧苗的温度越高，则需要的时间越长，因而发生菌或使芽萌动的可能性就越大。所以，从秧苗挖起到入库这段时间内，应把秧苗放到冷凉的地方预冷，以利于贮藏。

草莓属抗寒力强的作物，在休眠状态下，能忍耐−8℃的低温。但是，如芽一旦萌动，其抗寒力将大大下降，遭受冻害而腐烂的危险性就很大。另外，在冷库中贮存的时间越短，不仅耗资越少，而且效果越好。

（3）出库和定植　出库和定植的时期取决于上市和生产的时期。从市场的供应需求来看，从6月至12月上旬是草莓供应的空白，但6～8月正是高温季节，给草莓生产带来了一定困难。因此，以往的抑制栽培重点是以10～11月供应市场为主要目标。但在北方寒冷地区，以夏末、初秋的8～9月供应市场为目标的栽培是完全可行的。

刚出冷库的苗还处于半冷冻状态，而8～9月定植时外部气温仍较高，出库后直接遇到高温是很危险的。因此，刚出库的苗首先应放置在冷凉的地方，使其逐渐适应外部气温。另外，由于长期贮藏，秧苗极度缺水，故定植前必须充分吸收水分。处理的方法各有不同。一种方法是，在苗定植的前一天下午取出，在室内放置24 h，使其自然解冻，再将秧苗放置于水槽中，用水浸泡根部，并使其缓慢从根部流过，以补给部分氧气，连续浸泡3～4 h后，即可用于定植；另一种方法是，早上出库，放置于冷凉的场所，使其自然解冻，适应外部气温，6～8 h后用冷水流过根部，连续处理3～4 h后定植。定植时应剪去腐烂的根和叶。

五、设施草莓的栽培技术

1. 栽植地的准备

栽植草莓的土地，要选择土质疏松、肥沃、通透性好、pH为5.7～6.5的壤土或沙质壤土，灌溉条件较好的海涂围垦地也能栽种。土壤活土层在60 cm左右，0～40 cm处土壤有机质含量在1.2%以上，土壤含水量保持在田间最大持水量的60%～80%。

定植前，对大棚内的土壤进行耕翻。同时每667 m^2施腐熟的圈肥、厩肥2000～3000 kg或合成有机肥500～750 kg，加氮磷钾复合肥50～100 kg作基肥。园地耕翻后，根据地块的纵横长度进行起垄做畦；垄高35 cm，畦沟深30 cm左右，一般要求畦宽（连沟）1 m。

设施草莓栽培浇灌用滴灌设施较好。要求每一畦垄中间拉一条滴灌管道，如果畦垄长度在50 m以内的（大棚一般为50～80 m），可在大棚的一头安装一条粗橡胶管道，利用三通接头，连接到每个畦垄的滴灌管道即可；如果是50 m以上的大棚，可在大棚的中间利用四通接头，连接两边的滴灌管道。

2. 栽植密度与栽植方法

栽植前应对草莓进行修整，摘除干叶、病叶及多余的叶片，每株保留3～4片叶，以减少叶片因蒸腾而消耗大量的水分和养分。另外，如果须根过于长，可以减掉一些长须根，以便萌发更多的新根系。栽植时，每畦垄栽2行，距滴灌管道两边10 cm左右栽植，行距为20～25 cm，株距为15～20 cm。

栽植时，首先顺垄覆盖地膜，压严四周，再在垄床上按栽植密度将地膜打眼刨穴。根系要平展地埋入疏松的土壤中，不能卷曲地放置在一边，苗弓背一侧向外垄肩的方向，使花序着生在垄的两侧，做到深不埋心、浅不露根。不覆盖地膜者可直接在垄床上栽植。采取大棚、小拱棚、地膜覆盖和裸露栽植的，在栽植前均不覆盖地膜，待气温下降到0℃左右再覆盖地膜。

3．休眠的抑制和打破

在促成栽培中，由于低温和短日照易诱导草莓休眠；因此，在促成栽培中，抑制其休眠则是首先要解决的问题。而在半促成栽培中，保温开始时期草莓正处在休眠时期，因此打破休眠则是半促成栽培中必须首先解决的问题。

（1）休眠的抑制　诱导休眠的条件是低温和短日照，而抑制休眠的条件则是高温和长日照。但是，高温和长日照给予过早会影响花芽分化，处理得太迟则草莓已进入深休眠时期，抑制休眠比较困难。因此，抑制休眠的时期必须恰当。

光照的长短和光质对休眠都起着重要的作用。据研究，从10月中下旬起每天给予16 h的光照，既能抑制休眠，又能使花芽分化良好，提高其产量。光照中断和间歇照明能起到与16 h光照同等的作用。

在栽培中，用红色光和近红外线的混合光（白热灯）作为光照处理的光源是十分有效的。单独使用红色光或近红外线，对休眠和成花的作用不同。红色光有利于叶的伸展，抑制花芽的分化，而近红外线则有相反的作用。

高温是抑制休眠的重要因素。如果把30℃抑制休眠的效果作为1，那么22. 5℃则相当于2/3；而27℃以上相当于30℃处理的效果，18～27℃等同于22.5℃处理的效果。在促成栽培中，既要考虑休眠的抑制，又要不影响花芽的继续分化，尤其是腋花芽分化的顺利进行，因此昼夜温度必须适当。据研究，白天温度在26～27℃，而夜间温度维持在12～13℃，对抑制休眠和腋花芽的分化都是有利的。

赤霉素具有抑制休眠和打破休眠的作用。长日照处理促进了内源赤霉素的产生，而外源赤霉素被吸收后具有与内源赤霉素同样的作用。赤霉素处理后，其效果在第三天即可用肉眼看到；而长日照处理，至少要1周后才能看到。赤霉素处理1次的效果可维持10 d左右，无光照且低浓度反复处理可起到同样的效果。当出现叶柄伸长、叶面积扩大后应停止处理。赤霉素施用的浓度因休眠的深浅而不同，休眠浅的品种浓度低些，休眠深的品种浓度高些，一般适宜的浓度为5 ～10 μg/g。

（2）休眠的打破　低温、短日照可诱导草莓休眠。而进入深休眠期的草莓，需要满足对低温的要求才能打破休眠。在基本满足低温要求的前提下，高温、长日照、赤霉素对打破休眠和生长有明显的促进作用。

打破休眠的温度为13℃以上，温度越高，效果越好。打破休眠的有效温度可分3级，即13～18℃、18～27℃、27℃以上，它们打破休眠的效果的比率为1：2：3。30～35℃的高温不仅有促进打破休眠的效果，而且能防止植株矮化。

对打破休眠的日照长度的界限目前还不十分清楚，但是13.5 h白炽灯的光照和11 h左右的自然日照，都具有促进打破休眠的效果。另外，光照的中断和间歇具有与16 h光照处理同样的效果。

赤霉素不仅有抑制休眠的作用，而且有打破休眠的作用。其浓度为5～10 μg/g，在保温后10周内喷1～2次，即可起到打破休眠的作用。不同品种施用的浓度不同。休眠浅的品种，如‘春香’‘丰香’‘丽红’‘静香’‘女峰’等一般用5 μg/g；而休眠深的品种如‘宝交早生’‘全明星’‘哈尼’等品种则需用10 μg/g。

由上述可见，无论是促成栽培还是半促成栽培，在保温后，给予高温、长日照和赤霉素处理是一项首要实施的技术措施。

六、盖棚前的管理

栽植后至盖棚前，是草莓地上部和地下部的迅速生长期，要做好以下的管理工作。

1．追施薄肥

在秧苗成活后到盖棚前，每隔7～10 d，追施稀薄人粪尿加0.2%复合肥。

2．摘叶、摘茎

要及时摘除病叶、黄叶、匍匐茎及早期抽生的腋芽，只选留顶花序两侧的两个侧芽。若是生长过旺、叶片过多，在盖棚前还可再次摘叶，只留健壮叶5～6片即可。

3．防治病虫

要及时防治白粉病、芽枯病、灰霉病的发生和斜纹夜蛾、蚜虫等的危害。

4．铺设地膜

用0.03～0.05 mm的黑色聚乙烯薄膜铺设地膜，在松土除草、防病治虫、追肥一次（每公顷用复合肥150～200 kg），以及在畦土内铺滴灌管之后再铺上。

七、盖棚管理

1．盖棚时期

促成栽培的盖棚时期：一般在10月20日到11月初。早盖棚则会使侧花芽分化受到抑制而变成匍匐茎。

半促成栽培的盖棚时期要根据品种特性和气候状况而定。通常情况下，草莓在11月中下旬休眠最深，以后逐渐觉醒。所以，要在该品种完成一定的低温需求时进行，是12月中旬至翌年1月上旬。

2. 棚内管理

（1）*温度管理*　促成栽培与半促成栽培的温度管理略有不同。

1）促成栽培的温度管理：在盖棚初期的7～10 d，白天温度保持在25～30℃时开始换气，最高温度不超过35℃；夜间温度保持在8℃以上，日平均温度为15～20℃。当夜间温度降至5℃时，加架小拱棚保温，使温度不低至5℃以下。盖棚10 d后到开花前，白天温度保持在25℃，最高不超过30℃。

开花期，白天温度为23～27℃，夜间温度为6～8℃。因为花粉萌发的适温为25～27℃，故若温度在40℃以上，则花粉活力下降。温度在20℃以下时，雌蕊柱头变色，雄蕊花药变黑。开花后至果实增大期，白天温度为20～25℃，夜间温度保持在5℃。果实采收期，白天温度为20～23℃，不要高于25℃，夜间温度保持在5℃以上。

2）半促成栽培的温度管理：开花前，白天温度保持在25～30℃，夜间温度在12～15℃。开花后至果实膨大期，白天温度保持在20～25℃，夜间温度在8～12℃。果实采收期，白天温度为18～20℃，夜间温度为5～8℃。若夜间温度达不到要求时，则可以在棚外加盖草帘或者在棚内加架小拱棚保温。

（2）*湿度管理*　空气相对湿度在40%左右时，草莓的花粉萌发率最高。空气相对湿度在20%以下或80%以上，都会影响授粉受精。所以，棚内的空气相对湿度应控制在40%～60%为宜。在果实采收期，若棚内湿度太大，易使果实感染灰霉病。因此，应经常通风换气降湿，并用地膜在畦面与沟道进行全面覆盖，阻止水分蒸发；还可在走道上再铺稻草，这样既可吸湿，又方便行走。

（3）*光照管理*　草莓是适宜在低温、低光照条件下栽培的作物。在光照10 000～30 000 lx、温度15℃时，同化作用最高，到25℃时开始下降。所以，草莓冬季大棚栽培，棚内的光照在10 000 lx以上、温度在15℃以上，是满足草莓同化作用要求的。

（4）*棚内追肥*　草莓的施肥，除了施足基肥及盖棚前每隔7～10 d共施2～3次薄肥以外，还需要在棚内多次追肥。三个主要的追肥时期分别为：11月上旬，当顶花序顶果达到拇指大小时；11月下旬，顶果开始采收时；12月中旬，顶花序采收盛期。以后，在各花序开始采果时，棚内间隔20 d追肥一次，棚外间隔15～20 d追肥1次。

追肥的方法，都是结合灌水，用软滴管渗入土中。但是给草莓施肥应注意以下几点。

1）草莓的施肥量是根据产量要求去衡量的。若施肥过多，会产生盐胁迫。在大棚栽培时，若基肥过多，则会推迟侧花芽的分化。

2）草莓对K素和N素吸收较多。在盛产期，需K量大于需N量。从果实膨大期到旺产期都以N素和K素为主，而对P素吸收较少。P素主要在基肥时施入。

3）施肥要看叶色和果实的肥大情况而定。如叶色淡绿或发黄，果实肥大困难，就是缺少N、K，要追施N肥和K肥；若是叶色浓绿，则不必追肥而以灌水为好。

4）N素促进了顶花芽的发育，却抑制了侧花芽的分化。因此，要使N素的肥效在侧花芽完成分化以后才发挥为好。

5）根据生长和结果情况，增加N、K素的用量。如生长衰弱，以增施N肥；结果多，要增施K肥。

6）施用液肥的浓度，要控制在0.3%～0.4%，高浓度肥液易发生肥害。

（5）*赤霉素处理*　在草莓促成栽培时，采用赤霉素处理，可防止植株进入休眠，促使花梗和叶柄伸长，增加叶面积，促进花芽分化。这种处理与长日照处理的效果相似。

处理时期：在保温3 d后开始，2周内完成。处理浓度和次数根据品种不同而异。休眠浅的，可以不处理或处理1次，浓度为5～8 mL/L；若休眠是中等程度的，则要处理2次，两次相隔7～10 d，浓度是10 mL/L 。每株喷液5 mL，喷在苗株的心叶上。要注意喷液量不能过多，以免使叶柄和花梗细长，坐果率下降。要在晴天露水干后喷射，处理后4～5 h将温度维持在25～30℃。喷后2～3 d，棚内温度应保持在27～30℃。

（6）*疏摘芽叶*　从栽植后到采收结束，要经常摘除部分的芽、叶、花茎等，并整理植株。

1）摘芽：在顶花序抽生前，只保留一个顶芽。待顶花序抽生、腋芽相继抽生时，选留2个粗壮而方位好的腋芽，摘掉其余的腋芽。以后还有抽生时，都要及时摘掉。

2）摘叶：按照每株有3个分株、有3～5个花序、保留15～16片叶的标准进行摘叶。随着新叶的展开，要及时摘除老叶、黄叶、病叶，以利于通风透光，减少病害。

3）摘花茎：促成栽培的草莓，顶花序在翌年的2月底至3月初采果结束；第一和第二侧花序在3月下旬至4月上旬采果结束。这时，为了促进新花序的抽生，应及时摘掉老花茎。

第四节　设施柑橘栽培

一、概述

柑橘是指包括芸香科（Rutaceae）和柑橘亚科（Aurantioidae）的一群具有柑果类特征的果树。它是世界上栽培最多的一种果树，也是我国最重要的果树之一。柑橘作为经济栽培的有枳属（*Poncirus*）、金橘属（*Fortunella*）和柑橘属（*Citrus*）。枳属只有枳一个种，其耐寒性极强，是多种柑橘的良好砧木；金橘属有山金柑、罗浮、圆金柑、长叶金柑4个种和金弹、长寿金柑两个杂种；柑橘属是最主要的一个属，柑橘的大部分栽培种均属于柑橘属，分为大翼橙类、宜昌橙类、枸橼类、柚类、橙类和宽皮橘类等六大类。

设施柑橘栽培是一种新型的柑橘生产栽培模式，它指的是通过温室、大棚、薄膜覆盖等设施进行柑橘生产栽培，从而达到提高品质、提早或延迟上市的目的。发展设施柑橘栽培，将成为未来我国柑橘产业的一个重要方向。

设施柑橘栽培首先出现在17世纪末的法国，当时法国建设的凡尔赛大温室正是用于柑橘的设施栽培。目前，世界上设施柑橘栽培最主要的国家是日本和韩国，其中日本的栽培面积最大，其技术也最先进。我国于20世纪80年代中期开始发展设施柑橘栽培，起步较晚，但发展较快。随着我国柑橘的市场竞争越来越激烈，许多科研院所开始研究探索设施柑橘栽培技术。例如，通过覆膜进行避雨、控湿、防霜、保温及减轻低温冻害，以提高柑橘的品质，减少越冬落果。

二、设施柑橘栽培的类型

设施柑橘栽培的类型按设施的不同，可分为简易设施和高级设施。简易设施包括避雨棚、树冠覆膜、保温大棚、地膜覆盖等；高级设施包括玻璃温室、薄膜连栋温室、薄膜大棚等。

简易设施栽培主要起到调控水分、保温、防冻等作用，以提高柑橘的品质、产量及进行完熟采收。例如，在广西阳朔、福建尤溪等金柑产区，应用简易大棚或薄膜覆盖，能避雨防裂果、防范霜雪冻害风险，有利于提高果实品质、留树保鲜、延期采收，但防寒效果有限。如出现−4℃以下的低温天气，金柑会遭受冻害。

高级设施栽培可以通过加温、降温、控水、控肥等措施调节柑橘的生长环境，提早或推迟成熟期，可获得较好的经济效益，但建设成本较高，适用于观光柑橘园与高端柑橘的生产。

三、简易设施栽培

1. 品种与作用

柑橘的简易设施栽培，因目的不同，所选用的品种类型也不同。也就是各品种的柑橘，都因有不同的目的要求而利用简易设施进行栽培，其作用包括以下几个方面。

（1）完熟栽培　　完熟栽培即让果实充分成熟，要求比该品种果实的正常采收期延迟1个月以上才采摘。例如，早熟温州蜜柑，本来采收期在10月上旬，却要推迟到11月上旬或更迟的时间而采摘。因此，果实的糖度增加，风味较甜，果色增艳，质地更柔，品质提高。完熟栽培的柑橘，采用大棚覆盖后，既可避免果实因雨水而降低糖度；又可避免因突然低温霜冻而使果实遭害。

（2）促进成熟　　椪柑、脐橙、金柑等晚熟柑橘品种，往往由低温而导致寒害或冻害；所以，在没有完全成熟时就采收，影响品质，且果实因早采容易枯水。经大棚避雨栽培，可避免雨水过多而风味变淡及霜冻危害，还由于增加有效积温，促进成熟，因而提高了品质。

（3）留树贮藏　　伊予柑、中熟温州蜜柑等采用简易设施栽培，达到留树贮藏、提高果实品质、增进风味的目的。采用大棚避雨栽培后，不仅能够达到留树保鲜的目的，还可以减少落果与果皮伤害而造成的损失。国内金柑的主产区中，常以简易大棚或直接覆盖的方式，将金柑果实留树保鲜至翌年2～3月采收。

（4）减少裂果　　脐橙和柚类的裂果严重。裂果的原因常与降雨等水分的激烈变化有关，而大棚避雨栽培就能防止降雨导致的水分激烈变化，减少裂果。

2. 建园与要求

大棚避雨栽培的园地，一般采取密植，如行距2.5 m、株距2 m，或行距3 m、株距2.5 m。并有以下要求。

（1）园相整齐　种植的柑橘树龄要求5～20年生。园内无缺株，园边无挂零的植株，全园整齐。这样可以充分发挥大棚的效用。

（2）树冠低矮　要求采用低干矮树冠的整形方式，主干高度在10 cm以下；树冠高度在2.5 m左右，不超过3 m。这样既便于盖棚操作，也可减轻风雨的压力。

（3）选择园地，要注意以下三点　①不是山麓的凹地和两山的夹谷，避免冷空气凝聚；②不是地势低洼的地块，避免园地积水，并要在果园的周边，开挖排水畅通的沟道；③不能建在大风直袭的风口。

（4）树势健壮　建立大棚的园地，园内各株树体的长势基本健壮，无严重的病虫危害。

（5）有良好的结果性能　园地内的树体，大多能结果良好；每667.7 m^2的产量为1500～2000 kg，这样才有可能获得较好的经济效益。

3. 盖棚与要求

柑橘大棚避雨栽培，采用天幕式避雨设施（图8-5）或棚架式避雨设施（图8-6）。采用的塑料薄膜是以聚乙烯为原料的长寿无滴膜或复合多功能膜，这些薄膜的优点是无滴性、透光性好，使用寿命长。

盖棚时间因品种和目的要求不同而异，大概的时间如图8-7所示。具体的盖棚时间还应根据不同品种柑橘树的物候期略有提早或推迟。盖棚之前，应将施肥、防治病虫害等工作做好，才进行盖棚。

图8-5　天幕式避雨设施

图8-6　棚架式避雨设施

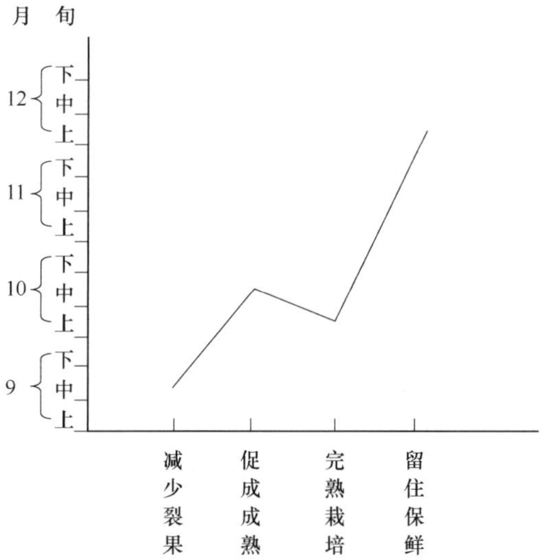

图8-7　柑橘避雨栽培的盖棚时期

4. 盖棚后的管理

盖棚后的管理工作包括以下几个方面。

（1）遮阴　南方的气候在9月光照较强，需要用遮阳网进行遮阴，以防日灼。

（2）揭膜　大棚避雨设施虽然盖的膜是西边凌空的，热空气可以从四边排出，但是常因薄膜在顶部覆盖，而在薄膜内形成高湿、高温的环境，造成大量落叶。所以，在晴天不仅需要用遮阳网降温，还需要揭开盖膜，让果园空气流通。在夜间或下雨前，再将薄膜覆盖。

（3）排水　大棚避雨栽培的柑橘，既要防避降雨，又要防止园地长时间浸水，因此需要挖深排水沟。

（4）防治病虫　虽然在盖棚前，已经进行了病虫防治，但是大棚覆盖后，病虫害如炭瘟病、树脂病、红蜘蛛、锈壁虱等仍有发生。因此，应注意及时防治。

（5）根外施肥　大棚覆盖的柑橘为了增进品质，需要用0.3%磷酸二氢钾或0.2%硫酸钾等进行根外施肥。

四、温室栽培

柑橘温室栽培因其热源不同，有人工加温型和日光保温型两类。前者要用重油、煤炭、电热等加温以促成栽培，它可以根据市场需要，采取不同的加温开始时期与不同的温度和湿度管理，获得不同时期成熟的柑橘果实，投放市场；后者只是利用棚室保温和日光蓄热，使达到提早成熟、完熟采收、提高品质的目的。若是只用棚室保温管理的，它只能适用于伏令夏橙等越年成熟的柑橘品种和耐寒力较弱的柠檬类品种。若是在棚室内安装吸气风扇和地下管道，将白天的热空气加以贮存，待夜间再慢慢地释放出来；这样的保温管理，就能用于特早熟温州蜜柑、早熟温州蜜柑等的提早成熟和伊予柑、脐橙等的完熟栽培。

（一）品种选择

对适合在温室内栽培的柑橘品种的要求有以下几个。

（1）结果性能好　要求在去除棚室后，通过加强培育，萌发出来的枝梢，包括春、夏、秋梢或长、短、纤弱梢，都能成为结果母枝。这样，才不会使温室柑橘有大小年结果的现象，利于温室栽培的需要。

（2）果实品质好　要求被选用的柑橘品种，经温室栽培而生产出来的果实，在市场上能够优质优价，这样才能获得较高的栽培效益和销售效益。

（3）生长势强健　要求抗逆性强，如能抗热、抗旱、抗涝、抗病虫等。

根据以上要求，目前大多采用早熟温州蜜柑中的宫川系品种。

（二）定植要求

栽植措施对柑橘温室栽培的影响很大，具体要求有以下几个方面。

（1）树体培养　温室栽培的柑橘，要求树体健壮。如果采用宫川系温州蜜柑，最好以枳壳为砧木；因为枳壳砧具有抗性强、结果性能好、树形偏低等特点。这些树体，一是另择园地培养，待树龄3年生、冠高1.5 m、冠径1 m时移栽；二是在计划建造温室的土地上，将树体种植，并经过3年以上的培养，待树体达到温室栽培的要求后，才建造温室。

（2）定植时期　若在温室原地培养树体，可在春季2月下旬至3月中旬或秋季9月下旬至10月上旬定植。因秋季土温高，栽植后有一段恢复时间，翌年发芽早，抽梢整齐。如是从苗圃培养后再移栽的，要在建造温室前1个月定植。

（3）定植准备　无论苗圃或温室原地，在定植前，都要经过翻耕，施入腐熟的人畜粪、饼肥等为基肥，再行栽植。若是为了限制地下水向上渗透的需要，应在施基肥以前，将塑料或陶瓷制成的栽植槽埋入，再在槽里进行施基肥与栽植。

柑橘苗一般采用带土栽植。若不带土栽植，柑橘会出现缓苗期，影响生长。栽植时，切忌深栽；因为深栽生长不良，根颈部易患病害。栽时根系要舒展，踩紧，使根系与土壤充分接触。栽好后，要浇足定根水，待水下渗后，上面再盖一层细土。秋季栽植，要在根部铺草，一个月内要经常浇水。

（4）栽植距离　温室柑橘的栽植距离，不是根据树冠大小而定的，而是根据建造温室的长度和宽度而定的。要求密植栽培，以能充分利用温室。例如，温室宽10 m的，可以栽种4行，行距在2.5 m左右；宽5 m的，可以栽种2行，行距为2～2.5 m；宽3 m的，可栽1行或2行，行距为2 m；宽2.5 m的，只栽1行就行。而株距，一般是2 m左右。

（5）栽后灌水　栽植以后，要充分灌水，以加速树体成活。灌水的方法，可以漫灌、沟灌、地下滴灌，也可以结合根外施肥，树冠喷灌。

（三）整形修剪

整形与修剪工作，大多在建造温室前进行。如果是已在温室原地，并且需要多年使用的树体，其整形与修剪要在加温以前完成。

1. 整形

柑橘幼龄树的整形是为了培育分布均匀的坚强骨架，形成高产、稳产的树形。整形时，首先必须确定主干的高度，因为主干的高度对树冠形成的快慢、进入丰产期的迟早关系较大。矮干是设施柑橘整形的趋向，树冠高度在2.5 m以下。柑橘的定干高度因种类及立地环境而异，一般甜橙主干留30 cm，宽皮橘类留25～40 cm，柚及柠檬留50 cm。主枝数的多少，也应按照品种、树势、土壤及整形方式而定。

我国柑橘一般采用自然圆头形整形，这种树形没有明显的中央主干。第一年定植后未经苗圃整形的苗木留40～50 cm剪断，待发梢后，在主干离地25 cm以上处选留生长强壮、分布均匀的新梢3～4枝作主枝，其余的酌情暂留作辅养枝；第二年春芽萌发前将所留主枝适当短截，发芽后留一强梢作主枝延长枝，其余作侧枝，若主枝已相当长，可在距主干 35 cm 外留一副主枝；第三年后继续培养主枝与选留的副主枝，配置侧枝，使树冠尽快扩大。主枝要保持斜直生长，以维持其生长强势，并陆续在各主枝上相距 50 cm 左右处选留 2～3 个副主枝。在主枝与副主枝上，配置侧枝使其结果。

椪柑等树形直立的品种，由于分枝角度小，不利于早结丰产，应将选留主枝的角度拉成 45°～55°；而温州蜜柑等抽枝较长、易开张披垂的品种，应及时摘心或采用撑扶措施，以培养开张适度、粗壮坚实的骨干枝。

2. 成年树的修剪

成年柑橘树的修剪在于保持健壮的树势、改善透光条件、调节生长和结果的关系，使生长发育良好，获得丰产、稳产。修剪主要是在采果后至春梢萌发前进行，冬季有冻害的地区可推迟至早春进行。一般以疏剪为主，要求树冠保持“中空外旺”，并做到各枝梢不交叉重叠，能通风透光，增大结果面积。修剪时除剪去干枯枝、病虫枝外，还应注意以下几类枝梢的处理。

（1）结果枝和结果母枝　采果后，对结果枝衰弱、叶片黄化的，可自基部剪除；对生长健壮的，只剪去果梗。但在同一结果母枝上，有健壮的营养枝能作为明年的结果母枝时，可剪去结果枝，保留营养枝。结果母枝衰弱的，可从基部剪除，或者自抽生营养枝处短截。

（2）二、三次梢　水肥充足、生长旺盛的结果树，易抽二次梢或三次梢。这些枝梢多是优良的结果母枝。为了保持每年有一定数量的结果枝与营养枝，对全树抽发二、三次梢较多者，可在基枝顶部保留 2～3 条壮梢。对其中生长中等健壮的一枝不短截，留供明年结果；另一枝短截 1/3，使明年开花结果并抽发营养枝；对生长较强的一枝，短截 1/2～2/3，以刺激抽发健壮的营养枝，作为后年的结果母枝。对全树抽发二、三次梢较少者，则去弱留强，保留 2～3 枝结果。

（3）下垂枝　幼龄树适当保留，让它提早结果；成年树下垂枝生长弱、结果不良者，可在弯曲下垂部分短截，使其向上生长。对丧失结果能力或妨碍农事操作的，可从基部去除。

（4）内膛枝　内膛枝的结果能力依品种而异。甜橙、蕉柑、柚等的树冠内部枝条能够结果，不能随便删疏，只有过于郁蔽时才进行修剪；椪柑等的内膛枝结果能力差，可剪去密不见光的弱枝。

（5）交叉枝、重叠枝　在树冠内常有过密的侧枝交叉或重叠，互相干扰，必须根据枝梢伸展的方向，留空去密、留强去弱，并剪去向内生长的枝条。

（6）徒长枝　徒长枝易扰乱树形，应及时剪去。但若发生在树冠空隙处，可适当短截，促进分枝，补充树冠空隙。

柑橘的夏季修剪，主要是抹芽控梢，即抹除和短截夏梢，这既可防止因夏梢猛抽引起落果，又可为翌年的丰产培养好的结果母枝。放梢时间以立秋至处暑为宜，依气候和植株强弱等条件而异。放梢时，应结合施肥灌水，促发秋梢。但是，在福建平和的柚产区，通常以春梢为结果枝和结果母枝，因而柚树不进行夏季修剪，柚树的夏梢对果实的发育和秋梢并无影响。

（四）促进成花结果

柑橘的设施栽培，首先是要促其成花与结果。因为柑橘的花芽分化虽然在秋季就开始了，但是要待 4 个月以上的时间，才能使花芽分化完全结束。温室栽培的柑橘，既要保证其能够健壮地分化花芽，又要加速其花芽分化进程；既要比露地栽培的柑橘能提早开花，又要促使其提高结果率。所以要做好温度、湿度和营养等管理工作，促进柑橘树的成花与结果。

1. 温度管理

柑橘的花芽分化不需要较高的温度。Lenz 曾试验过：在日照时间为 8～12 h 的条件下，脐橙的花芽分化只需在日温 24℃、夜温 19℃时就能进行。因此，温室开始加温后，最高温度应控制在 23℃，最低温度为 17℃，绝不能让温室的温度升得过高而形成落叶或者对花芽发育有影响。花期的温度也不宜过高，应控制在 25℃。若是温度过高，也会形成落叶，并且对授粉受精不利；而温度过低，使花蕾发育不良，开花期延长。

2. 湿度控制

适度干旱能促成柑橘的花芽孕育。因此，温室栽培的柑橘要严格控制空气湿度和土壤水分。在开始加温前，要充分灌水，其灌水量约为平时供水量的 3 倍。加温开始以后，要求空气相对湿度不能过高，一般都在 80% 以下（图 8-8）。尤其是花期，要求空气相对湿度较低。若是空气相对湿度偏高，则一是树体容易发病，二是容易烂花，结果率偏低。

一般认为，土壤含水量相当于田间持水量的 60%～80% 时，最适于柑橘的生长发育。而温室栽培的柑橘，除了在加温开始时的土壤含水量较高外，从花蕾期开始，都要求土壤含水量较低。尤其是花期，只要求土壤含水量在 40% 左右。

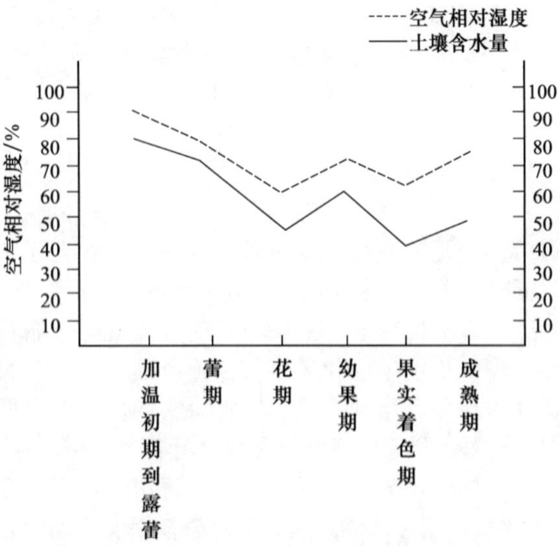

图 8-8 设施柑橘对空气湿度和土壤水分的要求

3. 土壤施肥

温室柑橘的用肥，常根据叶分析结果来判断，做到科学用肥。如果不能先分析而后用肥的，也要求能够根据叶色与计划结果量的多少确定肥料的用量，并注意有机、无机，三要素为主的肥料配合。

（1）幼龄树施肥　柑橘幼龄树的施肥，主要是促进各次枝梢的生长，使树冠迅速形成，提早进入结果期。施肥时应根据抽梢及根系的活动时间，分期多次施用。通常分别于春梢、夏梢、秋梢前各施一次肥料，冬季再施一次有机肥。若能在生长期中勤施薄肥，效果会更好。

（2）成年树的施肥　成年柑橘树的施肥，要抓紧下列几个时期。

1）采果肥：其作用是恢复树势，提高树体的越冬能力，增加树体内的营养积累，促进花芽分化。这次肥料最好分两次施用，在采果前先施一些化肥，采后再重施有机肥，这对丰产树尤为重要。采果肥应占全年施肥量的1/3左右，每公顷需要45～60 t有机肥。此外，对于酸性土壤，可结合深翻每公顷撒施0.75～1.5 t石灰，以中和酸性、增加钙素、改良土壤。

2）梢前肥：在春季萌芽前施肥，可以促进春梢生长健壮，增加有叶果枝，并供应开花和果实生长发育的需要，为当年结果和培养结果母枝打下良好的基础。这次施肥一般在萌芽前一个月施用，施用量约占全年的10%，以氮肥为主，每公顷约施有机肥22 t。此外，也可在花蕾期补施速效氮肥，促使花器官发育完全，提高着果率。温州蜜柑初果树因春梢萌发，易引起落花落果，所以不施梢前肥。

3）保果肥：从花谢后至5～6月幼果增长期间，养分需要量很大，若养分不足，则容易引起落果。这次施肥除施氮肥外，应结合施用磷肥，其施肥量要根据树体的情况而定。对于花果较多者应于花谢后每公顷施22 t有机肥，并加600 kg过磷酸钙；对于树势旺盛、叶色浓绿、花果较少者，应适当少施或不施，否则会促发夏梢，造成大量落果。

4）壮果促梢肥：7～9月，果实迅速膨大，而且又是秋梢（次年重要的结果母枝）的抽生季节，所以是柑橘重要的需肥期。这次施肥既能保证果实迅速长大，又可促抽健壮的秋梢，为翌年丰产打下基础。这次的施肥量应占全年的1/3。

由于柑橘根系的分布大体上与树冠的生长相对称，吸收肥料能力最强的细根多分布在树冠外缘的土层中，所以施肥时要在树冠两侧外缘开深20～30 cm、宽30～40 cm的沟，沟长依树冠的大小而定。也可在树冠下面挖几条放射状条沟，沟宽30 cm，近主干一端浅些，靠树冠外围一端深些。各次施肥的开沟位置要轮换。

（3）根外追肥　柑橘也常结合喷农药进行根外追肥。常喷尿素、过磷酸钙、硫酸钾、磷酸二氢钾、硼砂及其他微量元素。根外追肥的溶液浓度见表8-5。

表 8-5 根外追肥的溶液浓度

肥料种类	喷布浓度 /%	肥料种类	喷布浓度 /%
尿素	0.3～0.5	磷酸二氢钾	0.2～0.4
硫酸铵	0.3	硫酸锌	0.1
硝酸铵	0.3	硫酸镁	0.3～0.5
过磷酸钙	1.0～3.0	硼酸、喷砂	0.05～0.2
草木灰	1.0～3.0	硫酸锰	0.05～0.1
硝酸钾、硫酸钾	0.5	硫酸亚铁	0.05～0.1

断根是促进成花的一项措施。断根的方法有两种：一是加温前搬移树体，伤断部分根系；二是加温前一个月，土壤全部深翻。这样能让柑橘树在断根后积存较多的碳水化合物，促进花芽发育；并且在翻耕的同时，将大多数经过发酵的肥料施入土壤中。所以，在加温以后，除增施钾肥外，一般不再进行土壤施肥。这种加温前施足肥料的目的，是让柑橘树在加温后能很快吸收各种营养。

4. 套种绿肥

通常果园中土壤每年消耗约2%的腐殖质，所以及时大量补充有机质是维持和提高柑橘园地力的必要措施。幼龄树果园套种绿肥是解决柑橘肥源的一个重要途径。尤其是套种豆科绿肥，依靠其根瘤菌的固氮作用，提高土壤中的含氮量。绿肥翻埋后通过微生物的分解成为腐殖质，能使土壤形成团粒结构，提高土壤的保水、保肥能力。绿肥覆盖还能调节地表温度，并防止水土流失。

适合柑橘园栽培的绿肥品种，必须能适应当地的条件、生长迅速、植株矮、茎叶多、覆盖面大、种植繁殖系数大，而且尽量不与柑橘争水肥。常用的果园绿肥有‘印度豇豆’‘乌绿豆’‘九月白’等。

（五）促进果实成熟

温室栽培的柑橘，有与露地栽培柑橘不同的成熟期。要根据市场需要，增加可溶性固形物含量，使之完全着色，促进果实成熟。这些过程也是需要靠温度和湿度调控的。

1. 调节温度

所谓调节温度就是要在果实已经充分发育后，通过人为的管理加大昼夜的温差。即要使白天既能日光充足（光照强度在70%以上），又使温度在25℃以上（最高温度不能超过35℃）；而夜间的温度要降到20℃以下。如果夜间的温度能降至10℃左右，还能减少碳水化合物的消耗，有利于果实着色和提高可溶性固形物的含量。

2. 控制湿度

湿度是提高温室栽培柑橘果实的可溶性固形物含量和果皮颜色的关键技术之一。如图8-8所示，花期和果实着色期土壤的含水量最低，只有40%左右；而空气相对湿度以果实着色期最低，在65%以下。采果前水分多、湿度大、则果实糖分含量低、风味淡。所以，不仅应停止灌水，还应停止在温室内喷水。

3. 辅助措施

利用化学药剂作为辅助措施，可提高柑橘果实的可溶性固形物含量、促进着色。因此，在温室栽培柑橘时，可以参考使用以下几种化学药剂。

（1）*三十烷醇*　以0.1 mL/L三十烷醇于始花期、生理落果前期、壮果期等，连续喷洒3～4次，对提高坐果率、增加果重、增加果实的可溶性固形物含量、增加果面的光泽度和色泽等都有作用。

（2）*石硫合剂*　在幼果期喷洒0.3°Be石硫合剂2～3次，既可杀螨防病，又能够使果实增加糖分和色泽。

（3）*增糖灵*　在采前20 d，喷洒600 mg/L增糖灵1次，能增加糖分、促进成熟。

（4）*矮壮素*　在盛花末期和第二次生理落果前期喷洒200～300 mg/L矮壮素各1次，既能增加可溶性固形物含量，还能使果色鲜艳。

（5）*5406细胞分裂素*　用5406细胞分裂素1000倍液于谢花后和幼果期各喷1次，可使果皮厚度降低，含糖量提高，还能提早成熟。

（6）*坐果灵*　在花谢2/3时和幼果期，喷洒30 mg/L坐果灵各1次，既能增产，又能增加果实色泽。

第五节　设施枇杷栽培

一、概述

枇杷属于蔷薇科（Rosaceae）枇杷属（*Eriobotrya*）植物，是我国南方重要的水果，在我国已有2000多年的栽培历史了。枇杷主要分布在我国长江以南各省，其中以浙江余杭的塘栖、黄岩，福建的莆田、云霄，江苏吴县的洞庭山及安徽的歙县和安庆等最为集中。除我国外，日本、印度、以色列、美国、澳大利亚等也有分布。

枇杷一般按果肉色泽和果形进行分类。按果肉色泽可分为红砂类（红肉类）和白砂类（白肉类）。红砂类一般生长强健，栽培容易，产量高，肉质较粗，耐贮运，很适合于加工；白砂类的生长势较弱，果肉质细，适于鲜食。按果形可分为圆果和长果两类。圆果类的果核较多，长果类的果核较少。

枇杷栽培容易，生长快，结果早，有较大的发展潜力。可是，因为枇杷的采收季节较短，鲜果又不耐贮藏。所以，市场上除了糖水枇杷罐头能够常年供应外，鲜果在过了采收季节后就难以寻觅了。如果将枇杷通过设施栽培，使果实能够提早成熟或延迟采收，将有助于提升枇杷产业的发展水平。

枇杷是设施果树栽培中比较容易成功的树种之一。枇杷花芽分化期为夏、秋季，与许多果树相似，但是大多数果树从花芽分化到开花历经8～9个月，时间较长。枇杷花芽分化后，只经过2～3个月，就会孕蕾开花；其早性花从9月下旬直至翌年的2月中旬都能陆续开花、结果，花期长，坐果多。所以枇杷的设施栽培，无需促花、促果。由于有着较高的经济效益，近年来在福建、浙江一带的枇杷种植区较流行设施栽培。

枇杷的设施栽培，主要是大棚保温栽培。通过塑料大棚的保温效能，既避免冬季和早春的低温霜冻危害，又促使果实加速发育，提早成熟。

二、品种选择

用于大棚保温栽培的枇杷品种要以鲜食为目标，要具有果型大、果色艳、糖度高、早熟性、生长势强健等优良特性，具体要求如下。

（1）果型大　要求红砂类（如‘大红袍’）枇杷的单果重在 50 g 以上；白砂类枇杷的单果重在 30 g 以上。

（2）果色艳　果皮要具有本品种固有的特色，即红砂类枇杷的果皮色泽为橙色或橙红色，白砂类枇杷的果皮色泽为黄色或橙黄色，着色均匀，锈斑较少。

（3）糖度高　要求红砂类枇杷的可溶性固形物含量达 12% 以上，白砂类枇杷的可溶性固形物含量达 14% 以上，鲜食味感较甜。

（4）早熟性　枇杷果实的成熟期因各地的气候条件不同而有地域性。例如，福建枇杷的成熟期要比浙江早，浙江南部比浙江北部早。所以，只能认为该枇杷品种在当地要比其他品种的开花期早，果实成熟期也早。

（5）生长势强健　对干旱、积水、寒冻及主要病害的抗性强，树势强盛。

红砂类的品种包括‘解放钟’‘糖琪枇杷’‘黄岩5号’‘梅花霞’‘光荣’‘珠珞白花’‘洛阳青’‘长江三号’‘大红袍’‘富阳种’‘森尾早生’‘太城四号’等；白砂类的品种包括‘白梨’‘软条白沙’‘溪上白沙’‘白玉’‘青种’‘照种’‘鸡蛋白’‘白花’‘珠珞白花’‘里仁白砂’等。

三、苗木繁育

枇杷可用嫁接和高压等方法繁育，以嫁接育苗为好。枇杷一般都用枇杷作砧木；部分种植区用石楠作砧木，抗寒、抗旱能力均较强；国外也有用榅桲作砧木的，可使树冠矮化，提早结果。

枇杷的种子无后熟期，应随采随播。如要贮藏，可将种子洗净晾干，再用一份干砂配两份种子混合，放在阴凉干燥处，可以贮藏 3～5 个月。枇杷种子需浅播，并覆盖稻草等物适当遮阴防晒。5 月播种的，当年 9 月可移植。在加强管理的情况下，经过 10～15 个月，苗高达 70～100 cm 时即可供作砧木。

枇杷的嫁接用枝接、切接、腹接均可，也可用舌接和芽片贴接。嫁接时间以春梢萌动前后最为适宜。接穗一般选用芽点附近有锈白色茸毛覆盖的一、二年生枝条，最容易成活。由于枇杷根压较强，嫁接时砧木必须保留部分叶片或留“拔水枝”，或者用倒砧法，即剪砧时只剪 2/3，然后折倒。

四、定植要求

枇杷生长很快，幼树的投产期较早。种植一年生嫁接苗，到第三年树体长到 1 m 左右时，就可结果。建立大棚保温栽培的枇杷园有两种方法：一是先让枇杷苗在苗圃地培养 3～4 年，待树冠直径已有 1 m 以上，内膛枝也已旺盛时，才进行移植；二是直接建园，种植一年生嫁接苗，加速培养。

（1）栽植时期　一年生嫁接苗的栽植时期，可以在秋季或春季。例如，广东、福建等省，大多是 12 月至翌年 2 月；而浙江黄岩，可在 9 月下旬至 10 月下旬（秋植）种植，或者在 2 月下旬至 3 月上旬（春植）种植；安徽歙县则在 3 月下旬到 4 月上旬栽植。如果是在圃地培养后的幼树移栽，其时期大多是盖棚前一个月，即在 10 月上旬至 11 月上旬进行。

（2）栽植密度　大棚保温栽培的枇杷园宜密植。行株距要求是 2.5 m×2 m，每公顷土地栽种 1950 株；或者行株距为 2.5 m×2.5 m，每公顷土地栽种 1500 株。因为枇杷的枝梢比柑橘、杨梅等常绿果树的枝梢都要稀疏，所以为了充分利用大棚获得效益，可以先以行株距 2.5 m×1. 5 m，每公顷土地栽种 2550 株；待数年后，再间伐成行株距 2.5 m×3 m，每公顷土地留 1200 株。

（3）栽植准备　栽植之前，要做好以下的准备工作。

1）施足基肥：要用腐熟的有机肥，如以每公顷土地衡量，则施厩肥 15 000 kg 或饼肥 4500～6000 kg，在移栽前一个月，先施入后翻耕整地。枇杷需要多量的钾元素，钾对增强枇杷树体的抗寒力、促进生根、促进开花结果、增加果实可溶性固形物含量、提高果实品质等都有作用。所以要增施钾肥，即每公顷土地施草木灰 7500～9000 kg 或硫酸钾 3000～3750 kg。

2）防止积水：因枇杷树体忌园地积水，所以其对土壤含水量的要求比柑橘、杨梅等其他常绿果树低。土中水分多，根系生长不好，影响树势，易导致枝干腐烂病的发生。浙江省农业科学院夏起洲等于 1980 年冬季的测定认为：土壤含水量不同，地上部的树势也不同。当含水量为 17% 时，枇杷树势正常；而土壤含水量长期在 22.2% 以上时，则死根多，树势衰弱。所以，大棚保温栽培的枇杷园地，要首先将围沟与畦沟整理好，以防园地积水；还可以采用栽植槽栽植，以防地下水上升。

3）苗木带土栽植：苗木一般要带土挖起，或者用泥浆沾根，并剪去部分叶片，以减少蒸腾。因为砧木与接穗接合的部位不能陷入土中，所以不能栽得太深，以免造成根颈腐烂。

4）栽后防干枯：栽植以后，若因天气干燥而叶片萎蔫，可在栽后用稀薄肥水将泥土浇透；还可以用 0.2% 尿素液，于每天早、晚喷洒 1 次。待连续喷洒 7 d 后，观察叶片的伸张情况，再继续于每天傍晚喷洒 1 次。

五、树体管理

1．整形、修剪

枇杷枝梢的生长，虽然较有规则且层次较分明，但在自然状态下树冠往往过高，管理不便，而且结果部位局限在外围，花果容易受到冻害和日烧，因此仍需适当整形、修剪。枇杷整形有分层形和变侧为主形两种。分层形主干留 40～60 cm 高，层间距离为 50～60 cm，留 4～5 层，每层留主枝 3～4 枝，各层主枝要互相错开，这样 3～4 年就基本上可以形成树冠；变侧为主形主要用于树冠较直立的品种，主干留 30～40 cm 高，主干以上留变侧中央主枝，长 2.5 m 左右，主枝共留 8～10 条，各主枝间隔 45～60 cm，每个主枝上再培养副主枝，副主枝之间间隔 30～40 cm，使主枝和副主枝抽生侧枝和结果枝。

结果母枝是着生结果枝的基枝。结果母枝主要着生在侧枝上，但是主枝和主干上也应促其萌发新梢，成为结果母枝。这样可以形成内膛旺盛的立体结果的树冠；并且在采果后通过修剪，促使年年萌发夏梢，年年能有新的结果母枝。这是枇杷大棚保温栽培能够年年丰产的关键技术之一。

枇杷修剪应在采果后和花芽分化结束时进行，主要是删除过密枝、病虫枝、枯枝和树干基部萌发的徒长枝等，以利通风透光，并使养分集中，形成立体结果。采果时，可将结果母枝留 2～3 芽短截，以促发夏梢；然后进行整芽，留下抽发较早、生长粗壮的 1～2 枝，使其发育充实，形成结果母枝。在结果期间，果穗基部如抽发春梢时，可留一枝健壮的枝梢，使之伸长，对果穗起遮阴作用，其他的随时抹除，以免影响果实发育。

2．疏花、疏果

疏花、疏果是保证枇杷增产、增质，保证大棚保温栽培能够获得高效益的必要措施。若是任其自然结果，每枝果穗的果数多，则不仅导致果实发育不好，还影响成熟。因此，疏花、疏果能使枇杷在大棚保温栽培时促进早熟，获得较好的时间效益。

在无冻害的地区，疏花穗一般在 10 月下旬至 12 月花穗完全抽出后进行。疏穗的数量占全部的 40%～50%。通常如果一个基枝上有 2～3 穗，则疏去 1 穗；有 4～5 穗的，疏去 2 穗。大穗大果的品种，要适当多疏。一般在树冠上部的多疏，在树冠周围的要多留，并注意疏去过早或过迟抽生的花穗，使果实成熟期比较一致。当每穗已有 2～4 个幼果形成时，就可将穗上的迟性花全部摘掉，避免迟性花开放时消耗养分。

疏果大约在 2 月幼果着果稳定后进行。先疏去病虫果、畸形果、冻害果或受损伤的果，再疏去过密的果，保留大小比较一致的幼果。一般大穗留果 7～8 粒，小穗留果 4～5 粒；大果品种每穗的留果数，应减少 1/3。

六、大棚管理

（一）盖棚时期

枇杷的大棚保温栽培，主要是使枇杷早性花结的幼果既不遭受低温冻害，又能促其发育。所以能使枇杷果实早熟早采，达到获得较高经济效益的目的。因为枇杷早性花的开放时期较早，极少数的花朵能在 9 月下旬就有开放，10 月上旬开放的花朵就开始多起来，所以通常将枇杷的开花分为“头性花”“二性花”“三性花”3 期，其中“头性花”是指 11 月中旬以前开放的花，“二性花”是指 11 月下旬至 12 月下旬开放的花，“三性花”是指 1 月上旬至 2 月中旬开放的花。“头性花”结的果实，发育时间长，比“二性花”和“三性花”结的果实的果形好、品质好。又因枇杷是自花授粉的果树，盖了大棚，不会影响授粉受精与结实，所以枇杷的盖棚时期在 10 月上旬就可进行。

在南方，由于在 10 月上旬至 12 月上旬，有些地区的气温仍较高，而枇杷盖棚以后，易因棚内气温猛升得较高，使树体遭受高温的危害而大量落叶。所以，枇杷盖棚比较安全的时期是第一次低温寒潮来临之前。从浙江和福建的气候条件衡量，盖棚是在 12 月上旬或中旬。枇杷的盖棚时期与成熟期有关，见图 8-9。

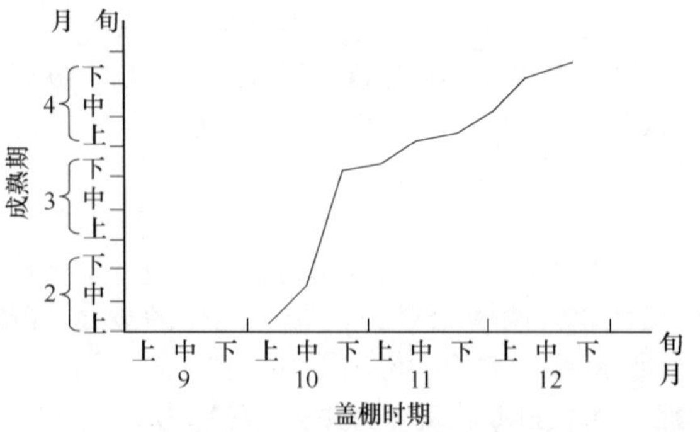

图 8-9　枇杷的盖棚时期与成熟期的关系

（二）棚内管理

盖棚后的管理是枇杷大棚保温栽培成败的关键。管理内容有以下几个方面。

1. 温度管理

温度管理是枇杷大棚保温栽培的主要管理。因为枇杷从上棚开始，就已经是开花结果的时候了，所以无需促花。但是要根据枇杷不同的物候期需要不同的温度进行管理。

枇杷各物候期对温度的要求有所不同。据以往观察的情况可知：年平均温度在12℃以上的地方，能够栽种枇杷；成年树能耐－18℃的低温，刚移栽的幼苗的致死温度为－7℃。

枇杷的温度三基点因组织不同而异。根在7℃开始生长，15～25℃达到生长高峰，35℃以上根系生长停滞；花期温度需要10℃以上，10℃以下花期延长，－6℃时花遭受冻害；花粉粒萌发的最适温度为20～24℃，35℃以上发芽不良；幼果在温度25℃以上时发育快速，15℃以下时发育缓慢，遇－3℃低温则发生死胚，35℃以上时果实易干瘪或遭日焦。

根据以上罗列的各物候期所需的温度，对大棚内的温度调节要求如下。

（1）幼果发育缓慢期　这是在谢花以后，幼果发育缓慢。所以，白天的温度应该是10～20℃，最高温度可以超过25℃，但不能超过35℃；夜间的最低温度是5℃。若是冬季气温过低，可于夜间在棚外盖草帘或油毛毡，或者在棚内的树冠上再铺一层塑料薄膜，以保温防冻。

（2）幼果快速发育期　露地栽培的枇杷，各地因气温不同，其快速发育期的开始时间有差异。例如，福建莆田约在3月中旬，浙江黄岩约在4月中旬，湖南沅江约在4月上旬，江苏吴县约在4月下旬。而大棚内枇杷的幼果快速发育期与盖棚时期的早迟有关，如早盖的棚可以在1月上旬开始，其温度要求在25℃以上，但最高温度也不能超过35℃，夜间温度在7～10℃。

（3）果实着色成熟期　白天的温度控制在25～30℃，不能超过35℃，若温度太高，就要通风排气；夜间温度控制在7～10℃。

2. 湿度管理

枇杷大棚内的空气相对湿度不宜太高，土壤水分也不宜过多。

（1）空气相对湿度的调节　要注意调节大棚内的空气相对湿度，一般应该注意不能过高。若湿度过高，则对棚内枇杷的生长发育不利。所以在湿度过高时，就要通风除湿。不同发育时期有不同的湿度要求。

1）开花期：为盖棚后一个月内。该时期湿度可以偏高些，空气相对湿度在75%～85%。湿度过低，容易枯死；湿度太高，容易烂花。

2）幼果发育缓慢期：该时期的相对湿度应稍低一些，要求空气相对湿度控制在70%～80%。

3）幼果快速发育期：幼果快速发育前期与发育后期对湿度的要求不同。在前期，空气相对湿度可高一些，要求在80%～85%；后期，因着色开始，要求较低的空气相对湿度，应控制在65%～70%。因为湿度大有碍果实着色，所以应将湿度降低。

4）果实采收期：因枇杷果实的成熟时间不一致，所以在采收中除要注意选黄留青外，还要将空气相对湿度调节到70%～75%。

（2）土壤水分的管理　枇杷喜欢土层深厚、土质疏松、含腐殖质多、保水和保肥能力强而又不易积水的土壤。枇杷忌积水，如水位过高，则霉根增多、根部不能下扎、引起烂根、果实着色困难，因此棚内枇杷一般不灌水。如果土壤确已干燥，且土中含水量已降到枇杷的要求以下时，可采用软管微滴灌或膜下暗沟灌水等方法进行灌溉，以免空气相对湿度提高。

3. 光照调控

枇杷的特性是喜阳耐阴，阳光充足对花芽发育、果实着色都有利。由于厚度为0.1 mm的聚乙烯薄膜透入的可见光只有大棚外的77%～80%，且棚室内的光照强度在空间垂直方向上的变化幅度大，从薄膜面向下，光照强度渐弱，所以大棚保温栽培的枇杷常遇到光照强度不够的问题。因此，从开花到幼果快速发育期，均需要增光。增光的措施包括以下几种。

（1）正确选择方位　这要求对大棚的采光进行科学的设计，尽量让棚内的受光照强度较强，受光时间较长，棚内各处的受光率基本趋于平衡。

（2）清洁棚室面　经常擦刷棚室的玻璃或薄

膜，以增强透光率。对于塑料棚所用的薄膜，每年要更换老化污染的旧膜，选用无滴膜。

（3）减少遮阴面　一要选遮阴面少的骨架材料；二可采用南北行栽植以增大行距，以及梯田式栽种，以减少遮阴；三是棚室外覆盖的草帘要尽量早揭晚盖，增加光照时间。

（4）增加反射光　例如，在棚室内张挂反光幕，在地面铺盖白色的地膜，将棚室的骨架刷白等。

（5）大棚内补光　在弱光条件下采取补光，对增产、增质是比较有效的。用长波辐射的白炽灯和短波辐射的白色日光灯结合进行，但应以日光灯补光为主。

在枇杷树冠的下部和内膛，有较多的枝梢结果，这些枝梢和果实需要漫散光，因此增加反射光尤为必要。成熟的枇杷果实，如遇强烈的阳光，果实易干瘪或发生日灼病。尽管是棚内栽培的枇杷，也同样会发生。所以，在遇强阳光的情况下，需要在大棚薄膜之上再用遮阳网遮光。遮阳网的型号有 SZW-35、SZW-50、SZW-65、SZW-80 等，遮光率的顺序为 35%～50%、50%～65%、65%～80%、80% 等，要根据果实成熟度和阳光强度选用。

（三）土壤管理

1. 施肥

据分析，枇杷果实中氮、磷、钾的含量分别为 0.89%、0.81%、3.19%，可见枇杷果实需钾最多，氮、磷次之。若氮肥过多，果实虽大，但色泽、风味都较淡；而若钾肥较多，则糖分增加，但肉质较粗。据各地的经验，对于 15～20 年生的结果树，如园地的表土较瘦，则每年每公顷的用肥量为氮肥 187～225 kg、磷肥 150～187 kg、钾肥 187～225 kg；若表土肥沃，则每公顷用氮肥 150 kg、磷肥 90～112 kg、钾肥 112 kg。

幼龄树全年施肥 5～6 次，根据薄施、勤施的原则，大约每两个月施肥一次。结果树一年施肥 3～4 次，主要掌握以下几个时期的施用。

（1）采果后至夏梢萌发前　该时期用速效氮肥和迟效农家肥配合，一般占全年用量的 20%～30%。目的在于维持树势，促进夏梢生长健壮、花芽分化良好。

（2）开花前　该时期的施肥量应视前次施肥情况而定，两次用量约占全年用量的 70%。以含钾、磷较多的原肥、堆肥等有机肥为主，结合施用化肥，可促进开花良好，并提高抗寒力。

（3）幼果增长期　一般在疏花、疏果后施用，施肥量占全年的 25%～30%，可促进幼果长大、减少落果，并满足春梢的生长需要。

（4）幼果迅速增大期　该时期施肥主要在晚熟品种上施用，可以用适量的速效肥补施，也可用 1% 过磷酸钙加 0.3% 尿素进行根外追肥。

2. 其他的土壤管理

枇杷的大棚保温栽培在做好以上各项管理之后，还可以喷洒一些营养液，如 0.3% 硫酸钾、0.2%～0.3% 磷酸二氢钾或其他配制的叶面肥。但应注意，不可因喷洒农药或根外施肥而使棚内的湿度太高。

在幼年树的行间，可套种豆类绿肥、蔬菜等。成年园一般采用清耕，保持土壤疏松、无杂草，并注意调节土壤湿度，及时进行排水或喷灌，以保持土壤及空气湿润，减少日灼病和裂果。秋冬要用草或薄膜覆盖树盘，以防寒、防旱。

（四）病虫害防治

枇杷大棚保温栽培的病虫害较少，但有的棚内因湿度太高，致使灰斑病暴发，形成大量落叶。防止病害的发生，首先需加快通风降湿，其次可用 70% 甲基托布津 800 倍液、50% 多菌灵 1000 倍液或 65% 代森锰锌 500～600 倍液及时防治。在枇杷的花期或幼果期，若喷洒波尔多液或石硫合剂，易在果面产生较多的褐斑，故应避免使用。

第六节　设施桃、樱桃、杏和李栽培

桃的设施栽培

桃（*Amygdalus persica* L.）是蔷薇科桃属植物。在生产上应用的主要有普通桃（又名栽培桃、毛桃）、山桃、甘肃桃、新疆桃，后三种常作砧木用。普通桃是生产上最重要的种，有蟠桃、油桃和寿星桃三个变种。在我国桃果素有“仙桃”“寿桃”之称，被视为吉祥果。桃的适应性强、栽培较易、易获丰产，是我国主要的栽培果树之一。

桃原产于中国，在各省区栽培广泛，现世界各地均有栽植。公元前 10 世纪左右，《诗经·魏风》中就有“园有桃，其实之肴”的句子，其他古籍如

《管子》《尚书》《韩非子》《山海经》《吕氏春秋》等都有关于桃树的记载，这表明在远古时期，黄河流域的广大地区已普遍栽植桃树。

桃果富含钙、磷、铁，桃食用没有太多禁忌，一般人群均可食用；桃果对人体健康有很多好处，如养阴生津、补气益血、缓解水肿、活血润肠、降血压。除鲜食外，还可加工成桃脯、桃酱、桃汁、桃干和桃罐头。桃的药用价值比较大，其根、叶、花、仁可以入药，具有止咳、活血、通便等功能；桃仁的含油量为45%，可榨取工业用油；桃核硬壳可制活性炭，是多用途的工业原料。

露地生产的桃，果实成熟期比较集中，加上果实不耐贮运，所以一年中大部分时间难有鲜果供应，无法满足消费者的需要，市场空间较大。通过设施栽培，在淡季供应桃鲜果的价格较高，所以种植经济效益比较高。因此，桃树的设施栽培具有较大的发展潜力和较广阔的应用前景。

一、适宜品种

1. 早霞露

‘早霞露’是以‘砂子早生’为母本、‘雨花露’为父本进行杂交，利用胚培养技术培育而成的特早熟水蜜桃新品种，1990年通过审定。露地栽培的果实成熟期是5月下旬，果实生育期仅55 d左右。平均单果重85 g，最大果重116 g，果实呈长圆形，顶部着少量红晕，外观美丽，风味较甜，略有香气，果核不碎裂，含可溶性固形物8%～10%，品质较好，丰产性能良好，抗病性较强，易管理。

2. 春艳

‘春艳’是早熟白肉水蜜桃品种，其果形圆正，果个较大，平均单果重120 g，最大果重210 g，色泽鲜红，底色乳白娇嫩，果肉白色，质地细腻，香气浓，含可溶性固形物12%～14%，粘核，果实发育期为62 d左右。该品种树势旺盛，树体健壮，树姿较开张，成花容易，复花芽多，花粉量大，自花结实力强，结果早，丰产、稳产，适合露地或保护地栽培。

3. 春蜜

‘春蜜’是特早熟、全红型白肉桃品种，果实发育期为65 d左右，适合全国各桃产区栽培。果实近圆形，平均单果重120 g，大果重在205 g以上；果皮底色为乳白，成熟后整个果面着鲜红色，艳丽美观；果肉白色，肉质细，硬溶质，风味浓甜，果实甜度可达14.1%～16.9%；果质为硬质，不易裂果。该品种成熟后不易变软，耐贮运；有花粉，自花结实力强，极丰产。

4. 雨花露

果实呈长圆形，平均单果重125 g，大果重202 g；果顶圆平中凹，缝合线明显而中深，两半部对称；果实底色黄白色，果顶有淡红细斑点，阳面有片紫红晕，绒毛多而短；果皮中厚，韧性强，易剥离；果实生育期为65 d；果肉乳白色，细软多汁，风味甜，香气浓，品质中上，含可溶性固形物11.8%、可溶性糖8.1%、可滴定酸0.26%。该品种树势健壮，树姿开张，萌芽力与成枝力均高，生长量大；坐果率高，生理落果轻，丰产性好；花粉量大，自花结实；抗旱、抗寒、怕涝，无特殊病虫害，是一个比较好的品种。

5. 春花

‘春花’，原代号‘沪002’，是上海市农业科学院杂交而成的桃品种。该品种树势中等，树姿开张，以中、长果枝结果为主，复花芽多，结果性能良好，丰产。平均单果重86 g，最大果重145 g；含可溶性固形物9%～11%，氨基酸含量丰富。肉厚，质柔软，汁液中等，味酸甜，有香气，品质上等。果实近圆形，低温需求量为850 h，果实发育期在60 d左右。

6. 安农水蜜

‘安农水蜜’平均单果重245 g，最大单果重558 g；果实呈长圆形至近圆形，果皮底色乳黄，全面着生美丽红霞，含可溶性固形物13%，果肉乳白色，肉质细嫩，汁液多，味香甜，品质上等。本品种无花粉，栽植时应配置授粉品种，可用‘雨花露’等作授粉品种，配置比例可为（3～5）：1。

7. 春美

该品种的果实近圆形，平均单果重156 g，大果重在250 g以上；果皮底色乳白，成熟后整个果面着鲜红色，艳丽美观；果肉白色，肉质细，硬溶质，风味浓甜，含可溶性固形物12%～14%，品质优。核硬，不裂果，有花粉，自花结实力强，不需配置授粉品种，极丰产。成熟后不易变软，耐贮运，果实发育期在70 d左右。

8. 五月金

该品种的商品名为‘红春丰’或‘红春风’。果实圆形，两半部对称。果面茸毛中等，可100%着玫瑰红晕和条纹（全红），茸毛中等。肉质脆嫩，味甜有香气，可溶性固形物的含量达12%，最高可达15%。硬溶质，粘核。耐贮运，常温下能贮10～15 d。平均单果重100 g，大果重130 g。需冷量为600 h，果实发育期为50～53 d，自花授粉坐果率高。

9. 中油11号

该品种又名‘极早518’，具有良好的早果性和丰产性。当年定植的芽苗到秋后可形成2～3个主枝，适合保护地或露地密植栽培，南、北方都适宜栽培，抗旱、抗寒、抗病性均强，超早熟。果实近圆形，平均单果重 90～100 g，大果重在 150 g 以上；果皮光滑无毛，底色浅绿或乳白色，成熟后整个果面着鲜红色，艳丽美观；果肉白色，肉质细，硬溶质，味甜，含可溶性固形物 9%～12%，品质佳，核硬，不裂果。该品种有花粉，需低温量约 600 h，果实发育期仅为 45～50 d，自花结实力强。

10. 中油 12 号

‘中油 12 号’是特早熟白肉油桃品种，早熟、果大、优质。需冷量为 600 h，其果实发育期仅为 58 d 左右，平均单果重达 126 g，大果重可达 220 g，风味浓甜，自花结实，极丰产。

11. 南方金蜜

‘南方金蜜’是中国农业科学院郑州果树研究所选育，又名‘郑 1-3’。需冷量为 500 h，平均果重为 120 g，最大可达 350 g。果形美，近圆形，黄肉，浓甜，硬溶质，肉质脆，含糖量在 12.4%，香气浓，品质极优。果实发育期为 55～60 d，为特早熟品种，是当前品质非常好的特早熟甜油桃，也是目前综合性状最好、适应性最广的黄肉油桃品种。

12. 南方早红

该品种为早熟短低温硬肉型白肉甜油桃。需冷量为 450～500 h，单果重为 120 g，最大果重达 200 g，果面着全面浓红色，外观非常漂亮，果肉特硬（是目前果肉最硬的油桃品种），白肉，浓甜，含糖量为 12.5%，具香气，品质极优。抗裂果能力特别强，肉质特别硬脆，成熟后不软顶，极耐贮运，成熟后可留树 10 d 不落果、不变软，是目前最耐贮运的油桃品种。自花结实力强，极丰产。

13. 中油 5 号

该品种的果实呈短椭圆形或近圆形，果形大，平均果重为 166 g，最大果重达 270 g。果肉白色，硬溶质，肉质细密，风味甜，含可溶性固形物 11%，香气中等。果皮底色绿白色，大部分着玫瑰红色。需冷量少（600 h），特丰产，品质优，不裂果，较耐贮运。树势中庸，抗病力强，自花结实，以中、长果枝结果为主，早果性好。为早熟品种，果实发育期在 70 d 左右。

14. 千年红

该品种的果实生育期在 55 d 左右，需冷量为 500～600 h，果实生育期在 55 d 左右。果实呈椭圆形，果形正，两半部较对称，果顶圆，梗洼浅，缝合线浅，成熟状态较一致；平均单果重为 100 g，果皮光滑无毛，底色乳黄，果面 75%～100% 着鲜红色，果皮不易剥离；果肉淡黄色，红色素少，肉质硬溶，汁液中，纤维少；果实风味甜，含可溶性固形物 9%～10%，粘核。

15. 早红霞

该品种的果实发育期为 65 d，树体健壮，树势中等、稍旺。以长、中果枝结果为主，复花芽多。花蔷薇形，花粉多。丰产性好。果实长圆形，平均果重为 96～100 g，最大单果重达 172 g，果顶圆，缝合线浅，不明显，两侧较对称，梗洼中深、稍浅；果皮底色绿白，果面 80% 以上着鲜红色条斑纹，色泽美观；果肉乳白色，果肉软溶质，质细；风味甜或浓甜，有微香，可溶性固形物含量为 9%～12%，品质中上等，粘核，耐贮性中等。

16. 早露蟠桃

该品种树势中庸、树姿开张、花粉量大，极丰产。果实发育期为 67 d，需冷量为 800 h。果实呈扁平形，中等大，平均单果重为 82 g，最大可达 105 g；果形扁平，果顶凹入，缝合线浅；果皮底色乳黄，阳面着鲜红晕，茸毛中等，皮易剥离；核小，可食率为 95%；果肉乳白色，近核处微红，溶质，味甜，微香，含可溶性固形物 11.2%～13.6%。该品种外观美、风味甜、品质优、成熟早，是一个比较受市场欢迎的品种。

二、适用设施

在桃树的设施栽培中，常见的设施类型有日光温室、简易日光温室和塑料大棚。日光温室包括竹木土墙结构日光温室、水泥拱架日光温室和钢筋拱梁无柱式日光温室等。

1. 日光温室促成早熟栽培

采用加温或不加温的温室进行促成早熟栽培，果实可在 3 月下旬至 4 月上市，经济效益好。

2. 塑料大棚促成早熟栽培

采用钢架塑料大棚、竹木结构塑料大棚及拱棚等设施进行早熟栽培，果实的上市时间较日光温室栽培晚，一般在 4 月底至 5 月上市。另外，南方冬季低温时间段短、春季温度上升较快的地区，可以大棚栽培为主。

3. 延迟晚熟设施栽培

一般指采用日光温室或塑料大棚，对晚熟品种进行延迟成熟栽培，使果实在中秋和元旦上市。目前我国此种栽培模式的面积较小，但有一定的发展潜力。本模式因为生产周期长，所以生产成本较高。

三、栽培技术要点

（一）苗木繁育

生产上多用毛桃和山桃作桃树的砧木。毛桃的适应性、生长势、耐寒力都比较强，与栽培品种嫁接亲和力好；根系发达，植株生长旺盛，不耐涝，但耐湿性比山桃强，是桃树的主要砧木。山桃的适应性强，耐旱，耐寒，耐盐碱，嫁接亲和力强；但怕涝，地下水位高的桃园，易患黄叶病、根癌病和茎腐病。所以，选择建园的地块必须适于排水、通气良好、土层厚度在 60 cm 以上、地下水位在 1 m 以下。

砧木种子经层积处理后，地面覆黑色地膜播种，待地面 20 cm 高处达到可操作的硬度和粗度时（如果是陆地育苗，一般是 6 月）即可进行芽接育苗，秋天就可得到成品苗，起苗通常在秋季苗木落叶后，或者在春天发芽前进行，若土壤干旱，则在起苗前一周浇一次水。

（二）品种选择

品种选择的优劣直接影响到设施桃栽培的经济效益的高低。选择品种时应综合考虑果个大小、色泽、硬度、风味、固形物含量、丰产性等因素。当前桃树进行设施栽培的目的主要是提早上市，因此在品种选择时应首先考虑发育期短的早熟和极早熟品种，以果实发育期为 60～70 d 的为宜，最好不超过 80 d；需冷量要少（7.2℃以下累积低温在 850 h 以下），花粉量大、自花结实率高，丰产，个大，果实品质好，耐贮运等。

选择品种还要考虑园区规模、栽培模式、果品销售等因素。面积小的可选择 2～3 个品种，面积大的可适当增加品种数量，观光采摘园区也要适当增加品种数目。在设施内栽培桃，为提高授粉效果，最好配置授粉树，授粉品种要求需冷量、花期与主栽品种一致；花粉量大，生活力强；授粉亲和力高；果实成熟期基本相同且经济价值高。授粉品种与主栽品种的配置比例可为 1 :（1～4）。

（三）建园

选择未栽植过核果类果树的地块进行建园，园地要避开低洼、易积水及地下水位高的地方。地块必须适于排水，通气良好，土层厚度在 60 cm 以上，地下水位在 1 m 以下。选好园地后施有机肥，用量约为每 667 m^2 施 5 m^3；再在深达 0.5 m 处整理土地，做畦或起垄栽植。

选择根系发达、接芽饱满、发育良好、茎秆健壮的成品苗，先用清水浸泡苗木根系 12～24 h，再进行适度根系修剪，去掉残断烂根，一般侧根保留 6～8 cm 长，主根剪留 10 cm 左右。栽植前可以用 0.3% 硫酸铜浸根 1 h 或者直接全株喷施 3°Be 的石硫合剂。

定植时间在土壤解冻后到苗木萌芽前均可进行。陆地定植可适当推迟，外界气温高有利于提高成活率；在设施内定植，可适当提早，以增加当年时间段内的生长时间。定植的密度可以为（0.8～2.0）m×（1～2.5）m；高密度栽植，适用于采用计划密植，有利于早丰产。

苗木定植后当新梢长到 10 cm 以上时，开始浇水追肥（把地膜除去）。第一次追肥时，量要小，避免伤根，一般 667 m^2 撒施尿素 10 kg，以后逐次加大。追肥以氮肥为主，一般至 7 月上旬前追 3～4 次。叶面喷肥可多次进行，前期以氮肥为主，后期配合磷、钾肥，间隔期 7～15 d，可一直喷到落叶。

（四）树形采用与整形修剪

设施桃栽培比较适用的树形主要有主干形、二主枝 Y 字形。

1. 主干形

（1）第一年修剪

1）夏剪：定植后苗木上的所有分枝只保留一个芽进行短截，不定干，只剪除有问题的顶部。发枝生长一段时间后，选一健壮枝梢做中心干延长头，缓放不截，中心干竞争枝疏除或重摘心。中心干延长枝达 30 cm 长时要及时立竹竿等支撑物进行绑缚，以防新梢风折，同时保证其直立生长。立支撑柱是能否修成主干形的重要措施，不可缺少。干高可根据设施高度而定，一般为 30～40 cm。这段主干上的枝梢可保留用以辅养树体，但要进行扭梢以控制其长势。到 6 月对中心干上 30 cm 以上的侧梢拧梢至下垂控制生长，以促进其形成花芽；过密的枝条可适当疏除，过旺、过粗的长枝可彻底疏除；如果需要保留可进行短截留 15 cm 左右，利用再次发生的副梢培养结果枝；同时根据具体情况及时进行拉枝等处理。

生长早期如果树势过旺，必须进行控制。除抹芽、疏枝、控制旺梢以外，也可以在花后喷布 1～2 次 300 倍的多效唑以控制新梢旺长，减少新梢生长与幼果发育争夺养分，促进坐果，改善光照。在 6～8 月根据树体的生长情况，如果枝条生长较旺，可喷 15% 多效唑 300～400 倍液以控制枝条生长，促进花芽形成。

2）冬剪：在落叶休眠后至揭帘升温前进行冬剪，中心干延长头只要不超过设施高均缓放不截，如果超过设施高可以从上部侧生分枝处剪回，疏掉强旺枝、病虫枝、重叠枝和主干上的枝条，疏除过密的侧生分枝，对留下的枝条缓放，再调整中、短枝的密度，使树体枝条分布形成下部枝条较多而中上部较稀疏的树体结构，这样有利于光照条件的改善。

冬季选留枝条的粗度最好在0.4～0.7 cm，过细、过粗都疏除。冬季疏除过粗的旺枝是整成主干形的关键。

（2）第二年及成年树修剪

1）抹芽：开花前抹除发芽早的背上旺芽、剪口密生芽，减少与开花、坐果竞争养分；抹除复芽中的多余芽，只保留一个；同一个枝条上没有花芽部位的叶芽也要抹除。

2）摘心：对果枝上的旺枝要及时摘心，以控制生长、提高坐果率。

3）疏枝：桃树生长较旺，要及时疏除过密的枝条；在管理过程中发现过旺的枝条也要及时疏除。果实发育期随时疏掉无果的空枝及背上强旺枝，保持树体通风透光。保留的所有果枝均要调整角度以保障见光，可以进行吊枝拉枝，以调整枝条的方向及角度，使枝条分布均匀、枝枝见光，通过调整仍不能见光的枝条要疏除；果实着色期及时疏掉密挤挡光的新梢。

4）摘叶片：在果实着色期摘除挡光较厉害的叶片。

5）采后修剪：果实采收后，5月下旬至6月上旬修剪最佳。首先将中心干回缩至下部较小的直立分枝或壮芽处，降低中心干的高度，使树体由南往北依次升高，重新选留的中心干延长头用吊线或支棍绑缚使其直立生长；中心干基本可选留3～4个生长势中庸、均匀的枝条，剪留约30 cm，其他枝疏除。保留枝上的较壮新梢留短橛重短截，甩放一部分细弱梢；中心干上中层以上的分枝，粗壮的全部剪掉，中庸或偏弱的从基部留橛回缩，调整回缩橛的密度和方位，使发枝后不密挤、不重叠。

6）二次夏剪：在6月下旬至7月上旬，即采后修剪一个月后，进行第二次修剪，这次修剪的主要任务是调整枝条的密度、保持树体通风透光，保证花芽的发育质量，应掌握轻剪的原则，如果修剪偏重，则会导致新梢再次旺长，影响养分积累和花芽分化。

2. 二主枝Y字形

干高30～40 cm，主干上着生两个主枝，互为50°左右的角，伸向行间；主枝上根据空间大小着生几个结果母枝及若干个结果枝。

（1）第一年修剪　定植后定干，可以比预计干高高出10 cm左右，发枝后选留合适的两个枝条作为主枝重点培养，其余枝条看情况处理，多留的枝条仍然需要进行扭枝或拿枝抑制生长势；也可加大定干高度，多留结果枝，上部先形成丛状多结果，以后逐步改造成二主枝，这样做的好处是早丰产，缺点是要求管理精细、技术要求高，否则难整成需要的树形。

整个生长期的修剪仍然是抹芽、摘心、疏枝、拉枝和吊枝等，基本原则和手法同主干形。

（2）第二年及成年树修剪　参考主干形。两种树形在修剪上的主要区别是主干形要注意维持中心干的领导优势，二主枝Y字形要注意维持两个主枝的领导优势；而在枝芽处理、结果枝的培养等方面相近，在冬剪时都是以长放为主，适当疏枝、回缩。

（五）土肥水的管理

1. 土壤管理

每年萌芽前覆黑地膜，以利提高地温、调节棚内湿度、防治杂草，果实着色前可撤掉地膜，铺上反光膜，生长后期不再覆膜。每年秋季结合施基肥对土壤进行耕翻。

（1）基肥　设施内施肥，以基肥为主，尽量少进行土壤追施化学肥料。基肥可在9月施入，提倡在秋梢停长后及早施入；以有机肥料为主，如堆肥、厩肥、圈肥、粪肥等；有机肥必须腐熟，如需要可混加少量氮素化肥。具体施肥量按每生产1 kg桃果施入1.5～2 kg优质农家肥。施肥方法：一般可在行间开沟施（深30～40 cm），也可在地面撒施后耕翻，施肥部位主要是行间。

（2）追肥　在桃树养分需求旺盛的时期，可以根据实际情况进行追肥。追肥时多采用根外追肥，即叶面施肥。根外追肥应根据树体的生长和结果需要结合喷药进行，一般每隔两周进行一次；生长前期以氮肥为主，后期以磷、钾肥为主，每次追肥可补施桃树生长发育所必需的多种微量元素。常用的肥料有0.3%尿素、0.3%硼砂、0.3%硫酸锰、0.3%～0.5%磷酸二氢钾等。根外追肥宜在上午10:00前或下午4:00后，应避开高温时间。

2. 水分管理

地面覆膜前充分灌一次水，以后尽量减少灌水次数。如果确实需要灌水，要进行滴灌，避免设施内湿度过大。

（六）温、湿度管理

1. 温度管理

休眠期的管理：首要任务是满足品种的需冷量。可通过白天加保温物、夜晚揭开的方法调节，保持设施内处于0～7.2℃的低温环境。自然休眠期适应的温度范围较广，但是在不引起冻害的前提下，温度越低，萌芽期等物候期就延迟得越多。

休眠期结束后，可考虑缓慢升温，升温要缓慢，一般从开始升温到开花，最好经历30～50 d。每周的升温幅度控制在2～3℃，经4～7周白天的温度要达到20～23℃。萌芽前虽然桃树对低温的抵抗力较好，但是要避免棚内较长时间处于0℃以下。

开花期，白天的气温在20～22℃，夜间的气温在8～11℃，白天最高不超过25℃；幼果膨大期，白天的气温在22～28℃，夜间的气温在10～15℃；果实着色期，白天的气温在26～30℃，夜间的气温在12～15℃；果实成熟期，白天的气温在22～26℃，夜间的气温在9～12℃。

2. 湿度管理

棚内的湿度管理，从扣棚到开花前相对湿度为60%～80%，开花期保持在30%～50%，幼果发育期控制在60%～70%，果实发育后期至果实采收控制在60%以下。

土壤湿度不宜过高，否则易发生枝条徒长、流胶等问题，一般可控制在60%左右。土壤灌水可进行膜下滴灌，或者行间灌后覆盖，以免增加空气湿度。空气湿度过大可通风降湿，过小可喷水调节。当最低气温稳定在10℃以上时，可去除覆盖和膜，恢复露天栽培。

（七）花果管理

开花期的温、湿度管理非常重要，最高温为20～24℃，最低温不能低于7℃；空气湿度不能超过50%。此外还要做好以下几个方面的工作。

1. 授粉

花期人工授粉或放蜜蜂授粉。初花期可用毛笔或香烟的过滤嘴人工点授，盛花期用鸡毛掸子滚动授粉；或者开花前放蜜蜂授粉，每棚1～2箱蜂。

2. 疏花、蔬果

可先疏花芽，短果枝留2～3个花芽，长果枝留3～4个。疏果一般在落花后两周到硬核前进行，可分两次进行，第一次在落花后2周，去掉晚花果、畸形果、双生果和位置不好的果，疏除过密果；第二次一般在落花后4周，疏掉病虫果、畸形果、小果、朝天果和无叶果枝上的果，保留枝条两侧及背下的果，树体上部及外围壮枝适当多留果，树体下部及弱枝少留果。盛果期树的留果量一般为667 m^2掌握在3000～4000 kg。

3. 果实套袋

为改善外观品质，一般需套袋栽培。为减小套袋对果实膨大的影响，套袋时间可以推迟到硬核后，以不透光的双层纸袋较好。套袋时先撑开袋子的通风口，再套在果实上，使果实悬空，袋口扎在枝条上。摘袋时间为采收前3～5 d，当果皮由绿转白，且果个达到商品果要求又没开始变软以前，开始摘袋，摘袋要分批次进行，先摘袋的果先采，后摘袋的果后采，直至全部采收完毕。

（八）摘叶、铺反光膜

在果实着色期，当果皮底色由绿转白、阳面着色由点红变为片红时，摘除贴近果实5 cm以内的叶片，在树盘及后墙铺反光膜，促进果实着色。

（九）果实采收

根据市场需求及品种特性的不同，确定采收标准，一般在果实着色面积达到50%～95%时，梗洼处由绿转白之前采收。采收宜分期、分批进行，第一次先采树体上部及外围果个大、着色好的；间隔1～2 d进行第二次采收，这次应采收够标准的果和所有即将变软的果实；再间隔1～2 d进行第三次采收，与第二次的标准相同。一般分3～5次采完，采收期持续10 d左右。分期采收的果实品质好、产量高。

樱桃的设施栽培

樱桃是蔷薇科（Rosaceae）樱桃属（*Cerasus*）植物，共有120种以上。原产于我国的有76种，主要分布在我国的西南山区。世界上作为果树栽培的有中国樱桃、欧洲甜樱桃、欧洲酸樱桃。

我国生产中涉及的有以下几种。

中国樱桃：树势强，每个花序有3～6朵花，果实较小，果重为1～3 g，近球形，皮薄，柔软多汁，不耐储运。

欧洲甜樱桃：又称大樱桃，原产于欧洲和西亚。乔木，果实较大，单果重为5～7 g，大果型可达10～12 g，果肉厚，果汁多，较耐储运，既是鲜食佳品，又可加工。

酸樱桃：原产于欧洲和西亚，抗寒，耐旱性强，在辽宁、山东有少量栽培。小乔木或灌木，果实较小，味酸，可鲜食，主要供加工。

毛樱桃：原产于我国，分布较广，多为灌木，果小，味酸，可生食，也可加工，还可作为育种的原始材料。

樱桃的果实色泽艳丽、玲珑剔透、营养丰富，其中铁的含量在水果中居于首位（6～8 mg/100 g 果肉），比苹果、橘子、梨的含量高 20～30 倍；维生素 C 的含量也高于柑橘和苹果，维生素 A 的含量比苹果、橘子、葡萄高 4～5 倍。樱桃有调气活血、平肝去热的药理功效，还有促进血红蛋白再生的作用，对贫血者具有一定的辅助疗效。此外，它还具有调中益脾、滋润皮肤的功能，外擦能防治冻疮。

樱桃的成熟期特别早，素以“春果第一枝”而闻名。露地栽培的亩纯利润平均在 1 万元以上，樱桃设施栽培的亩效益可达 4 万～5 万元。果实发育期短，果实发育期间基本上不打药，是名副其实的绿色产品。果品售价是其他水果的 5～10 倍，同时其管理用工较少，生产成本相对较低，所以樱桃设施栽培的经济效益很高。

一、适用设施

生产上主要采用日光温室，日光温室的保温性能好，对促进果实提早成熟效果好。樱桃的果实发育期较短，所以可以采用加温设施，这样经济效益很好。

一般情况下，樱桃进入经济结果期要 3～5 年，直接在设施内定植的话前期效益太差。生产上也有不少直接在现有的成年果园上建造设施的，因为露地果园的树体都相对高大，改造建成日光温室的成本太高，所以往往采用塑料大拱棚或连栋大棚进行促成栽培。

二、栽培技术要点

1. 苗木繁育

常用的砧木有‘山樱桃’‘草樱桃’‘毛把酸’‘马哈利樱桃’‘考特’‘莱阳矮樱’‘吉赛拉’等。樱桃的砧木一般采用的繁殖方法有实生繁殖、组织培养、扦插、分株。生产上樱桃品种苗木的繁殖均是采用嫁接法，芽接一般采用带木质部芽接法，春、夏、秋季均可进行；枝接法可用劈接和切腹接，以春季嫁接为好。

2. 品种选择

品种选择的原则如下。

1）选择树体矮小、树冠紧凑、易形成花芽的品种。尽量选矮砧和短枝型品种。

2）选择极早熟、早熟品种。为延长供应期，可选择中、晚熟品种（早、中、晚熟合理搭配）。

3）选择果个大、着色好、品质优、耐贮运的品种。

4）选择坐果率好或自花结实高的品种。

5）选择需冷量小、休眠期短的品种。

6）选择对环境条件变化不敏感的品种，即适宜大棚环境的品种。

大樱桃多为自花不结实品种，故需配置授粉树，表 8-6 列出了甜樱桃主栽品种的适宜授粉品种组合。授粉品种配置的比例为 30%～40%，建园时，栽植 3 个以上品种相互授粉也可以。授粉树的配置不适宜采用中心式，以行内混栽较好。

表 8-6　甜樱桃主栽品种的适宜授粉品种组合

主栽品种	授粉品种
红灯	拉宾斯、红艳、红密、大紫、滨库、巨红、那翁
先锋	拉宾斯、那翁、滨库、雷尼尔、早大果、胜利等
莫利	拉宾斯、先锋、红灯、早红宝石等
早大果	先锋、早红宝石、抉择、胜利
美早	拉宾斯、先锋、雷尼尔、红艳
拉宾斯	先锋、雷尼尔、大紫、滨库
那翁	拉宾斯、先锋、雷尼尔、大紫、滨库
红密	拉宾斯、红灯、那翁、红艳

3. 建园

（1）园地选择　设施栽培园地应背风向阳、地形开阔、光照良好；排水便利、地下水位在 1 m 以上，棚内地面高于或与棚外地面平齐（防积水）；交通便利，无污染，但不可靠公路太近，以免灰尘污染棚面；选择土壤肥沃、土层深厚、土质疏松、透气性好的沙壤地，pH 为 6.0～7.5。

（2）建园方法　建园有两种方法：一种是直接在露地成年樱桃园加建设施，另一种是先在露地按设施栽培的密度要求定植樱桃苗，进入结果期后加建设施进行栽培。生产上也有建好温室或大棚后直接移栽成年大樱桃树定植建园的。设施内樱桃的栽植密度一般为（1～2）m×（2～3）m，中国樱桃的栽植密度可以大些，甜樱桃可以适当栽稀些。

土地整理、苗木处理与定植方法可参考桃树栽培部分；因为樱桃的根系分布深度要大于桃，所以整地深度可以加深。秋季及春季发芽前均可定植，推荐整好地后直接将苗木放于地表，用行间的土培土成垄进行栽植。

4. 适用树形及整形、修剪

要做好樱桃树的修剪，就要了解它不同于其他树种的特性。

大樱桃的萌芽率高，而成枝力相对较低，所以在整形阶段要进行刻芽及抹芽；芽具早熟性，可通过摘心等促发附梢，加快整形；顶端优势明显，整形过程中要注意进行控制；伤口愈合能力较弱，在修剪时尤其是冬剪，剪口距离第一芽不能太近，可留 1 cm 左右；枝条分枝角度小，易形成“夹皮枝”，整形必须注重拉枝，樱桃树的树形都是拉出来的。

当前设施内栽植樱桃比较适用的树形有自由纺锤形、自然开心形和圆柱形。

（1）自由纺锤形　干高 40～50 cm，树高 3 m 左右，中心干上分层或螺旋着生 15～20 个单轴延伸的主枝，主枝分枝的角度下层为 80°～90°、上层为 90°～120°，随高度上升，主枝长度变短。主枝上一般直接着生结果枝组，其上不培养侧枝及粗大的分枝。自由纺锤形整形时对树势要求较高，树势越强旺，则越易培养，成形越快，树形也越理想。这种树形一旦大量结果，树势很易衰弱，因此要加强土肥水管理。

整形过程：栽后定干，定干高度为 80～100 cm。定干后距离地面 60 cm 内芽不动，并按预计的主枝培养部位芽进行刻芽，抹发枝素以促进萌发；上部的芽，预备培养主枝的根据方位和距离保留，其余的抹掉，留下的芽不刻芽也基本可以萌发。以后如果萌发枝的角度过小，可以留一芽重剪以促其重新发枝培养。

当年生长期的重要工作就是在枝条达到一定长度时要及时拉枝和摘心，一般主枝达到 50 cm 长时就可摘心，主枝上分枝达到 30 cm 就要摘心，这样可以促发新枝。当年冬季修剪时中心干短截后往往上部较长一段没有分枝，这段枝在来年春季发育前按前述方法进行抹芽、刻芽和涂激素。对各延长枝进行适度短截，疏除背上枝，太强的分枝（超过中心干粗度 1/3）留一芽重截，其余枝条缓放。第二、三年生长季节的主要工作是注意及时用拉枝、吊枝等方法改变枝条的生长角度，及时摘心以促发新枝和促进花芽形成。第二、三年冬季修剪时，中心干未达到预定高度的继续进行短截处理，否则就缓放；主枝的处理看空间大小，有空间的可继续短截以扩大占领空间，无空间的调整到一个弱分枝上作为延长枝缓放；其余枝条有空间的进行短截，否则一般进行缓放或回缩处理，经过三年就可培养出树形的基本结构。

（2）自然开心形　干高 40 cm，树高控制在距离设施顶 30 cm 左右，全树 3～4 个主枝，开张角度为 60°～70°，斜向延伸，主枝上可留 2～4 个侧枝，侧枝上培养结果枝组。

整形过程：第一年定植后定干，以后选 3～4 个生长健壮、方位分布合理的枝条作为主枝培养。主枝拉枝的角度为 60°～70°，其余枝条可保留拉到 90°；主枝长度超过 40 cm 后可以进行摘心，以促进分枝的发生。根据分枝的具体情况将其培养成侧枝或结果枝组。冬剪时对主枝的延长枝进行中短截，其余枝条缓放或轻截。第二年生长季节对过旺的枝条摘心，控制竞争枝和背上枝，同时通过吊枝、拉枝等方法调整枝条的角度和空间分布。第三年冬基本同第二年，经过三年一般都能成形。

（3）圆柱形　干高 30～40 cm，树高 2.5～3 m，中干直立，直接着生螺旋状均匀分布的 15～20 个大型结果枝组，结果枝组的基角开张至 85°～90°。树形整枝简单，容易掌握，适合高密度栽植的果园采用。其整形过程基本同纺锤形，区别是中心干上着生的枝条长度和粗度较小，上部枝条和下部枝条长短的区别也小。

5. 土肥水管理

（1）土壤管理　樱桃成龄果园的土壤管理参考桃部分，幼龄果园做好以下两方面的工作。

1）中耕松土：由于甜樱桃的根系对土壤的水分状况尤为敏感，既不能干旱，又要经常保持良好的通气条件。因此雨后和灌水后的中耕松土，便成为土壤管理中一项经常性的重要工作。中耕松土一方面可以切断土壤的毛细管以保蓄水分，同时可消灭杂草。减少杂草对养分的竞争，还可改善土壤的通气状况。中耕深度一般以 5～10 cm 为宜；中耕次数要看降雨情况、灌水次数及杂草生长情况而定，以保持樱桃园清洁无杂草、土壤疏松为标准，注意加高树盘土壤。

2）果园间作：幼树期间，果园行间还有一定的空地。在非全园生草的情况下，为了提高土地利用率，增加收入，可在行间进行合理间作。间作物一般以大豆、绿豆等豆科作物或花生、药材等矮棵且较耐踩踏的作物为好，不宜间作小麦、玉米等影响甜樱桃生长的作物。间作时要留足树盘，面积不少于 1 m^2。间作物最多不超过 3 年，以不影响树体生长为原则。

（2）肥料管理

1）幼龄树：水肥不宜过大，N、P、K 平衡施用，以缓和树势。每年秋季施基肥，每 667 m^2 施 3000～5000 kg；追肥：发芽前的追施量为 0.5～1 kg/ 株，追施尿素或复合肥。

2）结果树：每年秋季施基肥，每667 m^2施4000～5000 kg；追肥在采后、花芽形成后进行。

基肥以有机肥为主，秋梢停长后尽早施入。结合秋季土壤深翻可以把农家肥撒在行间耕翻，如果有机肥不足可以加入一些化肥。追肥最好用复合肥，如果有需要也可以叶面施肥：0.3% 尿素及 0.3% 磷酸二氢钾。

（3）水分管理　每次施肥结合灌水一次，要注意避免造成设施内湿度过大。

6. 温、湿度管理

度过自然休眠就可以考虑升温了，可以根据各个物候期的需求温度，结合具体设施条件看能否满足树体的生长要求，再考虑预计上市时间适时升温。从升温到开花需要 6～7 周。

花前温湿度：日温为 18～20℃，夜温在 5℃以上；缓慢升温，不可过快，0℃上升到 15℃，用 15 d 的时间。相对湿度为 70%～80%。

花期：日温为 18～20℃，夜温在 7℃以上；相对湿度为 50%～60%，越低越好。

果实膨大期：日温为 22～25℃，夜温为 10～12℃；相对湿度为 60%～70%。

着色期：日温为 22～25℃，夜温为 12～15℃；相对湿度为 50%，防裂，果面上不结水可减轻裂果。

7. 花果管理

（1）授粉　平时将壁蜂茧放在 1～5℃温度下保存，开花前一周取出，放在设施内的开阔地带，667 m^2 放 150～200 头即可；花开 10% 左右时放蜜蜂。放蜂前 10 d 停止打药，避免造成蜂群中毒。

人工授粉：用毛笔、毛刷、鸡毛掸子等工具，从花开 30% 开始，3～4 d 内授粉 2～3 遍。

花期喷 0.2%～0.3% 硼砂、花后 5～10 d 喷 10 mg/L 赤霉素都可以提高坐果率，但要注意控制好设施内的湿度。

（2）注意防止冻害　花蕾的低温临界温度是－1.7℃，幼果是－1.1℃，要注意温度的变化。

（3）提高果实的品质　①疏除过多的花芽、疏花、疏果（除小果、畸形果等）以增大果个、提高果实整齐度；②摘叶、树下铺反光膜、北墙拉反光幕等措施可促进果实着色；③多施有机肥，保持土壤湿润，CO_2 施肥；④减少药剂，特别是污染果面的药剂的用量；⑤加大昼夜温差：早揭帘、晚放帘或夜间不盖帘（外界夜温高时）。

（4）防裂果　樱桃易发生裂果，防治措施是：①保持水分均衡供应，着色期，空气湿度低一些；②利用抗裂品种，维持适宜的树势。

杏的设施栽培

杏属于蔷薇科杏属植物，在园艺学分类上属于核果类果树。其起源中心是我国的黄河流域，主要包括河北、山西、陕西、甘肃、宁夏和新疆等省及自治区。杏树适应性强，抗旱性强，耐瘠薄，结果早，管理容易；杏果实营养价值高。据测定，每 100 g 果肉含糖 10 g、蛋白质 0.9 g、胡萝卜素 1.79 g、硫胺素 0.02 mg、核黄素 0.03 mg、烟酸 0.6 mg、维生素 C 7～12 mg。

一、适用设施

生产上主要采用日光温室，日光温室的保温性能好，对促进果实提早成熟效果好。

二、栽培技术要点

1. 苗木繁育

适宜作砧木的有西伯利亚杏（又称山杏）、辽杏和普通杏的实生苗。以西伯利亚杏为砧木的树体较小，结果早。桃作砧木易发生不亲和现象，所以生产上尽量不用。

嫁接可以采用芽接和枝接。芽接的时间不超过 6 月，否则在高温、高湿的天气下易流胶，降低成活率。在砧木地上 10 cm 处粗度达到 0.6～0.8 cm 时就可嫁接，嫁接可采用 T 字形芽接和带木质部芽接；枝接可以用劈接和腹接。

2. 品种选择

选择设施栽培的杏品种，应遵循以下原则：①选择早熟或中早熟品种；②选择需冷量少、易于打破休眠的品种；③选择树体紧凑矮化的品种；④选择适应性强、花期抗低温、幼果期对高温和高湿不敏感的品种；⑤选择果实个大、味浓、色艳、品质优的品种；⑥选择花芽容易形成、自花结实率高、早期丰产的品种；⑦一个温室内最好栽植两个以上的品种，以确保良好的授粉条件。

3. 建园

选择在土质疏松、不易积水、地势平坦、地下水位在 1 m 以下、中性至微碱性的沙质壤土上建园；园地最好背风向阳，交通便利；忌重茬。

苗木首先要选择优良品种，有两种：第一种为优质的芽接苗、速生苗或一年生、二年生普通苗木；第二种为定植在营养钵或容器（直径大于 50 cm）内，埋入土内培养 1～3 年后，形成大量花芽的苗木。

栽植密度：一般株行距为（0.8～2.0）m×（1.5～2.5）m。普通苗木的定植密度较大，花芽大时苗密度可稍小。

普通苗木定植：露地应在3月（待形成有经济价值的花芽量时，秋季再建造日光温室），定植后立即剪砧（半成品苗）或定干（成品苗）；棚内定植时间可提早进行，以延长当年生长时间。为了提高温室的利用率，也可以于3月下旬，先将苗木定植于容器内，摆放于温室外，待温室内作物收获后，再移入温室。采用此法定植，应加强水肥管理，生长季移入棚内的时间不晚于6月上旬，否则影响当年的成花。

花芽大苗定植：秋至初冬将容器去掉，直接定植在日光温室内，灌水后即扣棚膜、覆草苫，为定植的苗木创造良好的环境条件。

栽植技术：定植时根系周围应填行间未施肥的熟土（表土），根不能与粪肥接触，以免烧根。为保证授粉，一个设施内至少要栽植两个以上的品种，授粉树应与主栽品种均匀分布；如果是放蜂辅助授粉，则授粉品种最好和主栽品种在同一行内。为减少根部病害，提高地温，要求起垄定植（垄高15 cm左右）。定植后浇水。为提高地温，定植后应尽快覆盖地膜。

4. 适用树形及整形、修剪

（1）*纺锤形*　干高30 cm左右，中心干上着生9～12个小主枝或大的结果枝组；枝条分布的要求仍然是三稀三密，即上稀下密、外稀内密、南稀北密；主枝的开张角度一般为80°～90°。

定干后选出合适的枝条作主枝培养，新梢长到50 cm以上时进行摘心处理，留40 cm即可，以促进后部枝条的发生；不作为主枝培养的枝条，角度拉大，可同时在其基部进行环割以抑制其生长势；无空间的枝条应疏除。冬剪时主枝和中心干的延长枝剪去约1/3。

第二年、第三年继续选择培养主枝，及时摘心、剪梢、拉枝。冬剪时各延长枝在空间足够的情况下继续短截，生长势旺盛的营养枝缓放，过弱的枝短截，疏除过密枝、病虫枝，长果枝可短截1/3，花束状结果枝、短果枝一般不剪，过密的适当疏除，去弱留强。一般经过三年树形可基本整成。

（2）*丛状形*　几乎没有主干，从近地面处向四周斜向伸展4～5个主枝，主枝上部的培养主枝直接着生结果枝组和结果枝。主枝的培养方法类似纺锤形。

设施内栽培也有采用Y字形即二主枝开心形的，整形的要点仍然是注意主枝的培养和结果枝组的合理分布。

杏初果树修剪：主枝、侧枝留饱满外芽短截，疏除竞争枝、直立枝、过密枝和内膛交叉枝，短截部分中庸徒长枝，缓放冠内新萌发的较旺盛且方向、位置合适的徒长枝，培养成结果枝组。同时夏季实施摘心、拉枝等措施，增加枝叶量，缓和树势。

杏盛果期树修剪：以疏截为主，对各级主枝、侧枝、延长枝和其他骨干枝进行短截，剪截量一般占枝条长度的1/3或1/2，疏除树冠中上部的过密枝、重叠枝及外围的竞争枝、直立枝，短截中庸的徒长枝，培养成结果枝组。同时做好夏季的摘心、拉枝等。

所有核果类果树都要注重夏季修剪，疏外围旺枝以防内膛空虚，去背上旺枝以改善光照，控枝组旺条促成花芽，培养二次枝填补空间。

5. 土肥水管理

土壤管理：露地生长阶段可以结合除草进行2～3次中耕；设施内生长阶段可以全程进行地膜覆盖，以便于控制湿度。

水肥管理：以基肥为主，提倡基肥早施，时间从8月下旬开始，一直到10月中旬，每667 m^2的用量为3000～4000 kg。追肥可以考虑这三个主要时期：萌芽前、果实膨大期、采果后。每次施肥后灌水。必要时也可进行叶面追肥。

6. 温、湿度管理

升温要缓和，从开始升温到开花一般需要经历40～50 d，每周提升2～3℃，不能升温过快，否则容易造成性器官发育不良，降低坐果率。

杏开花期的适宜温度要控制在白天12～20℃，最高不能超过23℃，夜晚5～8℃，设施内花期的延续时间一般比露地长，为10～15 d；开花期设施内的空气相对湿度为50%，最高不超过60%，不低于30%。幼果发育期的最适气温为10～25℃，最高不超过30℃；空气湿度可适当增加，可通过覆盖、放风、喷水等方法进行调节。果实发育中后期棚内的最适温度为13～28℃，最高为33℃，最低为10℃，昼夜温差保持在10～15℃；保持空气湿度为50%～60%，土壤湿度为60%～70%。

7. 花果管理

1）放蜂、人工授粉。

2）疏花、疏果：疏花，在花量大时可在蕾期进行疏花，一般要疏除受光条件差和晚开的花，同一个果枝多疏除下部的花。

疏果，幼果发育期过后，应尽快疏果定产。疏果的原则是，树冠上部多留少疏，枝头少疏多留，受光差的部位多疏，结果枝中上部多留、中下部多疏。

3）喷硼：喷硼能明显提高坐果率，注意不能使设施内的空气湿度过高。喷施浓度：硼砂 0.2%，可加入尿素 0.2% 混喷。

李的设施栽培

李是一种适应性强、管理容易、生长快、结果早、易获丰产的果树，设施栽培一般在第二或第三年就可丰产。中国李原产于我国长江流域，在我国已有 3000 年以上的栽培历史。《齐民要术》中记载的李子品种有 31 个。19 世纪中期，美国传教士把欧洲李引到中国。

李的果实可以鲜食也可以加工，果实的营养价值很高，除含有糖、果酸、蛋白质、脂肪、碳水化合物外，还含有人体所必需的硫胺素、胡萝卜素、烟酸、核黄素、抗坏血酸，以及铁、钙、磷等。

一、适用设施

一般栽培设施为日光温室和大棚。

二、栽培技术要点

1. 苗木繁育

李的育苗可采用嫁接、扦插和分株等方法。在生产上最常用的是嫁接育苗，可用的砧木有山桃、毛桃、毛樱桃和山杏等，嫁接的方法有芽接和枝接。

2. 品种选择

李自花结实能力一般较差，所以一个设施内要配备两个及以上品种。

3. 建园

李对土壤的要求不严，只要土层较深、土质疏松、土壤透气良好和排水良好的地块都可以种植。栽植前可以先将根部泡水 12～24 h，然后再用 0.3% 硫酸铜浸根 1 h。

栽植方法同桃、樱桃等树种。

栽植密度一般为（1～1.5）m×（2～3）m，授粉树的配置比例为（1～3）：3。

4. 适用树形及整形、修剪

（1）纺锤形　树体高度要低于设施顶部 0.3 m 左右，干高 40～50 cm，8～14 个主枝或大的结果枝组均匀交错分布在中心干上，要求仍然是三稀三密。

（2）Y 字形　树的高度为低于设施顶部 0.3 m 左右，干高 30～40 cm，两个主枝的夹角为 60° 左右，伸向行间，主枝上着生 3～8 大型结果枝组。

整形过程参考本节前面几个树种。李树幼树期整形也需要刻芽，刻芽时要注意：刻芽时间宜早；伤口离芽距离要小于 1 mm；伤口要深达木质部。幼树期在迅速扩大树冠和培养骨架的同时，要做好结果枝组的培养，使树冠大而不空，枝多而不挤。在完成整形的同时，要注意平衡树势，维持各级骨干枝的主从关系。长势旺的枝要注意开张角度、减少枝量，多采用疏枝、拉枝、摘心等措施，以缓和树势；长势弱的枝要增加枝量、抬高角度。

5. 土肥水管理

露地生长阶段可结合除草进行中耕，深度在 10 cm 左右；设施内生长阶段进行全园地膜覆盖，一直保持到果实采摘。

基肥以农家肥为主，秋梢停止生长后及时施入，667 m^2 施入 2300～4000 kg；追肥以化肥为主，如尿素、磷酸二氢钾、复合肥等，可土施也可叶面施肥。

根据需要适当灌水，全面覆地膜前灌次大水，以后灌水避免设施内湿度过大。

6. 温、湿度管理

温度管理：休眠期最适宜的温度是 0～7℃，升温开始到萌芽前要经过 4～5 周；萌芽期的温度白天为 14～20℃、夜间为 6～10℃；开花期的温度白天以 14～22℃为好，不超过 25℃，夜间为 6～12℃；幼果期的温度保持在白天 20～25℃、夜间 8～12℃；果实膨大期的温度保持在白天 24～28℃、夜间 10～15℃；临近成熟期，这时昼夜温差越大着色越好，此阶段应打开通风口降低夜温，白天的温度仍保持在 18～30℃，但不超过 30℃。

湿度管理：升温开始到萌芽前的湿度要求不严；萌芽期的空气湿度控制在 60%～90%；花期的空气湿度控制在 40%～50%，最高湿度要控制在 60% 以下；幼果期和果实膨大期的空气湿度控制在 60%～70%；临近成熟期的空气湿度控制在 50%～60%。

7. 花果管理

1）放蜂、人工授粉。

2）疏花、疏果：疏花，在花量大时可在蕾期进行疏花。

疏果，坐果稳定后，一般是花后 20 d 可以考虑进行疏果。

3）喷硼：喷硼能明显提高坐果率，注意不能使设施内的空气湿度过高。喷施浓度：硼砂 0.2%，可加入尿素 0.2% 混喷。

4）主干环剥：过旺的树可以对主干进行环剥，宽度为主干的 1/10。

5）在新梢旺长期喷 300 倍液的多效唑，可以抑制营养生长，促进坐果率。

第九章 设施药用植物栽培

第一节 概　论

长期以来，我国的中医药一直依靠野生药用植物资源。随着中医药事业的发展及中药市场的扩大，野生药用植物已经无法满足医药市场的需求。药用植物的人工栽培是保证药材供应和稳定质量、满足中医临床和中药制药需要的必由之路。在种类繁多、生态习性各异的药用植物中，有一部分药用植物必须依赖栽培设施才能更好地实现规模化、规范化的人工栽培。

（一）药用植物的栽培历史和现状

我国对药用植物的应用历史悠久，早在《诗经》和《山海经》等古籍中，就记录了50种当时常用的药用植物。随着医药学和农业的发展，野生药用植物逐渐被驯化，部分成为栽培植物。北魏贾思勰著的《齐民要术》中，已记载了地黄、红花、吴茱萸等20余种药用植物的栽培方法。隋代太医署下设“主药”“药园师”等职务，专职掌管药用植物的栽培。据《隋书经籍志》记载，当时已有《种植药法》《种神芝》等药用植物栽培专书。到了明代，特别是李时珍著的《本草纲目》中，记述了约180种药用植物的栽培方法，仅“草部”就记述了荆芥、麦冬等62种药用植物为人工栽培。《中国中药资源志要》记载了我国药用植物383科2313属11 020种，其中常用中药500余种。迄今，我国野生变家种成功的药用植物有200多种，如天麻、凤尾草、金毛狗脊、红豆杉、甘草、黄芪、牛大力、葫芦巴、苏木、苦豆子、鸦胆子、贯叶连翘、巴豆、金莲花、肉苁蓉、锁阳、新疆紫草、阿魏、银柴胡、羌活、一点红、新疆雪莲、黄山药、山柰、益智、知母、川贝母、重楼、射干、千年健、铁皮石斛等。此外，有几十种药用植物进行国外引种驯化工作，其中20多种国外名贵药用植物已在我国成功栽培，如番红花、西洋参、水飞蓟、紫锥菊、广藿香、丁香、檀香、儿茶、南肉桂、肉豆蔻、胖大海、印度马钱等。我国常年大面积种植的药用植物有250多种，据统计2015年的种植面积达336.4万hm^2，其中甘草、党参、厚朴、黄芪、山茱萸的种植面积位居前五位。

我国设施药用植物栽培主要集中在铁皮石斛、金线莲、人参、三七、天麻、黄连、重楼等名贵药材，截至2015年种植面积已超6.5万hm^2。其中，设施人参栽培主要分布在吉林省，人参总面积基本稳定在0.4万～0.5万hm^2。石斛的人工规模化设施栽培始于1986年，据中国中药协会石斛专业委员会统计，2015年全国各类石斛的种植面积为1.5万hm^2，其中，铁皮石斛约0.5万hm^2，云南占50%，浙江省的铁皮石斛面积达0.1万hm^2；紫皮石斛约0.1万hm^2，云南省占95%。另外，2015年云南三七的种植面积已达到3.3万hm^2。

在国外，设施药用植物栽培发展迅速，栽培设施、技术和方法都比较先进。日本多年来引种了大量的药用植物，已建成3万m^2的药用植物种植基地，有500多个品种，其栽培基地年产量可达200 t。韩国和日本在人参和柴胡不定根的培养方面已达到了工业化生产水平。特别是韩国森林研究所，他们在山参的不定根培养方面已取得重大突破，并已和制药公司合作生产山参。韩国利用设施栽培的方法，在农田搭建成一定角度的参棚，使种植的高丽参可以接受到阳光散射光，通风良好，并结合施用土壤调节、水旱轮作等技术，有效解决了高丽参连作障碍的难题。最近韩国有人研究出了水培法结合互联网（IT）和LED照明系统的新栽培技术，通过严格控制营养液的配比、温度、湿度及光照强度，使高丽参仅生长3～4个月就能收获供食用，而且其中所含的有效成分——人参皂苷类的含量有所增加。美国和加拿大栽培西洋参历史悠久，其中，加拿大是世界上最大的西洋参生产国，占全世界总产量的75%。该地区的设施栽培一般采用人工阴棚种植，机械采收。

（二）设施药用植物栽培的主要特点

药用植物的设施栽培不仅对我国野生药用资源保护有着重要意义，还能克服露地栽培的弊端、缩短栽培周期、提高产量，有着巨大的应用价值。

1. 设施药用植物栽培的主要优点

（1）设施栽培能保证药材的质量　设施栽培能根据特定的药用植物的生长要求，模拟其所需的环境和特殊的养分供应，保证药用植物体内药用有效成分的含量与一致性，达到生产道地药材的目的，保证药材的质量。例如，蛹虫草的栽培已经实行工厂化生产，能通过智能系统控制温室内的温度、湿度、光照、通风等环境条件，为蛹虫草生长发育的不同阶段适时调整其所需的环境条件，可提高蛹虫草的产量和品质，并实行周年多批次生产。

（2）设施栽培能提高药材的产量　设施栽培能为药用植物的生长提供最佳的温度、湿度和光照环境，以促进植株快速生长，使生产效率大大提高，并能显著提高产量。当归的主要有效成分——挥发油，在半干旱凉爽气候和长期多光的生态环境条件下，其含量高达0.65%；而在少光潮湿的生态环境下，其含量则低，仅为0.25%。黄芪药材中次生代谢物的黄芪甲苷受年平均气温的影响较大，低温有利于黄芪甲苷的生成。郭巧生等通过对夏枯草控制持水量的试验证明，夏枯草在营养生长期中，田间持水量在80%～85%时对其次生代谢物——熊果酸的产生最为有利。颠茄在露天栽培时的阿托品含量为0.703%，而在阴蔽条件下类黄酮合成途径中的苯丙氨酸裂解酶和查尔酮合成酶及其他分支点的酶在紫外辐射下积累或活性加强，从而引起植物体内的类黄酮及酚醛类化合物丹宁和木质素等的增加。

（3）设施栽培能提供大量优质的种苗　设施栽培可提供大面积生产所需的大量优质的种苗，降低育苗成本，有效避免了育苗风险。天麻是一种无根无绿色叶片的兰科植物，不能进行光合作用。徐锦堂教授经过研究发现，天麻种子只能与小菇属菌共生才能萌发，发芽后的原球茎萌生出营养繁殖茎，必须接蜜环菌建立共生营养关系才能继续正常生长，并总结出了天麻的设施栽培技术固定菌床栽培法。铁皮石斛是我国的名贵中药，在野生状态下，铁皮石斛需要特定的昆虫协助才能完成授粉，其结果率低，而铁皮石斛的种子需要与真菌共生才能萌发，因此种子的萌发率极低。野生铁皮石斛已经被列为濒危物种。随着铁皮石斛组织培养技术的研究和种子萌发技术的成熟，铁皮石斛工厂化育苗和栽培产业迅速发展，可供应市场大量的铁皮石斛种苗。

（4）设施栽培能实现工厂化生产　药用植物的设施栽培能实现统一播种、移植、栽培、管理、收获加工的工厂化生产流程，避免靠天吃饭的被动局面，对影响药材质量的采收加工等环节可以严格控制，药材质量有保证，可以形成自主品牌在国内外市场销售，提高了竞争力。广东省微生物研究所的有机灵芝种植基地，采用仿野生种植直立栽培方式，实行统一的栽培管理规范，以套袋的方式安全、纯净地收集灵芝孢子，杜绝农药残留和重金属污染，获得了良好的经济效益和社会效益。

当然并不是所有的药用植物都适合或者有必要进行设施栽培，因为设施药用植物栽培也有许多不足之处。

2. 设施药用植物栽培的主要缺点

（1）丧失了自然环境对药用植物的综合作用过程，使其道地性无法充分的体现　非设施栽培的药用植物在自然环境中受到大地的养分及雨露的滋养，受到阳光（包括紫外线）、温度变化的刺激，经受冰冻、干旱、暴雨、病害等自然灾害的侵袭，甚至遭遇虫嚼鼠咬、兽吃畜踏等过程，同时与其他生物进行竞争或协同作用。这些环境及生物因素促进了药用植物次生代谢物的积累，有利于药用植物有效成分的生成和品质的提高，是药材性味和升降沉浮等特性形成的重要影响因素。设施栽培中的药用植物始终处于人为干预的生长环境之中，环境及生物因素的影响受限，从而影响了药用植物的品质和质量。林下参播种在山林野生状态下任由自然生长，栽培的园参生长于林间伐木山地或人工遮阴的农田之中，一般情况下，相同年限的林下参的品质、疗效和价格远远好于园参。

（2）药用植物的活性成分缺失　药用植物的设施栽培中依靠水培或土培长期栽种单一品种，导致了药用植物吸收的微量元素不足及土壤中微量元素的缺失，进一步导致药用植物活性成分的缺失。长期耕作以后导致设施土壤酸化，有机质含量下降，土壤盐渍化和养分失调，并导致土壤重金属积累，出现药用植物重金属超标现象。

（3）药用植物的农残超标　药用植物的设施栽培，由于品种单一和规模化栽培容易暴发病害，故导致大量使用农药。设施内是一个相对封闭的环境，与外界环境相互隔离，但由于单一品种的高密度种植、通风不足、空气湿度大和高温等原因，药用植物在栽培过程中会滋生细菌性和真菌性病害，相应地大量频繁地使用农药，往往导致农残超标的现象。

（4）药用植物的连作障碍　连作障碍是指在正常的管理措施下，同一块地连续多年种植相同作物（连作）造成作物生长状况变差、病虫害发生加剧、产量降低、品质变劣的现象。在很多药用植物中都不同程度地存在连作障碍，如三七、人参、重楼等，生长环境特殊，种植区域受限。连作最突出的表现是“病多，产量低”，连作地根腐病的发病率平均为23.9%，相当于新栽地的3.5倍，且随着连作年限的延长，根腐病发病变严重。连作表现为植株基本全部死亡，缩短轮作年限则表现出发病严重和保苗率低等现象，致使产量低、质量差。

（5）药用植物品种退化现象严重　天麻经人工设施多年栽培后，抗逆性显著降低，容易被病原菌感染，种麻的分生能力下降，其产量和质量下降。

总而言之，对药用植物来说，设施栽培既有优点，但缺点也显而易见。因而在中药的农业现代化过程中，必须充分考虑药用植物的实际情况，有所选择、有的放矢地开展药用植物的设施栽培，这样才能真正实现中药材的规范化生产。

（三）设施药用植物栽培必须遵循的原则

1. 适应性原则

特定的药用植物都有其特有的生物学特性和生长环境。因此，为了保证药用植物不因异地栽培而改变有效成分，人工设施栽培必须根据药用植物的生长特性和环境进行选择和改造，以适应植物生长所需的环境。西洋参主要栽培于加拿大的卑诗省和安大略省、美国的威斯康星州，该地域气候偏冷，夏季凉爽，土壤要求富含各种矿物质和肥沃的丘陵土壤。国内的科研人员根据其生长特性引种在我国海拔为800～1100 m的具有微酸性、富含腐殖质、土层较厚且易于排水、气候凉爽而湿润的山地阔叶林地带或肥沃的园田中种植，目前国内的某些地区实现了规模化的人工栽培。

2. 道地性原则

传统意义上的道地药材是指具有特定的种质、产区和栽培技术及加工方法所生产的中药材，其产品质优、质量稳定、疗效可靠。把道地药材与地理、生境和种植技术等特异性联系起来，可将药材分为关药、北药、怀药、浙药、南药、云药及川药等。在众多的药材品种中，有的药材道地性强，如四川的川芎、重庆的黄连、甘肃的当归、吉林的人参、广东的化橘红和广陈皮等，它们的道地性受地理环境、气候条件等多种生态因素的影响大。这些因素不仅限定了植物的生长发育，更重要的是影响了药用植物次生代谢产物及有益元素种类和存在的状态。

但并非所有种类的药材都有很强的道地性，有些药用植物引种后的生长发育和质量与原产地一致，均可药用，如薯蓣（山药）、芍药、忍冬、菊花等。随着科研水平的提高，越来越多的药用植物在尊重传统道地性的基础上，通过设施栽培保证了中药材的有效成分含量和产量。

3. 安全性原则

在药用植物生产、设施栽培管理和产品储存过程中，防治病虫草害采取生态学的理念，采用以预防为主、防治结合的措施。尽可能地使病虫草害不发生或少发生，尽量不施农药，尽量采用物理防治措施或者采用无毒的生物农药。在药用植物中栽种具有驱虫效果的植物，可驱赶害虫；在周边栽种害虫喜食的作物，可吸引害虫并统一扑杀；采用黄板、灭虫灯等物理手段，可吸引并消灭害虫；利用天敌消灭害虫，如释放捕食螨、赤眼蜂、胡蜂等控制红蜘蛛、小实蝇等害虫。

4. 经济性原则

药用植物的设施栽培需要建设大棚、灌溉、控温等设施，投资巨大，后续的种苗繁育及种源购买、人员管理费用也需要不少的资金。因此，必须遵循经济性原则，应立足于本地、因地制宜，设施条件能满足植物生长需要和日常生产管理需求就行，达到一定的规模和管理规范化就行，不必追求高大全的设施。栽培品种一般选择市场前景广阔、栽培技术成熟、开发价值高的药用植物，可使设施栽培的投资生产效率高、整体回报率高、经济效益高。

总之，设施药用植物栽培必须遵循以上原则，才能在保证药用植物的药效和质量的同时使经济效益最大化。

（四）设施药用植物栽培的基本技术

1. 设施药用植物栽培的形式

设施药用植物栽培形式已呈现多样化发展，已经发展出了露天栽培、仿野生栽培、大棚栽培等形式。从覆盖形式来看，可分为浮面覆盖、防雨棚、塑料大棚、日光温室和玻璃日光温室等；从设施环境控制自动化程度来分，有简易设施和复合设施两大类。浮面覆盖和防雨棚属于简易设施类，其中，防雨棚仅是指将遮阳网、聚乙烯薄膜等覆盖在大棚顶部，起到避雨、降温、防病、防止水土流失等作用；浮面覆盖是指用通气透光、轻巧的无纺布等材料直接覆盖在植株上，以达到防寒、防霜、防风、防虫、防鸟的目的。塑料大棚、日光温室和玻璃温室属于复合设施类，是设施栽培的主要形式，其具有强的环境调节功能，但管理要求也较高。有高度自控化的温室、塑料大棚和植物工厂等形式，采用计算机大规模联网，监测各项环境因子指标，实现环境条件的自动调节；也有介于自控温室和简易设施之间的半自控温室，目前我国的大部分温室还属于这一类型，主要是利用大棚设施本身的调节功能辅以人工调节，创造适合药用植物生长的环境条件。大型温室具有投资相对少、土地利用率高、室内环境相对稳定、节能、便于作业和产业化生产等优点。因此，设施日趋大型化、规模化、连片产业化及作业自动化。

药用植物栽培设施的形式应根据生态环境条件、药用植物品种、栽培技术要点和控制水平而定。例如，金线莲、铁皮石斛、三七、人参、黄连、黄精、黄花倒水莲、草珊瑚、南板蓝根等属于阴生植物，近年来研究者根据其生物学特性在林下遮阴仿野生栽培，总结出以集约化育苗、阴棚遮光、科学浇水、病虫害防治为特点的综合栽培技术，其有效成分与野生状态基本相同。

2. 设施药用植物栽培的常用技术

（1）*设施药用植物栽培中以种苗繁育技术最为全面*　组织培养、非试管快繁、穴盘育苗等技术常用于药用植物的种苗繁育。在人工栽培的药用植物中，有些药用植物由于资源稀少、不结实、繁殖系数小、生长缓慢、易感染病毒等原因，需要组织培养技术来繁育种苗。药用植物组织培养是实现上述药用植物可持续利用的重要措施，具有快速繁殖、集约化生产、无性系遗传性状一致、可获得无病植株、方便种质资源保存等优点，是实现药用植物高效繁殖的有效手段。非试管快繁技术是指利用生物全能性结合计算机智能控制技术控制环境条件进行高效育苗的技术，可以克服组培炼苗困难、移栽成活率低的问题，具有适用范围广、根系发达、适应性广的特点。无论是种子繁殖，还是组织培养、非试管快繁，最后的阶段都需要采用穴盘或营养杯假植，以促进种苗的健壮均一、更好地保护根系、方便装运和移栽成活。

（2）*设施药用植物常用的栽培技术包括地表覆膜、水培、汽雾培、牵引架和定向栽培等*　草本药用植物栽培多采用地表覆膜，以减少虫害和草害的发生，增产、增收效果明显。水培、汽雾培可以应用于全草入药及以根入药的药用植物的栽培，如车前草、薄荷、溪黄草、鱼腥草等。车前草的汽雾培可缩短生长周期、提高生物量、改善营养品质，但有效药用成分的含量相对偏低。何首乌、金银花、防己、五味子、白扁豆、鸡骨草、绞股蓝、罗汉果、瓜蒌、三叶木通、山药等药用藤本植物在栽培过程中需要牵引架作为茎蔓攀爬的附着物，可扩大光合作用的面积，提高产量。为了提高产量和质量、便于采收，有些药用植物采用限根栽培或定向栽培，淮山栽培中根部采用浅生槽和松软填料，可以人为地改变块根垂直向下为斜面定向生长，形成良好的块根生长环境，能在多种类型的土壤中种植，采收容易，可连作2～3年。人参、三七、金线莲等阴生药用植物的设施栽培多采用阴棚或遮阳网、遮阴大棚的方式。铁皮石斛的设施栽培一般在遮阴大棚中采用无土栽培的床栽模式，栽种3～5年后采收。

3. 设施药用植物栽培的新技术应用展望

（1）*转光膜的应用*　转光膜是指在农用薄膜中引入转光助剂，改善透过温室棚膜的光质，有益于植物进行光合作用的功能塑料膜。转光膜可以吸收太阳光中植物光合作用所不需要的紫黄光和绿光，发射为蓝光和红光，强化植物在弱光条件下的光合作用，促进作物的生长发育。目前，转光膜在大白菜、菠菜、番茄及辣椒等蔬菜种植中应用广泛，在藻类培养、茶叶和烟草种植中也开展了相关的应用研究，相信在设施药用植物栽培中也大有用武之地。

（2）*CO_2气肥的应用*　CO_2是作物光合作用的基本原料之一，由于温室大棚内的环境相对封闭，故导致室内CO_2含量不足。在设施栽培中对作物施用CO_2气肥，具有改善生理功能、促进早熟、提高产量和抗病能力、改善品质等综合效应，是实现药用植物高产优质的重要技术措施之一。

（3）*光伏农业*　在农业之上服务农业、有利于农业发展和效益提高的光电与农业复合系统，叫光伏农业。光伏农业模式主要是指光伏大棚农业及光伏小棚，以药用植物种植、药用真菌种植和药用小动物养殖为主。太阳能光伏大棚温室是一种新型的温室，是指在温室的部分或全部向阳面上铺设光伏太阳能发电装置的温室，它既充分利用太阳能发电，又能改变大棚内的光照时间和强度，为作物或药材提供适宜的生长环境。

（4）*自动化控制技术的应用*　现代化温室大棚，通过传感器对温室内环境的光照强度、温度、湿度等进行实时监测，并通过温室补光系统、温控系统、营养液循环系统、CO_2补给系统等，做出相应的自动操作以改变室内环境，创造出最适宜植物生长的环境。在荷兰、日本温室大棚已经广泛应用，可减少人力成本，促进作物生长。

（5）远程控制技术的应用　远程控制技术由无线传感器网络、环境监控系统、灌溉控制系统、决策支持系统、数据采集与分析、远程客户端等方面组成，可实现对温室大棚的远程控制。随着移动互联网技术的发展和无线网络的覆盖，远程控制技术也逐渐应用移动客户端，可以实时监控温室大棚的情况并进行远程控制。

（6）大数据、云计算和物联网技术的应用　大数据、云计算和物联网技术也逐渐应用到设施药用植物栽培中。监测药用植物的生理生态信息，研究其生理生长模式；并通过分析各类型数据发现药用植物的生产规律，建立药用植物设施的水肥管理模式、病虫害发生预警模式等，用于指导生产；进一步开发成本低、效果佳、面向不同药用植物的各种类型设施的应用模式；最终以药用植物物联网技术应用研究为基础，制订操作性强的药用植物物联网应用标准。

（7）设施栽培机器人　人力成本的上升和人工智能、机器人技术的发展，设施栽培中的机器人被逐渐应用。在国外已制造出了农业机器人，根据其作用范围可分为嫁接机器人、扦插机器人、育苗机器人、种植机器人、蜜蜂机器人、植保机器人、采摘机器人、分拣果实机器人等。以色列研制出了由机器人管理的无土栽培新系统，它可采用水栽法在集装箱中种植蔬菜瓜果，其能够完成播种、施肥和收割等一系列操作。日本京都的Spread公司在关西科技城木津川市，已建成世界上首家机器人农场，蔬菜种植全过程、管理和收获环节都由机器人控制。

第二节　设施北虫草栽培

北虫草［*Cordyceps militaris*（L.）Link］，又名北冬虫夏草、北虫草、北草，属真菌门子囊菌纲肉座菌目麦角菌科虫草属，与冬虫夏草（*Ophiocordyceps sinensis*）同属异种。

北虫草是一种药食兼用的大型真菌。野生北虫草始载于《新华本草纲要》，其“味甘，性平”，有“益肺肾、补精髓、止血化痰”的功效。现代中医学巨著《中华药海》记载：“北草，性味甘、平，入肺、肾二经。功效主治：①益肾补阳，本品甘平，补肾阳，益精髓，用治肾阳不足，髓海空虚，眩晕耳鸣，健忘不寐，腰膝酸软，阳痿早泄等症；②止血化痰，本品即补肾阳，有益肺阴，保肺益肾，秘经益气，对肺肾不足、久咳虚喘、劳嗽痰血者有较好疗效。”北虫草以干燥子实体入药。

一、北虫草的生物学特性

1. 形态特征

北虫草的菌丝体呈白色，见光转色后呈橘黄色。菌丝体为绒毛状，致密程度和爬壁能力均较强，有隔膜和分生孢子，无锁状联合。子座单个或数个从寄主头部或节部长出，色橘黄，长2～8 cm，头部棒状，浅黄色。

2. 生长发育条件

（1）营养　北虫草可以利用的碳源有葡萄糖、蔗糖、麦芽糖、淀粉和果胶等，以葡萄糖和蔗糖等小分子糖类的利用效果最好；能利用的氮源有氨基酸、蛋白胨、豆饼粉、蚕北粉、玉米浆、酵母浸膏等，适宜的碳氮比（C/N）为（3～4）：1。矿质元素中以磷、钾、钙、镁为主要元素。维生素B_1能促进菌丝的生长发育。

（2）温度　北虫草属于中低温型菌类，温度过高不利于北虫草的生长发育。北虫草菌丝生长、转色、子座分化的最佳温度分别为22.7℃、20.2℃、18.1℃。人工栽培北虫草，适宜的发菌温度为15～18℃，子座生长的适宜温度为14～17℃。

（3）湿度　在北虫草的菌丝生长阶段，要求培养基中的水分含量为60%～70%，空气相对湿度为70%；子座分化和生长阶段，要求空气相对湿度为85%～90%。空气相对湿度过低，则培养基中的水分易散失，从而影响菌丝的生长、转色、子座分化、生长；湿度过高，则气生菌丝生长过旺，子座分化延迟，且容易导致杂菌污染。

（4）空气　北虫草在菌丝生长阶段和出菇阶段都需要新鲜空气。人工栽培北虫草，菌丝生长期瓶内的氧气能满足其生长的需要；出菇期需增加瓶内的通气量，以促进子实体的健壮生长。

（5）光线　菌丝体生长阶段不需要光线，需要避光培养。菌丝长满后需增加自然光照，生产上采用日光灯补光。

（6）pH　北虫草喜在微酸性环境中生长，菌丝生长的最适pH在5.2～6.8。一般培养料中的自然

pH 即可。

二、北虫草的设施栽培类型

北虫草栽培的常用设施主要有温室、高压灭菌锅、无菌接种室、培养房、栽培室等。

在北虫草的设施栽培过程中，需配备控温、控湿等设备，通过人工设定，自动控制温度、湿度、CO_2 浓度、光照，以满足北虫草在不同生长发育阶段对环境条件的要求。在此模式下，可不间断地进行分批投料、发菌、出草，循环往复实现一年四季连续培养。子座采收过程中，只采收第一批，可相对缩短生产周期，提高车间利用率，提高产业整体的经济效益。

三、北虫草的设施栽培技术

1．环境要求

至少在 300 m 之内无禽兽舍、无垃圾（粪便）场、无污水和其他污染源（如石灰厂、水泥厂等）。

2．培养基质

主料：大米。要求新鲜、洁净、干燥、无虫、无霉、无异味。

辅料：白砂糖、大豆粉、奶粉等。要求新鲜、洁净、干燥、无虫、无霉、无异味。

按黄豆 10%～20%、白砂糖 0.5%～1.2%、奶粉 5%～10%、磷酸二氢钾 0.5%～1.0%、硫酸镁 0.01%～0.05%、维生素 B 10～15 mg/1000 mL 的比例配成营养液，将大米和营养液按（1.4～1）：2 的比例加入透明的食品级塑料瓶或玻璃瓶中，瓶口密封。

3．栽培容器

选用厚度在 0.05 mm 以上、规格为 15 cm×30 cm 或 17 cm×30 cm、薄厚均匀、无破漏、韧性强的优质聚丙烯塑料袋为栽培容器。或者采用北虫草专用栽培盒，其重量轻、清洗方便，产量及品质均较好。

4．菌种选择

菌种与北虫草的生长周期、产量及品质的关系密切。生产所用菌种，要求侵染力强、易分化产生子座、产量高、生长周期短。菌种要求底部呈鲜艳橘黄色、平贴、厚度适中、无任何杂菌污染、无明显的白色绒毛状气生菌丝。

5．灭菌和接种

将盛有培养基的容器放在高压灭菌炉内进行灭菌。当炉内压力升到 0.05 MPa 时，排冷气；后重新升至 121℃、0.15 MPa 时，灭菌 2～2.5 h。灭菌结束后，待压力下降到 0 MPa 时打开炉门，取出冷却。

进入接种室前，接种人员要穿戴经消毒的衣物，佩戴一次性口罩及帽子，菌种瓶的外壁及接种人员的双手用 75% 乙醇进行表面消毒。进入接种室后，应迅速关好门，防止带有杂菌的空气进入。接种过程须在离子风机旁进行，首先稀释液体菌种，一般稀释 8～10 倍，然后将接种枪连接稀释的液体菌种瓶进行接种。接种时，拔去棉塞，将接种枪伸入盒内，迅速拉动接种枪。接种完毕立刻塞好棉塞，整个接种过程应保持无菌、快速，一般每瓶无菌水可接种 100 盒左右。将接种结束的栽培盒移入培养室内培养。培养室在接菌培养瓶进入培养前必须彻底消毒，为避免腐蚀性和残留，应使用紫外灯、臭氧及无毒副作用的杀菌剂进行室内消毒。

6．发菌培养

采用立体架式栽培，每档层高不超过 6 层。北虫草在菌丝生长阶段不需要光照，要进行避光培养，因此要密封培养室的门窗，保持室内黑暗状态。发菌培养阶段的室内温度应控制在 15～18℃，经过 7 d 左右菌丝即可覆满培养料表面，此时可以拔掉棉塞，进行光照转色。

7．转色

北虫草菌丝长满培养料时，应给予光照，促进其转色。光照强度保持在 150～250 lx，每天的光照时间不少于 10 h；白天可利用自然散射光，夜晚以日光灯作为光源。经过光照刺激，菌丝由白色逐渐转变为橘黄色，转色期一般为 7 d 左右。当培养基表面出现橘黄色色素，聚集有黄色水滴，并可见圆丘状的橘黄色菌丝隆起时，表示原基已经开始分化，子座即将形成。

8．子座培养

北虫草的原基分化形成后，开始进入子座培养阶段，此阶段要求温度在 19～23℃，空气相对湿度在 85%～90%，空气新鲜。由于北虫草具有明显的趋光性，因此在子座培养阶段，应适当调整光源的位置，保持受光均匀。当子座呈现橘黄色或橘红色棒状，长度为 5～8 cm，且子座头部开始膨大，并出现黄色粉末状物质时，表明其已经成熟，可以采收了。

9．病虫害防治

做好培养室和接种室内外的清洁卫生工作，使用前彻底采用紫外线灯或电子臭氧发生器进行消毒灭菌，避免出现杂菌产生的环境条件。真菌污染主要有曲霉、青霉、毛霉等。当蛹虫草遭到真菌污染时，由于青霉、曲霉和蛹虫草在培养基中互相争夺养料和水分，从而影响了其生长发育；毛霉分解淀粉和蛋白质的能力较强，生长和蔓延速度极快，在合适的条件下，3～4 d就可占领整个料面，从而影响菌丝的生长，严重时也可导致子座生长停滞，影响蛹虫草的产量和品质。此外，木霉、链孢霉等真菌也可对蛹虫草的生长发育造成危害。栽培中应调节好温、湿度，适时加强通风换气，控制料面过分干燥和积水，严防杂菌污染。

在栽培场所出入口安装纱网，防止螨类、菇蝇、跳虫等害虫迁入。栽培房通过采用无辐射诱杀虫蛾灯或安装粘虫板来诱杀菇蚊、蝇、叶蝉等昆虫。发现污染后，立即清理出培养室，并随即进行高压灭菌处理，防止对培养室和生产场地的二次污染。应选用高效、低毒、无残留的农药。

10．采收加工

北虫草采收、烘干及包装过程中的环境要整洁干净，操作人员需佩戴帽子、手套和口罩。采收时用镊子或剪刀剪断子座基部。采收结束后，将子座基部清理干净，及时烘干，随后回潮2 h，整理平直后用塑料袋包装，置于通风干燥低温黑暗处保藏。

第三节　设施灵芝栽培

灵芝属于真菌界担子菌门灵芝科灵芝属灵芝亚属灵芝组，是一种大型药用真菌。药典收录品种有赤芝（*Ganoderma lucidum*）和紫芝（*Ganoderma sinense*），含有灵芝多糖和三萜及甾醇、微量元素等。灵芝以干燥子实体入药，性甘、平，归心、肺、肝、肾经，具有补气安神、止咳平喘的功效，用于心神不宁、失眠心悸、肺虚咳喘、虚劳短气、不思饮食等症。

一、灵芝的生物学特性

1．形态特征

从整体来看，灵芝是由营养器官和繁殖器官两大部分组成的，菌丝体为灵芝的营养器官，子实体为灵芝的繁殖器官。子实体由菌盖和菌柄组成。菌盖的形状多为肾形、半圆形或接近圆形，呈红褐、红紫或紫色，表面有一层漆样光泽，上表面有同心环沟和辐射状条纹，并有皱纹；菌柄呈近圆柱状，侧生或偏生，少中生，长度一般为10～20 cm，粗一般为2～5 cm，呈紫褐色，表面似漆样光泽，中实，组织紧密，木质化。

2．生活条件

（1）营养　　灵芝属于异养型的生物，没有叶绿素，只能分解和吸收植物制造的有机物。灵芝为典型的木材腐朽菌，对木质素、纤维素、半纤维素等复杂的有机物质具有较强的分解和吸收能力，主要依靠灵芝本身含有的许多酶类如纤维素酶、半纤维素酶及糖酶、氧化酶等，把复杂的有机物质分解为自身可以吸收利用的简单的营养物质，如木屑和一些农作物秸秆、棉籽壳、甘蔗渣、玉米芯等都可以栽培灵芝。

（2）温度　　灵芝属高温型菌类，菌丝生长的温度为3～40 ℃，适宜温度为25～30 ℃，10 ℃以下和36 ℃以上菌丝生长极为缓慢。子实体原基形成和生长发育的温度是10～30 ℃，最适宜温度是25～28 ℃，实验证明，在这个温度条件下子实体发育正常，长出的灵芝质地紧密、皮壳层良好、色泽光亮、有效成分积累多。高于30 ℃环境中培养的子实体生长较快、个体发育周期短、质地较松、皮壳及色泽较差；低于25 ℃时子实体生长缓慢、皮壳及色泽也差。

（3）水分　　水是灵芝生长发育的主要条件之一，在子实体生长时，需要较高的水分，但不同生长发育阶段对水分的要求不同。在菌丝生长阶段要求培养基中的含水量为65%，空气相对湿度在65%～70%；在子实体生长发育阶段，空气相对湿度应控制在85%～95%，若低于60%，则2～3 d刚刚生长的幼嫩子实体就会由白色变为灰色而死亡。

（4）空气　　灵芝属好气性真菌，需要空气中有足够的氧气提供，以保证其呼吸作用所需，才能正常的生长发育。当菌丝长满培养料后，必须有足够的氧气，子实体才能形成。在子实体生长阶段，若通气不良，往往只长菌柄不长菌盖，要想使菌盖正常发育，出芝场地就要经常保持空气清新。

（5）光照　　灵芝在生长发育过程中对光照非常敏感。灵芝在菌丝体生长阶段，不需光照，黑暗环境有利于菌丝细胞的分裂和伸展；灵芝子实体对光源敏感，黑暗的环境不利于原基的形成和菌盖的分化；在子实体生长阶段，则需要充足的散射光照，但要避免阳光长时间直射，短时间的直射光照无太大影响。菌柄和菌盖的生长对光照也十分敏感，光照强度在20～100 lx时，只产生类似菌柄的突起物，不产生菌盖；光照强度在300～1000 lx时，菌柄细长，并向光源方向强烈弯曲，菌盖瘦小；光照强度在3000～10 000 lx时，菌柄和菌盖正常。当人工栽培灵芝时，可以人为地控制光照强度，通过定向和定型培养出不同形状的商品药用灵芝和盆景灵芝。

（6）pH　灵芝喜欢在偏酸的环境中生长，要求pH为4～6最合适，但在配料时一般要求达到6～7；菌丝在生长过程中会产生酸性物质，酸碱度将下降。

灵芝生长发育过程中所需的各种营养和环境条件是综合性的，各种因素之间存在着相互促进和制约的关系，某一因素变化就会影响其他因素。因此在灵芝栽培中，必须掌握好这些因素以提高产品的质量。

二、栽培品种

1. 赤芝

赤芝为灵芝属的代表种，野生菌盖一般可达（5～12）cm×（10～20）cm，厚度达1～2 cm，红褐色稍内卷，菌肉黄白色；菌柄侧生，高达5～10 cm，色与菌盖相同，子实体呈蜂巢状，菌盖下面有菌管层，菌管长约1 cm，菌管内壁为子实层，着生担子，担孢子子卵型，大小为（8.5～11.5）μm×（5～6.5）μm。

2. 紫灵芝

菌盖及菌柄均有黑色皮壳，菌肉呈锈褐色，菌管硬，与菌肉同色，管口圆，每平方毫米约5个，孢子大小为（10～12.5）mm×（7～8.5）mm。

3. 薄盖灵芝

薄盖灵芝又称薄树芝，其子实体皮壳具有深紫红色，菌盖比前两种为薄，近菌管处为浅褐色，菌管为肉桂色，每平方毫米4～5个，孢子大小为（7.5～10）mm×（5.5～7）mm，菌盖为7～11 cm，厚0.5～1.0 cm。成熟的菌盖肉卷明显，菌盖背面的菌管近白色，木栓质含量少，孢子含量高，药用成分高，药效好。

三、灵芝的设施栽培类型

目前灵芝的设施栽培类型根据栽培原料的不同主要分为段木栽培和袋料栽培。

灵芝栽培的常用设施主要有大棚、温室、装袋机、高压灭菌锅、无菌接种室、培养房、栽培室、孢子采收室等。

四、灵芝的设施栽培技术

1. 段木栽培

灵芝段木栽培是指将适合灵芝生长的树木截成一定长度的段木，接上菌种，菌丝长透段木成为菇木，菇木埋入土中，通过一定的管理措施，使菇木长出灵芝子实体的过程。目前多采用短段木熟料栽培方法。熟料栽培具有发菌速度快、菌丝在段木内分布面积广、营养积累多、生产周期短、生产较稳定及易优质高产等优点。

（1）栽培时间　段木组织致密，一般不外加营养源，发菌时间比代料缓慢，接种时间应比代料栽培提前，一般安排在12月初到翌年1月下旬。这段时期气温低、少雨，接种成活率高，同时经过一段较长时间的发菌，菌丝积累养分多，为子实体的正常生育提供了物质保证。至清明前后，气温稳定在20℃以上时即可埋土使原基慢慢发生。

（2）树种选伐　适于灵芝段木栽培的树种，以壳斗科树种较理想，特别是青冈属、栲属和栎属的树种为最好。除此以外，杜英科、金缕梅科等的树种也很适合灵芝栽培。栽培效果较理想的树种，其木材学特征是：树皮较厚，形成层发达，不易与木质部剥离；木材容重比较大，材质较硬实；边材发达或不显心材，早材率高；木射线发达或具宽木射线；导管丰富或为大型导管材。树木直径要求为6～20 cm，长15 cm为宜，芝树的砍伐期一般安排在生产前半个月，也可边砍伐、边截断、边装袋灭菌，水分不足将抑制子实体的发生。灵芝段木栽培的灭菌、接种、菌丝培养、出芝管理、灵芝采收等技术与灵芝袋料工厂化栽培技术相同。

2. 袋料栽培技术

（1）拌料　袋料栽培主要用于灵芝工厂化栽培，该技术采用标准化培养基，便于发菌和出芝管理，一般不使用段木，使用木屑、棉子壳、玉米芯、甘蔗渣等原料，辅料有米糠、麸皮、玉米粉、黄豆粉、石膏粉、石灰粉等。木屑一般使用阔叶树木屑，针叶树（杉、松、樟树、桉树等）等含有挥发油等抑菌成分的木屑不能用于灵芝栽培，即使掺杂有针叶木屑，也不能超过10%；棉子壳应选择无杂色、不结块、无污染和虫害的干料；甘蔗渣不能发霉，甘蔗渣和玉米芯都要事先粉碎成屑使用。用搅拌机将主要原料、辅料及水分等搅拌均匀，料含水量在60%～65%，用手捏料无水滴出，手指缝间可见到水即可，pH控制在6.5～7.5。灵芝工厂化栽培培养基的参考配方：①木屑54%，棉子壳32%，麸皮12%，石灰粉2%；②木屑74%，玉米芯粉24%，石膏粉1%，蔗糖1%；③木屑50%，甘蔗渣35%，麸皮12%，豆粕2%，石膏粉1%。

（2）装袋　使用装袋机进行培养料装袋，装料袋采用耐高温的聚丙烯塑料袋（规格为35 cm×20 cm），每袋约装1500 g。装袋后，袋口套上专用通气套环，并检查料袋有没有出现破孔，如有就需用不干胶布封好，以防灭菌后再被杂菌感染。检查料袋后，装在专用料袋周转框内并堆叠在专用灭菌推车上，待灭菌。

（3）灭菌　将装满料袋的货架车平行推入高压灭菌炉内进行灭菌。当炉内压力升到0.05 MPa时，排冷气；后重新升至121℃、0.15 MPa时，灭菌2～2.5 h。灭菌结束后，待压力下降到压力为0 MPa时打开炉门，拉出货架车至冷却间冷却。也可以用常压灭菌，100℃灭菌8～10 h。冷却间在灭菌前后必须进行空间消毒30 min以上。

（4）接种　接种须在无菌接种室内进行，接种前，接种室内的地面先用3%～5%的消毒水拖洗一次，再打开室内的紫外灯及臭氧发生器进行空间消毒灭菌0.5 h以上。菌种可采用液体菌种，也可以采用固体菌种。接种时把一框框的料袋传送到接种生产线上进行接种，接种后套上封口套环，再把堆叠成幢的培养包转移至培养房内进行菌丝培养。

（5）菌丝培养　培养房在培养包进入培养前要进行彻底的清洁、消毒工作，清洁完地面和墙壁后，再用无菌室专用烟雾消毒杀菌剂（主要有效成分为二氯异氰、尿酸钠）进行空间消毒，按3 g/m^{3}用量，用明火点燃后马上关闭房门24 h，再强制通风1 h。然后把接种后堆叠成幢的培养包摆放在培养房内，按不同的生长阶段控制培养房内的温度在25～27℃，空气相对湿度为55%～70%。每天自然通风1～2 h，开排气扇通风15～30 min，保持房内空气新鲜。进出培养室应随手关门、关灯，尽量减少光源。在菌丝培养期间要翻袋大检3次，第1次在菌丝长满袋肩时，第2次在菌丝长满料面1/2时，第3次在菌丝全部长满时。发现有杂菌感染应立即处理，如发现真菌孢子的，要用含75%乙醇的湿毛巾轻轻包住移至室外小心处理，避免孢子飞散；如果发现橘黄色孢子的链孢霉，应立即烧毁或深埋，而且房间要全面检查消毒。

（6）出芝管理　当培养袋内长满白色菌丝，袋口出现白色块状原基时，需及时将堆叠成幢的培养包摆放在出芝房内。出芝房要求提前做好清洗、消毒工作，防止杂菌感染，能通风，且有一定的散射光。整幢的培养包排放到出芝房内，打开套环封口盖。按不同的生长阶段，通过温、湿度和空气质量智能监控系统控制栽培房内的温度在25～28℃，空气相对湿度在85%～95%，空气相对湿度不足需加湿，加湿方法有超声波雾化加湿及喷雾加湿。出芝阶段氧气消耗比较大，需要经常通风，出原基期每天通风2 h，灵芝开盖以后每天通风在6 h以上。控制好室内的CO_2含量，原基形成及长柄期适当减少通风以增加CO_2含量，把菌柄延长到3～5 cm，确保以后喷粉时菌盖下有足够的空间，但CO_2含量不能超过3%，以免长成鹿角芝；菌盖形成期则不能超过0.1%，否则会形成畸形芝。适时疏蕾，用锋利洁净的刀片切去多余较弱小的分蕾，只留一枝健壮的蕾，以保证灵芝的质量。发现有杂菌应立即处理，特别注意如果发现橘黄色孢子的链孢霉时，应立即烧毁或深埋感染袋，而且房间要全面检查消毒。

在灵芝子实体生长过程中，要注意对虫害的防治，灵芝培养间的门窗及通风口需要安装细密窗纱，防止害虫侵入。发现害虫时，可用诱捕的方法诱捕害虫。

（7）灵芝采收　灵芝菌盖边缘的白边不再增大并开始大量喷粉时，停止加湿，开始盖收粉罩。盖好收粉罩后，可以在栽培室一头用鼓风机套布袋收集悬浮在空气中的孢子粉，也可以每棵灵芝单独用白纸做成罩罩住灵芝，收集孢子粉，灵芝孢子粉的收集时间为15～20 d。采收时把收粉罩一个个轻轻取下，把子实体上的孢子粉轻轻刷入收粉箱内。一手握住菌柄或菌盖边缘用刀片从菌柄基部切下，菌盖底部避免粘上孢子粉，以免沾污菌盖底部原有的色泽。

（8）烘干包装　直接用烘炉烘干，入烘炉时子实体单个盖朝上排列在烘炉架上，烘干时先35℃低温并通风使水分尽快散发，然后逐渐升高温度（每升高5℃保持1～2 h），升温至60℃烘至恒重。烘干后灵芝子实体的含水量在12%以下；感官测定时，手捏菌盖与菌柄交界处无软绵，菌盖相互碰撞有清脆的响声，芝盖呈棕褐色。烘干后灵芝孢子粉的含水量在8%以下，手握粉能向指缝间喷射出来，手指摩擦孢子粉“嚓嚓”作响，无结块、无杂质。确认烘干后，停炉让其自然降至常温，然后按规格和标准分级分类包装。

第四节　设施铁皮石斛栽培

铁皮石斛（*Dendrobium catenatum*）为兰科石斛属植物，其主要成分为石斛多糖及石斛碱。铁皮石斛以干燥茎入药，味甘，微寒，归胃、肾经，益胃生津，滋阴清热。用于热病津伤、口干烦渴、胃阴不足、食少干呕、病后虚热不退、阴虚火旺、骨蒸劳热、目暗不明、筋骨痿软等症。

一、铁皮石斛的生物学特性

1. 形态特征

茎直立，圆柱形，长 9～35 cm，粗 2～4 mm，不分枝，具多节，节间长 1.3～1.7 cm，常在中部以上互生 3～5 枚叶。叶 2 列，纸质，长圆状披针形，长 3～4 cm，宽 9～11 mm，先端钝并且多少钩转，基部下延为抱茎的鞘，边缘和中肋常带淡紫色；叶鞘常具紫斑，老时其上缘与茎松离而张开，并且与节留下 1 个环状铁青的间隙。总状花序、唇形花，其花瓣与外面的萼片均为乳黄绿色，其中一枚花瓣变异成唇瓣，花期为 3～6 月。

2. 生活条件

（1）温度　在生长季节，大棚内的温度控制在 10～35℃。如果种植基地冬天的自然温度低于 0℃，那么大棚需要具有保温功能。夏天阳光过强时，通过拉上遮阳网来降低温度。一般来说，如果大棚的高度足够时，拉上遮阳网可以使大棚内的温度比大棚外低 2～4℃。如果将大棚建造成锯齿形，拉上遮阳网可使大棚内的温度比大棚外低 3～5℃。

（2）光照　光照可通过双层遮阳网调节。种苗刚移栽时，大棚内的光强最好能控制在 10 klx 以下；成活且开始生长后，大棚内的光强可以高一些，但最好能控制在 30 klx 以下。

（3）通风　栽培场地应保持良好的通风状态。如果建造的大棚内通风情况不佳，则应加装人工强制通风设备（如安装环流风机等）。选址时就要充分考虑这个问题，如果选择在一些比较开阔的地方建棚，就比较容易解决这个问题。

（4）空气湿度　大棚内的空气湿度最好能控制在 75% 左右。一般来说，生态环境较好的山区的空气湿度会高一些。可在大棚内安装喷淋设施，以提高空气湿度。

二、铁皮石斛的设施栽培

一般来说，栽培设施要具有调节温度、光照强度和空气湿度的功能，并且要具有防止虫害和鼠害的功能。铁皮石斛的栽培设施主要是利用玻璃温室或大棚等设施，配备遮阳网、喷雾和灌溉设备，模仿铁皮石斛的野生环境。开沟做畦，畦宽 1.2～1.4 m、长不大于 40 m；畦面呈龟背形，畦高约 15 cm；开好畦沟、围沟，使沟相通，并有出水口。铁皮石斛的栽培方式主要分为以下几种。

（1）盆栽　盆栽是指将铁皮石斛植株种植在盛有基质的盆中。该栽培方式可以防止土传病害在植株间的传播，但浇水与施肥管理的要求高，成本较高。

（2）地栽　地栽是指在地面上铺一定厚度的小石子，再在小石子上铺一些生物质来源的基质，然后种植铁皮石斛。该栽培方式水肥管理方便，但容易受到地面和土中病虫的危害。

（3）床栽　床栽是指在架空的苗床上放置一定厚度的基质，然后将铁皮石斛种植在基质上。该方式水肥管理方便，且不易受到地面和土中害虫的危害，还可减少地面的病害。

（4）木槽栽培　木槽栽培是指将铁皮石斛种植在放有基质的木槽中，槽宽 20 cm，高约 10 cm，槽长不限。

设施栽培方式因需搭建大棚设施而成本相对较高，但管理方便、产量较高。床栽的综合优势最为明显。

三、铁皮石斛的设施栽培技术

1. 种植环境

一般来说，越是在接近其野生自然环境的地方种植就越容易成功。在气温比较凉爽、昼夜温差比较大、湿度比较高且空气流通性好的地方种植时，产量和质量如多糖含量会高一些，病虫害也会少一些；反之，产量和质量都会低一些。

铁皮石斛喜温暖、湿润的环境。在选择种植基地时，一定要根据铁皮石斛的生长特性，选择空气湿度高、通风良好、冬季温度在0℃以上的地区进行种植。在基地选择时，还要按照《中药材生产质量管理规范》的要求进行。种植基地应选择在远离明显污染源、水源充足且干净、空气流动的地方。

2. 大棚建设

在自然环境不能最大限度地满足铁皮石斛的产量和质量形成的要求时，则需要通过建造栽培设施来调节，以达到优质高产的目的。大棚建设要求依靠种植基地的选址不同而稍有区别。一般来说，气候环境越是接近铁皮石斛生长要求的地方，大棚建设要求就越低，建设成本也越低；反之，则建设成本越高。

（1）*大棚的高度与宽度*　大棚的高度主要依据种植基地夏天的最高温度来定。一般来说，种植基地所在地夏天的温度越高，要求大棚的高度就越高。宽度不限，但要考虑到苗床的宽度（苗床的宽度为1.4 m），以提高大棚内面积的有效使用率。

（2）*遮阳网与防虫网*　大棚应该有外遮阳网和内遮阳网两层遮阳网，大棚四周应该有防虫网。遮阳网最好是活动的，折光率以75%为宜。防虫网能防止白粉虱、蚜虫、蛾和蝴蝶飞入。防虫网的孔径应该在30目左右。

（3）*大棚类型*　大棚可分为连栋式大棚和单体式大棚两大类。连栋式大棚的土地利用率高，但通风效果不如单体式大棚。如果种植基地夏天的温度高于35℃，建议建成锯齿形大棚。大棚内安装水帘降温设备，可有效降低大棚的温度。夏天气温比较凉爽的地方，大棚可以建造得简易一些。总之，大棚设施建设只要能满足铁皮石斛生长的环境要求就可以了，不必追求高要求，既能获得较高的产量，又能有效降低大棚建设的成本即可。

（4）*大棚内的辅助设施*　大棚内配套辅助设施设备，可提高生产效率。①自动喷淋设施，用于浇水，也能用于提高棚内的空气湿度。②喷肥设备，如配备喷肥机、喷雾器等，用于喷施叶面肥和农药。③环流风机，强制棚内的空气流动。

（5）*苗床*　一般苗床高40～60 cm、宽1.4 m左右。苗床架底部放置网状物等，以承载种植用的基质，苗床深为5～10 cm，具体视所用基质颗粒的粗细而定。苗床脚底部或中部可放置一个盛放药水的网状物，防止地面害虫爬上苗床危害铁皮石斛。

3. 基质选配

栽培铁皮石斛的基质应具有良好的透气性和保水性。目前通常应用的基质有两大类：一类是非生物质来源的基质，如碎红砖、兰石、蛭石、火山石、麻石粒、碎瓦片等，另一类是生物质来源的基质，如水苔、刨花、木糠、花生壳、碎树皮、椰壳粒、碎木片和树皮等。生产上，常将上述非生物质来源和生物质来源的基质混合起来作基质。

未腐烂的生物质来源的基质在种植一段时间后会陆续腐烂，随着腐烂程度的加重，透气性会不断降低，而保水性则会相应增强。铁皮石斛的根在透气性不良的基质中是长不好的，并且容易发病。如果基质已经腐烂，那么这时就要更换基质。为了尽可能延长基质的使用时间，最好选用一些保水性强、透气性好且难以腐烂的基质，如松树皮等。

目前生产上用得较多的非生物质来源的基质是麻石粒，用得比较多的生物质来源的基质有松树皮、木糠等。

生产上较成功的大都是应用非生物质来源与生物质来源的基质（如木糠、碎树皮等）混合起来种植铁皮石斛，一般是将非生物质来源的基质置于底层（床栽时在3 cm以下，地栽时不少于15 cm），而将生物质来源的基质放在上面（床栽时为7 cm，地栽时厚度为10 cm）。在实际操作中，可因地制宜地充分利用当地现有的资源，这样可以降低基质的成本。例如，有些地区的花生壳和鹅卵石资源丰富，可用花生壳和鹅卵石混合后作基质。

4. 品种筛选

选用适合当地栽培环境的优质、高产、高抗、专用品种。原生态栽培应特别注意品种的抗寒性与生态适应性，鲜食品种应特别重视其化渣性。

5. 种植管理

（1）*种植密度*　对有效种植面积而言，一般每平方米种70～100丛、每丛3～4株，以及10 cm×20 cm的行株距栽种。

（2）*种植时间*　大棚内的温度在10～30℃时均可出瓶种植，在15～25℃，且空气湿度大于70%时，出瓶种植的成活率高。在秋季和冬季出瓶种植时，至少要在当地最低温度降到10℃前2个月出瓶。

（3）*水分管理*　以pH 6.5左右、含盐浓度较低的软水为佳。一般南方地区的地表水、地下水和自来水都能达到要求。在生长季节，基质应较湿润；在生长停滞期，基质以稍干为宜。切忌积水烂根。在基质快干而未完全干透时浇水，浇水的一般原则是“不干不浇，浇则浇透”。

（4）光温调控　在生长季节，大棚内的温度控制在10～35℃。如果种植基地冬天的自然温度低于0℃，那么大棚需要具有保温功能。夏天阳光过强时，通过拉上遮阳网来降低温度。一般来说，如果大棚的高度足够时，那么拉上遮阳网可以使大棚内的温度比大棚外低2～4℃；如果将大棚建造成锯齿形大棚，那么拉上遮阳网可使大棚内的温度比大棚外低3～5℃。

种苗刚移栽时，大棚内的光强尽量控制在10 klx以内，等种苗成活且开始生长以后，大棚内光强可增大一些，但应控制在30 klx以内。大棚内的光照强度可通过遮阳网调控。

（5）施肥　铁皮石斛的需肥量小，且不耐肥，故忌施重肥、浓肥。主要的施肥要点如下：①果蔬和兰花的专用叶面肥都可以在铁皮石斛上应用；也可以自己配制叶面肥，但浓度要在0.1%以下。②刚种植的铁皮石斛，前期可喷施浓度稍低的叶面肥，7～15 d喷1次。③当新根长出到一定程度时，就可以使用缓释肥。④生长期每7～15 d喷1次叶面肥，生长旺盛期用含氮量高的叶面肥，生长后期可以用磷和钾含量高一些的叶面肥。⑤冬季铁皮石斛休眠时，不必施肥。

（6）通风管理　铁皮石斛喜好通风良好的环境。如果建造的大棚内通风情况不佳，则应加装人工强制通风设备（如安装环流风机等）。选址时就要充分考虑这个问题，如果选择在一些比较开阔的地方建棚，就比较容易解决这个问题。

（7）空气湿度管理　空气湿度控制在75%左右最为适宜。一般来说，生态环境较好的山区的空气湿度会高一些。可在大棚内安装喷淋设施，以提高空气湿度。

6. 铁皮石斛的病虫害防治

（1）防治原则　预防为主，综合防治。在防治工作中，禁止使用高毒、高残留的农药，有限度地使用部分化学农药。尽量使用物理方法。加强农业防治，进行场地预处理，清理场地周围的杂物，棚内外严格隔离，应用遮阴网。合理通风，降低温度，控制病害的发生。

（2）铁皮石斛的主要病害及其防治

1）炭疽病：主要危害叶片，大量发生可导致落叶，严重影响铁皮石斛的生长。在发病初期用65%代森锌600倍液或75%百菌清800倍液叶面喷雾，较严重时用25%多菌灵1000倍液喷雾，一般每7 d喷1次，连续喷2～3次。

2）白绢病：白绢病发生时，在栽培床表面可见绢状菌丝，且中心部位形成褐色菜籽样菌核。该病可导致石斛基部腐烂，并向茎、叶扩展，形成毁灭性危害。发现病株应立即拔除烧毁，并用生石灰粉处理病穴，或者用50%福多宁可湿性粉剂3000倍液或75%灭普宁可湿性粉剂1000倍液喷雾，一般每7 d喷1次，连续喷2～3次，着重喷植株基部及四周地面。

3）白粉病：白粉病在大田栽培时发生较多，一般加强通风可以减轻，选用25%粉锈宁可湿性粉剂1000～1500倍液喷雾防治，一般每7 d喷1次，连续喷2～3次。

（3）铁皮石斛的主要虫害及其防治

1）斜纹夜蛾：7～10月为幼虫高发期，主要危害叶片和嫩芽。防治方法主要有：①利用杀虫灯、性诱剂等诱杀害虫；②及时摘除卵块或初孵幼虫群集的“纱窗叶”；③在幼虫低龄期选用高效、低毒、低残留的农药进行喷雾防治，药剂可选用10%除尽乳油1500倍液、20%米满乳油1000～1500倍液、5%抑太保乳油1500～2000倍液。

2）短额负蝗：取食叶片，严重时整叶吃光。防治方法主要有：①清除田边、地头、沟旁的杂草；②在若虫3龄前突击防治，重点防治田埂、地边、渠旁嫩草丛，可使用50%辛硫磷乳油1000～1500倍液。

3）软体动物：蜗牛和蛞蝓在整个生长期都可产生危害，常咬食嫩叶。一般白天潜伏在阴处，夜间爬出活动危害植株，雨天产生的危害较重。防治方法主要有：①用菜叶或青草毒饵诱杀，即用50%辛硫磷乳油0.5 kg加鲜草50 kg拌湿，于傍晚撒在田间诱杀；②在畦四周撒石灰，防止蜗牛和蛞蝓爬入畦内产生危害。

4）地下害虫：主要是蝼蛄和小地老虎，立足栽培基质的预处理。防治方法主要有：①用毒饵诱杀，将麦麸炒香，用90%晶体敌百虫30倍液，将饵料拌湿或者将鲜草切成3～4 cm长，用50%辛硫磷乳油0.5 kg加鲜草50 kg拌湿，于傍晚撒在畦的周围诱杀。②黑光灯诱杀成虫，灯下放置盛虫的容器，内装适量的水，水中滴入少许煤油。

7. 铁皮石斛杂草的防治

考虑到铁皮石斛植株的安全性及产品质量，禁止使用化学除草剂除草。

8. 采收时间和方法

铁皮石斛的采收时间为每年12月至开花前，采取采旧留新和全草采收两种方式。最佳采收时间为花蕾开花前，最佳采收方法为采旧留新，采收2年生（生理年龄）萌蘖。

第五节　设施三七栽培

三七（*Panax notoginseng*）为五加科多年生草本植物，起源于2500万年前的中国西南山区，其分布主要局限在23°30′N附近的中、高海拔地区，分布范围极其狭小。云南文山为主要产区，其种植面积和产量均占全国的90%以上，现有栽培面积达3万hm^2。除云南文山外，现广西、广东等省区有少量种植。三七以根、根状茎入药，味甘、微苦，性温，有散瘀止血、消肿定痛的功能，用于咯血、吐血、便血、崩漏、外伤出血、胸腹刺痛、跌打肿痛等症。三七主要含有三七皂苷（总皂苷的平均含量为7.87%）、黄酮、三七素及活性多糖等主要药用有效成分。此外，三七还含有17种以上的氨基酸（总氨基酸的平均含量为7.73%）、73种挥发油成分（0.40%）、17种微量元素，以及含量高达8.8%的粗蛋白等化学物质。

一、三七的生物学特性

1. 形态特征

三七是多年生宿根性草本植物，株高30～60 cm，根茎粗短，具有茎痕迹，主根粗壮肉质，倒圆锥形或纺锤形肉质根一条，表面棕黄色或暗褐色，直径为1～3 cm，有分枝和多数支根。茎直立，近圆形，绿色或紫红色，光滑无毛。叶为掌状复叶，对生或轮生于茎顶；叶柄细长，每片掌状叶有5～7片小叶，其中中间的一片较大，长椭圆形，顶缘具细，沿叶脉分布有稀疏白色的刺毛，边缘有细锯齿，二年生即可开花结果。伞形花序，顶生，花两性，花多数，淡黄绿色，雄蕊及花瓣各6枚，子房下位，2室，花柱2。浆果熟时红色，肾脏形或扁球形，直径约8 mm。种子1～2粒居多，近球形，种皮黄白色。花期为7～9月，果实成熟期为10～12月。

2. 生活条件

（1）光照　三七是典型的阴生C_3植物，需要在遮阴条件下栽培，因此要求搭建阴棚栽培。阴棚的透光度应随着季节和栽培地点的不同而不同。研究表明，阴棚的透光度不仅影响三七植株的正常生长发育，而且制约着如空气温度、湿度和土壤温度、湿度等田间小气候因子。因此，阴棚透光度的合理调整是三七栽培中的一项关键技术。但是，在以前的一些三七栽培的资料中，三七的透光度一直被认为是在30%左右，甚至有的人认为应在50%～60%。最新研究结果表明，三七的透光度以10%～15%为最好。当透光度超过20%时，产量明显下降；在透光度为30%的条件下，三七的产量和质量都受到明显的影响，植株生长已出现不正常的状态，甚至出现死亡。

（2）温度　三七性喜温暖，最适宜在海拔1400～1800 m、年均温15～17 ℃、最冷月均温8～10 ℃、最热月均温20～22 ℃、≥10 ℃年积温4500～5500℃、年降水量1000～1300 mm、无霜期在300 d以上、土壤为碳酸盐岩与碎屑岩混合型的黄红壤地区生长。三七在生长时如遇30℃以上的高温，则植株易生病；结果期遇10℃以下的低温，则影响种子的饱满和成熟。三七种子在休眠期具有较强的抗寒力，一般在－10℃左右。种子未出芽前，只要适当保温，即可安全越冬。

（3）水分　三七对水分的要求，主要包括土壤水分和棚内空气湿度两个方面。园内的土壤水分常年保持在25%～30%，则三七生产良好。如果土壤湿度低于20%，则需要及时浇水；若不浇水，时间长，则会出现萎蔫或死亡。土壤湿度低于15%，种子会丧失发芽能力。园内的空气湿度要求在75%～85%。在旱季，空气湿度低于60%，且日照强烈，三七会发生干叶病和其他病害。为保持园内的空气湿度，应适当密闭园门，定期浇水，但如园内空气不流通，则易诱发落叶、熟叶病。三七在开花结籽期遇到阴雨，会使三七只开花不结籽，空花率在20%～50%。因此，三七园内的土壤必须保持湿润，但水分又不能过多，因为水分过多易引起根部病害的发生。

二、三七的栽培设施类型

三七的栽培设施主要为专用遮阳网阴棚。

三、三七的设施栽培技术

1. 品种

三七没有品种之分。大面积栽培的三七是一个混杂群体，至今尚未找到三七的野生植株，这为三七的品种选育带来了困难。

在数百年的栽培过程中通过人工不断选择和提纯复壮，已具有了品种的基本特征，具体表现为主根大、毛根多、支根少。由于长期种植三七，大田生产中产生了一些特殊的变异类型，如绿茎（茎秆颜色为翠绿色）、紫茎（茎秆颜色为紫色或浓紫色）、过渡型茎（茎秆颜色介于绿色和紫色之间或绿、紫色相杂）、绿三七（块根断面颜色为绿色）和紫三七（块根断面颜色为紫色）等类型。紫三七表现出积累有效成分（皂苷）多、无效成分（淀粉）少的优良特性，是一个理想的育种材料；绿茎三七在田间表现出植株高大、产量高、块根大的优良农艺性状，结合紫三七有效成分含量高的特点，三七的品种选育应以绿茎紫块根三七为主要研究对象。

2. 种植环境

选地应掌握“坡优于平”的原则，即要选择有一定坡度的缓坡地，一般坡度为5°～15°。三七对土壤的要求不严格，主要选择富含腐殖质的壤土、夹砂土。选择土壤pH为5.5～7.0的偏酸性土较好。应选择中性偏酸的砂壤土，排灌方便，具有一定坡度（坡度不得大于15°），6年内未种过三七的地块作为三七的种植用地。选定用作种植三七的地块之后，在前作收获后或是新开的生荒地均应进行三犁三耙。第一次耕作时间为11月初，以后每隔15 d耕作一次，耕作深度为30 cm。在播种和移栽前将畦做好，畦面宽140～160 cm，长度根据地形酌定，根据坡度的大小畦高为20～25 cm，畦沟上宽30～50 cm、下宽20 cm左右，三七做畦要求上窄下宽，土壤上实下虚呈板瓦形。

3. 阴棚建造

专用遮阳网阴棚的建造按3.0 m×1.8 m打点栽叉，铺上大杆（或铁线）固定，铺盖遮阳网，加放压膜线（铁线）于两排大杆中部，用铁线“人”字状将压膜线拉紧，固定于左右两七叉中部，使阴棚呈“M”形，以利防风和排水。阴棚高度以距地面1.8 m左右、距沟底2 m左右为宜。园边用地马桩将压膜线拉紧固定，整个遮阳网面均应拉紧。

传统阴棚的建造按1.7 m×（1.7～2.0）m打点栽叉，铺上大杆（或铁线）固定，每空放置4～5根小杆，铺盖顶棚草（或作物秸秆，但最好不要用玉米秆），加2～3根压条，调光，固定。应注意阴棚的透光度尽量做到均匀一致。

4. 繁殖方法

（1）采种和贮藏　三七种子于10～12月成熟。一般选择3年生、生长健壮、粒大饱满的植株作为留种。当果实成熟时，分批采收，连花梗一同摘下，除去花盘和不成熟的果实后即可播种，不宜久贮，如不能及时播种，可将种子摊放于阴凉处或用湿砂贮藏。一层砂一层种子，砂不可过湿或过干。过湿，会促使种子过早发芽而不利于贮藏；过干，会使种子失去发芽能力；一般情况下，水分含量低于60%时，三七种子即丧失生活力。三七种子的含水量要达到饱和时才适宜发芽。最适宜的贮藏湿度是以手上没有水印又感到有水分时为好。经测定，水分含量以20%为宜。

（2）播种和移栽　要随采随播、及时移栽。种子和种苗存放后，会降低发芽率和出苗率，三七的播种或移栽时间一般在12月中下旬至次年1月中下旬。在种子、种苗或移栽播种之前需要对种子和种苗进行分级栽培，以保证种子和种苗的质量。

（3）播种密度及方法　三七种子的播种密度（即株行距）以（4～5）cm×5 cm，即667 m^2播种18万～20万粒为宜；种苗的种植密度以10 cm×（12.5～15）cm，即667 m^2移栽种苗26 000～32 000株为宜。播种或移栽的方法是：先用自制打穴器在床面上打出浅穴，再人工点播或移栽。移栽时应注意，放置种苗要求全园方向一致，以便于管理。坡地、缓坡地由低处向高处放苗，第一排种苗的根部向坡上方，第二排开始根部向坡下方、芽向坡上方，畦面两侧根部朝内、芽朝外方放置。播后盖上基肥和一层茅草，浇定根水。

（4）种子包衣　三七种子包衣的方法是按照药、种1：（40～60）的比例称量好种子和种衣剂后，先放种子，然后边搅拌边加入种衣剂，直到包衣均匀。包衣好的种子晾两天即可播种，不能存放很长的时间，因为三七种子的寿命较短，在自然状态下仅有15 d。

5. 田间管理

（1）浇水与排湿　三七种子从1～2月播种至3～4月出苗展叶，正值旱季，若不及时浇水，不但会影响种子和种苗出土，严重时还会干枯死亡，以湿度保持在25%左右为宜。6～9月由于湿度大，是三七黑斑病、根腐病的高发季节，因此雨季的防涝、排湿也十分重要，特别是地势平坦的三七园。雨季来临前必须挖好防洪沟，调整畦面，做到雨停时沟内和畦面无积水。

（2）调整阴棚　阴棚的透光度与三七的生长发育有密切的关系。若透光过小，则病虫多、结果少、产量低；若透光过大，则三七易晒死。阴棚透光度的调节应根据季节和三七龄来决定。早春气温低，透光应大；随着气温的升高，阴棚应密闭。一年生三七应透光小，二年生应适中，三年生应稀。

此外，还应根据地点来调节，山底和有山遮阳处，透光可大；平地和丘陵透光要小。

（3）除草追肥 除草要根据杂草的生长确定。在除草时，用手握住杂草的根部，轻轻拔除，不要影响三七的根系。拔除时若有三七根系裸露，应用细土覆盖。三七播种后每 667 m^2 用充分腐熟的农家肥 2500 kg 或细土将三七的种子或种苗覆盖，以见不到种子或种苗为宜。追肥应掌握“少量多施”的原则，以保证三七正常生长发育的需要。出苗初期在畦面撒施草木灰 2～3 次，每 667 m^2 用 25～50 kg，以促进幼苗生长健壮、减少病虫危害；4～5 月追混合肥一次，667 m^2 追施 500～1000 kg，以促进植株生长旺盛；6～8 月三七进入开花结果时期，应追混合肥 2～3 次，每次 1000～1500 kg。

（4）保持三七园的清洁 保持三七园的清洁，要做到经常化，切勿忽视。勤除杂草，除了把畦面、畦沟的杂草及时清理干净外，三七园周围 1～2 m 宽处也要铲光杂草。清除病株落叶，这在三七园清洁中是很重要的工作，尤其是在发病的三七园，更应加强，做到及时彻底的清除。这样做实质上是在清理发病中心和初次侵染源，对防治多种病害能起到良好的效果。

（5）防寒保温 若遇气候反常，三七出苗遭受寒流，刚萌发的幼苗新芽和休眠芽会冻死或冻伤，表现青枯状，严重的造成植株地上部死亡。因此，三七产区在冬季栽种或管理中，要注意气象预报，及时做好防寒保温工作。

（6）冬季管理 三七收种后半个月（12 月上旬），用锋利的剪刀或镰刀在距畦面 1～2 cm 处小心地将地上茎剪去，并用药剂对畦面进行全面、彻底的消毒处理，以达到预防次年病虫害大发生的目的。七园消毒后应及时追施一次盖芽肥，盖芽肥要求：火土 60%、厩肥 40%，达到充分发酵腐熟、细碎，667 m^2 施肥 2500 kg 以上。盖芽肥施用结束后，应及时均匀撒一层保墒草，以利保温、保墒、保芽等。此外，应全面检查阴棚的木料或铁丝，如发现霉烂或锈断，要及时更换和修理，以免倒毁，并调整阴棚透光度，这样有利于次年三七的生长发育。对于使用三七专用遮阳网栽培的三七园，到了春季由于风大，必须经常检查“人”字线是否断裂、压膜线是否定位。

6. 病虫害防治

（1）三七根腐病 三七根腐病是指三七块根休眠芽等地下部病害的总称，是由多种病菌单独侵染和复合侵染引起的土传性病害。由于引起的病原种类不同，故在田间主要表现两种症状类型：①地上部植株矮小，叶片发黄脱落，地下部块根呈黄色干腐；②叶片呈绿色萎蔫披垂，地下发病部位有白色菌浓，闻有臭味。其发生和发展在很大程度上取决于环境条件，当温度为 15～20℃、相对湿度大于 95% 时，就会引起根腐病的大发生或流行。

防治方法：①发现中心病株，应立即拔除并进行消毒处理；②在有一定坡度的地块种植，忌连作；③实行轮作，轮歇时间为 6～8 年；④增施钾肥和有机肥，不偏施氮肥；⑤用 58% 瑞毒霉锰锌＋20% 叶枯宁＋50% 多菌灵按 1∶1∶1 的比例稀释成 300～500 倍液灌根防治。

（2）立枯病和猝倒病 立枯病和猝倒病是苗期的主要病害。播种后，种子受侵染后组织腐烂成乳白色浆汁而不能出苗。幼苗被害后，在假茎基部出现黄褐色水渍状条斑，茎表皮组织凹陷，染病部位缢缩，地上部逐渐萎蔫，幼苗折倒枯死。猝倒病发生在三七出苗后，在幼苗假茎基部近地面处受侵染，产生水浸状暗色病斑，受害处收缩变软倒伏死亡，湿度大时被害处常有灰白色霉状物。一般在 3～4 月开始发生，4～5 月危害加重，7 月以后病害逐渐减轻。

防治方法：①选择无病、饱满、健壮的种子，并进行种子和土壤的消毒处理；②三七出苗后勤检查，发现中心病株应立即拔除，在病株周围撒石灰粉进行消毒；③用 50% 腐霉利可湿性粉剂 1000～1200 倍液或 58% 甲霜灵可湿性粉剂 600～800 倍液每隔 7～10 d 进行防治，连续使用 2～3 次。

（3）三七黑斑病 感病的茎、叶柄、花轴等初期呈现椭圆形褐色病斑，病斑扩展凹陷呈黑色霉状子实体。叶片受害后产生近圆形或不规则水浸状褐色病斑，干燥的病斑易破裂；潮湿的病斑扩展较快，叶片脱落。果实和种子被害后产生褐色水浸状病斑，果皮逐渐干缩，受害种子表面初期呈米黄色，逐渐变锈褐色。在温度为 18～25℃、相对湿度在 70% 以上的条件下有利于病菌分生孢子的萌发。

防治方法：①选用和培育健壮、无病的种子和种苗；②加强田间管理，增施钾肥，不偏施氮肥，提高植株的抗病性；③调整阴棚的透光度在 10% 左右；④适时施药防治，用 50% 腐霉利 1000 倍液、40% 菌核净 400 倍液、40% 大生 500 倍液交替使用。

7. 留种技术

（1）摘除花薹 不留种的三七摘除花薹，不让养分向花方向运输，这样能明显提高三七的产量，有利于干物质的积累，同时增强植株的抵抗力。因此，除按计划留种的地块不摘除花薹外，其他大面积三七均需摘除花薹。尤其是二年生三七，其一般结果数不多，种子又较小，种子重量比3～4年三七轻10%左右；作为育苗播种用，种子质量差。因此，二年生三七的花薹要全部摘除，不提倡留作种用。摘除花薹的方法是：二年生三七在花序抽出达2～3 cm高时，将花蕾摘除；3年生及3年生以上的三七，花序抽出达3～5 cm时摘除。

（2）疏花　疏花是培育良种的一项传统措施，人们称为“打边花”。据试验，疏花后成果率提高31.3%，大田推广提高20.1%。疏花能有效减少瘪果（水泡子），提高种子的饱满度，增加种子的千粒重。疏花的方法简单，即在三七花撤盘时，按花的多少大小目测，将边花修剪去1～3圈即可。

（3）留种　应选择生长健壮、无病虫害、结果饱满的3年生三七留种，在6月三七抽薹时将花盘周围密生的小叶片和过多的变异花摘除，避免养分消耗，对开花结果不利。为防止果实太多，植株易被坠断，应在距离植株6～7 cm处插一根长约60 cm的竹子，用绳子在花盘下3 cm左右把花梗与竹拴好，以防果实折断。对留种田要加强病虫害防治和追施叶面肥，保证养分的供给，促进种子饱满并提高种子产量。病害发生较多且严重的三七园植株不能留种，否则会因种子带菌而导致苗期病害的发生。另外，尾籽发芽迟缓、生长势弱、抗病性较差，也不宜留种。

8. 采收与加工

（1）采收　随着栽培年龄的增长，三七的产量也在递增，至第3年增长最快，三七种植3年后，有效成分（皂苷和多糖）积累和干物质积累在10～11月达到最高；种植4年后增长速度明显变缓，有效成分的积累也变慢，病虫害严重，成本增加。因此，三七收获的年龄以3年生三七最为适宜。收获分两次进行，第一次是在10月，由于没有留种，块根养分丰富，产量高，主根折干率一般为1∶(3～4)，加工后的三七饱满，表皮光滑，此次采挖的三七称“春三七”；第二次是在12月至次年1月，由于要留种，养分主要供给花和种子，养分消耗大，产量低，主根折干率一般为1∶(4～5)，加工后的三七皱纹多、质轻、内部空泡多，一般将留种后采挖的三七称“冬三七”。

（2）加工　采挖回来的三七根部主要包括三七的主根（头子）、根茎（剪口）、支根（筋条）、须根等，必须经过清洗和修剪处理后方可进行干燥。其加工工艺是：三七根部→分选→清洗→修剪→干燥→分级→商品三七。三七采挖运回加工处后，首先将病七、受损三七、茎叶、铺畦草、杂质及泥土等拣出，然后用不锈钢剪刀剪去直径在5 mm以下的须根并放在1.0 m×1.0 m规格的箩筐内，浸在水里淘洗或者把三七放在加工平台上，用高压水枪边冲边翻动，直至将三七上黏附的泥沙等杂物全部冲掉为止。清洗三七的用水，水质一定要无污染，尽量采用自来水或山泉水等生活用水。将修剪处理后的三七放在阳光下晾晒或者在40～60℃条件下烘烤干燥至含水量为40%～50%。然后进行第二次修剪，先用不锈钢剪刀在离三七主根表皮高约1 mm处将支根、根茎剪下，进行搓揉后，再次进行干燥，将三七的主根、支根、根茎放在阳光下晾晒或者在40～50℃条件下烘烤干燥至含水量在13%以下。干燥方法可采用日晒和机器烘烤等方法，干燥后的三七应分级包装和保存。

9. 贮藏与运输

（1）贮藏　三七质地坚硬，较易贮藏，三七成品一般于阴凉干燥处贮藏。加工好的产品应有专门的仓库进行贮藏，仓库应具备通风除湿设备，货架与墙壁的距离不得少于1 m，离地面的距离不得少于20 cm，水分超过13%则不得入库。入库产品应有专人管理，每15 d检查1次，注意防霉、防虫蛀，必要时应定期进行翻晒。

（2）运输　不得与农药、化肥等其他有毒、有害物质混装。运载容器应具有较好的通气性，以保持干燥，遇阴雨天气应严密防雨、防潮。

主要参考文献

柏文科，蒋武轩，胡艳霞，等．2016．铁皮石斛设施栽培关键技术［J］．陕西农业科学，62（3）：125-126．

董炜博，石延茂，李荣光，等．2004．山东省保护地蔬菜根结线虫的种类及发生［J］．莱阳农学院学报，21（2）：106-108．

古在丰树．1992．新设施园艺学［M］．东京：朝仓书店．

顾璐嘉，贾楚慧．2013．我国花卉的设施栽培现状及发展对策［J］．吉林农业，（7）：80．

郭世荣．2003．无土栽培学［M］．北京：中国农业出版社．

郭世荣．2012．设施作物栽培学［M］．北京：高等教育出版社．

胡惠蓉，刘亚红，胡晓龙，等．2005．两种光周期下矮牵牛‘幻想粉红’生长发育特性的研究［J］．园艺学报，32（4）：719-721．

黄建，林霞，张庆良，等．2006．蝴蝶兰工厂化设施栽培技术［J］．林业科技开发，20（3）：52-55．

黄萍萍，刘霖，陈红玉．2014．建兰的栽培管理［J］．现代园艺，（16）：37．

李聪，贺超兴，闫妍，等．2014．不同时期接种 AM 真菌对大棚黄瓜产量及品质的影响［J］．中国蔬菜，（8）：21-24．

李式军，郭世荣．2011．设施园艺学［M］．2 版．北京：中国农业出版社．

李天来．2014．日光温室蔬菜栽培理论与实践［M］．北京：中国农业出版社．

林宏，陈银凤．2007．建兰规模化生产体系规范化探讨［J］．亚热带植物科学，36（3）：56-58．

刘再亮，马承伟，杨其长．2004．设施环境中红光与远红光比值调控的研究进展［J］．农业工程学报，20（1）：270-273．

马云华，魏珉，王秀峰．2004．日光温室连作黄瓜根区微生物区系及酶活性的变化［J］．应用生态学报，15（6）：1005-1008．

日本设施园艺协会．2003．设施园艺手册［M］．5 版．东京：日本园艺情报社．

束胜，康云艳，王玉，等．2018．世界设施园艺发展概况、特点及趋势分析［J］．中国蔬菜，（7）：1-13．

孙崇波，向林，李伯钧，等．2012．春兰新品种‘福娃梅’［J］．园艺学报，39（12）：2549-2551．

田崎忠良．1978．环境植物学［M］．东京：朝仓书店．

汪志辉，贺忠群．2013．设施园艺学［M］．北京：中国水利水电出版社．

王树凯．2011．我国蝴蝶兰设施栽培技术现状［J］．河北林业科技，（6）：66-70．

卫向东，须晖，马健，等．2009．农用塑料薄膜光质辐射透过性能［J］．农业工程学报，25（3）：164-167．

邢生孝，莫宏奎，莫春仁，等．2009．石斛兰栽培技术规程［S］．海口：海南省质量技术监督局：1-9．

杨艳珊．2011．花卉设施栽培研究进展［J］．现代园艺，（7）：3-4，7．

喻景权．2014．蔬菜生长发育与品质调控：理论与实践［M］．北京：科学出版社．

张璐，杜秉海，魏珉，等．2007．黄瓜枯萎病拮抗菌的生防效果及其对植株生长代谢的影响［J］．山东农业科学，（4）：89-92．

张庆瑞．2013．蝴蝶兰设施栽培技术［J］．现代农业科技，（14）：170，174．

张庆瑞，程志芳．2016．春兰的品鉴［J］．中国园艺文摘，（1）：151-152．

张雪艳，田永强，刘军，等．2009．不同栽培制度下温室黄瓜土壤生物学特性的变化［J］．应用生态学报，20（4）：829-835．

赵常青，蔡之博，康德忠，等．2012．沈阳地区日光温室葡萄栽培模式分析［J］．中外葡萄与葡萄酒，（5）：35-36．

智利红，杨治国．2015．花卉生产与经营［M］．北京：高等教育出版社：20-58．

邹志荣，邵孝候．2008．设施农业环境工程学［M］．北京：中国农业出版社．

Taiz L，Zeiger E．1998．Plant Physiology．Sunderland：Sinauer Associates，Inc．